WATANABE AKIRA
渡辺 章

労働法講義

上

総論・雇用関係法 I

はしがき

　本書は，私が 2004 年 4 月から専修大学法科大学院で行った労働法の講義の際に受講生に配布した講義用教材を基に書き下ろした，私の教師としての実践録とも言えるものである。その下地には，1990 年 4 月から 2002 年 3 月まで筑波大学茗荷谷キャンパスに創設された社会人大学院（社会科学研究科企業法学専攻）で多様な学部出身のビジネスマンの院生らに case study を中心にして楽しい講義をした経験がある。

　本書は，つづいて刊行予定の下巻も同様であるが，各講について，はじめに目次で全体の構成をつかみ，そのうえで，オーソドックスに本文と case とを併行して読む方法もあるが，case を先に読んだ後本文に目を通す方法も，その逆の方法もあると思う。もしそのように本書を活用していただけるならば，本書は見かけほどには厚くるしいものではないと感じていただけると思う。法律の制度なり理論構成が紛争解決規範として事件に適用されるそのありさまをリアルに伝えたいという，教師としての思いが募ってこのような体裁になったとご理解いただければ幸甚である。

　学説は，研究者がひとりで考え，迷い，決断し，また迷いつつかたちづくるものである。判例法理を雇用社会という河川をわたる橋にたとえるならば，学説の説く理論は直接には目に触れない基礎構造と言うに値するということである。判例法理の究極は，紛争解決規範として具体的妥当性を追求することにあるであろう。これに対し学説は，広い意味での立法史，国際比較，それに一人ひとりが近未来の社会経済のあり方を思惟し，それもいくぶんか織り込み，法理論構成をして主張されている。両者は目的も役割もちがうのである。労働法を学ぶ人びとにはこの点を念頭において，学説に十分に注目しつつ学習を進めてほしいと願っている。

　このように拙い本書について，今，私は恥ずかしさに身の縮む思いであるが，この場をかりて大学院時代の指導教官であられた故石川吉右衛門先生（東京大学名誉教授），演習等で直接お教えを受けた故有泉亨先生（東京大学名誉教授），故藤田若雄先生（元東京大学教授），それに同大学労働法研究会で永くご指導をいただいた故萩澤清彦先生（成蹊大学名誉教授）の学恩を思い，改めて哀惜と感謝の意を表しないではいられない。また，現在ご活躍中の花見忠先生（上智大学名誉教授），山口浩一郎先生（上智大学名誉教授），小西國友先生（立教大学

名誉教授）には若年の頃よりいつも近くで親身のご指導を受けた。下井隆史先生（神戸大学名誉教授）には御著書をとおして導いていただいた。東京大学労働法研究会の研究者たちには常に新鮮な勉強の機会をいただいている。なかでも労働委員会の実務をともに経験してきた畏友菅野和夫氏（東京大学名誉教授・現中央労働委員会会長），中嶋士元也氏（元上智大学教授・現労働保険審査会常勤委員）のお二人には平素刺激を受け，また格別の励ましをいただいてきた。

　本書は，筑波大学大学院で，私，山川隆一教授（現慶應義塾大学法科大学院），その後任の川田琢之準教授（筑波大学大学院ビジネス科学研究科）の下で労働法を専攻した幡野利通君（元日本放送大学非常勤講師），田中達也君（岩手大学非常勤講師），早川智津子さん（岩手大学準教授），野城尚代さん（東洋大学非常勤講師）がそれぞれ数講ずつを分担し懇切丁寧に通読して下さり，多くの箇所に忌憚のない意見を下さった。四君とも他に職業をもちながら苦学の労成って優れた論文を発表し，いずれも筑波大学で法学博士の学位を取得された。これらの方々のご協力がなければ本書は到底完成しなかったと思う。ここに記して深く謝意を表したい。

　信山社の渡辺左近氏には暖かい励ましと忍耐をもって見守っていただき，福満文子さんは通読を初校から何度か重ねてして下さり，鳥本裕子さんは面倒な事務を引き受けてお世話して下さった。こころよりお礼を申し上げる。

　本書のカバーには，幼いときから大切にしていただいた志賀濱子様の作品をお許しを得て使わせていただいた。私の山梨大学付属小学校以来の友人である日本画家甘利澄子さん（東京都在住）のご母堂で御歳 97 歳であられる。衷心より謝意を表し，ご健勝を祈念するばかりである。

　最後に，本書を，日々黙々と私を支えてくれている妻恭子に捧げたい。

　　2009 年 7 月 25 日

　　　　　　　　　　　　　　　　　　　　　　　　　渡　辺　　章

上巻　大目次

第1講　労働関係法総説 —— 1
- I　はじめに …… 1
- II　憲法と労働関係法 …… 3
- III　労働関係法の特徴 …… 20
- IV　労働関係の法主体 …… 22
- V　労働関係紛争解決の手続法 …… 44

第2講　労働基本権の保障・雇用関係法の内容および法的性質 —— 59
- I　労働基本権（労働三権）の保障 …… 59
- II　雇用関係法 …… 85

第3講　労働憲章・自由な労働 —— 99
- I　労働憲章 …… 99
- II　労働条件の明示 …… 140
- III　「自由な労働」の確保 …… 143

第4講　労働契約と就業規則 —— 151
- I　労働契約の意義 …… 151
- II　就業規則法制 …… 170
- III　就業規則の法的効力および性質 …… 176
- IV　就業規則の不利益変更の法的効力 …… 190
- V　就業規則の労働契約規律効 …… 200

第5講　労働契約上の権利義務 —— 209
- I　労働契約の性質・特徴 …… 209
- II　労働契約の基本原則 …… 211
- III　主たる権利義務 …… 213
- IV　従たる権利義務 …… 221

第6講　労使協定等・労働協約 —— 251
- I　労使協定等 …… 251
- II　労働協約の意義・役割等 …… 258
- III　労働協約の法的性質・効力 …… 269
- IV　労働協約の一般的拘束力 …… 291
- V　労働協約の有効期間の上限・解約・終了 …… 298

第7講　賃金法制 —— 303
- I　賃金保護法制の基本的

視点 …………………… 303
Ⅱ　賃金の意義 ………………… 307
Ⅲ　賞与・退職金 ……………… 311
Ⅳ　賃金の支払原則 …………… 321
Ⅴ　労働者の所得保障 ………… 332
Ⅵ　賃金の支払確保 …………… 336
Ⅶ　最低賃金 …………………… 340

第8講　労働時間法制Ⅰ（法定労働時間制・時間外労働）——— 351
Ⅰ　労働時間法制の原則 …… 351
Ⅱ　労働時間の法的意義 …… 382
Ⅲ　時間外・休日労働 ……… 389

第9講　労働時間法制Ⅱ（弾力的労働時間制ほか）——— 407
Ⅰ　弾力的労働時間制度 …… 407
Ⅱ　みなし労働時間制 ……… 419
Ⅲ　年少者の労働時間 ……… 427

第10講　労働時間法制Ⅲ（年次有給休暇）——— 433
Ⅰ　はじめに ………………… 433
Ⅱ　年休権の成立とその要件 ………………………… 435
Ⅲ　使用者の時季変更権と年休の自由利用の原則 …… 454
Ⅳ　計画年休制度 …………… 467
Ⅴ　年休権行使による不利益取扱いの禁止等 ……… 471

第11講　労働契約の成立および試用労働契約 ——— 479
Ⅰ　労働契約の成立 ………… 479
Ⅱ　試用労働契約 …………… 503
Ⅲ　年少者・未成年者の労働契約 ……………………… 515

第12講　異動人事Ⅰ（配転・出向・転籍）——— 521
Ⅰ　異動人事の意義 ………… 521
Ⅱ　配置転換 ………………… 524
Ⅲ　出　向 …………………… 542
Ⅳ　転　籍 …………………… 555

第13講　異動人事Ⅱ（休職・懲戒）——— 561
Ⅰ　休職制度 ………………… 561
Ⅱ　企業秩序・服務規律 …… 570
Ⅲ　懲戒処分 ………………… 580
Ⅳ　懲戒権の行使 …………… 603

第14講　労働契約の終了 ——— 609
Ⅰ　はじめに ………………… 609
Ⅱ　労働契約の解約 ………… 610
Ⅲ　解　雇 …………………… 620
Ⅳ　定　年 …………………… 694
Ⅴ　労働契約終了時・終了後の措置 ………………… 706

上巻　詳細目次

　　はしがき
　　凡　　例
第1講　労働関係法総説 ───────────────────── 1
　I　はじめに……………………………………………………………… 1
　　1　民法における雇用規定 ………………………………………… 1
　　2　労働関係法 ……………………………………………………… 2
　II　憲法と労働関係法 ………………………………………………… 3
　　1　憲法の労働関係法規定 ………………………………………… 3
　　2　労働関係法の4分野 …………………………………………… 8
　　3　「勤労の権利」の保障と雇用政策法 ………………………… 8
　　4　「勤労条件法定主義」と雇用関係法 ………………………… 9
　　5　「労働基本権の保障」と労使関係法 ………………………… 12
　　　(1)　労働三権（12）
　　　(2)　公務公共部門労働関係法（13）
　　6　憲法・法令以外の労働関係法の法源 ………………………… 15
　　　(1)　自治的法源（15）
　　　(2)　判例（最高裁判決）・裁判例（下級審判決）（16）
　　　note 1　ILO条約（18）
　III　労働関係法の特徴 ………………………………………………… 20
　IV　労働関係の法主体 ………………………………………………… 22
　　1　意　義 …………………………………………………………… 22
　　2　雇用関係法上の労働者・使用者 ……………………………… 22
　　　(1)　労働者（22）
　　　case 1-1　トラック所有運転手の「労働者」性（否定）〔横浜南労基署長（傭車運転手）事件〕（27）
　　　case 1-2　放送受信契約の取次，受信料集金業務受託者の「労働者」性（否定）〔NHK西東京営業センター（受信料集金等受託者）事件〕（31）
　　　(2)　使用者（34）
　　3　労使関係法上の労働者・使用者 ……………………………… 34
　　　(1)　労働者（34）
　　　(2)　使用者（36）

　　　　　case 1-3　放送会社と「自由出演契約」を締結している楽団員の労組との団交拒否と不当労働行為の成否（肯定）〔CBC管弦楽団労組事件〕（37）
　　　　　case 1-4　会社と構内下請け労働者との間の「労組法の適用を受ける雇用関係」の存否（肯定）〔油研工業事件〕（40）
　　　(3)　労働組合（43）
　　4　雇用政策法上の法主体 ……………………………………………43
　V　労働関係紛争解決の手続法 ………………………………………44
　　1　はじめに ……………………………………………………………44
　　2　通常労働訴訟 ………………………………………………………45
　　　note 2　少額訴訟制度（47）
　　3　民事保全手続 ………………………………………………………47
　　4　民事調停 ……………………………………………………………49
　　5　労働審判法 …………………………………………………………51
　　　(1)　労働審判の目的・対象事件等（51）
　　　(2)　労働審判手続（52）
　　　(3)　審理および審判（53）
　　6　個別労働関係紛争解決促進法 ……………………………………55

第2講　労働基本権の保障・雇用関係法の内容および法的性質 ── 59
　I　労働基本権（労働三権）の保障 …………………………………59
　　1　はじめに ……………………………………………………………59
　　　note 3　産業民主主義の生成と発展の outline（63）
　　2　日本における労働者の団結と法制度の変遷 ……………………69
　　　(1)　無産体之者集合するか其挙動を察すべし（69）
　　　(2)　労働組合の誕生と治安警察法等（70）
　　　(3)　争議権の法認と治安維持法の制定強化（74）
　　　(4)　戦争総動員体制と労働組合の壊滅（75）
　　　(5)　新憲法における労働基本権の保障（75）
　　3　労働三権とその主体 ………………………………………………76
　　　(1)　主　体（76）
　　　(2)　団結権（77）
　　　(3)　団体交渉権（78）
　　　(4)　団体行動権（79）
　　　(5)　公務員等の労働基本権（81）
　II　雇用関係法 …………………………………………………………85
　　1　労働条件の理念の多様化 …………………………………………85
　　2　雇用関係法の法的性質 ……………………………………………87

        (1) 任意規定と強行規定 (87)
        (2) 公序良俗 (88)
        (3) 強行的効力と補充的効力 (89)
        (4) 取締規定 (90)
        (5) 刑罰規定 (90)
    3 労働基準法の制定・改正 ……………………………………… 90
        (1) 制　定 (90)
        (2) その後の改正 (92)
    4 労働基準法の実効性 …………………………………………… 93
        (1) 刑　罰 (93)
        (2) 民事上の効力 (95)
        (3) 付加金の制裁 (95)
        (4) 行政的監督 (95)

第3講　労働憲章・自由な労働 ― 99
I 労働憲章 …………………………………………………………………… 99
    1 労働条件の基本理念 …………………………………………… 99
        (1) 労働条件の意義 (99)
        (2) 最低基準性 (100)
        (3) 労働条件の労使対等決定・誠実な履行の原則 (100)
    2 均等待遇の原則 ………………………………………………… 101
        (1) 沿　革 (101)
        (2) 国籍による差別の禁止 (103)
        case 3-1　在日朝鮮人であることを理由とする採用内定取消し
                〔日立製作所事件〕(109)
        (3) 信条による差別の禁止 (115)
        case 3-2　従業員研修において神道参拝の儀式への参加等を
                拒否し帰社命令を受けた労働者の懲戒解雇（無効）
                〔三重宇部生コン事件〕(115)
        case 3-3　「政治活動をしない」旨を約して雇用された私学
                教員の校内政治活動を理由とする解雇（有効）〔十
                勝女子商業高校事件〕(116)
        case 3-4　事業施設内政治活動の制限と懲戒処分事由該当性
                （肯定）〔日本電信電話公社目黒電報電話局事件〕(119)
        case 3-5　会社食堂での「赤旗」号外等の配布を理由とする
                戒告処分（無効）〔明治乳業事件〕(122)
        case 3-6　政党所属を理由とする賃金等差別と損害賠償請求
                （一部肯定）〔東京電力（千葉）事件〕(123)

            case 3-7　信条差別に基づく基本給額の決定と損害賠償請求
　　　　　　　　　　（認容）〔福井鉄道事件〕(126)
　　　　(4)　社会的身分による差別の禁止 (129)
            case 3-8　臨時工たる地位は労基法3条の社会的身分か（消
　　　　　　　　　　極）〔富士重工業事件〕(130)
        3　男女同一賃金の原則 ………………………………………………… 131
　　　　(1)　意　義 (131)
　　　　(2)　初任給・昇給における男女賃金差別 (133)
　　　　(3)　いわゆる間接差別と男女同一賃金の原則 (133)
            case 3-9　「世帯主」を対象にする家族手当等支給規程の効力
　　　　　　　　　　（無効）〔岩手銀行事件〕(134)
            case 3-10　「本人給」支給要件としての勤務地の限定・無限定
　　　　　　　　　　の基準と労基法4条違反の成否（肯定）〔三陽物産
　　　　　　　　　　事件〕(136)
        4　強制労働の禁止 …………………………………………………… 138
        5　中間搾取の排除 …………………………………………………… 139
        6　公的活動時間の保障 ……………………………………………… 140
    II　労働条件の明示 ……………………………………………………………… 140
        1　意　義 …………………………………………………………………… 140
        2　明示事項・時期・変更 ………………………………………………… 141
　　　　(1)　明示すべき事項 (141)
　　　　(2)　明示された労働条件の内容と事実とが異なる場合 (142)
　　　　(3)　明示の時期・不利益変更 (143)
    III　「自由な労働」の確保 ………………………………………………………… 143
        1　労働契約の期間の上限規制 …………………………………………… 143
　　　　(1)　原　則 (143)
　　　　(2)　例　外 (145)
　　　　(3)　有期労働契約の締結，更新および雇止めに関する基準 (146)
        2　損害賠償予定の禁止 …………………………………………………… 147
        3　前借金相殺の禁止 ……………………………………………………… 148
        4　強制貯蓄・貯蓄金管理契約の禁止 …………………………………… 149
        5　寄宿舎生活の自由と自治の保障 ……………………………………… 149

第4講　労働契約と就業規則 ────────────────────────── 151
    I　労働契約の意義 ………………………………………………………………… 151
        1　労務供給契約 …………………………………………………………… 151
        2　労働契約の意義 ………………………………………………………… 153
            case 4-1　コンピューターシステムのマニュアル作成の受注

　　　　　　業務等を目的とする契約の労働契約性（否定）〔パ
　　　　　　ピルス事件〕（154）
　　3　使用者概念の外部的拡張 ……………………………………………155
　　　(1)　外部労働力の利用形態（155）
　　　　case 4-2　下請け社外労働者と受入れ事業者との雇用関係の
　　　　　　成否（否定）〔サガテレビ事件〕（157）
　　　(2)　受入れ事業者の使用者性（160）
　　　　case 4-3　業務処理請負事業者の提供する労働者らと発注事業者
　　　　　　との間の黙示の労働契約の成否（肯定）〔センエイ事
　　　　　　件〕（161）
　　　(3)　法人格否認の法理の適用（163）
　　　　case 4-4　グループ内支配会社の支配による法人格否認法理
　　　　　　の適用（肯定）〔黒川建設事件〕（165）
　　　　case 4-5　業務委託会社の専属下請け会社に対する支配の存否
　　　　　　（否定）〔大阪空港事業（関西航業）事件〕（167）
II　就業規則法制 ……………………………………………………………170
　1　就業規則の意義 ……………………………………………………170
　2　労働基準法の就業規則の作成・変更に関する定め ………………172
　　(1)　作成・届出（172）
　　(2)　労働者の過半数代表の意見聴取義務（173）
　　(3)　周　知（173）
　　(4)　法令および労働協約との関係等（174）
　　　case 4-6　周知手続を欠く就業規則に基づく懲戒解雇（無効）
　　　　〔フジ興産事件〕（174）
III　就業規則の法的効力および性質 ………………………………………176
　1　就業規則の最低基準効 ……………………………………………176
　2　就業規則の法的性質 ………………………………………………177
　　(1)　問題の所在（177）
　　(2)　就業規則の法的性質論争・その原型（177）
　　(3)　法規説・契約説（178）
　3　判例法理 ……………………………………………………………182
　　　case 4-7　就業規則の法的規範性（肯定）〔秋北バス事件〕（182）
　　　case 4-8　健康管理規程に基づく受診命令に従うべき労働契約上
　　　　　　の義務（肯定）〔電電公社帯広電通局事件〕（186）
IV　就業規則の不利益変更の法的効力 ……………………………………190
　1　判例法理 ……………………………………………………………190
　　　case 4-9　労働条件の不利益変更（55歳停年制の新設）の効力
　　　　　　（肯定）〔秋北バス事件〕（190）

             case 4-10 退職給与規程所定の支給倍率を低減する就業規則の
                        変更の効力（有効）〔大曲農業協同組合事件〕(192)
             case 4-11 「55歳定年制・58歳まで再雇用」の「60歳定年・55
                        歳以降の年間給与を54歳時基準の63〜67%に減額」
                        への変更（有効）〔第四銀行事件〕(194)
      2 判例法理の問題点および合理性判断の視角 ································197
         (1) 基本的視点（197）
         (2) 多数の労働者の同意（199）
         (3) 不利益性の緩和（199）
  V 就業規則の労働契約規律効 ···200
      1 労働条件の決定について ···200
         (1) 労働契約成立時における労働条件の合意（200）
         (2) 労働契約の締結時における就業規則による労働条件の決定（201）
      2 労働条件の変更について ···203
         (1) 合意による変更（203）
         (2) 就業規則による労働条件の不利益変更の「原則」（204）
         (3) 労働契約展開過程における就業規則の変更（205）
      3 就業規則の届出，労働者の過半数代表の意見聴取 ·················207
      4 就業規則が法令または労働協約に反する場合 ························208

第5講　労働契約上の権利義務 ——————————209
  I 労働契約の性質・特徴 ··209
  II 労働契約の基本原則 ··211
  III 主たる権利義務 ···213
      1 労働提供義務 ···213
         (1) 指揮命令に服して労働する義務（213）
         (2) 服務規律に服して労働する義務（215）
             case 5-1   頸肩腕症候群（労災）による長期軽勤務従事者の
                        入院・総合精密検査の受診命令拒否を理由にする
                        懲戒戒告処分（有効）〔電電公社帯広電通局事件〕(215)
      2 賃金支払義務 ···218
             case 5-2   私傷病罹患のため軽易業務への転換を要求して拒否
                        され，欠勤扱いされた労働者の賃金請求権（肯定）
                        〔片山組事件〕(219)
  IV 従たる権利義務 ···221
      1 付随義務 ···221
      2 使用者の配慮義務等 ··222
         (1) 危害の防止（223）

  case 5-3 削岩作業従事者のじん肺症と親会社および下請業事業
    者の安全配慮義務違反（肯定）〔日鉄松尾採石所ほか
    事件〕（224）
 (2) 労働者の一般的人格的利益の尊重（227）
  case 5-4 「職場における自由な人間関係を形成する自由」の侵害
    と損害賠償責任（肯定）〔関西電力事件〕（227）
 (3) 労働者の労働関係に特有の人格的利益の尊重（229）
 (4) 就労請求権（230）
  case 5-5 解雇の効力を停止された労働者の就労妨害排除請求
    （否定）〔読売新聞社事件〕（232）
3 労働者の誠実義務 ……………………………………………………233
 (1) 企業秩序遵守義務（233）
  case 5-6 会社労務政策批判の文書配布を理由とする懲戒処分
    （有効）〔関西電力事件〕（234）
 (2) 調査協力義務（236）
  case 5-7 所持品の脱靴検査を拒否した乗務員の懲戒解雇
    （有効）〔西日本鉄道事件〕（236）
 (3) 秘密保持義務（238）
  case 5-8 会社再建計画を反対態勢づくりに利用した労働者の
    懲戒解雇（有効）〔古河鉱業足尾製作所事件〕（240）
 (4) 競業避止義務（241）
  case 5-9 退職後の競業行為に対する差止請求（認容）〔フォセ
    コ・ジャパン・リミテッド事件〕（243）
 (5) 在職中の兼職・競業（245）
  case 5-10 在職中同業他社で就業した労働者の懲戒解雇（有効）
    〔昭和室内装備事件〕（246）
  case 5-11 管理職らの二重就職を理由とする懲戒解雇（有効）
    〔橋本運輸事件〕（248）
 (6) 従業員の引き抜き（249）

第6講　労使協定等・労働協約 ——————————————————— 251
Ⅰ　労使協定等 …………………………………………………………………251
 1　労使協定 …………………………………………………………………251
  (1) 労使協定制度の趣旨・機能（251）
  (2) 労使協定の法的効力（252）
  (3) 労使協定の締結当事者（254）
  case 6-1 従業員親睦団体の代表者の過半数代表者資格（否定）
    〔トーコロ事件〕（255）

    2 労使協定に代わる制度 ································ 257
       (1) 労使委員会（257）
       (2) 労働時間設定改善委員会（258）
  II 労働協約の意義・役割等 ···································· 258
    1 意　義 ·· 258
    2 機　能 ·· 258
    3 内　容 ·· 260
    4 当事者 ·· 261
       (1) 協約当事者・協約能力（261）
       (2) 労働者側の協約当事者（261）
       (3) 使用者側の協約当事者（263）
       (4) 協約締結権限（263）
    5 労働協約の要式 ·· 263
       (1) 書面性・要式性（263）
       (2) 法定要件を具えない「労働協約」（264）
       case 6-2　労組法上の要件を具えない労使合意と「労働協約」性（否定）〔都南自動車教習所事件〕（265）
  III 労働協約の法的性質・効力 ································ 269
    1 法的性質 ·· 269
    2 規範的部分とその効力 ······································ 272
       case 6-3　所定労働時間に関する協約条項の効力確認請求（認容）〔佐野安船渠事件〕（274）
    3 規範的効力の性質 ·· 276
    4 有利性原則 ·· 277
       note 4　ドイツおよびアメリカの場合（278）
    5 不利益変更の効力 ·· 279
       case 6-4　定年年齢の引上げと退職金協定の不利益変更（有効）〔朝日火災海上保険（石堂）事件〕（280）
    6 協約自治とその限界 ·· 282
       case 6-5　既に発生した退職金請求権の遡及的不利益変更協約の効力（否定）〔香港上海銀行事件〕（283）
    7 債務的効力 ·· 285
    8 制度的部分とその効力 ···································· 286
       case 6-6　人事協議条項違反の人員整理の法的効力（肯定）〔池貝鉄工事件〕（287）
       case 6-7　事前協議条項に基づく協議なしに行った組合員の懲戒解雇（有効）〔洋書センター事件〕（290）
  IV 労働協約の一般的拘束力 ···································· 291

        1　一般的拘束力 ………………………………………………………291
        2　工場事業場単位の一般的拘束力 …………………………………292
            case 6-8　定年年齢の引上げと退職金協定の不利益変更の非
                        組合員に対する拡張適用（否定）〔朝日火災海上
                        （高田）事件〕(293)
        3　地域単位の一般的拘束力 …………………………………………297
    V　労働協約の有効期間の上限・解約・終了 ………………………………298
        1　労働協約の終了原因 ………………………………………………298
            (1)　終了および終了原因 (298)
            (2)　有期協約の場合 (298)
            (3)　自動延長・自動更新 (299)
            (4)　無期協約の解約 (299)
            case 6-9　期間を定めない組合専従協定の解約と不当労働行為
                        の成否（肯定）〔駿河銀行事件〕(300)
            (5)　協約当事者の組織変動 (301)
        2　労働協約の一部解約 ………………………………………………302
        3　余後効 ……………………………………………………………302

第7講　賃金法制 ———————————————————————303
    I　賃金保護法制の基本的視点 …………………………………………………303
        1　賃金の多面的性質 …………………………………………………303
        2　「年功序列賃金」とその変容 ……………………………………305
    II　賃金の意義 …………………………………………………………………307
        1　賃金の法的意義 ……………………………………………………307
            (1)　労働基準法上の賃金 (307)
            (2)　賃金性の具体的判断 (309)
        2　賃金請求権の発生・変動・消滅 …………………………………310
        3　平均賃金 ……………………………………………………………311
    III　賞与・退職金 ………………………………………………………………311
        1　賞　与 ………………………………………………………………311
            (1)　賞与請求権 (311)
            (2)　賞与の決定・計算 (312)
            (3)　在籍者支給条項 (312)
            case 7-1　在籍者支給の慣行を規定化した就業規則規定の効力
                        （肯定）〔大和銀行事件〕(313)
        2　退職金 ………………………………………………………………315
            (1)　賃金性 (315)
            (2)　支給額の決定方式 (316)

　　　　(3) 退職金の減額・不支給（317）
　　　case 7-2　退職後3ヵ月以内に同業他社に就職した労働者に対
　　　　　　　する退職金の半額返戻請求（認容）〔三晃社事件〕（317）
　　　case 7-3　退職の際の不信行為を理由とする退職金不払い（違
　　　　　　　法）〔日本高圧瓦斯工業事件〕（320）
　　　　(4) 職能資格連結型退職金の減額，不払い（320）
　　　　(5) 死亡退職金の受給権者（321）
　　　　(6) 退職金の消滅時効（321）
　Ⅳ　賃金の支払原則 …………………………………………………………321
　　1　賃金の支払規制の意義 ………………………………………………321
　　2　通貨払いの原則 ………………………………………………………322
　　3　直接払いの原則 ………………………………………………………323
　　4　全額払いの原則 ………………………………………………………323
　　　　(1) 相　殺（324）
　　　　(2) 調整的相殺（324）
　　　case 7-4　賃金過払い分と賃金との相殺（肯定）〔福島県教組
　　　　　　　事件〕（325）
　　　　(3) 合意による相殺（326）
　　　case 7-5　住宅財産形成融資の残債務と退職金との合意相殺
　　　　　　　（肯定）〔日新製鋼事件〕（326）
　　　　(4) 賃金債権の放棄（329）
　　　case 7-6　退職金債権の放棄の特約の効力（肯定）〔シンガー・
　　　　　　　ソーイング・メシーン・カンパニー事件〕（329）
　　5　毎月1回以上一定期日払いの原則 …………………………………331
　Ⅴ　労働者の所得保障 ………………………………………………………332
　　1　休業手当 ………………………………………………………………332
　　　case 7-7　使用者に帰責事由のある労務提供不能と労基法26条
　　　　　　　の適用関係〔米国陸軍小倉綜合補給廠事件〕（334）
　　2　その他の所得保障 ……………………………………………………335
　　　　(1) 支払日前の非常時払い（335）
　　　　(2) 出来高給・請負給における保障給支払義務（335）
　Ⅵ　賃金の支払確保 …………………………………………………………336
　　1　民商法等による賃金債権の確保 ……………………………………336
　　　　(1) 差押限度額の規制（336）
　　　　(2) 先取特権（336）
　　2　倒産処理法における賃金債権の保護 ………………………………337
　　3　賃金の支払いの確保等に関する法律 ………………………………338
　Ⅶ　最低賃金 …………………………………………………………………340

     1　最低賃金制度の必要性・沿革……………………………………340
        (1)　必要性（340）
        (2)　沿革および最賃決定方式の変遷（341）
     2　最低賃金の内容 ……………………………………………………343
        (1)　最低賃金（343）
        case 7-8　臨床研修医の労働者性と最低賃金額の支払請求
              （肯定）〔関西医科大学事件〕（344）
        (2)　地域別最低賃金（347）
        (3)　特定最低賃金（348）
        (4)　その他（349）

第8講　労働時間法制Ⅰ（法定労働時間制・時間外労働） ── 351
Ⅰ　労働時間法制の原則 …………………………………………………351
     1　労働時間法制の基本的枠組み……………………………………351
     2　日本の労働時間法制の近年の変動 ………………………………353
        (1)　法定労働時間の短縮（353）
        (2)　時間外・休日労働（353）
        (3)　労働時間制の弾力化の拡大（354）
        (4)　みなし労働時間制の導入（354）
        (5)　年次有給休暇権の拡充（354）
        (6)　労働時間等の設定改善法（355）
     3　法定労働時間 ………………………………………………………356
        (1)　原　則（356）
        (2)　固定的例外（357）
        note 5　ILOの労働時間・年休条約（357）
     4　休憩時間 ……………………………………………………………358
        case 8-1　休憩時間付与義務違反と自由利用の原則違反の成否
              〔住友化学事件〕（359）
        case 8-2　休憩時間中休憩室等でのビラ配りを理由にする戒告
              処分（有効）〔日本電信電話公社目黒電報電話局事
              件〕（360）
     5　休　日 ………………………………………………………………363
        (1)　週休制の原則（363）
        (2)　変形週休制（363）
        (3)　休日の振替（364）
        case 8-3　労働日に振り替えた日の欠務の欠勤扱い（適法）〔三
              菱重工横浜造船所事件〕（364）
        (4)　代　休（366）

- 6 労働時間・休憩・休日規定の適用除外 …………………………366
  - (1) 適用除外の対象（366）
  - (2) 事業の種類による適用除外（367）
  - (3) 労働者の地位による適用除外（367）
  - **case 8-4** 学習塾営業課長の労基法41条2号「管理監督者」性（否定）〔育英舎事件〕（372）
  - **case 8-5** 全国的ハンバーガーチェーン店舗の店長の労基法上の管理監督者性（否定）〔日本マクドナルド事件〕（375）
  - (4) 業務の特殊性による適用除外（380）

II 労働時間の法的意義 …………………………………………………382
- 1 労働基準法上の労働時間 ……………………………………………382
  - (1) 労働時間の法的意義をめぐる学説・判例（382）
  - (2) 具体的検討（383）
  - **case 8-6** 作業職労働者の始業前の作業準備と終業後の後始末に要する時間の労働時間性（肯定）〔三菱重工業長崎造船所事件〕（384）
  - **case 8-7** ビル管理業務従事者の待機的仮眠時間と休憩時間〔大星ビル管理事件〕（386）
- 2 労働時間の計算 ………………………………………………………388

III 時間外・休日労働 ……………………………………………………389
- 1 時間外・休日労働の意義および種類 ………………………………389
  - (1) 意 義（389）
  - (2) 種 類（390）
- 2 ３６協定に基づく時間外・休日労働 ………………………………392
  - (1) ３６協定の締結（392）
  - (2) 時間外労働の限度（392）
  - (3) 労働者の時間外・休日労働義務（394）
  - **case 8-8** ３６協定が存在する場合の時間外労働義務（否定）〔明治乳業事件〕（394）
  - **case 8-9** 現業国家公務員（郵政職員）の時間外労働義務（肯定）〔静内郵便局事件〕（395）
  - **case 8-10** 時間外労働命令に従わない労働者の懲戒解雇（有効）〔日立製作所武蔵野工場事件〕（397）
- 3 時間外労働の適正な管理・把握・記録義務 ………………………399
  - note 6 賃金不払い残業監査指導結果（400）
- 4 割増賃金 ………………………………………………………………400
  - (1) 割増賃金の支払義務（400）
  - (2) 割増賃金の計算（401）

(3) 割増賃金の定額制・一括払い制 (402)
　　　case 8-11 諸手当を「割増賃金の計算基礎」から除外したことを理由とする割増賃金の差額請求（肯定）〔小里機材事件〕(403)
　　　case 8-12 「オール歩合給」労働者の割増賃金の支払請求（肯定）〔高知観光事件〕(404)

第9講　労働時間法制Ⅱ（弾力的労働時間制ほか） ─ 407
Ⅰ　弾力的労働時間制度 ……… 407
1　フレックスタイム制 ……… 407
　　　(1) 意　義 (407)
　　　(2) 機　能 (407)
　　　(3) 実施要件 (408)
　　　(4) フレックスタイム制と時間外労働 (409)
　　　note 7　フレックスタイム制と時間外労働 (409)
　　　(5) 清算期間における休憩および休日 (410)
　　　(6) 欠勤, 遅刻, 早退 (410)
　　　(7) 使用者の業務命令 (410)
　　　(8) 隣接する清算期間相互間の「労働時間の貸借」(411)
2　変形労働時間制 ……… 412
　　　(1) 意　義 (412)
　　　(2) 種類と実施要件 (413)
　　　case 9-1 深夜仮眠時間帯を含む17時間ないし24時間勤務制の学校警備員の時間外割増賃金の請求（認容）〔学校法人桐朋学園事件〕(414)
　　　case 9-2 変形労働時間制の適用労働者が終業時刻の延長指示を拒否したことを理由にする減給処分（無効）〔国労熊本地本事件〕(416)
　　　(3) 変形労働時間制度別の個別的実施要件 (417)
Ⅱ　みなし労働時間制 ……… 419
1　事業場外労働 ……… 419
　　　(1) 意義および原則 (419)
　　　(2) 例　外 (420)
　　　(3) 事業場外労働と労使協定によるみなし労働時間制 (420)
　　　(4) 一部事業場外労働の場合の算定 (421)
2　裁量労働制 ……… 421
　　　(1) 裁量労働概念の成立とその拡大 (421)
　　　(2) 専門業務型裁量労働の意義および対象業務 (421)

　　　　(3) 企画業務型裁量労働の意義および対象業務（421）
　　　　(4) 裁量労働制の展開と労働者の健康確保措置等（422）
　　　　(5) 裁量労働制と労働時間規定の適用関係（423）
　　3 裁量労働制の実施要件 ……………………………………………423
　　　　(1) 専門業務型（423）
　　　　(2) 企画業務型（424）
　　　　note 8　企画業務型裁量労働の対象業務となり得る業務・なり得
　　　　　　　ない業務の例（425）
　Ⅲ　年少者の労働時間 ………………………………………………………427
　　1 ILO 条約等の規定 …………………………………………………427
　　2 労働基準法の規定 ……………………………………………………428
　　3 児童福祉法・労働基準法の禁止行為ないし業務 ………………428
　　4 労働時間・休日等に関する特例 …………………………………429
　　　　(1) 修学時間通算制（429）
　　　　(2) 弾力的労働時間制，時間外・休日労働等の適用除外（429）
　　　　(3) 深夜業の禁止・制限（430）

第 10 講　労働時間法制Ⅲ（年次有給休暇） ──────── 433

　Ⅰ　はじめに …………………………………………………………………433
　Ⅱ　年休権の成立とその要件 ……………………………………………435
　　1 年休権の法的構造──基礎的年休権・具体的年休権── …………435
　　　　case 10-1　年次有給休暇権の成立と使用者の承認の要否（否定）
　　　　　　　〔全林野白石営林署事件〕（438）
　　2 基礎的年休権の成立要件詳説 ……………………………………441
　　　　(1) 「継続勤務」の意義（441）
　　　　case 10-2　一競馬開催単位雇用の馬券販売員の「継続勤
　　　　　　　務」性（肯定）〔日本中央競馬会事件〕（442）
　　　　(2) 「全労働日」の意義（443）
　　　　case 10-3　就業規則上の休日は「全労働日」に含まれるか（否
　　　　　　　定）〔エス・ウント・エー事件〕（444）
　　　　case 10-4　派遣労働者に対し「半年 800 時間労働」を休暇取得
　　　　　　　要件とすること（違法）〔ユニ・フレックス事件〕（445）
　　　　(3) パートタイム労働者への年休の比例付与（447）
　　3 具体的年休権の行使 …………………………………………………448
　　　　case 10-5　約 1 ヵ月間の長期休暇の時季指定に対する部分的時
　　　　　　　季変更権の行使（適法）〔時事通信社事件〕（449）
　　　　case 10-6　他事業場での一斉休暇闘争への参加と具体的年休権
　　　　　　　の成否（肯定）〔全林野白石営林署事件〕（452）

- III 使用者の時季変更権と年休の自由利用の原則 …………………………… 454
  - 1 使用者の時季変更権 …………………………………………………… 454
    - (1) 原　則（454）
    - case 10-7　虚偽目的で年休を請求した労働者の懲戒解雇（無効）〔東亜紡織事件〕（455）
    - (2) 使用者の「状況に応じた配慮」（457）
    - case 10-8　同僚の代替勤務の申出を撤回させ行使した時季変更権（違法）〔弘前電報電話局事件〕（458）
    - case 10-9　集中訓練期間中の年休請求に対する時季変更権の行使〔NTT（立川ネットワークセンター）事件〕（461）
  - 2 年休の自由利用の原則 ………………………………………………… 464
    - case 10-10　争議行為実行目的による年休の時季指定の効力（否定）〔津田沼電車区事件〕（465）
- IV 計画年休制度 ………………………………………………………………… 467
  - 1 計画年休制度の趣旨 …………………………………………………… 467
  - 2 計画年休協定 …………………………………………………………… 468
    - case 10-11　夏季連続一斉休暇に2日の年休を含める計画年休協定の労働者の時季指定権の排除効（肯定）〔三菱長崎造船所事件〕（469）
- V 年休権行使による不利益取扱いの禁止等 ………………………………… 471
  - 1 不利益取扱い …………………………………………………………… 471
    - (1) 不利益取扱いの禁止の趣旨（471）
    - (2) 具体的判断（471）
    - case 10-12　年休取得者の皆勤手当の減額または不支給規定の効力（肯定）〔沼津交通事件〕（472）
  - 2 年休の買上げ・繰越し ………………………………………………… 474
    - (1) 買上げ（474）
    - (2) 繰越し（475）
    - case 10-13　年休の繰越しと2年消滅時効の適用（否定）〔国鉄浜松機関区事件〕（475）

第11講　労働契約の成立および試用労働契約 ── 479

- I 労働契約の成立 ……………………………………………………………… 479
  - 1 採　用 …………………………………………………………………… 479
    - (1) 採用過程の法的規制（479）
    - (2) 採用とその自由（482）
    - note 9　採用に関する日本の現行の法的規制（483）
    - (3) 募集・採用における年齢制限の法的規制（485）

        (4) 採用の自由と労働者の思想・信条の自由（486）
    2 採用内定 ……………………………………………………………490
        (1) 採用内定通知（490）
        (2) 採用内定期間中の労働契約の特性（491）
        (3) 採用内定の取消し（492）
        case 11-1 中途採用者の採用内定取消し（無効）〔インフォミックス事件〕（493）
        case 11-2 採用取消しと不法行為の成否（肯定）〔わいわいランド事件〕（496）
        case 11-3 入社前研修への一部不参加を理由とする内定取消し（違法）〔宣伝会議事件〕（499）
  II 試用労働契約 ……………………………………………………………503
    1 試用期間の意義・法的性質……………………………………………503
    2 試用労働者の「本採用拒否」…………………………………………505
        case 11-4 試用期間を「停止条件付き労働契約」と解した事例〔山武ハネウエル事件〕（506）
        case 11-5 試用期間を「解約権留保付き労働契約」と解した事例〔三菱樹脂事件〕（508）
    3 試用期間と有期労働契約………………………………………………511
        (1) 判例法理（511）
        case 11-6 有期労働契約の期間の定めを試用期間と解した事例〔神戸弘陵学園事件〕（511）
        (2) 私 見（514）
  III 年少者・未成年者の労働契約 …………………………………………515
    1 最低就業年齢……………………………………………………………515
    2 未成年者の労働契約……………………………………………………516
    3 年少者の就業制限………………………………………………………517
    4 未成年者の訴訟能力……………………………………………………518
    5 身元保証契約……………………………………………………………518

第12講 異動人事 I（配転・出向・転籍） ── 521
  I 異動人事の意義……………………………………………………………521
    1 労働の場所，種類・内容に関する労務指揮権について……………521
    2 異動人事の種類・目的…………………………………………………523
        (1) 異動人事の種類（523）
        (2) 異動人事の目的（523）
        (3) 不当な目的，動機に基づく異動人事（524）
  II 配置転換……………………………………………………………………524

1　法的根拠 …………………………………………………………524
　　　　(1)　諸　説（524）
　　　　(2)　判例法理（526）
　　　2　配置転換と労働者の職種・職能の変更 ……………………………528
　　　　case 12-1　製油所試験室勤務の技術系労働者のセールス・エンジニア業務への配転（有効）〔東亜石油事件〕（528）
　　　　case 12-2　自動車製造工場の熟練機械工の組立てラインへの配転（有効）〔日産自動車村山工場事件〕（531）
　　　　case 12-3　アナウンサー採用の労働者の図書資料室への配転（有効）〔九州朝日放送事件〕（532）
　　　3　労働者の家族生活への配慮義務 ………………………………………535
　　　　case 12-4　共稼ぎの妻と子供3人をもつ労働者の単身赴任を余儀なくさせる転勤命令（有効）〔帝国臓器製薬事件〕（535）
　　　4　配置転換による賃金の引下げ ……………………………………538
　　　　case 12-5　下位の給与等級職種への配置転換による賃金の引下げ（無効）〔日本ドナルドソン青梅工場事件〕（538）
　Ⅲ　出　向 …………………………………………………………………542
　　　1　出向の意義および法的根拠 …………………………………………542
　　　　(1)　原　則（542）
　　　　case 12-6　出向には労働契約上の「特段の根拠」が必要か（肯定）〔日立電子事件〕（545）
　　　　case 12-7　グループ企業の中核3社が一括採用後3社に配属した従業員に対する出向命令（有効）〔興和事件〕（547）
　　　　(2)　復帰を予定しない長期出向（549）
　　　　case 12-8　出向元への復帰を予定しない出向命令（有効）〔新日本製鐵（日鐵運輸第2）事件〕（550）
　　　2　出向労働関係 …………………………………………………………553
　　　3　復帰命令 ………………………………………………………………554
　　　4　出向命令権の濫用禁止 ………………………………………………554
　Ⅳ　転　籍 …………………………………………………………………555
　　　1　転籍の意義および法的根拠 …………………………………………555
　　　　case 12-9　転籍拒否を理由とする懲戒解雇（無効）〔三和機材事件〕（555）
　　　　case 12-10　転籍先が雇入れを拒否した労働者の転籍元での労働契約の存続（肯定）〔日立製作所事件〕（557）
　　　2　特別事情 ………………………………………………………………558
　　　　case 12-11　会社の実質的一部門の関連会社への「転属」命令

(有効)〔日立精機事件〕(558)

第13講　異動人事Ⅱ（休職・懲戒） —————————— 561
Ⅰ　休職制度 ··561
1　休職の意義・機能および休職要件 ···561
(1) 意義・機能 (561)
(2) 休職要件 (562)
2　刑事起訴休職・私傷病休職 ··563
(1) 刑事起訴休職 (563)
case 13-1　傷害嫌疑で罰金の略式命令後釈放された操縦士の刑事起訴休職処分（無効）〔全日本空輸事件〕(565)
(2) 私傷病休職 (566)
case 13-2　慢性腎不全等によりデスクワーク可能と診断され復職の申出を拒否された貨物自動車運転手の賃金請求（認容）〔カントラ事件〕(568)

Ⅱ　企業秩序・服務規律 ··570
1　服務規律と使用者の権限 ···570
(1) 服務規律と制裁 (570)
(2) 企業秩序に関する判例法理 (572)
2　懲戒権の意義・法的根拠 ···574
(1) 意　義 (574)
(2) 法的根拠 (575)
case 13-3　解雇予告手当の支払いの提供をした懲戒解雇の効力（有効）〔高島鉄工所事件〕(576)
case 13-4　懲戒処分規定にない懲戒「休職」処分の効力（否定）〔理研精機事件〕(578)
case 13-5　懲戒処分規定にない刑事起訴休職処分の効力（否定）〔社会福祉法人広島厚生事業協会事件〕(579)

Ⅲ　懲戒処分 ··580
1　懲戒処分権の濫用の禁止 ···580
2　懲戒処分の種類 ··580
case 13-6　企業秩序の維持，回復を目的とする厳重注意と無効確認の利益および不法行為の成否（肯定）〔JR東日本（高崎西部分会）事件〕(582)
3　懲戒処分事由 ··585
(1) 業務命令違反 (585)
(2) 企業外の行為ないし企業の社会的名誉・信用毀損 (585)
case 13-7　社宅内への会社誹謗ビラの配布を理由とする戒告

　　　　　　　処分（有効）〔関西電力事件〕(586)
　　　(3) 経歴詐称 (588)
　　　(4) 内部告発 (590)
　　　　case 13-8　労働条件差別糾弾等の内容の図書出版を理由とする
　　　　　　　　　　戒告処分（無効）〔三和銀行事件〕(593)
　　　　case 13-9　経営陣批判文書の配布に対する懲戒解雇の不法
　　　　　　　　　　行為性（肯定）〔大阪いずみ市民生協事件〕(595)
　　　(5) 調査への非協力・不服従 (597)
　　　　case 13-10　守衛の行う入退場者の「日常携行品」の検査（違法）
　　　　　　　　　　〔神戸製鋼所事件〕(597)
　　　　case 13-11　同僚の企業秩序違反行為の調査不協力と懲戒処分
　　　　　　　　　　（無効）〔富士重工業事件〕(599)
　　　　case 13-12　中傷メールの発信者との嫌疑で行われた事情聴取の
　　　　　　　　　　不法行為性（否定）〔日経クイック情報事件〕(601)
　Ⅳ　懲戒権の行使 …………………………………………………………… 603
　　1　懲戒権の行使 ………………………………………………………… 603
　　2　懲戒権行使の準則 …………………………………………………… 604
　　　　case 13-13　懲戒処分規定前の刑事起訴を理由とする休職処分
　　　　　　　　　　（無効）〔社会福祉法人広島厚生事業協会事件〕(604)
　　　　case 13-14　懲戒事由と処分の重さが不均衡な懲戒解雇（無効）
　　　　　　　　　　〔西武バス事件〕(605)
　　　　case 13-15　懲戒処分当時，懲戒事由として認識していなかっ
　　　　　　　　　　た非違行為に対する懲戒処分（無効）〔山口観光
　　　　　　　　　　事件〕(607)

第14講　労働契約の終了 ───────────────── 609
　Ⅰ　はじめに ………………………………………………………………… 609
　Ⅱ　労働契約の解約 ………………………………………………………… 610
　　1　解約（解雇・退職）の自由 ………………………………………… 610
　　　(1) 無期労働契約の解約 (610)
　　　(2) 有期労働契約の解約 (612)
　　2　退　職 ………………………………………………………………… 614
　　　(1) 任意退職と合意解約 (614)
　　　(2) 公序良俗違反および意思表示の瑕疵 (614)
　　　　case 14-1　人事部長による退職届の受理と労働契約の終了効
　　　　　　　　　　果（肯定）〔大隈鉄工所事件〕(616)
　　　　case 14-2　退職の強要の不法行為性（肯定）〔下関商業高校事
　　　　　　　　　　件〕(618)

　　　　case 14-3　退職強要をした使用者の損害賠償責任（認容）〔京都
　　　　　　　　　呉服販売会社事件〕（619）
　Ⅲ　解　雇 ·· 620
　　1　解雇の時期の規制 ·· 620
　　　(1)　解雇禁止期間の原則（620）
　　　(2)　解雇禁止の除外規定（621）
　　2　解雇手続の規制 ··· 622
　　　(1)　解雇の予告・解雇予告手当の支払い（622）
　　　　case 14-4　労基法 20 条違反の解雇の有効性（相対的無効説）〔細
　　　　　　　　　谷服装事件〕（623）
　　　　case 14-5　労基法 20 条違反の解雇の有効性（選択権説）〔加藤
　　　　　　　　　電気事件〕（625）
　　　(2)　即時解雇（625）
　　　(3)　有期労働契約と解雇予告制度（627）
　　　(4)　解雇手続の自治的規制（629）
　　3　解雇理由の規制 ··· 629
　　　(1)　法律による規制（629）
　　　(2)　労働協約・就業規則による解雇規制（自治的制限）（632）
　　　(3)　懲戒解雇該当事由を理由とする普通解雇（633）
　　　(4)　解雇権濫用法理（633）
　　　　case 14-6　2 週間に 2 度寝過ごしニュース報道ができなかった
　　　　　　　　　アナウンサーに対する解雇（無効）〔高知放送事件〕
　　　　　　　　　（636）
　　　(5)　解雇の具体的事由（638）
　　　　case 14-7　エイズ感染を理由とする解雇（無効）〔エイズ感染
　　　　　　　　　解雇事件〕（638）
　　　　case 14-8　欠勤・勤務不良を理由とする解雇（有効）〔東京海上
　　　　　　　　　火災保険事件〕（640）
　　　　case 14-9　職務遂行能力および勤務態度不良を理由とする中途
　　　　　　　　　採用労働者の解雇（有効）〔ヒロセ電機事件〕（642）
　　　　case 14-10　コンピューター・プログラマーとして雇用された労
　　　　　　　　　働者の能力不足を主な理由とする解雇（無効）〔京
　　　　　　　　　都テクノシステム事件〕（646）
　　　　case 14-11　リース事業会社への出向を約して雇用したゼネラル・
　　　　　　　　　マネージャーの同事業撤退，会社閉鎖を理由とする
　　　　　　　　　解雇（有効）〔チェース・マンハッタン銀行事件〕（648）
　　　　case 14-12　人員整理の実施に必要な業務の懈怠等を理由とする
　　　　　　　　　人事本部長の解雇（有効）〔フォード自動車（日本）

　　　　事件〕（651）
　　case 14-13　解雇撤回後の職場復帰について具体的条件の提示が
　　　　ないことから出社拒否した労働者に対する懲戒解雇
　　　　（無効）〔アリアス事件〕（653）
4　整理解雇 ……………………………………………………………655
　(1)　意　義（655）
　(2)　整理解雇とその有効性の判断基準（656）
　(3)　解雇権濫用法理と整理解雇（660）
　(4)　整理解雇法理の実質的根拠（661）
　(5)　整理解雇の必要性と解雇回避努力義務の相関性（662）
　(6)　労働者（労働組合）への説明・協議交渉義務（663）
　(7)　裁判例（664）
　　case 14-14　事業閉鎖部門労働者全員の整理解雇（有効）〔東洋酸
　　　　素事件〕（664）
　　case 14-15　事業部門閉鎖を理由とする整理解雇・その2（無効）
　　　　〔ナショナル・ウエストミンスター銀行（第2次仮処
　　　　分）事件〕（667）
　　case 14-16　事業部門閉鎖を理由とする整理解雇・その3〔ナショ
　　　　ナル・ウエストミンスター銀行（第3次仮処分）事件〕
　　　　（670）
　　case 14-17　事業部門閉鎖（支店）を理由とする整理解雇・その4
　　　　（有効）〔シンガポール・ディベロップメント銀行事件
　　　　（本訴）〕（673）
　　case 14-18　幹部職員で53歳以上との整理解雇基準の合理性（否
　　　　定）〔ヴァリグ日本支社事件〕（676）
5　変更解約告知 ………………………………………………………679
　(1)　意　義（679）
　(2)　留保付き承諾（682）
　(3)　変更解約告知の有効性（683）
　　case 14-19　賃金等の労働条件，雇用形態の変更の申込みに応諾
　　　　しない労働者の再雇用拒否（変更解約告知）の効力
　　　　（有効）〔スカンジナビア航空事件〕（685）
　　case 14-20　週3日勤務を週4日勤務またはパートタイム労働者
　　　　への変更を拒否した医局員の解雇（無効）〔大阪労
　　　　働衛生センター事件〕（688）
6　解雇無効の主張および解雇期間中の賃金 ………………………691
　(1)　解雇無効の訴え（691）
　(2)　解雇期間中の賃金（691）

- Ⅳ 定　年 ……………………………………………………………………694
  - 1 意義および合理性 ………………………………………………694
  - 2 定年年齢 ………………………………………………………696
    - (1) 60歳未満の定年制禁止への途（696）
    - (2) 定年年齢の65歳までの引上げ・60〜65歳までの間の継続雇用措置の義務（697）
    - (3) 高年齢者雇用推進者の選任等（698）
    - **case 14-21** 保母の45歳定年制の合理性（否定）〔社会福祉法人岡保育園事件〕（698）
    - **case 14-22** 55歳定年退職制の合理性（肯定）〔RFラジオ事件〕（700）
    - **case 14-23** 60歳定年制下の63歳までの雇用継続の期待権（否定）〔三井海上火災事件〕（704）
- Ⅴ 労働契約終了時・終了後の措置 ………………………………706

事項索引

判例索引

下巻　大目次

第15講
- I　はじめに
- II　労働組合の意義
- III　労働組合の資格要件等
- IV　労働組合の組織
- V　組織統制・組織強制
- VI　労働組合の組織変動

第16講
- I　団体交渉の意義
- II　団体交渉権の保障および限界
- III　団体交渉の実施

第17講
- I　団体行動権の保障
- II　争議行為の正当性
- III　正当性のない争議行為と民事責任
- IV　争議行為と賃金債権
- V　争議行為の企業外第三者に対する責任
- VI　使用者の争議対抗行為

第18講
- I　組合活動の権利とその保障
- II　便宜供与
- III　労働委員会
- IV　労働争議の調整

第19講
- I　不当労働行為制度
- II　不利益取扱い

第20講
- I　団交拒否
- II　支配介入
- III　複数組合併存下の不当労働行為
- IV　不当労働行為の救済手続

第21講
- I　雇用における男女平等法制
- II　雇用における男女の平等
- III　雇用福祉法制
- IV　育児休業権・介護休業権の保障

第22講
- I　いわゆる非正規雇用の労働者
- II　臨時的雇用者
- III　パートタイム労働者
- IV　労働者派遣
- V　企業組織の変動と労働契約

第23講
- I　賃金制度における公正処遇
- II　安全・衛生法制
- III　安全衛生義務の内容
- IV　労働災害と損害賠償

第24講
- I　労働者災害補償制度
- II　労災補償給付
- III　業務上・外の認定
- IV　通勤災害

凡　例

1．関係法令名の略記については，有斐閣『六法全書』巻末の「法令名略語」の例による。

2．引用略記
　〈単行本〉

荒木	荒木尚志『雇用システムと労働条件変更の法理』〔有斐閣，2001年〕
荒木＝菅野＝山川	荒木尚志＝菅野和夫＝山川隆一『詳説労働契約法』〔弘文堂，2008年〕
有泉	有泉亨『労働基準法』〔有斐閣，1964年〕
石井 a	石井照久『新版労働法』〔弘文堂，1971年〕
石井 b	同〔萩沢清彦増補〕『労働法総論』〔有斐閣，1979年〕
石川	石川吉右衛門『労働組合法』〔有斐閣，1978年〕
大内	大内伸哉『労働法実務講義』〔日本法令，2002年〕
奥山	奥山明良『労働法』〔新世社，2006年〕
小畑	小畑史子『最新労働判例解説』〔日本労務研究会，2003年〕
小畑・第2集	同『第2集最新労働判例解説』〔日本労務研究会，2006年〕
片岡(1)	片岡曻〔村中孝史補訂〕『労働法(1)第4版』〔有斐閣，2007年〕
片岡(2)	同〔村中孝史補訂〕『労働法(2)第5版』〔有斐閣，2009年〕
唐津＝和田	唐津博＝和田肇『労働法重要判例を読む』〔日本評論社，2008年〕
久保＝浜田	久保敬治＝浜田冨士郎『労働法』〔ミネルヴァ書房，1993年〕
小西	小西國友『労働法の基礎』〔日本評論社，1993年〕
小西・労働法	同『労働法』〔三省堂，2008年〕
小西ほか	小西國友＝渡辺章＝中嶋士元也『労働関係法（5版）』〔有斐閣，2007年〕
下井	下井隆史『労働基準法（4版）』〔有斐閣，2007年〕
下井・労使関係法	同『労使関係法』〔有斐閣，1995年〕
末弘 a	末弘嚴太郎『労働法のはなし』〔一洋社，1947年〕
末弘 b	同「労働基準法解説」法律時報20巻3〜8号〔1948年〕
末弘 c	同『労働運動と労働法』〔東京大興社，1948年〕
末弘 d	同『日本労働組合運動史』〔共同通信社，1950年〕
菅野	菅野和夫『労働法（8版）』〔弘文堂，2008年〕——8版以外の版引用のときは版および刊行年を示す。
菅野・雇用社会	同『新・雇用社会の法（補訂版）』〔有斐閣，2004年〕
土田	土田道夫『労働法概説』〔弘文堂，2008年〕
寺本	寺本廣作『改正労働基準法の解説』〔時事通信社，1952年〕——本書の前身である，同『労働基準法の解説』〔時事通信社，1948年〕は，寺本〔1948年〕と引用する。
道幸	道幸哲也『不当労働行為法理の基本構造』〔北海道大学図書刊行会，2002年〕

道幸・労使関係	同『労使関係のルール』〔労働旬報社，1995年〕
JIL/PT, JWLP.2008/2009	独立行政法人日本労働政策研究・研修機構（JIL/PT）"Japanese Working Life Profile 2008/2009 － Labor Statistics"
ユースフル労働統計	同『ユースフル労働統計』
データブック	同『データブック国際労働比較』
中窪＝野田＝和田	中窪裕也＝野田進＝和田肇『労働法の世界（第7版）』〔有斐閣，2007年〕——同書8版〔2009年〕からの引用は，〔8版〕と明記する。
中山	中山慈夫『就業規則モデル条文』〔日本経団連出版，2007年〕
野川 a	野川忍『労働法』〔商事法務，2007年〕
野川 b	同『わかりやすい労働契約法』〔商事法務，2007年〕
西谷	西谷敏『労働組合法（第2版）』〔有斐閣，2006年〕
西谷・労働法	同『労働法』〔日本評論社，2008年〕
濱口	濱口桂一郎『労働法政策』〔ミネルヴァ書房，2004年〕
林＝山川	林豊＝山川隆一編著『新・裁判実務体系16巻・17巻』〔青林書院，2001年〕
廣政	廣政順一『労働基準法・制定経緯とその展開』〔日本労務研究会，1979年〕
外尾	外尾健一『労働団体法』〔筑摩書房，1975年〕
水町	水町勇一郎『労働法（第2版）』〔有斐閣，2008年〕
宮里	宮里邦雄『労働委員会』〔労働教育センター，1990年〕
盛	盛誠吾『労働法総論・労使関係法』〔新世社，2000年〕
安枝＝西村	安枝英訷＝西村健一郎『労働法（第9版）』〔有斐閣，2006年〕——同書10版〔2009年〕からの引用は〔10版〕とする
山川	山川隆一『雇用関係法（4版）』〔新世社，2008年〕
山口	山口浩一郎『第2版・労働組合法』〔有斐閣，1998年〕
山本編	山本吉人編『人事・労務の法律実務』〔経営書院，2001年〕
旧法令集	我妻栄編集代表『旧法令集』〔有斐閣，1968年〕
逐条解説	米津ほか「労働契約法逐条解説」労働法律旬報1669号〔2008年〕
〈注釈書〉	
東大・注釈労基法〔上〕〔下〕	東京大学労働法研究会『注釈労働基準法上・下』〔有斐閣，2003年〕
東大・注釈労組法〔上〕〔下〕	東京大学労働法研究会『注釈労働組合法上・下』〔有斐閣，上・1980年，下・1982年〕
東大・注釈労働時間	東京大学労働法研究会『注釈労働時間法』〔有斐閣，1990年〕
法セ・コメ	金子征史＝西谷敏編『法学セミナー基本法コンメンタール労働基準法』〔日本評論社，2006年〕
〈講座等〉	
旧講座	日本労働法学会編『労働法講座』1〜6巻，7巻上・下〔有斐閣，1956年〕
大系	石井照久＝有泉亨編『労働法大系』全5巻〔有斐閣，1966年〕
現代講座	日本労働法学会編『現代労働法講座』全15巻〔総合労働研究所，

	1981年以降〕
講座21世紀	日本労働法学会編『講座21世紀の労働法』全8巻〔有斐閣，2000年〕
立法資料	渡辺章編集代表『日本立法資料全集51～54巻・労働基準法（昭和22年)(1),(2),(3)上・下』〔信山社，1996～1998年〕
厚労省・労基〔上〕〔下〕	厚生労働省労働基準局編『改訂版労働基準法（上）（下）』〔労務行政，2005年〕
厚労省・早わかり	厚生労働省労働基準局監督課『改訂7版労働基準法早わかり』〔労働調査会，2004年〕
厚労省・労組・労調	厚生労働省労政参事官室編『新訂5版労働組合法・労働関係調整法』〔労務行政，2006年〕

〈判例解説〉

百選	ジュリスト別冊労働判例百選〔1962年〕，新版〔1967年〕，3版〔1974年〕，4版〔1981年〕，5版〔1989年〕，6版〔1995年〕，7版〔2002年〕
争点	ジュリスト別冊労働法の争点〔1979年〕，新版〔1990年〕，3版〔2004年〕

〈判例集〉

民集	最高裁判所民事判例集
刑集	最高裁判所刑事判例集
高民集	高等裁判所民事判例集
高刑集	高等裁判所刑事判例集
労民集	労働関係民事裁判例集
労判集	労働関係民事事件裁判集
行裁例集	行政事件裁判例集
裁時	裁判所時報
下級民集	下級裁判所民事裁判例集
刑資	刑事裁判資料
判時	判例時報
判タ	判例タイムズ
命令集	不当労働行為事件命令集
別冊中時	別冊中央労働時報
別冊中時重要命令・判例集	別冊中央労働時報不当労働行為事件重要命令・判例集
労経速	労働経済判例速報
労判	労働判例

〈雑誌〉

季労	季刊労働法
ジュリ	ジュリスト
中時	中央労働時報
法教	法学教室
法協	法学協会雑誌
法時	法律時報

法セ	法学セミナー
法曹	法曹時報
民商	民商法雑誌
労研	日本労働研究雑誌
労旬	労働法律旬報
労働	日本労働法学会編・日本労働法学会誌
労法	労働法令通信

〈主な法令の略称・初出以外の場合〉

育児介護休業法	育児休業，介護休業等育児又は家族の介護を行う労働者の福祉に関する法律
高年齢者雇用安定法	高齢者等の雇用の安定に関する法律
個別労働関係紛争解決促進法	個別労働関係紛争の解決の促進に関する法律
憲法	日本国憲法
障害者雇用促進法	障害者の雇用の促進等に関する法律
女性則	女性労働基準規則
男女雇用機会均等法	雇用の分野における男女の均等な機会及び待遇の確保に関する法律
短時間労働者法	短時間労働者の雇用管理の改善等に関する法律
地公労法	地方公営企業等の労働関係に関する法律
賃金支払確保法	賃金の支払の確保等に関する法律
特定独法等労働関係法	特定独立行政法人等の労働関係に関する法律
入管法	出入国管理及び難民認定法
年少則	年少者労働基準規則
労安衛法	労働安全衛生法
労基法	労働基準法
労基則	労働基準法施行規則
労組法	労働組合法
労調法	労働関係調整法
労働契約承継法	会社の分割に伴う労働契約の承継等に関する法律
労働時間設定改善法	労働時間等の設定の改善に関する特別措置法
労災補償保険法	労働者災害補償保険法
労働保険審査法	労働保険審査官及び労働保険審査会法
労働保険料徴収法	労働保険の保険料の徴収等に関する法律
労働者派遣事業法	労働者派遣事業の適正な運営の確保及び派遣労働者の就業条件の整備等に関する法律

〈行政通達〉

労告	労働省告示
厚労告	厚生労働省告示
発基	労働基準局関係の次官通達
発労	労政局関係の次官通達
発婦	婦人局関係の次官通達

基発	労働基準局長名で発する通達
基収	労働基準局長が疑義に答えて発する通達
婦発	婦人局長名で発する通達
労発	労働省労政局長名で発する通牒
雇児発	雇用均等・児童家庭局長が発する通達
地発	厚生労働大臣官房地方課長が発する通達

3．イギリス労働法

〈文献〉

Andrew C. Bell, 2003 ; Employment Law, 2nd ed. 2003, Sweet & Maxell.
Brain Willey, 2003 ; Employment Law in Context, Prentice Hall
BELH, 2004 ; Butterworths Employment Law Handbook, 12th ed. 2004, Lexis Nexis.

〈法令等略語〉

ACAS	Advisory, Conciliation and Arbitration Service（雇用助言あっせん仲裁局）
EA	Employment Act 2002（雇用法）
EAT	Employment Apeal Tribunal（雇用控訴審判所）
ECJ	European Court of Justice（欧州裁判所）
ERA	Employment Rights Act 1996（雇用権利法）
ERe1A	Employment Relations Act 1999（雇用関係法）
ET	Employment Tribunal（雇用審判所）
NMWA	National Minimum Wage Act 1988（最低賃金法）
TULR(C)A	Trade Union and Labour Relations (Consolidation) Act 1992（労働組合及び労使関係〔統合〕法）
TUPE	Transfer of Undertakings (Protection of Employment) Regulation 1981（営業譲渡に関する規則）
WTR	Working Time Regulation 1998（労働時間に関する規則）

【お断り】

＊1　参照箇所の表示方法はつぎのとおりとする。
　　① 同じ講で行う場合はたとえば「本講Ⅱ1」のように目次項目で示す。
　　② 上巻で下巻の箇所を，下巻で上巻の箇所を参照する場合は，①と同様に，たとえば「第15講Ⅱ1」のように目次項目で示す。
　　③ 同じ巻の参照箇所は「第○講○頁」と講と頁数を示す。
＊2　文中の〔判批〕は判例研究・判例評釈・判例解説等をいう。
＊3　文献一覧に掲げたもののうち小西『労働法』（三省堂，2008年8月），西谷『労働法』（日本評論社，2008年12月）の両書については，その刊行時期が本書の執筆が整理段階に入った時期に当たり，部分的に参考にさせていただいた程度であること，また土田道夫『労働契約法』（有斐閣，2008年8月）については，労働契約法に関する同氏の他の論説を参照するにとどめざるを得なかったことをここに記してご寛容をお願いする。

第1講　労働関係法総説

I　はじめに

1　民法における雇用規定

一　労働者と使用者との個々の労働関係（雇用関係，個別的労働関係などと呼ぶ）は，民法（明治29年法律89号）の定める「雇用契約」に法的基礎を置いている。雇用契約は，自由な市場経済社会で結ばれる典型契約（民法第3編債権第2章契約第2節～第14節参照）の一つであり，「当事者の一方が相手方に対して労働に従事することを約し，相手方がこれに対してその報酬を与えることを約することによって，その効力を生ずる。」（民623条），そのような双務・有償・無様式の諾成契約である（後述の労働契約法も6条にほぼ同様の規定を置いている。第4講153頁参照）*。

＊　**双務・有償・諾成・無様式契約**　双務とは契約当事者の一方の負う義務（労働者の労働義務）が相手方の負う義務（使用者の賃金支払義務）と牽連していること，有償とは対価をともなうこと，諾成とは労使いずれかが契約を申し込み，相手方がそれを承諾する（約する）ことにより法律関係が成立すること，無様式とは契約の成立について口頭，書面などの形式を問わないこと，をいう。

二　民法はこのように，雇用契約を労働と賃金との交換関係（権利義務関係）と定義し，報酬後払い原則（624条），権利義務の一身専属性（625条），有期労働契約の期間の上限を5年（商工業見習者に例外あり）とする原則と期間途中の解除の制限，およびその黙示的更新の効果と更新後における解約の自由（626条・628条・629条），期間の定めのない雇用契約の解約の自由（627条・631条）などの規定を置いている。その特徴は，労働契約の締結と解約（解除）の自由を強く保障し，どのような労働条件を定めるかを当事者の自由な合意に委ねている（法的規整の空白地帯にしている）点にある。

三　このため，使用者は人を年齢に制限なく，雇用し働かせることができ，未成年者が職業を営む（労働契約の締結を含む）ときに法定代理人による取消または許可が問題になるに過ぎない（民6条2項・823条参照）。妊産婦，病者など身体・健康に問題のある者の使用も制限しない。

使用者はまた，労働者の債務の不履行（期間途中の退職など）に備えて損害賠償を予定することができ（同420条），貸金や制裁金などを賃金と相殺して弁済させることも認められる（同505条）。そのため，労働者にとって唯一の生活源である賃金の支払いを受ける権利（同624条）は脆弱である。
　労働時間の上限や休憩・休日など労働者の肉体的摩滅を防止するために必要な法的規制はなく，「休息」の権利も存在しない。労働者の生命，健康を危険や有害な業務から守り（安全衛生保護），業務上生じた労働者の傷病，障害，死亡からの救済（労働者災害補償）に関しても，市民法上の不法行為法の法理（同709条・715条参照）のほかは，特別の定めは存在しない。

　四　日本の民法も，私法の一般法（市民法）として，抽象的人格の独立と平等，私的所有権の保障，契約の自由および過失責任主義を基本原理としており，日本は，産業革命以後ほぼ20世紀の初頭までに，労働関係について，資本主義経済国家に生起したのと同様の諸々の社会的経済的弊害を経験した。それを例示すれば，①劣悪な環境下での長時間の苦汗的労働（sweated labour, sweated industry）が市民的契約の自由（形式的自由）の名の下に放置され，②それが特に成長期の年少者，病弱者，妊産婦の心身にとりかえしのつかない悪影響を与えた。また③有害，不衛生，危険な作業体制の下で労働災害（負傷，疾病，障害，死亡）を多発させ，④その補償の実現には「過失責任主義」（民709条）の壁が立ち塞がった。また，⑤使用者は労働契約の「締結の自由」，「解約の自由」を無制約に保障され（one-hundred-percentage freedom），一方で労働者は市場経済の変動の波に翻弄され，最悪リスクの失業を回避するためには悪い条件に耐えるほかない立場に置かれた（参照，菅野1〜2頁）。

　五　市民法は，また，労働者が雇用を守り，労働条件を維持改善するために国家法に頼らず，団結し，自力で使用者と交渉することを可能にする集団的労働関係の展開をまったく想定していない。かえって労働者の団結とその活動は，使用者が個々の労働者と労働条件を取引する自由（営業の自由）への不当な介入（restraint of trade）として違法視（犯罪視）され，労働組合とその指導層はその自由（権利）の侵害の責め（損害賠償責任）を負わされ（民〔旧〕44条〔現行の一般法人78条ほか〕・709条），さらに刑事上も共謀罪（conspiracy）を犯すものとして取締りと処罰の対象にされた（刑234条など）。

2　労働関係法

　一　労働は，肉体の器に盛られた人間の（肉体的，精神的な）能力を働かす

ことである。労働者はその能力を時間を決めて使用者に売り，賃金にかえて生計を維持する。現在の雇用が不利なときも，別の使用者を見つけるまではその雇用にしがみついて生活するほかない。それ故労働者（worker）は，使用者一般に対し社会的，経済的に依存し（社会的経済的従属性），被用者（employee）として経営の一構成部分となるときはその規律に服し（組織的従属性），労働過程では使用者の意思（指揮命令）に従い，その意を体して業務を遂行すべき義務を負う（人的従属性）。

二　産業革命後のある時期から，各国は，労働関係を「私的自治の原則」に放置することの限界を認識し，公正な法的コントロールの下に置く必要性を認めるようになった。労働関係法は，資本主義経済社会が一定の発展をし，その弊害が露わになった段階において，いわばやむにやまれぬものとして資本主義国家法の一分野に加えられた。したがって，労働関係法は資本主義法の新参ものであり，市民法的規整原理（抽象的人格の独立，契約の自由，営業の自由，所有権の保障，過失責任主義の原則など）に対する数々の修正的法原理を含んでいる。

三　いうまでもなく，生産者（広義の）が「労働力」を調達する主要な法的手段は雇用契約（労働契約）である。しかし労働関係法は，雇用契約（労働契約）のみを規律するものではない。後述するように（本講Ⅱ1），労働関係法は，労働者に「人たるに値する生活」を可能ならしめるという明確な理念の上に立って資本主義的労働関係を改良し，再構築する反省的近代化の路線上にあり，その分野は大別して雇用政策法，雇用関係法，労使関係法および公共部門労働関係法に分けられる（4分野の法的規整理念および各分野の法律の概要については，本講Ⅱ）。

労働者に「人たるに値する生活」をより望ましい内容および水準で可能ならしめる雇用システムは，同時により優れた労働力の再生産の条件を維持開拓することになり，企業および社会一般に利益をもたらすものである。

Ⅱ　憲法と労働関係法

1　憲法の労働関係法規定

一　日本国憲法は，「すべて国民は，健康で文化的な最低限度の生活を営む権利を有する。」と規定し，国民に「生存権」を保障している（25条1項）。憲法は，国民の生存権を実現するように国に対し積極的政策の遂行を義務づけて

おり，国が国民に対し，「社会福祉，社会保障及び公衆衛生の向上及び増進」を図る義務を負うこと（同条2項），義務教育を無償で受けさせる義務を負うこと（26条），勤労の権利を保障すること（27条1項），最低労働基準を法律で定め，特に児童の酷使を禁止すること（同条2項・3項），勤労者とその自主的団体に対し労働基本権を保障すること（28条）などの諸権利，諸政策の根拠となる究極の権利である。こうした国家の政策義務に対応する国民の権利は，思想・良心，信教，集会・結社・表現の自由などの「自由権的基本権」に対して，一般に「社会権的基本権（社会権）」と性格づけられている（労働法の体系と憲法との関係に関しては，荒木尚志「新労働法講義〔第1回〕」法教307号〔2006年4月〕112頁参照）＊。

＊ **生存権と労働権条項** 憲法25条の生存権条項と，憲法27条・28条の労働権条項との関係について，最高裁判所は，「憲法28条……の労働基本権の保障の狙いは，憲法25条に定めるいわゆる生存権の保障を基本理念とし，勤労者に対して人間に値する生存を保障すべきものとする見地に立ち，一方で，憲法27条の定めるところによって，勤労の権利および勤労条件を保障するとともに，他方で，憲法28条の定めるところによって，経済上劣位に立つ勤労者に対して実質的な自由と平等とを確保するための手段として，その団結権，団体交渉権，争議権等を保障しようとするものである」と述べ，「憲法自体が労働基本権を保障している趣旨にそくして考えれば，実定法規によって労働基本権の制限を定めている場合にも，労働基本権保障の根本精神にそくしてその制限の意味を考察すべきであり，ことに生存権の保障を基本理念とし，財産権の保障と並んで勤労者の労働権・団結権・団体交渉権・争議権の保障をしている法体制のもとでは，これら両者の間の調和と均衡が保たれるように，実定法規の適切妥当な法解釈をしなければならない」との判断を示している（全逓東京中郵局事件・最大判昭和41・10・26刑集20巻8号901頁。その趣旨に関し，片岡(1) 23頁以下参照）。

二 憲法に，自由権的基本権に加えて「社会権的基本権」が規定されたのは，第1次大戦後のワイマール憲法（1919年）が最初である（同憲法163条2項は，すべてのドイツ人はその経済的労働によって生活資料を求めることを得る機会を与えられねばならないこと，適当な労働の機会を与えられない者に対しては必要な生活費を支給することを規定する）。それは，自由主義，とくに経済活動の自由の原理がもたらす物質的利益と便宜の陰で，病気や失業に泣く多数の国民（社会的，経済的な弱者）の問題に国家が直面したからである。現代国家は，この問題に対処するために，国民のある種の自由を制限し，自由によって利益を得ている人々の権利を制限することによって，自由社会で甚だしい不利益を蒙っている人々を保護し，救済する責務を担わなければならない。その責務に応じて

憲法に社会権（生存権）が保障されている*。

　　＊　**社会的国家**　近代市民国家における市民の自由と平等とを保障する基本原理を，憲法の「市民性原理」と呼ぶとすれば，これに対立して現代国家における社会問題視角から，自由を拘束し，平等を侵害しても，社会的問題を処理しようとする原理を，「社会性原理」と呼ぶことができる。第2次大戦後制定された憲法のなかには自由主義，民主主義の原理とともに社会性原理を唱えるものがある。1949年ドイツ連邦共和国憲法の「ドイツ連邦共和国は，民主的かつ社会的連邦国家である。」（20条1項）との規定，1958年フランス共和国憲法（第5共和国憲法）の「フランスは，不可分の非宗教的，民主的かつ社会的な共和国である。」（1条）との規定がその例である（参照，鵜飼信茂「憲法における市民性原理と社会性原理」民商78巻臨時増刊⑷〔1978年〕45頁）。

　三　**立法授権**　日本国憲法の労働権条項（27条・28条）は，労働関係の場における生存権の体系を具体化している。すなわち，「すべて国民は，勤労の権利を有し，義務を負ふ。」との定め（27条1項）は，完全雇用を理念とし，国民の勤労権を実現しようとする雇用政策法（労働市場の法）の憲法的根拠である。

　「賃金，就業時間，休息その他の勤労条件に関する基準は，法律でこれを定める。」「児童は，これを酷使してはならない。」との定め（27条2項・3項）は，労使の労働条件の内容を取り決める自由（契約の自由）を制限し，その基準（最低基準）を法律で定めるとの原則（勤労条件法定主義）を掲げており，雇用関係法の憲法的根拠である。

　「勤労者の団結する権利及び団体交渉その他の団体行動をする権利は，これを保障する。」との定め（28条）は，労働者が労働条件等に関し使用者との交渉において対等の立場に立つことを保障する産業民主主義の理念の実質化を狙いにしており，労使関係法の憲法的根拠である。

　国は，これらの憲法原理を実現する上で必要な立法権原を授権されており（菅野15頁），労働関係法はその責務に応えて制定されている。

　四　たとえば，国が合理的理由なく特定集団の失業者の求職の申込みを受け付けないこととするような法律は，彼らの勤労の機会を奪うものであり憲法27条1項に違反し，無効である（参照，職安5条の6）。

　また，最低賃金法により決定される最低賃金が生存権保障の理念に悖ると判断されるときは，生存権の保障および「勤労条件」を法律に定めるとした憲法の趣旨（精神）に反するものとして違憲とされる場合があり得る（参照，憲27条2項，最賃1条・3条・9条参照）。さらに，労働組合の設立に関し許可また

は認可し，あるいは解散を命令することができる権限を国に与える法律や行政措置は，労働者の「団結の自由」を侵害し違憲，無効である*1。同様に，合理的な理由なく団体交渉権，争議権を制限する法律の定めも違憲，無効である（憲 28 条）*2。

> *1　**旧労働組合法・ILO「結社の自由及び団結権の保護に関する条約」（87 号条約）**　第 2 次大戦後に制定された旧労働組合法（昭和 20 年 12 月法律 51 号，昭和 21 年 3 月施行）は，労働組合が「法令に違反し安寧秩序を紊したるときは労働委員会の申立に依り裁判所は労働組合の解散を為すことを得。」と定めていた（15 条 1 項）。この規定は，解散命令の手続を定めた 2 項とともに，現行の労働組合法（昭和 24 年法律 174 号）制定の際に削除された。
> 　その前年（1948 年），国際労働機関（International Labour Organization, ILO）は，87 号条約を採択し，労働者および使用者は，自ら選択する団体を，事前の認可を受けることなしに設立し，その団体の規約に従うことのみを条件に加入する権利をいかなる差別もなしに有すること，および団体において規約を作成し，代表者を選出し，その管理及び活動について定め，その計画を策定する権利に関して，公の機関が，これを制限しまたはその合法的な行使を妨げるようないかなる干渉をもしてはならないこと，並びに労使の団体は，行政的権限によって解散させられまたはその活動を停止させられてはならないこと等を定めた（2 条・3 条・4 条）。日本は同条約を 1965 年批准した。
>
> *2　**ILO「団結権及び団体交渉権についての原則の適用に関する条約」（98 号条約）**　ILO は，旧労組法制定の年（1949〔昭和 24〕年），98 号条約を採択し，「労働協約により雇用条件を規整する目的をもって行う使用者または使用者団体と労働者団体との間の自主的交渉のための手続の充分な発達および利用を奨励し，且つ促進するため，必要がある場合には，国内事情に適する措置をとらなければならない。」と定めた（4 条）。日本は同条約を 1953 年批准した。

五　憲法の労働関係規定は，日本社会の公序（民 90 条）の一部を構成する。たとえば，労使関係に関する労働基本権を合理的理由がなく制限，禁止し（A 組合とは団交しないという B 組合との協定など），その行使を妨害，威嚇し，不利益に取り扱う私人の法律行為（組合員であることを理由とする解雇その他の不利益取扱いなど）は違法，無効であり，事実行為（労働組合の結成・活動の妨害，特定の労組からの脱退の勧奨など）は不法行為となり損害賠償責任を生ずる。

六　**免責的効果**　労働組合の団体交渉その他の行為であって「正当なもの」は，「正当な業務による行為」（刑 35 条）として処罰対象から除かれる（労組 1 条 2 項，刑事免責ないし違法性阻却）。また使用者は，同盟罷業その他の争議行為であって「正当なもの」によって損害を受けたことの故をもって，労働

組合またはその組合員に対し賠償を請求することはできない（同 8 条，民事免責ないし違法性阻却）。これら労組法の規定は，労働基本権の保障に内在する憲法原理を確認し具体化したものであり，労組法が創設したものではない（この点，今日異論を見ない）。とくに民事免責の原則は，憲法の保障する労働基本権が，自由権的基本権とは明らかに異なり，直接私人間（使用者と労働者または労働組合との間）の法律関係に適用されることを意味している*。

＊　**不当労働行為制度・ILO98 号条約**　労組法は，正当な組合活動に対し刑事・民事の免責を定めるほか，使用者に対し，労働者，労働組合が「労働組合の正当な行為をしたこと」等を理由に不利益な取扱いをすることなど（このような使用者の行為を「不当労働行為」という）を禁止し，労働者，労働組合を不当労働行為から救済する法制度を設けている（7 条が不当労働行為禁止の実体規定，27 条以下が労働委員会による救済手続規定）。不当労働行為制度に関しては，憲法 28 条の団結権（広義の）保障を具体化したものと解する見解が多いが（たとえば，西谷 143 頁），憲法原理は刑事・民事の免責までであり，不当労働行為制度は円滑な団体交渉のために労組法が政策的に創設したものとの有力な見解がある（石川 276 頁，菅野 620 頁，下巻第 19 講 I 3 参照）。

他方，上記四の ILO98 号条約（1949 年）は，①労働組合への不加入若しくは脱退を労働者の雇用条件にすること，組合員であることや正当な組合活動を理由に解雇その他の不利益取扱いをすることなどの反組合的な差別待遇から労働者が保護されるべきこと，また②労使の団体は，その設立，任務の遂行，管理に関する相互の干渉から充分な保護を受けること，相互に他の団体を支配下に置き，経理上の援助等を与える行為は上記「干渉」にあたること，③加盟国は，「団結権の尊重を確保する機関」を設けなければならないことを定めた（1～3 条）。本条約の以上の定めは，「団結権尊重」の国際的通念を示したものである（上記③の機関は，日本においては主として「労働委員会」である）。

私見は，日本の労組法 7 条の定めも，そうした団結権尊重の国際的通念および憲法 28 条の団結権（広義の）保障の趣旨を受けて，その立法授権（前出三）に基づき，「労働者が使用者との交渉において対等な立場に立つことを促進する」との主目的（労組 1 条）のために制度化されたものと解する。

七　自由権的基本権と労働関係法　労働関係においても，憲法の保障する国民の自由権的基本権および平等権は重要な意義を有する。①法の下の平等原則（憲 14 条）は均等待遇の原則，男女同一賃金の原則（労基 3 条・4 条），労働組合の運営・組織原則（労組 5 条 2 項 3 号・4 号），不当労働行為の禁止（労組 7 条 1 号）に，②意に反する苦役からの自由の保障（憲 18 条）は強制労働，中間搾取の排除，有期雇用の期間の上限規制，損害賠償予定，前借金と賃金との相殺禁止（労基 5 条・6 条・14 条・16 条・17 条）に，③職業選択の自由（憲 22

条）は国の行う職業紹介事業の原則（職安2条・3条・5条の5・5条の6）に生かされている。

　裁判例においても，採用の際に使用者が労働者に「結婚したときは退職する」旨の誓約書を提出させ，結婚し退職しない女性労働者を解雇する女子結婚退職制が，国民の幸福追求の権利（憲13条）および婚姻の自由（憲24条）を合理的理由なく制限し，公序に反するものとして無効と判断された（住友セメント事件・東京地判昭和41・12・20労民集17巻6号1407頁。小西ほか〔渡辺〕213頁参照）。一方で，最高裁判所は，財産権としての「営業の自由」（憲22条・29条）を根拠に，企業の「採用の自由」を広く承認し，使用者が労働者の思想，信条を理由に雇入れを拒んでも公序良俗違反とならないとしており（**case 11-5**・三菱樹脂事件），労働関係法の重要論点となっている（参照，島田陽一・百選7版20頁，小西ほか〔渡辺〕147頁）。

　このほか，労働者の人格権に関係するプライバシーや個人情報の保護なども憲法の基本的人権規定と関係づけて考えることが必要である。

2　労働関係法の4分野

　労働関係法は，①労働契約の成立前・終了後の労働市場における労働力の需給関係を主な規整対象にする「雇用政策法」（労働市場法），②労働者が労働に従事し，使用者が報酬を支払う労働契約を規整対象にする「雇用関係法」（個別的労働関係法），③労働組合と使用者または使用者団体との交渉（広義の）を規整する「労使関係法」（集団的労働関係法，労働団体法），④国，地方公共団体，特定独立行政法人（後述5(2)参照），地方公営企業等に勤務する公務員等の勤務関係およびこれら公務員等の組織する「職員団体」（労働組合）と任命権者との関係を規整する「公務公共部門労働関係法」の，以上4分野で構成されている。

3　「勤労の権利」の保障と雇用政策法

　労働者は，賃金を唯一の生活手段にしている。それ故，労働者にとって雇用の場（機会）の確保は，生活の第一歩であり，国はすべての国民がその能力と適性に応じて労働の機会を得ることができるように雇用政策を行う政治的責務を負っている。憲法27条1項の保障する「勤労の権利」は，国の行う種々の雇用政策の憲法的基礎をなす[1][2]。

　　＊1　「勤労の権利」・「勤労の義務」の法的性質　〔勤労の権利〕　憲法27条1

項は，講学上の「プログラム規定」である。したがって，失業者に，国に対し雇用の機会を付与するよう請求できる権利（完全な労働権）を保障したものではない。また失業者が，求職期間中の生活保障を求めて国に一定の金銭（失業手当など）の給付を請求できる権利（制限的な労働権）を保障したものとも言えない。憲法の「勤労の権利」保障の趣旨は，国が国民の職業を安定させ，完全雇用に向けて（基本的理念），雇用政策を実施する政治的責務を負うことを宣明することにある。その政治的責務に対応し，国は，「雇用対策法」を制定し，国の行う雇用対策の目的，基本的理念を定め，諸施策（たとえば，技能労働者の養成と確保，職業転換給付金の支給など）を講ずることを定め（1条・3条・4条），また「職業安定法」を制定して失業者に対する職業紹介等の公共サービス事業（5条参照）を運営し，「職業能力開発促進法」を制定して労働者が雇用の機会を得られるような能力開発事業等を行い，自ら雇用の場（機会）を獲得しようと努める国民を支援する（3条の2参照）。「雇用保険法」は，失業者が求職期間中一定の給付を受ける権利（制限的な労働権）を保障している。それは自ら働く場（機会）を求める国民（労働の意欲，能力を有する失業者）に対し雇用保険法が保障する権利であり，国民が直接憲法に根拠づけられて有する権利ではない（小西ほか〔小西〕19頁・21頁以下）。

〔勤労の義務〕　「勤労の義務」は，国民を強制的に労働せしめうる権限を国に付与したものでは毛頭ない（憲18条参照）。国民が勤労の義務を負うとは，国が雇用政策として取り組む対象が，労働の能力のみでなく自ら労働を意欲する者（求職する者）にかぎられるとの意味である。たとえば，雇用保険による「失業等給付」（参照，雇保10条以下）は，およそ職業を持たない者すべてを対象にするのではない。積極的に公共職業安定所に出向いて求職の申込みをする（労働を意欲する）失業者のみを対象に行われる。雇用保険法は，「失業」の意義を，「離職し，労働の意思及び能力を有するにもかかわらず，職業に就くことができない状態」と定義をしているが（同4条3項），それは単に「職業に就くことができない状態」にある者のすべてではなく，「労働の意思及び能力を有する」者を対象にすることで足りるとする趣旨である。

＊2　**雇用政策法**　「雇用対策法」（昭和41年法律132号）が基本法である。その下に，「職業安定法」（昭和22年法律141号），「雇用保険法」（昭和49年法律116号），「職業能力開発促進法」（昭和44年法律64号），「中小企業における労働力の確保及び良好な雇用の機会の創出のための雇用管理の改善の促進に関する法律」（平成3年法律57号）などがある。「労働者派遣事業の適正な運営の確保及び派遣労働者の就業条件の整備等に関する法律」（昭和60年法律88号）は，雇用政策法と雇用関係法（後述4）の両領域に関係する。

4　「勤労条件法定主義」と雇用関係法

一　労働者が雇用の場を得ても，それが健康に有害であり，あるいは劣悪な

労働条件下の「苦汗的労働」（sweated labour）であれば，労働者の「健康で文化的な最低限度の生活」（人たるに値する生活）はかえって損われる。そこで憲法は，「勤労条件法定主義」および「児童の酷使の禁止」（27条2項・3項）を定め，契約の自由の法的枠組みを維持しつつ，労働契約の内容になる労働条件のうち重要なものについて最低基準を「法律で定める」としている。最低基準は，同時に社会的に公正な労働基準（fair labor standards）と観念することができる。労働基準法を中心にする，労働者と使用者との個々の労働関係を規整する法律群を「雇用関係法」という*。

＊　**雇用関係法**　〔広い意味の労働基準法〕「労働基準法」（昭和22年法律49号）が最も重要である（その施行のための労働基準法施行規則，年少者労働基準規則，女性労働基準規則も特に重要である）。労基法を母法とする単行法として，「労働者災害補償保険法」（昭和22年法律50号，労基75〜88条参照）およびその付属法の「労働保険審査官及び労働保険審査会法」（昭和31年法律126号），「最低賃金法」（昭和34年法律137号，労基28条参照），「労働安全衛生法」（昭和47年法律57号，労基42条参照），その付属法である「じん肺法」（昭和35年法律30号），「作業環境測定法」（昭和50年法律28号），「賃金の支払の確保等に関する法律」（昭和51年法律34号，労基24条参照）などが制定されている。このほか「船員法」（昭和22年法律100号），「家内労働法」（昭和45年法律60号）が制定されている。

〔単行法〕　近年はその重要性において労基法と比肩する法律が続々と制定されている。「雇用の分野における男女の均等な機会および待遇の確保等に関する法律」（昭和47年法律113号），「労働時間等の設定の改善に関する特別措置法」（平成4年法律90号），「会社分割に伴う労働契約の承継等に関する法律」（平成12年法律103号），「公益通報者保護法」（平成16年法律122号）などがそれである。

〔雇用福祉法〕　雇用福祉に関する法律として，「育児休業，介護休業等育児又は介護を行う労働者の福祉に関する法律」（平成3年法律76号），「障害者の雇用の促進等に関する法律」（昭和35年法律123号），「高年齢者の雇用の安定等に関する法律」（昭和46年法律68号）がある。

〔雇用管理改善法〕　一連の雇用管理改善法として，「建設労働者の雇用の改善等に関する法律」（昭和51年法律33号），「中小企業における労働力の確保及び良好な雇用機会の創出のための雇用管理の改善の促進に関する法律」（平成3年法律57号），「介護労働者の雇用管理の改善等に関する法律」（平成4年法律63号），「短時間労働者の雇用管理の改善等に関する法律」（平成5年法律76号）がある。これら各分野における雇用管理改善法は，前出の労働者派遣事業法と同様に，雇用関係法と雇用政策法の中間に位置づけることも可能である。

〔裁判外紛争処理法〕　個別労働関係紛争の解決に関する手続法として，「個別労働関係紛争の解決の促進に関する法律」（平成13年法律112号），「労働審判法」

（平成 16 年法律 45 号）がある。

二　2007（平成 19）年に「労働契約法」（平成 19 年法律 128 号）が制定された（施行は 2008〔平成 20〕年 3 月 1 日）。この法律は，労基法のように労働条件の最低基準を法定し，行政官庁がその実現を直接監督し，違反に対し刑事制裁を予定するといった性質の法律ではない。本法は，民法の雇用関係規定（特に，623〜631 条）の特別法であり，労働契約に関する民事的ルールを定めたものである。その目的は，①労使の「自主的な交渉」の下で，労働契約が合意により成立し，または変更されるという「合意の原則その他労働契約に関する基本的事項」を定め，②「合理的な労働条件の決定又は変更が円滑に行われるようにすること」，そして③「労働者の保護を図りつつ，個別の労働関係の安定に資すること」，と定められている（労契 1 条）＊。

＊　**労働契約法**　〔成立とその背景〕　日本は，特に，1980 年代後半から，産業構造の変化（サービス経済化・情報化の進展による製造業における就業人口の減少），非正規雇用者の著しい増加，労働条件における格差（二層化）の進行と雇用不安層の増大，正規労働者の賃金処遇制度の変化（個別管理化・成果主義化），頻繁に行われる事業再編（分社化による事業の小規模化とヒトの異動機会の増加），労働組合の組織力・交渉力の低下，国際競争の激化といった経済・労働社会の情勢変化の過程にある。こうした背景の下で，個別労働紛争はかつて経験しなかったほどに増加し，雇用の成立・展開・終了，労働条件の決定と変更などに関し明確で透明性のある民事的ルールが必要であるとの認識が広まった。

2003（平成 15）年，労働基準法に解雇権濫用法理の規定（旧労基 18 条の 2）等が新設された際，衆・参両議院の厚生労働委員会は「労働条件の変更，出向，転籍など，労働契約について包括的な法律を策定するため，専門的な調査研究を行う場を設けて積極的に検討を進め，その結果に基づき，法令上の措置を含め必要な措置を講ずること。」との附帯決議を行った。この決議を受けて，翌 2004（平成 16）年，厚生労働省（労働基準局）は「今後の労働契約法制の在り方に関する研究会」を設置して検討を開始し，2005（平成 17）年 9 月同研究会の「報告書」が公表された（その簡潔な解説として，山川隆一「新しい労働契約法制を考える──『今後の労働契約法制の在り方に関する研究会』報告をめぐって」法教 309 号〔2006 年 6 月〕8 頁）。

その後，審議は労使代表を主役とする労働政策審議会（労働条件分科会）の場に移されたが，労使間の意見の対立は激しく，同報告書の有意味な提言の多くがそぎ落とされ，難産の末に 2007（平成 19）年秋の第 168 回臨時国会で成立した。同法は，2007（平成 19）年 12 月 5 日公布され，2008（平成 20）年 3 月 1 日から施行された。施行に当たって厚労省労働基準局長の「労働契約法の施行について」平成 20 年 1 月 23 日基発第 0123004 号が発せられている（以下，施行通達）。

なお，労働契約法は，船員法（昭和22年法律100号）の適用を受ける船員については一部（12条および17条）が適用されず，その他の規定は読み替えがなされた上で適用される（18条）。また，本法は国家公務員および地方公務員には適用されない（19条）。

〔主な規整事項〕　労働契約法は，当事者間に権利義務関係を設定することを主たる機能としており，労使当事者にその権利義務関係に沿った行動をするよう促す行為規範である。併せて，裁判所や労働審判，あるいは行政（都道府県の労働局または労働委員会）における個別労働紛争解決促進制度による紛争解決規範でもある。その内容は，①労働契約の定義，主体（当事者），②労働契約の基本理念として合意の原則，均衡処遇の原則，仕事と生活との調和への配慮，信義誠実，権利濫用の禁止の原則の宣明，③判例法を踏まえた労働契約の締結・変更と就業規則との関係，④安全配慮義務，そして⑤判例法理を踏まえた労働契約上の個別問題（出向，懲戒，有期雇用者の期間途中の解雇その他）に関する法的ルールの明確化である。以上のうち，②，③，⑤はいずれも労使の厳しい鍔迫り合いのあった事項である。労働契約法は，規整事項の範囲が制限的であり，判例法理のrestatementの域を出ない内容になっているという限界を内包しつつも，従来法典ルールに存在しなかった労働契約の諸原則を法律のルールとして明確化しており，今後発展的に充実されることが期待される。

〔労働基準法からの移動規定ほか〕　労働契約法の制定にともない，権利を濫用してなされた解雇を無効とする労基法18条の2の規定および就業規則の労働契約に対する最低基準効を定めた労基法93条の規定はこの法律に移された（労契16条・12条）。

労働契約法の個々の規定については，それぞれ関係の箇所で述べる（本法制定に関する総括的，全体的意義・評価に関し，菅野和夫「労働契約法制定の意義――『小ぶり』な基本法の評価」法曹60巻〔2008年〕8号1頁がある。また，その簡明な解説文献に，厚労省労働基準局監督課「労働契約法の概要」ジュリ1351号〔2008年〕35頁以下，村中孝史「労働契約法制定の意義と課題」同42頁以下，厚労省労働基準局監督課「労働契約法について」中時1083号〔2008年〕2頁以下，野川ｂ，山川隆一『労働契約法入門』〔日経文庫，2008年〕，岩出誠『労働契約法・要点と逐条解説』〔労務行政研究所，2008年〕，荒木＝菅野＝山川などのほか，第4講200頁に掲げる文献も参照）。

5　「労働基本権の保障」と労使関係法

(1)　労働三権

「勤労者」の団結権（right to organize），団体交渉権（right to bargain collectively）および団体行動権（right to act collectively, right to strike）など「労働三権」（団体的労働基本権）の保障は「労働組合法」により具体化されている（労

働三権の基本的法原理は第2講76頁で述べる)＊。

　　＊　**労使関係法**　労使関係法には，「労働組合法」(昭和24年法律174号)を中心に「労働関係調整法」(昭和21年法律25号)，「電気事業及び石炭鉱業における争議行為の方法の規制に関する法律」(昭和28年法律171号，いわゆる「スト規制法」)，中央労働委員会が労組法26条により付与されている規則制定権に基づいて制定する「労働委員会規則」(昭和24年中央労働委員会規則1号)がある。

(2)　公務公共部門労働関係法
ア　非現業一般職公務員

「国家公務員法」(昭和22年法律120号)は，国とその職員との勤務関係の基本原則およびその職員団体と任命権者との労使関係について規律しており，非現業一般職の国家公務員の勤務条件の詳細は「人事院規則」(国公3条参照)に定められている。「地方公務員法」(昭和25年法律261号)は，地方自治体とその職員との勤務関係の基本原則およびその職員団体(労働組合)と任命権者との労使関係について規律し，非現業一般職の地方公務員の勤務条件の詳細は条例および地方自治体の「人事委員会規則」(または「公平委員会規則」)(地公6条～8条参照)に定められている＊。

　　＊　**公務員**　公務員も憲法28条の団体的労働基本権の保障を受ける「勤労者」に当たることは，学説，判例に異論を見ない(花見忠「公務員労働法」ジュリ361号〔1967年〕256頁，先駆的判例として全逓東京中郵局事件・最大判昭和41・10・26刑集20巻8号901頁〔結城洋一郎・憲法判例百選Ⅱ・5版〔2007年〕151頁〕参照)。しかし，非現業一般職の国家公務員には労基法，労組法，労調法，最賃法等は適用されない(国公附則16条)。非現業一般職の地方公務員には労基法の一部，労組法，労調法，最賃法等が適用されない(地公58条1項)。地方公務員について，労基法の労働条件対等決定の原則，有期労働契約・賃金支払い原則・労働時間制度・年休制度の各一部，就業規則および労災補償等に関する諸規定は適用されない。ただし，労働基準法違反について労働基準監督官が司法警察員の職務を行う旨の規定(102条)は，労働安全衛生法の同趣旨の規定(92条)とともに，労働基準法の「別表第1」に掲げる「事業に従事する職員」の大部分に適用される(同条2～5項参照)。

イ　特定独立行政法人等の職員
一　「独立行政法人通則法」(平成11年法律103号，平成13年1月6日施行)
この法律は，それまで国家行政組織法8条の2に規定されていた試験研究機関・検査検定機関・文教研修施設・医療更正施設その他の施設等を独立させ，個別に法人格を与えるという公共サービス体制の改革法として制定された。独

立行政法人法制は、公共的見地から確実に実施されることが必要な事務・事業のうち、国が自ら主体となって直接行う必要のない事務、事業等を「独立行政法人」に変え、事業を効率的に行わせることを狙いにしている。独立行政法人は、独立行政法人通則法および個々の独立行政法人に関する法律によって設立される（独行法2条1項）。

二　独立行政法人のうち、「その業務の停滞が国民生活又は社会経済の安定に直接かつ著しい支障を及ぼす」ものは「特定独立行政法人」として区別される。その役員・職員は国家公務員の身分を保持する（独行法2条2項・51条）。それ以外の独立行政法人の役員・職員は非公務員化され、労働関係に関しては一般私企業の労働者と同列になり労基法、労組法等が適用される（2004年4月発足の「国立大学法人」の教職員も非公務員化された）。

三　労働関係法上、①特定独立行政法人、②国営企業（国有林野事業）は「特定独立行政法人等」としてまとめられ、「特定独立行政法人等の労働関係に関する法律」（昭和23年法律257号）の規整に服する（日本郵政公社も、2007年10月1日の民営化前はこの法律の適用下に置かれていた）。

ウ　地方独立行政法人の職員

一　2003（平成15）年、「地方独立行政法人法」（平成15年法律118号、平成16年4月1日施行）が制定され、住民の生活、地域および地域経済の安定等の公共上の見地からその地域において確実に実施されることが必要な事務、事業のうち、地方公共団体が自ら主体となって直接実施する必要のない事務、事業等について、地方公共団体により地方独立行政法人が設立された（地独行法1条、地方独立行政法人の定義は同2条1項）。

二　地方独立行政法人は、国の場合とほぼ同様の趣旨で、特定地方独立行政法人と一般地方独立行政法人とに二分される。前者（特定地方独立行政法人）の役員・職員は地方公務員の身分を保有し（地独行法2条2項・47条）、労働関係に関する法律の適用に関しては地方公営企業職員とともに「地方公営企業等の労働関係に関する法律」（昭和27年法律289号）の適用下に組み込まれている（同3条2～4号、地方公営企業の職員の労働関係に関しては地公企2条3項、同36～39条を参照）。後者の一般地方独立行政法人の職員等は、私企業の労働者の場合に準じて労基法、労組法等が適用される。

6 憲法・法令以外の労働関係法の法源
(1) 自治的法源

一 労働契約（employment contract） 使用者は，労働契約の締結に際し，労働者に労働条件を明示すべき義務を負う（労基15条1項。明示の必要な労働条件の範囲は労基則5条1項）。使用者の明示した労働条件は，一般に，労働者の合意が推定され，当該労働契約の内容として労使間の権利義務を規律する。もちろん法令の定め（強行規定）に反することはできない（小西ほか〔渡辺〕93頁・141頁以下参照）。

二 就業規則（work rules） 常時10人以上の労働者を使用する使用者は，就業規則を作成し所定の労働条件を定め，就業規則（変更したときは変更した就業規則）を労働基準監督署に届け出なければならない（労基89条，罰則120条）。就業規則で定める基準に達しない労働条件を定める労働契約は，その部分については無効になり（就業規則の強行的効力），無効となった部分は，就業規則の定める基準による（就業規則の補充的効力）（旧労基93条，労契12条）。このように就業規則は，その適用範囲（就業規則の作成される事業場）の労働条件について「最低基準効」を有し，その定める基準に達しない労働契約の存在を許さない。この意味で就業規則は，労使の権利義務を規律する第2の自治的法源になる。就業規則も労働契約と同様に，法令（強行規定）および労働協約の定めに反する内容を定めることができない（労基92条，労契13条）（詳細は第4講174頁。小西ほか〔渡辺〕113頁参照）。

三 労働協約（collective agreement） 労働組合と使用者（または使用者団体）とが「労働条件その他」に関し，合意したことを書面に作成し，両当事者が署名または記名押印したものを「労働協約」という（労組14条）。労働協約に定める「労働条件その他の労働者の待遇に関する基準」に違反する労働契約の部分は無効とされ（労働協約の強行的効力），この場合において無効となった部分は，労働協約の基準の定めるところによる（労働協約の不可変的効力）。また，労働契約に定めのない部分についても，同様に労働協約の定める基準による（労働協約の直律的効力）（同16条）。労働協約の法的効力は当該労働協約を締結した労働組合の組合員については，労働契約，就業規則に優越する（詳細は第6講272頁。小西ほか〔中嶋〕458頁）*1*2。

＊1 労使慣行 労働条件や組合活動などのルールについて，労働契約，就業規則，労働協約のいずれにも明示規定が存在しないまま一定の取扱いが相当の期間，反復・継続して行われ，それが使用者と労働者，または使用者と労働組合

との関係を拘束するものとして認知され，ルールとして機能することがある。労働条件等に関するこのような取扱いを「労使（労働）慣行」といい，個別的労使（労働）慣行は労働契約を規律するものとして法的効力が認められ，集団的労使（労働）慣行は集団的労使関係（たとえば，使用者による便宜供与や組合活動のあり方）を規律するものとして法的効力を有する。その意味で，労使（労働）慣行は，労働関係法の法源となりうる。

＊2　**行政解釈**　行政官庁は，法を適切に運用するために，抽象的法規の意味を具体化し，不明な点や疑義についての取扱いを統一する必要がある。そのために示される行政官庁の公定解釈を「行政解釈」という（「解釈例規」ともよばれる）。厚生労働省が発する行政解釈は，労働行政を担当する機関（労働基準監督署，公共職業安定所，都道府県労働局など）や職員を拘束するものであり，それ自体としては労働関係法の法源ではないが，裁判所は労働関係法の解釈適用に当たり行政解釈を尊重していると言ってよいであろう。

(2) 判例（最高裁判決）・裁判例（下級審判決）

一　裁判官は，憲法と法律にのみ拘束され（憲76条3項），裁判所は，一切の「法律上の争訟」を裁判する（裁3条1項）。しかし，法律は国民の間に起こるすべての法律上の争訟を織り込んで制定されてはおらず，紛争解決に適切な法律の規定（法規）が存在しないことも希ではない。その場合も，国民の「裁判を受ける権利」は保障され，裁判所は裁判を拒むことはできない（憲32条）。裁判において裁判官は，当該争訟に近い憲法，法律の規定の趣旨（精神）を汲み，「条理」を基礎に判決しなければならない。条理は，当該争訟に適用可能な法律を制定するとすれば定立されるであろう規範を意味する。裁判官はそれを自己の「良心」にしたがってかたちあるものとする（憲76条3項）。

他方，争訟に関し適用可能な法規が存在するときも，法規は多かれ少なかれ抽象性を内包し，適用の際には具体的意義を「解釈」によって確定する必要がある。判決の結論（「主文」に当たる部分）の根拠になる「判決理由」は，当該紛争に関係する法規の裁判官による解釈であり，法規は解釈作業によってはじめて社会に生きて働く。類似の紛争事案の解決のために同じ法規に同じ解釈が繰り返されれば，自然に judge made law（判例法理）が生成し，実質的法源として法典法を補充し，ときには実質的に修正する（参照，小西ほか〔小西〕5頁）。

二　労働事件で最も有名な裁判例の一つに，女子結婚退職制を公序に反し無効と断じた住友セメント事件判決（東京地判昭和41・12・20労民集17巻6号1407頁，前述1七）がある。現行の男女雇用機会均等法は女性に対し定年・解雇についての差別的取扱い，および婚姻・妊娠・出産を退職理由として予定する定

めを禁止し，また婚姻を理由に解雇することを禁止している（雇均9条1項・2項）が，この裁判例は，同法制定に至るまでの間，他の同種の裁判を牽引し，揺るぎない judge made law（判例法理）として日本の雇用平等法制定の推進力になった（参照，瀬元美智男・百選新版30頁，前田政宏・百選3版48頁，小西ほか〔渡辺〕213頁）。

　また，日本の労働法制には民法制定後，使用者の「解雇の自由」（民627条参照）を一般的に制限する法規定は存在しなかった。最高裁判所は，1975（昭和50）年，下巻 case 15-7・日本食塩事件において，労働組合から除名処分された労働者のユニオン・ショップ協定に基づく解雇に関し，「使用者の解雇権も，それが客観的に合理的理由を欠き社会通念上相当として是認することができない場合には，権利の濫用として無効になると解するのが相当である。」と判示し，解雇に合理的理由が必要であるとの一般原則を打ち立て，その事案における除名処分の効力を否定し，解雇を無効と判断した。同判決は，2003（平成11）年労基法に解雇権の制限規定（旧労基18条の2）が定められるまで，解雇をめぐる民事紛争の実質的法源として重要な機能を果たした（小宮文人・百選5版206頁，小西ほか〔渡辺〕251頁。労働契約法の制定に際し，同規定は同法16条に移されたことは前言した）。

　三　労組法は，団体的労働基本権の保障（憲28条）の趣旨を具体化するため，労働組合の活動のうち「正当なもの」は刑事上，民事上の免責（1条2項・8条）を受け得るものであることを確認的に規定し，労働者・労働組合を使用者の不当労働行為から救済する法制度を創った（7条)*。しかし，労働組合の活動の正当性の判断はもっぱら解釈に委ねられている。最高裁判所は，春闘時，企業施設の従業員詰所に置かれた個人ロッカーの扉に「合理化反対」などと記載したビラを粘着テープで貼った組合員の懲戒処分（戒告）の効力が争われた事件（下巻 case 18-2・国鉄札幌運転区事件）において，「労働組合が当然に当該企業の物的施設を利用する権利を保障されていると解すべき理由はなんら存しないから，労働組合又はその組合員であるからといって，使用者の許諾なしに右物的施設を利用する権限をもっているということはできない」と述べて，企業施設を許可なく目的外使用したとの理由でなされた同処分を有効と解した。その組合活動権に対する企業施設管理権優位の法理は，以後，企業別組織の日本の労働組合の活動力に強い規制効果を及ぼし，今日に至っている（大沼邦博・百選7版204頁，小西ほか〔中嶋〕442頁参照）。

　　＊　**救済命令の法源性**　使用者が労組法7条に違反する不当労働行為を行っ

た場合には，労働者・労働組合は同法 27 条以下の規定および「労働委員会規則」の定めに従い労働委員会に対し救済を申し立てることができ，労働委員会は上記法律および規則の定めに従い，事件を審査し，労働者または労働組合の申立てに理由があると判定したときは，使用者に対し行政処分としての「救済命令」を発する（労組 27 条の 12，労委規則 43 条）。確定した救済命令または裁判所の確定判決によって支持された救済命令に違反する使用者には制裁規定が適用される（労組 28 条・32 条）。労働委員会の救済命令は，団体交渉が誠実に行われる健全な労使関係の維持形成を本旨として発せられるものであり，多くの場合，不当労働行為を行った使用者に対し，当該労使関係の現状を不当労働行為がなかったと同様の状態に戻すこと等が命じられる。その命令は，使用者に公法上の義務を課するものであり，私法上の権利義務を確定あるいは形成する性質のものではない。しかしながら救済命令は，労働委員会が不当労働行為の実体規定である労組法 7 条等を解釈して行うものであり，同種の事案に関し労働委員会の発する救済命令の方向性がほぼ固まったと認められるものも少なからず存在する。そのような救済命令は，労使関係法の実質的法源に値する（下巻第 20 講Ⅵ 9 参照）。

---

note 1　ILO 条約

　一　ILO（International Labour Organization，国際労働機関）は，第 1 次大戦後，国際連盟の外局として創設され，第 2 次大戦後は国際連合の加盟国と特別に加盟を承認された諸国によって構成されている（本部はジュネーブ）。1946 年に採択され，1948 年に発効した「国際労働機関憲章」（The Constitution of the International Labour Organisation，日本は 1951（昭和 26）年批准，1952（昭和 27）年公布）がその基本理念および機構を定めている。機関には「総会」（Conference），加盟国政府代表 28 人，労使代表各 14 名で構成する「理事会」（Governing Body），および「事務局」（International Labour Office）の各機関が置かれている（2 条・7 条）。

　二　総会は，各加盟国の政府代表 2 名，労使代表各 1 名が出席し，毎年 1 回開催される。「条約」および「勧告」は，それぞれ総会出席代表の 3 分の 2 以上の多数決によって採択される。総会は，条約（convention）の形式をとるか，勧告（re-commendation）にとどめるかを決定する（19 条 1・2 項）。条約または勧告の作成に際し，「総会は，気候条件，産業組織の不完全な発達または他の特殊な事情によって産業条件が実質的に異なる国についてしかるべき考慮を払い，かつこれら国の事態に応ずるために必要と認められる修正があるときは，その修正をしなければならない。」（同条 3 項）。採択を決定した条約は，「批准のために」，勧告は「立法その他によって実施されるように」，すべての加盟国に送付される（同条 5 項(a)号・6 項(d)号）。

　三　ILO に加盟するすべての国の政府は，送付された条約について，批准の

ために，一定期間内に国内の権限ある機関（日本では国会）に提出し，その同意を得たときは実施に必要な措置をとり，国際労働事務局長（8条）に報告することが義務づけられている（19条5項(b)～(d)号）。権限ある機関の同意を得られなかったときは，条約で取り扱われている事項に関する自国の法律または慣行の現況を，国際労働事務局長に報告する以外には，いかなる義務も負わない（19条5項(e)号）。

　四　勧告についても国内の権限ある機関への提出が必要とされ，そのためにとった措置に関して報告することが義務づけられている（19条6項(b)～(d)号）。なお加盟国は，勧告で取り扱われている事項に関する自国の法律及び慣行の現況について，国際労働事務局長に報告する必要がある（同項(e)項）。

　五　加盟国の労使の団体は，国が条約の実効的な遵守を確保していないと考えるときは，その旨を国際労働事務局に申し立てることができ，理事会は，その申立ての対象になった政府に通知し，弁明をするよう勧誘することができる。そして，理事会は政府の弁明が満足と認められないときは，申立ておよび弁明を公表する権利を有するとされている（24条・25条）。

．．

　日本の憲法は，「日本国が締結した条約及び確立された国際法規は，これを誠実に遵守することを必要とする。」と定めている（憲98条2項）。したがって，ILO条約は，日本の政府がそれについて国会の承認を得た場合は（憲73条3号参照），誠実に遵守されなければならない。すなわち，日本国の国内労働関係法の法源となる。「確立された国際法規」は，成文，不文を問わず一般に多くの国によって拘束力あるものとして認められている国際法規範と解されており（小林孝輔＝芹沢斉編『基本法コンメンタール・憲法（第4版）』〔日本評論社，1997年〕399頁〔畑尻剛〕），ILO条約との関係では，さしあたって日本が未だ批准しない条約であって多数の国において拘束力あるものとされている条約が問題になる。しかし，労働関係に関し，現在日本国が未批准の条約で憲法98条2項にいう「確立された国際法規」と言うに値するものを摘示することは，不文の確立された国際法規を摘示することと同様に困難である（国際労働機関憲章および機関に関しては，ニコラス・バルテイコス著〔花見忠監修＝吾郷真一訳〕『国際労働基準とILO』〔三省堂，1984年〕21頁以下，小西國友『国際労働法』〔絢文社，1996年〕43頁以下，盛28頁以下参照）。

Ⅲ　労働関係法の特徴

一　雇用関係法　雇用関係法は，規制対象事項が多様かつ複雑な企業の制度，慣行に直接かかわり，法的ルールを新設することが困難な事項が多い（参照，小西ほか〔小西〕7頁）。そのため，はじめは「使用者（事業主）は，……するよう努めなければならない。」といった「努力義務規定」を設け，実施についていろいろなかたちで公的支援を行い，情勢の推移を見た後に一般的な努力義務を具体的な努力義務に変え，あるいはその義務の内容を高め，時宜を捉えて私法的強行規定に修正するプロセスをとる場合が少なくない。これは，新規の法的規整に当たって労使，特に事業者に相当の準備期間を与え，自主的な措置やルール形成を待つ一つの立法手法と言える。雇用関係法には，このように先導と後押し（行政機関による援助）の助走期間を経て制定される法規が多い。

特に，労働関係法の努力義務規定は，明確な政策意図に基づき，事業主等に対し一定の事項に関する法的ゴールを明示しつつも，その法的性質は訓示的なものであり，法的ゴールの実現を直接強制するものではない。しかしながら，実現の有無を問わないにせよ，事業主等が努力義務を無視し，当該努力義務規定にかかる労働条件等について一切の改善，改革の素振りも見せない場合には，旧態の労働条件等を継続することに対し，労働者は違法または無効の主張をなし得る場合もあり得る。たとえば，定年を定める場合に60歳を下回らないように努める旨の法律（昭和61年高年齢者雇用安定法）が制定され，多くの企業がその趣旨を受けて60歳定年制の実現に取り組み成果を挙げつつある一般的状況下において，旧来の55歳定年制の改革，改善に一向に努めようとせず，55歳定年退職制を漫然続けるような場合には，60歳定年制の不実現自体ではなく，不努力について公序良俗違反の責任を生ずる余地がある（参照，**case14-22**・RFラジオ事件）*1 *2。

＊1　**ソフト・ローのハード・ロー化**　努力義務規定は，違反行為を違法，無効とする法的効果を生ぜしめる私法的強行規定（ハード・ロー）と異なり，基本的に当事者の任意的・自発的履行に期待するもの（ソフト・ロー）と性格づけられて，そうした方式が多用されてきた。障害者雇用促進法，男女雇用機会均等法，育児介護休業法，高年齢者雇用安定法を取り上げ，ソフト・ローのハード・ロー化過程等を検討した有益な文献として，荒木尚志「労働立法における努力義務規定の機能」『中嶋士元也先生還暦記念論集・労働関係法の現代的展開』〔信山社，2004年〕19頁以下がある）。

＊2　**努力義務規定**　高年齢者雇用安定法は，労働者の定年制に関し，60歳

未満の定年年齢の定めを禁止し（8条），また定年年齢の引上げ・65歳までの雇用確保措置を講ずることを義務づけている（9条）。これら規定はいずれも，長期に及ぶ定年年齢の引上げの努力義務期間を経て強行規定化されるにいたったものである（第14講696頁）。

　労働者の募集・採用に関し女性労働者に男性と均等な機会を与え，配置・昇進に関し女性を男性と差別することを禁止している男女雇用機会均等法の重要規定（5条・6条）も，制定後10数年努力義務に止められていた（参照，小西ほか〔渡辺〕219頁，下巻第21講Ⅱ2）。今日でも，努力義務規定のままその義務の内容，範囲を拡げ，私法的強行規定化を展望している法律の定めは少なくない（代表例は，パートタイム労働者について「通常の労働者との均衡等を考慮しつつ」決定するように努める義務など。短時労9条，労契3条2項参照）。

　二　近年では重要な労働条件に関し，法律に直接具体的権利義務を規定せず，一般的包括的な基準を定め，その基準の実施について政府が「助言・勧告・指導」の対象とし，または「指針」を告示するかたちで具体的措置を決める行政的規制手法が多用されている（有期労働契約の期間満了時に生ずる紛争防止に関する労基14条2項・3項，時間外労働の上限基準の定めに関する同36条2～4項，パートタイム労働者の適切な雇用管理に関する短時労14条・16条など）。

　三　労使関係法　　労組法は，労働条件等の決定に関し，労使の対等交渉を促進し，労働者の自主的団結を擁護し，労働組合が，ときに争議行為の圧力を背景に行う協約交渉を助成することを目的にしている（1条参照）。しかし，そうした労使関係法の基本的枠組みが今日の労使関係の現実に十分にマッチしているかについては慎重な考察が必要である。労使は，団体交渉以前に公式・非公式の「労使協議」を行い，実質的に労働条件の枠組みを合意（了解）することが多く，労働組合の存在する事業体でも，労使は必ずしも団体交渉法理が予定するような状態の下で労働条件を決定しているのではない。労働基本権の保障は重要であるが，その機能は限定的であり，今日では雇用および労働条件の内容を左右する経営事項に関し，労働組合への情報の提供（開示）・説明協議の機会を保障し，労使間のより広範囲な「対話のルール」（social dialog）の形成が構想される必要がある。

IV 労働関係の法主体

1 意　義

一　労働関係のアクターは労使である。したがって、労働関係法の主体も労使である。労基法および労働契約法には「労働者」および「使用者」の定義規定が置かれているが（労基9条・10条、労契2条）、「労働者」の意義については、労基法と労働契約法とで原理的な違いはない。雇用関係法群のなかには、労働者の意義を労基法の定義によると明示するものがあり（最賃2条、労安衛2条、賃確2条等）と、特にそのことを明示していないものがあるが（労災補償保険法、男女雇用機会均等法、育児介護休業法、労働契約承継法等）、それらの法律を含めて、雇用関係法群における労働者の意義は労基法および労働契約法のそれと基本的に同じである（労災補償保険法上の労働者が労基法上の労働者であることを明言した事例として **case 1-1**・横浜南労基署長事件、下巻第24講 I 3参照）。

「使用者」についても、事業主以外の者をも使用者の範囲に含める労基法の定めによるものと（最賃2条）、事業主のみを法的責任主体にするものとがある（労安衛2条のほか労働契約法、賃金支払確保法、男女雇用機会均等法、育児介護休業法、労働者派遣事業法、個別労働関係紛争解決促進法など紛争等の各法律。なお、労安衛2条3号は「事業者」という）。この場合も、刑事罰の適用に関しては、事業主のほか違反行為者も処罰の対象になるため（行為者処罰主義）、労基法の場合と変わりない（労基121条、労安衛122条参照）。

二　労使関係法においては、個々の労使のほか労働組合および使用者団体も法的主体になる（詳細は、下巻第19講 I 5参照）。雇用政策法においては、雇用関係を有する労働者、事業主のほか、失業者をその法的主体としている。

2 雇用関係法上の労働者・使用者

(1) 労　働　者

一　労基法は、労働者を「職業の種類を問わず、事業又は事務所（以下「事業」という）に使用される者で、賃金を支払われる者をいう。」と定義している（9条）*。すなわち、「事業」に、「使用される者」であって「賃金を支払われる者」との3要件によって定義される。「職業の種類を問わない」故に、労基法上の労働者は、国家公務員法等労基法の適用を特に除外している場合を除き、公務員も含まれる（前言した、Ⅱ 5(2)）。

「事業又は事務所」は工場，鉱山，事務所，店舗等のように「一定の場所において相関連する組織のもとに業として継続的に行われる作業の一体」をいい，必ずしも経営上一体をなす支店，工場等を総合した全事業を意味しない（昭和22・9・13発基17号ほか）。

＊　**同居の親族のみで行う事業に使用される者および家事使用人**　労基法は，同居の親族のみを使用する事業および家事使用人には適用されない（116条2項参照。「親族」の意義は民法725条以下に従う）。親族関係や労働の態様が一般の労働と異なる家事使用人の労働関係を通常の労働関係と同様に取り扱うことは妥当でないと考えられたためである。したがって，これらの者が労働者か否かを議論する実益はない。しかし，法人に雇用され，役職員の家庭を就業場所として労務を提供する「家事使用人」は，家事を行うようにとの雇用主の指揮命令に服して家事役務を提供する者であるから，このような家事使用人まで労基法の適用除外とすべきではない（当該家事使用人が役務の提供に当たって，直接役職者の家族の指揮命令を受ける場合でも，それは「家事」という役務の特性によるのであり，雇用主の指揮命令下の労務の提供と解すべきである。以上の趣旨と異なり，家事使用人一般を労基法の適用除外対象にしている行政解釈〔昭和63・3・14基発150号，平成11・3・31基発168号〕には疑問がある）。

労働契約法は，「同居の親族のみを使用する場合の労働契約」についてのみ適用されない（19条2項）。したがって，家事使用人の使用契約には，労基法は適用されないが，労働契約法の定めが適用され，民事上，通常の労働者と同様に取り扱われる。

二　労働契約法は，労基法の定義と別個に，「この法律において『労働者』とは，使用者に使用されて労働し，賃金を支払われる者をいう。」と定め（2条1項），労働者を「使用される者」，「賃金を支払われる者」とする点は労基法のそれと変わりないものの，「事業又は事務所」に使用される者であるとの要件を問題視していない。また，賃金に関しては，労働契約法は特に定めていないため，労基法の「労働の対償として使用者が労働者に支払うすべてのもの」（11条。なお，賃確2条1項参照）との規定が，労働契約法の「賃金」の意義にもそのまま妥当するであろう。

三　このように労働契約法は，労基法上の労働者概念と比べて一部要件を緩めて規定した結果，「労働者」のなかに，これまでに存在しなかった区別が生じた。すなわち，①労働契約法を適用され，かつ労基法上の労働者として同法の適用を受ける労働者と，②労働契約法上の労働者として，同法かぎりで「保護」される労働者とが併存する可能性が生じた。

四　**労基法，労働契約法に共通の労働者**　上記三①労基法，労働契約法に

共通の「使用される者」とは，一般的には，「なにを，いつ，どこで，誰に，どのように」行うかに関し，使用者の指揮監督（統括ないし調整）に拘束されて労働に従事する者のことをいう（小西16頁）。そして，使用者の指揮監督下に行う「労働の対償として使用者が支払うすべてのもの」を「賃金」という（労基11条）。もっとも使用者の指揮監督の権限も，労働者との個々の合意によりその範囲が部分的に制限される場合があり，業務遂行に関する指揮監督関係（労働者の側からみた場合の被拘束性の程度）もケースごとに濃淡の差異は当然に生ずるのであるが，そういう場合をも含めて，労働者が，使用者に拘束され，その指揮監督下に労働に従事しその対価として，賃金を支払われる関係を一般に「使用従属関係」と言う。

使用従属関係の有無は，具体的にはつぎのような諸要素を総合判断する方式によって決すべき問題である（以下，労働省労働基準局編『労働基準法の問題点と対策の方向』〔日本労働協会，1986年〕52頁所収の1985年「労働基準法研究会報告書」による）。

第1に，指揮監督関係は，①仕事の依頼ないし業務に従事すべき旨の指示に対する諾否の自由の有無，②業務遂行上の指揮監督の有無，③勤務の場所的，時間的拘束性の有無に，④労務提供の代替性の有無を補強的要素として判断される（以下，便宜上「総合考慮説」という）[*1]。

第2に，報酬の労務対償性は，使用従属的関係の下で行う「労働の対償」として使用者が支払うものか否かにより判断される。報酬が時間給を基礎として計算され，労働の結果による較差が少なく，欠勤には応分の報酬が控除され，残業には通常の報酬とは別の手当が支給されるなど，報酬の性格が使用者の指揮監督の下に一定時間労務を提供していることに対する対価と判断される場合は，使用従属性を肯定しうる最も有力な要素になる（この点に関し後記六参照）。

以上に加えて，使用従属性および報酬の労務対償性の有無を判断することが困難な限界事例については，「労働者性を補強する要素」として，ⅰ事業者性（自営性）の有無（相当高価な生産手段を所有し，同種の業務を行う通常の労働者より著しく高額の報酬を得ている者は，自らの計算と危険負担に基づいて事業経営を行っている者と判断できる），ⅱ専属性の程度（他社の業務に従事することが制度上制約されているか，または時間的余裕がなく事実上困難である場合は，当該企業に経済的に従属していると考えられ，労働者性を補強する要素となる），ⅲ報酬における生活保障性（固定給部分がある，業務配分等により事実上固定給となってい

る，その額が生計を維持し得る程度であるなど），ⅳその他（採用，委託の選考過程，給与所得として源泉徴収を実施しているか，労働保険の対象か，服務規律を適用しているか，退職金・福利厚生制度を適用しているか）が考慮される*2。

　＊1　指揮監督関係　①（業務に従事すべき旨の指示に対する諾否の自由の有無）については，専属下請けのような場合は，事実上，仕事の依頼を拒否できない場合でも，直ちに指揮監督関係の存在を肯定することはできず，契約内容等を勘案する必要があるとされている（上記の補強的要素の有無が考慮されるであろう）。②（業務遂行上の指揮監督関係）については，委任，請負契約の注文者が行う程度の指示等に止まる場合には指揮監督を受けるとは言えない。しかし，業務の性質自体が指揮監督になじまないもの（楽団員・バンドマンなど）については，事業遂行上不可欠なものとして，常態として，事業組織に組み入れられている点をもって，使用者の一般的な指揮監督を受けていると判断されるとする。③（勤務の場所的・時間的拘束性）は，指揮監督関係の基本的要素であるとする。④（労務提供の代替性）は，労務提供に代替性が認められていることは，指揮監督関係を否定する要素の一つになるとしている。

　＊2　限界事例など　自己所有のトラックを持ち込む傭車運転手，証券外務員，集金受託者，一人親方，在宅就業者等の「中間的就業形態」と労働者性の判断基準との対応関係に関する学説の近況について，的確な整理・分析をし，理論的に検討すべき今後の課題を示唆している文献に，皆川宏之「労働者性について」ジュリ1320号（2006年）138頁がある。なお，柳屋孝安「雇用関係法における労働者性判断と当事者意思」『下井隆史先生古希記念論集・新時代の労働契約法理論』（信山社，2003年）は，労働者性の判断に関し，労務供給契約における労務供給者側の自由な意思を尊重する判断手法を取り入れる必要があると斬新な主張をしておられるが，反論もある（西谷敏「労働者の概念」争点3版5頁）。

　五　労働契約法上の労働者　労働契約法上の労働者は，「事業又は事務所」に使用されていることを要件とされていない（上記二）。このため，事業または事務所の業務組織に常態として組み入れられて労務を提供する立場（事業組織的従属性）にある必要は必ずしもない。したがって，ある程度までは使用者の具体的，直接的な指揮命令から独立して業務を遂行することが可能な就業者も，その報酬について賃金性（労働の対償性）が認められる場合は，労働契約法上の労働者性を肯定すべきものと解される。たとえば，前出の在宅就業者のほか，インディペンデント・コントラクター，テレ・ワーカーなどであり，またSOHO（small office home office）などの就業形態の者で労働契約上の労働者の類型に入る者もあろう（これらの者に使用従属関係が認められ，労基法上の労働者に該当するときは，当然に労働契約上の労働者である）＊。

労働契約法上の労働者であって労基法上の労働者に当たらない者には，労働契約法のみが適用され，直接労基法は適用されない。しかし，労働契約法上の労働者も，業務の遂行に当たって「事業又は事業所」の業務組織に組み入れられる者ではないとはいえ，社長直属の家事使用人などでないかぎりは，いずれかの「事業又は事務所」に所属する構成員として使用され，労働していることに変わりはないと解される。したがって，就業規則に関する労働契約法の規定（7～13条）が適用され，結果的に労基法上の労働者に認められる労働条件等の適用を受ける場合が多いと判断される。

＊　「労働者に近似する者」　請負・委任契約などに基づき役務を提供して報酬を得る契約形態であって，専属的な役務の提供などにより特定の企業等に経済的に依存している点で労働者に近似する者」（契約労働などと呼ばれている）について，事案によっては，労働契約法の適切な規定を類推適用すべき事例が生じる可能性があると指摘するものもある（荒木＝菅野＝山川70頁）。

六　出来高払い制について　請負（業務委託）または委任（準委任）契約の名称で労務の提供が約されている場合には，報酬は一般に「出来高払い」の形態をとる。労働契約においても，出来高報酬（piece rate wage）によって賃金の支払いが行われることが多い。一般に，出来高報酬は，仕事の種類ごとに，標準労働時間内に完成することが可能な仕事の個数を基準にして個数単価を決定し，その価額によって出来高に比例した支払額を支払うものであり，結局，出来高報酬は時間報酬の変種に過ぎず，性質上，当該仕事に必要な時間に応じて支払われる時間報酬と基本的に異ならない。したがって，報酬が出来高制により取り決められていること自体は，その「労働の対償性」を否定する要素にならない（なお，労基27条参照）。

この点に，仕事の完成について財政上および法律上のすべての責任を負うことを前提に，仕事の完成に対して報酬額を決定する請負報酬と生の労働力そのものを引き渡して得られる報酬（賃金）とのちがいがある。また，受任者が自らの裁量で事務を処理することに対して支払われる報酬とのちがいもそこにある＊。

＊　バイシクルメッセンジャーおよびバイクライダーの労働者性について
近年，特定親書便事業等を行う事業場において，自転車または自動二輪車を使用し，信書の送達，貨物の輸送に多数の者が従事している。これらの者は事業主（バイク便事業者）と「運送請負契約」と称する契約（労務供給契約）を締結し，業務に従事しているが，事故の際に労働者災害補償の対象にすべきか否かなど法

的問題が発生している。労働基準局長は，これらライダーについて，自転車や自動二輪車の装備品が自己負担であるなど，事業者性を肯定する要素も一部認められるとしつつ，以下の諸要素からみて，労基法9条の「労働者」に該当すると判断した（平成19・9・27基発0927003号）。

　考慮された要素はつぎの点である。①業務の内容および遂行方法に係る指揮監督が行われていること（指揮監督があること），②勤務日および勤務時間があらかじめ指定され，出勤簿で管理されていること（時間的拘束性があること），③他の者への配送業務の委託は認められていないこと（業務遂行上の代替性がないこと），④報酬の基本歩合率が欠勤等により加減されること（報酬の労務対償性があること），さらに労働者性を補強する事実として，⑤独自の商号の使用は認められていないこと，⑥事実上兼業を行うことは困難であることなどが指摘されている。労働者性の判断としては，最少限①，②の点が認められることで十分と解される。

case 1-1　トラック所有運転手の「労働者」性（否定）

横浜南労基署長（旭紙業）事件・最1小判平成8・11・28労判714号14頁

【事実】　1　X（控訴人・上告人）は，自己所有トラックをA会社（旭紙業）横浜工場に持ち込み，同社の運送係の指示に従って輸送業務に従事していた。昭和60年12月，Xは運送品のトラック積込み作業中負傷し，労働者災害補償保険法所定の療養補償および休業補償給付を横浜労基監督署長に請求した。しかし，労基法（したがって，労災補償保険法）上の「労働者」（労基9条）に当たらないとされ，不支給処分を受けた。本件は同不支給処分取消請求事件である。

　2　A会社とXとの就業関係にはつぎの事実が認められる。①Xの業務遂行に関するA会社の指示は，原則として運送物品，運送先および納入時刻に限られ，運転経路，出発時刻，運転方法等には及ばず，また1回の運送業務を終えて次の運送業務の指示があるまでは，別の仕事が指示されることはなかった。②勤務時間は，A会社の一般従業員のように始・終業時刻が定められておらず，当日の運送業務を終えた後は，翌日の運送業務の指示を受け，荷積み後は帰宅でき，翌日は出社することなく，直接最初の運送先に対する運送業務を行っていた。③報酬は，トラックの積載可能量と運送距離によって定まる運賃表によって出来高が支払われていた。④X所有のトラックの購入代金，ガソリン代，修理費，高速道路料金等もすべてXが負担していた。⑤Xに対する報酬の支払いに当たっては，所得税の

源泉徴収，社会保険，雇用保険の保険料の控除はされず，Xは報酬を事業所得として確定申告していた。

　3　1審（横浜地判平成5・6・17労判643号71頁）は，労災保険法上の労働者は，労基法上の労働者の意義（同9条）と同一であり，使用従属関係の有無により判断すべきであるとして，A会社のXに対する業務遂行上の指示等からみて労働者性を肯定した。原審（東京高判平成6・11・24労判714号16頁）は，Xのような車両持ち運転手は，A会社の組織に組み込まれ，同社から一定の指示を受け，場所的・時間的にもある程度拘束があり，報酬も業務の履行に対し支払われていたことなどから，労働者としての側面を有するといえるが，他面A会社のXに対する業務遂行に関する指示は一般従業員と比較して狭く，拘束の程度も弱いことなどを指摘し，「労働者と事業主の中間形態にある」と判示した。そして，このような中間形態の場合は，労基法上の労働者であるかどうかの区分は相当に困難である故に，法令に反していたり，脱法的なものでないかぎり，「当事者の意思を尊重する方向で判断するのが相当」とし，運送経費の負担関係，就業規則および福利厚生措置の不適用，社会保険関係の処理実態，報酬を事業所得とし賃金として取り扱っていないなどと指摘し，労基法上の労働者とはいえず，したがって労災補償保険法上の労働者とはいえないと判示した。Xが上告。

　【判旨】　上告棄却
　「右事実関係の下においては，Xは，業務用機材であるトラックを所有し，自己の危険と計算の下に運送業務に従事していたものである上，A会社は，運送という業務の性質上当然に必要とされる運送物品，運送先及び納入時刻の指示をしていた以外には，Xの業務の遂行に関し，特段の指揮監督を行っていたとはいえず，時間的，場所的な拘束の程度も，一般の従業員と比較してはるかに緩やかであり，XがA会社の指揮監督の下で労務を提供していたと評価するには足りないものといわざるを得ない。そして，報酬の支払方法，公租公課の負担等についてみても，Xが労働基準法上の労働者に該当すると解するのを相当とする事情はない。そうであれば，Xは，専属的にA会社の製品の運送業務に携わっており，同社の運送係の指示を拒否する自由はなかったこと，毎日の始業時刻及び終業時刻は，右運送係の指示内容のいかんによって事実上決定されることになること，右運賃表に定められた運賃は，トラック協会が定める運賃表による運送料より

も 1 割 5 分低い額とされていたことなど原審が適法に確定したその余の事実関係を考慮しても，Xは，労働基準法上の労働者ということはできず，労働者災害補償保険法上の労働者にも該当しないものというべきである。この点に関する原審の判断は，その結論において是認することができる。」

【コメント】　1　本件は，労災保険法上の労働者の意義に関し，労基法上の労働者と同一であると判断したはじめての最高裁判決であり，また労働者性の一般的判断枠組みに関し重要な示唆を含んでいる。

2　判旨は，Xを「自己の危険と計算の下に運送業務に従事していたもの」と判断し，事業者としての独立自営性（事業者性）を肯定している。事業者性は，Xが，①運送業務に不可欠の業務用機材（トラック）を自己所有していること（労働手段の自己支配），②Xが業務用機材の使用コスト（トラックの購入代金，ガソリン代，修理費，高速道路料金等）を自己負担していること（作業経費の自己負担），③報酬が積載量と走行距離による出来高制であること（仕事の完成と報酬との直接的対応性），④報酬から所得税の源泉徴収，社会保険，雇用保険の保険料の控除はされておらず，Xは報酬を事業所得として確定申告していたこと（事業者性の自己選択），といった事実関係によって根拠づけられている（事実2④，⑤参照）。

他方判旨は，ⅰ専属性が認められ（事実上の専属性），ⅱ相手方から受ける業務依頼（指示）に対し事実上諾否の自由がなく（発注の実質的業務命令性），ⅲ拘束時間の開始・終了を他人決定され（労働時間の大枠規制），またⅳ報酬がトラック運送の自営業者団体の定める基準より低い額で支払われている（要するに，一人前の自営運送事業者の取扱いを受けていないこと）といった諸事情を指摘し，これらが労働者性の積極的判断要素に当たることを示唆している。

3　その上で判旨は，業務遂行の具体的方法に関する会社の指示が，その都度行われる運送業務を単位に，運送業務の委託に必然的にともなう事項（運送物品，運送先および納入時刻）にほぼ限定され，一般の従業員の場合と比べて時間的，場所的拘束の程度がはるかに緩やかであったとの事実を指摘し，Xが「A会社の指揮監督の下で労務を提供していたと評価するには足りない」と述べている。これを要するに，判旨は，事業者性を根拠づける判断要素（2の①，②，③，④）と労働者性を根拠づける判断要素（2のⅰ，ⅱ，ⅲ，ⅳ）とは，それのみでは事業者とも労働者とも評価判定が困難な補強的要素であるとして，判断の中心軸は業務遂行に関する指示

および時間的，場所的拘束の有無，程度にあることを判示しているものと理解することができるのである。

4　いずれにせよ本件最高裁判決は，労働者性判断の諸要素の重みについて，主たる（中心的）判断要素と従たる（周辺的）判断要素とを区別する論理構造になっており，そのような意味で労働者性の判定について一般的判断枠組みをも提示したものであるとの見解もある（柳家孝安・百選7版4頁参照）。とはいえ，判旨が労働者性の判断要素として指定した事実（2 i ，ii，iii，iv）は，いずれも高度の使用従属関係の存在したことを示す要素というべきである。にもかかわらず，判旨が業務遂行上の指示および時間的，場所的拘束性が「はるかに緩やか」であるとの点から，労働者性を否定したことについて今少し考えてみる必要がある。

5　私見はつぎのように考える。本件は自己所有トラック運転手の労災補償保険法の適用いかんが問われている。労災補償保険法は，周知のように「特別加入制度」を設け，そのなかに「厚生労働省令で定める種類の事業を労働者を使用しないで行うことを常態とする者」を加えている（同法33条3号）。そして，厚生労働省令にその事業の種類を定め，「自動車を使用して行う旅客又は貨物の事業」をピックアップし（同法施行規則46条の17第1号），これら特別加入者は「第二種特別加入保険料」を納付することとされている（労働保険の保険料の徴収に関する法律14条，施行規則23条，保険料率に関し同規則「別表第5」。参照，下巻第24講Ⅰ3(1)）。

要するに，自己所有トラックで貨物運送に携わる者は，通常の労働者とは異なるが，労災補償保険法上，自ら特別加入することにより，労災補償給付について「労基法上の労働者」と同等の取扱いを受けることが法制上認められている。したがって，最高裁判所は，本件と同種の労働者の労基法上の労働者性を常に頭から否定するわけではないが，自己の意思によって労災補償保険法上「労働者」となり得る者については，労基法で規定する「事業又は事務所に……使用されている者」（労基9条）の要件と比較して，その「被使用性」をより厳格に解釈することに合理的な根拠があると考えたのではないか。特に，本件1審原告の運転手は，労働者であることにともなう公的負担（所得税，社会保険料，労働保険料）を回避している事情なども考慮されたのではないか。

本件とほぼ同様の事案において判例は，やはり特別加入制度の適用される「一人大工」（労災則46条の17第2号参照）に関し，労災保険法上の労働

者性を否定して，工務店の大工仕事（マンション内装工事）に従事中の負傷事故の療養補償および休業補償請求を棄却している（藤沢労基監督署長〔一人大工負傷〕事件・最1小判平成19・6・28労判940号11頁）。

　しかし，特別加入制度の対象にならない者の事案においては，撮影業務従事中宿泊先で脳梗塞により死亡した撮影技師の遺族がした遺族補償請求に関し，「雇用，請負等の法形式にかかわらず，その実態が使用従属関係の下における労務の提供と評価するにふさわしいものであるかどうかによって判断すべきもの」であるとし，諸事情を総合判断する手法で労働者性を肯定した新宿労基監督署長（映画撮影技師）事件・東京高判平成14・7・11労判832号13頁がある（なお，研修教育目的で行われる臨床研修医の労働者性を肯定した **case 7-8**・関西医科大学事件を参照）。

case 1-2　放送受信契約の取次，受信料集金業務受託者の「労働者」性（否定）

NHK西東京営業センター（受信料集金等受託者）事件・東京高判平成15・8・27労判868号75頁

　【事実】　X（控訴人）は，昭和60年3月4日，Y日本放送協会（被控訴人）との間で，放送受信契約の取次，放送受信料の集金業務等を受託する有期委託契約（5ヵ月）を結び，その後新規委託契約（有期3年）を締結し，同契約は昭和63年6月1日，平成3年4月1日，平成6年6月1日に更新された。報酬は事務費として支払われ，契約取次や収納件数が多くなるほど支給される額が増える制度になっていた。

　Yは，Xが50件の不正事務処理を行ったとして，平成7年4月5日付で委託契約を解約した。その際，Yは1ヵ月分の「事務費相当の金員」（約67万円）の支払を提供した（Xは受領を拒否）。Xは，本件委託契約は労働契約であるとして解雇無効確認，未払事務費（賃金）の支払等を請求した。

　1審（東京地八王子支判平成14・11・18労判868号81頁）はつぎのように判示し，請求を棄却した。本件委託契約の性質は，単なる請負的要素を加味した委任契約の予定するところを超えた，指揮監督関係のある労働契約であるとした上で，「Xは，……49件の不正な事務処理を行ったものであ

るから，本件委託契約15条第1項の『この契約上の義務を履行しなかった』ことを理由とする本件解約は，正当な理由のあるものとして是認することができる。」また，労働者の責めに帰すべき事由があり，即時解雇も許されると判断した。

【判旨】 控訴棄却

1　Xら集金業務受託者の行う集金業務および受信契約取次業務は，①業務遂行上一定の画一的処理を強いられ，②収納・取次の目標値を求められ，また③業績確保に応じてY協会の指導，助言を受け，相当の労力を要することが認められる。しかしながら，「受託業務の画一的処理の要請，Y協会の上記指示・指導あるいは要求の内容は，委託業務が放送法及び受信規約に基づくものであり，かつY協会の事業規模が全国にわたる広範囲に分布する視聴者からの公共料金の確保という性質上必要かつ合理的なものと認められる性質のものであり，委託契約の締結から業務遂行の過程に仮にXら受託者の自由な意思が及ばない部分があるとしても……このような契約の一側面のみを取り上げることによって労働契約性を基礎付ける使用従属関係があるものと速断することは相当とはいい難い。」

2　「加えて，……本件委託契約においては，使用従属関係を規律する根本規範というべき就業規則の定めはなく，……委託業務の遂行義務は少なくとも労働契約にみられるような広範な労務提供義務とは全く異質なものであること，業務遂行期間，場所，方法等業務遂行の具体的方法はすべて受託者の自由裁量にゆだねられている上，兼業は自由であるし，受託業務自体を他に再委託する等の業務の代替性も認められている……こと，報酬は事務費の名目で支払われているが，その算出方法は要するに出来高払方式であって，受託業務の対価とみるのが相当」であることなど「契約の重要かつ本質的部分にわたって労働契約とは相入れない異質の諸事情が多々認められるのである。」

「そうしてみると，……本件委託契約についてXとY協会との間に使用従属関係を認めることは困難であるというべきであり，むしろ上記認定によると，強いて本件委託契約の法的性質をいえば，委任と請負の性格を併せ持つ混合契約としての性格を有するものと理解するのが実態に即した合理的な判断というべきである。」以上の次第で，「本件委託契約が労働契約であることを前提とするXの本訴請求は前提を欠くことになるから，……理由がないことは明らかであり，棄却を免れない。」

【コメント】　1　本件では，①「業務遂行の具体的な方法はすべて受託者の自由裁量にゆだねられている」こと，②「兼業は自由である」こと，③「受託業務自体を他に再委任する等の業務の代替性も認められている」ことなどが重視されたものと解されるが，②については実質的に兼業が可能であったのか否かも検討されるべきである。

　2　本件と同旨の裁判例にNHK盛岡放送局事件・仙台高判平成16・9・29労判881号15頁がある。同判決は，受信料集金受託者の契約が「労働契約としての性質を有しているかどうかは，……契約の内容を実態に即して合理的に解釈した場合，契約当事者間に指揮監督を中核とする使用従属関係が認められるか否かによって判断するのが相当である。」とし，①就業規則の適用がないこと，②業務遂行の時間，場所，方法等が受託者の自由な裁量に委ねられており，③集金業務内容が具体的に定められ，同業務以外の業務に関し指揮命令を受けることは想定されていないこと，④報酬が出来高方式で事業所得として受託者が確定申告していること，⑤受託者に業務の再委託の自由（業務代替性があること）や兼業の自由が認められていること等を挙げ，その契約は「使用従属関係を規定する性質のものではなく，……（準）委任契約と請負契約の混合契約とでもいうべき性質のもの」と解している。②の時間的，場所的拘束のないことは，③の，受託者は本件契約によって具体的内容の定まっている集金業務を行うのであって，当該業務の遂行に関して委託者の一般的指揮監督に服する立場にないことと併せて，判旨が労働者性を認め得ないとする中心的な判断要素である。なお，①は労働契約性を否定する理由として特に挙げるに値しないと解される（たとえば，就業規則に定める服務規律の適用がないのであれば，そうした具体的な点が指摘されるべきである）。また，Yが解約時に提供を申し出た1月分の事務費相当の金員の性質（参照，労基20条）に関して判断をしていない点，やや理由不備である（参照，小西康之〔判批〕ジュリ1314号164頁）。

(2) 使用者

一　労基法は，使用者の意義を広くとらえており，つぎの3種の者をいう（労基10条）。

① 「事業主」　事業主とは，事業を行う者で，労働者を使用するものをいう（労安衛2条3号参照）　法人事業の場合は法人自体，個人事業の場合は当該事業を営む個人をいう。

② 「事業の経営担当者」　あたかも事業主の頭脳として広い権限と責任をもって経営を行う者をいう。会社の取締役，法人の理事等がこれに当たるが，名称にとらわれず実質的に高度の権限・責任の有無に即して判断すべきである。

③ 「事業の労働者に関する事項について，事業主のために行為をするすべての者」　事業の労働者に関する事項に関し，あたかも事業主の手足となるべき者である（いわゆる管理職層）。これら「事業主のために行為をするすべての者」は，「労働者に関する事項」に関する権限，責任の限度で使用者とみなされるが，その他の点（たとえば，賃金の支払いを確保され，労働時間の最高限度を規制され，あるいは年次有給休暇を付与され，労災補償の対象になる，など）では労働者として保護を受ける。したがって，労基法上の使用者は，法律上労働者であり，同時に使用者としての権限を行使し責任を負う立場にある者を含む相対的概念である。労基法がこれら相対的使用者概念の立場をとった理由は，労働者を職場で現実に指揮監督する者に直接法令遵守の義務を課すためである。

二　労働契約法は「この法律において『使用者』とは，その使用する労働者に対して賃金を支払う者をいう。」と定める（2条2項）。すなわち使用者は労働者を「使用する」者であり，かつ「賃金を支払う」者である。労基法上の使用者に当たる第1の者（上記一の①）に該当し，労働契約の締結当事者となる者である。事業主の頭脳や手足に該当する経営担当者（同②）や管理職の地位にある者（同③）の行為について，使用者に帰責（契約責任，不法行為責任）されることがあることは当然である（荒木＝菅野＝山川71頁参照）。

3　労使関係法上の労働者・使用者

労使関係法においては，労働者，使用者のほかに労働組合および使用者団体が法主体として登場するが，労働組合等に関しては労使関係法の箇所（下巻第15講Ⅰ～Ⅳ）で扱い，ここでは労働者および使用者の意義について述べる。

(1) 労　働　者

一　労組法は，労働者を「職業の種類を問わず，賃金，給料その他これに準

ずる収入によって生活する者」と定義している（3条）。このように定義された労働者は，労働組合の組合員となり，組合活動を行い，団体交渉に参画し，場合により争議行為の実行主体となり得る者である。労組法上，労働者は，労基法（9条）および労働契約法（2条1項）の労働者のように，使用者に，現実に「使用される者」である必要はなく，また現実に「賃金を支払われる者」である必要もない。広い意味で給料生活者と認められる者であるかぎり，使用者との交渉において対等の立場に立ってその地位を向上させ，労働条件について交渉するために自主的に団結し，協約交渉に参画し得る一般的権能が認められる（労組1条参照）＊。

＊　**賃金その他これに準ずる収入によって生活する者**　　行政解釈は，「本条にいう『労働者』とは他人との間に使用従属の関係に立って労務に服し，報酬を受けて生活する者をいうのであって，現に就業していると否とを問わない」としている（昭和23・6・5労発262号）。また，賃金等によって「生活する」とは，事業者のように事業収入を主として事業活動に必要な費用として使用するものではないというだけの意味に過ぎない。賃金等を生活の唯一の手段にしている者はもちろん，生活の本拠が農村にある出稼ぎ労働者，アルバイト・パートタイマーのなかで賃金等の収入を生活手段の一部（家計の補助）にしている者も，労組法上の労働者であることについては異論は見られない（昭和25・5・8労発153号，外尾32頁ほか）。

二　このように，賃金（またはこれに準ずる収入）を生活手段とすることは，労組法上の労働者であることの論理的前提であって，現実的前提ではない。したがって，求職者，被解雇者を含む一時的な無業者も，労組法上の労働者として団結権等の主体になりうる（東大・注釈労組法〔上〕229～230頁，下巻第18講Ⅰ5参照）。なお，労組法は賃金の定義を定めていない。実質的に従事した労働（その労働の質，量）の対価としての性質を有していれば足り，委託料，請負代金（演奏料，運送料など）その他名称の如何を問わない（労基11条参照）。したがって，労働契約（雇用契約）以外の労務供給契約の下で労務を提供する者も，その労務提供の実態に「使用関係」が認められ，その報酬が労務の提供自体に対して支払われる対価（すなわち，「賃金，給料」）としての性質を認められるかぎり，または「賃金，給料……に準ずる収入」としての性質（生活手段としての賃金との類似性，近似性）を有するかぎり，賃金に準ずる（近似する）収入によって生活する者として，労組法上の労働者の範疇に入り得る。このほか，「失業等給付」（雇保10条参照）や労組または有志から支給される生活支援金なども賃金に準ずる収入に含まれる。

Ⅳ　労働関係の法主体

三 以上の労組法の労働者の定義は、主として労働組合の構成主体（組合員となり得る者）の範囲の画定に有効に働くものである。したがって、使用者の不利益取扱い、正当な理由のない団交拒否および支配介入から労働者、労働組合を救済する不当労働行為制度（労組7条）にあっては、労働者は不当労働行為主体たる使用者と一定の法的接点を有するものでなければならない（詳細は下巻第19講Ⅰ5(2)で述べる）。

(2) 使 用 者

労組法は「使用者」の定義を定めていない。しかし使用者は、団体交渉の一方当事者（1条）、不当労働行為の責任主体（7条）、争議行為の相手方（8条）、労働協約の締結当事者（14条）として労使関係の場に登場する。したがって、労組法上の使用者概念を明確にする必要がある。

第1は、労働契約の当事者たる使用者である。しかし、労働契約の当事者たる使用者であることもまた、労組法上は、論理的前提であって現実的前提ではない（石川136頁）。現に労働契約の当事者である使用者のほか、将来当事者になることが確実に見込まれる事業主、または過去に事業主であった者も労組法上の使用者になり得る。

第2に、労働条件の一部について、雇用主と同視できる程度に現実的かつ具体的に支配し、決定することができる地位にある者（雇用主に準じた地位にある者）は、当該労働条件に関するかぎりで使用者性（すなわち、部分的使用者性）が肯定される。その結果、当該労働条件に関して団体交渉を申し入れられたときは雇用主でない事業主も部分的使用者として応諾すべき義務を負う（下巻 case 19-3・朝日放送事件）。

第3に、労働条件（その一部）に対する支配・決定力により部分的使用者性が認められる以上、論理的には、それらについての全部的、包括的な支配・決定力により使用者性が認められる場合もあり得る。すなわち、労働条件の基礎である経営の存廃、雇用の存続に対し実質的な支配・決定力（実質的影響力）を有するものは、直接労働契約関係に立たない場合でも、労組法上の使用者たり得ると解される。グループ企業のいわゆる親会社が株式所有、役員派遣、下請関係などにより子会社の経営を資本面、事業組織面および事業遂行（活動）面等で実質的な支配下に置き、子会社の存廃、労働者の雇用の存続、重要な労働条件の基礎的ないし前提的条件について無視し得ない程度に重要な影響力を及ぼしていると認められる場合には、支配会社（親会社）もまた、従属会社（子会社等）の労働者の組織する労働組合との関係において、労組法上の使用

者の地位に立つと解すべきである（詳しくは，下巻第19講Ⅰ5参照）。

case 1-3　放送会社と「自由出演契約」を締結している楽団員の労組との団交拒否と不当労働行為の成否（肯定）

CBC管弦楽団労組事件・最1小判昭和51・5・6民集30巻4号437頁

【事実】　1　放送事業を目的とするA会社は，昭和26年，放送及び放送付帯業務に出演させるためにCBC管弦楽団をつくり，楽団員と放送出演契約を締結した。その契約は，当初は，「専属出演契約」であったが，昭和39年に至り「優先出演契約」に，さらにその後間もなく「自由出演契約」に切り替えられた。昭和40年10月までの間に楽団員全員と結ばれた同契約によれば，①楽団員の他社出演等は自由で，楽団員が会社からの出演発注を断ることも文言上は禁止されていない，②楽団員は出演報酬として年額・月割払いで，会社の出演発注に応じないことがあっても減額されない契約金と1時間100円の割合による出演料を支払われる，③楽団員，会社とも契約期間中であっても，正当な理由があるときは1ヵ月の予告期間をおいて契約を解除でき，④会社が別に定めている「芸能員就業規則」は楽団員には適用されない。

2　A会社は，自由出演契約の下でも専属出演契約の重要な契約部分は実体としては残すから安心するようにと説明し，会社も楽団員も，右契約によって出演発注に対する楽団員の諾否が文字どおり自由になるのではなく，出演発注があれば原則としてはやはりこれを拒否できず，いつも発注に応じないときは，契約解除の理由となり，更には次年度の契約更新を拒絶されることもありうるものと考えていた。昭和40年当時は，会社が出演を求める番組そのものが少なくなり，出演時間が月平均9時間程度と著しく減少していた。しかし，このような事態は楽団員の予想していたところではなく，もともとその将来の生活を保障するからということで契約した楽団員としては，会社からの出演発注があることを常時期待していた。このため，現実の発注が少なかったとはいえ，楽団員が他社出演をした例は1，2を数えるにとどまり，多くの者は夜間キャバレー等でアルバイト程度のことをして会社からの出演報酬の不足分を補っていた。

3　昭和39年，楽団員らは楽団労組を結成し，A会社に団体交渉を申し入れたが，A会社は契約は個別に交渉すべきものであるとして拒否した。

X労組はこれを労組法7条2号に該当する正当な理由のない団交拒否であるとして、翌昭和40年3月、Y愛知県地方労働委員会に救済を申し立てた。同地労委は、楽団員とA放送会社との間の使用従属関係を否定し申立てを棄却した（昭和40・3・30命令集34・35集706頁）。そこでX労組は、同命令の取消しを請求した。1審（名古屋地判昭和46・12・17民集30巻4号471頁），原審（名古屋高判昭和49・9・18民集30巻4号530頁）とも、A放送会社における楽団員は労組法上の「労働者」に当たると判断し、棄却命令を取り消した。

　4　A会社（取消訴訟の補助参加人）は、放送管弦楽団の楽団員は自由出演契約によって独立の事業者となったのであり、原判決が、これを会社の「雇用する労働者」（労組7条2号）に当たると認めたのは、同条および憲法28条の解釈適用を誤り、かつ理由不備等の違法をおかしたものであると主張した。

【判旨】　上告棄却

「本件の自由出演契約が、会社において放送の都度演奏者と出演条件等を交渉して個別的に契約を締結することの困難さと煩雑さとを回避し、楽団員をあらかじめ会社の事業組織のなかに組み入れておくことによって、放送事業の遂行上不可欠な演奏労働力を恒常的に確保しようとするものであることは明らかであり、この点においては専属出演契約及び優先出演契約と異なるところがない。このことと、自由出演契約締結の際における会社及び楽団員の前記のような認識（事実2参照・引用者）とを合わせ考慮すれば、……原則としては発注に応じて出演すべき義務のあることを前提としつつ、ただ個々の場合に他社出演等を理由に出演しないことがあっても、当然には契約違反等の責任を問わないという趣旨の契約であるとみるのが相当である。楽団員は、演奏という特殊な労務を提供する者であるため、必ずしも会社から日日一定の時間的拘束を受けるものではなく、出演に要する時間以外の時間は事実上その自由に委ねられているが、右のように、会社において必要とするときは随時その一方的に指定するところによって楽団員に出演を求めることができ、楽団員が原則としてこれに従うべき基本的関係がある以上、たとえ会社の都合によって現実の出演時間がいかに減少したとしても、楽団員の演奏労働力の処分につき会社が指揮命令の権能を有しないものということはできない。また、自由出演契約に基づき楽団員に支払われる出演報酬のうち契約金が不出演によって減額され

ないことは前記のとおりであるが，楽団員は，いわゆる有名芸術家とは異なり，演出についてなんら裁量を与えられていないのであるから，その出演報酬は，演奏によってもたらされる芸術的価値を評価したものというよりは，むしろ，演奏という労務の提供それ自体の対価であるとみるのが相当であって，その一部たる契約金は，楽団員に生活の資として一応の安定した収入を与えるための最低保障給たる性質を有するものと認めるべきである。

以上の諸点からすれば，楽団員は，自由出演契約のもとにおいてもなお，会社に対する関係において労働組合法の適用を受けるべき労働者にあたると解すべきである。したがって，楽団員の組織する被上告人組合と会社との間に同法7条2号の不当労働行為が成立しうるとした原審の判断は正当」である。

【コメント】　1　判旨は，第1に，本件「自由出演契約」の趣旨を，あらかじめ事業組織へ組み入れ，労働力（演奏労働力）として確保することにあるとしている。このことを楽団員らの側から見れば，楽団員は本件の「自由出演契約」の下でいわゆる組織的従属の立場にあったことを意味する。第2に，判旨は，このことを会社と楽団員双方の同契約締結時の「認識」によって補強しつつ，発注に応じて出演すべき楽団員らの義務は，個々の場合に他社出演等を理由に出演しないことがあっても，当然には契約違反等の責任を問わないという趣旨の義務であり，債務不履行（損害賠償の請求），制裁あるいは契約の解除をともなうようなハードな義務でなく，いわばソフトな義務にとどまるものであるとしている。第3に，会社から「日日一定の時間的拘束を受けるものではない」ことは労組法上の労働者であるとすることの妨げにならないことを示唆する。このようにして，判旨は，楽団員らと会社との法的関係には通常の労働者の場合と比較すると様々な異なる性格が認められることを押さえた。

2　その上で，会社と楽団員らとの間には，①会社が必要とするときは随時その一方的指定によって楽団員らを出演させることができ，楽団員らはこれに従うべき基本的関係（労務提供機会の一方的指定関係）にあったことを理由に，楽団員らは会社の指揮命令に服する立場にあること（いわゆる人的従属性）を否定できないと判断した。そして，②有名芸術家の場合と異なり演出についての裁量権は有していないことから，楽団員らの受ける報酬は，演奏という労務の提供それ自体の対価であると見るのが相当と

し、その一部の契約金は最低保障給たる性質を有するものとしている。この点は楽団員らの賃金生活者性にかかわり、会社に対しいわゆる経済的従属の立場に立つことを意味している。

　以上によって判旨は、A放送会社は、労組法上、「使用者」として団交応諾義務を負うと判断した。このように判旨は、楽団員らが「労働組合法の適用を受けるべき労働者」に当たると判断したものであるが、さらに進んで楽団と放送会社との間の「自由出演契約」が「労働契約」に当たるか否かにまで踏み込んで判断したものではない。このことは逆に、本件判旨の「労働組合法の適用を受けるべき労働者」か否かの判断の枠組みは、労働契約関係にある労働者（労基法上の労働者）か否かを突き詰めるまでもなく判断し得るものであることを示している（橋本陽子・百選7版8頁、吉田三喜夫・百選6版8頁）。

case 1-4　会社と構内下請け労働者との間の「労組法の適用を受ける雇用関係」の存否（肯定）

油研工業事件・最1小判昭和51・5・6民集30巻4号409頁

【事実】　1　油圧器を製造販売する参加人A会社藤沢工場では、かねてから油圧装置の設計図の製作を社外の業者（以下「外注業者」）に請け負わせ、これら業者の派遣する従業員（以下、「社外工」）に、A会社の作業場内で設計図の製作にあたらせていた。Xら3名は、昭和41年当時C有限会社所属の社外工としてA会社で就労していた。

　2　X_2・X_3は、昭和36年8、9月ごろからB会社所属の社外工としてA会社に派遣され、同38年8月B社の解散後もB社名を用いていたが、昭和39年4月ごろには両名だけでC有限会社（未登記）を名乗って就労していた。また、X_4は、昭和37年4月からD社所属の社外工としてA会社に派遣されており、D社退社後も個人で同社名を名乗って就労していた。

　A会社は、会社登記をしていない外注業者に対し納税関係上登記をするよう要請した。このためXら3名は、法人格を具えた外注業者からの請負契約に基づく派遣社外工との体裁を整えるため、昭和39年6月、C有限会社の設立登記をした。

　3　昭和41年2月、A会社は不況を理由に仕事の打切りを通告した。

そこでX₁組合は，A会社に対し，X₂～X₄に対する仕事の打切り問題について団体交渉を求めたが，会社はこれを拒否した。X₁組合とX₂～X₄とは，契約解除および団交拒否は不当労働行為であるとしてY神奈川県地労委に救済を申し立てた。Y地労委は，会社はX₂～X₄の使用者に当たらないとの理由で申立てを棄却した（昭和42・5・12命令集36集313頁）。そこでXらが救済命令の取消しを求めた。

4　1審（横浜地判昭和47・10・24労判163号46頁）は同地労委の棄却命令を取り消した。曰く，「労組法7条にいう『使用者』とは，被用者を使用してその労働力を処分する者，即ち，自らの権限に基づき労務を適宜に配置，案配して一定の目的を達せんとする者であるから，雇用契約上の雇用主の他にも，被用者の人事その他の労働条件等労働関係上の諸利益に対しこれと同様の支配力を現実かつ具体的に有する者を含むと解すべきであって，労働者が例えばいわゆる社外工として，形式的な労働契約面では子企業に所属するにとどまり，現実に労務を提供する親企業との間には直接何らの契約関係がない場合であっても，親企業の被用者と一緒に親企業の工場で就労し，しかも親企業の決定する職場秩序ならびに親企業の直接的指揮監督下におかれ，子企業がこれらの点につき何らの支配力をも有しない場合には，親企業そのものが労組法上の使用者であって，子企業は使用者でないといわざるを得ない。」

原審（東京高判昭和49・5・29労経速852号29頁）は，「いわゆる『社外工』と労働者受入企業との関係が常に労組法第7条にいう『労働者』と『使用者』にあたるというのではなく，両者間の事実上の支配従属関係が……存在する場合に限る」と留保を付けながらも，1審判決の結論を維持した。Y地労委が上告。

【判旨】　上告棄却

1　A会社に社外工を派遣する外注業者は，従業員20～30人を擁する会社から社外工個人が会社を名乗るものまで多様な形態のものが存在し，短期間のうちに離合集散を重ねているが，A会社はその実態には全く無関心で，「個人の技能，信用に着眼して人物本位に受入れを決定して」いた。

2　A会社に受け入れられた社外工は，同会社従業員の勤務時間と同一時間拘束され，同じ設計室で，会社の用具を用い，A会社の職制の指揮監督の下で，会社従業員と同一の作業に従事しており，その間それぞれ所属の外注業者から作業や勤務等につき指示を受けることは全くなかった。

3　「社外工の作業に対してはA会社から外注業者宛に請負代金名義で対価が支払われたが，その金額は，各社外工につきその労働時間又は出来高に応じて計算した額を合算したものであり，これをそれぞれの作業実績に比例して分配していた。」

4　上記のような事実関係のもとにおいては，「たとえXら3名に対しA会社の就業規則が適用されていなくても，両者の間には労働組合法の適用を受けるべき雇用関係が成立していたものとして，A会社はXら3名との関係において同法7条にいう使用者にあたると解するのが相当である。X_2，X_4がC有限会社の役員であることは右の結論を左右するものではない。それゆえ，これと同旨の結論をとる原判決に所論の違法はな〔い〕。」

【コメント】　1審，原審は，使用者性の有無を，「労働条件等労働関係上の諸利益」に対する実質的支配力の有無によって判断するいわゆる「支配力説」に立ち，①作業体制における自社従業員との一体性，②作業過程において親企業の実効的な指揮監督下にあったことを「支配力」の具現として指摘している。

上告審は，Xら下請け社外工が法人形態をとるに至った経緯を重視しているが，この点は **case 1-3**・CBC管弦楽団労組事件において放送会社が楽団員らとの間に「自由出演契約」を締結するようになった経緯を重視した態度と共通するものがある。そして，1審，原審判決の指摘する上記①（作業一体性），②（作業過程での実効的指揮監督）の事実に，③報酬の決定，計算における労務対価性（作業実績比例性）を考慮要素に加え，A会社とXらとの間には「労働組合法の適用を受けるべき雇用関係が成立していた」との判断を示した。この点は1審判決と異なる点であるが，使用者性の判断に当たり報酬の実態（賃金性）を重要な考慮要素とすべきことは当然である。

本件判旨をCBC管弦楽団労組事件と対比すると，作業体制への組込み（上記①）はいわゆる組織的従属の立場にあることを，作業過程における指揮監督（上記②）は指揮命令従属（人的従属）を含意し，これに報酬の労務対価性（上記③）の判断を加えて，「労働組合法の適用を受けるべき雇用関係」の成立を肯定している点に特徴がある（参照，瀬元美知男・百選4版230頁）。

(3) 労働組合

　労働組合は法律の被造物ではなく，法以前の社会的存在である。しかし，労組法上の権利は，労組法の定める要件を具備する労働組合に保障される。その労働組合は，単に人の集合体ではなく団体として，労働条件の維持改善その他経済的地位の向上を図ることを目的とし，一定の意思決定機関（業務執行体制）をもち，そのための財政的基盤を有する団体であることである。すなわち，労働組合は，社団として規約，意思決定機関（総会等），執行機関（役員体制）および会計を備える必要がある*。したがって，一人組合は原則として労働組合と認められない（詳細は，下巻第15講Ⅳ1で述べる）。

　　＊　**労働組合の社団性**　　行政解釈は，労働組合協議会等の名称の組織でも，独自の議決機関または執行機関を有しないか，独自の会計を有しないか，あるいはその正規の決議が加盟組合または組合員を拘束しないため社団的性格を有せず，かつ社団的活動をしない団体は，労組法2条にいう労働組合とは認められない，としている（昭和23・12・6労発554号）。

4　雇用政策法上の法主体

　一　国の雇用政策の基本は「雇用対策法」に規定されている。雇用対策法は，「国が，雇用に関し，その政策全般にわたり，必要な施策を総合的に講ずる」ための法律であり，①労働力の需給のバランスをとり，②労働者が職業能力を有効に発揮できるようにして労働者の職業の安定と経済的社会的地位の向上を図ること，そして完全雇用の達成を目指すとしている（1条）。

　二　国の雇用政策は，多面的な性質を有するため雇用政策法の対象も多様である。たとえば，「職業安定法」は労働力の需要供給を調整し，失業者に職業に就く機会を与えることを重要目的にしているため（1条），労働契約成立前の求職者，求人者を主な対象にし（5条），「職業能力開発促進法」は，労働者の職業に必要な能力を開発し向上させることができるように，能力開発の対象に「事業主に雇用される者」と「求職者」の双方を含めている（2条1項）。

　三　雇用政策法のもう一方の基本法である「雇用保険法」は，労働者が失業した場合のほか，雇用の継続を困難にする事由（定年年齢の到達，育児・介護休業の取得など）が生じた場合に必要な「雇用継続給付」を行うほか，失業の予防，雇用状態の是正，雇用機会の増大などのために必要な事業（雇用安定事業，能力開発事業）を行う（1条・3条。雇用保険事業については62条・63条参照）。このように，雇用保険法は広く，失業者（求職者），雇用関係を有する労働者お

よび事業主を対象にしている。

V　労働関係紛争解決の手続法

1　はじめに

一　日本の労働関係が法のルールにしたがって正しく運営されることは，健全な社会経済の発展にとって，また国の雇用政策，社会保険，労働保険，生活保護等の円滑な運営のために重要である。近年，特にバブル経済崩壊（1990年代中頃）以降，雇用，労働条件をめぐり労使間に紛争が多発し増加の一途にある（後記 6 末尾参照）。

二　労働紛争も，他の法律紛争と同様に，終局的には，民事訴訟手続により確定判決を経て，公権的，終局的解決が図られる。しかし，労働者にとって使用者との民事紛争のすべてを裁判で解決することは，時間，費用，専門的訴訟手続などの面で負担が重く一般的にみて困難である。労働諸団体，地方自治体の相談窓口が対応する労働相談や苦情には，明白な労働法規違反など争点の単純な事例が多数存在することが指摘されており，訴訟手続とは別個に労働紛争を簡易，迅速，安価に解決するシステム（紛争前段階の「苦情」について相談を受け専門的な助言をする手続を含む）が必要である。こうした「裁判外紛争解決制度」（ADR ＝ alternative disputes resolution）は，諸外国にも多数の例が存在している（中時897号〔1995年〕66頁以下に「主要国労使紛争処理機関の課題と展望」として毛利勝利教授がドイツの「労働裁判所」，岩村正彦教授がフランスの「労働審判所」，中窪裕也教授がアメリカ合衆国の「全国労働関係局」について貴重な論文を寄せており参考になる）。

三　労働組合が主体となる「労働争議」（その意義について労調 6 条参照）に関しては，労働関係調整法が労働委員会の行う調整（あっせん・調停・仲裁）の手続を定めている（労調10条以下，労委規則62条以下）。また労組法は，使用者の「不当労働行為」を禁止し，労働委員会が労働組合または労働者の申立てを受けて審査等を行う行政的救済手続を定めている（労組 7 条・27条以下，労委規則29条以下，下巻第20講VIで述べる）。

四　男女雇用機会均等法（昭和60年法律45号）は，都道府県労働局（厚生労働省所管）に「紛争調整委員」（個別労働紛争 5 条・ 6 条，雇均18条）を置き，そのなかから委員を選任して「機会均等調停会議」を組織して同法の定める性的雇用差別紛争に関する調停手続を定めている（雇均18条以下，機会均等調停

会議に関し雇均則3～5条，下巻第21講Ⅱ3(4)参照)。

　五　2001 (平成13) 年「個別労働関係紛争解決促進法」(平成13年法律112号)が制定され，賃金不払い，労働条件の引下げ，解雇・雇止め，退職など近年著しく増加した個別労働紛争に対応している。同法は，都道府県労働局に「紛争調整委員」を置き，「労働条件その他労働関係に関する事項についての個々の労働者と事業主との間の紛争」(個別労働関係紛争) を対象にあっせん制度を設け，「その実情に即した迅速かつ適正な解決」を図ることを目的にしている (1条。小西ほか〔中嶋〕32頁，後記**6**参照)。

　六　2004 (平成16) 年にはさらに，2001 (平成13) 年「司法制度改革審議会意見書」の提言に沿うかたちで，「労働審判法」(平成16年法律45号) が制定され，2006 (平成18) 年4月から全国50ヵ所の地方裁判所において労働審判制度が開始されている (後記**5**参照)。同制度は，各地方裁判所に「労働審判委員会」を置いて，「労働契約の存否その他の労働関係に関する事項について個々の労働者と事業主との間に生じた民事に関する紛争」(個別労働関係民事紛争) の解決に当たらせることとし，調停または審判によって「紛争の実情に即した迅速，適正かつ実効的な解決」を図ることを目的にしている (1条)。労働審判は，労働審判官 (職業裁判官) と労働関係の実務に精通する労働審判員 (労使各側から選任される各1名) がチーム (労働審判委員会) を組んで個別的労働紛争の処理にあたるというユニークな新方式の紛争解決システムである (小西ほか〔中嶋〕37頁以下。本制度の仕組みおよび本制度開始以来の運用実態に関しては，特集号「労働審判法制定」ジュリ1275号〔2004年〕，菅野和夫＝山川隆一＝斎藤友嘉＝定塚誠＝男澤聡子『労働審判制度』〔弘文堂，2005年〕，林俊之〔最高裁判所事務総局〕「労働審判制度の最近の運営状況について」中時1079号〔2007年11月〕2頁が好個の文献である)。

　以下，労働紛争の解決制度の仕組みを概説する。

2　通常労働訴訟

　一　労働訴訟事件は，そのほとんどが雇用および労働条件に関して，労働者が使用者を訴える事件で占められている (解雇・雇止め，配置転換・出向・休職・降格，懲戒処分，労働条件の不利益変更などの効力を争い，未払賃金の支払い，雇用差別や権利侵害等を理由とする損害賠償の支払いの請求など)。

　他には，労働組合が使用者を訴える事件 (労働協約違反を理由とする損害賠償，団体交渉義務の確認，組合活動への支配介入・妨害排除，組合事務所の使用妨害排

除の請求など），使用者が労働者・労働組合を訴える事件（同業他社への就職を理由とする退職金返戻，違法なビラの配布・貼付に対する損害賠償の請求など），組合員が労働組合を訴える事件またはその逆の事件（組合員の除名・権利停止等の統制処分の無効確認，滞納組合費支払いの請求など）が代表的なものである。

　二　日本には，「労働審判法」による労働審判手続（後述5）を別にすれば，労働事件を他の民事事件と区別して取り扱う法律や特別の訴訟手続の定めは存在しない。労働事件も民事訴訟法の手続によって行われる。労働事件の大半は，上に述べたように労働者が使用者を訴える事件で占められており，労働者と使用者との社会的，経済的力の非対称性は明らかであることから，労働訴訟にはつぎのような特色が指摘されている。

　労働訴訟事件は，敗訴の当事者（殊に，労働者）が全身的（すなわち，決定的）な損害を受けるという意味で全身的訴訟性をもつと言われている。そのため，特に慎重な審理が必要とされる一方，紛争の迅速な解決も常に強調され，タイムターゲットの設定，争点の整理，証拠調べの手続など審理の進め方について格段の工夫の必要性が論議されている（その現状，必要な対応等を詳細に検討したものとして東京地裁判事，同書記官，労使双方の代理人弁護士らによる「座談会・労働訴訟協議会」判タ1143号〔2004年〕4～33頁）。

　三　つぎに労働関係法は，労使の実質的対等性を保障するという基本的目的をもっており（労基2条，労組1条参照），そうした権利の実現が問題になる以上，訴訟手続においても労使の実質的対等性を確保することの必要性が説かれている（萩沢清彦「労働訴訟」現代講座14巻〔1985年〕61頁）。訴訟手続における労使の実質的対等性の実現は，困難を伴うものであるが，特に賃金人事（基本給，一時金・退職金の支払額の決定），格付け人事（昇格，昇進，降格の査定），異動人事（配転，出向，転籍，休職，懲戒処分など），経営事情の変化を理由とする就業規則の不利益変更，整理解雇，あるいは安全配慮義務違反の有無等が問題になる場合，労働者は不利益の原因である使用者の一定の措置の根拠なり基礎になった情報や資料へのアクセス能力を非常に制限されている。こうした点は，裁判所による文書提出命令（民訴220条）の活用および当該措置の差別性，不公正性，不合理性等に関し労働者にどの程度までの証明責任を負担させるべきかについて格段の配慮を必要としている（好個の文献として，開本英幸「文書提出命令制度の構造と最近の決定例―全日本検収協会（文書提出命令）事件（神戸地裁平成16・1・14決定労判868号5頁）を中心として―」労判893号5頁）。

> **note 2　少額訴訟制度**
> 　簡易裁判所は、訴訟の目的額が140万円を超えない請求について裁判権を有するが（裁33条）、60万円を超えない金銭の支払いを請求する場合は特別に「少額訴訟」による審理および裁判を求めることができる（民訴368条）。少額訴訟は、一期日審理を原則とし、簡易な証拠調べにより即日判決を得られる（同370～372条）。もっとも相手方には通常裁判への移行申述権が認められている（同373条）。このため少額訴訟制度は賃金の未払いの事実および未払額が明白の場合により有益である。

　四　以上のほか、労働者災害補償保険法（下巻第24講Ⅱ1参照）に基づく労働者災害補償等の給付および雇用保険法に基づく失業等の給付の申請について、行政官庁（労働基準監督署長、公共職業安定所長）が行う不支給等の処分（決定）の取消しを請求する行政訴訟事件（労災40条、雇保71条参照）、および不当労働行為救済申立事件に関し労働委員会の発する救済命令等の取消しを請求する行政訴訟事件（労組27条の19以下）がある（下巻第20講Ⅵ6参照）。これらの事件は、行政事件訴訟法の定める抗告訴訟（そのうちの「処分の取消しの訴え」）として、同法の訴訟手続が適用される。こうした労働訴訟事件の数も決して少なくない。

3　民事保全手続

　一　労働者が解雇され（あるいは、有期労働契約の更新を拒否され）、その効力を争って民事訴訟を提起しても、訴訟経費を負担し、無収入のまま（多くは、家族を抱え）、確定判決まで生活を維持し、必要な訴訟手続を遂行することは困難を極めるのであり、確定判決まで幾歳月を費やすわけにはいかない。民事保全法（平成1年法律91号）の定める民事保全手続は、たとえばこのような事案の場合、裁判所において、当該解雇ないし雇止めの合理的理由の存在に疑わしいものがあるとの一応の判断が可能なとき、その一応の判断に基づいて、「争いがある権利関係について債権者に生ずる著しい損害または急迫の危険を避けるために」、暫定的に、当該労働者の雇用契約上の権利を確認し、債務者（使用者）に解雇期間中の賃金の仮払いを命令する手続である。

　二　民事保全手続は、民事訴訟の「本案の権利の実現を保全するための」手続であり（民保1条）、将来における金銭または金銭以外の係争物に係る権利の実行を保全する手続である「仮差押え」と「係争物に関する仮処分」（同20

条1項・23条1項）のほか，将来の権利の実行の保全を目的とするのではなく，争いがある権利関係について債権者に生ずる著しい損害または急迫の危険を避けるために必要なときに発することのできる「仮の地位を定める仮処分」（同条2項）とがある（上記一の例）。

　　三　その手続は，当事者が「申立ての趣旨」，「保全すべき権利又は権利関係」および「保全の必要性」を明らかにして申立てをなし（民保13条，民保規1条），これを受けて本案の管轄裁判所（または仮差押え物件，係争物件が所在する地の管轄裁判所）が行う（民保2条）。民事保全命令は，一般に，①保全の必要性と，②債権者が保全すべき権利（被保全権利）を有することを要件にして発せられる。

　　四　被保全権利の根拠になる事実関係の存否に関しては，民事訴訟の場合と異なり証明までは要求されず，疎明で足りる。「証明」は裁判官に合理的疑いをはさまない程度に確信のある事実判断を生ぜしめる当事者の証拠活動であるとされており，他方「疎明」は，裁判官がそれより低い一応確からしいとの事実判断を生ぜしめる程度の証拠活動である（竹下守夫＝藤田耕三編『民事保全法』〔有斐閣，1997年〕154頁〔北山元章〕）。

　なお，民事保全の手続は，口頭弁論を経ないでするのが原則であり（任意的口頭弁論，民保3条），命令は決定による。しかし仮の地位を定める仮処分命令は，特に口頭弁論または債務者が立ち会うことのできる審尋の期日を経なければ，発することができないとされており，より慎重な手続が踏まれる（同23条4項）。

　　五　債務者（使用者）は，仮処分命令を受けた後に，保全命令の取消しの原因となる明らかな事情や，執行により債務者が回復しがたい損害を生ずるおそれの存在することが疎明された場合には，その命令を発した裁判所に審理の見なおしを求めることができる。これを「異議の申立て」という。さらに債務者は，保全すべき権利・権利関係なり，保全の必要性なりが消滅したとき等の場合には，その命令を発した裁判所または本案の裁判所に「保全取消しの申立て」をすることができる（民保26条以下・38条以下）。そして，これら保全異議および保全取消しの申立てに対し裁判所の決定が行われたときは，「保全抗告」をすることが認められる。保全抗告は，一審が簡易裁判所の場合は地方裁判所へ，一審が地方裁判所の場合は高等裁判所に上訴する二審制となっている（同41条1項）。こうしたことから，民事保全手続も必ずしも常に迅速に進行するとは限らない。

六　仮処分のうち，仮の地位を定める仮処分は，上に述べたように（二），争いある権利関係について債権者に生じている不安，危険を除去して本案判決による解決までの間に一定の権利関係を暫定的に形成することを目的とする保全手続であり（竹下守夫＝藤田耕三編・前掲『民事保全法』176頁〔藤田耕三〕），労働仮処分のほとんどはこの種の仮処分である。先に例示した一の事案の場合，被保全権利は，解雇または雇止めされた労働者の「雇用契約上の権利を有する地位」および解雇期間中の賃金である。労働事件の仮の地位を定める仮処分命令は，本案の権利の内容を事実上そのまま実現することになるため，「満足的仮処分」などとも言われることがあるが，他面その多くは執行手続を予定しない「任意の履行を期待する仮処分命令」である。

解雇・雇止めのほかには，配転・出向・休職命令，懲戒処分などの効力停止を命ずる仮処分，就労請求に関する仮処分の例があり，集団的労働関係の分野では組合活動に対する妨害禁止等を命ずる仮処分，組合事務所・掲示板の占有使用の妨害排除等を命ずる仮処分，団体交渉の応諾を命ずる仮処分，組合に対しピケッティング等による従業員の就労妨害差止めを命ずる仮処分などの例がある。

七　労働仮処分事件は，争いのある権利関係について一定の権利関係を暫定的に形成するものと言っても，前言した被保全権利の「全身性」から慎重な審理にならざるを得ないため，一時代にはあたかも民事訴訟手続による本案の審理のように「判決の原則化」現象を呈した（おおよそ1970年代中頃までのいわゆる「仮処分の本案化」）。しかし，その後審理の迅速化が強く意識されるようになり，決定手続による簡易な処理が増加した（平成3年民事保全法施行前の労働仮処分の審理方法について「判決の原則化」から「決定手続による処理」の増加への変遷等を検討したものとして，沖野威「本案訴訟と仮処分」『新実務民事訴訟講座11巻』〔日本評論社，1982年〕5頁以下）。近年では，民事訴訟の審理期間が著しく短縮された結果，労働仮処分事件数も減少している。

4　民事調停

一　民事調停は，「当事者の互譲により，条理にかない実情に即した解決を図る」ための民事紛争解決手続であり，通常は簡易裁判所で行う（民調1条・3条）。労働紛争も元来当事者に自主的解決の努力が求められる紛争である（集団的労働紛争に関し労調2条，個別的労働紛争に関し個別労働紛争2条，性的雇用差別紛争に関し雇均11条，短時間労働者に関する紛争に関し短時労19条，派遣労

働紛争に関し労派遣36条3号・41条3号など参照)。民事調停の取扱い件数は多くない。しかし民事調停の上記の精神は労働紛争の解決にも適合している。したがって，地方裁判所で行う労働審判手続の調停（後述5）と並んで今後も利用されていくであろう。

　二　労働事件は，宅地建物，農事，商事等6種の民事紛争のように特則（民調第2章）は定められていない。すなわち労働事件は一般民事調停事案である。一般民事調停は相手方の所在する地の簡易裁判所（または当事者が合意で定める地方裁判所）に申し立てる（同2条・3条）。通常の事件の受訴裁判所は，職権で（争点，証拠の整理が完了した後は当事者の合意を得て），事件を調停に付し，簡易裁判所に処理させ，または自ら処理することもできる（同20条）。

　三　調停は，主任調停員（裁判官）と裁判所が指定する2人以上の非常勤の民事調停委員とで構成する「調停委員会」が行うが，裁判官だけで行うこともできる（民調5〜8条）。調停の結果について利害関係を有する者は，調停委員会または裁判官の許可を得て調停手続に参加できる（同11条・15条）。民事調停委員には，法制度を含めて労働関係の問題に知見を有する者の選任が望ましいことは言うまでもない。

　四　調停に関しては，原則的に，その性質に反しないかぎり，非訟事件手続法（明治31年法律14号）第1編総則の規定が適用される（民調22条）。すなわち，調停の申立ておよび陳述は書面または口頭でなし（非訟8条，民調規2条・3条），裁判所は関係人の出頭を命令することができ（非訟6条，民調規7条・8条），職権で事実の探知および必要と認める証拠調べを行う（非訟11条，民調規12条）。その手続は，原則非公開である（非訟13条，民調規10条）。裁判所または調停委員会の呼出しを受けた事件の関係人が正当な事由がなく出頭しないときは，裁判所は，5万円以下の過料に処する（民調34条）。調停委員会は，調停前の措置として現状の変更や調停の結果の実現を不能にし，あるいは著しく困難にするような行為の排除を命令でき，排除命令違反には10万円以下の過料の制裁が行われる（民調12条・35条）。

　五　調停において当事者が合意し，これを調書に記載したときは，調停が成立したものとされ，その調書は裁判上の和解と同一の効力を有する（民調16条）。調停成立の見込みがないときは，裁判所は事件を終了させるか（同14条），または調停委員の意見を聴いた上で「当事者双方のために衡平に考慮し，一切の事情を見て，職権で，当事者双方の申立ての趣旨に反しない限度」で，事件の解決のために必要な決定（金銭の支払い，物の引渡しその他の財産上の給付の

命令）をすることができる（同17条）。当事者は，この決定に対し決定の告知の日から2週間以内に異議申立てをすることができ，異議申立てがなければ決定は裁判上の和解と同一の効力を有する（同18条）。

5　労働審判法
(1)　労働審判の目的・対象事件等

— 目的・特徴　　労働審判制度は，「労働契約の存否その他の労働関係に関する事項についての個々の労働者と事業主との間に生じた民事に関する紛争」（以下，個別労働関係民事紛争）に関し，裁判所が紛争の実情に即した迅速，適正かつ実効的な解決を図るための仕組みとして，通常の訴訟手続および民事調停とは別個に設けられた（労審1条）。労働審判制度を訴訟制度と比較した場合，いくつかの斬新な特徴を有している。

第1に，審判は各地方裁判所の職業的裁判官がつとめる労働審判官1名（同8条）と労働関係に関して専門的な知識経験を有する者として労使の団体から推薦される労働審判員各1名とが合議体（労働審判委員会）を構成し，相互に同等の評議権をもって事件を解決する（同7条）。労働審判員に期待される労働関係に関する専門的な知識経験とは，企業等の労働慣行，制度に精通していることであり，労働審判員はそのような人材として中立公正な立場において紛争の「実効的な解決」に貢献することが期待されている（同1条・9条）。

第2は，原則として3回以内の期日で終結する迅速な手続であること（同15条2項），また審判手続のなかで適宜に調停が試みられる柔軟な手続であること（同1条・18条），調停不成立のときは，「当事者間の権利関係及び労働審判手続の経過を踏まえて」，事案の実情に即した労働審判が行われること（同1条・20条1項・2項参照），である。

第3は，訴訟手続への移行である。労働審判に対し当事者から適法な異議の申立てがあるときは，労働審判は効力を失い，当該審判手続の申立ての時に，当該労働審判が係属していた地方裁判所に訴えの提起があったものとみなされる（同21条3頁・22条1項参照）。また労働審判委員会は，事案の性質に照らし労働審判の手続を行うことが紛争の迅速かつ適正な解決のために適当でないと認めるときは，労働審判を終了させることができ，訴訟手続に移行する（同24条）。

二　労働審判の対象事件　　労働審判の対象となる紛争は，前言したように「個別労働関係民事紛争」（いわゆる雇用紛争）であるから（労審1条）[*]，使用

者と労働組合との集団的労働関係紛争（いわゆる労使紛争）は，従前のとおり，労組法および労調法に基づき労働委員会および裁判所が管轄する。

＊　労働審判の対象，新受件数など　　民事労働関係紛争は，まず「労働契約の存否」に関する紛争であるため，「労働契約の成否」に関する募集，採用をめぐる紛争は対象にならないものと考えられる。他方，「その他の労働関係に関する事項」は，労働審判の申立て時に存続している現在の労働関係にかぎらず，たとえば定年退職後の再雇用や退職金の分割払いに関する合意の履行をめぐる紛争など，過去の労働関係について生じた民事に関する紛争も対象になり得ると解される。労働契約関係の存在しない派遣先事業主と派遣労働者との間に生じた紛争のうち，派遣先事業主が当該労働者との関係において労基法上の使用者または労安衛法上の事業者とみなされる事項（労派遣44条以下）をめぐる紛争に関しては，労働審判の対象になる（参照，菅野730頁）。

　2006（平成18）年4月から始まった労働審判事件は，争点が比較的単純な解雇，未払賃金・退職金の請求，解雇予告手当請求事件などが多いとされている（林・前掲1六中時1079号7頁）。新受件数は2007年3月までの1年間で1,163件，2007年4月〜2008年3月で1,507件（前年比約30％増）となり，今後申立事件数はさらに増加することが見込まれる。審判の申立てから終了まではおおむね2ヵ月半であり，迅速に解決が図られている状況と言える（2007年度の労働審判は解雇等事件が約48％，その他の地位確認が約4％，賃金・手当・退職金をめぐる事件が約38％，その他約10％である）。

⑵　**労働審判手続**

　一　**管轄**　　労働審判は，裁判所における紛争解決手続である。原則として，個別労働関係民事紛争の生じた事業場の所在地を管轄する地方裁判所が管轄する。当事者が管轄の地方裁判所を書面で合意をすることもできる（労審2条，労審則3条。事件の移送手続に関し労審3条参照）。

　二　**調停と審判**　　労働審判手続において，調停の成立による解決の見込みがある場合にはこれを試み，調停が成立しない場合に審判が行われる。審判は，当事者間の権利関係を確定することよりも，「事案の実情に即した解決」に重点を置いて行われる。その意味で労働審判は非訟事件手続の特徴を有している（労審1条参照）。

　三　**労働審判委員会**　　労働審判を行う労働審判委員会は，地方裁判所が裁判官のなかから指定する「労働審判官」（職業裁判官）1名と，地方裁判所が労働審判事件ごとに指定する労働審判員2名＊で組織する（労審8条・9条）。審判手続の指揮は審判官が行うが（同13条），審判官と審判員とは評議（非公開）において平等であり，過半数の決議により審判を行う（同12条）。

＊ **労働審判員**　労働審判員は，労働関係についての実情や慣行，制度等の知見を有する労使関係者のなかから任命される（労審9条2項）。このように労働審判員は，各側の利益代表の立場ではなく，中立，公正な立場で職務を行うべきものである（この点で，労組法に基づいて選任される労働委員会の労使参与委員と異なる）。労働審判委員会は，事件の適正な解決のために知識経験に偏りがないように，その構成について適正を確保するよう配慮しなければならないとされている（同10条2項）。

(3) 審理および審判

一　**審判の申立て**　審判は，当事者が裁判所にどのような審判を求めるか，「その趣旨および理由を記載した書面」で申し立てる（労審5条）＊。労働審判官は，審判を指揮し，期日を定めて関係人を呼び出し（同14条），速やかに当事者の陳述を聴いて争点と証拠の整理を行い，3回以内の期日において，審理を終結しなければならない（同15条）。この手続は原則として非公開である（同16条）。労働審判手続の第1回の期日は，特別の事由がある場合を除き，申立て後40日以内に指定される（労審則13条）。相手方が呼び出しに応じない場合は5万円以下の過料に処せられる（労審31条）。

＊ **申立書記載事項**　申立書に記載する理由は，①申立てを特定するのに必要な事実，および②申立てを理由づける具体的な事実を含む必要がある。その他③予想される争点，争点に関連する重要な事実，④争点ごとの証拠，⑤当事者間においてなされた交渉，その他申立てをするまでの経緯，などの記載が必要である（労審則9条）。なお，労働審判委員会に提出する書面については民事訴訟規則2条および3条が準用されるため（労審則7条），当事者が裁判所または労働審判委員会に申立書その他の書面を提出するときは，以上に加えて，当事者の氏名または名称および住所ならびに代理人の氏名および住所，事件の表示，付属書類の表示，年月日，裁判所の表示を記載する必要がある。

二　**審理**　労働審判委員会は，第1回期日までに相手方から答弁書＊を提出させ（労審則16条），争点および証拠の整理を行うなど職権で事実調査を行い，職権または当事者の申立てにより必要な証拠調べを行う（労審17条1項）。証拠調べは民事訴訟の例によるとされている（同条2項）。答弁書に対する申立人の反論は，労働審判手続の期日に口頭で（その主張を補充する場合は書面で）する（労審則17条）。主張および証拠の提出は，やむを得ない事由がある場合のほかは，労働審判手続の2回目の期日が終了するまでに終えなければならない（同27条）。

＊ **答弁書記載事項**　答弁書の記載事項は，①申立ての趣旨に対する答弁，

②申立書記載の事実に対する認否，③答弁を理由づける具体的事実，④予想される争点および争点に関連する重要な事実，⑤争点ごとの証拠，⑥当事者間においてなされた交渉および申立てまでの経緯などである（労審則16条）。

　三　審判　　審判は，「審理の結果認められる当事者間の権利関係及び労働審判手続の経過を踏まえて」行われる（労審20条1項）。審判は，当事者間の権利関係の確認（従業員としての権利の確認など），金銭の支払い（未払賃金の支払いなど），物の引渡しその他の財産上の給付を命じ，その他個別労働関係民事紛争の解決をするために「相当と認める事項」を定めることができる（同条2項）。

　後段のいわゆる解決相当事項の定めとは，「当事者間の権利関係を確認し，金銭の支払，物の引渡しその他財産上の給付」の命令に付随して命令できるだけではなく，「……給付」等の命令をしないで，独立に解決相当事項の定めのみを命じることもできるものと解される。たとえば「権利関係を踏まえて」解雇を無効と判断した場合に，諸般の事情を総合判断して，従業員の地位を定めるのではなく，解決相当事項として使用者に補償的金銭の支払いを命令することも可能と解される。

　四　審判は，主文および理由を記載した審判書を作成して行う。ただし，紛争事案に応じて「審判書」の作成に代え口頭で主文，理由を告知する方法も可能であり，この場合には裁判所書記官により主文，理由が「調書」に記載される（労審20条3項・6項・7項）。

　五　労働審判の管轄裁判所，申立ての記載事項，裁判を決定により行うことその他に関しては，非訟事件手続法第1編の規定による（労審29条）。また，審判手続に利害関係人が参加できること，審判手続において調停または審判のために必要な措置（現状の変更・物の処分の禁止等）を講じ得ること，調停の効力は裁判上の和解と同一の効力を有すること等に関しては民事調停法の定め（民調11条・12条・16条・36条）が準用される（労審29条）。

　六　当事者は，労働審判書の送達（または告知）を受けた日から2週間の不変期間以内に裁判所に異議を申し立てることができ，適法な異議の申立てがあったとき労働審判はその効力を失う。異議がないときは，審判は「裁判上の和解」と同一の効力を生ずる（労審21条）。労働審判に対し適法な異議の申立てがあったときは，審判手続に係る請求は，審判の申立て時に，その係属した地方裁判所への訴訟の提起とみなされる（訴えの提起の擬制，同22条）。

　七　労働審判委員会は，事案の性質に照らし，労働審判手続を行うことが紛

争の迅速かつ適正な解決のために適当でないと認めるときは，労働審判を終了させることができる（労審24条1項）。一般論としては，3回の期日で審理を終えることが困難であると予想される事案，すなわち，思想信条に基づく賃金差別事案，複雑な就業規則の不利益変更事案，いわゆる変更解約告知事案などがこれに当たると考えられよう。ただし，このような事案であっても，当事者双方に労働審判手続によって紛争を解決する意向がある場合など，労働審判手続を行うことが適切であると認められることはありうる。したがって，労働審判を終了させるべきか否かは，個別具体的な事情に基づいて判断することが必要になる*。

* **紛争解決方法の選択** 紛争解決は，その紛争を解決するために最も適した手続が利用されるべきであろう。一般論としては，労働審判手続による3回の期日では審理が困難であると思われる事案は，民事通常訴訟手続や保全訴訟手続の利用に適していると考えられる。また，訴訟の目的の価額が60万円以下の金銭の支払いを請求する事案は少額訴訟手続を，単に債務名義を取得する目的であれば支払督促手続や訴え提起前の和解を，それぞれ利用するのが適していると考えられる。さらには，つぎに述べる個別労働関係紛争解決促進法に基づくあっせん手続などの労働関係法独自の紛争解決手続もあるので，それぞれの紛争解決に最も適した手続を，そのメニューの中から適切に選択することが必要である。

6 個別労働関係紛争解決促進法

一 前言したように，1990年代以降これまでの労働関係紛争の様相が一変し，主要な発生源が労使間の集団的紛争（労働争議）から労働者個々人が提起する個別の紛争に劇的に移行した。「個別労働関係紛争解決促進法」は，日本の労働関係のこのような変化に対応して創設された。

二 個別労働関係紛争とは，「労働者の募集及び採用に関する事項についての個々の求職者と事業主との間の紛争」を含む「労働条件その他労働関係についての」紛争を言い（個別労働紛争1条），その解決には，「助言・指導」と「あっせん」の2通りある。「助言・指導」は，都道府県労働局長が，紛争当事者の労使からその解決のために援助を求められた場合に，必要に応じ労働問題に専門知識を有する者の意見を聴いた上で行う手続である（同4条）。「あっせん」は，助言・指導により紛争が解決しない場合に，都道府県労働局長が「紛争調整委員会」に解決のためのあっせんを委任して行う（あっせんの場合は，労働者の募集及び採用に関わる個々の求職者と事業主との間の紛争は除かれる。同5条）。

V 労働関係紛争解決の手続法

三　紛争調整委員会は，厚生労働大臣が任命する委員によって構成される。委員の数は都道府県ごとに異なる（制定当初は3人以上12人以内であったが，特に都市部の申立て件数が著しく増加したため2004年に上限を18人に増員する改正が行われた。平成16・12・1政令374号〔平成17・1・1施行〕）。委員の任期は2年である（個別労働紛争6条・7条・8条）。

　四　事業主は，労働者が，都道府県労働局に紛争解決の援助を求めたことを理由として，またあっせんを申請したことを理由として解雇その他不利益な取扱いをしてはならない（個別労働紛争4条3項・5条3項）。

　五　あっせんを申請しようとする者は，所定様式の申請書を都道府県労働局の長に提出する（個別労働紛争則4条）。都道府県労働局長は，事件の性質上あっせんに適さないと認められる場合を除き，紛争調整委員会の会長に通知し，会長は3人のあっせん委員を指名してあっせんに当たらせる（個別労働紛争12条，個別労働紛争則5条・6条）。あっせん申請者の大部分は労働者である。事業主がそれを受けるか否かは任意であり，労働者のあっせん申請の約半数は事業主の不参加によりあっせんが行われていないのが実情である（東京労働局の場合）。不参加の理由を明らかにさせるなどなんらかの対応が必要になりつつある。

　六　あっせんに際しては，あっせん委員は「あっせん案」を作成して当事者に提示することができ（個別労働紛争13条，個別労働紛争則9条），あっせんによっては紛争の解決の見込みがないと認められるときは，あっせんを打ち切ることができる（個別労働紛争15条，個別労働紛争則12条）。あっせんが打ち切られた場合，当該あっせんを申請した者がその旨の通知を受けた日から30日以内にあっせんの目的となった請求について訴えを提起したときは，時効の中断に関しては，あっせんの申請時に，訴えの提起があったものとみなされる（個別労働紛争16条）。

　七　地方公共団体も，国の行う個別労働紛争処理制度と同様の施策を行うよう努めるものとされており（個別労働紛争20条3項），大部分の道府県において労働委員会が知事の委任事務としてあっせんを行っている（東京都，兵庫県，福岡県は未実施）。

個別労働（民事）紛争処理制度の運用状況

1　新規係属件数（カッコ内は解決率）

	労働委員会あっせん（解決率）	都道府県の労政主管部局等あっせん	労働局あっせん	労働審判
14年度	233(70.5%)	—	3,036(43.9%)	—
15年度	291(67.0%)	1,370	5,352(46.9%)	—
16年度	318(67.8%)	1,298	6,014(49.4%)	—
17年度	294(61.8%)	1,215	6,888(46.5%)	—
18年度	300(65.0%)	1,243	6,924(43.0%)	1,163(87.7%)
19年度	375(64.4%)	1,144	7,146(41.5%)	1,563(86.9%)
20年度（4～12月）	343	—	—	1,697

* 1　あっせんを行う労働委員会は，15年度以降44労委（14年度42労委）。東京都，兵庫県，福岡県では，労委はあっせんを行っていない。

* 2　労政主管部局等のあっせん件数は，労政主管部局であっせんを行っている6都府県（埼玉県，東京都，神奈川県，大阪府，福岡県，大分県）のあっせん件数及び兵庫県の経営者協会と連合が設立した労使相談センターのあっせん件数（15～19年度の新規係属件数は0件）の合計。

* 3　都道府県労働局の紛争調整委員会の扱う個別労働関係紛争に関する相談・あっせん事件の多くは，解雇（40%強）であり，これに労働条件の引下げ（16%強），いじめ・嫌がらせ・セクシャル・ハラスメント（12%弱），退職勧奨（6%強）が続いている（2004〔平成16〕年）。

2　処理期間

	労働委員会あっせん			労働局あっせん			労働審判		
	1ヵ月以内	1ヵ月超2ヵ月以内	2ヵ月超	1ヵ月以内	1ヵ月超2ヵ月以内	2ヵ月超	1ヵ月以内	1ヵ月超2ヵ月以内	2ヵ月超
14年度	57.1%	35.7%	7.2%	61.0%	27.9%	11.1%	—	—	—
15年度	71.8%	19.5%	8.7%	64.2%	28.1%	7.7%	—	—	—
16年度	65.8%	26.6%	7.6%	66.4%	26.5%	7.1%	—	—	—
17年度	54.6%	29.1%	16.3%	63.5%	27.9%	8.6%	—	—	—
18年度	65.6%	28.0%	6.4%	63.7%	30.5%	5.8%	5.2%	30.6%	64.2%
19年度	68.2%	27.1%	3.9%	57.9%	34.3%	7.8%	3.8%	29.8%	66.4%

* 1　労働委員会のあっせん処理日数は「申請書受付日（又はあっせん員指名日・あっせん受任日）～終結日」で計算。

* 2　労働局のあっせん処理日数は「申請書受理日～終結日」で計算。

* 3　労働審判の審理期間は申立日から終局日で計算。労働審判の2ヵ月超66.4%のうち，2ヵ月超3ヵ月以内37.8%，3ヵ月超6ヵ月以内28.0%，6ヵ月超1年以内0.6%。

Ⅴ　労働関係紛争解決の手続法

労働関係民事通常訴訟・労働関係行政訴訟事件・仮処分事件新受付件数
―地方裁判所―

	平成 10 年	平成 11 年	平成 12 年	平成 13 年	平成 14 年
総件数	2,867	2,824	2,935	3,028	3,271
通常訴訟件数	1,793	1,802	2,063	2,119	2,309

	平成 15 年	平成 16 年	平成 17 年	平成 18 年	平成 19 年
	3,365	3,341	3,305	3,074	2,975
	2,433	2,519	2,446	2,299	2,246

＊1　資料：「法曹時報」60巻（2008年）8号47頁以下
＊2　2006（平成18）年4月1日より労働審判制度開始

第2講　労働基本権の保障・雇用関係法の内容および法的性質

I　労働基本権（労働三権）の保障

1　はじめに

一　労組法は，憲法の労働基本権（労働者の団結権，団体交渉権，団体行動権）の保障（憲28条）の趣旨を具体化した法律であり，立法目的として労使対等交渉の保障，自主的団結の擁護，そして団体交渉とその手続の助成の3つを挙げる（労組1条）。これらの目的はそれぞれ一定の政策理念と関係づけられている。労使対等交渉の保障は「労働者の地位を向上させる」こと，自主的団結の擁護は労働者が代表者を通じて「労働条件について交渉する」こと，および「その他の団体行動を行う」こと，団体交渉とその手続の助成は労使関係を規制する「労働協約を締結する」ことを政策理念とする（東大・注釈労組法〔上〕53頁以下，渡辺章「不当労働行為審査制度と労組法の改正」ジュリ1355号77頁）。

二　自由主義経済国家が労働者の団結を規制する仕方はさまざまであり，日本の憲法28条のように労働三権を一括し，一挙に保障する例は他国の憲法には存在しない。しかし日本の憲法28条および労組法の広い意味の団結擁護法制は，日本に固有の歴史と法制の発展の結果というよりも，諸外国の発展した諸制度の継承という性格が強い。

三　労働組合は，法の被造物ではない。法以前に生成した労働者の自生的組織である。産業革命期，特に炭坑，鉱山，諸工場では，幼少年・妊産婦の酷使，成年労働者の長時間労働，低賃金と手配師（労働ブローカー）による中間搾取，厳格な作業規律と苛酷な工場罰金制，危険で不衛生な労働環境，悲惨な労働災害の頻発と無（低）補償，退職させずに労働を強いるさまざまな足留め策と恣意的な解雇などによって，労働者の心身や家族の生活に多くの弊害が生じ，18世紀末〜19世紀初め頃にはすでに深刻な社会経済的，政治的諸問題を引き起こした。この時代に炭坑，鉱山，製造工業を中心に労働者の組織化が始まった。

四　人は，修習期を経て職業的に一人前になるのであるが（徒弟→職人→熟練職人→親方へ），労働組合の端緒は一個の技能体系である職業（job）を単位

にする熟練工仲間の組織であった。これを「同職組合」(craft union) という。しかし産業革命の進行によりさまざまな技能分野で機械化，技術的体系化，自動化が進み，熟練の社会経済的通用力（連帯力）は次第に低下し，労働組合の主要な潮流は半熟練，未熟練の大衆としての労働者を同種の事業，産業を軸に組織する「産業別労働組合」(industrial union) へと変化した。

　五　労働者は労働組合の組織をどのように拡大したのであろうか。その主要因は資本主義国家の社会政策，労働政策の貧困・未成熟な状態そのもののうちにある。労働者らは組合費を拠出して独立の基金を準備し，会計規則を定め，失業，災厄，傷病，労働運動への刑事弾圧や追放などによって苦境に遭った仲間（組合員）と家族に生活補給金や医療費を給付する自前の扶助の仕組みを創りだした（自前の社会保険的，労働保険的機能の創出）。ヨーロッパ諸国に見られた労働組合は，そのはじめ，このように自生的な友愛組織（friendly society）の性質を強くもった（労働組合の対内的機能）。

　労働組合はまた，成長，発展の過程で賃金，労働時間，労働災害補償など労働条件問題に関し明確な主張をもって使用者（または事業主団体）と対抗し，政府に対しても一定の政治的要求を行う組織に成長した（労働組合の対外的機能）*1*2。

　　＊1　**シドニー・ベアトリス・ウエッブ夫妻著『産業民主制』**　本書（Sidney & Beatrice Webb, Industrial Democracy, 1897. 高野岩三郎監訳，復刻版・法政大学出版会，1969年）は，労働組合運動および労働法制の世界的母国である産業革命後のイギリスにおいて，「労働組合員が18世紀の初期より今日に至る迄にその規則を実行するに三種の手段方策に依りしことが明らかとなる。」と述べ，「相互保険の方法，集合取引の方法，及び法律制定の方法と名づける。」としている（172頁）。同書は，これら手段方策を「労働組合の職能」と性格づけた。相互保険の方法とは労働組合の対内的機能をいい（174頁以下），集合取引の方法とは事業主（またはその団体）との交渉によって労働条件を向上させる対外的機能をいい（201頁以下），また法律制定の方法とは労働者の利益を議会活動に反映させる政治的機能（292頁以下）をいう。そして，相互保険の職能は「ヨリ良き雇傭条件を獲得する」労働組合の主たる職能（集合取引の職能）に従属する付属物であったと観察している（639頁）。

　　＊2　**日本の「憐れなる一家」**　「一昨年暮から昨年春にかけて，佐渡鑛山では労働時間短縮，賃金増額，養老年金下與等の要求が起った結果，労働者大懇親会を開きて見ん事一部の希望を貫徹せしめた。其の際に首謀者と目され，僅かの手切れ金で解傭の名誉を荷負ひたる齋藤儼三君は，不幸にも各處の迫害に堪へずして今は何處ともなく立去り……其の一家たる一人の母と妻と四人の子供は，飢

えに泣きて，路頭に迷ひつつあり。然るに，佐渡鑛山労働者は，誰とて此の犠牲者の家族に対し，一片の慰問を為したるものなきは，実に薄情至極の腐腸漢‼……彼等は此齋藤僊三君の活発なる運動によりて三銭乃至五銭の増給を得るに至りたるに，其大恩人たる君の一家を救済するは今日当然の義務なりとす。浅猿しき浮世の有様なり。」（岸本英太郎編『明治労働問題論集』224頁，1909〔明治42〕年3月15日「社会新聞」53号）。

　六　市民法は，ほぼ19世紀をとおして，このような労働者の結社を市民一般の政治的，社会的，経済的，慈恵的，宗教的な結社（association）と特に差別し，労働条件に関する使用者との交渉や賃金・労働時間が改善されるまで労働力を売り控えること（労務を提供しないこと）を呼びかける（組織化する）労働組合の活動（対外的機能）を厳格に禁圧した。

　具体的には，労働組合を，雇用主が個々の労働者と取引する自由（営業の自由）に干渉し制限することを共謀する組織として，特別に取締りの対象にした。このような法制度は労働組合自体に対する「禁圧の時代」の産物であり，国によって異なるが概ねその形成期（18世紀後半）から約1世紀続く。

　七　労働組合（労働運動）は，したがって，まずはその存在の合法化を，つぎに使用者との交渉の自由（集団的取引の自由）を，最後には交渉を実効力あるものとするために，事業主に対し，請願の自由ではなく争議行為の自由を，刑罰や損害賠償責任から解放されるという意味において，獲得する必要があった。

　八　資本主義経済の発展によって炭坑，鉱山，工場で働く労働者の数が飛躍的に増大し，労働組合組織の浸透が避けがたいものとなると，国家は次第に禁圧（弾圧）的態度を転換し，労働組合を他の市民的結社（諸団体）と区別（差別）しないようになった。つまり，労働組合である故に警察的取締りの対象とすることはなくなった。「放任の時代」の到来である＊。しかし，労働組合の組織化のプロセスにおいて労労間に生ずるいざこざ（加入強制など）や，労使間交渉の途上あるいは争議行為に派生して起きる個々の行為が，市民社会の法秩序に抵触すると判断したときは，暴行，脅迫，威嚇，妨害，文書による名誉毀損，共同謀議などを理由に刑事責任，民事責任を課すことに躊躇しなかった。

　　＊　大河内一男『社会政策（総論）』（有斐閣，1963年）　労働者は，労働者組織をとおして，はじめて自らを社会的存在として主張しうるものというべきであるが，労働者組織の可能性と登場は，また賃金労働者の社会的自覚が組織化されるのは，「『労働力』の人間的担当者としての労働者」が獲得され，そのための保

全の政策としての社会政策の必然性が確定された後においてのみ可能となる。日本においては、本来の労働者組織の登場は、大正年代（1911年以降）に入ってからのことであり、またそれは明治44年我が国最初の社会立法たる工場法が——たとえ「骨抜き」ではあったが（ママ）——第27議会を通過したという歴史的事実をまってのみ可能となるのである。労働組合そのものは、元来2つの機能を持っていた。一は労働者の「労働力」としての肉体的存在の保持、その再生産のための自主的組織であり、他は労働者の社会的存在に対応する要求を実現せしめるための組織であった。前者に関するかぎり、労働組合は「労働力」商品性の貫徹という機能の達成がその目的であり、後者の意味においては、労働者は自己の社会的自覚に対応する経済的待遇や社会的地位を要求するようになる（189頁・192頁・200頁・235〜236頁、傍点は引用者）。

　九　労働組合が労働組合の故に禁圧されることのない時代（放任の時代）の到来は、やがてその諸活動の段階的な合法化へと向った。最初は、暴力、脅迫、器物損壊など粗暴な行為は別論として、団体交渉その他要求の示威、実現のための圧力的団体行動（同盟罷業が典型）を刑法上違法視しないことであった（刑事責任の免除、違法性の阻却）。そしてその後は争議行為を企画し、指導し、実行せしめる労働組合（組合指導者）の行為が使用者に対する権利侵害（不法行為）に当たるとし、また争議行為に参加する組合員の労務提供の拒否が契約違反（債務不履行）に当たるとの評価を止め、それぞれ損害賠償責任等から解放する段階（民事責任の免除、違法性の阻却）へと進んだ。こうして、労働組合の一定範囲の行為は、「正当なもの」との評価に耐えるものであることを条件にして、刑事・民事の市民法的責任追及の手段から解放された。これを「法認の時代」という。おおまかに19世紀後半から20世紀前半頃までがそうした激動の時代であった。

　十　高度産業国家は、最終的には、労働者の地位の向上を根本目的とし、労働者が団結し、使用者との交渉において対等の立場に立つこと（労使対等交渉の原則）を促進し擁護する立場から、国によって法制度上のちがいはあるが、基本的には労働者の団結権を保障し、労使交渉（広義の）を助成する「助成の時代」に至っている。しかし、その法的発展過程はすこぶる複雑である（日本の憲法28条の権利の保障について、その法的意義〔原義〕を明快にわかりやすく述べたものに、石川吉右衛門「労働基本権について」中時593号〔1976年〕5頁以下がある）。

note 3　産業民主主義の生成と発展の outline
イギリス
1　労働条件の統制と団結禁止（初期資本主義から産業革命初期まで）

　産業革命の母国であるイギリスは，同時に労働法発展の先進国でもある。18世紀，労働者は一定の職業分野ごとに制定された一連の「主従法」（The Law of Master and Servant）により規制され，①賃金に関する紛争は治安判事裁判所（Court of Magistrates）が裁定する額の支払命令により解決するものとし，裁定賃金で働くことを拒否する者は重労働刑（大抵の場合1～3ヵ月）を科され，②有期雇用（多くの場合，1年）の途中の就業放棄（たとえば，ストライキ）は刑罰で禁止された。

　賃金その他労働条件の改善を目的にする労働者の団結は，1799年の「団結禁止法」（Combination Act, 1799）で一般的に禁止され，1800年にはそれまで業種別に団結を禁止した諸立法を統合した「団結禁止統合法」（Consolidating Act, 1800）が制定された。これらの法律は，労働者の団結がフランス革命の「危険思想」の伝播手段になりはしないかを恐れ，労働者が賃金増額，労働時間の短縮，仕事量の減少，特定の者の雇入れの阻止，経営方法の規制などの改善を求める団結（労働組合）を結成し，これに加入し，加入を勧誘し，集会（組合活動）および同盟罷業を企て，実行することを治安と繁栄を守る観点から規制の対象にしたものと言われている。労働者の団結は，一貫して「取引の自由を制限する共謀」（conspiracy of restraint of free trade）とみなされ，違法（犯罪）とされた。取引とは，雇主と個々の労働者との労働契約交渉（労働力の取引）を言い，労働者の団結体はその取引条件（賃金，労働時間等）を外側から干渉，制限，支配，規制するものとみなされた。

2　団結の自由と規制の併存（19世紀中頃まで）

　1824年，「団結禁止撤廃法」（Combination Law Repeal Act, 1824）が制定され，それまでの団結禁止法は撤廃され，労働者が賃金の引上げ，労働時間の短縮など労働力の真の取引目的（bona fide purpose）のために，その「労働を売り控える権利」（right to withhold labour）を行使するよう仲間に勧誘する団結活動を共謀罪法理から解放し，合法な行為とした（ただし暴力，脅迫，強要，道具の毀損は処罰された）。

　共謀罪法理から解放された後，労働組合のストライキは激発し，ために翌1825年「団結禁止撤廃法修正法」（Combination Law Repeal Act Amendment Act, 1825）が制定された。この法律は，①労働者らが賃金および労働時間について協議決定のために集会し，口頭または文書で盟約することを共謀罪から解放したため，労働者ははじめて団結することを権利として獲得した。しかし他面，②争議中に組合員や未組織労働者らに対し労働の拒絶・労務の不提供を勧誘し（ピケッティングなど），団体への加入・組合費の拠出，規約・指令への服

従を強いて暴行，脅迫，妨害等を加えた場合は，コモン・ロー上「他人の取引を妨害する刑事共謀（criminal conspiracy）」として処罰の対象にした。

しかし1859年制定された「労働者妨害法」（Molestation of Workmen Act, 1859）は，労働組合が威迫をともなわない平和的方法により他人（つまり，使用者）と賃金協定などを締結すること，およびその変更のために他人（つまり，組合員や未組織労働者）に対し労務提供の中止を平和的に説得する行為を上記②の共謀罪の対象から除外した（平和的説得の法理の生成）。この法律は，賃金その他労働条件を規制する労働組合と雇主との間の「集団的契約」（collective agreement，労働協約）を適法な契約とした点でも，歴史上重要な意味を有する。

3 労働組合とその団体行動の法認（1871年法以降）

1871年，「労働組合法」（Trade Union Act, 1871）が制定され，「労働組合はその目的が取引の制限に存するとの理由のみによって違法とみなされることはない。」と宣言し，労働者の団結活動は，一人の商人がその商品を売るためのかけ引きと同質の行為とみなされることとなった（「取引の制限を共謀する罪」からの解放）。また，組合員相互の合意や信託（組合規約を守り，組合費を支払う組合と組合員との合意）を有効なものと規定し，税法上の優遇を与える登録制度を設けた。このように本法は，労働組合の組織と目的に市民法の原則（契約の自由の原則）を適用したものであり，併せて組合規約など労働者相互の団結の盟約を法的に承認したことによって世界史的意義を有している。

つぎに，1875年，「共謀罪及び財産保護法」（Conspiracy and Protection of Property Act, 1875）によって，労働組合の団体行動（同盟罷業）が刑事共謀罪および脅迫罪の適用対象から除外された。この法律は，雇主と労働者との契約に際し，個人が単独に行った場合に犯罪として処罰される（punishable as a crime）のでなければ，労働者が団結して行った場合も処罰されないと定めた（刑事免責の確立）。こうして，低賃金や長時間労働に不服の労働者が個人的に労務の提供を拒否する行為が違法でない（契約不締結の自由）のと同様に，労働者が賃金に対する不服を申し立て，集団的組織的に労務の提供を拒否することも刑事上違法とされなくなった。また，極めて限定的ではあったが平和的（peaceful）に行われるピケッティングが合法とされた。

上記1871年法にも労働組合の定義規定は存したが，1876年「労働組合法修正法」（Trade Union Act（1871）Amendment Act, 1876）は労働組合を，「一時的または永続的の団結にして労働者・使用者間の関係，労働者相互間の関係，もしくは使用者相互間の〔関係を規制するもの・引用者〕，または，主法が通過しないときは〔1871年法が制定されなかったとすれば・引用者〕，その目的の或るものが産業を拘束するとの理由によって不法な団結とみなされると否とに関係なく，営業もしくは事業の遂行に制限的条件を課するものをいう。」（16条），と再定義した。

要するに，労働組合は「労働者・使用者間の関係」と「労働者相互間の関係」

を規制し,「営業もしくは事業の遂行に制限的条件を課する」ことを目的とするものであり,労働組合が組合員の取引に制限的条件を課した場合に,その制限の性質や程度がコモン・ロー上不法な制限に当たる場合も当たらない場合も,刑事・民事の免責を受けるとの意味である。なお,この定義規定に見られるように,イギリスでは使用者間の結社も trade union と呼称される (trade union は,日本では一般的に「労働組合」の訳語が与えられる)。

4 争議行為に対する民事免責の法制の成立

1906 年,「労働争議法」(Trade Disputes Act, 1906) が難産の末に成立した。同法は,「2 人または 2 人以上の者のなした合意または団結の遂行上なされた行為は,労働争議を企画しまたは促進するためになされたものであって,かかる合意または団結なしに〔つまり,個人の行為として・引用者〕なされた場合に民事訴訟を提起することができないかぎり,民事上訴えられることはない (shall not be actionable)」と規定した (1 条)。その趣旨は,労働者が個人として適法になし得ることは,これを労働組合が争議行為として集団的組織的になしても適法とするものであり,前出の 1875 年「共謀罪及び財産保護法」3 条 1 項の趣旨を民事責任についても妥当せしめたものである。しかし,この法律は労働争議をこのように市民法的個人法のレベルで適法としたに止まらず,争議行為への参加を平穏に勧誘するピケッティングを適法とし (2 条),他人に雇用契約の破棄を勧め,他人の取引,事業または雇用に干渉し,または資本・労働力を自由に処分する他人の権利に干渉すること (3 条),労働争議の企図または促進のために労働組合または組合員によりなされた不法行為上の責任 (4 条) について,いずれも訴えることができないと定めた。

このようにして,①労働者は他の労働者と協同して労務提供を拒否した場合に,労働債務の不履行として損害賠償の責任を負わないこと(争議行為参加者の個人責任の免責),②個々の争議に付随する名誉毀損,脅迫,強制に該当しない態様で行われる労働中止の勧誘行為は自由であること(組合幹部の争議指導行為の自由の保障),③労働組合は,労働者(組合員)に対し労務提供の拒否をなさしめた(契約違反を誘致した)ことを理由に不法行為責任を負うことはないこと(労働組合の団体責任の免責)が,定められた。

すなわち,争議行為を計画遂行する行為は,それまでは個々の労働者(組合員)が雇主に対して負う労務の提供の拒否を計画(共謀)し,働きかける行為として債権侵害の不法行為になり,損害賠償責任(組合財産が引当てになる)を生ずるとされていたが,本法は,この不法行為法理を廃棄した(争議行為に対する団体法理の創設)。

〔参考文献〕 H・サミュエルズ(石川吉右衛門=花見忠=赤松良子訳)『英国労働組合法』(有斐閣,1958 年),片岡(1) 340 頁以下,同「イギリスの団結権・争議」旧講座 7 巻(上)1961 頁,シドニー・ウエッブ=ビアトリス・ウエッブ『労働組合運動の歴史(上巻・下巻)』

（日本労働協会，1973年），小宮文人『イギリス労働法入門』（信山社，2001年）。イギリスにおける初期（1700年代中頃から1823年法に至るまで）の「主従法」に関しては石田眞『近代雇用契約法の形成』（日本評論社，1994年）25～80頁を参考にした。

アメリカ合衆国

1 共謀法理の適用とその中断

19世紀前半期は，労働組合とその団体行動（特定の賃金率以外では働かないこと，または他の労働者がそれより低い賃金率で働くことを妨げる活動）は，州法の規制下にあり，コモン・ロー上労働力の取引をめぐる使用者の自由な競争を損ねるものとして刑事共謀および民事共謀の法理により規制されていた。1800年代中頃には，裁判所も，労働組合には社会の安寧やそのメンバーにとって「危険で有害な目的」も存在する一方，貧困，疾病その他の困窮に苦しむとき，お互いに助け合い，また知的，道徳的若しくは社会的条件を引き上げるために団結する「立派な目的」も存在するとの評価が拡がり，「危険かつ有害な目的」のために結成されたものであると立証できたときは当然に刑事責任が問われるべきであるとしても，「立派な目的」を有する労働者の団体に対してまで刑事責任を問うべきではないと判断された（1842年，ハント事件に関する州最高裁判所判決）。この判決以降，労働者の団結が当然に自由な取引を妨げる不法共謀の罪に当たるとする判断は一時的に遠ざけられた。

しかし民事の領域では，依然，ストライキやピケッティングは使用者に経済的圧力をかける行為として，損害を与えたときは，労働組合は当然に賠償責任を負うとされていた。

2 労働組合活動の目的・手段基準による規制法制

19世紀後半には，諸州の裁判所は，労働者の集団的圧力行為（争議行為，ピケッティング）を目的と手段の両面から考慮するends/means testを採るようになり，使用者に対し賃金引上げなど労働条件の改善を求める（目的），平和的なストライキ（手段）は適法と判断した。しかし，労働者を監視するピケッティング，あるいはパトローリングについては非暴力的なものを含めて「合意された価額で人を雇う使用者の権利」を侵害する私的不法妨害に当たるとして，これを禁止する差止命令（injunction）がしばしば裁判所によって発せられた（この命令違反者は罰金もしくは禁錮刑に処せられた）。1890年連邦政府は，シャーマン反トラスト法（Sherman Antitrust Act, 1890）を制定し，企業間競争を抑圧するために製品の供給や価格を管理する独占および取引制限行為を禁止した（反トラスト法，いわゆる独占禁止法）。

この法律は，労働組合の活動をも同法1条の「（州際）取引・通商を制限する契約，結合または共謀」に当たるとの解釈論議を引き起こし，連邦最高裁は，ストライキ中の製造業者によって製造された帽子を販売している小売業者をボ

イコットする労働組合の戦術（商品不買の呼びかけ・いわゆる第2次ボイコット）が同法に違反する通商制限に当たると判断し，組合に損害額の3倍の賠償額の支払いを命令してこの解釈をサポートした（1908年いわゆるダンベリー帽子工事件）。この結果シャーマン反トラスト法は，刑事および民事の両面で労働組合活動規制法の性質を帯びた。

3 「労働者のマグナカルタ（？）」

1914年，連邦政府は，シャーマン反トラスト法による労働組合活動へのこのような規制に対する批判に応え，「クレイトン法」（Clayton Act, 1914）を制定した。同法は，「労働は商品ではなく，取引の対象物でもない。反トラスト法のいかなる規定も，相互（援助）……をその目的として結成された労働者……組織の存在および働きを禁止し，またはこのような組織の個々の組合員がその適法な目的を合法的に実行することを禁止しもしくは規制するものと解釈されてはなら……ない。」と宣言し，シャーマン法の規定は労働組合の行う正当な目的のための正当な行為（非暴力的争議行為）を禁止するものと解釈されてはならないと定めた（6条）。また，使用者と被用者との間に起こる雇用に関する紛争に絡んだ，またはそれから起こる，①正当なストライキ，②平和的ピケッティング，③ボイコット，④集会に対し，裁判所が差止命令（インジャンクション）を発することを禁止した（20条）。このような理由で，クレイトン法は当初「労働者のマグナカルタ」と称賛された。

しかし1921年，連邦最高裁判所は，争議行為の相手方でない取引先会社等（原材料の納入業者や製品の集荷・運送業者等であり，これを第2次的使用者という）に対し，争議中の会社との取引の停止等を迫る労働組合の圧力手段（「2次的ボイコット」）に関連して提起された反トラスト訴訟において，争議行為に対しインジャンクションの発出を禁止したクレイトン法20条は「単なる宣言的規定」と解さざるを得ないと判決した（デュプレクス事件）。この判決を契機に裁判所は私人（使用者）の請求によるインジャンクションを認めるようになり，また同法の適用を厳格に制限した結果，シャーマン反トラスト法は以前にまして裁判官が「違法な目的」と判断する争議行為（およびその諸手段）に広く適用されるようになった。この時代，労働組合活動は共謀法理による刑事訴追，インジャンクション，高額な損害賠償の支払命令に直面した。特に裁判所の発する暫定的または終局的なインジャンクションは，争議行為を現実的に差し止める効果をもったため，労使交渉の勝敗は大抵この命令で決してしまい，労働組合活動は大きな痛手を受けた。

4 自由放任

1932年，連邦政府は「ノリス・ラガーディア法」（Norris-La Guardia Act, 1932）を制定した。この法律は，争議行為の差止めを求めるインジャンクション訴訟に関して，裁判所は争議行為が暴力的，詐欺的行為を含まないかぎり，いかなる差止命令も発してはならないこと（1条），および労働者が団結の自由，

団体交渉のための代表者選出の自由を有し，それら行動に対する使用者の干渉・妨害から自由であるべき旨を宣言した（2条）。これらの規定は，後に争議行為に対する差止命令の排除にとどまらず，組合活動に抑圧的効果をもつ刑事訴追および損害賠償訴訟についても，裁判所の管轄権を制限する趣旨を含むものと解釈された（1941年，ハッチンソン事件）。また，当時，労働組合の組織拡大に頭を悩ましていた使用者は，労働者に対し，労働組合に加入しないこと，または労働組合から脱退することを雇用条件とすることに同意させるという組織的対抗策を案じていたが，同法はこのような契約（「黄犬契約 yellow dog contract」という）は公序に反する契約である故に使用者は連邦裁判所にその履行を請求できないと定めることによって，労働組合の結社の自由を擁護した。しかし，ノリス・ラガーディア法は労使紛争への過度の司法介入を防止することに主眼を置いたものであり，労働者の団結，団体交渉および争議行為の自由（使用者の干渉，妨害の排除）を積極的に法認したものではなかった。

5　ニューディール政策とワグナー法

1929年の世界的大恐慌後，アメリカ合衆国はニューディール政策によって社会経済的危機に取り組み，労働者の団結する権利，団体交渉をする権利，および団体行動に対し使用者から干渉・制限・圧迫を受けない権利を保障するにいたった。この原則は当初，1933年「全国産業復興法」（National Industrial Recovery Act, 1933）に規定された。しかし，1935年連邦最高裁判所が同法を違憲と判決したため，政府は州際通商を規制する立法権は連邦政府にあると定めている合衆国憲法1条8項を根拠に，「全国労働関係法」（National labor Relation Act, 1935）を制定し，以後同法がアメリカ合衆国における団体的労働関係法制の核になった（この法律の制定に奮闘した Robert Wagner 上院議員の名に因んでワグナー法と呼ばれる）。その背景には労使紛争の激化があった。

ワグナー法の核心的法思想は，1条の「政策宣言」に表明されている。その趣旨は，「資本主義的に生産されたものが，国内で消費されるためには，労働者の購買力を増大して国内市場を開発しなければならない。そのためには，労働者の待遇をよくし，その生活水準を高めなければならない。そうした資本家の立場から見ても労働組合を保護し，労働協約を助成し，労働協約を通じて産業平和を図る方が利益だという状況が存在するのである。罹る見解がワグナー法の形で結晶したわけである。」（末弘a 19頁）

同法は，労働者の団結権，団体交渉権および積極的・消極的団体行動権を保障するために「不当労働行為制度（unfair labor practices）」を確立した（後に，日本の労組法7条に影響を与えた）。その制度の核心となる基本的趣旨は，つぎのように宣明されている。「被用者は，自主的に団結する権利，労働組合を結成し，これに加入し，またはこれを援助する権利，自ら選出した代表者を通じて団体交渉を行う権利および団体交渉または相互扶助のためにその他の団体行動を行う権利を有するとともに，有効な組織条項がある場合を除き，このような

行動の一部または全部に参加しない権利を有する。」(7条)

ワグナー法は，これら権利を保障するため特別の行政機関として「全国労働関係局」(National Labor Relations Board : NLRB)を設置した。NLRBは2つの任務を持つ。

その1は，事業場または企業など適正単位ごとに被用者たる労働者が，どの労働団体を自分らの交渉団体とするか，しないかを投票により決定する代表選出選挙を監理することである。代表交渉権を得た労働者団体が使用者との間に結んだ賃金，労働条件等に関する協定（collective agreement，労働協約）は，適用排除の個別的特約を結んだ者以外は，当該選出母体の労働者に対し組合員であるか否かを問わず適用される（排他的団体交渉制度）。

その2は，労働者が労働組合に加入する権利に関して，労働者を妨害，規制，抑圧する行為を禁止し，使用者がこれら行為を行ったときは「不当労働行為」として，労働者・労働組合からの申立を調査し，救済すべきか否かを審査し，使用者にその行為の排除を命令することである（この命令をrelief order，救済命令という）。

なお，アメリカの不当労働行為救済手続は，NLRB自身がいわば検事の役割を担う。すなわち，労働者・労働組合の救済申立てを調査したNLRBの事務総局（Office of General Council）が不当労働行為と判断したときは，当局が当該使用者を相手にNLRBの行政法審判官（administrative law judge）に対し救済申立てをする仕組みであり，この点で労働組合・労働者が使用者を被申立人として労働委員会に救済を申し立て，互いに証拠を提出して不当労働行為の成否を争う日本の不当労働行為救済手続と大いに構造を異にしている（下巻第20講Ⅵ参照）。

〔参考文献〕 本多淳亮「アメリカにおける不当労働行為制度」旧講座7巻（上）2165頁，中窪裕也『アメリカ労働法』（弘文堂，1995年），ウイリアム・B・グールド（松田保彦訳）『新・アメリカ労働法入門』（日本労働研究機構，1999年）

2　日本における労働者の団結と法制度の変遷

(1)　無産体之者集合するか其挙動を察すべし

一　明治維新政府は，労働者（無産体之者）の集合を治安上の危険とみなして行政警察規則，一般刑法および各府県警察規則により取り締まった。「行政警察規則」（1875〔明治8〕年太達29号）には「第三章　巡査勤方之事」が設けられ，「持区内の戸口男女老幼及其職業平生の人となりに至る迄を注意し若し無産体之者集合するか又は怪しき者と認るときは常に注目して其挙動を察すべし。」（5条）と定められた（旧法令集51頁）。

I　労働基本権（労働三権）の保障

二　(旧)「刑法」(1880〔明治13〕年太政官布告36号，明治15年施行〔明治14年太政官布告36号〕，旧法令集439頁)は，「農工の雇人其雇賃を増さしめ又は農工業の景況を変せしむる為め雇主及び他の雇人に対し偽計威力を以て妨害を為したる者は1月以上6月以下の重禁錮に処し3円以上30円以下の罰金を附加す。」と定めた(270条。本規定は現刑法(1907〔明治40〕年法律45号)で廃止され，現行の234条「威力業務妨害罪」に改められた。その施行は1908〔明治41〕年10月1日)。この(旧)刑法の規定は，「雇人」が雇主に対して，賃金の増額その他の要求のために行う行為のほか，「他の雇人」に対して「威力を以て妨害を為〔す〕」こと(雇主と当該雇人との個々に賃金を取り決める自由を妨害すること)をも禁止しており，労働者の団体をその目的および機能(活動)の両面で犯罪視した点でイギリスおよびアメリカの初期団結禁止法と同質である。

三　また，「府県警察規則」のなかには，「職工は営業主に対し同盟して休業若くは罷業を為すべからず」，「職工は適当なる営業主若くは之に代るべき者の命令に違反し又は強迫の所為あるべからず」などと定めるものも存在した(兵庫県「職工営業主及紹介人取締規則」〔明治29年県令89号〕の例)。

四　1890(明治23)年，大日本帝国憲法が施行され，「日本臣民は法律の範囲内に於いて言論著作印行集会及結社の自由を有す。」と規定され(29条)，結社の自由の保障が明記されたが，それは「法律に留保された」自由であり，上記の法令の効力，適用にはいささかの変化も生じなかった。

(2) 労働組合の誕生と治安警察法等（日清・日露戦後の産業発展期）

一　日本は1894～1895(明治27～28)年の日清戦争および1904～1905(明治37～38)年の日露戦争期を境に，繊維産業を手始めにして製鉄，造船，鉄道，建設，鉱業，金属，化学業等の重機械工業の生産能力が飛躍的に拡大，発展し，賃金労働者が激増した。炭坑，鉱山，工場の労働状態はときに惨状を呈して悪化し，種々の社会問題を引き起こした(参照，末弘d 21頁，安藤良雄編『近代日本経済史要覧2版』〔東京大学出版会，1980年〕66頁)＊。

＊　**原生的労働関係**　この時代の工場労働者の実情は，いろいろな歴史文献によって克明に描写されている。なかでも一新聞記者の手になる横山源之助『日本の下層社会』(1898〔明治31〕年)が有名である(末弘d 23頁は，本書を「エンゲルスの著名な『イギリスにおける労働者階級の状態』にも対比し得べき有益にして，且つ興味のある貴重な文献である。」と称賛している)。

同書は，綿糸紡績業の夜業をつぎのように活写している。「労働時間は12時間，即ち昼間業を操るは朝6時より晩の6時迄，夜業に出づるは午後6時より午前6時迄は通例なるが如し，内休憩時間午前9時に15分，正午30分，午後3時に15

分，都合1時間の休憩時間あり，深更2時3時の頃睡魔の襲ひ来る最も激しく，電燈白ろく工女の姿うつして淋し，各工業主……其の言ふ所……夜間の生産高は，昼間に比して1割半乃至2割を減ずと。夜勤の交替は1週間なるは各会社殆ど同一なり，職工を甲乙2部に分かち，甲乙交り々々1週間毎に交替し，交替の際は機械掃除の為め夜業者に4時間居残仕事の義務を附す（以下略）。」（岩波文庫版昭和43年第21刷162頁）。

また，この時代の，①「『過度労働』への個別資本の一般的傾向」，②低賃金，③身分的拘束，④野蛮な能率刺制度などに特徴づけられる労働関係を「原生的労働関係」と性格づけ，原資料を駆使して叙述した戦後の古典的な文献に，大河内一男『社会政策（総論）』（有斐閣，1963年）142頁以下がある（なお，渡辺章「工場法が今に問うもの」労研562号〔2007年5月〕104頁以下参照）。

二　大日本帝国憲法が施行された1891（明治24）年，当時アメリカのサンフランシスコ在住の日本の労働者らが労働問題研究を目的に「職工義友会」を組織し，1897（明治30）年4月「職工諸君に寄す」との文書を広く日本の工場労働者に配布した＊。その後東京支部が結成され，1897（明治30）年7月日本の労働組合運動史上最初のナショナル・センターとなる「労働組合期成会」が設立された（高野房太郎，片山潜などが中心）。労働組合期成会は，労働者保護法制定の要求，消費組合制度の奨励，政府の進めた工場法案への対案の公表・陳情，治安警察法（後述三）反対など活発に活動し，また，雑誌を発行して労働者教育にも尽力した。それに呼応する者も現われ，鉄工夫が「鉄工組合」を，日本鉄道会社の鉄道機関手が「矯正会」を，印刷工が「印刷工組合」を結成した（職業別組合の発生）。

　　＊　**「職工諸君に寄す」**　「……夫れ労働者なるものは，元来他の人々の如く，其身體の外には生活を立て行くべき資本なき者にて，所謂腕一本脛一本にて世を暮し行くことなれば，何か災難に出遇て身體自由ならざることとなり，又は老衰して再び働くこと能はざるに至る時は，忽ち生活の途を失ふて路頭に迷ひ，又は一旦死亡するときは，跡に残れる妻子は其の日の暮しに苦しまん。其有様は恰も風前の燈火の如くにして，誠に心細き次第なりと謂ふべし。左れば労働者たる人は，古人所謂易きにありて難きに備へよとの教を守り其身體の強健なる内に他日の不幸に備ゆるの道を設けでは，人たるの道，夫たり親たるの道に背くも計り難し。実に諸君の熟考を要する所なり。……或工場に於ては，身體繊弱なる小児をして，大人さへも長きを嘖つ〔シュクつ，泣くの意・引用者〕労働時間に服さしむることあり，殆んど小児の生血を絞るに等しきことあり，親としては誠に忍び得べき者（ママ）にあらず。之を思へば諸君は奮進一番之に対する方法を施し，其家を整へ其子女の生命を保護せざるべからず。返へす返へすも諸君は，人

の生命を絶つものは唯々殺人犯者の兇器のみにあらざることを思はざる可らず。
......」

　労働組合は，労働者の災厄に備える自救的組織機能を果たすべきこと（前段），また労働条件の監視，改善機能を果たすべきこと（後段）を説いており，その主張には普遍性が認められる。

　三　政府は，労働組合組織化の気運の高まりに対抗して，1901（明治33）年に日本近代史の一転機となる「治安警察法」（明治33年法律36号，旧法令集60頁）を制定した。この法律は，形式的には労働者の団結または同盟罷業の遂行を直接禁止するものではないが，「労働の条件又は報酬に関し協働の行動」のために，労働者を，①労働組合に加入させる，②同盟罷業に参加させる，③使用者に対し団体交渉を申し入れる（「労務の条件又は報酬に関し相手方の承諾を強いること」）などの，労働組合の行う団体行動に付随して生じる「暴行脅迫」，「公然誹毀」を処罰した。特に上記②の同盟罷業の遂行については，労働者を「誘惑若くは煽動すること」を処罰対象にした（17条1項）。すなわち，組合活動を効果ならしめんとすれば同条違反となるという内容のものであった（石井b 14頁・17頁）。

　治安警察法は，労働組合法制の歴史的段階としては，労働組合および争議行為に対し「放任の時代」の産物であるという見解も存在するが，仮面に過ぎず，その実質は禁圧的法制である。違反者は，「1ヵ月以上6ヵ月以下の重禁錮に処し3円以上30円以下の罰金を付加す。」とされ，また同盟罷業の不参加者に対して「暴行脅迫し若は公然誹毀する者」も同罪と規定された（30条）＊。

　　＊　**治安警察法17条**　本条は，規定形式上所定の行為は労使（資）いずれによって為される場合にも同様に処罰の対象にすることになっているが，事実においては労働者の行為を取り締まることのみを目的としていたことは論をまたない。使用者は，一般に，この種の法規に触れない手段方法によって有利に労働者と取引をなし得るからである。一般刑法上，単純暴行罪および公然誹棄罪は私益犯であり，告訴を待ってはじめて罰する親告罪であったが（1947〔昭和22〕年改正前刑法208条・230条），この法律は，同じ行為が労働取引に関連してなされた場合にかぎって特別に告訴の有無を問わず，公益犯として罰することができるものとした。さらに，労働者の同盟罷業については，「誘惑若しくは煽動」を処罰対象にして同盟罷業への参加勧誘，宣伝教育を事実上封じた。この故に本法17条2号は，同盟罷業そのものを違法視していると見るほかない（末弘嚴太郎『労働法研究』〔改造社，1926年〕74頁以下，有泉亨『労働争議の法理』〔白日書院，1948年〕50頁以下）。

治安警察法17条はつぎのように規定していた。

「左の各号の目的を以て他人に対して暴行，脅迫し若は公然誹毀し又は第2号の目的を以て他人を誘惑若は煽動することを得ず。

① 労務の条件又は報酬に関し協同の行動を為すべき団結に加入せしめ又は其の加入を妨ぐること

② 同盟解雇若は同盟罷業を遂行するが為使用者をして労務者を解雇せしめ若は労務に従事するの申込を拒絶せしめ又は労務者をして労務を停廃せしめ若は労務者をして雇用するの申込を拒絶せしむること

③ 労務の条件又は報酬に関し相手方の承諾を強ゆること（2項略）」

（治安警察法が当時の労働運動に対し致命的打撃を与えたことの詳細は，隅谷三喜男『日本労働運動史』〔有信堂，1967年〕59頁以下，氏原正治郎『日本の労使関係と労働政策』〔東京大学出版会，1988年〕32頁参照）。

四 労働運動に立ちはだかったのは治安警察法のみではなかった。「行政執行法」（1901〔明治33〕年法律84号，廃止1948〔昭和23〕年6月15日〔昭和23年法律43号〕，旧法令集63頁），「警察犯処罰令」（1908〔明治41〕年内務省令16号，廃止1948〔昭和23〕年5月2日〔昭和23年法律39号〕，旧法令集459頁）が制定され，労働運動への実質的な禁圧的法体制が整えられた＊。

第1次大戦後，国際連盟に加盟した諸国（日本を含む）はベルサイユ平和条約（1919〔大正8〕年）を採択し，「被用者が一切の適法なる目的のために結社する権利」の保障を定めた（第2款一般原則427条(2)）。しかし，日本政府は上記の禁圧法令を変更しなかった。他方，この時期に日本の労働組合数，労働争議件数は増加し，1907（明治40）年には足尾銅山，夕張炭坑，幌内炭坑，別子銅山などで鉱夫らの暴動的争議が頻発した（石井b 21頁以下）。

＊ **行政執行法・警察犯処罰令** 行政執行法は，公安維持のため「暴行，闘争その他公安を害する虞ある者に対し之を予防する為必要あるとき」は翌日の日没に至るまで検索できると定めて，警察官に予防的，裁量的検束権限を付与した（1条）。警察犯処罰令は「故なく面会を強請し又は強談威迫の行為を為したる者」を30日未満の拘留に処し（団体交渉の申入れを想起せよ），「濫に他人の身辺に立塞り又は追随したる者」（ピケッティングやパトローリングを想起せよ）を30日未満の拘留20円未満の科料に処すると規定した（1条4号・2条31号）。行政執行法による被検束者は翌日の日没時にかたちだけ釈放されるが，その場で再検束され，こうしたことの繰り返しによって長期間身柄拘束される者が多く輩出し，組合運動の著しい障害となった（末弘c 28頁以下，末弘d 30頁以下）。行政執行法，治安警察法は発生期の労働運動に壊滅的打撃を与えたと言ってよい。

Ⅰ 労働基本権（労働三権）の保障

(3) 争議権の法認と治安維持法の制定強化（第1次大戦後の重化学工業の発展期〜満州事変）

一 第1次大戦後，労働運動が復興した。労働者の組織化が進み，労働組合組織の系統化が活発になった。1922（大正11）年，治安警察法17条，30条が廃止され，労働争議を違法視する立場から，少なくとも争議そのものを違法視しない立場への転換がなされ，争議への参加の勧誘や同盟罷業への煽動は，それが刑罰法規に触れる行為を伴わないかぎり犯罪とされなくなった（大正11年法律59号）。ただし，このような重大な意味を持つ改正法はなかなか施行されず，ようやく1926（大正15）7月1日施行された。こうして争議行為は建前として自由になり，1920年代後半には労働争議件数が著増し，満州事変勃発の年（1931〔昭和6〕年）に最高に達した（なお，治安警察法の最終的廃止は1945〔昭和20〕年11月〔昭和20年勅令638号〕である）。

二 1919（大正8）年ILO第1回総会への労働者代表派遣問題と関連して，政府内部で「労働組合法案」（1920〔大正9〕年農商務省案，1925〔大正14〕年内務省社会局案など）が起草され，1931（昭和6）年には帝国議会の衆議院通過まで進んだ。しかし結局，実業界，無産政党等の激しい反対に遭って成立せず，以後労働組合法制定の企図は放棄された（末弘d 77頁，氏原・前掲三注『日本の労使関係と労働政策』36頁，石井b 28頁）。

三 労働者の組織化活動に対する政府の対応は2つの方向から行われた。第1は，1925年「治安維持法」（大正14年法律46号，旧法令集451頁）を制定し，労働組合と「過激思想」との結合を阻むことであった。そのため，「国体を変革し又は私有財産制度を否認することを目的として結社を組織し又は情を知りて之に加入したる者」を10年以下の懲役または禁錮に処すること，その未遂罪も処罰すること（1条）などを定めた。さらに，1928（昭和3）年には緊急勅令により，特に国体の変革を目的にする結社を組織した者や結社の指導者に対し，死刑または無期を含む懲役刑または禁錮刑を科すことにするなど罰則を強化した（旧法令集451頁，末弘d 58〜60頁。同法の廃止は1945〔昭和20〕年10月15日〔昭和20年勅令575号〕）。

四 第2は，労働争議の激化に対応し，鎮静策として1926年「労働争議調停法」（大正15年法律57号，旧法令集548頁）を制定したことである。労働争議の調整は，元来，労働者の団結および団体交渉の自由（権利）を保障した上で，労働争議（その発生の虞れのある場合を含めて）による労使・産業・国民生活上の損失の拡大をできるかぎり食い止めることを狙いとしている。しかし政府は，

労働組合を法認しないまま，労働組合の行う労働争議を調停手続下に置き，調停を地方長官（実際は，地方警察官が当たった）の手に委ねた。公益事業と軍事工場での労働争議には特別に「強制調停」の制度が設けられ，地方長官（東京府は警視総監）がその任に当たった（1条1項）。その他民間事業に関しては当事者の請求をまって行う「任意調停」の制度が設けられた（同条2項）。調停期間中は手続完了までの間争議行為の「誘惑又は煽動」を禁止した（19条）。また関係の労働組合に属さない第三者による争議への干渉，応援行為を禁止し（同条），違反者を3ヵ月以内の禁錮刑または200円以下の罰金刑に科した（末弘d 69頁・99頁以下，石井b 43頁，片岡(1) 352頁以下）。

五 同時期の1926年には「暴力行為等処罰ニ関スル法律」（大正15年法律60号）が制定され，「団体又は多衆の威力」を示すなどして行う集団的暴行・脅迫等に対する刑罰が強化された（1条）。

(4) 戦争総動員体制と労働組合の壊滅

満州事変（1931〔昭和6〕年），日中戦争（1937〔昭和12〕年），太平洋戦争（1941〔昭和16〕年）から連合国軍に対する無条件降伏（1945〔昭和20〕年8月）に至る時期は，日本の労働運動の壊滅期である。1938年「国家総動員法」（昭和13年法律55号，旧法令集626頁）が制定され，国民総動員体制の下，地方警察の肝いりで「産業報國会」が結成され，これにより労働組合の解体と地域産報への再編が進んだ。1940（昭和15）年，全国組織の「大日本産業報國会」が結成され労働組合は消滅した。産業報國会は戦争協力のための強制労働組織にほかならなかったが，戦争中も労働争議がなくなることはなく，相当件数の発生がみられた（末弘d 76〜77頁。この時期の労務統制法制に関しては渡辺章「戦争経済下の工場法について（覚書）」『山口浩一郎先生古希記念論集・友愛と法』〔信山社，2007年〕195頁以下）。

(5) 新憲法における労働基本権の保障

一 第2次大戦後，連合国軍最高司令部（GHQ）は「日本における民主主義的傾向の復活強化」を占領期の基本政策に掲げ，その重要な基盤勢力として労働組合を保護助成する方針を立て，まず「政治的，市民的及び宗教的自由に対する制限除去」を指令した。これにより治安維持法，治安警察法等の労働組合活動に対する抑圧法令が最終的に廃止された（前者は1945〔昭和20〕年10月15日，後者は同年11月21日）。さらに，連合国最高司令官から日本の首相に宛てられた人権確保のための「五大改革」の一項目に，「労働組合結成の促進・搾取と酷使から労働者を保護し且つ生活水準向上のため有力な発言権を得る為の

威信を獲得し又児童労働の如き弊害を矯正するに必要な措置を講ずることが肝要である」ことが掲げられた（1945〔昭和20〕年10月11日）。こうした動きのなか，占領初期にいち早く（旧）「労働組合法」（昭和20年法律51号）および「労働関係調整法」（昭和21年法律25号）が制定され，憲法には，基本的人権を定める第4章に，勤労者の団結権・団体交渉権・団体行動権（労働三権）の保障（28条）が盛り込まれた。

二　（旧）労働組合法は，主につぎの点で時代を画する重要な法律となった。第1は，労働者の地位の向上を図る目的でなされた「団体交渉其の他の行為」は刑法または警察法規に違反するものであっても，それが労働組合の行為として「正当なるもの」であるかぎり，犯罪とならない（違法性が阻却される）と規定したこと（旧1条2項），第2は，使用者は「同盟罷業其の他の争議行為」によって損害を受けた場合でも，それが労働組合の行為として「正当なるもの」であるかぎり，労働組合または組合員に対し賠償を請求することができない（債務不履行または不法行為の責任を負わない）と規定したこと（旧12条），第3は，使用者が労働者に対し，労働組合の組合員であること，その結成・加入および労働組合の正当な行為をなしたことの「故を以て」不利益な取扱いをすること，および黄犬契約を禁止したこと（旧11条），第4は，労働協約中の「労働条件其の他の労働者の待遇に関する規準」について規範的効力を承認したこと（旧22条），である。これらはいずれも現行労組法に受け継がれている。

三　（旧）労働組合法は，数次の改正後さらに大幅に改正されて現行の労働組合法（昭和24年法律174号）となった。併せて労働関係調整法も改正された（昭和24年法律175号）。

3　労働三権とその主体

(1)　主　体

労働三権を享有する主体は，労組法の掲げる具体的な法政策目的（前出1）にかんがみ，労働者（組合員）および労働組合である。労組法上の「労働者」，「労働組合」の意義については既に触れた（第1講22頁，小西ほか〔小西〕15頁以下参照）。

公務員，特定独立行政法人等の職員も憲法28条の「勤労者」として労働基本権を享有する。しかし，これら職員の団体（労働組合）については労働組合法は適用されず，国家公務員法，地方公務員法等により労働基本権の重要部分が制限，禁止されていることは後に(5)で述べる。

(2) 団 結 権

一　団結権は，労働者が労働組合を結成し，それに加入し，所属し，その構成員（組合員）として活動に参加する権利（個別的・積極的団結権）であり，かつ団体の組織を維持，拡大，発展させるために活動する権利（団体的・積極的団結権）である。

二　個々の労使間の，「労働者が労働組合に加入せず，若しくは労働組合から脱退することを雇用条件とする」契約（労働組合への不加入，脱退を採用または雇用維持の条件にする黄犬契約〔yellow dog contract〕）は，憲法28条に基礎づけられる公序違反として違法，無効であり（民90条），また不当労働行為として行政的救済の対象になる（労組7条1号本文第2文）。

三　労組法は，憲法28条の広義の団結権保障の具体化として，労使対等交渉の促進とともに，「労働者が……労働組合を組織し，団結することを擁護すること」，および労働協約を締結するための団体交渉（協約交渉）を助成することを法政策的目的に掲げ（労組1条1項），その制度的保障として，使用者の不当労働行為を禁止し，労働者・労働組合を使用者の不当労働行為から救済するための審査制度を創設した（同7条・27条以下）。そして，専門的救済機関として「労働委員会」（都道府県労働委員会および中央労働委員会）が置かれ（行組3条2項，同法別表1参照），労組法は労働委員会の任務を「労働者が団結することを擁護し，及び労働関係の公正な調整を図ること」と規定している（労組19条の2第2項・19条2項）。

このように，日本の憲法28条およびそれを受けた労組法の団結権保障規定の趣旨は，「労働者が……自主的に労働組合を組織し，団結することを擁護すること」にある。言い換えれば日本の憲法および労組法は，労働者の「団結への自由」（積極的団結権）を保障することとしており，そこに労働者の「団結からの自由」（労働組合に加入しない消極的団結権）の保障を含むと解すべき余地は存在しないと言わざるを得ない（同旨，山口10頁）。この点で日本の労働基本権保障の趣旨はドイツ，アメリカ，イギリスなどの団結権法制と異なる立場にある（下巻第15講Ⅴ3参照）。

その帰結として，労働者の「団結する自由」は「団結しない自由」に優越し，労働組合に加入しない労働者や労働組合から脱退し，または除名された労働者を解雇することを，使用者に義務づける労働協約のいわゆるショップ条項（労働組合への組織強制条項）が，一定の要件の下に許容されている（参照，労組7条1号ただし書，小西ほか〔中嶋〕402頁以下）。

Ⅰ　労働基本権（労働三権）の保障

四 団結権侵害と妨害排除等請求　労働組合の組織・運営・活動に対し不利益取扱いや支配介入（たとえば，管理職などによる組合役員選挙への干渉，脱退勧奨・工作，組合掲示物の撤去，組合事務所への立入り禁止など）が行われた場合，労働組合は労働委員会に不当労働行為の救済申立てをするほかに，裁判所に妨害排除・予防請求や差止請求をする権利を有するであろうか。裁判例には，株主総会会場付近での労働組合のビラ配布活動に対し始末書の提出を求め，懲戒処分を示唆する等した使用者の行為につき，憲法28条は直接私人間に権利義務を設定しており，使用者の団結権侵害行為に対しその排除，停止，予防請求が認められるとするもの（大日通運事件・神戸地判昭和51・4・7労判255号73頁，本件につき山川隆一・百選5版16頁参照）と，会社により常時組織的に行われた脱退の勧誘や労働組合に対する中傷誹謗に関し，現在から近い将来にわたって引き続き行われる高度の可能性が認められ，かような不当労働行為は速やかに中止されるべきであるとしつつ，憲法の規定内容は一般的抽象的であり，一義性を欠いているから，右規定が直接裁判規範になるとはいえない等の理由でこれを否定する見解もある（富田機器製作所事件・津地判昭和48・1・24労経速807号3頁，本件につき鬼頭史郎・百選3版332頁参照）。

　団結権侵害行為の種類，態様は多様なものがあり，いかなる内容の団結権がどの程度，現に侵害されているかの特定が困難であることが少なくない。また管理者等による団結権侵害行為を使用者に帰責できるか否かの問題もある。さらに侵害された団結権の具体的内容を特定でき，使用者に帰責できたとして，その妨害の排除・予防ないし差止めをどのように効果的に履行強制できるかも難問である。学説も肯定説（山口11頁，盛62頁，西谷47頁，小西・労働法26頁）と否定説（菅野23頁，東大・注釈労組法〔上〕331頁）に分かれる。それぞれの論拠は上記裁判例とほぼ同様である。私見は，団結権侵害については，労使関係に関する専門的行政機関である労働委員会が，労使関係の実態に即して行う適切な行政的救済措置に委ねることが法政策的に妥当と解しており，否定説に与する（不当労働行為に対する司法救済に関しては下巻第19講Ⅰ4参照）。

(3) **団体交渉権**

　一　団体交渉は，①労働条件の維持改善に関する事項および②労働組合の組織・運営ないし活動に関する事項（組合員の範囲，組合活動のための経営施設の利用，組合役員等による就業時間中の組合活動の保障，組合事務所の貸与，掲示板の設置利用，組合費の徴収事務の委任，争議行為の実施，団体交渉の手続，労使協議の付議事項・手続，苦情処理手続その他の労使関係事項）について行われる。

二　団体交渉の成果は，通常書面化される。これを「労働協約」(collective agreement) というが（労組1条・14条），労働協約か否かは名称ではなく実質に即して判断される。労働協約は「労働組合と使用者又はその団体との間の労働条件その他に関する」合意であり（同14条），前者①「労働条件」の合意部分を「規範的部分」，後者②「その他」に当たる労使関係事項の合意部分を「債務的部分」という。通常，労働条件と労使関係事項とが一体的に協定されるが（いわゆる「総合協約」），個々の事項かぎりの労働協約も多数見られる（各期の賞与協定，整理解雇に伴う希望退職者の特別退職金協定，会社分割に伴う移籍者の労働条件等に関する協定，組合事務所の貸与協定など。労働協約に関しては第6講で扱う）。

　三　団体交渉は，労働協約締結のためのみでなく，現場管理者による不当労働行為への抗議と排除要求，労災の原因究明と事後措置（補償と予防）の要請など，労働組合の意思の表示，伝達の手段として行われることもある。

　四　「使用者が雇用する労働者の代表者と団体交渉することを正当な理由なく拒むこと」は不当労働行為であり（労組7条2号），労働委員会による救済の対象になる。では，労働組合は，正当な理由なく団交を拒否する使用者に対し，団交応諾を求める私法上の請求権を有するであろうか（同6条参照）。判例は，具体的な団交要求事項に関し使用者が団交義務を有することの確認を請求する限度でこれを肯定している（国鉄〔乗車証交付問題団交拒否〕事件・最3小判平成3・4・23労判589号6頁。団体交渉に関しては下巻第16講で扱う）。

(4)　**団体行動権**（争議権など）

　一　争議権は，労働者が集団的，組織的に，①労務の提供を拒否する行為，および②労務の提供拒否を実効あらしめるために行うピケッティング・職場滞留等のいわゆる争議組成行為およびボイコットをなす権利をいう。労組法が，「労働組合の団体交渉その他の行為」に対し刑事上の免責を規定していることは前言した（労組1条2項。第1講6頁）。争議行為はここで言う「その他の行為」の典型である。また，「同盟罷業その他の争議行為」について民事上の免責が規定されている（同8条）*。また，自主性（同2条），民主性（同5条2項）の要件を具備した労働組合は，正当な団体行動に関し，使用者の不当労働行為から保護を受けることができる（同7条3号）。

　　＊　**労働組合の正当ならざる行為**　労働組合の団体交渉および争議行為等で「正当ならざる行為」は，原則として，刑事・民事の免責特権を失い，また不当労働行為制度上の救済を受けることができない。正当性のない争議行為で刑法上犯

罪構成要件に該当する行為は違法性，責任性が問題になり，民事上不法行為ないし債務不履行の各構成要件を充足するときは労働組合・組合員の一方または双方に損害賠償責任が生ずる（民709条・715条・719条，旧民44条〔現・一般法人78条ほか〕・415条）。また，労働組合の正当ならざる行為に参加した組合員は，その個々の行為について労働契約上の不利益取扱いを受けることがある。さらに，強度の違法性が認められる場合は労働協約の解約原因（民541条）にもなり得る（第6講298頁。参照，菅野605頁以下，小西ほか〔中嶋〕429頁。

　二　正当な争議行為に参加した組合員は，民事免責を受ける結果，労働義務違反の責任を問われない（労働者の労働契約上の労働義務は停止し，ノーワーク・ノーペイ原則により賃金請求権を失う）。しかし，団体行動権（争議権）の保障は，労働者を労働契約上の一切の法的義務から解放するものでない。したがって，労働者は争議時も労働契約の当事者として信義則の適用を免れず（民1条2項），たとえば会社の名誉信用を保持し，事業秘密を保持すべき義務は依然負っている（参照，小西ほか〔小西〕29頁。争議行為に関しては下巻第17講で扱う）。

　三　労働組合は，上記一に述べた「争議行為」以外にも，争議時または平常時に，情報宣伝（ビラの配布・貼付など），集会，りぼん・バッチ等着用その他の「組合活動」を行う。これら組合活動にも刑事免責が及ぶことは，上記一に引用した法規定上明らかである。しかし，民事免責に関しては，適用対象を「同盟罷業その他の争議行為」と規定しているため，争議行為でない組合活動の場合は，そのための「労務不給付（たとえば，組合の集会に参加するための無断離席）のすべてについて民事責任まで否定することは妥当でない」とする見解がある（山口290頁）。もっとも，否定説のなかでも，労務不給付型でない組合活動（就業しつつ行う活動または経営施設を利用して行う活動）に関する民事免責規定の適用関係については，これを否定すべきであるとする見解（下井・労使関係法82頁以下）と，そこまで明言しない見解（上記山口・同箇所）とに分かれている。

　多数説は民事免責の適用を肯定している。労組法（8条）は，使用者が労働組合活動に対し民事責任を追及する場合の典型事例をとりだして規定したものであり，争議行為以外の正当な組合活動をことさら排除する趣旨とは考えられないこと，および否定説は日本の労働組合（企業別組合）の行う諸活動を不相当に制限してしまうことなどがその理由である。私見も多数説に与する（小西ほか〔中嶋〕422頁。組合活動に関しては下巻第18講で扱う）。

(5) 公務員等の労働基本権

ア 公務員等

公務員等とは，非現業一般職公務員（国家・地方公務員），および特定独法等労働関係法，地公労法の適用を受ける現業一般職公務員等の職員をいう。

イ 団結等の禁止・承認

一　団結等の禁止　　国家公務員のうち警察，海上保安庁，刑事施設に勤務する職員などは団結すること自体を禁止され，違反して団体を結成した者（加入した者は除く）は処罰される（国公108条の2第5項・110条20号）。自衛隊員も同様である（自衛64条，罰則119条1項2号・3号・2項）。地方公務員の警察職員，消防職員についても同様である（地公52条5項）。

二　団結の承認　　一般職の非現業国家公務員は「その勤務条件の維持改善を図ることを目的として」，「職員団体」を結成することができる（国公108条の2）。職員団体には人事院規則の定める登録制がとられ（同108条の3），登録職員団体は団体役員が公務員の地位のまま，もっぱら職員団体の業務に従事する「在籍専従」の許可など一定の利益を受けることが認められている（同108条の6）。地方公務員についても同様である（地公52条・53条・55条の2）。

三　オープン・ショップ制　　公務員の地位を保有する特定独立行政法人，特定地方独立行政法人の職員は，労働関係法上，現業公務員と同じ地位に立ち，その労働関係は特定独法等労働関係法，地公労法により規律され，同法および労組法の適用を受ける（第1講13頁）。すなわちこれら職員は労働組合を結成し，加入することができ，または結成せず，加入しないことができる（特行等労4条，地公等労5条）。

ウ 団体交渉権

一　国家公務員の登録職員団体は，「職員の給与，勤務時間その他の勤務条件に関し，及びこれに附帯して，社交的又は厚生的活動を含む適法な活動に係る事項」に関し，当局に対して団体交渉を申し入れることが認められている。その場合，当局は，その申入れに応ずべき地位に立つ（国公108条の5第1項）。しかし，交渉は団体協約を締結する権利を含まず（同条2項），「国の事務の管理運営に関する事項」は交渉の対象にすることはできない（同条3項）。このように，国家公務員の職員団体の団体交渉権は大幅に制限されている。地方公務員の場合もほぼ同様である（地公55条1～3項）。

二　現業公務員等は，労働条件に関し団体交渉権を有するが，法人等の「管理運営に関する事項」は交渉の対象にすることができない（特独等労8条）。し

かし非現業公務員の職員団体の場合と異なり，労働協約締結権は否定されていない（国有林野事業における労働協約の定めは特別の制限に服する，同16条参照）。現業の地方公務員等もほぼ同様の規制を受けている（地公等労7条・10条）。

エ　争議権

一　憲法上，公務員は「全体の奉仕者」（憲15条2項）としてその勤務に係る責務（労務提供義務）を国民全体に対して負う立場にあり，他面「使用者としての政府」（government as employer）に使用される者として，労働基本権の享有主体である「勤労者」でもある。したがって，その勤務関係，労使関係は原則的に憲法の規定する労働権規定（憲27条・28条）によって規律される。しかしながら，公務員の勤務条件は法律および人事院規則によって直接かつ詳細に規律され，契約自由の原則（労基2条参照）は適用されない故に，職員団体の労使交渉機能は大幅に制限されている（勤務条件詳細法定主義。国公3条および「職員に適用される基準」を定める同法第3章〔27条以下〕参照）。

二　公務員の争議行為は禁止され，違反した職員は法律に基づいて保有する任命または雇用上の権利をもって対抗できない（国公98条2項・3項）。すなわち，争議行為を理由に免職その他の不利益処分を受けることがある。争議行為を「共謀し，そそのかし，若しくはあおり，又はこれらの行為を企てた者」は処罰される（同110条17号）。

三　判例は，今日まで，大きな変遷を経て，公務員が争議行為を行うことは，「公務員の地位の特殊性と職務の公共性」と相容れないとの立場を確立し，争議行為禁止法制の合憲性を肯定している（全農林〔警職法〕事件・最大判昭和48・4・25刑集27巻4号547頁）。その主要な理由は以下のとおりである。

①労働基本権は，勤労者の経済的地位の向上のための手段として認められたものであって，それ自体が目的とされる絶対的なものではないから，おのずから勤労者を含めた国民全体の共同利益の見地からする制約を免れない。②そして，公務員は公共の利益のために勤務するものであり，公務の円滑な運営が不可欠であって，公務員が争議行為に及ぶことは「その地位の特殊性および職務の公共性と相容れないばかりでなく，……国民全体の共同利益に重大な影響を及ぼすか，またはその虞がある」，③公務員の勤務条件は，私企業における労働者の利益の分配要求の如きと全く異なり，政治的，財政的，社会的その他諸般の合理的な配慮により適当に決定されなければならず，民主国家のルールに従い，立法府における議論のうえなされるべきもので，同盟罷業等争議行為の圧力による強制を容認する余地は全く存在しない。これを認めることは法律，

予算によって勤務条件を決定する手続過程（憲73条4号参照）を歪曲し，ひいて憲法の基本原則である議会制民主主義（憲41条・83条等）に背馳し，国会の議決権を侵す虞れすらなしとしない。④法は，労働基本権に対する制限に見合う代償として身分，任免，服務，給与その他の勤務条件について周到詳密な規定を設け，さらに中央人事行政機関として準司法機関的性格をもつ人事院を置き，人事院勧告制度を設けている。このように公務員は労働基本権制限の代償として，制度上整備された生存権擁護のための関連措置による保障を受けている（以下，略。地公法37条の合憲性について同様の判断をした判決として岩手県教組事件・最大判昭和51・5・21刑集30巻5号615頁がある）。（参照，片岡昇・百選4版14頁，浜田冨士郎〔判批〕公務員判例百選〔1986年〕168頁，清水敏・百選7版12頁）*

* 「特定独立行政法人」に勤務する職員（国家公務員）と争議行為の禁止

特定独法の職員の労使関係は，今日，国有林野事業の職員（現業国家公務員）とともに，特定独法等労働関係法の適用を受けていることは前言した（第1講13頁）。特定独法の職員および組合は争議行為を禁止され，違反する行為をした職員は解雇されるものとすると規定されている（17条・18条，地公等労11条・12条参照）。判例（名古屋中央郵便局事件・最大判昭和52・5・4刑集31巻3号182頁）は，郵便局職員（現業国家公務員）の争議行為（春闘統一行動として勤務時間に食い込む2時間の職場大会開催）への参加の呼びかけ等を行った組合役員（郵政事務官）らの行為が，郵便法79条1項の郵便物不取扱罪その他の罪に当たるとして起訴された事案に関し，労組法1条2項の刑事免責の適用を否定した。

判旨は，国の直営事業および旧公社職員等に対し争議行為を禁止している旧公労法17条（現，特独等労17条）は憲法28条に違反しないとの前提に立ち，公社職員（現業国家公務員）も憲法28条の「勤労者」に当たるとした上で，つぎのように述べた。①その勤務条件は国の資産処分，運用と密接にかかわるものであるから，これを国会の意思と無関係に労使間の団体交渉によって共同決定することは，憲法83条の「財政民主主義の原則」に反し許されない。②また，職員団体は当局と団体交渉を行い，労働協約を締結する権利を認められているとはいえ，その団体交渉権は憲法28条の当然の要請によるものではなく，国会が憲法28条の趣旨をできる限り尊重しようとする立法上の配慮から財政に関する一定事項の決定権を使用者としての政府または公社に委任したものにほかならない。③そして，全農林事件の最高裁判決が非現業の国家公務員についてその職務の公共性と地位の特殊性に関連して判示する趣旨は，経済的活動を行う公社職員らの現業国家公務員についても，基本的にあてはまり，争議行為を禁止する法律の規定は憲法28条に違反しないとした上記三全農林事件判決の理由（本文①・②・④）は公社職員にも及ぶ（参照，花見忠・百選4版16頁，松田保彦〔判批〕公務員判例百選〔1986

年〕170頁。盛78頁は,特に上記②の判旨を強く批判されている)。

四 このような最高裁判例の立場に対しては法理論上の基本的疑問点だけを指摘しておくにとどめる。

第1に,団体行動権を手段的権利と理解している点である。憲法の保障する基本的人権は,一般にその生成の歴史的性質から自由権的基本権と社会権的基本権に区分され,自由権的基本権は精神的自由権と社会経済的自由権にその法的性質が区分されていることは周知のとおりである。しかし,かかる区分に加えて基本的人権に目的的人権と手段的人権との区分が存在するかのような見解に立ち,手段的人権なるが故に制約を免れないとする上記判例の立場には疑問を呈さざるを得ない。

第2に,これまで伝統的に公務の範疇に位置づけられてきた公共的職務の多くが,現に独立行政法人の事業ないし業務として労組法の適用下に入れられ,その傾向は今後一層拡大することが確実視され,公務員型独法はその後続々と非公務員型独法に移行している。他方,これまで国または地方自治体の担ってきた福祉,教育,調査研究,交通運輸その他事業の多くが民間事業に委託され,その傾向は今後も止みそうにない。このように,「公務員の地位の特殊性と職務の公共性」は相対的性質であることを率直に承認すべきであり,一律に争議権を否認し刑罰の適用下に置くことは,労働基本権保障の観点から最早許されないと言うべきである。

第3に,「議会制民主主義」は日本の憲法が旗印にする政治の基本秩序であることは言うまでもないが,他方「産業民主主義」は国民生活の再生産を可能ならしめる労働経済社会の基本秩序であり,産業民主主義の原理があらゆる面で常に議会制民主主義の原理に劣後しなければならないものではない。これら政治と経済の民主主義的基本秩序は調和のうちに両立すべきものであり,最高裁判例はこの点で偏った見地に立脚していると評さざるを得ない(最高裁判例については学説による広汎な批判が存在するが,詳細は省略する。参照,盛74〜76頁,武田万里子・法セ・コメ・憲法〔第4版〕〔1997年〕173頁)。

公務員等と労働基本権

	団結権	団体交渉権	協約締結権	争議権	適用法律
民間事業・独立行政法人・地方独立行政法人	○	○	○	○	労組法,労調法・地独行法
非現業国家公務員	○(登録制)警察・監獄職員等は×	△	×	×	国公法
国有林野事業,特定独立行政法人	○	○管理運営事項を除外	○	×	特独等労法
非現業地方公務員	○(登録制)警察・消防職員は×	△	×	×	地公法
地方公営企業,特定地方独立行政法人	○	○管理運営事項を除外	○	×	地公等労法

II 雇用関係法

1 労働条件の理念の多様化

一 労働条件は労働者の生活のあり方に直接現実的,かつ具体的な影響を及ぼす。労基法は労働条件の基本理念に関し,労働者に「人たるに値する生活を営むための必要を充たすべきもの」でなければならないと規定している(労基1条)。「人たるに値する生活」のためには,さしあたっては苦汗労働(sweated labour)からの完全解放を実現しなければならないが,労働のあり方や労働者の生活と意識は社会経済の発展とともに変化し,「人たるに値する生活」の内実もまた多様化を避け難い。このような情勢は,当然,労働関係法の取り組むべき法政策的理念・目的の多様化を意味する(小西ほか〔渡辺〕92頁)。

二 つぎにその主なものを指摘しておく。

① 高度経済成長期以後,労働市場の「女性化」(feminization)が進み,雇用の分野における男女平等の実現が重要課題になった。1985年「雇用の分野における男女の均等な機会及び待遇の確保等に関する法律」(昭和60年法律45号,通称,男女雇用機会均等法)が制定(1997〔平成9〕年および2006〔平成18〕年に大幅改正)され,他面これまで女性を「弱い性」(要保護労働者)として男性と区別し,特別保護の対象にしてきた雇用関係法の伝統的立場が見直された。1990年代に数次にわたって労基法に規定された女性の保護規定(時間外・休

日・深夜労働の制限禁止，危険有害労働への就業規制など）を撤廃，緩和する法改正が行われたが，それはこのためであった（下巻第21講 I 2）。

② 育児や家族介護など「家事」（domestic affaires）を女性だけに負わせる旧習を墨守することは，妊娠・出産後の女性を就業から長期間引き離し，職業能力の発展の機会を奪い，ときに離職を強い，雇用平等の実現にとって根本的障害になる。したがって，男女が家庭責任をほどよく分担できるように（work and life balance），働き方を見直す必要がある。1991（平成3）年制定の育児休業法はこうした要請に応えるものである。1995（平成7）年，同法は介護休業制度を取り入れ，「育児休業，介護休業等育児又は家族介護を行う労働者の福祉に関する法律」（平成7年法律107号，通称，育児介護休業法）と改められた（下巻第21講 Ⅵ 1）。

③ 働き方（就業の形態）の多様化が進行と並行して雇用形態が多様化している。近年，労働者派遣事業は大幅に（過度に）規制緩和され，質量ともに（就業者数，業務の範囲，派遣期間の長期化など）拡大途上にある。また，アルバイターや有期雇用（希に無期雇用）の「パート労働」（短時間就業）が普及し，これら非正規の労働者は労働者全体の33.5％（1,732万人），うち，派遣社員・嘱託の労働者は11％（563万人）に増加している（JIL/PT JWLP. 2008/2009, 33頁）。こうした有期・無期のパート労働者，臨時労働者（アルバイター）（下巻第22講 Ⅱ 参照）に派遣労働者を加えた非正規雇用者（atypical worker）は，業務および雇用の実態において「一時的労働者」（temporary workers）でない者がはなはだ多い。彼（彼女）らは常時使用される一方，雇用身分の上で日本的長期雇用体制下の正規労働者（regular employee）と厳格に区別されている。非正規労働者の雇用は不安定であり，職務の高度化から取り残され，賃金（一時金を含む）の決定構造に発展性が保障されず，退職金も支払われない場合が圧倒的である。このため，労働条件の基本理念に均等待遇の原則と区別される「均衡待遇」の原則化が要請されている（労契3条2項）。この分野には「労働者派遣事業の適正な運営の確保及び派遣労働者の就業条件の整備等に関する法律」（昭和60年法律88号，通称，労働者派遣事業法，下巻第22講 Ⅳ 参照），「短時間労働者の雇用管理の改善等に関する法律」（平成5年法律76号，通称，パート労働法，下巻第22講 Ⅲ 参照）などが関連している。

④ 高齢の労働者および心身に障害をもつ障害者は今後一層増加することが見込まれ，その就業には特別の社会的支援が必要である。高齢者，障害者の就業可能の分野の開拓，および受け入れる職場の就業環境の整備が要請されてい

る。この分野には「高年齢者等の雇用の安定等に関する法律」（昭和46年法律68号，通称，高齢者雇用安定法，第14講696頁参照），「障害者の雇用の促進等に関する法律」（昭和35年法律123号，通称，障害者雇用促進法）が制定され，その後数次にわたって重要な改正を経ている。

⑤　雇用管理の改善が特に要請される特定就業分野について，「中小企業における労働力の確保及び良好な機会の創出のための雇用管理の改善の促進に関する法律」（平成3年法律57号），「建設労働者の雇用管理の改善等に関する法律」（昭和51法律33号），「介護労働者の雇用管理の改善等に関する法律」（平成4年法律63号）などが制定されている。これら法律では，政府が雇用管理改善のための計画や指針を策定し，事業主（または事業主団体）に必要な勧告・要請をし，あるいは雇用管理の改善等に努める事業主等を助成・援助し，事業主から雇用管理に関する報告を求め，特に建設事業主には雇用管理責任者の選任を義務づけるなど，雇用管理の改善を進める諸方策をとっている（ほぼ同種の法律が看護師，林業労働者，港湾労働者についても制定されている）。

⑥　1990年代後半期以降，企業は事業組織の再編（restructuring）の時期に入り，事業部門の整理・統廃合が急速に進んだ。2000（平成12）年商法が改正され，簡易な分社化の手段としての「会社分割」が法制度化され，関係労働者の雇用関係（具体的労働条件を含む）の承継および労使関係の安定に関して一定の措置が講じられた。これには「会社の分割に伴う労働契約の承継等に関する法律」（平成12年法律103号，通称，分割承継法）が関連する（下巻第22講V参照）。

⑦　個別労働関係（民事）紛争が増加し，労働者の泣き寝入りを防止（権利擁護）し，紛争を実情に即し迅速，的確に解決する要請が高まってきた。これには「個別労働関係紛争の解決の促進に関する法律」（平成13年法律112号，通称，個別労働関係紛争解決促進法）および「労働審判法」（平成16年法律45号）が関連している（第1講51頁）。

2　雇用関係法の法的性質

(1)　任意規定と強行規定

市民社会の法令には，「公の秩序に関する規定」（強行規定）と，「公の秩序に関せざる規定」（任意規定）とがある（民91条）。任意規定は，法律行為の当事者がそれと異なる意思表示をしたときは，当事者の意思（契約自治）を優先させ，当事者の意思どおりに法律関係を形成する自由を認める。任意規定はし

たがって，当事者の合意が存在しない場合にのみ機能し，私的自治を補充する役割をもつ。民法の「債権編」の規定は，おおむね任意規定であり契約自治を尊重している。民法の「雇傭」に関する規定は，雇用契約の定義およびその権利義務の一身専属性を定めている規定（民623条・625条）を除いて任意規定であり，当事者の意思を補充する機能を有している。

これに対し強行規定は，市民社会の基本ルールを定め，私的自治をその範囲内に枠づける性質を有する。強行規定に違反する法律行為は効力を否定され，無効になる（民法では，法律行為に関する人の能力，意思表示等に関する民法の総則，物権法，親族・相続法の規定等がこれに当たる）。労働条件の原則，基準を定める雇用関係法の規定の多くはこのような意味で強行規定である。

(2) 公序良俗

公序良俗（民90条）は，法律行為の社会的妥当性を維持する概念である。すなわち，法律行為の内容が直接強行法規や取締規定に違反しない場合でも，「社会の一般的秩序または道徳観念」（我妻栄『民法総則』〔岩波書店，1970年〕270頁）に違反すると判断されるときは，その法律行為は「公序良俗」に違反し無効にされる。公序良俗に違反する事実行為は不法行為（民709条）として損害賠償の原因にもなる*1。公序良俗は，雇用関係の場においても重要な働きをしている。特に労働者の雇用の安定（生活保障），婚姻の自由，家族的責任の尊重，人格の自由な発展，処遇の平等および職業選択の自由の確保といった観点から，使用者の行う労働者の採用，配置，解雇，懲戒処分（法律行為）や教育・訓練・個人情報の取扱い，ハラスメントなど（事実行為）をめぐって公序良俗違反が問われるケースが多い*2。

* 1　**公序良俗**　我妻・本文前掲書は，公序良俗に違反する行為を，(1)人倫に反する行為，(2)正義の観念に反する行為，(3)他人の無思慮・窮迫に乗じて不当の利を博する行為（暴利行為），(4)個人の自由を極度に制限するもの，(5)営業の自由の制限，(6)生存の基礎たる財産を処分すること，(7)著しく射幸的なものなど7に分類し，労働関係に関連して，(3)の例に芸娼妓契約を，(5)の例に雇用契約終了後の競業禁止契約および特定の職工・従業員を雇用しないという同業者間のいわゆる争奪禁止協定などをあげている。なお，内田貴『民法Ⅰ（第3版）』（東京大学出版会，2005年）275頁以下も概ねこの分類によっているが，特に男女差別定年制を「個人の尊厳・男女平等などの基本権に反するもの」に分類し，関係判例（日産自動車事件・最3小判昭和56・3・24民集35巻2号300頁）をあげ，またユニオン・ショップ協定による解雇を無効と解した **case 15-6**・三井倉庫港運事件を例示し「労働者の基本的権利を侵害する合意が公序良俗違反として無効とされ

た事例」にあげている（下巻第15講Ⅴ3参照）。

＊2　**労働関係における公序良俗**　公序良俗違反とされた法律行為の典型例として，「結婚したときは退職する」旨の入社時の合意（住友セメント事件・東京地判昭和41・12・20労民集17巻6号1407頁。参照，小西ほか〔小西〕9頁）や通常の労働者と同一の業務を行うパートタイム労働者に対する賃金差別に関する下巻 **case 22-4**・丸子警報機事件などを例示できる。このほか所持品検査に応じないことを理由に行われた懲戒処分の例（**case 5-7**・西日本鉄道事件，神戸製鋼事件・大阪高判昭和50・3・12労判226号48頁）などがあり（小西ほか〔渡辺〕165頁），事実行為には共産党員である従業員への情報収集，監視活動の例がある（**case 5-4**・関西電力事件。参照，遠藤隆久・百選7版44頁，小西ほか〔渡辺〕124頁・159頁）。これら事例は，上記住友セメント事件のほかは直接公序良俗違反の有無が争点になった事例ではないが，その法律行為の効力または不法行為の成否の判断において，実質的に公序良俗違反の有無が問われた事例と言ってよい。

(3)　強行的効力と補充的効力

一　強行規定は，それに反する当事者間の意思表示に法的効力を認めない。労基法は，「この法律で定める基準に達しない労働条件を定める労働契約は，その部分について無効とする。」と規定し，労基法の定める労働条件の基準が私法的強行規定であることを明らかにしている（13条前段。これを「強行的効力」という）。そればかりでなく，労基法の基準に達しない労働契約の部分は「この法律で定める基準による。」と定められ，労働契約の内容を直接補充（規律）する効力が認められている（同条後段。これを「補充的〔または直律的〕効力」という）。労基法と同様に，強行的効力および補充的効力を明言しているものは，他に最賃法（5条）があるのみである（なお，委託者が家内労働者に支払う工賃支払いの方法に関する規定および厚生労働大臣が最低賃金法の定める最低賃金の額を考慮して定める最低工賃の支払義務に関する規定も同種の法的効力を有する，家労6条・14条・16条）。

二　労基法，最賃法および家内労働法以外の雇用関係法の，労働条件の基準を定めた法令の規定については，その基準に反する当事者（特に，使用者）の意思表示を無効にする強行規定か否かが一応問題になる。当該法令の趣旨・目的・政策的意図および制定経過等を考慮して，原則的には労働条件の基準を定めている法令の規定は，それに違反する意思表示の効力を認めない強行規定と解釈されている。

三　しかし，それが補充的（直律的）効力まで有するか否かはさらに検討が必要であり，重要な法解釈問題になることが多い。たとえば，「定年は，60歳

を下回ることができない。」と定めている高年齢者雇用安定法8条は，その立法経緯等から，仮に就業規則で定年を58歳と定めてもこれを無効にする強行規定と解釈できるが，無効になった定年制の定めを法律の基準である60歳の定めで補充すべきかどうかは同条から直ちに結論づけることはできず，当該労働契約の解釈によって決せられる（第14講696頁参照）。

(4) 取締規定

一　雇用関係法のなかには，労働条件の基準の監視，私生活の自由の保護，労働者の健康保護など一定の政策目的を実現するために，使用者にある種の行為を強制し，あるいは逆に阻止するものがある。これらは「取締規定」といわれる。取締規定には一般に「取引行為を規制するもの」と「事実行為を規制するもの」とがある。雇用関係法には，最低労働条件基準の法定や労働契約の締結の際の労働条件明示の義務づけ（労基15条），15歳未満の年少者の使用禁止（同56条），就業規則・各種労使協定の締結と労働基準監督署長への届出，労働者への周知（同89条・36条等・106条）その他使用者の取引行為を規制するものが多く存し，他面労働者名簿・賃金台帳を整える義務（同107条・108条），労働災害防止のために安全衛生管理体制を整える義務（安衛10条以下）など使用者の事実行為を規制する法規も多数存在している。

二　取締規定に違反する取引（雇用契約の締結等）の法的効力に関しては，特に定められていない（取締規定に違反する法律行為を無効にする取締規定を「効力規定」という）。そこで，取締規定に反して締結された労働契約や労使協定あるいは就業規則の効力をどう解すべきかが問題になる。この点は，①当該行為を禁止または制限する理由，②違反行為の反倫理性の程度，③法律行為を無効にすると，かえって労働者の保護に欠けることにならないかどうか，などを総合的に検討して判断すべきである。労働者が労務の提供段階に入っている場合は，原則として当該契約等を無効とすべきではない。

(5) 刑罰規定

労基法ほかの雇用関係法には違反者を処罰する罰則規定が多いが，詳細は後述する（後記4(1)）。

3　労働基準法の制定・改正

(1) 制　定

一　労基法は，憲法27条2項が「……勤労条件に関する基準は法律でこれを定める。」（勤労条件法定主義）と定めている「法律」の代表格として，第2

次大戦後の1947（昭和22）年に制定され，同年中に施行された（有泉8頁，広政4頁参照）。その前身は，1911（明治44）年制定の「工場法」である。同法は，当時「保護職工」といわれた女子・年少者の就業時間の制限（1日12時間），その延長および深夜労働の規制のほか，工場労働者（当時，「職工」といった）一般の労働災害扶助等を定めていた。第2次大戦中は，1938（昭和13）年に制定された「国家総動員法」に基づく種々の戦時特例（命令）により，特に軍需工場での同法の適用が大幅に排除または制限され，実質的に無力化された。敗戦後工場法はいったん復活して戦時体制前の法状態にもどり，労基法が施行されるまで法的効力を持続した（労基122条・123条）。

二　労基法は日本の雇用関係法の中心に位置し，つぎのような特徴を有している（参照，立法資料54巻494頁）。

第1は，労働関係の近代化である。労基法は，第2次大戦前における拘束的，強制的な労働関係を排除し，労働者と使用者との人格的対等性を確保し，労働関係を「自由な契約」の基礎に置くべく多くの規定を設けている。

第2は，労働条件を支配すべき根本理念の明確化である。労基法は，労働条件は労働者が「人たるに値する生活を営むための必要を充たすべきもの」であって，労基法の定める基準は「最低のもの」であると，労働条件の内容および基準の根本理念を定めた（1条）。また労働条件は，労働者と使用者が「対等の立場において決定すべきもの」であると労働条件の決定方法に関する根本原理を定めた（2条1項）。さらに，継続的契約関係である労働関係の当事者は「誠実に」その義務を履行しなければならないと労使双方に要請される信義則を規定した（同条2項）。

第3は，労働条件の統一化である。戦前，日本の労働者保護法は鉱山の鉱夫，工場の職工，商店の職員といった労働者の種別ごとに別個に制定されていた。労基法は，産業の種類（農林漁業，工業的事業，サービス業），労働ないし労働者の種別（肉体労働・精神労働，ブルーカラー・ホワイトカラー），労働者の地位（管理職，非管理職）の違いを超え，すべての労働者に適用される。労基法の定める労働基準はこのように普遍的性質を有する。

第4は，労働条件の国際化である。1919（大正8）年，ILO（国際労働機関）は社会正義を基礎にする国際平和の確立という高い理想に基づいて創立され，以後，数々の国際労働条約および勧告によって労働条件の国際化を推し進めた。しかし，当時の日本政府は特殊国の扱いを要求し，その基準からかけ離れた低水準のまま戦後を迎えた。労基法は，日本の国際的孤立を克服して国際会議の

決定を取り入れ「新生日本の建設に当たって……よきスタート」を切ろうとの強い意欲をもって制定されたのである（参照，立法資料53巻123頁，小西ほか〔渡辺〕97頁以下）＊。

＊　**公務員等と労基法**　労基法および労基法に基づく命令は，一応，国，都道府県，市町村その他これに準ずべきものに適用される原則である（労基112条）。しかし，労基法の施行後，国家公務員法，地方公務員法が制定され，公務員等には労基法の適用が排除，または制限されることになった。

①　一般職の国家公務員（国公2条参照）の勤務関係はもっぱら人事院規則で定められ，労基法は適用されない（国公附則16条）。

②　特定独立行政法人等（特定独立行政法人・国有林野事業を行う企業）の職員は，「特定独立行政法人等の労働関係に関する法律」（37条1項）により国公法附則16条の規定の適用を排除されるため，労基法が適用される。

③　一般職の地方公務員（地公3条参照）の場合は，労基法のつぎの規定が適用されない。すなわち，労基法の労働条件対等決定原則（労基2条），有期労働契約の期間の満了に係る通知に関する基準策定等について厚生労働大臣の権限を定める規定（同14条2項・3項），賃金の通貨払い・直接払い・全額払いの原則（同24条1項），弾力的労働時間制度・裁量労働制度等の規定（同38条の2第2項・3項〜38条の4），年次有給休暇（同39条）および労災補償・就業規則・労働基準監督官の司法警察官としての職務権限に関する規定（地公58条3項，監督機関の権限に関しては同条5項参照）。

④　地方公務員の現業職員のうち地方公営企業法の適用を受ける水道・工業用水・軌道・自動車運送・鉄道・電気・ガス事業等の職員（地公企2条等）には，有期労働契約の期間の満了に係る通知に関する基準策定等について厚生労働大臣の権限を定める規定（労基14条2項・3項），および労災補償に関する規定（労基75〜88条）が適用されないほかは，上記地公法58条が適用されないため（地公企39条，地公労17条），労基法が全面的に適用される。

⑤　船員法が適用される船員（船長以外の乗組員）には，労基法の労働関係の基本原則を定めた1〜11条（および関連の罰則規定）と116条2項が適用されるほかは，すべて船員法の適用下に置かれる（労基116条1項，船員2条・6条）。

(2)　その後の改正

――　労基法は，制定後今日までいくたびも重要な改正を経ている。そのうち重要なものを挙げておこう。

1959年の「最低賃金法」（昭和34年法律137号），1972年の「労働安全衛生法」（昭和47年法律57号）の制定に伴い，労基法の関連規定はいわゆるドッキング規定（労基28条・42条）を残して削除された。最賃法の制定は，戦後復興期をとおして経済の二重構造化が深化し，低廉な賃金の労働者層への生活保障の必

要性が高まったことが背景にあった。労安衛法は高度経済成長期における労働災害の激発が背景になって制定された。また，1976年「賃金の支払の確保等に関する法律」（昭和51年法律34号）が制定され，事業主が倒産し賃金を支払われないまま退職した労働者への救済措置（政府による賃金の立替え払い）を図るなど，労基法の賃金支払確保の規定（24条）を積極的に補う法政策がとられた（第7講338頁）。

　二　1980年代後半期は，雇用における男女の平等および労働者の職業と生活との両立の支援を狙いにした法制度の整備充実の時代であった。1985（昭和60）年，日本で初めて男女雇用機会均等法が制定され，1997（平成9）年には雇用差別の禁止範囲を拡大するなど重要な改正が行われ，そうした動きと歩調を合わせて女性に対する労基法の特別保護規定（時間外・休日および深夜労働の制限）が一定の適用猶予期間の後，撤廃された。同法は，2006（平成18）年女性差別禁止法から性差別禁止法へと大きく転換を図った（下巻第21講Ⅱ2・3）。

　三　同じ時期に，労基法の労働時間・休暇制度がめまぐるしい改正を重ねて一変した。労基法制定以来の1週間48時間制を欧米並みの40時間制に短縮する目標が明記され（1987〔昭和52〕年），段階的に適用されて遂に一般的法原則となり（1997〔平成9〕年），併行して多様な弾力的労働時間制（変形制，フレックスタイム制など）および裁量労働制が新設された。これら労基法の改正の背景には，週休2日制の実質的確保，産業構造の変化，労働者の働き方の多様化，業務の高度専門化および労働者の生活意識の変化があった（第8講353頁・第9講421頁）。

4　労働基準法の実効性

　労基法は，多面的角度から法律としての実効性を確保している。

(1)　刑　　罰

　一　使用者の労基法違反罪　労働条件の基準等を定める労基法の規定は刑罰法規の性質を有し，違反した使用者は処罰される（労基117～121条）。労基法違反罪は故意犯であり（刑38条参照），故意は，各条の規定する作為（……しなければならない）または不作為（……してはならない）の義務に違反する行為であるとの認識（構成要件該当行為の認識ないし犯罪事実の認識）が認められる場合に成立し，その行為が違法であるとの認識（違法性の認識）までは必要ない。しかし，違法性の認識の可能性自体がないような場合は例外的に故意は否定されるものと解される（たとえば，36協定の期間満了後更新に必要な手続を

しないまま，同協定期間が存続するものと誤認し労働者に時間外労働をさせていたような場合は，法定労働時間を定めた労基法32条違反の故意を欠くものとして犯罪は成立しないであろう）。

賃金支払いのために百方駆けめぐって算段をしたが，効を奏せず，賃金支払日に所定の賃金を支払うことができなかったような場合は，期待可能性が否定され，責任が阻却される結果，犯罪が成立しない場合があろう。

二　行為者処罰主義　　労基法違反の罪により処罰の対象になるのは労基法違反行為をした使用者である。使用者の意義は，すでに述べた（第1講34頁）。一般には「事業の経営担当者」等の自然人（労基法10条参照）のほか，法人自体も処罰される。なお，労基法上使用者に義務づけられている申請や届出の事務代理の委任を受ける社会保険労務士は，「事業の労働者に関する事項について，事業主のために行為をするすべての者」（後記五の両罰規定にいう「事業主のために行為した代理人，使用人その他の従業者」に当たる）として，使用者に含まれる。したがって，社会保険労務士がその委任事務に関し労基法に違反した場合は，使用者として処罰される（昭和62・3・26基発169号）。

なお，労働安全衛生法は事業主処罰主義をとっており，労基法（最賃法も同様）の立場と法規定上対照的であるが，労働安全衛生法の場合も法違反行為者を処罰することに変わりはないので（労安衛122条），労基法の立場と実質的差異はない。

三　出向労働者の使用者　　在籍出向労働者については，出向先会社と出向元会社との取決めによって定められた権限と責任に応じて，そのいずれかまたは双方が労基法の各規定に関し使用者としての責任を負う（昭和61・6・6基発333号）。

四　派遣労働者の使用者　　派遣労働者に関し，労基法等の各規定の義務を，派遣元の雇用主・派遣先の使用主のいずれが負うのか，またはその双方が負うのかについては労働者派遣事業法の定め（労基法につき労派遣44条，労働安全衛生法につき同45条）による。

五　両罰規定　　事業主のために行為した代理人（たとえば支配人），使用人その他の従業者（一般に工場長，部長，課長等）が労基法違反の行為をした場合，事業主も各本条の罰金刑に処せられる。事業主が，違反を教唆した場合，違反の計画または行為を知りながら防止や是正に必要な措置を講じなかった場合のように，違反に積極的または消極的に加担していると認められるときは，事業主も違反行為の実行者として処罰される（労基121条）。ただし，事業主は違反

防止のために必要な措置をした場合には免責される（同条ただし書）。

(2) 民事上の効力

労基法で定める労働条件の基準は，前言したように（本講前記2(3)），強行的効力および補充的効力を有する（13条）。その適用にあたってはつぎの点が一応問題になる。たとえば，所定労働時間1日9時間（同32条2項違反），日額賃金9,000円と定めた場合，労働時間の定めは8時間を超える限度で無効となり，8時間に修正される。この場合，日額賃金も連動して8,000円に減額されるかというと，そうはならないと解されている。日額賃金は労基法の基準に直接関係のない労働条件であり，それを修正するか否かは当事者が改めて合意し決めるべき事柄だからである（橘屋事件・大阪地判昭和40・5・22労民集16巻3号371頁）。

(3) 付加金の制裁

裁判所は，①解雇予告手当（労基20条），②休業手当（同26条），③時間外・休日・深夜割増賃金（同37条），または④年次有給休暇中の賃金（同39条6項）を支払わない使用者に対し，労働者の請求により，未払額のほかに，それと同額の付加金の支払いを命令することができる（同114条本文）。労基法の定める権利実現のために労働者の積極的訴訟活動を期待する趣旨である（立法資料53巻214頁）。このように付加金は，制裁的性質を有するものであるから，支払義務違反が認められる場合でも，支払いを命ずることが不相当と判断されるときは，裁判所は裁量により支払いを命令しないことができる（日本貨物鉄道事件・東京地判平成10・6・12労判745号16頁）。また，使用者に違反があった場合でも，裁判までの間に未払額を支払ったときは，労働者は付加金支払いの申立てをすることができないと解されている（**case 14-4**・細谷服装事件）。付加金の請求は違反があったときから2年以内にしなければならない（同114条ただし書）。

(4) 行政的監督

一　国民は，法律で保障された権利が侵害されたときは，侵害する者を被告にして訴訟を提起し，判決を得て権利を実現することができる。日本国憲法に定められているとおり「何人も，裁判所において裁判を受ける権利を奪はれない」（憲32条）。しかし，労基法の規定している労働条件について国民一般の通常の権利実現の方法（訴訟の提起）だけに頼ることは適当ではない。そこで特別に，「労働基準監督官」の資格を有する専門職国家公務員が任命され，全国の「労働基準監督署」に配置され，身分保障を受けて（労基97条4項・5項），

使用者に対する監督，指導を行い，労基法違反の罪について，司法警察官の職務を行っている（同 101 条・102 条参照）＊。

＊ **労働基準監督行政**　労働条件および労働者の保護に関する事務は，厚生労働省の内部部局である「労働基準主管局」，「都道府県労働局」および「労働基準監督署」（以下，この箇所では労基監督署）が担当し，それぞれの局・署には労働基準監督機関令により特別の資格および任免手続の下にある労働基準監督官が一般職員とともに置かれている（労基 97 条，厚生労働省組織令 7 条・59 条以下参照）。

労働基準主管局の長（厚生労働省の組織上は「労働基準局長」）は，厚生労働大臣の指揮監督を受けて「都道府県労働局長」を指揮監督し，労働基準に関する法令の制定改廃その他法律の施行に関する事務を行う。都道府県労働局長は，管内の労基監督署（2008 年現在全国で 329 ヵ所）の長を指揮監督し，法律の施行に関する事務等を行う。「労基監督署長」は，第一線の監督行政機関であり，臨検，尋問，許可，認定その他の法律の実施に関する事務等を司る（労基 99 条，厚生労働省設置法 21・22 条参照）。

女性労働者の特性に関連する労働問題の事務は，「女性主管局」（厚生労働省の組織上は「雇用均等・児童家庭局」）が扱う。同局は，女性に特殊な規定の制定，改廃および解釈に関する事務を扱うが，法律の施行は労働基準主管局が行う。女性主管局は，労働基準主管局長等に対し勧告を行い，あるいは援助を与える立場である。もっとも，女性に特殊な規定の施行に関しては事業場等に立ち入り調査を行う権限が認められている（同 100 条，厚生労働省組織令 10 条・91 条以下参照）。

二　**労働基準監督官の権限**　労働基準監督官は，事業場，寄宿舎その他附属の建設物に臨検し，帳簿等の提出を求め，使用者・労働者への尋問を行う権限を有する（労基 101 条。参照，最賃 38 条，労安衛 91 条，賃確 13 条）。また，安全・衛生基準に違反する事業附属寄宿舎の使用停止および変更を命令し（労基 103 条・96 条の 3。同趣旨労安衛 98 条・99 条），労使に必要な事項の報告を要求し，または出頭命令を発することができる（労基 104 条の 2，労基則 58 条。同趣旨最賃 35 条，労安衛 100 条，賃確 12 条）。

労働基準監督官または女性主管局長（またはその所属官吏）による臨検，出頭命令等を拒否し，妨害し，陳述せず，あるいは虚偽の報告をした者は処罰される（労基 120 条 4 号・5 号）。

労働基準監督官は，法違反の罪については，刑事訴訟法に規定する司法警察官の職務を行う（労基 102 条。同趣旨最賃 39 条，労安衛 92 条，賃確 11 条。刑訴 190 条）。すなわち，犯罪の捜査，その他刑事訴訟法の規定する一切の行為を行う（刑訴 189 条以下）。

三　労働者および労働組合等の協力　　労働基準監督署は，定期監督（毎月一定の計画に基づいて行うほか重大な労働災害等が発生した場合に行う），申告監督（労働者やその家族等からの申告に基づいて行う）および再監督（定期監督，申告監督の際にした指摘が是正されたか否かを確認するために行う）を行っている。しかし，全国多数の労基法適用事業場すべてにわたり，法の遵守状況をつかむことは困難であり，労働者・労働組合等の協力と監視を欠くことができない。このため，労働者には使用者の労基法違反を労働基準監督署長に申告する権利が与えられ，使用者は申告した労働者を解雇その他不利益に取り扱うことを禁止される（労基104条。同趣旨労安衛97条，賃確14条）。労働者の申告した事実が結果的に法違反と言えない場合でも不利益取扱いは許されない。違反した使用者は処罰される（労基119条。同趣旨労安衛119条，賃確17条等）。

　四　法律の適正な施行のために，労基法は使用者に対しつぎのように種々の義務を課している。いずれの違反も処罰される（労基120条1号）。

①　法令等の周知義務　　労基法，政令，省令の要旨，寄宿舎に関する規程・規則，就業規則，各種の労使協定，労使委員会の決議を常時各作業場（寄宿舎規定・規則は寄宿舎）の見やすい場所に掲示し，または備え付け，その他所定の方法で労働者に周知させること（労基106条，労基則52条の2。同趣旨最賃19条，労安衛101条）。

②　「労働者名簿」の作成　　事業場ごとに労働者の生年月日，雇入・退職年月日，退職事由，業務の種類その他を記入すべきこと（労基107条，労基則53条）。

③　「賃金台帳」の調整　　労働者ごとに労働の日数，時間数，時間外労働の時間数，基本給・手当その他賃金の種類ごとの額等を記録すること（労基108条，労基則54条）。

④　記録の保存　　労働者名簿，賃金台帳および雇入，解雇，災害補償，賃金その他労働関係に関する重要な書類を3年間保存すること（労基109条，労基則56条。同趣旨労安衛103条）。

第3講　労働憲章・自由な労働

I　労働憲章

　労基法の冒頭の7ヵ条を労働憲章（labor charter）という。労働者の人権保障規定であり，労働関係の全体にわたる通則的基本原則である。労基法の適用されない同居の親族のみを使用する事業および家事使用人（116条2項）にも，労働関係の実質が認められるかぎりここで述べる基本原則は準用されるべきである（有泉73頁，小西ほか〔渡辺〕120頁以下）。

1　労働条件の基本理念
(1)　労働条件の意義
　一　労働条件は，労働者に「人たるに値する生活」（man worthy living）を保障するものでなければならない（労基1条1項）。法律に労働条件の意義を定めた規定はないが，「労働者が労働の対償として受取る賃金，使用者の処分にまかせる労働時間は勿論のことその他労働者が人間として生きることに関連するあらゆる労働関係の条件が含まれる最も広い意味の概念」とする有力説がある（有泉74頁）。本講では，労働条件の意義を実体面よりむしろ契約内容になるものという側面に重点を置き，「労働契約の成立，展開および終了に関係し，労使の取引（合意）の対象になりうる事項（労働力の取引条件）」，と解しておく。

　二　「人たるに値する生活」の概念は，ワイマール憲法（1919年）の社会権規定＊に由来する。同規定は，「人たるに値する生活」の保障を経済的自由主義社会の正義の原則であり，経済的自由の限界を画する原則であるとしている。上記の労基法の定めも同様の趣旨に立って，憲法の保障する生存権（25条）の法的思想を，労働契約の内容の実質面で具体化したものと解することができる。人たるに値する生活の実体的水準は日本の社会的，経済的条件を基礎にして判断される。

　　＊　**ワイマール憲法151条1項**　　「経済生活の秩序は，すべての者に人間たるに値する生活を保障する目的をもつ正義の原則に適合しなければならない。個人の経済的自由は，この限界内で確保されなければならない。」

(2) 最低基準性

労基法の定める労働条件の基準は最低基準である。したがって使用者は，「法律にこう定められているから」という理由のみで労働条件の基準を低下させてはならない（労基1条2項前段）。労基法1条2項前段の使用者の義務は通常の法的義務であり，この義務に違反する不利益変更は無効である。また使用者は，労基法の定める最低基準をさらに向上させるように努める義務がある（同1条2項後段）。この義務は訓示的義務（努力義務）である*。

> ＊ **学説** 労基法1条2項の前段，後段とも訓示的意味しかないと説く説があるが，1項の現実的意義を過小に評価すべきでないし，そのように解釈することは法律の規定文言とも適合しない。

(3) 労働条件の労使対等決定・誠実な履行の原則

一 労働条件は，労使が対等の立場において決定すべきものである（労基2条1項，労契3条1項）。労働条件の労使対等決定の原則は，契約内容の決定における労使の立場の法的平等（市民法的原則）を確認するとともに，たとえば，①労働者が無知，窮迫，軽率などに乗じられた結果不利益な労働条件を含む労働契約に拘束されてはならないこと（後述4，5参照），②使用者は労働契約締結の際に労働条件を明示すべきこと（労基15条1項，労契4条参照，後述Ⅱ），③親権者等は未成年者に不利な労働契約を解約できる権利を有すること（労基58条2項）などの諸原則に具体化されている（有泉75頁）。さらに，時間外労働を労働者の団体意思に依らしめ（同36条），就業規則の作成・変更に労働者の団体意思に基づく参加を必要としていること（同90条）も，労働条件対等決定の理念に裏打ちされている（寺本218頁）。

二 労基法は，労使に対し労働協約の遵守義務を規定している（2条2項）。労働協約は労組法上の制度（労組14条以下参照）であり，労基法に規定するのは座りが悪いのであるが，労働基準監督署長は労働協約に抵触する就業規則の変更命令権を有する（労基92条）こととの関係で規定されたものと理解しておけばよいであろう*。

> ＊ **就業規則と労働協約** 使用者は就業規則の作成，変更を労働基準監督署長に届け出るに際して労働協約（それが存在する場合でも）を添付する義務を負わない。そのため，違反部分について労働基準監督署長は，労働組合ないし組合員からの申告（労基104条）を待って変更を命令する運びになる。

三 労使は，双方ともに就業規則の遵守義務を負う（労基2条2項）。労基法制定当初には使用者が一方的に作成，変更する就業規則について労働者に遵守

を義務づけることは問題であるとの指摘があり、一理ある見解とされた。しかしながら、労働条件の決定に関する労使対等性の理念は、就業規則の作成・変更への労働者の関与（同90条）が形式的なものであってはならないことの裏付けとなり、このこととの関係において、使用者、労働者ともに就業規則を誠実に遵守する義務を負う。また使用者が、就業規則の作成、変更によって労働者の既得の権利を奪い、労働者に不利益な労働条件を一方的に課することは、原則として許されない（**case 4-7**・秋北バス事件。なお、労契8条・9条1項本文参照）。このことも労働条件の労使対等決定の原則および使用者の就業規則の誠実な遵守義務に由来していると解される（第4講203頁）。

このように労基法2条1項・2項は、一体として、就業規則の不利益変更に対する法的チェック（不利益変更の必要性、不利益の程度と変更後の就業規則の合理性に関する司法審査）に厳格性を要請する法的根拠になり得る（参照、小西ほか〔渡辺〕107頁・112頁・117頁）。

2　均等待遇の原則

(1)　沿　革

一　第1次大戦後の1919年、ベルサイユ平和条約は「労働条件の基準は、適法にその国に居住する一切の労働者に対する衡平なる経済上の待遇を確保すべきこと」（427条8号）と規定し、労働者の国籍を理由とする労働条件の不利益取扱いを排除し、内外人平等主義の原則を掲げた。第2次大戦直後（1945〔昭和20〕年11月28日）、GHQは日本政府に対し「官民を問わない労働条件の差別待遇」の禁止を指令し、特に「朝鮮・支那・台湾人等で日本にいる者」を日本の労働者と同等に処遇すべきことを命じた。

二　日本政府はこれに応え、「工場、事業場其ノ他ノ場所ノ事業主ハ其ノ使用スル労務者ノ賃金、給料、就業時間其ノ他ノ労働条件ニ関シ其ノ国籍、宗教又ハ社会的地位ノ故ヲ以テ当該労務者ニ対シ有利又ハ不利ナル差別的取扱ヲ為スコトヲ得ズ」との命令を、違反者に対する罰金刑を付して発した（昭和21・1・20厚生省令2号。立法資料51巻19頁・22頁参照）。

三　労基法3条は、「使用者は、労働者の国籍、信条又は社会的身分を理由として、賃金、労働時間その他の労働条件について、差別的取扱をしてはならない。」と均等待遇の原則を規定する（違反は処罰される、労基119条）。その背景は上に述べたとおりである。本条は法の下の平等を定める憲法14条と同精神であり、「従来の歴史に徴し労働法の分野にとり入れる必要のあるものとし

て信条および社会的身分を選び，これに国籍を加えて規定の内容」としたものである（寺本22頁）。「従来の歴史」というのは，GHQ が日本の敗戦後「朝鮮・支那・台湾人等で日本にいる者」を特に挙げて上記のような指令を発した歴史にほかならない（その概略は，田中宏『在日外国人　法の壁・心の溝』〔岩波新書，1999年〕212頁以下の第 2 次大戦中「日本の行った強制連行」に関する記述を参照）*。

　　* **国際人権規約 A 規約**　　1966（昭和41）年国連第21回総会で採択された「経済的，社会的及び文化的権利に関する国際規約」は，2条2項に「この規約の締約国は，この規約に規定する権利が人種，皮膚の色，性，言語，宗教，政治的意見その他の意見，国民的若しくは社会的出身，財産，出生又は他の地位によるいかなる差別もなしに行使されることを保障することを約束する。」と定めている。日本は 1978（昭和53）年この人権規約を批准し，同年 9 月 21 日発効している。

　四　労基法の草案起草者らは，労基法 3 条の均等待遇原則に性別が入れられなかったことについて，それは性別による労働条件の差別的取扱いを処罰の対象にしないに過ぎず，「差別待遇を許すと云ふ如く反対解釈さるべきものでない事は勿論である。」と考えていた（寺本220頁）。裁判例も，高度経済成長期のただなか（1960年代中頃以降）に，女性労働者に対する結婚，妊娠，出産などを理由とする解雇・退職・定年などの差別（性別差別）は本条の趣旨および民法 90 条の公序に反し無効と解した（下巻第 21 講 II 3 参照）。

　五　均等待遇の原則は「国籍・信条・社会的身分」を理由にして「賃金，労働時間その他の労働条件について」差別的に取り扱うことを禁止するものである。採用拒否および解雇についてはどのように考えるべきであろうか*。判例は，企業の採用の自由を尊重し，本条の「労働条件」は労働契約成立後のものをいい，成立前の採用条件（採用基準）は含まず，労働者の思想，信条を理由に採用を拒んでも均等待遇原則に違反しないと解した（**case 11-5**・三菱樹脂事件）。また，労働組合員であることを理由に採用を拒んでも当然には不当労働行為に当たらないとも判断している（下巻 **case 19-7**・JR 北海道〔国労・全動労組合員不採用〕事件）。しかし，そのような考え方を首肯できないことは別箇所で述べる（第 11 講 488 頁，下巻第 19 講 II 2 参照）。解雇は，労働条件たる就業規則等に定める解雇の事由（これが労働条件に当たることは論をまたない，労基 89 条 3 号参照）に基づき該当者を選別し，適用する行為であるから，たとえば賃金査定基準に基づく査定結果の適用と同様の意味で，それ自体労基法 3 条の「労働条件」に当たることは疑いない。

＊　**採用にも均等待遇原則が適用されるとの説**　労基法制定に中心的役割をした末弘は，「『労働条件』なる文句を狭く解釈すべきではなく，本条が直接労働に関係のない諸条件を理由として，労働者に差別的取扱を与えることを禁止しようとしている根本精神からして」，解雇のほか採用差別も禁止の範疇に入ると解している（末弘・法時20巻3号102頁以下）。

　六　以上述べたように，労基法の掲げる均等待遇の原則は，差別禁止の理由を国籍，信条，社会的身分のみに限定し，性別，人種，皮膚の色などを理由とする差別を射程外に置いている点で差別禁止立法として限定的である（上記**四**）。たしかに，違反に対し刑罰を適用する建前を掲げ，差別禁止理由に基づく雇用の終了や処遇差別など法律行為を違法，無効とし，募集・採用のような事実的差別に関しては，例外的に不法行為として損害賠償請求を認めることが可能である（いずれも事後的救済）。しかし，法的救済はそこまでであり，裁判所に積極的差別是正命令の権限を与えて具体的救済を図ることができるようにはなっておらず，行政救済を効果的に行い得る制度にもなっていない。こうした点で労基法の差別禁止の法理は，法的体制として限定的，消極的なものであると指摘されているが，そのとおりであろう（参照，花見忠「雇用平等法制」ジュリ1073号〔1995年〕204頁以下，性別による雇用差別に関しては下巻第21講Ⅱ3参照）。

(2)　国籍による差別の禁止

ア　原　　則

　使用者は，労働条件について，労働者の国籍を理由に差別的取扱いをすることを禁止される。国籍をいかなる要件で与えるかについて国際的統一法は存在せず，それぞれの国の国籍に関する法規で定められる（憲10条参照）。それ故，2つ以上の国籍を有し（重国籍），あるいはいずれの国籍も有しない場合（無国籍）を生ずるが，重国籍，無国籍を理由にする労働条件の差別も国籍を理由にする差別に該当する（厚労省・労基〔上〕70頁）。

イ　外国人の在留資格と就労

　一　外国人は，「出入国管理及び難民認定法」（〔旧〕出入国管理令〔昭和26年政令319号〕の改正法，以下「入管法」）により，「日本国籍を有しない者」と定義され（入管2条2号），入管法およびその他の法律に特別の規定がある場合（後述**ウ**）を除き，「それぞれ，……在留資格をもって在留するもの」とされている（同2条の2第1項）。在留資格は，法務大臣によりあらかじめ申請されたものについて与えられ（同7条の2），日本での就労の認められるもの・認め

られないものを合わせ全部で 27 種類存在し，(A)活動に基づく 23 種の在留資格および(B)身分ないし地位に基づく 4 種の在留資格の 2 つに大区分されている。

　二　入管法の規定する外国人労働者の，日本における「在留資格」，および在留資格ごとに規律される活動ないし就労可能性は下表のとおりである。在留期間は法務省で定められ，外交，公用および永住者以外は原則 3 年を超えることができない（入管 2 条の 2 第 2 項・3 項）。なお，在留資格の変更または在留期間の更新は，法務大臣に対して申請をし，それぞれ変更または更新を「適当と認める相当の理由があるときに限り」許可される（同 20 条・21 条）。短期滞在の在留資格の場合は，「やむを得ない特別の事情に基づくものでなければ（変更を・引用者）許可しない」とされている（同 20 条 3 項ただし書）。

外国人の在留資格
 A　活動に基づく在留資格（入管法「別表第 1」）
　A-1　在留資格に定められた範囲で就労することが可能な在留資格（1 外交，2 公用，3 教授，4 芸術，5 宗教，6 報道，7 投資・経営，8 法律・会計業務，9 医療，10 研究，11 教育，12 技術，13 人文知識・国際業務，14 企業内転勤，15 興行，16 技能）
　A-2　就労することができない在留資格（17 文化活動，18 短期滞在，19 留学，20 就学，21 研修，22 家族滞在）
　A-3　個々の外国人に与えられた許可の内容により就労の可否が決められる在留資格（23 特定活動）
 B　身分に基づく在留資格（入管法「別表第 2」）
　　　活動に制限がないため，単純労働への就労も可
　B-1　24「永住者」
　B-2　25「日本人の配偶者等」　日本人の配偶者，実子（日系 2 世），民法 817 条の 2 による特別養子
　B-3　26「永住者の配偶者等」　永住者や特例永住者の配偶者，日本で出生し引き続き在留する実子
　B-4　27「定住者」　インドシナ難民，条約難民，日系 3 世，外国人配偶者の実子

　三　上記入管法「別表第 1」・「別表第 2」によれば，日本で雇用労働者として就労できる在留資格は A-1 グループ第 1〜16 の在留資格（別表第 1 の「一表」，「二表」），A-3「特定活動」の第 23 の在留資格（別表第 1 の「五表」）およ

びB「身分に基づく在留資格」を有する第24～27の者（別表第2）である。A-2グループの第17～22の在留資格（別表第1の「三表」，「四表」）は就労が認められない。A-1グループは，一般に公共性，専門性を有する業務を行う外国人労働者である（一般に，「高度人材」といわれる）。

ウ　外国人労働者の受入れに関する日本政府の基本政策

一　外国人労働者に関し，日本政府が初めて受入れ拡大の姿勢になったのは，1988（昭和63）年「第6次雇用対策基本計画」においてである。それは，「専門，技術的な能力や外国人ならではの能力に着目した人材」（いわゆる高度人材）は可能な限り受け入れる方向で対処するとする一方，いわゆる単純労働者の受入れは「我が国の経済や社会に及ぼす影響等にもかんがみ，十分慎重に検討する。」というものであった。この方針に基づいて1989（平成1）年入管法が改正され（平成1年法律79号），専門的，技術的人材としての在留資格が大幅に増やされた。他方，いわゆる不法就労対策の強化として「不法就労助長罪」（入管73条の2）が設けられた。このような基本的姿勢は，それから約10年後の1999（平成11）年「第9次雇用対策基本計画」でも踏襲され，今日まで続いている（厚労省職業安定局2004〔平成16〕年7月「外国人労働者の雇用管理のあり方に関する研究会報告書」，2006〔平成18〕年6月厚労省外国人労働者問題に関するプロジェクトチーム「外国人労働者の受入を巡る考え方のとりまとめ」，山崎隆志「外国人労働者の就労・雇用・社会保障の現状と課題」レファレンス〔2006年10月〕18頁〕＊。

＊　**いわゆる単純労働者の受入れ**　このことに「慎重」であるべき理由は，つぎのように説かれている。①雇用機会が不足している日本の高齢者の就業機会を減少させるおそれがある，②労働市場の二重構造を生じさせ，雇用管理の改善や労働生産性の向上の取組みを阻害し，ひいては産業構造の転換等の遅れをもたらすおそれがある，③景気変動に伴い失業問題が生じやすい，④新たな社会的費用の負担（教育，医療・福祉，住宅等）を生じさせる，⑤送出し国や外国人労働者本人にとり，人材の流失や日本社会への適応に伴う問題等影響も極めて大きいと予想される，など（本文中の「研究会報告書」より。プロジェクトチームの「考え方のとりまとめ」も同趣旨）。

二　専門的，技術的人材としての外国人労働者（A-1グループ）は，2006（平成18）年末現在約179,000人（「人文知識・国際業務」が最多で約57,000人。これに「技術」約35,000人，「興行」約21,000人，「技能」約18,000人が続いている）であり，10年前（1998〔平成10〕年）の約107,000人の4割増になっている。しかし，外国人登録者の総数（2006〔平成18〕年約2,085,000人）に占めるその

割合は8.6％と低い＊。

　　＊　「興行」，「技術」の在留資格　　「興行」（A-1 第 15）の在留資格で就労する者の大半はダンサーとして入国するフィリピン女性らであり，ホステス業務への従事に伴う賃金，残業手当の不払い，人身売買問題などが生じているといわれる（大村敦志『他者とともに生きる』〔有斐閣，2008 年〕102 頁）。

　「技術」（A-1 第 12）の在留資格者については，山口製糖事件（東京地決平成 4・7・7 判タ 804 号 137 頁）の例がある。同事件は，フィリピンで電子工学，化学工学系の大学を卒業後，「技術」の在留資格で日本の会社で就労する者たちが，工場労働者として製糖作業に従事させられたため，「化学技術および電気技術の研修」を受けさせるよう要求して職場離脱し，懲戒解雇され，その効力等を争った事案である。判旨は，債権者らの要求する「研修」は本件雇用契約の内容になっていないため，職場離脱を手段にして新たに別個の契約を要求したことになり正当な行為とは認められないとして同人らの請求を棄却した。

　判旨は，会社が日本の入国管理局に対し，債権者らを「理学，工学その他の自然科学の分野に属する技術又は知識を要する業務に従事する活動」としての「技術」の在留資格（入管法「別表第 1」）を申請したこと，債権者らとの雇用契約の締結に際し来日後の具体的労働内容を説明せず，雇用契約書にも記載しないまま，製糖の実作業を指示していたこと等の事実を認定した。しかし，こうした会社の対応が債権者らの研修要求行動を誘発する原因となったと考えてもおかしくないこと等について判断しておらず，果たして最も重い懲戒解雇をもって対応すべき事案であったか否か問題の残る判決であった。

　さらに，本件外国人労働者の在留資格は上に述べたように「技術」とされており，日本の出入国管理局の「上陸許可基準」によれば，こうした場合当該職務に日本人が従事する場合と同等以上の報酬を受けることとされている。会社は，在留資格認定証明書の交付申請に当たって報酬（賃金月額）を 275,000〜300,000 円と記載していた。しかし，原告らとの雇用契約では賃金月額を 300 ドル（日本への渡航費，宿舎費用は別途会社負担）としていた。この点に関し判決は，入管法は「日本国内で就労する外国人の保護を直接の目的とするものではない」と述べて，原告らの就労期間中の賃金請求を棄却した。確かに，入管法には労基法 13 条，最賃法 5 条 2 項（2007〔平成 19〕年改正前）のように，当該法律等に定める基準をもって個々の労働契約を直接規律する旨を定める規定は存在しない。しかしながら入管法は，日本の雇用政策と決して無縁ではなく，日本の労働者と同等の仕事をする外国人労働者が日本の労働者の 7 分の 1 に満たない賃金（本件の場合）で労働するごとき事態を防止し，日本の労働者の雇用や労働条件の基準を守る機能を果たしている。本件判決のような割り切りをすることは妥当な法解釈的態度とは思えない（山川隆一「外国人労働者と労働法上の問題点」季刊社会保障 43 号〔2007 年〕123 頁は，立法論として対応を考える必要があるとする）。

エ　単純労働分野で就労する外国人労働者

一　外国人労働者の受入れに関する日本政府の基本姿勢は以上のとおりであるが，入管法の在留資格制度の下で，非熟練労働分野へのいわゆる単純労働者（生産工程作業の従事者）の受入れ可能なルートが設けられている（外国人労働者数は，入管協会『在留外国人統計』〔入管協会，2007年〕2～7頁，国際研修協力機構『外国人研修・技能実習事業実施状況報告』〔2007年度版〕107頁参照）。

二　第1に，就労を認めない上記A-2グループには「本邦の公私の機関により受け入れられて行う技術，技能又は知識の修得をする活動」を行うものとして第21「研修」の在留資格が設けられている。「研修」は，入管法上就労を認められない在留資格の「活動」であり，研修機会を提供する企業と研修生には労働関係法規は適用されない。

しかし1993（平成5）年4月，法務大臣告示「技能実習制度にかかる出入国管理上の取扱いに関する指針」により，「研修」を修了し，引き続き「研修」受入れ企業に就労する者は，上記A-3の第23「特定活動」に在留資格を変更した上，「技能実習生」としての就労が認められた（現在では，研修期間〔1年とするものが多い〕を含め最長3年）。

この技能実習制度は，入管法を改正せずに生産作業工程に従事する外国人労働者を確保し得るように考案されたものであるが，その就労実態には労働関係法令違反など種々の問題が指摘されている（研修生は2006〔平成18〕年の新規入国ベースで約93,000人，同年の技能実習移行者は約41,000人である。研修・技能実習制度に関しては，野川忍「外国人労働者法制をめぐる課題」季労219号〔2007年冬季〕17頁以下が詳細である）＊。

＊　研修・技能実習の問題　　「労働基準法広報」（労働調査会，2008年7月）1614号付録「労働基準法違反による送検事例集」（全22事例）のうち，技能実習生に係るものは3事例ある。その1は，外国人技能実習生の日本国内企業への仲介を目的に設立された協同組合が，中国の送出し機関との間で中国人を最低賃金の約6割で働かせる協定を結び，日本の縫製会社が同組合を通じて受け入れ，職場から逃亡したときは罰金50万円とする違約金の定め（労基16条・罰則119条参照）をしていたもので，最賃法5条（現行4条）違反，労基37条（時間外労働割増賃金支払義務）違反などが問われた（不払賃金総額約214万円）。同協同組合には2県の縫製業18社が加盟していた。

その2は，事業主団体を通さず独自に外国人研修生・技能実習生を受け入れていた縫製業の事例で，研修生のほか6人の技能実習生を就労させ，平成17年2月から11ヵ月間食費10,000円以外一切の賃金を支払わないまま深夜まで働かせ，多

いときは月400時間に及んでいた事例で，最賃法5条（現行4条）違反，労基法37条（時間外労働割増賃金支払義務）違反などが問われた（不払賃金総額約1,169万円）。

　その3は，外国人技能実習生に2006（平成18）年11月から7ヵ月間，1ヵ月約70時間の時間外労働をさせ，1時間当たり400円しか支払わなかった事例で，労基法37条（時間外労働割増賃金支払義務）違反（法定計算による額との差額は約69万円）が問われた。労働基準監督署には法定計算により支払いをしているとの虚偽の陳述を行い，賃金台帳（労基108条・罰則120条参照）に虚偽の割増賃金単価，労働時間数を記載していた。

三　第2に，Bグループの第**24**「永住者」（法務大臣から永住の許可を受けた者），第**25**「日本人の配偶者等」（日系2世など）および第**27**「定住者」（日系3世，インドシナ難民など）等である。この在留資格のカテゴリーには日系ブラジル人，ペルー人などが含まれ，入管法上外国人労働者の最大多数となっている（2006〔平成18〕年約937,000人，上記外国人登録者の32.5%）。その多くは生産工程作業員として地方工業都市で働き，その約8割は直接雇用ではなく，業務請負，人材派遣のかたちの間接雇用の就労である（大村・前掲二『他者とともに生きる』94頁以下参照）。

四　第3に，就労を認めないA-2グループに列挙されている第**19**「留学」（外国で，12年の教育を修了し日本の大学またはこれに準ずる機関に入学する活動）および第**20**「就学」（日本の高等学校，日本語学校などの専修学校または各種学校に入学する活動）で入国・在留する者である。その数は年を追って増加し，これら「学生」にも，1983（昭和58）年以降は，学業を妨げないとの条件で，「資格外就労」として，1週20時間のアルバイトを解禁し，その後1週28時間に規制緩和している。これらの「資格外就労」者は大半がコンビニ，チェーンストア，レストランに勤務している（2006〔平成18〕年約168,000人，上記外国人登録者の8.1%）。

五　第4に，在留資格の取得を要しない観光など「短期滞在」の名目で入国し，期間経過後帰国しないで就労するいわゆる「不法就労」者が相当数存在する（1990年29万人をピークに，その後17万人台に減少しているといわれる）。

六　以上の入管法上の在留資格とは別の外国人労働者のグループとして，在日韓国・朝鮮人等の「特別永住者」がいる。特別永住者の就労関係は日本人と同様であり就労を制限されていない＊。

　　＊　**特別永住者**　日本の旧植民地（韓国，朝鮮，台湾）の出身者とその子は，第2次大戦後の平和条約発効（1952〔昭和27〕年4月28日）により，いっせいに

日本国籍を失ったものとされ,「ポツダム宣言の受諾に伴い発する命令に関する件に基づく外務省関係諸命令の措置に関する法律」(昭和26年法律126号,通称「法126」)により,在留資格と在留期間が決まるまで特別に引き続き在留資格を有するとされた(当時の在留外国人は約60万人で,その95％近くが上記「法126」該当者の特別永住者であったという,田中・前掲2(1)三『在日外国人 法の壁・心の溝』46頁)。その後,1965(昭和40)年日韓国交正常化に伴い「日韓法的地位協定」が締結され,日本在住の「韓国国民」については1966(昭和41)年から5年間申請により「協定永住」が許可され,その後1981(昭和56)年の入管令改正により協定永住を取得しなかった者に「特例永住」を許可する制度が敷かれた。さらにその後,1991(平成3)年「入管特例法」により,国交を正常化していない旧植民地国の者は「法126」と「法126の子」として永住許可されており,協定永住,特例永住と合わせて「特別永住者」とされている(2008〔平成18〕年約443,000人,上記外国人登録者の21.2％)。

case 3-1　在日朝鮮人であることを理由とする採用内定取消し

日立製作所事件・横浜地判昭和49・6・19労民集25巻3号277頁

【事実】　X(在日朝鮮人)は,昭和45年8月新聞広告を見てY会社ソフトウエア戸塚工場の臨時員入社試験に応募し,履歴書等の本籍地欄に出生地を,氏名欄に日本名を記載して提出し受験し,9月1日Y会社から採用通知書(それには戸籍謄本を携行するようにとの指示が記載されていた)等を受け取った。その後Xは勤務先を退職し,Y会社の担当者と赴任打ち合わせをしたが,その際,自分は在日朝鮮人であり戸籍謄本はとれないと述べた。Y会社は即座に採用を保留し,本籍と氏名の詐称および外国人は雇用しないとの人事方針を理由に採用内定を取り消した。

【判旨】　請求認容

1　本件採用通知によりXとY会社との間には労働契約が成立していた。採用内定期間は通常の解雇の場合よりも広い範囲の留保解約権付きの労働契約が成立しているが,「留保解約権の行使は解約権留保の趣旨,目的に照らして,客観的合理的で社会通念上相当の場合にのみ許される」ところ,本件の場合,「単に形式上『身上調書等の書類に虚偽の事実を記載し或は真実を秘匿した』事実があるだけでなく,その結果労働力の資質,能力を客観的合理的にみて誤認し,企業の秩序維持に支障をきたすおそれがあるものとされたとき,又は企業の運営にあたり円滑な人間関係,相互信頼関係を維持できる性格を欠いていて企業内に留めておくことができな

いほどの不信義性が認められる場合に，解約権を行使できるものと解すべきである。そして，右の不信義性は，詐称した事項，態様，程度，方法，詐称していたことが判明するに至った経緯等を総合的に判断して，その程度を定めるべきものと解する。」

2　「一般に，私企業者には契約締結の自由があるから，立法，行政による措置や民法90条の解釈による制約がない限り労働者の国籍によってその採用を拒否することも，必ずしも違法とはいえない……しかし，Y会社は表面上，又本件訴訟における主張としても，Xが在日朝鮮人であることを採用拒否の理由としていない……ほどであるから，Xが前記のように『氏名』，『本籍』を詐称したとしても……これをもってY会社の企業内に留めておくことができないほどの不信義性があり，とすることはできないものといわなければなら」ず，留保解約権の行使は許されない。

3　さらに，Y会社の解雇理由を考察するに，本件に現われた諸事実やXの高校時代の担任教師に入社断念の説得方の依頼の事から考えあわせると，「Y会社がXに対し採用取消の名のもとに解雇をし，あるいはその後格別の事情もないのに本訴において懲戒解雇をした真の決定的理由は，Xが在日朝鮮人であること，すなわちXの『国籍』にあったものと推認せざるを得」ず，「労働基準法3条に抵触し，公序に反するから，民法90条によりその効力を生ずるに由ない。」

【コメント】　判旨1の，採用内定により成立する労働契約の性質および採用内定取消しの効力要件に関しては第11講（490頁）で扱う。

判旨2は，企業の採用に関し，「立法，行政による措置や民法90条の解釈による制約がないかぎり」国籍による採用拒否も違法ではないと判示している。したがって，本件判旨は採用差別禁止の「立法」のなかに労基法3条が入らない（採用条件は，労基法3条の規定する「労働条件」に当たらない）と考えているようである。

判旨3は，その論理の延長であり，国籍差別を理由とする採用内定取消し（解雇）を労基法3条に違反し無効とはせず，同条に「抵触し，……民法90条により」無効と解し，無効の直接的法律根拠を民法90条に置いている。もっとも採用内定取消しは，法解釈上，一般に解雇と解されており労基法3条が適用される結果，国籍を理由にする採用内定取消しは同条に違反し違法，無効である。判旨は，Y会社のXに対する採用通知直後の「採用保留」が，性質上，採用拒否に当たるか採用内定取消しに当たるか

を明確にしていない。そのため文字通りの労働条件差別とも言えないと考えたのかも知れない。裁判官の苦心が窺われるが，それだけにやや複雑な理論構成になっている（田中・前掲2⑴三『在日外国人　法の壁・心の溝』130頁以下には本事件の詳細な記録がある）。

オ　外国人労働者と労働法の適用関係

一　日本に在留する外国人に対する民事法の適用関係は，2006（平成18）年6月に旧「法例」（明治31年法律10号）を改正して成立した「法の適用に関する通則法」（平成18年法律78号，以下「通則法」，法条摘示の際は略号による）に従い決定される。それによれば，一般に法律行為の成立および効力に関しては，「当事者が当該法律行為の当時に選択した地の法による。」とされ，当事者による準拠法の選択によるという当事者自治（私的自治）の原則が貫かれている（法適用7条）。

二　しかしながら，日本の労働関係法のうちには，国家として一定の強い労働政策を刑罰や行政的監督等の公権力の行使により実現しようとする法規が多々存在し，これら法規に係わる事項に関しては，その法目的，規制対象の公共性や固有性などにもかんがみ，労働関係の当事者が任意の法選択によって排除することを認めるわけにはいかない。こうした一連の法規は，「絶対的強行法規」と観念され，当事者による準拠法選択の枠外として，適用される[1]。絶対的強行法規としての労働関係法には，具体的には労働基準法，労働安全衛生法，最低賃金法，労働者災害補償保険法，男女雇用機会均等法，職業安定法，労働者派遣事業法などが挙げられる（参照，山川隆一『国際的労働関係の法理』〔信山社，1999年〕178頁・192～197頁・208頁・215頁）[2]。

[1]　労働契約関係について，日本の公序により，当事者による準拠法の任意の選択を排除し得るとする考えは事新しいものではなく，裁判例も早期から同様の解釈を明らかにしていた。リーディングケース（インターナショナル・エア・サービス事件・東京地判昭和40・4・26労民集16巻2号308頁）は，アメリカ合衆国連邦法を準拠法として選択し，日本国内に事務所を有する外国法人に雇用され，（株）日本航空国内線機長として勤務していた労働者（外国人）に対しなされた解雇について，日本の「労働組合法7条1号にうかがわれる公序に反し無効」と判示した。その理由において，同判決は，「労働契約関係を律する労働法は，……各国家がそれぞれ独自の要求からその国で現実に労務給付の行われる労使の契約関係に干渉介入し，独自の方法でその自由を制限し規整しているので……，

Ⅰ　労働憲章

法令7条（法適用7条・引用者）の採用した準拠法選択の自由の原則は属地的に限定された効力を有する公序としての労働法によって制約を受けるものと解する」，と明言している。

＊2 「外国人労働者の雇用管理の改善等に関して事業主が適切に対処するための指針」 指針（平成19・8・3厚労告278号）は，技能実習生にも適用されるとした上で，「外国人労働者の雇用及び労働条件に関して考慮すべき事項」を定めている。それによれば，事業主は，上記本文に指摘した労働関係法規（絶対的強行法規）のほか雇用対策法，雇用保険法，健康保険法，厚生年金保険法等の「労働関係法規を遵守するとともに，特に以下……について適切な措置を講ずるべきである。」としている（措置すべきものとされる具体的事項は後記カ参照）。なお，同指針は本講で絶対的強行法規に挙げた男女雇用機会均等法を掲げていない（学説に同旨のものがある）。職業安定法の適用に関しては，特に「外国人労働者を雇用し，請負によって業務を処理するに当たっては，請負契約の名目で実質的に労働者供給事業又は労働者派遣事業を行うことのないように，職業安定法及び労働者派遣法を順守するものとする。」としていることが注目される（傍点・引用者，上記エ三を参照）。以上の外国人労働者の雇用，労働条件に関する指針の趣旨は，いわゆる「不法就労」の外国人労働者についてもあてはまるものである（昭和63・1・26基発50号参照。外国人労働者に対する社会保険法の適用関係に関しては，高畠淳子「外国人への社会保障制度の適用をめぐる問題」ジュリ1350号〔2008年2月〕15頁以下が簡明である）。

三　絶対的強行法規でない労働関係法規については，前言したように法律関係の当事者は，「法律行為の成立及び効力」（すなわち，採用内定とその取消し，試用期間と本採用拒否，労働契約から生ずる種々の権利義務，就業規則の合理的定めをとおして労働契約の内容になる配転，懲戒処分など）について，基本的に当事者が自由に法選択をすることが認められている。

しかしながら，労働者と使用者とは交渉力に大きな差が存在することから，これら当事者の法選択を許容する事項に関しても，全部をその自治に委ね切ることは労働者保護の観点から見て正当ではない。そこで通則法は，当事者の法選択に関しつぎのように一定の制限を設けている。

①　当事者が法選択をし，その選択によって適用すべき法が，当該労働契約に最も密接な関係のある地の法（以下，「最密接関連地法」）以外の法である場合でも，労働者は最密接関連地法の特定の強行規定を選択し，それを適用すべき旨の意思を使用者に表示したときは，当該労働契約の成立および効力に関し，その強行規定を適用する（法適用12条1項）。「特定の強行規定」は，絶対的強行法規でない労働関係法規であり，かつ法律行為の当事者の意思表示によって

排除できないものを意味する。たとえば，育児介護休業法や高年齢者雇用安定法などがこれに該当する（この2つの法律が絶対的強行法規とまで言えないことに関しては，山川隆一・前掲二『国際的労働関係の法理』198頁）。外国人労働者に対し，日本の使用者に日本の強行規定を適用すべき旨を表示すべきこととするのは，相当の負担であるが，意思表示の時期や方法に関しては特別の法的規制は設けられていないので，訴訟において行うことも，訴訟外において行うことも可能であるとされている（小出邦夫編著『新しい国際私法・法の適用に関する通則法の解説』〔商事法務，2006年〕84～85頁・72～73頁）。

②　その場合，最密接関連地法は，労務を提供する地の法と推定される（法適用12条2項）。したがって日本で就労する外国人労働者が，使用者に対し上記のように強行規定を適用すべき旨の意思を——明示または黙示に——表示したと認められるときは，当該日本の強行規定の適用を受けることができる。

③　労働契約の成立および効力に関し，日本で就労する外国人労働者とその使用者との間にどの国(地)の法によるかについて特に選択がないときは，労務を提供すべき地の法が当該労働契約の最密接関連地法と推定される（法適用12条3項）。すなわち，この場合は任意法規を含めて日本の労働法が適用される。

四　近年，外国語教育や外国語記事の作成などの業務に期間を定めて雇用された外国人労働者らが，雇止めの効力を争う事件において，期間を定めて雇用されたことが労基法3条の禁止する国籍差別に当たると主張するケースが見られる。担当業務に必要な専門的，技術的能力の保有，高額の報酬，滞在に関連した特別の手当の支払いなど，外国人労働者について特に有期契約とすることに合理的理由が認められる場合は，労基法3条違反は成立しないと解される。裁判例はいずれも同条違反の成立を否定している（1年有期契約の外国人英語教師を4回更新後雇止めしたフィリップス・ジャパン事件・大阪地決平成6・8・23労判668号42頁，同様に1年有期契約の外国人教員らを多い者で十数回更新後雇止めした東京国際学園事件・東京地判平成13・3・15労判818号55頁，1年有期の非常勤嘱託契約を締結した外国人記者を15回更新後に雇止めしたジャパンタイムズ事件・東京地判平成17・3・29労判897号81頁など。外国人労働者と労働法との適用関係に関し全体的考察をしたものとして早川智津子「外国人と労働法」ジュリ1350号〔2008年2月〕21頁以下が好文献である）。

カ　外国人労働者への雇用対策

一　雇用対策法は2007（平成19）年改正法（法律79号）により，新たに「(略) 在留する外国人について，適切な雇用機会の確保が図られるようにする

ため，雇用管理の改善の促進及び離職した場合の再就職の促進を図るために必要な施策を充実すること」を国の責務に定め，併せて不法就労活動を防止し，労働力の不適正な供給が行われないよう努めること等が定められた（雇対4条1項10号・3項）。

また，事業主には，外国人が能力を発揮し，適応できるよう雇用管理の改善に努め，また会社都合などで離職する場合に，再就職の援助に努め（雇対8条，雇対則1条の2第2項），外国人労働者の「雇用状況」の届出義務を課した。違反に対し罰則も新設された（雇対28条1項・附則2条1項，罰則38条，外国人雇用状況の届出事項等の詳細は雇対則10条以下に規定）。この届出義務は，事業主に対し外国人が入管法上働くことができるか否か，就労できる在留資格があるかどうかを確認するように促すものであり，雇用管理の改善の一方法とされている（尾形強嗣「外国人労働者の雇用ルールと企業における活用のあり方」Business Labor Trend 2008年5月号10頁）。

二　政府は，上記雇用対策法改正に対応し，前言したように（**オ二参照**）外国人労働者の雇用管理の改善に関する指針（平成19・8・3厚労省告示276号）を出している（雇対9条）*。労働法は，国がその主権に基づいて外国人の自国内での諸活動を制限する「選別」の理念に立脚しているのに対し，適法に受け入れた外国人労働者の取扱いについて，日本の労働者と基本的に同等の地位を与え，不当な差別をしないという「統合」の理念の実現を担っているとして，アメリカ移民法に学びつつ，日本の実際の労働市場政策，労働条件保護政策，不法就労者への労働法の適用状況を点検し，具体的政策課題を説くものがある（早川智津子「外国人労働をめぐる法政策上の課題」労研587号〔2009年〕，特に9頁以下参照）。その内容には傾聴すべき点が多く有益である。

　　＊　**外国人労働者の雇用管理の改善**　　前出の指針は，外国人労働者の募集および採用等について労働関係諸法令を遵守すべきことを前提に，①募集および採用の適正化（募集に関し労働条件の明示，職安法，労働者派遣事業法の遵守，採用に関し在留資格が就労を認められる者であることの確認など），②適正な労働条件の確保（均等待遇，労働条件の明示，適正な労働時間の管理，労基法など労働関係法令の周知，労働者名簿の調製，金品の返還），③安全衛生の確保（安全衛生教育，労災防止のための日本語教育，健康診断の実施，安全衛生関係法令の周知等），④雇用保険，労災保険，健康保険，厚生年金保険の適用，⑤適切な人事管理等（人事管理，生活指導，教育訓練，福利厚生施設，帰国および在留資格の変更等の援助，労働者派遣または請負を行う事業主に係る留意事項）に関し詳細な改善事項および具体的内容を定めている。このほか，特に外国人労働者の雇用労務

責任者の選任，技能実習生に関する事項，職業安定機関，労働基準監督機関その他行政機関の援助と協力なども定められている。

(3) 信条による差別の禁止

一　信条は，憲法上，人の精神的自由権のうちのもっとも根本的な「内心の自由」に属し，個人の家族，社会，経済，政治，宗教，自然，人生などに対する考え方，信念，主義，主張など個人の人格的，内面的精神作用を広く含んでいる。憲法は信条を，思想・良心の自由（19条）ならびに信仰の自由，宗教的行為の自由，および宗教的結社の自由を含む信教の自由（20条）として保障している（参照，芦部信喜＝高橋和之補訂『憲法〔第4版〕』〔岩波書店，2007年〕130頁・143頁・147頁）。

信条は，国籍や社会的身分と異なり，常に個人が選択するものであり，労基法はその自由を尊重して，労働者の信条を理由にする差別的取扱いを禁止したのである。したがって，本条は労働者の「信条への自由」および「信条からの自由」に対する使用者の侵害行為を排除する趣旨を含んでいる。

二　宗教的信条による差別

case 3-2　従業員研修において神道参拝の儀式への参加等を拒否し帰社命令を受けた労働者の懲戒解雇（無効）

三重宇部生コン事件・名古屋地判昭和38・4・26労民集14巻2号668頁

【事実】　Xは，昭和36年Y会社に入社した事務職員である。Y会社はXが創価学会員であることを知りつつ，宗教には無関係の精神修養の講習だとして同人を「修養団神都道場」へ派遣した。同講習においてXは講師と参拝の儀法などについて意見が相違し帰社を命じられた。Y会社は会社の名誉を毀損されたとしてXを懲戒解雇した。本件は地位保全仮処分申請事件。

【判旨】　申請認容

1　Xが帰社を命じられたのは祓詞朗読や神宮参拝の講習に加わらず，伊勢神宮に参拝せず，道場長の講義に抗議し論争をしたことによる。これら祓詞朗読等の講習は神道の行事の練習行為であり，神宮参拝は神道の行事であることは明らかであるところ，「信教の自由は何人に対しても保障されていることは憲法の明定するところであり，かかる宗教的行事をなすことおよびなさざることの自由を包含するものであるというべきである。従って仮令講習の課目として行われるものであっても，Xが自己の信仰す

る宗教と異なる宗教の行事に参加することを拒むことは権利として保障されるものであって，Xが右の行事に加わらなかったことは何等非難されるべきものではない。」

2　「Xの講習会における前記の如き行為は権利として保障されたことを行ったものであり，又宗教的信念の表現行為に出たもので敢えて非難を受けるが如き行為ではないものであって，これに対し修養団が帰社を命じたのは単に自己の宗教的立場からしたものであり，Xの責に帰すべき事由に由るものではな〔い〕」，したがってYの就業規則の定める懲戒事由（「会社の名誉，信用をきずつけたとき」）には該当しない。

【コメント】　Xを派遣した本件講習の趣旨は，精神修養の講習であり宗教とは無関係というのであるから，講習を受託した施設側（道場）が宗教的行為を講習内容に含めること自体，Y会社との社員研修委託契約の趣旨に違反し，かつY会社の懲戒解雇は講習への参加命令の趣旨に矛盾し，懲戒解雇権の濫用というほかない。人は他人に対し特定の宗教的行事への参加を強制してはならない。このことは日本の公序（民90条）と言うべきである。

三　政治的信条・活動の自由の保障

case 3-3　「政治活動をしない」旨を約して雇用された私学教員の校内政治活動を理由とする解雇（有効）

十勝女子商業高校事件・最2小判昭和27・2・22民集6巻2号258頁

【事実】　Y学園（被控訴人・被上告人）は，X（控訴人・上告人）が共産党員であることを知った上で「校内において政治活動をしない。」旨約束せしめて雇用した。Xは，女子生徒に対し日本共産党の宣伝を含む日本共産同盟出版部発行の『愛情の問題』を販売し，このことが上記の約束違背であるとして解雇された。Xは解雇無効，賃金請求の訴を提起したが，1審（釧路地帯広支判年月日不詳民集6巻2号262頁），原審（札幌高判昭和24・11・29民集6巻2号264頁）とも請求を棄却した。原審は「何人も法の下に平等であり思想信条の自由を有する事は日本国憲法の保障するところである事は明らかであるが本件の場合にあってはX所説の思想の自由等は何等害されていない」と述べている。

Xは，政治活動をしないとの約定は憲法の思想の自由，表現の自由に反し民法90条にも違反して無効であると主張して上告した。

【判旨】　上告棄却

「憲法で保障された，いわゆる基本的人権も絶対的なものではなく，自己の自由意思に基く特別な公法関係上または私法関係上の義務によって制限を受けるものであることは当裁判所の判例（東急電鉄事件・最大決昭和26・4・4民集5巻5号214頁・表記方法は引用者）の趣旨に徴して明かである。そして以上の理は一定の範囲において政治活動をしないことを条件として他人に雇われた場合にも異なるところはない。しからばXが自己の自由な意思により校内において政治活動をしないことを条件としてY学園に雇傭されたものである以上，右特約は有効であって，これをもって所論憲法または民法上の公序良俗に違反した無効のものであるということはできない。」

【コメント】　1　判旨引用の東急電鉄事件は，日本共産党の細胞機関紙に記事を掲載し従業員に配布した行為が，確たる根拠なく，会社が人員配置転換を行うに当たり不当不正な施策を行った旨の風評を真実なるもののごとく宣伝し，職員懲戒規程に反して会社の信用を害し，その業務の運営を妨げたとして懲戒解雇された事案である。大法廷は，憲法21条は「出版行為に対し何等の責任を問わない保障を与えたものと解すべきではないことはいうまでもなく，従って，出版行為を為した者が，その行為について民事，刑事の責任を負う場合のあることはもとより免れ難いところである。」との原決定の説示を相当として是認できるとし，続けて「蓋し，憲法21条所定の言論，出版その他一切の表現の自由は，公共の福祉に反し得ないものであることは憲法12条，13条の規定上明白であるばかりでなく，自己の自由な意思に基づく特別な公法関係又は私法関係上の職務によって制限を受けることのあるのは，己むを得ないところである。」と判示している。

　2　本件は，「校内において政治活動をしない」との個々の労働契約上の特約違反を理由に行われた解雇である点で，職員懲戒規程（就業規則）の一般的な懲戒処分事由を労働者の表現活動に適用した東急電鉄事件とやや事案が異なる。しかし，両者とも憲法の保障する精神的自由権の私人間効力が問題にされており，本件では，労働者を上記のような合意の下に雇用することが，憲法19条，21条または民法90条の公序良俗に違反するか

否かが問題である。

3　本件判旨は，憲法の人権規定の私人間効力に関する先例としてしばしば取り上げられており，労働者の思想・信条を理由にする試用労働者の「本採用」拒否（法的には，解雇）を有効と解した case 11 - 5・三菱樹脂事件および事業施設内での政治的活動を理由とする懲戒処分の効力を認めた case 3 - 4・日本電信電話公社目黒電報電話局事件の判旨と対比して理解されるべきである。

4　憲法の人権保障規定に関しては，もっぱら公権力による侵害から個人を保護する趣旨であり私人間に適用されないとする「無効力説（無関係説）」，適用されるという「直接適用説」，私的自治を尊重しつつ人権を侵害する法律行為の性質に応じて人権保障の精神が実現されるように法的構成を行うべきものとする「間接適用説」がある。憲法の人権規定の歴史的由来，基本的性質からみて直接適用説には問題があるが，仮にこの説をとるにしても，私的自治（契約の自由）の法原理も憲法原理であり，人権規定は私的自治の原則との関係において一定の調整を受ける。

5　本件判旨は，「Xが自己の自由な意思により校内において政治活動をしないことを条件としてY学園に雇傭されたものである以上，右特約は有効」と述べ，私的自治原則が基本的人権に当然に優位すると解しているかのように判示しており，無効力説の立場のように理解できる。しかし，同判示部分に続けて「……憲法または民法上の公序良俗に違反した無効のものであるということはできない。」と述べて，公序良俗違反により無効とすべき場合もあり得ることを示唆していて間接適用説の立場のようでもある。このように本件判旨の法理論構成ははなはだ分かりにくい（同旨田中二郎〔判批〕色川幸太郎＝石川吉右衛門『最高裁労働判例批評2』〔有斐閣，1976年〕365頁）。

6　仮に本件判旨を間接適用説の立場と解した場合，本件は，Y学園がXが共産党員であることを知った上で採用していることから，上記のような特約付きの採用行為に合理性を認め得たとしても，制限（特約）違反を理由に行われた解雇の法的効力については，本件特約の趣旨，必要性，Xが『愛情の問題』を女生徒に販売した目的・動機，販売に至った経緯とその態様，本件書籍の内容の政治性の程度など諸般の事情を検討し，公序良俗違反の成否を判断する必要があろう。しかしながら，本件判示内容はすこぶる簡略であり，Y学園とXとの特約の存在から直ちに解雇の有効性を

結論づけているように見える。そうすると本件はやはり実際は無効力説に限りなく近い判断をしたものと言うことができる（倉田原志・百選7版14頁，田端博邦・百選6版14頁およびそこに掲げられている文献参照）。

case 3-4　事業施設内政治活動の制限と懲戒処分事由該当性（肯定）

日本電信電話公社目黒電報電話局事件・最3小判昭和52・12・13民集31巻7号974頁

【事実】　X（被控訴人・被上告人）は，作業衣に「政治的主張」（「ベトナム侵略反対，米軍立川基地拡張阻止」）を記載したプラスチック製プレート（タテ1.8センチ・ヨコ6センチの長方形で青地に白色の文字）を着用して勤務し，Y公社（控訴人・上告人）の取外し命令に従わず，同命令に対し休憩時間に食堂で数十枚のビラを配布し，Y公社への抗議および同趣旨のワッペン，プレート着用を呼びかけたことが，①局所内での「政治活動」を禁止しているY公社の就業規則の規定に違反し，②ビラ配布行為を局所内で行うときは管理責任者の許可を受けなければならない旨の規定違反として懲戒戒告処分された。本件はその無効確認請求事件。1審（東京地判昭和45・4・13労民集21巻2号574頁）はXの請求を認容し，原審（東京高判昭和47・5・10判タ276号114頁）は，①Xのプレート着用行為は政治的目的をもって行ったものとは認め難く，②その取外し命令は正当な根拠を欠き，Xに義務なき行為を強制することにほかならない，③Xのした無許可ビラ配布行為はなんら職場秩序の実質的侵害を伴わないものであり，Y公社の援用する就業規則の懲戒事由に該当しないとして，Y公社の控訴を棄却した。

【判旨】　原判決破棄，第1審判決取消し・Xの請求棄却

1　企業内政治活動禁止の合理性　　企業内政治活動は，①従業員相互間の対立抗争を生じさせるおそれがあり，②企業施設の管理を妨げるおそれがあり，③時間中に行われるときは労務提供義務に違反し，他の従業員の業務遂行を妨げるおそれがあり，④休憩時間中に行われるときは，他の従業員の休憩自由利用を妨げるおそれがある。したがって企業内政治活動を禁止する就業規則の定めは合理的な定めとして許される。Xが着用した本件プレートの文言は「社会通念上政治的意味をもつもの」であり，Y公

社就業規則の定め（事実①）に違反する。しかし「実質的に局所内の秩序風紀を乱すおそれのない特別の事情が認められるときには，右規定の違反になるとはいえないと解するのが相当である。」

2 プレート着用と職務専念義務違反の成否　職務専念義務違反の成立には，①「現実に職務の遂行が阻害されるなど実害の発生を必ずしも要件とするものではない」，②プレートの着用は「身体活動の面だけから見れば作業の遂行に特段の支障が生じなかったとしても，精神活動の面からみれば注意力のすべてが職務の遂行に向けられなかったものと解されるから……職務に専念すべき局所内の規律秩序を乱すものであった」，また③「他の職員の注意力を散漫にし，あるいは職場内に特殊な雰囲気をかもし出し，よって他の職員の注意力を職務に集中することを妨げるおそれがあるものであるから，……局所内の秩序維持に反するものであった。」

3 無許可ビラ配布と企業秩序違反の成否　取外し命令に対する休憩時間中の抗議ビラ配布（数十枚）については，「ビラの配布が局所内の秩序風紀を乱すおそれのない特別の事情が認められるときには，右規定の違反になるとはいえないと解するのを相当とする。」本件ビラの目的，内容において局所内の秩序を乱すおそれのあったものであることは明らかであるから，実質的にみても，就業規則の規定に違反する。休憩時間中食堂で配布されたものである点については，「局所内において演説，集会，貼紙，掲示，ビラ配布等を行うことは，休憩時間中であっても，局所内の施設の管理を妨げるおそれがあり，更に，他の職員の休憩時間の自由利用を妨げ，ひいてその後の作業能率を低下させるおそれがあって，その内容いかんによっては企業の運営に支障を来たし企業秩序を乱すおそれがあるから，……合理的な制約ということができる。」（判旨の表題は引用者）

【コメント】　1　企業内政治活動を禁止することの一般的合理性を肯定した判旨1の理由づけ（政治活動である故の4つの「おそれ」の存在を根拠にした判断）には，熟慮を要する種々の問題がある。まず，いわゆる「政治活動」（あるいは政党活動）と，たとえば拉致被害者の救出支援，日本人イラク人質救出支援，原爆実験反対などの普遍的，平和的，人道的観点で行われる政治的要求を含む「政治的活動」とは区別されるべきである（原審参照）。これを「政治活動」として一括し区別しない本件判旨の立場は疑問である。本件プレートの表記（ベトナム侵略反対）は日本国民の間の政争事案ではなく，当時世界的規模で多くの人々の関心を集め，良心を痛

撃した戦争に反対するものであり，プレート着用は平和，人道を希求する一市民としての「政治的表現活動」であり，Y公社の就業規則で禁止する「政治活動」にそのまま当てはめ評価することには疑問が残る。

2　また，政治活動を特別に禁止する根拠として判旨のあげる理由も説得力は不十分である。判旨1①の従業員間の対立抗争のおそれは，政治活動を特別視する理由にならない（自社の内部告発文書や特定の管理職のハラスメント抗議文書の配布など想起せよ）。同②，③および④のおそれは，当該活動の目的，内容および態様（やりかた）の問題であり，政治活動に特有の問題とは言い難い。したがって，就業規則で特別に政治活動のみを取り上げて禁止する合理的理由は認められず，政治的信条を，他の信条と差別するものと言わざるを得ない。本件のごとき政治的主張を記載したプレート着用や文書の配布が就業規則の服務規律違反になるか否かは，その目的，内容，行為態様など具体的状況に即し，判旨1の言うように「実質的に局所内の秩序風紀を乱すおそれ」のある行為か否かを，他の従業員への影響，反響の有無・程度を加味して判断すべき問題であったと解される。そうすると，本件事案の解決にとって，判旨1の判断が必要不可欠であるかについて強い疑問を感じる。

また判旨2①は，プレート着用と職務専念義務違反の成否に関し，「実害の発生を必ずしも要件とするものではない」と判示しているが，実害の発生（その可能性を含めて）を問わないとしたとき，局所内政治活動についての「実質的に局所内の秩序風紀を乱すおそれのない特別の事情」が認められる余地が果してあり得るのか疑問であり，判旨1の判断との整合性に問題がある（後出の山本・百選5版はこの点を指摘する）。判旨2③の判断（他の職員への影響という蓋然性の強い推認）がそれに応える実質的理由だと言えば言えそうではある。

3　判旨3は，本件ビラは，配布の態様（配布の時間，場所，強制的か否かなど）ではなく，その「目的，内容」において明らかに秩序を乱すおそれがあったとしている。そのとおりであるとすれば，論理的には，休憩時間に配布されたか否かでその評価は変わらないはずである。したがって，かかる行為の規制について，休憩時間の自由利用原則との関係において一般的合理性を論ずる必要はないと考えられる。特に，休憩時間に行われる組合活動へのこの判例法理の転用が懸念されたのも理由のないことではない（なお，case 8-2・日本電信電話公社目黒電報電話局事件，case 3-5・

Ⅰ　労働憲章

明治乳業事件のコメントを参照。山本吉人・百選5版34頁，同・百選4版36頁，同事件の休憩時間中のビラ配布に関し西谷敏・百選5版108頁，後藤勝喜・百選7版157頁）。

case 3-5　会社食堂での「赤旗」号外等の配布を理由とする戒告処分（無効）

明治乳業事件・最3小判昭和58・11・1労判417号21頁

【事実】　X（被控訴人・被上告人）は，赤旗号外約20枚および日本共産党参議院選挙法定ビラ約46枚を，休憩時間中食堂で従業員数人に1枚ずつ平穏に手渡し，他は食卓上に静かに置く方法で配布した。その際，従業員がビラを受け取るか否かは各人の自由に任され，閲読するか廃棄するかも自由に任されていた。Y会社（控訴人・上告人）はXの行為は就業規則の禁止している無許可ビラ配布行為に当たるとして戒告処分をした。本件はその無効確認請求事件。1審（福岡地判昭和51・12・7労判265号36頁），原審（福岡高判昭和55・3・28労判343号58頁）ともXの請求を認容。

【判旨】　上告棄却

「Xの本件ビラの配布は，許可を得ないで工場内で行われたものであるから，形式的にいえば前記就業規則……に違反するものであるが，右各規定は工場内の秩序の維持を目的にしたものであることが明らかであるから，形式的に右各規定に違反するようにみえる場合でも，ビラの配布が工場内の秩序を乱すおそれのない特別の事情が認められるときは，右各規定の違反になるものではない（**case 3-4**・日本電信電話公社目黒電報電話局事件・表記方法は引用者）。そして前記のような本件ビラの配布の態様，経緯及び目的並びに本件ビラの内容に徴すれば，本件ビラの配布は，工場内の秩序を乱すおそれのない特別の事情が認められる場合にあたり，右各規定に違反するものではないと解するのが相当である。」

反対意見（裁判官横井大三）　ビラの配布が平穏に行われたものであっても，「それが企業内で行われるときは，職場に不必要な緊張，摩擦，軋轢を生じさせ，ひいてはその規律を乱し，作業能率を低下させ，企業運営に支障を来す可能性が多分に存する」と，企業内政治活動の潜在的危険性説に立つ意見を述べている。

【コメント】　1　本件では，特定政党の機関紙（赤旗）およびビラの配布と企業秩序との関係が問われている。判旨は，ビラ配布はその「態様，経緯及び目的並びに本件ビラの内容」を総合して企業秩序違反になるか否かを判断すべきであるとして case 3-4・日本電信電話公社目黒電報電話局事件の判旨を引用している。しかし，本件のような政党活動としての政治活動と「ベトナム侵略反対，米軍立川基地拡張阻止」といった市民としての平和の訴えである「政治的表現活動」とを同一法理の適用問題とすることは疑問であり（前掲 case 3-4・日本電信電話公社目黒電報電話局事件コメント），引用すべき先例として妥当とは思えない。

2　本件判旨は，政党活動としての政治活動の場合でも，企業秩序を乱すおそれのない（実質的違法性のない）「特別の事情」の存否が判断されることを認めた点に特別の意義がある。本件判旨が case 3-4・日本電信電話公社目黒電報電話局事件判旨を判決中に引用している意味は，企業施設内の政治活動は，就業規則等の禁止規定にかかわらず，その「態様，経緯，目的，内容」からみて，相当性の範囲内にある場合は工場内秩序を乱すおそれのない「特別の事情」を認めるという点である。

3　横井判事の説く潜在的危険性説は，経営サイドからは共感を得るものであろう。しかし，企業活動と環境，地域，対消費者問題など，とりあげ方によっては職場に「緊張，摩擦，軋轢」を生じさせる要因は多様であり政治活動に限らない。こうした問題について作業能率の低下あるいは企業運営への支障のおそれといった経営的観点のワンサイドからのみ潜在的危険性を強調するのは，企業が社会的存在であり，労働者の思想信条および表現の自由を尊重する観点からすればやや均衡を欠く見解と言わざるをえない。

四　政治的信条を理由とする賃金差別とその救済
case 3-6　政党所属を理由とする賃金等差別と損害賠償請求（一部肯定）

東京電力（千葉）事件・千葉地判平成6・5・23労判661号22頁
【事実】　1　Xら13名（原告）は，高校卒業者（うち工業科・電気科・機械科卒9名，普通科卒1名，うち1名は在職中夜間大学を卒業）および中学校卒業後Y会社の社員研修所を卒業した高卒と同資格の者（3名）らである。

Xらは，昭和51年，Y会社が「職務給制度」の適用にあたり，Xらが日本共産党員またはそのシンパであることを理由に任用および賃金の決定において差別的に取り扱ったとして，損害賠償等請求の訴訟を提起した。

2　Yの「職務給制度」は昭和30年に導入され，「職級制度」と「資格制度」から構成されている。「職級制度」とは，職務の質・量分析により「基準職級」を設定し，それとの比較においてY会社のすべての個別の職務を上下に格付け，従業員をいずれかの職級に配置するものである。職級は基本給および賞与支給額決定基準の一つであり，職級を変更された従業員の基本給は改定される。

「資格制度」とは，人事考課により格付けする制度で，資格の段階に対応し「資格手当」が支給され，役職に就いた者には役職位に応じて「役職手当」が支給される。労働者は，学歴別の「初任資格」から毎年1等級昇格する原則である。

3　人事考課は，「業績」と「能力」の両面で行われ，「業績評価」は職務の遂行度および執務態度を評価し，定期昇給における基準定昇額の補正に用いられる。「能力評価」は，職務の遂行能力および人物特性を評価し，職務任用および昇格候補者の選定等に使用される。

4　Xらは，その所属する労働組合本部の作成した①Y会社従業員の「賃金実態調査結果」，②資格運用，職責手当支給実態調査，③「職級別，勤続年数別人員表（高校卒）」などの資料をもとに，Xらの受けている処遇と同期入社・同学歴従業員の平均的処遇とを集団的，統計的に比較する方法により，Xらに対する「職級，職位，資格及び査定等の賃金関係処遇」に著しい格差が存在すると主張し，同格差はY会社の反共的労務政策によるものであると主張して損害賠償等を請求した。

【判旨】　一部認容（Xらに現実に支払われた額と同期・同学歴の従業員の平均的賃金との格差の3割を限度に請求認容）

1　外形的格差の存在　　Xらに支払われた賃金は，平均的処遇と比べて「著しい格差が存在することを認めることができる。」また，「職級，資格及び職位においても，本件の係争期間中，それぞれの同期同学歴従業員……のうちで最下位に位置しており，その下に位置づけられている者はいないか，いても数名に過ぎず，……最低の処遇を受けている。」

2　差別的嫌悪とXらの勤務ぶり　　Y会社は，早くから共産党員または支持者を嫌悪し，賃金関係の処遇上格差を設ける労務政策を行い，Xら

が共産党員または支持者であることを知っていた。Y会社は、Xらの勤務ぶりを人事考課に反映させたと主張する。そこでXら各人の勤務ぶりを検討するに、「ある程度消極的評価の理由となり得る出来事があったことを認めることができる」とはいえ、Xらの「勤務ぶり等の長期間の累積が前記のような顕著な格差発生の唯一の原因であるという見方を正当とするのは困難である。」

3 人事管理上の裁量権とその制約　「従業員の配置ないし担当職務の決定、役職位の任用及び資格付与等は、使用者が企業主体の立場で有する企業運営及び人事管理上の必要性に基づきその裁量により行われるものであり、特にY会社のような私企業の場合には、私的自治の原則上、広い裁量権を有するものと考えられる。しかし、このような裁量権も、法令及び公序良俗の許す範囲内で行使されるべきであり、これを逸脱し、その結果従業員の法律上の権利利益を侵害する場合には、右裁量権の行使は、不法行為法上の違法性を帯びるものと考えるべきである。」

4 信条差別の禁止と期待的利益の保護　労基法3条は、労働者の信条によって労働条件の差別的取扱いを禁止しているところ、右「信条」には政治的信念ないし政治的思想を含み、「また、Y会社と東電労組との間の労働協約6条では、Y会社は、従業員の政治的信条を理由として差別待遇をしないものとされている……そうすると、Y会社の賃金体系に即していえば、Xらは、政治的思想だけによっては職位、資格及び査定の面で外の従業員と差別的処遇を受けることがないという期待的利益を有するのであり、右期待的利益は法律上の保護に値する利益であるということができる。ところが、……Y会社は、Xらの主張する期間、継続的に、Xらに対し、前記法律及び労働協約に違反し、Xらの右期待的利益を侵害する行為をしてきたといわざるを得ないのであるから、右行為は違法であり、これによりXらが被った損害がある場合には、これを賠償する義務がある。」

5 財産的損害　「平均的賃金と比較した場合のXらに対する係争期間における賃金関係の低い処遇は、その全部が違法な差別による結果生じたものではなく、Xらの能力、業績、資質に対する正当な考課査定の結果として生じた部分を含みその両者が混在した結果であると考えられる。そして、双方の影響割合を確実に認定するに足りる証拠はなく、……違法差別の結果生じた部分は、相当控えめに見ても……3割程度は存在すると認めるのが相当である。」（判旨の表題は引用者）

I　労働憲章

【コメント】 判旨は、①Xらは同期・同学歴の従業員の職級および資格、賃金の最低位にあり、明確な格差が存在すること（判旨1）、②Y会社は日本共産党員または支持者を嫌悪していた（判旨2）ことを認定した。そして、Xらの「勤務ぶり等の長期間の累積が前記のような顕著な格差発生の唯一の原因であるという見方を正当とするのは困難である。」と判断し、賃金格差とY会社のXらに対する差別的嫌悪との間に因果関係の存在を認めている。その上で、会社の人事管理上の裁量権を考慮しても（判旨3）、労働者は、思想信条により差別なく処遇される「期待的利益」を有すると判示し（判旨4）、Xらは賃金を最低位の額にされたことにより期待的利益を侵害されたと結論づけた（本件のように、平等取扱い原則を定める労働協約が存在しない場合には、「期待的利益」の侵害というより、労基法3条により保障される「法律上の権利」の侵害に当たることになろう）。

判旨5は、法的救済を制限的にしか認めなかった。その理由は、賃金格差が思想信条に対する嫌悪のみを原因とするものとは考えられず、「Xらの能力、業績、資質に対する正当な考課査定の結果として生じた部分を含みその両者が混在した結果であると考えられる」から、と言うのである。

このことは、Xらの、賃金格差の真因はY会社の思想信条差別に基づくものであり、同人らの職務能力、業績は同期同学歴者らに劣るものではないとの主張立証と、本人らの能力、業績の低さにあるとのY会社の主張立証について、裁判所がいずれをより重視したかによる。その意味で、格差分の3割の限度でのみ期待的利益の侵害を認めた判旨5は労働者側にやや苛酷の感が否めない。労働者は人事情報から遮断されており、会社は人事考課の公正性について、労働者側のする処遇の不公正性の主張立証より、一層厳格な証明責任が要求される（第1講46頁参照、青野覚・百選7版62頁）。

case 3-7 信条差別に基づく基本給額の決定と損害賠償請求（認容）

福井鉄道事件・福井地武生支判平成5・5・25労判634号35頁

【事実】 1 Xら6名はY会社に勤務する鉄道、バスの運転士、車掌である。本件においては、Xらが組合方針に批判的な少数活動家として活動したこと、日本共産党支持者であることを理由に昭和58年から平成4年

まで（以下，本件期間という），人事考課で最低または低い査定をされたとして，Y会社に損害賠償（各自おおむね200万円前後）を請求した。

2　Y会社の賃金は基本給と諸手当からなり，毎年4月基本給のベース・アップが行われる。ベース・アップ原資は各人について全員一律配分の「基礎配分」，「年齢・勤続年数配分」，「職級配分」，「前年度基本給配分」および「人事考課配分」に区別して配分される。

3　人事考課の考課点は，低位（11〜13点），中位（14〜16点），高位（17〜19点）に分けられ，中位の15点が最も多く，その上下にピラミッド型に分布し，低位の13点以下は全体の20%以下である。また，Y会社の定める「人事考課評価要領」によれば，評定項目は「技能と誠実の二点」であり，技能は「仕事の成績，知識，潜在力」を7〜13点の7段階評価，誠実は「命令遵守，かげひなたの有無，協調性，愛社心」に着眼し4〜6点の3段階評価される。

【判旨】　Xらのうち4名に対し約33万〜75万円を一部認容

1　基本的考え方　　Xらの請求が認められるためには，同人らが自ら「勤務成績が平均的従業員と同等であったにもかかわらず，不当な差別的扱いを受けたことを個別的に立証する必要がある。しかし，人事考課は，その性質上使用者の裁量に属しており，かつ様々な要素を考慮して相対的かつ総合的に評価するものであって，従業員であるXらがY会社の人事考課全体を把握することは事実上困難であることを考慮すると，Xらが勤務成績が平均的従業員と同等であったにもかかわらず，不当な差別的扱いを受けたことを直接立証することはほとんど不可能である。」

2　不当な差別の有無の判断方法　　「そこで，その判断方法としては，①Xらの人事考課が同職種の平均的従業員と比べて低位であること，②Y会社が，Xらの思想・信条を嫌悪し差別意思を有していることが認められれば，Xらが思想・信条による不当な差別的扱いを受けていると一応推認し，③次に，Xらに低い人事考課をしたことについて使用者の裁量を逸脱していない合理的事由が認められるかどうかを検討し，④そのような合理的事由が認められなければ，Xらの勤務成績が平均的従業員と同等であったにもかかわらず，不当な差別的扱いを受けたと認定すべきである。」（①〜④の番号は引用者）。

3　人事考課の比較と低位性の認定　　「Xらの人事考課が同職種の平均的従業員と比べて低位であるかどうか」について，比較対象であるXら

と同期・同職種の従業員は少数に過ぎず，「このような少人数では同期・同職種の従業員の勤務成績が平均的従業員と同等であると認定できない。もっとも，右認定ができないのは，Y会社がXらの同期・同職種の従業員の勤務成績を明らかにしないことも影響しているが，Y会社の態度は人事機密の保持上正当なものである。……結局，本件期間におけるXらの人事考課が同種の平均的従業員と比べて低位であったことだけは認定できる。」

　4　差別的嫌悪と人事考課　「Y会社は，Xら全員の思想・信条を知り，これを嫌悪しており，差別意思が認められる。」そこで，本件期間におけるXらの人事考課について，使用者の裁量を逸脱していない合理的事由の有無を個別的に検討するに，Xらのうち勤務ぶりに問題のあった2名を除き，他の4名は差別的人事考課が行われたと認められる。

　5　損害の認定　4名について，他の同期・同職種の平均的従業員と勤務成績が同等であったことは立証されていない。したがって，それら従業員の平均基本給との差額を基準に損害を認めることはできない。そして，Xらの勤務成績が中位であったことは立証されたとはいえ，「少なくとも中位（人事考課点が14〜16点と評価される者・引用者）の最低線である14点の成績とは同じであったことが立証されたにすぎず，あるべき考課給は14点の金額を基準とすべきである。」（判旨表題は引用者）

　【コメント】　判旨2は，職能資格賃金制度の下での賃金差別紛争の判断方法についての基本的，具体的枠組みを示しており，堅調な理論構成と言えよう。判旨は，賃金についての外形的格差の事実およびY会社の思想信条に係る差別的嫌悪を認定し（判旨3，4），そうした事実関係の下において，勤務ぶりに問題のあった労働者について人事考課上の裁量権の濫用を否定し，その余の労働者について，「中位の最低線」の限度で，請求を認容した。

　勤務ぶりの評価（劣っていたこと，あるいは劣っていなかったこと）についての立証責任の分配が重要問題である。まずは原告（労働者）の側で，一定期間中の遅刻・早退・欠勤などの勤怠，仕事上のミスの有無や成果，会社から受けた賞罰その他の事項（事情）に関し，同期・同職種の労働者と比較し劣っていなかったことを，自己のメモ・記憶・同僚の証言や陳述書などに基づいてある程度まで主張立証をする必要があろう。それに対し，会社は勤務の実績に関し具体的事実を挙げてXらが同期・同職種の労働者

との比較において劣っていたことを反証すべきである。

(4) 社会的身分による差別の禁止

一　意義　労基法3条の「社会的身分」は人の生来的な，または後天的な社会的地位で，本人の意思，力によって抜け出すことができず，それについて事実上ある種の社会的評価が伴っているものをいう。これに憲法14条の「門地」が含まれることは疑いない。行政解釈は，本条は「沿革的な社会的身分による差別撤廃を図ろうとしたものである」として，後発的理由による地位までを含めることは疑問としている（昭和22・9・12発基17号）。しかし，社会的身分を門地と同様の意味（人の出生によって決定される社会的地位）に狭く解することは，両者を区別している法律の用語法（憲14条参照）からみても妥当とは思えない。使用者が，仮に母子家庭，父母が公的扶助を受けていること等を理由に，ある労働者を住宅融資の対象外にするといった措置（社内融資規程の定め）を行うときは，本条の均等待遇の原則に違反する可能性がある＊。臨時工は，契約に根拠を有する法的地位であり社会的身分ではなく，正規従業員との間の労働条件の格差は本条にいう差別には当たらない（**case 3-8**・富士重工業事件，同種の先例に播磨造船所事件・広島地呉支判昭和24・6・15労働関係事件民事行政裁判資料6号189頁がある。パートタイム労働者に関しては下巻第22講Ⅲ参照）。

＊　**憲法14条の社会的身分**　憲法学においては，門地と区別される社会的身分の意義に関し生来的な身分を意味するものと狭く解する説，人が社会において一時的ではなく占めている地位と広く解する説があり，さらに中間説として人が社会において一時的ではなく占めている地位で，自分の力では脱却できず，それについて事実上ある種の社会的評価が伴っているもの（芦部信喜〔髙橋和之補訂〕『憲法〔第4版〕』〔岩波書店，2007年〕131～132頁，傍点は引用者），本人の意思ではどうにもならないような社会的差別感を伴っているもの（佐藤幸治『憲法〔第3版〕』〔青林書院，2002年〕474頁，傍点は引用者）などとする見解がある。労基法3条の社会的身分の意義においては中間説が妥当と解される。

二　既婚者差別　女性の未婚者は正社員に，既婚者は2ヵ月の有期・フルタイマーの臨時社員に雇用し，両者を同一の勤務日数で同種の作業に長期間継続して就業させ，賃金，一時金，退職金等について既婚者を劣等処遇することはどうであろうか。未婚・既婚が「本人の意思ではどうにもならないような社会的地位」といえるかは難しい問題である。しかし，既婚・未婚は個人の選択の問題であると同時に，当該個人だけで選択できる立場でもなく，社会的身分

と同性質の個々人の立場と考えることに違和感はない。賃金請求権に関しては他の諸条件（労働契約上の諸義務）の違いがあればそのことをも総合考慮した上で，労基法3条の原則が適用されてよいと考える（下巻 case 22-4・丸子警報器事件およびこの判決を批判する中窪裕也〔判批〕ジュリ1097号177頁，水町勇一郎〔判批〕ジュリ1094号99頁参照）。

既婚の女性であることを理由に人事考課で低査定し，職能資格賃金制度（下巻第21講Ⅰ参照）を差別的に運用することは本条違反である（均等待遇の原則との関係に触れず，「人事権の濫用」の不法行為に当たるとした事例に住友生命保険事件・大阪地判平成13・6・27労判809号5頁がある。同事件に関する井村真己〔判批〕ジュリ1224号224頁が参考になる）。

　三　未婚者差別　　有配偶者への「配偶者手当」を支給することはどうか。このような手当は，婚姻しないことが労働条件に不利益にはね返ることになり，婚姻の自由（婚姻しない自由を含む）や本条との関係が問題になる。裁判例は，配偶者手当（16,000円）について支給の動機・目的（家族関係の保護），内容（支給対象に男女差別がないこと）および手続（労使交渉の結果であること）などから，社会的に許容される限度内にあるとして，独身者への不当な差別との主張を排斥している（ユナイテッド航空事件・東京地判平成13・1・29労判805号71頁）。

case 3-8　臨時工たる地位は労基法3条の社会的身分か（消極）

富士重工業事件・宇都宮地判昭和40・4・15労民集16巻2号256頁
　【事実】　Y会社は，宇都宮製作所に臨時工を採用していたが，臨時工を除く従業員で組織する労働組合との間に「臨時従業員の労働条件等に関する協定」（昭和33年2月1日付）を結び，臨時工の継続雇用期間は原則として最大限1年半を超えないと定めていた。Xは，昭和33年11月〜34年9月にY会社に臨時工として採用され航空機部に勤務し，その後35年9月に再採用され，37年6月9日解雇された。Xは，本工と同一職場で各種作業に従事し，作業内容，態様にも差異はなく，かつ作業上本工と同一系統の指揮命令を受けている。
　Y会社は，臨時工の採用およびXの解雇に関し，①宇都宮製作所は防衛庁発注の航空機および国鉄の車両の生産を主体とし，仕事量が国家予算に左右され恒常性を維持し難いため臨時工を採用せざるを得ず，その終期は

労働組合との上記協定に明確に規定されている、②臨時工には、仕事量の増大の程度や本工との人員構成上の均衡等を考慮して本採用試験を実施し、選考の上本工に採用している、③Xは本工採用試験受験者118名中116番の劣等な成績であったため、向上の見込みなしと判断し解雇したと主張した。

【判旨】　請求棄却

Xに対するY会社の解雇理由は本工採用試験における同人の成績不良の故であった。また、Xは「本件解雇は臨時工という社会的身分を理由とする差別待遇である」と主張するが、「労働基準法3条にいう社会的身分には、本工と臨時工との間にみられる雇用契約の内容の差異から設定される労働契約上の地位を含むものではないから、Xの右主張は理由がない。」

【コメント】　前出一本文の播磨造船所事件は、会社と本工労働者の組合との間に、会社は経営上やむを得ず解雇する場合は経営協議会で労働組合と協議する旨の労働協約が結ばれていたところ、人員整理に際し、会社は「日雇臨時工」の組織する労働組合の組合員を、同協約で定める手続を経ることなく解雇した事案である。原告の日雇臨時工組合は、本工労働組合の組合員の解雇の場合のように組合との協議なく解雇したことは日雇臨時工を社会的身分により差別するものであり、労基法3条に違反し、無効と主張した。判決は、労基法3条は「労働者が日本人であるか否かの如き、或は宗教的若くは政治的信条の如き、或は又従前部落出身者といったような社会的身分の如何の如き、直接労働に関係のない条件を理由として、賃金労働時間その他の労働条件に差別的待遇をしてはならないと規定したもので、……右の諸点に関係なく、直接労働そのものについて各締結した雇用契約の内容に差異のある場合、夫々その内容に応じて労働条件に差異の生ずることは已むを得ないことである」と判示している。この判決は労基法3条は、労働関係と関係のない事項によって労働者を差別することを禁止する趣旨であると解し、この点から日雇臨時工の地位を「社会的身分」に当たらないと判断しており、一つの可能な説明方法と言うことができる。

3　男女同一賃金の原則

(1)　意　義

一　使用者は、労働者が女性であることを理由として、賃金について、男性

と差別的取扱いをしてはならない（労基4条，罰則119条）。労基法の草案起草当初，男女同一賃金の原則は，1919年ベルサイユ平和条約（427条第7原則および1944年ILOフィラデルフィア宣言II(a)項）にうたわれた「同一価値労働同一賃金の原則」(equal pay for equal value of work）に倣って，「使用者は同一価値労働に対しては男女同額の賃金を支払はなければならない。」と定められた。しかし，審議の過程で「同一価値労働」の文言は削除され現行規定のように改められた。

労基法4条の趣旨については，「男尊女卑の弊風なほ相当著しく，男女同一職種に属し同一の能率を挙げている場合においても，労働条件に於て差異のある事例なしとしないので，かかる弊風是正の為にこの条文が書かれた。」とされている（立法資料53巻130頁）。「弊風」とは，女性は能力が劣る，勤務年限が短い，あるいは家族扶養の責任がないといった伝統的な古臭い考え方のことである（末弘b・法時20巻3号7頁）。なお，同一価値労働の概念が労基法に定置されなかったのは，当時は男性間でも同一価値の労働に同一の賃金が支払われない場合が多く，男女間の比較にだけこの原則を持ち出すことは不適当と考えられたとされている（寺本221頁，立法資料51巻288頁・324頁）。さらに，現実に時間外・休日・深夜労働や母性保護上の休業，休暇などの点で男女の間に「労働条件」の差異が存在することを挙げる見解もある（有泉78頁）。

二　本条の男女同一賃金の原則は，募集，採用の基準・手続，職務の種類・内容（仕事の困難度），能力（知識，経験，技能，資格），能率，勤怠（仕事ぶり），年功（過去の貢献度および将来への期待度）などの点で男女間に有意な差異が存在しないにもかかわらず，女性であるという理由で男性より低い賃金を支払うことを禁止するものである（昭和22・9・13発基17号，平成9・9・25基発648号，寺本221頁参照）。男女同一賃金の原則に違反する賃金の支払いは違法であり，女性労働者は当該差別を不法行為として損害賠償を請求できる。しかし，より直接的な救済としては，就業規則等の定める男性の賃金より不利に定められた女性に関する賃金の定めを無効とし，男性の賃金の決定，計算に関する就業規則等の基準を「この法律で定める基準」（労基13条）として女性の労働契約を補充すべきものと解すべきであり，女性労働者の差額賃金の支払請求権を肯定すべきである（同旨，近年の裁判例として **case 3-10**・三陽物産事件。菅野152頁，山川53頁，土田276頁・278頁，水町198頁）。

三　使用者が，賃金の決定・計算に当たり業務遂行に係る上記二の諸要素の差異を反映させることは，男女同一賃金の原則の要請でもあり問題はない。労

働者間の賃金の平等は、募集・採用の基準、配置、職務遂行能力、実績等の公正な評価をとおして実現する。したがって男女同一賃金の原則は、雇用の全ステージにおける男女労働者の平等取扱い（下巻第21講Ⅱ1参照）の徹底によりはじめて可能になる。

(2) 初任給・昇給における男女賃金差別

一　男女間で異なる初任給や年齢（勤続年数別）別昇給額の定め（制度の違法）は、典型的な労基法4条違反である（秋田相互銀行事件・秋田地判昭和50・4・10労民集26巻2号388頁）。統一的賃金制度を定めていても、採用当初から女性の賃金を低い等級、号俸に格付けすること（運用の違法）も本条に違反する（社会保険診療報酬支払基金事件・東京地判平成2・7・4労民集41巻4号513頁）。

二　初任給に男女別格差を設けることにそれなりの合理性が認められる場合がある。しかしそのような場合でも、女性労働者の職務の種類・内容、能力等が比較可能な男性労働者のそれと同等になったときは、使用者はその段階でそれまでの低い格付けの賃金を将来に向けて是正する義務がある（学歴、勤続年数など年功基準で比較可能な男性労働者との関係でこのように判示した裁判例に日ソ図書事件・東京地判平成4・8・27労判611号10頁がある〔参照、渡辺章・ジュリ〔判批〕1044号139頁〕。他に、塩野義製薬事件・大阪地判平成11・7・28労判770号81頁、シャープ・エレクトロニクス・マーケティング事件・大阪地判平成12・2・23労判783号71頁）。

女性労働者を、①男性より低い評価の職務に配置する場合、または②男性より低い評価の職区分（男性の総合職ないし基幹職に対し「一般職」）に振り分ける場合に生ずる男女労働者の賃金格差については、「職能資格賃金制度」の検討に関連して述べる（下巻第23講Ⅰ1）。

(3) いわゆる間接差別と男女同一賃金の原則

一　生計費基準　賃金は、家族を扶養するという社会的機能、性質を有する。このようなことから賃金額の決定に際し、扶養家族の有無・状況（一定の所得以下の配偶者、一定年齢以下の子の有無、子の教育段階）や住宅の事情（借家、長期ローン返済債務）を考慮する慣行が広く行われている。この種の生計費援助に向けられる諸手当は、形式的には性中立的であるが、受給資格の決め方によって、男女間に賃金の差別的効果を生ずる場合がある。たとえば、夫を世帯主とみなして家族手当を支給する場合（**case 3-9**・岩手銀行事件）、あるいは現実に戸籍法上の世帯主の大多数が男性であることを認識しつつ、世帯主の年齢別本人給を非世帯主の労働者（女性の大多数）より有利に定める場合（**case**

3-10・三陽物産事件）は労基法4条違反になる。しかし，夫婦のうち収入の多い方を世帯主として家族手当を支給することに問題はない（日産自動車事件・東京地判平成1・1・26労民集40巻1号1頁）。

case 3-9　「世帯主」を対象にする家族手当等支給規程の効力（無効）

岩手銀行事件・仙台高判平成4・1・10労民集43巻1号1頁
【事実】　1　Y銀行（控訴人）は，給与規程に，扶養親族を有する世帯主の行員には「家族手当」を，配偶者および子を扶養している世帯主の行員には「世帯手当」を支給する旨定めていた。その「世帯主」は，①「主として世帯を代表する者であって，その世帯を代表する者として社会通念上妥当と認められるもの」と定められ，具体的には②「自己の収入をもって，一家の生計を維持する者」，③共働き夫婦の場合は，「配偶者が所得税法に規定されている扶養控除対象限度額を超える所得のある場合は，夫たる行員とする。」とされていた。

2　X女（被控訴人）は昭和23年4月Y銀行に入社し，昭和60年9月退職した。戸籍上の世帯主である夫は，市議会議員として扶養控除対象限度額を超える所得を得ていたが，その額はX女よりはるかに低額で，Xが実質的家計の維持者であった。Xは，在職中支払われなかった同手当相当額の支払いを求めた。1審（盛岡地判昭和60・3・28労民集36巻2号173頁）は，Y銀行就業規則の上記②の定めが妻たる行員を著しく不利に取り扱うものであるとして労基法4条，92条（労契12条1項参照）に違反し無効と判断し，Xの請求を認容した。Y銀行が控訴。

【判旨】　控訴棄却
1　住民基本台帳法の下では，「世帯主」は「主として生計を維持する者」であると同時に「世帯を代表する者」であるとされているが，労働契約における家族手当等については，「『世帯主』は事務処理の画一，迅速性という便宜によらずに，世帯の生計の維持という経済面にもっぱら関係する家族手当及び世帯手当等の支給対象者の認定という場面において捉えなければならず，当然に世帯の代表者というよりも生計の維持者であるかどうかという点に重点が置かれるべきである。」

2　本件手当は，「具体的労働の対価（報酬）という性質を離れ，……生活扶助料，生計費補助という経済的性質をもつものであることは明らかで

ある。」これら手当は，就業規則および労働協約の規定によって支給されており，労基法11条の賃金に当たる。「したがって，一般的に労基法4条に違反する就業規則及びこれによる労働契約の賃金条項は民法90条（1条の2，現行2条・引用者）により無効である。」そして，Y銀行は本件手当等給付に関する上記事実1③の規定を根拠にして「男子行員に対しては，妻に収入（所得税法上の扶養義控除対象限度額を超える所得）があっても，本件手当等を支給してきたが，Xのような共働きの女子行員に対しては，生計維持者であるかどうかにかかわらず，実際に子を扶養していても，夫の収入（右限度額を超える所得）があると本件手当等を支給していないというのだから，このような取扱いは男女の性別のみによる賃金の差別扱いであると認めざるを得ない。」「よってY銀行はXに対し，給与規程及び労働協約に基づき……家族手当，世帯手当，賞与……の支払い義務がある。」

【コメント】　本判決は，家族手当の支給に関するY銀行の就業規則の定めに関し，「世帯を代表する者」の解釈（制度面）および「配偶者が……扶養控除対象限度額を超える所得の有る場合」に関する実際の取扱い（運用面）の両面から，労基法4条，民法1条の2（現行2条）の趣旨を内包する民法90条（公序良俗）に違反し，無効と結論づけている。この判断に異論はない。判旨2は「賞与」の支払いをも命じているが，これはY銀行が「家族手当」，「世帯手当」を賞与支給額の算定基礎に組み込んでいたためである（本件に関しては笹沼朋子・百選7版64頁）。つぎに関連する裁判例を挙げておこう。

その1．「家族手当」の支給条件として，共働き夫婦の従業員に関しては，夫婦のうち家計の中心的担い手である夫または妻のどちらかに支給する旨定め，夫婦のうち収入の多い方に同手当を支給する取り扱いをすることは，労基法4条，民法90条違反とはいえない（日産自動車事件・東京地判平成1・1・26労民集40巻1号1頁）。

その2．給与規程に，「非世帯主」の従業員は26歳で昇給停止にする旨定め，実際は，男子従業員については，非世帯主または独身者も将来世帯主になるべき者として，実年齢に応じて「本人給」を支給し，他方女子従業員については26歳で本人給の昇給を停止してきた事例（**case 3-10**・三陽物産事件）において，判決は，世帯主・非世帯主の区別による賃金の支払いは，形式的には男女別に賃金に差を設けるものではないが，会社は，「住民票上，女子の大部分が非世帯主または独身の世帯主に該当するとい

う社会的現実及び会社の従業員構成を認識しながら，世帯主・非世帯主の基準の適用の結果生じる効果が女子従業員に一方的に不利益になることを容認して右基準を制定したもの」であると判示し，現に会社に勤務する年齢46歳ないし49歳で非世帯主である原告ら女子従業員について，男子従業員と同様に，毎年4月1日時点で実年齢に応じて定められる本人給ならびにこれに応じた計数により算定される夏季，冬季各一時金請求を認容した（人格権侵害による慰藉料請求は棄却）。

二　勤務地の限定・無限定　女性を勤務地限定の内勤職，男性を非限定の営業職に区分して採用し，女性の本人給を低額水準に据え置くといった取扱いは，女性に一方的に不利益になることを容認した上で定められたものと言うことができ，本条違反として無効である（**case 3-10**・三陽物産事件。判決は年齢による賃金の差額請求を認容。賃金差別以外の性別を理由とする差別については下巻第21講Ⅱ3参照）。

case 3-10　「本人給」支給要件としての勤務地の限定・無限定の基準と労基法4条違反の成否（肯定）

三陽物産事件・東京地判平成6・6・16労判651号15頁
【事実】　1　Y会社は，昭和60年1月「新給与制度」を採用し，所定内給与を基本給（本人給と資格給）と諸手当とで構成し，本人給の支給額の決定基準をつぎのように定めた。①「本人給」は最低生計費の保障を目的に，原則として年齢に応じて支給することとし，25歳まではみなし年齢を適用し，26歳からは実年齢をもって支給する。②「非世帯主および独身の世帯主」に対しては，所定の本人給の適用はみなし年齢26歳までと定めた。Y会社は，この新給与制度について中央労働基準監督署から「男女同一賃金の原則に違反する疑いなきように措置されたい」との改善指導を受け（平成1年6月22日），上記②の定めを，③「非世帯主及び独身の世帯主で，本人の意思で勤務地を限定して勤務に就いている者には，所定の本人給の適用はみなし26歳までとする」との基準（勤務地限定・無限定の基準）に改め，「勤務地」の範囲は関東，関西，福岡とした。
2　この改正に際し，Y会社は従業員に「勤務地域確認票」を送付した

が，女子従業員に送付された確認票にははじめから勤務地を関東，関西または福岡と限定する記載があった。また，男子従業員（当時350名）のうち，新給与制度採用前5年間において広域配転された者は合計26名で，うち10名は役職者，残り16名のうち3分の2は本人の希望であった。

　3　Xら3名は，それぞれ現にY会社に勤務する年齢46歳ないし49歳で非世帯主の女子従業員である。Xらは，Y会社が同人らの本人給等の計算，決定に関し，給与規程②の非世帯主等の勤務地限定者に対するみなし年齢26歳の定めを適用したことは違法であるとし，本件Yの給与規程の上記①の基準の賃金（実年齢により定められる本人給およびこれに応じた計数により算定される夏季・冬季一時金の支払い）を求めた。

【判旨】　消滅時効（労基115条）の適用を受けない部分につき請求認容

　1　「一般論として，Y会社の主張するとおり広域配転義務の存否により賃金に差異を設けることにはそれなりの合理性が認められ，業務の必要による広域配転の有無によって異なる昇進，昇給等を行うことは，従業員の意欲，能力等を活用することによって処遇を決定することであるから，本件において勤務地域の限定・無限定の基準の制定及び運用が男女差別といえるものでない限り，何ら違法とすべき理由はない。」

　2　しかし，Y会社においては，①実際には，男子従業員には全員実年齢に対応した本人給が支給され，また，②男女雇用機会均等法制定（1985年）前後をとおして女子にはもっぱら内部勤務をさせ，広域配転をしておらず，③「勤務地限定・無限定の基準」は，女子は一般に広域配転を希望していないことに着目し，「女子従業員は勤務地域を限定しているとの前提のもとに，（その・引用者）基準の適用の結果生じる効果が女子従業員に一方的に著しい不利益になることを容認し，右基準を新たに制定したものと推認される。」

　以上によれば，本人の意思で勤務地域を限定して勤務している従業員に対して26歳相当の本人給に据え置くという勤務地限定・無限定の基準は，「真に広域配転の可能性があるが故に実年齢による本人給を支給する趣旨で設けられたものではなく，女子従業員の本人給が男子従業員のそれより一方的に低く抑えられている結果になることを容認して制定されたものであるから，右基準は，本人給が26歳相当に据え置かれる女子従業員に対し，女子であることを理由に賃金を差別したものであり，したがって，労働基準法第4条の男女同一賃金の原則に違反し，無効である。」

3　①男子従業員の実年齢に対応した本人給と，②Xらに対し本人給を基準にして支給額を算定し支払われた一時金との差額賃金請求権を認めその支払いを命令し，差別が不法行為にあたるとの理由でした慰謝料請求は棄却。

【コメント】　判決は，賃金の決定，計算に当たって「勤務地限定・無限定」基準を設けることに関し「男女差別と言えるものでない限り」において合理性を肯定できる余地があり得るとしつつ（判旨1），Y会社において広域配転の対象はほぼ男性に限られており（事実2，判旨2①，②），結局のところ同基準を「制定」した趣旨は，会社における男女差別の賃金制度の維持を狙いとするものであったと断じている（判旨2③ほか）。

判旨は，広域配転の可能性自体を基礎的賃金部分の計算，決定に反映させることに関し，「それなりの合理性が認められる」という表現に止めている。広域配転は，たとえば単身赴任手当・別居手当等により労働者の負担に対応する処遇方法も存在しており，基礎的賃金自体に格差を設けることの実質的な意味での合理性の判断に当たっては，格差の程度のほか，広域配転の実態との整合性を相当厳格に吟味する必要があろう（参照，浅倉むつ子・百選6版58頁）。

4　強制労働の禁止

使用者は，暴行，脅迫，監禁その他精神または身体の自由を不当に拘束する手段によって，労働者の意思に反して労働を強制してはならない（労基5条）。違反した場合には労基法中の格段の重罰が課せられる（同117条）。労基法5条は，前近代的労働関係（労働者を足留めし労働を強制した監獄部屋，タコ部屋，組飯場など）を根絶すべく規定された。「暴行，脅迫，監禁」もしくは恐喝などはそれ自体犯罪であり（刑204条・208条・220条・222条・223条），これら「違法な手段」に訴えて労働者に労働を強制すること，のみならず労働者の精神または身体の自由を不当に拘束する「不当な手段」に訴えて労働者の意思に反して労働を強制することも禁止される。

強制労働罪は，刑法各条の規定の特別罪を構成し（立法資料52巻131頁参照），暴行，脅迫，監禁もしくは恐喝と本条の罪とは観念的競合（刑54条1項）の関係になる。なお，強制労働罪は労働者が現実に労働していなくても，労働を強要する事実があれば成立する（昭和23・3・2基発381号。末弘b・法時20巻3号

8頁は強制労働の結果を生じた場合に限るとしている)(小西ほか〔渡辺〕131頁以下)＊。

＊ **1932年 ILO「強制労働条約」第29号** この条約は,「強制労働」(forced or compulsory labour) を「人が何らかの制裁の威嚇を受けて,または人が自発的にしたのではないすべての労働もしくは役務」("all work or service which is exacted from any person under the menace of any penalty and for which the said person has not offered himself voluntarily") と定義している。

5 中間搾取の排除

何人も,法律に基づいて許される場合の外,業として他人の就業に介入して利益を得てはならない(労基6条)。その趣旨は,労働関係は労使が直接接触して形成すべきものという「労働関係の開始,存続に関する理想」を示し,労働関係の開始,存続に第三者が介在することにより生ずる種々の弊害を排除することを狙いにしている(立法資料53巻132頁)。「他人の就業に介入して利益を得〔る〕」とは,求職者に就業をあっせんし手数料,報償金その他の名義で報酬を受けたり,あるいは賃金の一部を頭ハネしたりする行為をいう。

「業として」とは,反復継続する意思をいい,1回のみでも労基法6条違反が成立する。「他人の就業に介入」するとは,労働契約の成立(開始),存続,終了のいずれかの段階に介入することであり,具体的には,①職業紹介(職安4条1項),②労働者の募集(同条5項),③労働者供給(同条6項)および④労働者派遣(労派遣2条1号)を行うこと,をいう＊。

これら他人の就業への介入のうち,①および②は職業安定法の規制下に民間の有料・無料の職業紹介あるいは労働者募集事務の受託等が認められている(職安30条・33条・36条)。③は一定の資格要件を具備する労働組合にのみ認められ(同45条),他の者が行うことは禁止されている(同44条,罰則につき63条・64条5号・7号参照)。④は労働者派遣事業法の規制に従って行うことができる。

本条(労基6条)は,「何人も……他人の……」と規定しているように,違反者は使用者に限らず,被害者は労働者に限らない。本条違反と上記の職安法違反罪,労働者派遣事業法違反罪(同59条・60条)とはそれぞれ観念的競合の関係になる。

＊ **労働者供給・労働者派遣** 労働者供給とは,「供給契約に基づいて労働者を他人の指揮命令を受けて労働に従事させること」をいう(職安4条6項)。供給

者と労働者との間には事実上の支配関係（たとえば，「組」のような組織的関係）の下にあって，契約関係の存在しない場合が多い。労働者派遣とは，「自己の雇用する労働者を，当該雇用関係の下に，かつ，他人の指揮命令を受けて，当該他人のために労働に従事させること」をいう（労派遣2条1号）。労働者供給と似ているが，「派遣元事業主」において労働者を雇用する点で労働者供給事業と区別されている。

6　公的活動時間の保障

使用者は，労働者が「公民としての権利」（たとえば，選挙権，被選挙権，請願権，住民投票，国民投票〔憲法改正〕の権利）の行使および「公の職務の執行」（たとえば，「裁判員の参加する刑事裁判に関する法律」〔平成16年法律63号〕に基づいて選任された裁判員としての裁判参加，民事・刑事の裁判等で証人として行う証言，議員および各種審議会の委員への就任など）のために必要な時間を請求したときは，これを拒むことはできない（労基7条，罰則119条）。労基法7条は，労働者が公務に就任する場合に本来の職務に重大な支障が生じないかぎり現職に留めて置くべきであるという趣旨を含んでいる（立法資料53巻133頁）。判例には，会社の許可を得ないで市議会議員に立候補し当選した労働者の懲戒解雇処分を無効としたものがある（十和田観光事件・最2小判昭和38・6・21民集17巻5号754頁）。普通解雇の場合でも，業務との両立可能性その他合理的理由は厳格に吟味されるべきである。なお，本条による公的活動時間の保障は，賃金の保障まで含まない。

II　労働条件の明示

1　意　義

労働者は，労働条件の内容を「知る権利」がある。労働者が，労働契約上生ずる具体的な権利義務を知ることは，労働関係の契約関係性にとって最も基礎的条件の一つである（小西ほか〔渡辺〕271頁）。そのため労基法は，使用者は，「労働契約の締結に際して」，労働者に対して賃金，労働時間その他の労働条件を明示しなければならないと定めている（労基15条1項，罰則120条）。それは，労働者が，自己の労働条件の具体的内容を承知しないまま雇用されて労働に従事し，不測の損害を蒙ることのないようにするためでもある（参照，立法資料53巻140頁，末弘b・法時20巻3号17頁）[*1]。

労働者の，労働条件を「知る権利」の保障は，労基法のみにとどまらない。職業安定法は職業紹介事業者，労働者の募集を行う者，労働者供給事業者に，求職者等が従事すべき業務の内容，賃金，労働時間その他の労働条件を明示することを義務づけている（職安5条の3第1項）[*2]。

　＊1　労働契約の内容の理解の促進　労働契約法は，「使用者は，労働者に提示する労働条件及び労働契約の内容について，労働者の理解を深めるようにするものとする。」（4条1項），「労働者及び使用者は，労働契約の内容（期間の定めのある労働契約に関する事項を含む。）について，できる限り書面により確認するものとする。」（同条2項）との規定を置いている。このように，労働契約法の規定する労働条件等についての使用者の理解促進義務は，労基法の労働条件明示義務のように労働契約の締結の際に限定されていない。労働条件の変更時など随時必要なときに，その内容について労働者の理解を深めるようにし，それを「できるかぎり書面により確認するものとする。」とされている（訓示的義務）。なお，「期間の定めのある労働契約に関する事項」は，労基法も書面により明示すべき事項としており（後述2），労働契約法の上記規定（4条2項）はこのことの確認規定である。

　＊2　その他の法律における労働条件の明示の原則　労働者派遣事業法は，派遣元事業主に対し，①労働者を派遣労働者として雇用する場合にその旨を明示し，②派遣先における就業条件等を明示することを義務づけている（労派遣34条，同法に関しては下巻第22講Ⅳ4参照）。また，短時間労働者法（通称，パートタイム労働者法）は，事業主に対し，労基法15条1項に定める労働条件およびその他の労働条件で命令で定める特定事項（短時則2条参照）について，文書の交付等により明示しなければならないとしている（平成19年改正後の6条，同法に関しては下巻第22講Ⅲ2参照），同様の規定は，建設労働者雇用改善法にも見られる（7条）。なお，労働条件の明示が適切かつ確実に行われるように一般労働者をも含めパートタイム労働者，建設労働者，林業労働者，派遣労働者に関して「労働条件通知書」のモデル様式が定められている（平成11・2・19基発81号）。

2　明示事項・時期・変更

(1)　明示すべき事項

　— 使用者が労働者に明示すべき労働条件の範囲は，就業規則の記載事項とほぼ同様であるが，労働条件の明示は個々の労働者に対して行うものであるため，労働条件を集合的，画一的に定める就業規則の内容とは若干異なる。すなわち，明示事項のうち，①労働契約の期間，②就業の場所・従事すべき業務，③休職に関する事項，④残業の有無は，就業規則の記載事項には含まれていない（労基則5条1項1号・1の2号・2号・11号）。立法論としては，③，④は就

業規則の必要的記載事項（労基89条）に含めるべきであろう。

　二　使用者は，上記①および②の事項に加え，賃金，労働時間，休暇および退職・解雇に関する事項を書面を交付する方法で明示しなければならない（労基15条1項，労基則5条3項）。

(2) **明示された労働条件の内容と事実とが異なる場合**

　一　労働者に明示された労働条件と実際の労働条件とが異なる場合，労働者は，即時解約権を行使でき，住居を移したときは帰郷旅費を請求できる（労基15条2項・3項）。この定めは，意思表示に無効または取消しの原因がある場合における一般的原則（民95条・96条）の特例である。労働者は，上記に加えて損害賠償請求権を有する（民545条3項。後記(3)二の日新火災海上保険事件参照）。

　二　使用者が法律により明示義務を負う労働条件以外にも，当該労働契約を合意する上で重要と考えられた事項が事実と異なる場合がある（社宅，寮の貸与条件などが事実と異なる場合を想起せよ）。労働者は，この場合も即時解除権，帰郷旅費請求権および損害賠償請求権を有すると解すべきである。

　三　しかし，労働者に即時解約権，損害賠償請求権が現実的救済の意味を有するかは疑問であり，裁判所（労働審判を含む）が労働者の申立てに基づき労働契約の内容となるべき事項を決定することができるように立法的解決を図ることが適切である＊。

＊　**イギリスの雇用関係法理**　雇用権利法（ERA，1996年）によれば，使用者は労働者に対し，雇用開始後2ヵ月以内に，雇用関係事項を記載した書面（written statement particulars of employment）を交付しなければならない（1条）。違反した場合，労働者の申立てにより，労働審判所は労働条件となるべき事項を決定できる（11条）。「書面」にはつぎの事項の記載が必要である。当事者がサインすることにより当該書面は法的効力を有する。

　(a)労使の氏名，(b)雇用開始日，(c)従前の雇用の継続性を考慮し，被用者の継続的雇用を開始した時期（the date on which the employee's period of continuous employment began, which would take into account any previous employment which counts as continuous），(d)報酬の額または（および）その率，(e)報酬支払期間，(f)労働時間に関する諸条件，(g)休暇（holidays）および休暇手当（holiday pay），(h)傷病に関する諸条件および疾病手当，(i)年金の定め，(j)予告期間（notice periods），(k)職種・職務の説明，(l)有期雇用（temporary positions）の場合はその継続期間または終期，(m)労働の場所（place〔s〕），(n)労働条件に関係のある団体協約（any collective agreement），(o) 20人以上の労働者を使用する場合は懲戒処分・懲戒手続，および(p) 1ヵ月以上の海外勤務者についてはそのことに関する定め（Andrew C. Bell, 2003, pp. 13-14）。

(3) 明示の時期・不利益変更

一　労働条件は，労働者に対して，「労働契約の締結に際し」明示されなければならない。一般的には，採用内定通知の発信前後に明示することになろう。しかし，学卒者を定期採用する場合は就労の開始予定時期より相当以前に採用内定が行われるため，採用内定時前後に明示された労働条件を常に確定したものとして使用者に履行を求めることが困難な事情が起こり得る。そこで裁判例には，労働条件の確定的内容は採用内定から就労開始期までの間に明示すればよいとしたものもある（八洲測量事件・東京高判昭和58・12・19労民集34巻5・6号924頁）。

二　募集時（求人の際）に明示した労働条件が，就労開始時に労働者の不利益に変更されることがある。使用者が募集時に求職者に明示する労働条件は，法律上は労働契約締結の申込みの誘引に当たるが，職安法の趣旨（職安5条の3参照），およびその条件をみて労働契約を結ぶか否かを判断するほかない求職者の信頼保護の必要から，特段の事情のない限りそのまま労働契約の内容になると解すべきである（丸一商店事件・大阪地判平成10・10・30労判750号29頁）。とはいえ，①不利益に変更しなければならないやむを得ない事情が生じ（変更の必要性），②就労開始前のできる限り早い時期に労働者に説明をして理解，協力を求め（説明手続，求職活動再開の機会の付与），かつ③不利益の内容・程度に相当性（変更内容の合理性）が認められる場合は，使用者は例外的に不利益変更をなし得ると解される。裁判例には，使用者が，中途採用者募集の求人広告並びに面接・会社説明会において，応募者に対し，新卒の同年次定期採用者と同額の賃金を支払うと信じさせかねない説明をした場合に，説明されたとおりの給与待遇を受けると信じて入社した労働者について，1年後の給与を新卒同年次定期採用者の下限に位置づけたことは，「雇用契約締結に至る過程における信義誠実の原則に反する」として不法行為に基づく慰謝料の支払いを命じたものがある（日新火災海上保険事件・東京高判平成12・4・19労判787号35頁。参照，鎌田耕一・百選7版18頁）。

Ⅲ　「自由な労働」の確保

1　労働契約の期間の上限規制

(1)　原　　則

一　労働契約に期間を定めたときでも，当事者は「やむを得ない事由」があ

るときは，直ちに契約を解除することができる（民628条本文）。この規定は，一般に，契約期間の途中の解雇（解約）には正当な事由が必要であることを定めたものと解されている。他方，労働者の期間途中の退職（解約）も同様の理由で正当な事由のないかぎり，退職自体は阻止されることはないが，使用者に対し債務不履行責任を負うものと解されてきた（本条の趣旨は労働契約法17条1項により明確化されている。第14講613頁参照）。

　二　しかし，いったん期間を定めると，労働者がやむを得ない理由で退職しようとしても，約束を盾に力づくで無理やり労働させる事例が過去（特に，第2次大戦前）に多く見られた。また，あまり長い期間を定めることを認めると，労働者は健康上の理由や他に好条件の転職先をみつけても，その意思に反して働き続けなければならず，自由な移動を妨げられる。そこで，労基法は「長期の契約労働は身分的な隷属関係を生ずる原因となる」との理由で（立法資料53巻140頁），それまで最長5年（商工業見習者は10年）であった原則（民626条）を大幅に縮小し，「一定の事業の完了に必要な期間を定めるもの」＊を除いて，最長1年を超える有期労働契約を禁止した（改正前労基14条，立法資料53巻140頁参照）。

　　＊　「一定の事業の完了に必要な期間を定めるもの」　有期労働契約の期間に関する上限規制は，たとえば，発電所工事など竣工まで4年というように一定の期間を定めて電気技師を雇用するような場合には適用されない。いずれにせよ，事業の完了時期が合理的に予測できる場合でなければならない（厚労省・労基〔上〕206頁）。また，使用者が，厚生労働大臣の許可を受けた労働者について法律で定める一定の職業訓練を行うために必要がある場合は，訓練の期間について別段の特例を設けることができる（労基70条・71条，労基則34条の2の2，職能開24条，職能則10条・12条・14条参照）。この例外は，本文三に述べる法改正後（原則3年・例外5年）も変わることなく存続している。

　三　今日，期間の定めを悪用し人身拘束的な労働関係を強制するような事態は，皆無といえないまでも著しく減少している。一方，特定企業に強く拘束されることを避け，自己の職業的専門知識等を生かすことができるような働き方を求める労働者層も増え，企業側も特別プロジェクト事業などにかぎって専門技術者等をある程度の期間継続して使用することができる，いわゆる「中期雇用」の傾向が見られる。そこで，2003（平成18）年本条が改正され，労働契約に期間の定めをする場合の上限が原則1年から原則3年に延長された（労基14条1項。参照，渡辺章「『中期雇用』という雇用概念について」『中嶋士元也先生還暦記念論集・労働関係法の現代的展開』〔信山社，2004年〕71頁）。その上で，上限

を5年とするつぎのような例外を定めた（平成15年法律104号）。

(2) 例　　外

①高度の専門的知的労働に従事する一定範囲の労働者および，②60歳以上の労働者については，その従事する業務の種類を問わず，最長5年（1998〔平成10〕年改正時はいずれも3年とされていた）の有期労働契約が認められた（労基14条1項1〜3号）*1 *2。

　　*1　「高度の専門的知識等」を有する者の範囲　　省令でつぎのように指定されている。①博士，②公認会計士，医師・歯科医師・獣医師，弁護士，一級建築士，税理士，薬剤師，社会保険労務士，不動産鑑定士，技術士，弁理士，③一定の能力評価試験（情報処理技術者のうちのシステムアナリスト，アクチュアリー資格試験）の合格者，④特許法所定の特許の発明者，意匠法所定の登録意匠の創作者，種苗法所定の登録品種の育成者。以上のほか，⑤一定の学歴（大学等で専門的知識等に係る専攻を経た者）および実務経験（大学卒は5年以上，短大・高専卒は6年以上，高卒は7年以上）を有する技術者（農林水産業・鉱工業・機械・電気・土木・建築の分野），システムエンジニア，デザイナーおよび⑥システムエンジニアの実務経験を5年以上有するシステムコンサルタントなども指定されている。⑤および⑥の技術者には，「年収1075万円を下回らないもの」との制限がある（年収要件は，30歳前後の「事務・技術職者」の年間給与調査の平均額に，所定内給与額の第3四分位数の平均額に対する割合1.12を乗じたものである）。また，⑦国・地方公共団体・公益法人等により知識・技術・経験が優秀と認定された者で労働基準局長が認める者も含まれる（平成15・10・22厚労告356号）。

　　*2　上限期間を超える労働契約　　労働契約に法定の上限（3年または5年）を超える定めをした場合，労基法13条により上限期間を超える部分が無効になり，上限期間を超えて引き続き雇用されている場合は民法629条1項の定めにより，期間の定めのない労働契約になる（通説，この点，有期労働契約の期間の上限が1年とされていた労基法改正前の事件である読売日本交響楽団事件・東京地判平成2・5・18労判563号24頁は，契約期間を2年と定めた場合，労基法14条に違反し，同法13条により1年を超える部分が無効となり，期間は1年に短縮され，その1年経過後も労働関係が継続している場合は，民法629条1項により期間の定めのない契約として継続されていると判断している）。

　これに対し，労基法14条の上限を超える期間の定めは労働者にとって雇用保障の意味を有し有効と解され，使用者の側から期間の拘束を主張できないとする有力説（片面的無効説）がある。他方，そのような期間の定めは全体として無効であり，当初から期間の定めのない労働契約と解すべきだという新説もある（無期契約説）。片面的無効説によれば，労基法14条違反は使用者が労働者の意思に反して上限の期間を超えて労働させてはじめて成立する。しかし，本条はもともと労働契約の「締結」そのものを規制する趣旨で規定されており，この点で問題を感

ずる。また無期契約説は，労働契約を有期とする点で争いのない当事者の意思とかけ離れた結果をもたらす解釈であり，いずれにも賛成しがたい。

(3) 有期労働契約の締結，更新および雇止めに関する基準

一　有期雇用労働者は近年著しく増加している。そのなかには契約当初の契約期間の定めは一応のものであることを労使双方が暗々裏に了解し，契約の期間経過後も引き続き雇用関係を存続させているものが多い。当初の契約期間の定め方にもよるが，大まかに見て1年未満の有期労働契約の場合は，少なくとも初回の期間満了によって雇用関係を終了させることは希である。そのため有期労働契約の更新を拒否（雇止め）された労働者が，その不当性を訴える労使紛争が多数発生している（下巻第22講Ⅱ2参照）。こうした状況を背景に，2003（平成15）年労基法改正の折，トラブルの未然防止と紛争の適切，迅速な解決のために，有期労働契約の締結，更新および更新の拒否に関し，使用者の講ずべき必要事項の基準を定め，使用者に助言，指導を行うことができるよう厚生労働大臣の権限を定める規定が新設された（労基14条2項・3項）。

二　労働契約法も，有期労働契約について「使用する目的に照らして，必要以上に短い期間を定めることにより，その労働契約を反復して更新することのないよう配慮しなければならない。」との規定を置いた（労契17条2項，この点については下巻第22講Ⅱ2で述べる）。

三　上記労基法14条2項・3項の規定に基づき告示（平成15・10・22厚労告357号）が発せられており，使用者は，①期間の定めのある労働契約の締結に際し「更新の有無」および「更新する場合又はしない場合の判断の基準」を明示し，②1年を超えて継続勤務している労働者，および有期労働契約を3回以上更新している労働者について，有期労働契約を更新しないこととしようとする場合には，少なくとも当該契約期間の満了日の30日前までに，その予告をすること，③労働者が請求したときは雇止めの理由に関し証明書を交付し，④1年を超えて継続勤務している労働者の契約更新に際しては，その希望に応じできる限り長い契約期間を定めるよう努めること，などを定めている（平成15・10・22年基発1022001号，その一部を改正した平成20・1・23基発0123005号。有期労働者の契約の更新の拒否に対する解雇予告制度〔労基20条・21条〕の適用関係は第14講622頁で，更新の拒否〔雇止め〕と解雇権濫用法理の適用関係に関する判例法理等に関しては下巻第22講Ⅱ1で述べる）。

2　損害賠償予定の禁止

一　一般契約法上，当事者があらかじめ債務の不履行について損害賠償（遅延賠償や填補賠償）の額を定めることは自由である（民420条）。かつては，有期雇用の労働者の中途退職を防ぐことを主な狙いにして本人，親権者，身元保証人らにしばしば過大な違約金を要求し，あるいは損害賠償額を予定する契約を結ばせることが多く行われ，強制貯金（後述 4）や長期の雇用期間の定めと併せて人身拘束的労働の原因になった。労基法はこのような歴史的経験にかんがみ，労働契約の不履行について違約金を定め，または損害賠償額を予定する契約を禁止した（労基16条，罰則119条）。損害賠償額の予定には，労働者の契約違反（期間途中の退職など）のほか器具・工具・製品を不注意で損傷した場合などを不法行為として賠償金を課す旨の約定も含まれる。労基法16条は，使用者が違約金または損害賠償額を実際に請求する・しないとは別に，予定（契約）すること自体を罰則付きで禁止している点に労働者保護の理念が表明されている。もとより，使用者が，労働者の行為によって現実に生じた損害の賠償を請求することは妨げられない（昭和22・9・13発基17号）。

二　近年，労働者が専門的，技術的職業研修，修士・博士の学位取得などのために国内の専門施設で研修し，あるいは海外での留学等を希望し，企業がそれに応じて，①修了後一定の期間勤務を続け，②当該期間の途中に退職する場合は費用の全部または一部の返済を特約させた上で，賃金の支払いを継続し，あるいはこれと別個に所要の費用を貸し付ける例が多く行われている。

労基法16条は，もともと「使用者が違約金を請求する優位の立場に立つ場合を予想して」規定されており（立法資料53巻141頁），この種の費用返還特約の性質が本条の禁止する違約金に当たるか否かは慎重に判断する必要がある。①研修機会の選択，研修先機関の決定，研修内容，研修期間中の生活等が労働者の「自由な意思」に基づいており，業務と無関係に行われたものかどうか，②当該費用は本来労働者自身の自弁すべき性質のものか否か（すなわち，本来，研修後の勤務に関わりのない費用か否か）により判断すべきである（参照，菅野140～141頁）。したがって，会社の能力開発のための研修や研修後の業務に役立てるための研修の費用については，研修後勤務しない場合の返還特約は本条の賠償予定に該当し無効である。

こうした場合と異なって，帰国後一定期間を経ずに退職した場合は留学援助費の一切を返還するとの誓約書を提出し，業務命令ではなく，自己の自由な意思で留学し，帰国後，約束の期間前に退職した労働者に対し，会社の全額返還

請求権を認めたケースがある。この場合の労働者の返還債務は，留学費用の援助契約（返還免除特約付きの消費貸借契約）から生じており，労働契約の不履行により生じたものではないというのがその理由とされており，賛成できる（長谷工コーポレーション事件・東京地判平成9・5・26労判717号14頁がある。水町187頁も同旨と思われる。参照，川田琢之・百選7版28頁，國武輝久・争点3版153頁）。

　三　学説には，研修終了後の一定期間を継続勤務しなければ費用を返還することになっている場合の退職は，「労働契約の不履行」ではなく，そのような費用返還の約定は「損害賠償の予定」にも当たらないと，労基法16条を「文理解釈」し，上記裁判例と同趣旨の見解が唱えられている（下井89頁）。勿論，研修が労働者の自由意思に基づくもので業務関連性なく行われることを前提にしているものと解されるが，傾聴に値する。

　減給の制裁に関する労基法の定め（91条）は，本条の特則である。

3　前借金相殺の禁止

　一　使用者は，前借金その他労働することを条件とする前貸しの債権と賃金を相殺してはならない（労基17条，罰則119条）。「前借金」は雇入れの際の貸付金をいい，「前貸しの債権」は前借金と同質の，雇入れ後に同じ目的で貸し付ける「追い借金」をいう。いずれも「労働することを条件に」貸し付けられる。本条は，労働者が金縛りになって事実上労働を強制されることのないように，金銭消費貸借と労働関係とを完全に分離する趣旨に基いている（立法資料53巻142頁）。前借金，前貸しの債権を自働債権とする一方的相殺はもとより，合意に基づく相殺も禁止される。

　もっとも，使用者が「採用前貸金」など当座の生活資金を労働者に貸し付けることは禁止されていない（立法資料52巻163頁）。この点に関し行政解釈は古くから，労働者の申し出等に基づき使用者が「生活必需品の購入等のために生活資金を貸し付け，その後この貸付金を賃金より分割控除する場合においても，貸付の原因，期間，金額，金利の有無等を総合的に判断して労働することが条件となっていないことが極めて明白な場合には，本条の規定は適用されない。」という立場をとっている（昭和23・10・15基発1510号，後年のものとして昭和63・3・14基発150号）。実際の必要を考慮したものであろうが，賃金より分割控除（相殺）して弁済を受けようとするには労基法24条1項ただし書の手続に従わなければならない（育児介護休業中，社会保険料の被保険者負担分を立替え払

いし，復職後の賃金から控除する場合も同様であることにつき，平成3・12・20基発712号）。

　二　前借金や前貸しの債権は，「労働することが条件となっていないことが極めて明白」なものを除き，賃金控除協定（労基24条1項ただし書参照）によっても，賃金と相殺することは許されない。本条違反は，賃金全額払いの原則違反の量刑（同120条）より重いことに注意が必要である（裁判例では，有期のパート看護師の採用にあたり，2年未満で退職する際は違約金として2割相当の加算額の返還を約束させ金員を交付したことに関し，退職阻止の足枷をはめるものとして，本条に違反し返還義務がないとしている。医療法人北錦事件・大阪簡判平成7・3・16労判677号51頁）。

4　強制貯蓄・貯蓄金管理契約の禁止

　使用者は，労働契約に附随して，労働者に貯蓄の契約をさせ，または貯蓄金を管理する契約をしてはならない（労基18条，罰則119条）。「労働契約に附随して」とは，雇入れおよび雇用の継続の条件にすることであり，「貯蓄の契約」は金融機関等に預貯金をさせること，「貯蓄金を管理する契約」は労働者の貯蓄金を直接受け入れて管理し，または預貯金の通帳，印鑑を使用者が管理する（預かる）ことを承諾させることをいう。労基法制定前は，労働者の足留めと事業資金への充当の2つの目的をもって強制貯金が行われ，しばしば事業経営の危険に伴う不利益を労働者に負わせる結果となった（立法資料53巻142頁。参照，同資料52巻8頁）。賃金から一定額を積み立てる方式の「退職積立金」も上に述べた貯蓄金管理契約に当たる（昭和25・9・28基収2048号）。

　しかし，強制でない任意の社内貯蓄は禁止されていない。その場合使用者は，事業場ごとに預金の利率，保全方法などを労使協定に定めて労働基準監督署長に届け出，貯蓄金管理規程を定めること，労働基準監督署長は貯蓄金管理の中止を命令できること（労基18条2項・3項・6項・7項，労基則5条の2～6条の3），毎年の預金管理状況を報告すること（労基則57条3項）など，種々厳格な規制に服さなければならない（出資取締2条1項，労基18条4項・5項，使用者が労働者の預金を受け入れる場合の利率を定める昭和27・8・31労働省令24号参照）。

5　寄宿舎生活の自由と自治の保障

　使用者は，通勤圏外の労働者を「事業附属寄宿舎」に住まわせることがある。

労基法が適用される事業附属寄宿舎とは，事業経営の一部として設置されるもので，必ずしも事業場に近接して（たとえば，その構内や隣接地に）設置されている必要はなく，相当人数の労働者が共同生活をする場として，事業施設から独立に確保された居住施設のことをいう。

使用者（舎監，寮管理人を含む）は，寄宿労働者の私生活の自由を侵してはならない（労基94条1項）。また，寄宿舎生活の自治（特に，役員の選任の自由）を侵してはならない（同条2項，罰則119条）。

他面，労働者の共同生活の場として規律が必要であり，使用者に，①起床，就寝，外出，外泊，②行事，③食事，④安全衛生および⑤建設物・設備の管理に関して「寄宿舎規則」を作成し，労働基準監督署長へ届け出ることが義務づけられている。これら事項のうち，寄宿労働者の私生活の自由と共同の利益に係わる①〜④の事項は使用者と寮生との「共管事項」とされ，規則の作成・変更および届出に寄宿労働者代表の同意(書)が必要である（労基95条，罰則120条）。

通信の秘密，他人との共同の利益を害しない範囲での面会の自由など純然たる私生活に属する部分は，寄宿労働者代表の同意を得ても規制し得ない。外泊，外出に関する規律も届出の限度でのみ許容される。

⑤の事項は使用者の「専管事項」である。

事業附属寄宿舎の設備，収容定員，就寝など労働者の健康，風紀，生命の保持に関し使用者が守らなければならない事項の詳細は「事業附属寄宿舎規程」（昭和22年労働省令7号）に定められている（労基96条〜96条の3，罰則119条・120条）。

第4講　労働契約と就業規則

Ⅰ　労働契約の意義

1　労務供給契約

　一　市場経済社会には，人が他人の労務（労役）を利用する法的形態として雇用契約，請負契約および委任契約がある。これら3つの契約を一括して「労務供給契約」と言い，講学上「為す債務」を目的にする契約群に分類される（この範疇には物の保管を目的とする寄託契約がある）。雇用契約の法鎖で結ばれる労働者と使用者との関係を雇用関係という。

　雇用契約は，雇用関係法により規整される。その適用対象画定のため，労働者を請負人や受任者と区別し，労働者の「労働に従事する」義務が請負人または受任者の労務供給義務との違いを明らかにしなければならない。

　二　請負契約は「仕事の完成」（建物，機器の建造・管理，荷役運送など）を約する契約である。請負人は資金，人的・物的施設を自弁し，仕事の完成までを自己管理し，必要な財政上，法律上の責任を負う（民632条）。報酬は目的物を注文者に引き渡して（完成して）はじめて請求できる（同633条）。物の引渡しを要しない請負（運送など）の場合は，雇用における報酬後払いの原則（同624条1項）が準用される（同633条ただし書）。

　三　委任契約は，一定の統一した労務（役務）を目的とし，その「事務の処理」を約する契約である。委任事務には，取引の仲介，訴訟代理，売買・賃貸借の仲介など「法律行為」を委任する場合（民643条）と，治療，子の養育・教育，親の介護，先祖の供養など法律行為でない「事務」を委託する場合（同656条）とがある（後者を「準委任」という）。受任者は，委任の本旨に従い，善良な管理者の注意をもって委任事務を処理する義務を負う（同644条）。受任者は，一般にその有する専門的技量（知識・技能・経験）を買われ，事務処理の過程で委任者からあれこれ詳細な指図を受けない建前である。すなわち，受任者の提供する役務は「自由な労務」の性質を有する。

　受任者は，特約がなければ，委任者に対して報酬請求権を有しないが（民648条1項），もとより，市場経済社会では有償委任契約が一般的である（最1

小判昭和37・2・1民集16巻2号157頁は，弁護士は訴訟委任に関し報酬の合意が成立していなかった場合も，合理的な報酬額を請求できるとしている）。受任者は，雇用，請負の場合と同様に，委任事務の履行後（期間によって報酬を定めたときは，当該期間の経過後）でなければ報酬を請求できない（同条2項）。

　四　雇用契約において，労働者は「労働に従事すること」を約する。すなわち労働者は，使用者に仕事の完成ではなく，自分自身（労働力）を引き渡し，その指揮監督の下で労働することを約する。使用者は，労働者の労働に対し「その報酬を支払うこと」を約する（以上，民623条，労契6条）。このように，仕事の完成は，労働に従事したことの結果（成果）である。雇用契約は労務の提供（働くこと）自体を目的にする点で，仕事の完成を約する請負契約と区別される。また，その労務は，一般的には「なにを，いつ，どこで，誰に対して，どのように」遂行するかに関し使用者の指揮監督を受けて行われる点で，役務を自己管理しつつ「自由な労務」の提供を約する（準）委任契約と区別される＊。雇用契約における「労働」は，使用者の業務遂行に関する指示に従い，時間的，場所的拘束を受けて行う他人決定性を基本的性質とする。人はこれを「不自由な労務」という（以上の労働契約の特質を「他人決定契約」として説明する，土田道夫「労働契約の法的性質」争点19頁参照）。

　　＊　「誰に対して」　使用者は労働者に対し，第三者の指揮命令を受けて労働に従事することを命令できる権限を当然に有するものではないが，判例は，労働者が労働契約で明確に同意した場合のほか，就業規則の明確な規定に基づいて出向を命令されたときは労働者はこれに服する義務を負うとしている（**case 12-8・新日本製鐵〔日鐵運輸第2〕事件**参照）。このことは，労働契約上，使用者は就業規則に労働者の出向義務を盛り込むことを認められていることにほかならない。よって，労務の給付先（誰に対して）もまた，指揮監督の内容になり得る。

　五　使用者は，労働に対する対価として報酬（賃金）を支払う（民623条，労契6条）。報酬は，特別の合意のないかぎり，その約した労働が終わった後でなければ請求できない（民624条1項）。報酬（賃金）には時間給，日給，週給，月給，年俸などのように支払額を期間によって定める場合が多い（これを「時間賃金」という）。時間賃金は，その期間を経過した後でなければ請求することができない（同条2項）。時間賃金とは別に，一定の期間内に完成した仕事量に応じて支払額を決定する方式もある（これを「出来高賃金」という）。出来高賃金も時間賃金の変種に過ぎないことは前言した（第1講26頁）。

　なお，請負の注文者は仕事を「完成しない間は，……いつでも損害を賠償して契約の解除をすることができ」（民641条），また委任の場合は各当事者が

「いつでもその解除をすることができる」（同651条）。雇用の場合も各当事者が「いつでも解約の申入れをすることができる。」建前であるが（同627条），使用者のする解約申入れは労基法，労働契約法その他の雇用関係法によりいろいろの角度から制限がなされている（特に，労基19条・20条・21条，労契16条参照）。

2 労働契約の意義

一　労基法は，「労働契約」ということばを使用しているが（2条2項・13〜23条・58条・93条），定義規定を置いていないため，その意義は，一般法である民法の雇用契約の定義（623条）に従ってきた（第1講1頁）。

労働契約法は，「労働契約は，労働者が使用者に使用されて労働し，使用者がこれに対して賃金を支払うことについて，労働者及び使用者が合意することによって成立する。」と定義している（6条）。この定義は，民法の上記の雇用契約の定義と基本的に異ならない。そこで以下では，雇用契約に関してすべて労働契約と言うことにする。労働契約法の施行（2008〔平成20〕年3月1日）後は，労働契約の法的意義に関しては民法の特別法である労働契約法の上記定義がまずもって参照されることになる（菅野80頁）＊。

ところで，実際に行われている労務供給契約のなかには典型契約（労働契約・請負契約・委任契約）のいずれかにぴったりあてはまらない型のものも多々存在する。一定の役務の提供が約される契約で，委任・請負の要素が存在するものの，就業の実態や報酬の決定，計算方法などを総合判断すると，「不自由な労務」が提供される「他人決定契約」の性質が優越し，労働契約として取り扱うことが適切であると認められる例が少なくない。そこで，労務供給契約を労働契約であると総合判断するにはどのような要素に着目する必要があるかが労基法，労働契約法その他雇用関係法規の適用対象を画定する上で重要な法理論的作業になる。

　　＊　**労働契約成立における「合意」の原則**　　労働契約法は，上記のように労働契約の成立に関し「合意の原則」を規定している（同6条）。このことは，民法において労働と報酬との交換を労使が互いに「約する」こととされているのと別段変わりない。ただ，同法が「約する」を「合意すること」と表現した理由は，別に定める「労働契約の原則」（3条1項）や「労働契約と就業規則」との関係（7〜13条）と符節を合わせたものである（これら規定の意義に関しては関係箇所で述べる）。

二　この問題は，結局，どのような条件の下であれば，労務提供者を「労働者」と言えるかの問題に帰着する。そして，労務提供者に被使用者性（「使用

I　労働契約の意義

されている者」であること）が認められるときは，労務提供者は「労働者」であり，当該労務供給契約は労働契約である。この点は，すでに労基法9条，労働契約法2条の規定する「労働者」の意義に関連して述べたので繰り返さない（第1講22頁）。

case 4-1　コンピューターシステムのマニュアル作成の受注業務等を目的とする契約の労働契約性（否定）

パピルス事件・東京地判平成 5・7・23 労判 638 号 53 頁
　【事実】　Xは，Y会社との間で，メーカーから直接コンピューターシステムのマニュアル作成の受注（営業活動）および契約成立時のマニュアルの制作とその進行管理業務を行う契約を結んだ。Xは，Y会社が平成3年3月以降月額20万円（定額）の報酬等を支払わないとして雇用契約（予備的に業務委託契約）に基づき報酬等の支払いを請求した。Y会社は，Xとの契約は労働契約ではなく業務委託契約であり，同年の前月（2月）下旬頃に解約済みだと抗弁した。
　【判旨】　請求棄却
　「本件契約上，Xが行う業務は，メーカーから直接にコンピューターシステムのマニュアル作成の契約受注を継続的に受け得る体制をつくるための営業活動及び契約が成立した場合における制作実務及び進行管理等に一応限定され，契約の企画制作及び進行管理等に携わった場合には，月額20万円の報酬に加えて，受注額に応じた報酬の支払約束があったこと，Xは，右業務の必要に応じて出勤を要するものとされ，時間管理の拘束を受けていなかったうえ，Y会社から具体的な指示・命令を受けない自由な立場で営業活動を行っていたこと，Xの希望により，Xに支払われた給与名目の金員から健康保険，厚生年金，雇用保険等の社会保険料及び地方税の各控除が行われず，所得税の源泉徴収についても，主たる給与等でない源泉税率表乙欄の税率が適用され，Y会社が主たる就業先でない扱いがされていたこと，したがって，右のような立場にあったXは，Y会社からもY会社以外の他の仕事に従事することが許容されていたとみることができることなどが認められ，以上の事実によれば，Y会社とXとの間に支配従属関係があるとはいえないから，本件契約は，Y会社のためにコンピューターシステムのマニュアル作成等の仕事の仲介営業活動等を行うことを内

容とする業務委託契約であると認めるのが相当である。」Y会社は，Xが業務統括部長の肩書を用いることを容認していたが，Y会社には右の地位は実際上存在せず，Xの営業活動を推進する上での便宜を図るためY会社代表者が認めたものであるから，右事実は，前記判断を覆すには足りない。

「以上によれば，Xは，……Y会社との間で，報酬月額金20万円並びに交通費等の営業活動の実費を支給するとの条件で，コンピューターシステムのマニュアル作成の仲介営業活動等を行うことを内容とする業務委託契約を締結したことが認められる。」そして，同契約は上記時点ですでに解約されていた。

【コメント】 XとY会社間に業務内容を具体的に定めた労務提供の合意がなされたことは明らかである。判旨はその法的性質の判断に当たり，①出勤日を決定する裁量，②勤務時間管理上の非拘束性，③Xの行う営業活動時の業務に関しY会社の指揮監督下になかったこと，④報酬等の取扱いにおける自己選択性（自営業者の事業所得として受領すること），⑤XはY会社の仕事にのみ専従するものではないことを挙げ，以上の事実関係に基づき，本件契約の実質を業務委託契約であり，雇用契約に当たらないとしている。中核的判断要素は，①，②，③の事実であろう（④は支払われる報酬の性質自体ではなくその事務的処理問題であり，⑤の業務専念の有無は，労働者の場合も兼業を認められていることがあり，主要な判断要素とは言えない）。

なお判旨は，労働契約性に関する一般論として，「実態としての支配従属関係の有無」が問題だと述べるが，支配は従属の対概念であり，同一物の反面を言うに過ぎない。真意は「実態としての使用従属関係の有無」が問題であるとの意味であろう（甲斐祥郎・百選6版4頁，**case 1-1**・横浜南労基署長〔傭車運転手〕事件，**case 1-2**・NHK西東京営業センター〔受信料集金等受託者〕事件を参照）。

3 使用者概念の外部的拡張

(1) 外部労働力の利用形態

― 労働者供給事業の禁止　「労働者供給」とは，労働者を「他人の指揮命令を受けて労働に従事させること」をいい，労働者派遣事業法に規定する労働者派遣に該当するものを含まない（職安4条6項）。労働者供給は，労働組合

が無料で行う場合を除き，一般的には前時代的，人身拘束的労働関係の温床となるおそれのあるものとして厳格に禁止されている。同時に，労働者供給事業を行う者から供給される労働者を自己の指揮命令下に労働させることも許されない（職安44条・45条，罰則63条1号・64条9号・65条9号・67条。労働者供給事業に関しては下巻第22講Ⅳ1で触れる）。

　二　労働者派遣事業　「労働者派遣」は，「自己の雇用する労働者を，当該雇用関係の下に，かつ，他人の指揮命令を受けて，当該他人のために労働に従事させることをいい，当該他人に対し当該労働者を当該他人に雇用させることを約してするものを含まないもの」をいう（労派遣2条）。このように労働者派遣は，「他人の指揮命令を受けて，当該他人のために労働に従事させる」点において，違法な労働力の調達方法である労働者供給事業と同質である。

　しかしながら，特に1970年代後半以降，事業者がその雇用する労働者を他人の事業場に派遣し，その他人（派遣先事業主）の指揮命令の下に，派遣先事業主のために労働させるいわゆる派遣就業形態が増加した。そこで政府は遂に，労働者派遣事業法（1986〔昭和61〕年施行）の制定に踏み切り，労働者供給事業のうち，事業者が常に「自己の雇用する労働者」を派遣する形態のものに限定した上で，派遣元および派遣先の各事業主に対し「雇用主」としての法的責任を分担せしめるなど，相当に厳格な法的監視下に置き，かつ一定の実施要件を充足することを条件に，労働者派遣を合法化するに至った（濱口66頁以下。労働者派遣事業法に関しては，下巻第22講Ⅳで扱う）。

　三　構内下請けの社外労働者　請負契約（業務処理委託契約）に基づいて請負事業者が，その雇用する労働者を，受入れ先の事業者の下で労働させる方式を一般に構内下請け，就業者を社外労働者と呼んでいる。前言したように，構内下請けは，請負事業者自身が契約の相手方の構内（就業場所）で，自ら当該請負事業の事業主体として，その雇用する労働者を，自己の指揮命令下に置いて労働させる。このように，業務処理委託契約（請負契約）に基づく構内下請けは，派遣した労働者を「他人」（つまり，派遣先の事業者）の指揮命令の下に労働させる労働者派遣と区別されている。

　請負契約の名目で，その実質労働者派遣（労働者派遣事業法の脱法）が行われていないかどうか（労働者派遣事業法の規制を免れるために請負を偽装していないかどうか）がしばしば問題になる（いわゆる「偽装派遣」）。請負契約の名義で相手方に労働者を送り出して就業させる場合，それを労働者派遣と区別する基準は，構内下請け事業を労働者供給事業と区別する基準とほぼ同様の基準に

沿って判断することが可能である＊（下巻第22講Ⅳ2(2)参照）。

　　＊　**労働者供給事業と判断すべき基準**　　労働者を提供し，他人の指揮命令を受けて労働に従事させる者は，たとえその契約の形式（名称）が請負契約であっても，つぎの4条件のすべてに該当しないかぎり，労働者供給事業を行う者とされ，職安法違反として処罰される。すなわち，労働者を提供する者自身において，①作業の完成に関し事業主としての財政上および法律上のすべての責任を負い，②作業に従事する労働者を指揮監督し，③その労働者に対して使用者として法律に規定されたすべての義務を負い，かつ，その労働が，④自ら提供する機械，設備，器材（簡易な工具を除く）もしくは作業に必要な材料，資材を使用し，または企画・専門的な技術もしくは専門的な経験を必要とする作業であって，単に肉体的な労働力を提供するものではないこと，である（職安則4条）。上記要件のすべてに該当する場合（労働者派遣法上の労働者派遣事業を除く）であっても，職安法44条違反を免れるために故意に偽装されたもので，その事業の真の目的が労働力の供給にあるときは，労働者供給事業である（職安則4条2項）。とりわけ，④については機械，設備，器材を表向き「賃貸方式」に変更することにより請負が偽装される場合がある。

case 4-2　下請け社外労働者と受入れ事業者との雇用関係の成否（否定）

サガテレビ事件・福岡高判昭和58・6・7労判410号29頁

【事実】　1　Xら（被控訴人）は印刷業を営むA会社に雇用され，採用時からテレビ放送事業を営むY会社（控訴人）に「派遣」されて放送番組編成業務，放送進行表等の印刷業務（以下，本件業務）に従事していた。A会社は，XらがY会社で行う印刷業務に必要な器具は用意したが，それ以外の業務に必要な設備，機械の一切はY会社が提供した。

　2　Xらの就労実態はおおよそつぎのとおりである。①作業場所はもっぱらY会社構内，②作業内容はY会社の放送業務の一連の流れ（業務遂行体制）に組み込まれ，③Xらは作業に際し，直接，具体的にY会社の指揮命令を受け，④勤務時間はY会社所定の勤務時間等に対応して決定，変更された。賃金は，A会社が，Y会社から受け取る「委託料」の枠内でXらに支払っていた。

　3　Xらは，昭和49年労働組合を結成し，労働条件改善闘争を行うようになった。昭和50年，Y会社はA会社との業務委託契約を解約し，A会社はXらを解雇した。その後，Y会社はB会社と同様の業務委託契約を締結した。Xらは，Y会社の従業員の地位保全を求めた。1審（佐賀地判

昭和55・9・5労判352号62頁）は，Xらの請求を認容した。

　4　Xらの控訴審における補足の主張はつぎとおりである。事業場内下請労働者（いわゆる派遣労働者）と親企業（いわゆる派遣先企業）との間の労働契約の有無を判断するためには，形式的な労働契約の有無にとらわれることなく，両者間に形成された労働実態に着目し，その中に表われた使用従属関係の有無を重要視すべきところ，A会社はもっぱら職安法44条（労働者供給事業の禁止）の規制を潜脱するために，偽装的，名目的に雇用主となったに過ぎず，Xらとの間に実質的な労働契約関係である使用従属関係の形成がなく，寧ろ，XらとY会社との間に，経済的・組織的・人格的使用従属関係が成立しており，したがって，①Xらが，Y会社の社屋内で勤務を開始したときに，両者間に労働契約関係が成立した，②仮に，そうでないとしても，少くとも，両者間には黙示的に労働契約関係が成立していた，③仮に，XらとA会社との間に締結された労働契約が有効であるとしても，XらとY会社及びA会社間に労働契約が二重に成立していたとみることができ，XらはいずれもY会社の従業員の地位にあった（本件は地位保全等仮処分申請控訴事件）。

　【判旨】　請求棄却
　1　「労働契約は，労働者が使用者との間に，その使用者の指揮，監督を受けて労務に服する義務を負う一方，その対価として賃金を受ける権利を取得することを内容とする債権契約であり，したがって，一般の契約と同様に契約締結者の意思の合致によって始めて成立するものであるところ，XらはA会社との間に明示の労働契約を締結したものであって，Y会社との間に明示の労働契約を締結したものでないことは，……明白である。」
　2　「もっとも，労働契約は，前記のように労働者と使用者との間に強弱の差はあれ何らかの程度においていわゆる使用従属関係を生じさせるものであるから，特定の当事者間に事実上使用従属関係が存在するということは，その間に労働契約が成立していることを推測させる一応の徴表であると言えないことはない。しかし，企業がその業務を行うについて必要な労働力を獲得する手段は，直接個々の労働者との間に労働契約を締結することに限定されているわけではなく，広く外注と称せられる種々の方法が存するのが実情であって，その場合においても個々の労働者の労働力は何らかの意味でその業務組織に組み込まれるか少くともその業務活動を分担することとなるから，その限度では労働者と使用者との間に強弱の差は

あっても何らか事実上の使用従属関係を生ずることがあるものというべきである。従って，当事者間の意思の合致を全く問題とすることなしに，単に使用従属関係が形成されているという一事をもって直ちに労働契約が成立したとすることはできない。」

3　「しかし，労働契約といえども，もとより黙示の意思の合致によっても成立しうるものであるから，事業場内下請労働者（派遣労働者）の如く，①外形上親企業（派遣先企業）の正規の従業員と殆んど差異のない形で労務を提供し，したがって，派遣先企業との間に事実上の使用従属関係が存在し，しかも，②派遣元企業がそもそも企業としての独自性を有しないとか，企業としての独立性を欠いていて派遣先企業の労務担当の代行機関と同一視しうるものである等その存在が形式的名目的なものに過ぎず，かつ，③派遣先企業が派遣労働者の賃金額その他の労働条件を決定していると認めるべき事情のあるときには，派遣労働者と派遣先企業との間に黙示の労働契約が締結されたものと認めるべき余地があることはいうまでもない。

そこで，Y会社が本件四種業務及びタイプ印刷業務について業務委託契約を締結し事業場内下請労働者の派遣を受入れるに至った経緯，その派遣労働者の労働の実態，派遣元企業（業務委託企業）の性格，派遣労働者の賃金その他労働条件決定の経緯等について，以下検討を加える。」（以下，略）（①〜③の付番は引用者）

【コメント】　判旨3は①事実上の使用従属性，②雇用主の企業としての非独自性ないし名目性，③構内下請け労働者の労働条件に対する実質的決定力の3つを，構内下請け労働者の受入れ先事業者が，請負契約上の事業主にとどまらず，労働契約上の使用者と認められるか否かの判断要素になると判示している。判旨は，これら要件がすべて認められる場合にのみ肯定するもののようである。本件判旨は，①の要件は認められたが，他方A会社が事業体として独立的存在であり，賃金その他の労働条件もA会社が実質的に決定していたことをもって②，③の要件が認められないとして，Y会社の使用者性を否定した（石田眞・百選7版6頁参照）。

I　労働契約の意義

労働者供給・労働者派遣・出向・請負の概念図

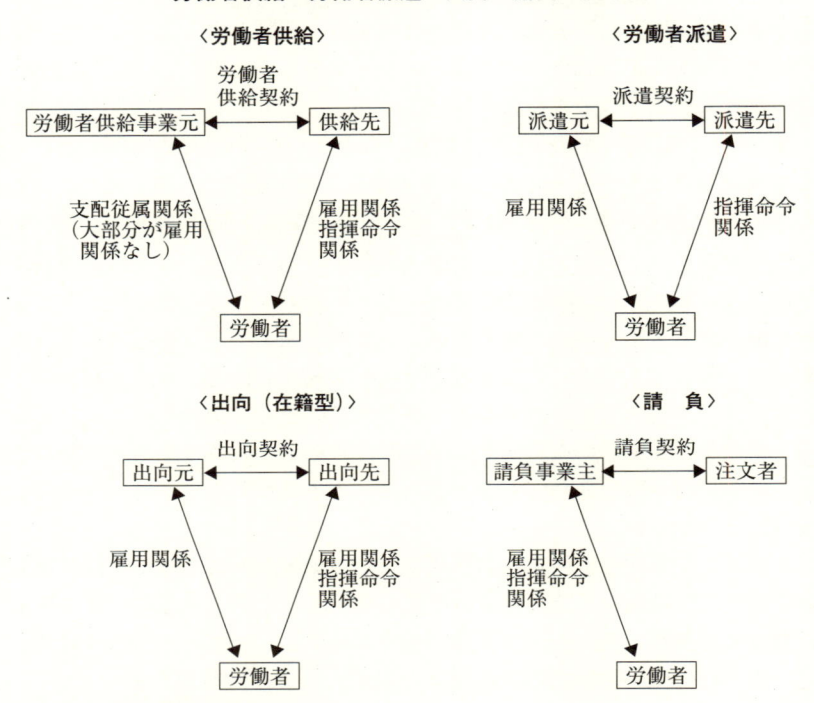

〈労働者供給〉

労働者供給事業元 ←労働者供給契約→ 供給先

労働者供給事業元 —支配従属関係（大部分が雇用関係なし）→ 労働者

供給先 —雇用関係 指揮命令関係→ 労働者

〈労働者派遣〉

派遣元 ←派遣契約→ 派遣先

派遣元 —雇用関係→ 労働者

派遣先 —指揮命令関係→ 労働者

〈出向（在籍型）〉

出向元 ←出向契約→ 出向先

出向元 —雇用関係→ 労働者

出向先 —雇用関係 指揮命令関係→ 労働者

〈請負〉

請負事業主 ←請負契約→ 注文者

請負事業主 —雇用関係 指揮命令関係→ 労働者

(2) 受入れ事業者の使用者性

一　企業間の業務委託（請負）契約に基づき，発注先事業場で労働する労働者が，請負契約の解除，請負会社の解散または倒産等により解雇された場合に，発注事業主に対し従業員としての権利（地位）を主張し，あるいは未払賃金・退職金等の支払いを請求することがある。学説，裁判例のなかには，労働者と発注事業者との間に実質的に「使用従属関係」が認められる場合に，この種の請求を肯定するものがある。

二　しかし，発注事業者は請負事業主から送り込まれる労働者を業務組織に組み入れる関係上，業務運営に必要な範囲で支配的立場に立つので，ある程度の使用（従属）的関係が生ずることは避けられない。したがって，その事実自体から直接労働者と発注事業者との間に労働契約成立の黙示的合意を認めることは相当ではない。

三　他方，発注事業者が，あたかも直傭労働者であるかのように，送り込まれた労働者の作業管理や勤怠管理等を行う場合は，労働契約を成立させる黙示

的合意の存在を肯定し，使用者としての法的責任を負わせることが適当である。これを「使用者概念の外部化」という。

労働契約成立の黙示的合意の成否は，主に，①労働者を発注先に送り込む請負事業者の経営体としての独自性の有無・程度（単に，発注事業者の労務代行機関に過ぎないか否か），②発注先の事業組織への恒常的に必要な労働力としての組込み，③作業過程における指揮命令の強度ないし具体性，④労働者に支払われる賃金の決定・計算と発注事業者が請負会社に支払う業務報酬の決定・計算との連動性，といった諸事情によって吟味される。加えて，労働者供給事業との異同に関する前出「労働者供給事業と判断すべき基準」の④（機械，設備，資材等を自己調達し，単に肉体的な労働力を提供するものでないことなど）も重要な判断事項とされている。労働者派遣契約に基づく派遣労働や業務請負契約に基づく労働者の提供（送込み）が，当該契約の本来的趣旨を逸脱して行われるような場合には，発注事業者との間に労働契約の黙示的成立を認めることが妥当である（使用者性の否定例に，**case 4-2**・サガテレビ事件のほか，テレビ東京事件・東京地判平成1・11・28労判552号39頁がある。業務請負契約を締結した発注事業者の使用者性の肯定例として **case 4-3**・センエイ事件を参照）。

case 4-3　業務処理請負事業者の提供する労働者らと発注事業者との間の黙示の労働契約の成否（肯定）

センエイ事件・佐賀地武雄支決平成9・3・28労判719号38頁

【事実】　1　A有限会社は，木材製品（合板）の加工・販売を業とするY会社との間に業務請負契約を締結し，Xら18名を平成7年3月～8年9月にかけて採用し，Y会社の製造ラインで合板の製造作業等に従事させた。A会社は，平成8年9月社員総会で解散を決議し，Xらに解雇を通知し，Y会社はXらの工場構内への立入りを禁止した。

2　Xらの就業にはつぎの事実が認められる。①Y会社は，Xらの従事した時間に応じて報酬額を算定し，A会社に支払っていた。②Xらのほとんどは，A会社が公共職業安定所に依頼した労働者募集に応じて採用されているが，採用時にY会社工場長から仕事の概要等に関する説明を受け，同社に履歴書原本を提出した。③Xらは，Y会社の工場従業員と共同して合板加工等の業務に従事した。④作業に必要な用品（安全靴，有機ガス用防毒マスクその他）はY会社が支給し，加工に使用する機械，設備，器材

はY会社が提供した。⑤出勤時間は全就業者について同一の午前7時40分であり，Xらの出退勤時刻はY会社のタイムレコーダーにより記録され，欠勤および早退の届出もY会社に対して行い，時間外労働（残業）の指示もY会社が放送等によって直接指示した。⑥Xらのうち1人（製造一課）はA会社の従業員の指示を受けて作業に従事したが，他はY会社に出向している別会社従業員の指示を受けて作業に従事し，全体をY会社の工場長が指揮していた。

　Xらは，各就労の時点でY会社との間に黙示の労働契約が成立しており，A・Y会社間の業務請負契約は労働者派遣事業法4条3項に違反すると主張し，Y会社の従業員としての地位保全および解雇以後の賃金の仮払いを求めた（本件は仮処分申請事件）。

【判旨】　請求認容

1　「一般に，労働契約は，使用者が労働者に賃金を支払い，労働者が使用者に労務を提供することを基本的要素とするのであるから，黙示の労働契約が成立するためには，社外労働者が受入企業の事業場において同企業から作業上の指揮命令を受けて労務に従事するという使用従属関係を前提にして，実質的にみて，当該労働者に賃金を支払う者が受入企業であり，かつ，当該労務提供の相手方が受入企業であると評価することができることが必要である。」

2　「そこで，前記一〔事実2記載・引用者〕の各事実を前提に，このような意味でのXらとY会社との間の労働契約が成立していたか否かを判断するに」，事実2②～⑥の事実によれば，「XらがY会社の事業場である伊万里工場においてY会社から作業上の指揮命令を受けて労務に従事するという使用従属関係が存在していたというべきであるところ」，事実2①認定のとおり，「その請負代金は，基本的に，作業に従事した労働者の人数と労働時間とで算出されるXらを含むA会社の従業員の受ける賃金の総額と直接関連するものであることを推認することができる上，その額は，実際上Y会社によって決定されていたと評価することができ」る。以上の諸事情を併せ考えると，「Y会社としては，当初から……，A会社をして供給又は派遣させた労働者を使用してその労務の提供を受け，これに対し，A会社を通じて賃金を支払う意思を有し，Xらとしても，Y会社の指揮命令に下にこれに対して労務を提供し，その対価として賃金を受け取る意思があり，したがって，実質的にみて，当該Xらに賃金を支払う者がY会社

であり，かつ，Ｘらの労務提供の相手方がＹ会社であると評価することができるから……両者間には，各ＸらのＹ会社工場における就労開始の時点で，黙示の労働契約が成立したものと，一応，認めることができる。」

【コメント】 判旨は，「使用従属関係」の存在自体から直ちに労働契約の黙示的成立を結論づけてはいない。ＸらとＹ会社との間に使用従属関係の存在することを前提に，Ｙ会社のＡに支払う報酬の計算・決定のあり方を主要根拠にして，ＸらとＹ会社との双方に，就労時において労働契約を成立せしめる黙示の合意（意思）が存在したと判断し，同合意を法的根拠にして労働契約の成立を認めている。入念な論理構成というべきである（同趣旨の裁判例に，安田病院事件・大阪高判平成10・2・18労判744号63頁がある）。

なお，判旨は傍論において，「業務請負契約〔は〕……職業安定法施行規則4条1項各号の要件を満たさなければ，労働者供給事業を行うものとして，職業安定法44条の規制を受けることとなるところ……，右要件の一つである……〔4号〕……については，前記認定の通り，本件におけるＸらの当該作業がこれに該当しないことは明らかである」と述べ，Ａ・Ｙ会社間の本件業務請負契約は，「自己の雇用する労働者を委託企業の事業場において自己の指揮命令下に労働させる形態」の請負契約には当たらない，すなわち職安則4条1項4号の要件を充さないとの判断を示している。

(3) 法人格否認の法理の適用

一 法人格否認の法理とは，「独立の法人格をもっている会社においても，その形式的独立性を貫くことが正義・公平に反すると認められる場合に，特定の事案の解決のために会社の独立性を否定して，会社とその背後にある社員とを同一視する法理」をいう。あるいはつぎのようにも言われている。「法人格否認の法理というのは，ある具体的な問題を解決するために必要な限りにおいて，会社と株主との分離という法人格の機能を否定し，あたかも独立の法人が存在しないかのように考えて法律問題の解決を図るという法理である。したがって，法人格それ自体は何の影響も受けずに存在し続けているのであり，ただ，特定の事実解決のために法人が存在しないかのようなフィクションを用いるにすぎない。」（竹内昭夫『株式会社法講義』〔有斐閣，2001年〕46頁・49頁，傍点は引用者）＊。

＊ いまひとつの説明 「『権利能力なき社団』とは逆に，形式上は法人と

なっていても，実体は，その法人を事実上支配している自然人ないし別の法人（親会社）のあやつり人形に過ぎず〔客観的側面〕，別人格として扱うのが適当でない場合〔価値判断の側面〕に，法人格を否認するという法理がある（法人格否認の法理）。もっぱら商法上の会社で問題となる。」(内田貴『民法Ⅰ（第3版）』〔東京大学出版会，2005年〕222頁，傍点および〔　〕内は引用者)。

二　法人格否認の法理の根拠　「法は団体の価値を評価して法人格を認めるのであるから，法人格を認めるに値しないときはそれを否定するのは，公序に関する政策的判断と考えることができる。」「法が法人格を認めた趣旨に反するような形で利用されている場合には，……特定の問題解決のために法人の独立性を否定する必要があるというのが，法人という制度に内在する公序であると言うことができよう。」(竹内・前掲─『株式会社法講義』49頁，傍点は引用者)。

三　法人格否認の法理の適用要件　上に述べたように，法人格否認の法理は，法人格の形式的独立性を貫くことが正義公平に反すると認められる場合に，特定の事案の解決のために会社の独立性を否定して（会社というベールをはぎ取って），会社とその背後にある者（個人・法人）とを同一視する法理のことであり，その法的根拠は，権利濫用の禁止，信義則，または自然人のほかに団体に権利能力を承認する法人制度の内在的公序に求められている。同法理は，法人格が濫用された場合か，または法人格が形骸化している場合に適用される。

①　濫用による法人格否認の法理は，背後者（個人・法人）が会社を道具ないしダミーとして用い得る支配的地位にあり（支配の要件），かつ法人格利用による法律の回避，契約義務の回避または債権者詐害など違法目的を有する場合（目的の要件）に問題になる。たとえば背後者（個人・法人）が，当該法人または従属会社の組合活動家を追放するために自社を偽装解散し，または従属会社を解散せしめたような場合，法人格否認の法理の適用が可能であり，支配会社（親会社）に雇用義務を課し，あるいは未払賃金の支払いが命令される（中本商事事件・神戸地判昭和54・9・21労判328号47頁）。

②　形骸化による法人格否認の法理は，親子会社間に反復的継続的な業務活動の混同や会社財産の混同が認められ，あるいは親会社が事業資産（会社事務所など）の賃料名義により子会社から利益を吸い上げているような場合や，株主総会の不開催，会計区分の欠如など会社組織に関する強行規定が無視されている場合などに問題になる。そのような場合，子会社の労働者は，背後者（個人・法人）に対し雇用契約上の権利（地位）を主張し，未払賃金・退職金を請求することが可能になる（参照，下井36頁，菅野93頁）。

case 4-4　グループ内支配会社の支配による法人格否認法理の適用（肯定）

黒川建設事件・東京地判平成 13・7・25 労判 813 号 15 頁

【事実】　1　X₁，X₂はそれぞれ昭和 34 年，同 38 年，訴外 A 建設に就職した。A 建設代表取締役は，昭和 40 年代に建築設計施行，マンションビルの建築分譲，不動産仲介等の関連会社を設立し，昭和 52 年には設計業務を行う S 企画設計事務所（以下，S 企画という）および Y₁建設を設立した。Y₁建設を中核会社にする各会社（平成 7 年当時 9 社）はシャトー・グループ会社（以下，S グループ）をつくっている。Y₁建設の代表取締役は元 A 建設の社長（Y₂）であり，S グループの『社主』と称し，グループに属する株式会社の設立および解散をもっぱら独断で決していた。平成 7 年当時，資本金は Y₁建設が 3 億円で突出し，他は 2,000 万～5,000 万円であった。平成 7 年 5 月頃，X₁は S 企画の代表取締役に，X₂は専務取締役に就任した。

2　①S 企画の発行済み株式数はすべて Y₁建設とグループ内 2 社（S 興産と S 殖産）および Y₂が保有し，Y₁建設と S 興産の株式の大半は Y₂の長男が株式の 99％を保有する S 殖産が保有している。②S グループはそれ自体が一企業体をなし，S グループの各社は Y₁建設の一事業部門か支社に位置づけられ，人事および財務は Y₁建設の総務部と財務部（両部は平成 7 年以降は S 殖産内に移行）が一括管理していた。③グループ各社の役員の選任，給与の実質的決定は Y₁建設の Y₂代表取締役が行っていた。④S 企画名義の預金通帳は Y₁建設または S グループの各財務部が保有し，Y₂は本部リーダーとして会社財産を実質上支配，管理していた。⑤各社の代表取締役には一定の裁量権は認められていたものの，工事契約および設計管理契約，1,000 万円を超える融資契約，固定資産売買契約等には Y₂の承認を必要とするなど，その業務執行権限は大幅に制約されていた。⑥S 企画の資産は Y₂の意向により当初から未収金に偏り，極めて実体に乏しく，Y₂は S 企画設立後間もない時期から，多額の架空売上げを計上して決算を粉飾し，大幅な債務超過を隠蔽し，その一方で S グループ会社が使用する建物には市価の 3 倍相当の高額の賃貸料を課すことにより，S 企画に留保されるべき営業利益は Y₁建設に吸収され，Y₂はその会計・財政をほしいままに操作していた。

3　X₁（S グループ勤続約 38 年），X₂（同約 34 年）はともに平成 9 年 4

I　労働契約の意義

月S企画を退職したが，その時点でS企画に対する賃金債権およびSグループ共通の就業規則および内規に定められている従業員としての退職金債権を有していると主張し，Y_1建設及びその社長であるY_2に対し支払いを請求した。Y_1建設・Y_2は，S企画に未払賃金および両名が取締役就任時に退職金債権の存在することは認めたが，Y_1建設，Y_2自身に支払債務は存在しないと主張する。

【判旨】 X_1につき賃金債権約500万円，退職債権約4,234万円，X_2につき同約400万円，同約1,654万円の限度で請求認容

1 「およそ法人格の付与は社会的に存在する団体についてその価値を評価してなされる立法政策によるものであって，これを権利主体として表現せしめるに値すると認めるときに法的技術に基づいて行われるものである。従って，法人格が全くの形骸にすぎない場合，またはそれが法律の適用を回避するために濫用されるが如き場合においては，法人格を認めることは，法人格なるものの本来の目的に照らして許すべからざるものというべきであり，法人格を否認すべきことが要請される場合を生ずる（最高裁昭和44年2月27日第1小法廷判決民集23巻2号511頁参照）。そして，株式会社において，法人格が全くの形骸にすぎないというためには，単に当該会社の業務に対し他の会社または株主らが，株主たる権利を行使し，利用することにより，当該株式会社に対し支配を及ぼしているというのみでは足りず（独禁法〔表記方法は引用者〕9条は他社の事業活動を支配することを主たる事業とする持株会社を原則として適法とすることが参照されるべきである。），当該会社の業務執行，財産管理，会計区分等の実態を総合考慮して，法人としての実態が形骸にすぎないかどうかを判断するべきである。」

2 「S企画は，外形的には独立の法主体であるとはいうものの，実質的には，設立の当初から，事業の執行及び財産管理，人事その他内部的及び外部的な業務執行の主要なものについて，極めて制限された範囲内でしか独自の決定権限を与えられていない会社であり，その実態は，分社・独立前，……と同様，Sグループの中核企業であるY_1建設の一事業部門と何ら変わるところはなかったというべきである。そしてY_2は，そのようなS企画を，同社の代表取締役であった時期はもとより，そうでない時期においても，S企画の代表取締役あるいはY_1建設の代表取締役としての立場を超え，Sグループの社主として，直接自己の意のままに自由に支配・操作して事業活動を継続していたのであるから，S企画の株式会社として

の実体は、もはや形骸化しており、これに法人格を認めることは、法人格の本来の目的に照らして許すべからざるものであって、S企画の法人格は否認されるというべきである。」

3　「本件においては、S企画は、Y_1建設の一営業部門として同Y_1建設に帰属しその支配下にある側面と、同時に、社主であるY_2の直接の支配下に属する側面をも二重に併せ持っていたことからすれば、法人格否認の法理が適用される結果、Yらは、いずれもS企画を実質的に支配するものとして、S企画がXらに対して負う未払賃金債務及び退職金債務について、同社とは別個の法主体であることを理由に、その責任を免れることはできないというべきである。」

【コメント】　本件は、いわゆるグループ企業における支配企業と従属企業の関係の一つの典型であり、従属企業の法人格の形骸化とともに、事実2⑥に認定されているように、粉飾決算および高額の賃貸料による営業利益の吸収など法人格の濫用のケースにも該当するものと解される。

case 4-5　業務委託会社の専属下請け会社に対する支配の存否（否定）

大阪空港事業（関西航業）事件・大阪高判平成 15・1・30 労判 845 号 5 頁

【事実】　Y会社（被控訴人）は、大阪空港で航空貨物の積卸し、機内清掃等の業務を営む会社であり、Xら30名（控訴人）はY会社から手荷物の仕分け・搬送、貨物の搭載、客室の夜間清掃等の業務を受託するA会社の従業員である。平成8年10月、Y会社は業務委託の6割を内社化する旨をA会社に通告し、同社は特段の対策なしに、9年5月、全委託業務をY会社に返上して事業を閉鎖し、従業員全員（当時、75名）に解雇通告、同月中に解散した。Y会社がA会社への委託業務の6割削減を通告したのは、関西国際空港の開港に伴い大阪空港の発着便が減少し人員過剰になったためである。Y会社も200名の人員削減を予定し希望退職者を募集したところ300名超が応じていた。A会社従業員であったXらは、Y会社に対し従業員としての権利（地位）を有することの確認を請求した。1審（大阪地判平成 12・9・20 労判 792 号 26 頁）は請求棄却。

【判旨】　控訴棄却

1　「法人格の濫用による法人格否認の法理は、法人格を否認すること

によって，法人の背後にあってこれを道具として利用して支配している者について，法律効果を帰属させ，又は責任追及を可能にするものであるから，その適用に当たっては，法人を道具として意のままに支配しているという『支配』の要件が必要不可欠であり，また，法的安定性の要請から『違法又は不当な目的』という『目的の要件』も必要とされる。」

「そして，取引行為等から生じる単発的又は定型的な法律関係とは異なり，本件のような雇用関係という継続的かつ一定程度包括的な法律関係の存在を法人格否認の法理を適用して背後にある法人との間で認める場合は，……支配の程度は，上記法律関係の特質にかんがみ，強固なものでなければならず，双方の法人が実質的に全く同一であることまでは要しないとしても，背後にある法人が，雇用主と同視できる程度に従業員の雇用及びその基本的な労働条件等について具体的に決定できる支配力を有していたことを要するものと解される。」

　2　A会社は，Y会社の専属的下請業者であったが，①Y会社との間に株式の保有関係，役員等の人事面の交流はなく，Y会社は株主または派遣役員等を通じて経営方針等を最終的に決定できる地位になく，②A会社の従業員の賃金はY会社の支払う委託代金によって左右されるとはいえ，これはA会社がY会社の専属的下請けであることによるのであり，③個々の従業員の採用，配置，賃金の支給額は，A会社が委託代金の総額の枠内で決定している。また，④従業員の出退勤，休暇などの勤務管理もA会社が独自に行い，⑤A会社とY会社との間に業務の混同はなく，A会社の従業員がY会社の従業員の指揮命令下に作業を行うといった事実も認められない。以上のように，「Y会社のA会社に対する影響力は，取引上の優越的な立場に基づく事実上のものにとどまるものであって，Y会社が上記影響力を行使してA会社の従業員の雇用及びその基本的な労働条件等を具体的に決定することができる支配力を有し，あるいはこれを行使してきたとまで認めることはできないから，法人格の濫用による法人格否認の法理の適用の要件としてのY会社によるA会社に対する支配があったということはできない。」

　3　A会社は，Y会社の従業員で組織するS労働組合のストライキ闘争等に対処する目的として，非組合員（元臨時従業員）によりY会社の協力下に設立された会社であり，A会社従業員の組織する労働組合がS労組の分会に組織化され，Y会社の取締役が両労組の切離しを画策し失敗したこ

とが判明した後，本件業務委託契約の解除が通告されている。関西国際航空の開設にともなう業務量の減少についても，Y会社自身200名の希望退職者募集に対し300名を超える従業員が応じたが，A会社に委託していた業務の縮小は行わず，臨時にアルバイトを増員したりさらにB会社に別途委託したりしている。そうすると，業務委託が打ち切られた時点（平成9年3月末）において専属下請けのA会社への業務委託を打ち切る経済的合理性は乏しく，結局，本件解除は「Y会社がS労組の弱体化を図ることをも目的として実施したものとうかがわれる。」

4　「しかしながら，本件解除の正当性及びその効力の問題は，A会社およびY会社がそれぞれ独立の法人であることを前提とする契約法理の問題であって，法人格否認の法理の適用によるXらとY会社間の雇用関係の存否の問題とは別個の問題であるというべきであり，本件解除の後に，A会社が事業閉鎖・解散に至ったからといって，Y会社によるA会社に対する前記支配力があったとまで直ちに認めることはできない。」

【コメント】　1審は，Y会社のA会社に対する業務委託の削減は単純に人員過剰に基因したものと認定した。さらに，委託業務の遂行過程において「Y会社が特定の作業に従事するA会社従業員個人を特定して委託代金を決定していたとまで認めるに足りる証拠はないし，……A会社の従業員の出退勤の管理はA会社において行っており，その採用や配置・懲戒・解雇などの人事管理もA会社が行っていたのであり，Y会社がこれらに関与していたと認めるべき証拠は存在しない」と述べ，このことをY会社とA会社従業員との間に黙示の労働契約の成立を否定する根拠にした。

本件控訴審判決は，Y会社のA会社に対する業務委託契約の解除に不当労働行為意思が認められるというのであり，法人格の（形骸化ではなく）濫用の成否が問われたというべきである。そして，法人格の濫用ありと言えるためには法人格を否認し得るに足りる「強固の支配」（判旨によれば，雇い主と同視できる程度の支配）の存在が認められる必要があり，これを肯定できない故に，法人格の濫用は事実上の濫用（不法行為）にとどまり，Y会社とXらの法律関係自体には影響を及ぼすに至らないと判断された（判旨1後段部分が重要）。

本件は，子会社（従属会社）の従業員の未払いの賃金，退職金請求権といった個別的労働条件の法的処理が争点の事件ではなく，「継続的・包括的な労働契約関係」の存否が争点となった事案であるために，法人格否認

I　労働契約の意義

> の法理の適用要件（本件では「支配の要件」）がこのように厳格に解釈されたものと思われる（参照，菅野93頁）。しかし，判旨1の判示する「支配の要件」のうちの違法な目的の要件は一応充足されている（業務委託契約の解除における組合嫌悪の意図）ことから，本判決の結論に釈然としないものを感ずる向きもあろうと思われる。

Ⅱ　就業規則法制

1　就業規則の意義

一　就業規則は，産業革命以後，資本主義的生産様式の王国になった大小の工場の発展とともに普及した経営体のルール・ブック（経営の規律および労働条件に関する諸規則・規程集）である。はじめは労働の規律（職場秩序）の定立を狙いにし，次いで重要な労働条件を記載し，次第に近代的経営の包括的な管理システム（機構，人事，財産の保全など）を整える手段として発展した。今日でも，就業規則の持つ，工場事業場の労働条件を統一的，画一的に決定する機能が重視されているが，他方で「労働条件の多層化・個別化」が進行し，次第に個々の労働契約の内容との関係が複雑になってきている。

二　日本における就業規則の歴史は，1911（明治44）年制定の「工場法」（明治44年法律46号）の，1923（大正12）年改正法にさかのぼる。このときはじめて，常時50人以上の「職工」を使用する「工業主」に，①労働時間，②賃金の支払方法・時期，③労働者の食費等の負担，④制裁，および⑤雇用に関する事項を記載した就業規則の作成と行政官庁（地方長官）への届出を義務づけた（変更のときも同じ）。同時に，地方長官が必要に応じ就業規則の変更を命令し得ることも定められた（同法施行令27条の4）。

この時代，就業規則は法律の監督にあたる地方長官に工場監督の補助手段として活用された。

工場法とは別に，鉱業法（明治38年法律45号）は金・銀・鉄・石炭などの「鉱業ニ従事スル労役者」（鉱夫）を使用する「鉱業主」に就業規則の作成を義務づけていた（同法施行規則64条）。後に見る労基法の第9章「就業規則」（89～93条）の諸規定は改正工場法，鉱業法の就業規則法制を継承し発展させたものである。

三　労基法の就業規則に関する各種の規定（89条以下）は，「就業規則を事

業場内における社会的規範と理解する立場で」設けられたとされている。すなわち，「本法の就業規則に関する規定は社会的規範として実在する事業場内の法を実定法で整備し，これについて使用者，労働者の関係を明らかにしたものである。」「事業場内の社会的規範を明確にするため就業規則の作成を義務づけるのは19世紀末葉以来各国労働立法の通例である。」と述べられている（寺本412〜413頁，同〔1948年〕350〜351頁，傍点は引用者）。しかし，社会的規範の拘束性は伝統，慣習，格式などと並ぶ事実上の拘束性にほかならず，それが当然に労使の権利義務の内容になる法的規範性を意味するものではない。

　四　労基法草案の審議を先導した末弘嚴太郎（当時の労務法制審議会会長代理）の就業規則観はつぎのようであった。

「多数の人を使って仕事をしている職場には，その従業員一般が就業上守るべき規律や賃金労働時間その他労働条件に関する具体的細目等を定めた規則が作られているのが通例である。そして，個々の労働者は，各自の労働契約において労働条件その他就業上与えられるべき取扱を細部に亘って一々約定せずとも，かくの如く一般的に定められた規則が自ずから適用されて，その就業に関して取得し又は負担すべき個々の権利義務が定められるのを通例とする。本章が就業規則といっているのは，かかる規則類の総称である。」（末弘b・法時20巻7号36頁，傍点は引用者）。

　五　以上のように，労基法の起草当時，就業規則に関する労基法の諸規定は社会的に実在する「事業場内の法」を「使用者，労働者の関係」を明らかにするものとして整備したもの（寺本），あるいは就業規則によって就業に関し労働者の取得し・負担する個々の権利義務が定められるという「通例」を法制度化したものである（末弘）。末弘によれば，労基法は，就業規則のそうした労働条件に関する現実の規制力に着目し，これに一定の法的効力を付与したものである。末弘にとって，就業規則の法的拘束力の根拠を契約規範のように労使の黙示の合意に求めることは「事実を事実として見て居らない」故であるとされた（末弘嚴太郎『労働法研究』〔改造社，大正15年〕402頁）。そこに後世の学説，判例に巨大な影響力を与えた末弘説の特徴がある。

　六　日本の企業は，1960年代中頃から長期雇用システムの柱である定年制，年功序列型賃金制度，およびそれら諸制度と密接な関連を有する勤続年数積上げ型の退職金制度を見直す動きを活発化させるようになり，しばしば就業規則の変更が行われた。それらの変更は，とりわけ永年勤続労働者の労働条件に深刻な不利益をもたらし，変更に不服の労働者との間で多くの紛争が起きた。こ

のような新就業規則による労働条件の不利益変更は，裁判実務はもちろんのこと，日本の労働法学においても，就業規則の法的性質はどのようなものか（要約すれば，「法規範」か「契約規範」か），就業規則の変更により労働契約の内容である労働条件を労働者の同意なしに不利益に変更できる（要約すれば，就業規則は変更前後を通じて「労働契約規律効」を有する）とすれば，それはどのような法的根拠に基づくのかをめぐる活発な論争を引き起こした。労基法はこのような法律紛争に対処し得る規定を欠いており，他方，就業規則を変更しようとする使用者に義務づけられる事業場の労働者の過半数代表からの意見聴取の手続（労基90条）も，形式の域を出ないものが多かった。判例は学説の提起する法理論的枠組みによりつつ独自の法理を創造し，その跡を膨大な数の裁判例が追った。以下では，はじめに就業規則の作成（変更）等に関する労基法の規定を述べ，次いで就業規則の法的性質および法的拘束力について学説，判例法理の順に検討する。

2 労働基準法の就業規則の作成・変更に関する定め
(1) 作成・届出

一 使用者は，「常時10人以上の労働者」を使用するときは，就業規則を作成し，行政官庁（労働基準監督署長）に届け出る義務を負う（労基89条，罰則120条）。変更の場合も同様である（労基89条本文）。「常時」とは，「常態として」の意味であり，時に退職者がでて10人未満になるときがあっても，常態として10人以上の労働者を使用しているときは，使用者は就業規則を作成する義務がある。また，「労働者」は雇用形態を問わず，パートタイム労働者，派遣労働者も数に数える。もっとも，正規労働者と非正規労働者とに別個の就業規則を作成することは問題ない（菅野102頁）。

二 就業規則に記載が必要な労働条件は，「絶対的必要記載事項」として①広義の労働時間制度，②賃金の決定・計算・支払いの方法および時期・昇給に関する事項，③退職に関する事項（労基89条1〜3号）と，事業場の労働条件の基準として「定めをする」（ルール化する）場合に記載する「相対的必要記載事項」（同3号の2〜10号）とに分かれている。相対的必要記載事項には「前各号に掲げるもののほか，当該事業場の労働者のすべてに適用される定めをする場合においては，これに関する事項」（10号）が含まれる。労基法が記載事項に挙げていない試用期間，休職制度，兼業・競業の制限，配転・転勤，出向・転籍，住宅・教育等融資規程などがこれに当たる（小西ほか〔渡辺〕112頁）。

これらの事項が重要な労働条件であることは疑いなく，法律の不備と言うべきであろう。以上のほか，社訓（社是）のような訓示的規定が記載されることがある（任意的記載事項）。

パートタイム労働者や派遣労働者について，別個に就業規則を作成する場合も以上の記載事項は守られなければならない。ただし，これら労働者の就業規則が作成されておらず，就業規則に適用除外が明記されていない場合でも，直ちに通常の労働者に適用される就業規則が適用されることにはならない（就業規則の規定内容は相互関連性を有する。たとえば所定労働時間・労働日の定めや時間外・休日労働，配転・出向などに関する規定の適用を当然の前提に，賃金その他の給付を定めていると解される場合が多いからである。パートタイム労働者，派遣労働者に対する労働条件の明示ないし明確化ついては下巻第22講Ⅲ2参照）。

(2) 労働者の過半数代表の意見聴取義務

使用者は，就業規則を作成し，または変更する際に，事業場の労働者の過半数代表者の意見を聴かなければならない（労基90条，罰則120条）。その趣旨は，「労働者の発言の機会を保証し労働者が対等の立場に立ち得る如く援助」するためである（立法資料53巻203頁）。労基法90条は，就業規則の一方向的性格を労働条件対等決定の原則（労基2条）の立場から実質的に修正（民主化）したものと解される。行政解釈は，本条の意見聴取は，協議決定を要求するものではなく，意見を聴けば本条違反にならないとしている（昭和25・3・15基収525号）。学説にも，同様の有力説がある（菅野104頁）。しかし思うに，行政解釈は，本条違反として監督官庁が司法警察権（労基102条）を行使しないという態度の表明に過ぎないと解される。就業規則は，その作成，変更により労働契約に重要な影響を与え得るものであるから，労働者の同意までは要求されないとしても，意見のあった事項に関し説明，情報提供または協議の余地を残さないのでは意見聴取の手続（法的制度）に何の意味もなくなり，労働条件の一方的決定性を一層強め，労働条件対等決定の原則（労基2条1項）の趣旨にも反する。

(3) 周　　　知

使用者は，就業規則を所定の方法（作業場の見やすい場所へ備え付け，あるいは書面を交付し，または磁気ディスク等に記録するなど労働者が当該記録の内容を常時確認できる方法）によって，労働者に周知しなければならない（労基106条，罰則120条。周知の方法に関し労基則52条の2。**case 4-6**・フジ興産事件参照）。

(4) 法令および労働協約との関係等

一　就業規則は，法令（法律・命令・条例・規則等）または当該事業場に適用される労働協約に反することはできない（改正前労基92条1項，労契13条）。法令または労働協約に反する就業規則は，その部分について無効である（労働契約の内容になり得ない）。就業規則は使用者が一方的に作成するものである故に，労使の自主交渉の果実である労働協約に劣後して扱われるのは当然である（労組1条・16条参照）。労働基準監督署長は，就業規則の法令，労働協約に反する部分を変更するよう使用者に命ずることができる（労基92条2項，労基則50条）。しかし，労働協約締結組合の組合員でない労働者との関係では当該就業規則は有効である。

二　減給の制裁　　減給（いわゆる「工場罰金」）は，旧時代において労働者に高能率を強制し，職場規律違反を威嚇する手段として猛威を振るった。労基法は，減給の制裁は，1回の額が平均賃金の1日分の半額を超えてはならず，減給の事由が複数存在するときは，減給の合計額が一賃金支払期（たとえば，1ヵ月）に支払われる賃金の総額の10分の1を超えてはならないと規定している（同91条，罰則120条，昭和23・9・20基収1789号）。

case 4-6　周知手続を欠く就業規則に基づく懲戒解雇（無効）

フジ興産事件・最2小判平成15・10・10労判861号5頁

【事実】　Y会社（被控訴人・被上告人）は，大阪市に本社，門真市に「エンジニアリング・センター」を置きプラント設計・施行の事業を営んでいる。Y会社は，労働者代表の意見を聴取して就業規則を作成し大阪西労基監督署長に届け出た。X（控訴人・上告人）は，Y会社の「エンジニアリング・センター」で設計業務に従事していたが，上司の指示に反抗し職場の秩序を乱したとの理由で就業規則の懲戒規定に基づき懲戒解雇された。Y会社は，就業規則を同センターに備え付けていなかった。本件は，懲戒解雇の無効確認，解雇後の賃金および慰謝料等請求事件である。1審（大阪地判平成12・4・28未登載），原審（大阪高判平成13・5・31労判861号8頁）とも，懲戒事由該当行為を認めてXの請求を棄却した。原審は，「就業規則……がセンターに備え付けられていなかったとしても，そのゆえをもって，旧就業規則がセンター勤務の従業員に効力を有しないと解することはでき〔ず〕……センター勤務の従業員についての就業規則が存在しな

かったということはでき〔ない〕」，と判示した。

　【判旨】　原判決破棄，差戻し

　「1　使用者が労働者を懲戒するには，あらかじめ就業規則において懲戒の種別及び事由を定めておくことを要する（下巻 **case 18-1**・国鉄札幌運転区事件・表記方法は引用者）。そして，就業規則が法的規範としての性質を有する（**case 4-9**・秋北バス事件・表記方法は引用者）ものとして，拘束力を生ずるためには，その内容を適用を受ける事業場の労働者に周知させる手続が採られていることを要するものというべきである。

　2　原審は，Yが，労働者代表の同意を得て旧就業規則を制定し，これを大阪西労働基準監督署長に届け出た事実を確定したのみで，その内容をセンター勤務の労働者に周知させる手続が採られていることを認定しないまま，旧就業規則に法的規範としての効力を肯定し，本件懲戒解雇が有効であると判断している。原審のこの判断には，審理不尽の結果，法令の適用を誤った違法があり，その違法が判決に影響を及ぼすことは明かである。」（付番は引用者）

　【コメント】　本件は，就業規則の周知を民事的効力要件と解したはじめての最高裁判決であり実務的にも重要な意義をもつ。周知されない就業規則は，仮に労働者がその内容の一部分を知っていた場合でも，労働契約の内容を規律する効力を有しないと解すべきである（参照，本事件後制定された労契7条・10条）。ただし使用者において，その最低基準効（後記本文Ⅲ1）は保持すると解する。

　周知方法は，実質的周知がなされたと認められるときは，必ずしも労基法，労基則の定める方法（前記本文2(3)参照）に限定する必要はないであろう（山川34頁）。学説には，周知義務を欠く就業規則は最低基準効も否定すべきであるとする主張するものが多い（下井376頁およびそこに掲げられた文献）。周知を欠いた就業規則は法的には元々不存在に等しいと考えれば，このような結論もやむを得ないであろう。しかし，使用者が就業規則の作成・変更および届出などの法的義務を履行し（この点で労基法89条違反の責めは免れることになる），その規定内容の履行を回避すべく，机の中にしまったまま放置するような場合なども併せ考えると，労働者に不利益を生ずるような内容でないかぎり，最低基準効にかぎってはこれを肯定したい。

Ⅲ　就業規則の法的効力および性質

1　就業規則の最低基準効

労基法は，使用者に対し，一定の事項を記載した就業規則の作成と届出（89条・90条），事業場の労働者の過半数代表者からの意見聴取（90条），減給の制裁の制限（91条）および法令・労働協約の優越的効力と行政的監督（92条2項）に関する規定を置き，使用者，労働者の法的関係に関し，①就業規則の定める基準に達しない労働契約の定めを無効とし，②無効となった部分に就業規則で定める基準を適用すると定めた（旧労基93条）。①は強行的効力，②は補充的効力である。これは使用者に，就業規則で決めた基準を個々の労働者との合意によって引き下げるような恣意的な運用をさせないためである。労働契約に対する強行的効力および補充的効力を統合し，就業規則の「最低基準効」という（旧労基法93条は，労働契約法12条に移された）。

労基法の制定時，就業規則のこの労働契約に対する強行的，補充的効力は，「法第13条と同様の趣旨で就業規則が個々の労働契約に対して規範的効力を持つことを規定した。」ものと理解された（寺本422頁，同〔1948年〕360頁）。「法13条と同様の趣旨」とは，就業規則が上に述べた限度で労働契約に対し法規範と同様の最低労働条件基準に対する規律的効力を与えられたことにほかならない。すなわち，労働者が就業規則の定める基準に達しない労働条件に同意しても無効であり，この範囲で労働契約における「合意の原則」は排除される。「この種の定めを許すと，就業規則で一般的の定めをなさしめる目的は全く没却されることとなるからである。」（末弘b・法時20巻7号40頁）＊

　　＊　**就業規則で定める基準に達しない労働条件の定め**　　判例は，年俸制の月払い額を年度途中のある月の25日付で減額する旨決定し，当該月の初日に遡及して減額支払いした事案につき，会社就業規則に「月の途中において基本賃金を変更……した場合は，……同月分の賃金については新旧いずれか高額の賃金を支払う。」との規定が存在することを理由に，減額決定日から当該月末までの賃金については，労働者が同意していると認められる場合でも，（旧）労基93条（労契12条）により，減額措置は無効となり，使用者は無効となった部分について当該就業規則で定める基準（減額されない従前の月払い額）により支払義務を負うと判示している（北海道国際航空事件・最1小判平成15・12・18労判866号14頁。なお，減額月の初日から減額決定日までの賃金については **case 7-6**・シンガー・ソーイング・メシーン・カンパニー事件のコメント参照）。

2　就業規則の法的性質
(1) 問題の所在

就業規則に記載されている労働条件を，就業規則の変更によって労働者に不利益に変更する場合（就業規則の規定根拠なしに実施されている労働条件を，就業規則に新規定を設けて不利益に変更する場合を含む）に関しては，労基法にはなんの規定も置いていない。

問題は2つある。その1は，就業規則の法的性質の問題である。すなわち，元来，就業規則に個々の労働契約の内容を規律する効力（就業規則の労働契約規律効）が認められるとすれば，それは当事者の意思に基礎づけられる契約規範の故か，それとも就業規則があたかも法律と同じように当事者の意思を支配する法規範の故かという問題である。その2は，使用者はいったん就業規則に定めた労働条件を，その後法令・労働協約の定めに反しない限度で労働者に不利益に変更するとき，その変更は当然に労働者を拘束し得るか，それとも労働者の同意その他の要件を具えなければできないか，である。この問題は第1の就業規則の法的性質と密接に関連している。

(2) 就業規則の法的性質論争・その原型

日本の労働法学の先導者である末弘嚴太郎の就業規則の法的性質をめぐる論考は，後の日本の労働法学に大きな影響を与えた。末弘は，就業規則を「家の伝統と慣習，学則，田舎の地方的な各種のしきたり」などの社会的拘束力の淵源と同種のものと解し，就業規則の法的規範性を契約でもなく法規でもない「社会規範としての法律」であり，これに対する裁判所の関与は「単に国家的価値判断に依る sanction を与ふるや否やの問題に止まる」と説いている。そして，それを「強いて法律学上の概念と結合せしめるとすれば」として，法例2条（現行の「法の適用に関する通則法」3条）の「慣習法」に当たると理論構成している（『労働法研究』〔改造社，大正15年〕402頁）＊。また戦後の所論（末弘a 189～191頁）では，就業規則の作成・届出および行政的規制に関する労基法9章の諸規定を就業規則の法的性質の判断と関連づけている。この点は，就業規則を「法的規範」であるとする後述の最高裁判決（特に，**case 4 - 7**・秋北バス事件判旨2参照）の立場に強く影響している。

＊　**慣習法説**　「吾国現行法の解釈として直に此種の考へ方を採用し得べきや否やに付いて疑念を抱く人が多いと思ふ。けれども私は此考へ方と現行法との聯絡は之を法例第二条『公ノ秩序又ハ善良ノ風俗ニ反セザル慣習ハ法令ノ規定ニ依リテ認メタルモノ及ビ法令ニ規定ナキ事項ニ関スルモノニ限リ法律ト同一ノ効力

ヲ有ス』なる規定に求め得ると思ふ。何となれば本条は裁判所が社会的規範の一種である『慣習』に国家的 sanction を与へて国家的強制力を付与する基準を定めたものであり，……『慣習法』と云はるゝものゝ中には広く，実は『社會的規範としての法』が漠然と含まれて居るものと解するのが相当だからである。」(前掲『労働法研究』402頁)。

戦後はつぎのように説いた。就業規則が労働者を拘束する理論的根拠を如何に説明するかについて，「契約内容説」は，簡単に言うと，就業規則は雇主が労働者を雇う契約の内容の一部に含まれているから，労働者の承諾を得たものとみなされる。従って労働者を拘束する力があるとする。「法規説」によると，就業規則は性質上法規だから，労働者がそれを承諾したと否とに拘わらず当然に労働者を拘束する。しかし就業規則は会社の作ったもので本来法律ではないから，この法律的効力は国法が特にそれを認めて付与した結果としてのみ認められるというのである。これはフランス大革命前後から通説となった個人の自由意思を前提とする法律学の考え方を絶対視する結果である。つまり法律家は，人が他から拘束されるのは，その自由意思に基づく合意によるか国法によるか，いずれかでなければならないと考える。この考えを不動の前提にするなら，就業規則の拘束力の説明は，結局上に述べた2つの説以外にないことになる。

しかし，現実はどうであろうか。われわれが生きた社会に活動していると，国法や契約による合意以外に，事実においてわれわれの行動を拘束するものに至るところで出会う。家の伝統と慣習，学則，田舎の地方的な各種のしきたり，それぞれがわれわれに拘束力を及ぼす。

「会社，工場の就業規則も，実はこうした社会的規範の一種にほかならない。」いわば「就業規則は会社，工場の法律である。」法律が一たん制定されると文句なしにそれに従わなければならないごとく，労働者も自分の会社，工場の就業規則に拘束される。かくの如く考えると，就業規則が法律上労働者を拘束するのは当然で，右に説明したような「ややこしい説明」はいらないことになる。「唯かかる就業規則の拘束力を無条件に認めると，会社が一方的に労働者に不当な拘束を加えるようなことが起こるから，国法によってこれに監督を加えねばならないという問題であって，労働基準法9章の規定もその目的から設けられたものである。」(末弘 a189～191頁，大部分は原文どおり，傍点は引用者)

(3) 法規説・契約説

― 法規説　　法規説のなかには，就業規則は経営という部分社会の慣習法であると説く前述の「慣習法説」のほかに，使用者は経営統制権に基づき経営内の法規範を設定し得るという古典的な「経営権説」などがあったが，戦後初期には「保護法授権説」が有力であった。同説は，労使間には真の合意が存在しない故に，労基法は労働保護の目的から，それ自体としては法規範性をもたない就業規則に対し93条により法的効力を付与(法認)した，したがって保護

法原理と矛盾する不利益変更は法的拘束力をもたないと説いた（沼田稲次郎『就業規則論』〔東洋経済新報社，1964年〕172〜174頁）。

二　今日の法規説では，「法的効力付与説」が有力である。同説は，保護法授権説を再構成し，就業規則は労基法93条により，使用者自身をも拘束するものであることが明らかにされ，同条によって，労働者保護を図る目的で就業規則に法規範類似の効力が付与されていると説く。併せてその法的効力は，事業場の労働者の労働条件の最低基準として法規範的効力をもつにすぎないとも説く。また，就業規則そのものは労働条件の決定は労働契約によるべしという労働条件対等決定原則（労基2条1項）を根拠にして，労働契約に化体することを通じて（端的に言えば，労働契約の内容になることを通じて・引用者）労働条件を規定すると説いている。この結果，就業規則が労働者の不利益に変更されても，変更前の就業規則により形成されている労働契約は，労働者の同意のないかぎり当然に変更されないという（西谷敏「就業規則」片岡曻ほか『新労働基準法論』〔法律文化社，1982年〕454頁・463頁・505頁）＊。

　＊　**私見**　就業規則は，事業場の労働者の労働条件の最低基準を規律するためであるにしても，労基法93条が就業規則に法規範性を付与していると解するのであれば，就業規則の変更の効力は当該法規範自体の変更問題として効力要件を考える必要がある。それを労働者の同意が不可欠であるという契約説的な変更要件を持ち込む論法には疑問が残る（参照，渡辺章「労働法理論における法規的構成と契約的構成」労働77号〔1991年〕19頁注22）。本説は，就業規則の最低基準効と就業規則の法的性質論を切り離した上で，契約説の一種としての労働契約化体説と位置づけるのが妥当と思われる。

三　契約説
ア　「事実たる慣習説」

「事実たる慣習説」によれば，就業規則は労働契約のひな形であり，それが労働契約の内容になるのは，「一般的な労使関係のうちに，労働者が，とくに反対の意思を示さない限り，就業規則の内容が個々の労働契約の内容になるということ，すなわち『就業規則による』という『事実たる慣習』（民92条）が成立していることに，その根拠を求めるべきである。」そして，使用者が就業規則を変更することは自由であり，労働者が黙って変更された内容にしたがって働いておれば，これを承認したものと解されるが，「就業規則の変更に反対な労働者は，前の労働契約の内容にしたがって労務を提供しておればよ〔い〕」。すなわち使用者は，就業規則の変更によって「すでに締結している労働契約の

内容を当然には変更しえない」と説いた（石井 a 126 頁・132 頁，石井 b 245 頁・258 頁）。

　イ　「狭義の契約説」

　就業規則の法的効力は，一般的・抽象的には労使の合意により労働契約の内容になるという論理をもって根拠づけるほかないが，その場合就業規則の各条項の法的効力ないし法的妥当性というべきものの実質的ないし具体的な根拠を追及する必要があると説く。そこで，変更の効力については，著しく不利益な労働条件を一方的に課するものではなく，しかも十分な合理性を持った就業規則の変更は，個々の労働者の同意がなくても労働契約を変更する効力を有するとする。

　では，この就業規則による労働条件の「変更の効力」と上に述べた就業規則の「法的性質」論との関係はいかに理論構成すべきか。狭義の契約説は，「事実たる慣習」のロジックを用いた理論構成には賛成できないとし，労働契約においては一般に，就業規則の改訂により労働契約の内容を一定の合理的範囲内で，かつ合理的方法で変更することにつき，労働者はあらかじめ使用者に黙示の承諾を与えていると考えるほかないと説く（下井 367 頁以下・388 頁以下）＊。

　　＊　**労働者の承諾**　私見は，就業規則の「法的性質」に関する狭義の契約説の理論構成に賛同する。しかし「変更の効力」については，変更の必要性および変更後の当該条項に合理性が認められることを前提に，個々の労働者のあらかじめの「黙示の承諾」を擬制する方法ではなく，事業場の労働者の一般的意思（多数意思）によって変更が受容されるよう，使用者が現実に行った手続の適正性および労働者による変更の受容の状況（有無，程度）によって，当該事業場の労働者の一般的意思（多数意思）が承諾を与えたと解し得るか否かを判断するという理論構成をとりたいと思う。最高裁判決も，変更後の就業規則条項が合理的なものであることを条件にした上で，「個々の労働者において」これに同意しないことを理由として，その適用を拒否することは許されない（**case 4-7**・秋北バス事件）とするに止まり，事業場の労働者が一般的，全体的に同意していないと認められる場合についてはその判断の射程を及ぼしてはいないことに注意したいのである（渡辺章「就業規則と労働契約」企業法学 4 号〔商事法務研究会，1995 年〕83 頁・90 頁以下参照）。

　ウ　「定型契約説」

　定型契約説はまず，最高裁判決の打ち出した「労働条件を定型的に定めた就業規則は，……それが合理的な労働条件を定めているものであるかぎり，経営主体と労働者との間の労働条件は，その就業規則によるという事実たる慣習が

成立しているものとして，その法的規範性が認められるに至っている（民法92条参照）」との理論構成（**case 4 - 7**・秋北バス事件の判旨1）および「当該事業場の労働者は，就業規則の存在および内容を現実に知っていると否とにかかわらず，また，これに対して個別的に同意を与えたかどうかを問わず，当然に，その適用を受けるものというべきである。」（同判旨3）との理論構成に関し，普通契約約款の法的性質に関する通説的見解（事前の開示と内容の合理性を条件に利用者の知・不知を問わず拘束力を認め，その根拠に「約款による」という事実たる慣習の存在を援用する）を就業規則に適用したものであるとの理解（下井隆史「就業規則の法的性質」現代講座10巻〔1982年〕293頁）に注目する。その上で，同判旨は，「就業規則の定めがそれに反対の意思を明確に表示した者まで拘束するとは述べていない」との理解に立って，上記最高裁判決における「『法的規範性』とは普通契約約款としての法的規範性（その内容に合理性があり，内容が開示されているかぎり，黙っている者を拘束してしまう法的規範性）と解することが可能」であると説く（菅野〔初版，1985年〕92頁以下，同〔2版，1988年〕81頁以下で「定型契約説」と命名された）。

この就業規則の「法的性質」論と就業規則の「変更の効力」との関係はいかに理論構成されるべきか。最高裁判決は，変更後の就業規則の条項は「合理的なものであるかぎり，個々の労働者において，これに同意しないことを理由として，その適用を拒否することは許されない」と判示している（**case 4 - 9**・秋北バス事件判旨1）。定型契約説も，この点は契約説の枠を明確にはみ出していると指摘する。しかし，問題処理の枠組み自体としては，労働条件や職場規律の統一的処理という事業経営の必然的要請を考慮し，「法規説や契約説における硬直的な処理基準にかえて，労働者の利益を擁護しつつ事業経営上の必要性にも考慮を払った具体的な処理をはかるものである。」と肯定的に評価する*。

  *　就業規則の法的性質論・判例法理　　最高裁判決（**case 4 - 7**・秋北バス事件）が明らかにした就業規則の法的性質は，就業規則の存在および内容について労働者が「知っていると否とにかかわらず」と言うだけでなく，これに対して「個別的に同意を与えたかどうかを問わず」，当然に，その適用を受けるものと言うのである。それは，「黙っている者」を拘束してしまうだけでなく，「反対の意思を明確に表示した者」をも拘束するものとして判示されている。それ故，それは普通契約約款の法理の枠内に収まらない。以前に私が，「就業規則の法的性質に関する判例の立場は，私には遂に理解することのできない内容である」と述べたのはこの故でもあった（「労働法理論における法規的構成と契約的構成」労働77号

〔1991年〕13頁)。定型契約説は，このことをはっきりと指摘しつつも，適切な立法の存在しない状況の下で，上に述べたような意味での現実的な「問題処理のわく組」として肯定的に評価したものと理解できよう。いずれにせよこの法理論問題は労働契約法の制定により一応の解決が図られた（労働契約については後記V参照）。諸学説を簡潔に整理した労作に唐津博「就業規則の法的性質」争点16頁，学説史の観点から入念な分析をした近年の文献として野田進「就業規則」季労166号（1993年）149頁，中村和夫「就業規則論」籾井常喜編『戦後労働法学説史』（労働旬報社，1996年）755頁などの優れた論文がある。

3　判例法理
case 4-7　就業規則の法的規範性（肯定）

秋北バス事件・最大判昭和43・12・25民集22巻13号3459頁

【事実】　Y会社（控訴人・被上告人）は，昭和32年4月，これまでの従業員は満50歳をもって停年とする制度を改正し，それまで停年制のなかった主任以上の職にある者を含めて満55歳を以って停年とする旨変更した。X（被控訴人・上告人）の入社当時は就業規則に停年の定めは存在せず，上記の変更前の旧規則に置かれていた50歳停年制は，主任以上の者に適用されていなかった。Y会社は，変更後の就業規則の定めに基づいて当時営業所次長であったXが55歳に到達したとして，同年4月1日，同月25日付で退職を命ずる旨の解雇通知をした。そこでXは，55歳停年制を定める新就業規則の右条項に同意を与えた事実はなく，同規定は自分に対し効力が及ばないと主張し，就業規則変更の無効および雇用関係の存在の確認等を請求した。1審（秋田地判昭和37・4・16民集22巻13号3494頁）はXの請求を認容し，雇用関係の存在を確認したが，原審（仙台高秋田支判昭和39・10・26民集22巻13号3499頁）は1審判決がXの請求を認めた点を取り消した。

【判旨】　上告棄却
就業規則の法的性質に関する判旨部分は以下のとおりである。
1　「元来，『労働条件は，労働者と使用者が，対等の立場において決定すべきものである』（労働基準法2条1項）が，多数の労働者を使用する近代企業においては，労働条件は，経営上の要請に基づき，統一的かつ画一的に決定され，労働者は，経営主体が定める契約内容の定型に従って，附従的に契約を締結せざるを得ない立場に立たされるのが実情であり，この

労働条件を定型的に定めた就業規則は、一種の社会的規範としての性質を有するだけでなく、それが合理的な労働条件を定めているものであるかぎり、経営主体と労働者との間の労働条件は、その就業規則によるという事実たる慣習が成立しているものとして、その法的規範性が認められるに至っている（民法92条参照）ものということができる。」

2 そして労働基準法は、以上のような実態を前提にして、後見的監督的立場に立って、就業規則に対する規制と監督に関する定めをしているのであり（89条・90条・91条・92条・106条。なお15条参照）、「これら定めは、いずれも、社会的規範たるにとどまらず、法的規範として拘束力を有するに至っている就業規則の実態に鑑み、その内容を合理的なものとするために必要な監督的規制にほかならない。このように、就業規則の合理性を保障する措置を講じておればこそ、同法は、さらに進んで、『就業規則で定める基準に達しない労働条件を定める労働契約は、その部分については無効とする。この場合において無効となった部分は、就業規則で定める基準による。』ことを明らかにし（93条）、就業規則のいわゆる直律的効力まで肯認しているのである。

3 右に説示したように、就業規則は、当該事業場内での社会的規範にとどまらず、法的規範としての性質を認められるに至っているものと解すべきであるから、当該事業場の労働者は、就業規則の存在および内容を現実に知っていると否とにかかわらず、また、これに対して個別的に同意を与えたかどうかを問わず、当然に、その適用を受けるものというべきである。」（付番は引用者）

反対意見（裁判官横田正俊，大隅健一郎）

「就業規則と労働契約の関係を考えるに、就業規則は、これに基づいて個々の労働者との間に労働契約が締結されることを予定して使用者が作成する規範であって、そのままでは一種の社会的規範の域を出ないものであるが、これに基づいて労働契約が締結されてきたというわが国の古くからの労働慣行に照らせば、使用者としてはこれに基づく労働契約の締結に強い期待をかけることができるのであり、基準法が就業規則の作成、変更に当り労働者の意見を聴くべきものとしている（90条）のも、これに基づいて労働契約が締結される蓋然性を打診させるためのものと解することができる。

そして、前述の労働慣行は単なる事実たる慣習に過ぎないものであり、

法たる効力を有するに至ったものとはとうてい認められないので，法律的にこれを観れば，社会規範たる就業規則は労働者の合意によってはじめて法規範的効力を有するに至るものと解するのが相当である。

　もっとも，前述の労働慣行に照らせば，労働者が就業規則のあることを知りながら労働契約を締結したときは，就業規則についても合意したものと解してさまたげなく，また就業規則が変更された場合にも，これに対し異議がないと認められる場合には，その変更に合意したものと解するのが相当である。しかし，就業規則の変更について労働者に異議があると認められる場合には，使用者は，異議のある労働者に対してはその変更をもって対抗しえないものといわなければならない。このように解するときは，異議の有無により労働者の間に労働条件の統一，画一が保たれないという不都合を来すことになるが，その不都合は，法規範的効力のない就業規則の改正によって安易に事を処理しようとした使用者においてその責を負うべきもののように考える。」

反対意見（裁判官色川幸太郎）
「多数意見は，事実上の慣習が成立しているが故に，ただそれだけの理由で，その慣習が法的規範になるとしているかの如くである。しかし，……事実たる慣習が，法的規範となるためには，労使の一般的な法的確信によって支持せられ，両者の規範意識に支えられていることのために，契約当事者に対して強行せられるものでなければならないのである。もともと労働条件は，『労働者と使用者が，対等の立場において決定すべきもの』（労働基準法2条。以下，基準法という。）である。これは，ひとり国家による要請であるのみならず，漸次成長しつつある労働者の規範意識であると認めることができるのである。したがって，労働条件が使用者の一方的に定める就業規則による，という事実たる慣習は，法的確信の裏付けを欠くが故に，とうてい法的規範たり得るものではない。多数意見が，何らの論証をも用いることなく，民法92条を引用しただけで，事実たる慣習が成立していることから直ちに，法的規範性の存在を認めていることには，納得し難いものがあるのである。」

「仮に多数意見のいうように，前示の事実たる慣習が何らかの理由で法的規範性を取得したとしても，……労働契約の締結にあたり，使用者と労働者との間の労働条件は（多数意見によれば，それが合理的な労働条件を定めているものである限り），使用者の定めた就業規則による，というだけの

ことなのである。就業規則そのものが事実たる慣習でないことは，多言を要しないところであるから，就業規則自体は法的規範性を取得するものではない。いわば，内容を白地とし，その白紙部分の補充は使用者の一方的決定にまかされているという意味においての外枠のみが，法的規範であるにすぎない。……而も，何故に，『経営主体が一方的に作成し，かつ，これを変更することができることになっている』就業規則が，法的規範性をもち得るのかという理由づけにいたっては，ついにこれを窺い知ることができないのである。」

【コメント】　1　本件判旨1のいう「事実たる慣習」は，民法92条の「事実たる慣習」そのものではなく，それに一種特別の効力を付加した「事実たる慣習」であると言うほかない。本件判旨は当事者の一方が「同意を与えたかどうかを問わず，当然に，その適用を受ける」点で特殊労働法的「事実たる慣習」を根拠にして，就業規則の法的規範性を承認したものと解する以外にない。

判旨1は，就業規則の法的規範性の根拠にした「事実たる慣習」（民法92条の表題は「任意規定と異なる慣習」と口語化されている）について，直截に「（民法92条）」とせず，「（民法92条参照）」としているが，このことは以上の理由に基づくものではないかと推測するほかない。これを要するに，本判決は実定法（民法92条）そのものではないが，それを「参照」しつつそれに近い性質の特殊労働法的「事実たる慣習」を創造し，これに立脚して就業規則の法的規範性を承認したという意味で法創造的判決というべきである。

2　最高裁判決がそうした法創造的理論構成をとるに至った根本は，近代企業における「経営の要請」，すなわち労働条件の統一的，画一的決定（定型的決定）という要請である。しかし，統一的，画一的決定といっても，使用者の一方的決定には変わりなく，不利益変更に不同意の労働者にも当然に拘束力を及ぼすほどに強力な法的根拠たり得るのか疑問なしとしない（参照，渡辺章「労働法理論における法規的構成と契約的構成」労働77号〔1991年〕13〜14頁）。

3　判旨は，就業規則に係る上記の「事実たる慣習」は，「経営主体と労働者との間」に存在するという。では，この「事実たる慣習」は，経営主体と事業場の労働者集団（組織）との間には存在するのか。この点は，つぎの4の問題と関連する。

4 　判旨3は，労働者は「個別的に同意を与えたかどうかを問わず」，その適用を拒否できないという。では，労働者の過半数代表が，あるいは当該事業場の多数の労働者がまとまって（組織的な意思として）反対する旨を意思表示した場合はどうか。本件判旨はこの点について判断の射程を及ぼしていないと解される（詳しくは，渡辺章「労働契約と就業規則」企業法学4号〔商事法務研究会，1995年〕83頁）。

5 　反対意見（裁判官横田正俊，大隅健一郎）はいわゆる「契約説」であり，法理論として透明性がある。「就業規則の改正によって安易に事を処理しようとした使用者」との意見部分は，労働条件の集合的決定・変更の実務に関連し，現実的意義を失っていない。「安易」でない方法とは，労働組合または事業場の労働者の過半数代表との協議交渉など，一方的でない，双方向的な労働条件の決定・変更の方法を意味することは言うまでもない。いまひとつの反対意見（裁判官色川幸太郎）は，本判決が民法92条の事実たる慣習を就業規則の法的規範の根拠としていると解釈し，これに鋭い原理的批判を展開するものであり，法理論的にはこの意見の方が正しいと言わざるを得ない。本コメント1において，法廷意見は民法92条の事実たる慣習の法理と異なる特殊労働法的な事実たる慣習の法理を創造したものと解したのはこの故である（参照，水町勇一郎・百選7版54頁）。

case 4 - 8 　健康管理規程に基づく受診命令に従うべき労働契約上の義務（肯定）

電電公社帯広電通局事件・最1小判昭和61・3・13労判470号6頁
【事実】　1　Y公社(民営化前の電信電話公社，控訴人・上告人)の職員として電話交換業務に従事していたX（被控訴人・被上告人）は，昭和49年7月，頸肩腕症候群と診断され，Y公社の健康管理規程に定める指導区分のうち最も重い「療養」に当たる要管理者とされ，その後症状の推移に応じて「勤務軽減」，「療養」，「要注意」等の指導区分の変遷を繰り返し，昭和50年9月には業務上災害に認定され災害補償給付を受けた。Xは整形外科医院に通院し月12，13回ないし20回程度の通院治療を受け，また市内の治療院において月2，3回ないし9回程度「あんま，マッサージ」の施術を受けていた。しかし，昭和50年2月以降症状の改善がなく，本件

戒告処分（事実2）の当時も，労務軽減措置により，電話番号簿の訂正等の軽易な事務のみに従事し，電話交換の本来作業に従事できないでいた。

2　Y公社は，発症後3年経過後も症状の軽快しない労災認定の職員について，従業員の組織する労働組合北海道地方本部との間に労働協約を締結し，Y公社の経営する病院で総合精密検査を受けさせることに決し，昭和53年9月および10月の2度，Xに対し2週間Y公社の病院に入院し頸肩腕症候群の総合精密検診を受けるよう命令した。しかし，Xは同病院を信頼できない，業務災害の認定を解除されるおそれがあるとの理由で受診を拒否した。Y公社は，Xの受診拒否は就業規則の懲戒事由「上長の命令に服さないとき」に該当するなどとして戒告処分に付した。本件はその無効確認請求事件である。

3　Y公社がXにした精密検診受診命令では，整形外科，内科，精神科，精神神経科等で検診を実施し，その所見を総合的に検討することとしていた。1審（釧路地帯広支判昭和57・3・24労民集34巻4号639頁）は，Xが要求したにもかかわらずY公社が検診項目を明らかにしなかったことを理由に，本件業務命令を無効と解した。原審（札幌高判昭和58・8・25労民集34巻4号629頁・労判415号39頁）は，Y公社の受診命令は労働者の「医師選択の自由」を侵害し，検診期間中の私的生活を制限され，検診において身体的侵襲を受け，個人の秘密が知られるなど重大な制約を伴うことになり，Y公社は他に合理的理由がない限り受診を義務づけることはできないとして同処分を無効と判示した。Y公社が上告。

【判旨】　原判決破棄，Xの請求を棄却

1　（業務命令服従義務に関する部分）「一般に業務命令とは，使用者が業務遂行のために労働者に対して行う指示又は命令であり，使用者がその雇用する労働者に対して業務命令をもって指示，命令することができる根拠は，労働者がその労働力の処分を使用者に委ねることを約する労働契約にあると解すべきである。すなわち，労働者は，使用者に対して一定の範囲での労働力の自由な処分を許諾して労働契約を締結するものであるから，その一定の範囲での労働力の処分に関する使用者の指示，命令としての業務命令に従う義務があるというべきであり，したがって，使用者が業務命令をもって指示，命令することのできる事項であるかどうかは，労働者が当該労働契約によってその処分を許諾した範囲内の事項であるかどうかによって定まるものであって，この点は結局のところ当該具体的な労働契約

の解釈の問題に帰するものということができる。」

2　（就業規則の法的性質，判旨1に続く）「ところで，労働条件を定型的に定めた就業規則は，一種の社会的規範としての性質を有するだけでなく，その定めが合理的なものであるかぎり，個別的労働契約における労働条件の決定は，その就業規則によるという事実たる慣習が成立しているものとして，法的規範としての性質を認められるに至っており，当該事業場の労働者は，就業規則の存在及び内容を現実に知っていると否とにかかわらず，また，これに対して個別的に同意を与えたかどうかを問わず，当然にその適用を受けるというべきであるから〔case 4-7・秋北バス事件判決・表記方法は引用者〕，使用者が当該具体的労働契約上いかなる事項について業務命令を発することができるかという点についても，関連する就業規則の規定内容が合理的なものであるかぎりにおいてそれが当該労働契約の内容となっているということを前提として検討すべきことになる。換言すれば，就業規則が労働者に対し，一定の事項につき使用者の業務命令に服従すべき旨を定めているときは，そのような就業規則の内容が合理的なものであるかぎりにおいて当該具体的労働契約の内容をなしているものということができる。」

3　Y公社の就業規則は，「職員は，心身の故障により，療養，勤務軽減等の措置を受けたときは，衛生管理者の指示に従うほか，所属長，医師及び健康管理に従事する者の指示に従い，健康の回復につとめなければならない。」と定め，「健康管理規程」は，①職員は健康管理従事者の指示もしくは指導を誠実に遵守すべき義務を明らかにし，②健康指導区分が「要管理者」とされた職員は，健康管理従事者の指示に従い，自己の健康の回復に努めなければならないこと等を規定している。これらはいずれも合理的なものというべきであるから，「右職員の健康管理上の義務は，Y公社とY公社職員との労働契約の内容となっているというべきである。」（判旨の表題および付番は引用者，本件懲戒処分の有効性に関する判断部分は省略）

【コメント】　1　法的規範は，法的規範であること自体のうちに拘束力の淵源をもっている。したがって，就業規則を法的規範と解する一方で，就業規則の労働者に対する拘束力の法的根拠を「労働契約の内容をなす」ことに求めることは，理論構成の整合性に問題があることになる。この意味で本件判旨2は，秋北バス事件の法廷意見（法的規範説）を契約論的に再構成したものであり，「就業規則の規定内容（は，それが）合理的なもの

であるかぎりにおいて当該具体的労働契約の内容をなしている」として，就業規則の法的拘束力の根拠を法規的構成の法理から契約的構成の法理に変更し，実質的に修正したものと解される（case 4-7・秋北バス事件のコメント 4 の渡辺章「労働契約と就業規則」企業法学 4 号 85 頁以下）。

2　本件判旨が就業規則の規定内容について判示する「合理的なもの」とは，就業規則の変更による労働条件の引下げ（不利益変更）の有効要件としての合理性とは異なり，就業規則の規定内容自体の合理性を意味している。一般に契約法の原則では，契約内容は当事者の合意により定まり，当該合意が瑕疵ある意思表示または公序良俗違反でないかぎり，法律効果（権利義務）は合意内容に即して生じる。その点で，当該合意の内容が「合理的なもの」であるか否かは直接には関係しない。では，なぜ判旨は労働契約の内容をなすものに「合理的なもの」との要件を課すのであろうか。それは，就業規則が使用者によって一方的に作成されるものであり，経験則上労働条件を労使が対等の立場で決定（合意）すること（労基 2 条 1 項参照）は困難であると考え，この点について司法の積極的関与，介入の余地を残す必要があると考えたからであろう。case 4-7・秋北バス事件の判旨も，「労働条件を定型的に定めた就業規則は，……それが合理的な労働条件を定めているものであるかぎり，経営主体と労働者との間の労働条件は，その就業規則によるという事実たる慣習が成立しているものとして，その法的規範性が認められる」と判示していたことが想起される。もっとも，就業規則の規定内容自体の合理性判断の一般的な基準なり要素については，労働条件の不利益変更の場合と比べると，十分な検討がなされるに至っていないことに留意すべきである（本件以外の就業規則の規定内容の合理性判断の例に case 8-10・日立製作所武蔵野工場事件がある。この点を含めて浜村彰・百選 6 版 48 頁，盛誠吾・百選 7 版 56 頁参照）。

Ⅳ 就業規則の不利益変更の法的効力

1 判例法理
case 4-9 労働条件の不利益変更（55歳停年制の新設）の効力（肯定）

秋北バス事件・最大判昭和43・12・25民集22巻13号3459頁
　【事実】　case 4-7参照。
　【判旨】　上告棄却
　1　「おもうに，新たな就業規則の作成又は変更によって，既得の権利を奪い，労働者に不利益な労働条件を一方的に課することは，原則として，許されないと解すべきであるが，労働条件の集合的処理，特にその統一的かつ画一的な決定を建前とする就業規則の性質からいって，当該規則条項が合理的なものであるかぎり，個々の労働者において，これに同意しないことを理由として，その適用を拒否することは許されないと解すべきであり，これに対する不服は，団体交渉等の正当な手続による改善をまつほかはない。そして，新たな停年制のごときについても，それが労働者にとって不利益な変更といえるかどうかは暫くおき，その理を異にするものではない。」

　2　労働契約における停年制の定めは一種の労働条件であるが，「労働契約に停年の定めがないということは，ただ，雇用期間の定めがないというだけのことで，労働者に対して終身雇用を保障したり，将来にわたって停年制を採用しないことを意味するものではなく，俗に『生涯雇用』といわれていることも，法律的には，労働協約や就業規則に別段の規定がないかぎり，雇用継続の可能性があるということ以上に出でないものであって，労働者にその旨の既得権を認めるものということはできない。……また，およそ停年制は，一般に，老年労働者にあっては当該業種又は職種に要求される労働の適格性が逓減するにかかわらず，給与が却って逓増するところから，人事の刷新・経営の改善等，企業の組織および運営の適正化のために行なわれるものであって，一般的にいって，不合理な制度ということはできず，本件就業規則についても，新たに設けられた55歳という停年は，わが国産業界の実情に照らし，かつ，Y会社の一般職種の労働者の停年が50歳と定められているのとの比較権衡からいっても，低きに失するものとはいえない。……以上の事実を総合考較すれば，本件就業規則条項

は，決して不合理なものということはできず，……信義則違反ないし権利濫用と認めることもできないから，Xは，本件就業規則条項の適用を拒否することはできないものといわなければならない。」

反対意見（裁判官横田正俊，大隅健一郎）

契約の本質論に照らせば，「使用者が就業規則により一方的に決定し，または変更する労働条件が，当然に，すなわち労働者の意思いかんを問わず，労働契約の内容となって労働者を拘束するというような見解は，たやすくこれを肯認することはできない。」「保険契約の場合と異なり，……労働契約の具体的内容の決定は労使の合意にまつのが本筋であり，国家は，労働法が現に定めているような最小限度の規制の範囲をこえ，労働契約の内容の適否，合理性の有無などを論じて，みだりにこれに干渉すべき筋合いのものではないのであるから，保険契約の場合との間に相違が生ずるのはむしろ当然」である。すなわち，「就業規則の変更について労働者に異議があると認められる場合には，使用者は，異議のある労働者に対してはその変更をもって対抗しえない。」

反対意見（裁判官色川幸太郎）

「多数意見は，就業規則の定める労働条件は定型であり，労働契約は一種の附従契約であるかの如く主張する。その当否は別として，もしそうだとすれば，労働契約が締結された場合，右の定型たる労働条件は，当該労働契約の内容を充填したわけであるから……，それを当事者の一方が相手方の意思を無視して変更し得るというのは，およそ近代契約法原理の許容するところではないと考えるべきではあるまいか。」

「労働契約締結の際に存在した就業規則所定の労働条件部分は，契約の内容に化体したものであるから，一旦成立，確定した契約内容を，当事者の一方がほしいまゝに変更しうべき道理はないのである。就業規則所定の労働条件部分を一方的に変更し，これを公にする行為は，既成の契約内容を変更したいという申入れ以外の何ものでもない。相手方たる労働者がこれに同意を与えない以上，当該変更部分は法律的拘束力を生じないのである。……そもそも使用者が，一旦約束した労働条件を，一方的に労働者の不利益に変更しようとすることは，たとえそれが客観的条件の変動に起因するにせよ，労働者から見れば一種の食言なのであるから，反対の声のあがることも当然なのである。この場合，使用者としては労働者ないし労働組合に対し，誠意を尽くして説得に努むべきであって，その努力を怠った

ときは勿論，説得がついに不成功に終った場合でも，そのために労働条件の画一性を欠くという経営の蒙る不利益は，使用者の甘受せざるを得ないところともいえるのである。」

　【コメント】「55歳停年制」を新設した本件就業規則条項の合理性を肯定する法廷意見の判旨は，会社の都合（経営の要請）を過剰に強調しており，「総合考較すれば」と言いつつ，その適用を受ける労働者側の考慮すべき事項（本件「停年」のない主任以上への地位の期待信頼の強さ，その地位を得るべく払った在職期間中の努力，長期勤続による職業的能力の特性化（他社では通用度が低い），高齢化による転職の困難性，無所得になる停年後の生計費の確保と安定への要請などなど）に関し，きちんと正面を向いて検討しているとは思えない。確かに判旨は，Y会社が不十分ながら停年後の再雇用の特則を設けており，Xに対しても嘱託として再雇用する旨の意思表示がなされていることなどを認定しているが，これら事情はXが新停年制の定めに拘束されることを前提にしたものであり，「苛酷な結果」を幾分緩和するため以上のものではない。これらをもって労使の利害の真の「総合考較」と言い得るのか，私見はその論旨の具体的妥当性に強い疑問を禁じ得ない。

case 4-10　退職給与規程所定の支給倍率を低減する就業規則の変更の効力（有効）

大曲農業協同組合事件・最3小判昭和63・2・16民集42巻2号60頁

　【事実】旧S農協ほか7農協は，昭和48年8月合併しY農協（被控訴人・上告人）を新設した。Xら3名（控訴人・被上告人）は，旧S農協から引き続いてY農協の職員になったが，昭和53年，55年，56年にそれぞれ定年により退職した。Y農協は，昭和49年「職員退職給与規程」を作成し，新たに退職金の支給倍率を設定し，これを合併時に遡って適用した。その結果，Xら3名は退職給与の支給額算定に際し，旧S農協の退職金支給倍率より低い支給倍率を適用された（合併した他の旧6農協はY農協の定めた退職給与に従って給与規程と退職給与規程を改正したが，それより有利な支給倍率を定めていた旧S農協職員については旧規定の改正が実現していなかった）。本件は，Xらが旧S農協の退職金支給倍率の計算額とY農協の

「退職給与規程」の定める支給倍率との差額（約130万〜180万円弱）の支払いを求めた事案である。1審（秋田地大曲支判昭和57・8・31労判450号76頁）はY農協が新規定により旧S農協の規定をXらに不利益に変更したことについては合理的な理由があったとし、Xらの請求を棄却した。原審（仙台高秋田支判昭和59・11・28労判450号70頁）は新規程への変更の合理性を否定し、Xらの請求を認容した。

【判旨】　原判決破棄、Xらの控訴棄却

1　当裁判所は、case 4-9・秋北バス事件判決によって、就業規則の変更により労働者に不利益な労働条件を一方的に課することに関し判断を示した。「右の判断は、現在も維持すべきものであるが、右にいう当該就業規則が合理的なものであるとは、当該就業規則の作成又は変更が、その必要性及び内容の両面からみて、それによって労働者が被ることになる不利益の程度を考慮しても、なお当該労使関係における当該条項の法的規範性を是認できるだけの合理性を有するものであることをいうと解される。特に、賃金、退職金など労働者にとって重要な権利、労働条件に関し実質的な不利益を及ぼす就業規則の作成又は変更については、当該条項が、そのような不利益を労働者に法的に受忍させることを許容できるだけの高度の必要性に基づいた合理的な内容のものである場合において、その効力を生ずるものというべきである。」

2　①Xらの給与は7農協合併後の給与調整により増額され、実際の退職時の基本月俸額に所定支給率を乗じて算定される退職金額としては、支給率の低減による見かけほど低下しておらず、Xらの受ける不利益の程度は、各請求額よりはるかに低額なものであること、②合併後のY農協においてXら従前の旧S農協職員とその他の職員との退職金格差をそのまま放置することは組合の人事管理に著しい支障を生ずること、③前記①の合併後の給与調整により、調整後の給与を基準に算定され支払われた退職時までの賞与、退職金に反映された分を含めると、おおむねXらの本件請求金額程度に達していること、「右のような新規程への変更によってXらが被った不利益の程度、変更の必要性の高さ、その内容、及び関連するその他の労働条件の改善状況に照らすと、……新規程への変更はXらに対しても効力を生ずるものというべきである。」

【コメント】　本件判旨は、秋北バス事件判決を踏襲し、就業規則の不利益変更の合理性を変更の必要性および内容の両面から判断すべきものとし、

変更が効力をもつための要件として「労働者が被ることになる不利益の程度を考慮しても，なお当該労使関係における当該条項の法的規範性を是認できるだけの合理性を有するもの」との，基本的フレイムワークを示した。その上で特に，「賃金，退職金など労働者にとって重要な権利，労働条件」については，当該条項が，そのような不利益を労働者に法的に受忍させることを許容できるだけの「高度の必要性に基づいた合理的な内容のもの」である場合において，その効力を生ずると判示した。特に，これら「労働者にとって重要な権利，労働条件」の不利益変更の合理性に関しては，厳格な審査を行うべきであるとするものである。この法理を明確にした本判決は，この後再三にわたり引照されるようになった。賃金，退職金と並ぶ「労働者にとって重要な権利，労働条件」の範囲の検討が必要であることも，本判決の提起した重要問題である（村中孝史・百選6版50頁参照）。

case 4-11 「55歳定年制・58歳まで再雇用」の「60歳定年・55歳以降の年間給与を54歳時基準の63〜67％に減額」への変更（有効）

第四銀行事件・最2小判平成9・2・28民集51巻2号705頁

【事実】　Y銀行（被控訴人・被上告人）では，昭和56〜57年にかけて労働大臣や新潟県知事から強い要請を受け，行員の約90％を組織する労働組合と交渉し，労働協約を締結して，55歳定年制（以下「旧制度」）を改め，昭和58年4月から定年年齢を60歳に延長した。旧制度では，健康な男子行員は55歳定年後も58歳までは「在職を命ずることがある。」とされ，過去16年の間に男子行員の約93％が定年後も在職した。本件60歳定年制は，同時に給与規定，退職金規定の変更を伴い，55歳以降は本俸と役付手当の減額，定期昇給不実施，賞与の減額などを行い，定年延長後の55歳以降の年間給与は54歳時の63〜67％とされた。また，旧制度下の3年間（55〜58歳）の延長在職期間の賃金総額は2,871万円のところ，60歳定年制度の下で55歳から58歳までに受ける賃金総額はこれより943万円（約33％）低減した。昭和4年11月4日生れのX（控訴人・上告人）は，昭和28年にY銀行に入職し，就業規則の変更の1年半後に55歳に達し，平成1年11月4日60歳で定年退職した。本件は，Xが旧制度による賃金との差額の支払を求めた事案である。1審（新潟地判昭和63・6・6労判

519号41頁）は，就業規則の合理性を否定した上で，労働協約の拡張適用（労組17条参照）によりXの請求を棄却した。原審（東京高判平成4・8・28労判615号18頁）は，就業規則変更の合理性を肯定してXの控訴を棄却した。

【判旨】 上告棄却

1　case 4-10・大曲農業協同組合事件判旨1と同旨の判旨に続いて，「右の合理性の有無は，具体的には，就業規則の変更によって労働者が被る不利益の程度，使用者側の変更の必要性の内容・程度，変更後の就業規則の内容自体の相当性，代償措置その他関連する他の労働条件の改善状況，労働組合等との交渉の経緯，他の労働組合又は他の従業員の対応，同種事項に関する我が国社会における一般的状況等を総合考慮して判断すべきである。」

2　本件就業規則の変更は，健康な男子行員にとっては「定年後在職制度の下で58歳まで勤務して得られると期待することができた賃金等の額を60歳定年近くまで勤務しなければ得ることができなくなるというのであるから，……実質的にみて労働条件を不利益に変更するに等しいものというべきである。」

3　本件就業規則の変更による不利益はかなり大きい。しかしながら，当時（昭和58年頃），60歳定年制の実施のために定年延長は「高度の必要性」があり，従前の定年である55歳以降の賃金水準を見直すことにも「高度の必要性」があり，その円滑な実施のために全行員の賃金体系・賃金水準を抜本的に改めることをせず，従前の定年である55歳以降の労働条件のみを修正したことも，やむを得ない。

4　本件就業規則の変更は，行員の90％（50歳以上の行員についていえばその60％）を組織する労働組合との交渉，合意を経て労働協約を締結した上で行われており，「変更後の就業規則の内容は労使間の利益調整がされた結果としての合理的なものであると一応推測することができ」る。

5　「以上によれば，本件就業規則の変更は，それによる実質的不利益が大きく，55歳まで1年半に迫っていたXにとって，いささか酷な事態を生じさせたことは想像するに難くないが，原審の認定……の諸事情を総合考慮するならば，なお，そのような不利益を法的に受忍させることもやむを得ない程度の高度の必要性に基づいた合理的な内容のものであると認めることができないものではない。

上告理由の指摘するとおり，不利益緩和のため，55歳を目前に控えており，本件定年制の実施によって最も現実的な不利益を受ける者のために，定年後在職制度も一定期間残存させ，55歳を迎える行員にいずれかを選択させるなどの経過措置を講ずることが望ましいことはいうまでもない。しかし，労働条件の集合的処理を建前とする就業規則の性質からして，原則的に，ある程度一律の定めとすることが要請され，また，本件就業規則の変更による不利益が，合理的な期待を損なうにとどまるものであり，法的には，既得権を奪うものと評価することはできないことを考え合わせると，本件においては，このような経過措置がないからといって，前記判断を左右するとまではいえない。」

上記判旨5の部分に関する反対意見（裁判官河合伸一）

「本件就業規則の変更は，Xに対し，現実に多大な損失を蒙らせるものであるとともに，それを直接に埋め合わせる代償措置にはほとんど見るべきものがなく，全体として，Xに対し，著しい不利益を及ぼすものであった。

　もっとも，そのことから直ちに，右変更の効力が否定されるものではない。使用者による労働者の解雇が制限され，終身雇用が一応の前提とされてきた我が国の労働事情の下では，企業の存続ないし発展は個々の労働者の利益にもつながるものと観念される面があるから，就業規則の変更が企業の存続ないし発展のために必要かつ合理的なものである限り，たとえそれが個々の労働者にとって不利益を伴うものであっても，当該労働者においてこれを受忍せざるを得ない場合があるからである。……本件就業規則変更は，企業ないし労働者全体の立場から巨視的に見るときは，その合理性を是認し得るものである反面，これをそのまま画一的に実施するときは，一部に耐え難い不利益を生じるという性質のものであった。一般に，このような矛盾は制度の新設・変更の場合にしばしば生じるものであって，その合理的解決のためには，一部に生じる不利益を救済ないし緩和する例外的措置（以下，「経過措置」という。）を設けることが通常と考えられるところである。」

　55歳定年・3年在職制度の適用を受けることに対するXの期待は「権利ないし法的地位」に極めて近接した面のあったことは否定できず，「経過措置」（Xと同様の状況にあるものがそれほど多くない場合は，従前と同じかまたは一部修正した定年後在職制度を選択させることなど）を設けないまま

一律適用を内容とする本件就業規則の変更は、「Xに対する関係では合理性を失い、これをXに受忍させることを許容することはできないと判断すべきであった。」

【コメント】　1　本件判旨1は、就業規則変更の合理性を「必要性と内容の両面から」吟味するという基本的判断枠組みの下で、合理性の具体的考慮要素を述べたものであり、同種の問題をめぐるこれまでの最高裁判例の「到達点」とも言われ（菅野107頁）、きわめて重要な意味をもっている。

判旨1の指摘する合理性の考慮要素は多様であるが、そのなかの「労働組合等との交渉の経緯」（判旨4）に関しては、後に、従業員の73％を組織する労働組合と合意された、高齢職員（55歳以上）の賃金削減について、労働組合の同意を大きな考慮要素とすることはできないとした判決（みちのく銀行事件・最1小判平成12・9・7民集54巻7号2075頁）がある一方、多数組合が強く反対した週休2日制に伴う労働日の所定労働時間延長については協議が十分でなかったことを勘案しても、変更に合理性があるとした判決があり（函館信用金庫事件・最2小判平成12・9・22労判788号17頁）、考慮要素としての扱いが不安定である。

さらに、本件は就業規則の変更によって直接大きな影響を受ける労働者に対し「経過措置」を設けずに適用した事案であり（判旨5）、その故に反対意見（裁判官河合伸一）が付されている。しかし、上記みちのく銀行事件では「不利益制を緩和する経過措置を設けることによる適切な救済」の必要性を説いており、この点でも本件判旨1は実質的に修正されている（荒木尚志・百選7版60頁以下、唐津＝和田〔根本到〕86頁以下参照）。

2　判旨1は、労働契約法の「就業規則による労働契約の内容の変更」とタイトルされている規定（10条）の原型になった（本講Ⅴ(2)ウ参照）。本件判旨の提示している「合理性」基準およびその「具体的判断」に関しては柳屋孝安〔判批〕ジュリ1135号220頁に簡潔にまとめられている。

2　判例法理の問題点および合理性判断の視角

(1)　基本的視点

一　就業規則による労働条件の不利益変更に関する判例法理の基本的な判断の枠組みは、①使用者が新たな就業規則の作成・変更によって、既得の権利を奪い、労働者に不利益な労働条件を一方的に課することは、原則として、許さ

れない*。②しかし，労働条件の集合的処理，特にその統一的かつ画一的決定を建前とする就業規則の性質にかんがみ，当該規則条項が合理的なものであるかぎり，個々の労働者においてこれに同意しないことを理由としてその適用を拒むことはできない。③当該規則が合理的なものであるとは，その作成・変更の必要性および内容の両面からみて，労働者の被る不利益の程度を考慮しても，なお法的規範性を是認し得るだけの合理性を有するものであることをいう。④特に，賃金，退職金など労働者の重要な権利，労働条件に関し実質的不利益を及ぼす就業規則の作成・変更については，当該条項は「高度の必要性」に基づいた合理的な内容のものでなければならない。

* **就業規則の作成による労働条件の変更** 判例は，「作成」の場合も含めていることから，就業規則の根拠規定なしに実施されている労働条件を就業規則の作成により変更する場合にも，以下述べるところが妥当することになる。

二 就業規則の不利益変更の労働契約規律効に関する以上の判例の理論構成は，日本の長期雇用システムのもとで雇用の維持と事業経営の情勢適応性を調和させる法理として，実質的妥当性が認められるとする見解が多数である。また，今日では，就業規則の不利益変更が労働契約規律効を有する場合の要件が労働契約法10条（後述Ⅴ(2)ウ）に定められるに至っているため，以上のような就業規則による労働条件の不利益変更について理論的構成を議論する実益は小さくなったとする見解もある（山川36頁）。

三 不利益変更後の就業規則の合理性は，前出の諸々のcaseほかの判例により，具体的には，変更の必要性のほか，①就業規則の変更によって労働者が被る不利益の程度，②変更後の就業規則の内容の相当性，③代償措置その他関連する他の労働条件の改善状況，④労働組合との交渉の経緯，⑤他の労働組合または他の従業員の対応，⑥同種事項に関する日本の社会における一般的状況等を総合考慮して判断すべきもの，と解されている（タケダシステム事件・最2小判昭和58・11・25労判418号21頁，第一小型ハイヤー事件・最2小判平成4・7・13労判630号6頁，みちのく銀行事件・最1小判平成12・9・7民集54巻7号2075頁参照）。

しかし，これら合理性判断の諸要素の重みの序列や相互関連性，および総合考慮のあり方（ある要素を欠く場合，または不十分なとき，合理性の全体判断にどう影響するかなど）は明らかではなく，現に最高裁，高裁の判断はこのフレイムワークの下で二転三転しており，労働条件の不利益変更の法的効力という重要問題のルールとして透明性（予測可能性）や法的安定性に欠けているとの批

判を免れない（荒木尚志・百選 7 版 61 頁，東大・注釈労基法〔下〕〔荒木尚志〕967 頁以下参照）。以下，特に重要と考えられる多数労働者の同意および不利益性の緩和措置に関して，項を変えて若干の私見を述べる。

(2) 多数の労働者の同意

判例は，変更の必要性および変更後の内容に合理性（相当性）が認められる場合は，「個々の労働者において」同意しないことを理由に適用を拒むことはできないとしており，就業規則の労働契約規律効について，「就業規則の内容が合理的なものであるかぎりにおいて当該労働契約の内容になっている」という理論構成（**case 4-8**・電電公社帯広電通局事件の判旨 2）の立場を採る以上，事業場の多数の労働者の同意を得られない就業規則の不利益変更については，その必要性および合理性に関し，労使間の利害調整が未成熟なものとして，これを「一方的に課することは，原則として許されない」との原則的立場（**case 4-9**・秋北バス事件の判旨 1 参照）に帰る必要がある。それ故使用者は，当該不利益変更が事業場の労働者の一般的意思（多数意思）によって受け入れられているとの事実（過半数代表者の支持を受けたこと）を証明する責任を負うべきものと解される。使用者が団体交渉など労働組合との間に利害調整を行ったと認められる場合でも，なお過半数組合の同意が得られないときは，当該変更を行うことは許されないと解する。使用者はこの場合，新たに不利益の軽減，経過措置，代償措置等を行い，過半数組合の賛同を得られるように努めるほかない。

(3) 不利益性の緩和

就業規則を不利益に変更する規定が，その必要性および内容の両面で合理性を認められる場合でも，それをそのまま適用すると特定の労働者（たとえば，高年齢層）に特に大きな不利益を与えることがある（**case 4-11**・第四銀行事件における 55 歳以上の高齢労働者の場合を想起せよ）。そのようなときは，信義則上，その不利益を緩和する代償措置を定めるか，または激変緩和のための相当期間内の段階的適用など肌理の細かい経過措置が講ぜられるべきである（経過措置の必要性に関し，前出みちのく銀行事件が参考になる）。

このような配慮を欠いた就業規則の不利益変更は，たとえ企業全体からみて合理性を肯定できても，当該不利益変更を適用される労働者との関係においては，労働条件の決定における信義則（労基 2 条 2 項，労契 3 条 4 項）に抵触し，効力を認めるべきではない（部分的適用無効）。判例には，定年年齢と退職金支給率を同時に引き下げ，変更時点での定年年齢到達者を退職扱いにし，変更後

の低支給率により退職金を支払うという不利益変更に関して，変更自体の合理性は認められるものの，退職金の減額は，変更前の支給率で計算した額を下回る限度で合理性を認めがたいと判断したものがあり，今後の一つの参考例となろう（**case 6-8**・朝日火災海上〔高田〕事件）＊。

＊ **特定の個人に対する不利益変更後の就業規則条項の遡及適用**　就業規則による労働条件の不利益変更が信義則違反とされた典型とも言える事例に，東朋学園事件・東京高判平成18・4・19労判917号40頁がある。この事件は，勤務時間短縮措置による育児時間を取得した場合も賞与の支給条件に関し欠勤扱いしていなかったY学園（控訴人）が，就業規則を変更し，賞与の算定において勤務時間短縮措置による育児時間の取得を欠勤として扱い，当該変更以前にその措置を受けたX（被控訴人）についても遡って不利益を及ぼすよう変更したというものである。判旨は，そうした変更自体は許されるとしても，そのような不利益扱いは前もって従業員に対して周知されるべきであって，このような規定のなかったときに勤務時間短縮措置を受けた従業員にまで遡って不利益を及ぼすことは，信義誠実の原則に反して許容することができないとした。

V　就業規則の労働契約規律効

労働契約法は，就業規則と労働契約との関係に関し，以上述べた判例法理を参考にしつつ，労働条件について就業規則の基準が労働契約の内容となる場合の要件等を定めている（本法については，「労働契約法の施行について」平成20・1・23基発0123004号〔以下，施行通達〕がある。基本文献の若干は第1講12頁に掲げたが，それらに加えて，「逐条解説」労旬1669号7頁以下，土田道夫「労働契約法の解釈」季労221号〔2008年夏季号〕4頁〔以下，土田・解釈で引用〕，山川隆一「労働契約法の制定」労研576号〔2008年7月〕4頁以下〔以下，山川・制定で引用〕を参照）。

1　労働条件の決定について
(1)　労働契約成立時における労働条件の合意
一　労働契約法は，「労働契約の成立」とのタイトルの下に，「労働契約は，労働者が使用者に使用されて労働し，使用者がこれに対して賃金を支払うことについて，労働者及び使用者が合意することによって成立する。」と規定している（6条）。本条は，民法623条の「雇用」の定義にならって，労働契約の成立要件を定めた規定である。したがって本条は，労働契約の成立時における労

働条件の具体的内容の決定に関するルールを直接定めた規定ではない。労働契約法は、労働契約を締結する場合における労働条件の決定に関しては、後に述べる7条以外には格別の規定を置いていない。しかし、同法は、その目的規定において労働契約が当事者の「自主的交渉の下で……合意により成立し、又は変更されるという合意の原則」を定めていること（同1条）、また労働契約を「締結し、又は変更」することについて労使の対等の立場における合意の原則を定めていること（同3条1項）、加えて使用者は、労働契約の締結に際し、労働条件を明示することを義務づけられていること（労基15条1項、罰則120条）を総合して考えると、労働者および使用者が労働契約を締結する場合において、その「使用」および「賃金の支払い」その他の労働条件について一定の合意がなされることを当然に予定しているものと解される。労働契約の成立時に労働条件に関して行われるこのような合意は、労働契約法6条の効果として労働契約の内容になる。なお、本条の賃金は労基法11条の賃金と同義である（施行通達第2の2(2)エ、第3の2(1)エ）。

　二　労働契約の成立の合意と併せて、使用者が採用者に「労働条件は当社就業規則の定めるところによる。」旨合意させることがある。就業規則は、元来事業場の労働者に周知され（**case 4-6**・フジ興産事件）、かつその規定内容が合理的なものであるかぎりにおいて労働契約の内容となるものである（**case 4-8**・電電公社帯広電通局事件）。したがって、上記のような包括的合意の存在する場合も、当該就業規則の各条項は合理性の司法審査に服する。

(2)　**労働契約の締結時における就業規則による労働条件の決定**

　一　労働契約法は、「労働者及び使用者が労働契約を締結する場合において、使用者が合理的な労働条件が定められている就業規則を労働者に周知させていた場合には、労働契約の内容は、その就業規則で定める労働条件によるものとする。ただし、労働契約において、労働者及び使用者が就業規則の内容と異なる労働条件を合意していた部分については、第12条に該当する場合を除き、この限りでない。」と定めている（7条）。本条は、労働契約を締結する場合に、労使の格別の合意を必要とせずに、就業規則で定める労働条件が労働契約の内容になる場合の要件を定めた。すなわち、**case 4-7**・秋北バス事件最高裁判決は、「労働条件を定型的に定めた就業規則」について、「それが合理的な労働条件を定めているものであるかぎり」と限定した上で、事実たる慣習（民92条参照）によってその法的規範性を認めたが、その後、**case 4-8**・電電公社帯広電通局事件において「就業規則の内容が合理的なものであるかぎり」との限

定を承継しつつ,「それが労働契約の内容となっている」との判断を示した。本条は,このように判例の説くに至った契約説的構成に基づく就業規則の法的効力を法規定化しており,これに「周知」要件 (**case 4-6**・フジ興産事件参照) を付加してリステイトメントした内容となっている (ただし書の趣旨は後述)。

　二　本条の「就業規則」とは,労働者が就業上遵守すべき規律および労働条件に関する具体的細目を定めた規則類をいい,労基法上の就業規則 (労基89条以下) と同じものである (施行通達第3の2(2)イ(エ))。しかし,その記載事項が,労基法上の就業規則に記載すべき事項 (絶対的必要記載事項・相対的必要記載事項) のすべてを記載していなければならないものではない。

　本条の定める「労働条件」は,労基法の定める就業規則の記載事項,換言すれば,事業場の制度としての意味をもつ労働者の待遇に関する基準がこれに当たる。①外国研修費用の貸与,②退職後の競業避止義務,③住宅ローンの融資,④社宅・寄宿舎の入居条件などに関する事項は,個々の労働契約に付随して合意の対象になり得る事項ではあるが,特定の労働者との間に行われる特段の合意によって実施されるものであり,性質上本条の労働条件には含まれない (①②につき同旨,荒木=菅野=山川98頁,山川・制定9頁,土田・解釈21頁)。

　三　使用者が労働者に周知する就業規則は,「合理的な労働条件が定められている就業規則」でなければならない。この場合の合理性は就業規則を変更することの合理性と異なり,就業規則の定める労働条件の内容自体の合理性である。それは当該条項ごとに,具体的事実関係を踏まえて考えるほかない。その際は,それら労働条件が使用者の一方的設定によるものであることを考慮し,適用に当たっては実質的妥当性,適切性を吟味する必要がある (その一端は **case 4-8**・電電公社帯広電通局事件および **case 8-10**・日立製作所武蔵野工場事件を参照)。

　四　本条の「就業規則を労働者に周知させていた場合」の周知の相手方は,事業場の労働者と採用される労働者の両方を含む (施行通達第3の2イ(オ)(カ))。周知の方法は,労基法の定める方法 (労基106条,労基則52条の3) のほか,労働者が知ろうと思えばいつでも就業規則の存在や内容を知ることができるようにしておく方法 (実質的周知) で足りる (施行通達同箇所)。

　五　以上の条件を具えることにより,「労働契約の内容は,その就業規則で定める労働条件による」(労働契約規律効が発生する) ことになる。個々の労働者との合意は必要としない。「その就業規則で定める労働条件によるものとす

る」とは，当該労働条件が労働契約の内容になる（労働契約の内容に「化体」ないし「融合」する）ことを意味する。それ故，当該就業規則がなんらかの事情で失効しても労働契約の内容には消長を来さない。

六　本条の労働契約規律効は，労働者及び使用者が「就業規則の内容と異なる労働条件を合意していた部分」には適用されない（労契7条ただし書）。これを要するに，周知され，合理的な労働条件を定めている就業規則は，その内容と異なる個々に合意された労働条件と並んで労働契約の内容になる。もっとも，個々に合意された労働条件が就業規則の基準に達しない場合は，無効なものとして，当該就業規則の定める基準による。このことはこれまでと変わりない（労契12条，旧労基93条）。

2　労働条件の変更について
(1)　合意による変更

一　労働契約法は，労働条件を変更する労使間の合意に関し2とおりの方法を規定する。その1は，労使が労働条件の変更を合意すること。ことばを換えれば，労働条件の変更の効力は労使の合意を要件にして生ずる。すなわち，「労働者及び使用者は，その合意により，労働契約の内容である労働条件を変更することができる。」（8条，以下，「8条合意」ともいう）　その2は，労使が就業規則の変更による労働条件の変更に合意すること。ことばを換えれば，労働条件の変更の効力は労使の就業規則の変更の合意を要件にして生ずる。すなわち，「使用者は，労働者と合意することなく，就業規則を変更することにより，労働者に不利益に労働契約の内容である労働条件を変更することはできない。ただし，次条の場合は，この限りでない。」（9条，以下「9条合意」ともいう，後述）

8条合意と9条合意との違いは，労働条件の変更手段（方法）の違いであり，就業規則を変更手段にしない場合（8条合意）とする場合（9条合意）との違いである。9条は，同8条と異なり，使用者は，就業規則を労働者と「合意することなく，……変更することができない」と確認的規定形式をとっているが，これは使用者が就業規則の変更により労働条件を一方的に変更してきたこれまでの法律紛争の経緯に照らして，こうしたやり方を認めないとの原則を明確にするためである。

二　結局，労働契約法上，労働契約の内容となる労働条件は，その変更の場合を含めて，つぎのように決定される。

①　労働契約成立時の「使用」および「賃金」に関する一定程度の具体的合意（6条，以下「6条合意」ともいう）
②　労働契約の締結時に，合理的な労働条件を定め，かつ周知された就業規則の定め（7条）
③　労働契約の展開過程での，労使の労働条件を変更する旨の合意（8条）
④　労働契約の展開過程での，労使の就業規則を変更する旨の合意（9条本文）
⑤　労働契約の展開過程で一定の要件を充たすことにより適法に変更され，周知された就業規則の定め（10条本文）
⑥　就業規則の定める労働条件であるが，当該就業規則の変更によっては「変更しない」旨の特約（変更排除特約，同10条ただし書）。なお，前言したように（本講Ⅲ1），上記②または⑤の就業規則で定める基準に達しない労働条件を定める労働契約は，その部分について無効とされ，就業規則で定める基準によることになる（12条。参照，施行通達第3の3⑵ウ）。

　三　上記③の8条合意および④の9条合意は，労働条件の変更に関する労働契約法の基本原理（合意の原則，1条・3条1項）の確認的規定の地位を占める。労使は，就業規則に定めた労働条件を含めてすべてを合意により変更できる。もっとも労働契約法12条（前述）に該当する場合は無効である。特に8条合意は，①就業規則の作成義務のない常時10人未満の労働者を使用する事業場で，就業規則を作成していない場合の労働条件の変更（労基89条参照）や，②労働契約で就業規則の基準より有利な労働条件を定めている場合の変更に大いに活用されるであろう。

　四　使用者において，労働条件の変更権を留保する旨の「変更権付与の包括的合意」は有効であろうか。労働契約に配転命令権や時間外労働命令を定めておく例を挙げて，これを肯定する見解がある（荒木＝菅野＝山川112頁）。しかし，一般的，包括的な変更権付与の合意は，これら個別の労働条件の変更権付与の合意と異なり，当該変更権付与条項自体については，具体的，実質的な妥当性，適切性を判断する余地は存在しない。したがってそのような合意は認めるべきではないと解する。

⑵　就業規則による労働条件の不利益変更の「原則」
　一　労働契約法9条本文（上記④）は，case 4-9・秋北バス事件判決の判旨1（新たな就業規則の作成又は変更によって，既得の権利を奪い，労働者に不利益な労働条件を一方的に課することは，原則として，許されない）の趣旨を確認し

た規定である（施行通達第3の4(1)ア）。本条のただし書はその法理の例外を定めるものであり，使用者が一定の要件の下に，「労働者と合意することなく，就業規則を変更することにより，労働者に不利益に……労働条件を変更すること」ができることを定める次条につながる。

　二　9条合意は，就業規則の変更に係る合意であるから，その一方当事者は，当該就業規則の適用事業場の労働者の全体であり，その合意は集団的（集合的）合意である。就業規則の変更を個々の労働者との間で合意することはあり得ない。労働者の集団的（集合的）合意の形式は口頭または書面を問わないが，合意形成に当たって不利益変更の必要性や変更後の就業規則の内容等に関し十分な説明，資料の提供，協議など「労働者及び使用者の自主的な交渉の下で」（労契1条参照）形成されたと認められる道程を経ている必要があるであろう。なお，「労働者の不利益」は必ずしも事業場の労働者全体に共通の不利益である必要はなく，その一部，または個々の労働者にとっての不利益でもよい（参照，施行通達第3の4(2)ウ）。

　三　9条合意が成立した場合は，不利益に変更された労働条件が労働契約の内容になる。その拘束力の法的根拠は当該合意であり，就業規則の変更の合理性の要件は必要とされない（荒木＝菅野＝山川116頁以下）。しかし，就業規則の規定は合理的な内容のものであるかぎりにおいて労働契約の内容となるものであるから，変更後の就業規則の内容自体の合理性，相当性は当然に司法審査の対象になる。

(3) 労働契約展開過程における就業規則の変更（9条合意による変更の例外）

　一　使用者は，9条合意によらず，就業規則を変更することにより，労働契約の内容である労働条件を変更することが可能である。しかしそのためには，変更後の就業規則を労働者に周知させ，かつ当該就業規則を変更することが合理的な場合でなければならない。就業規則変更の合理性は，つぎの諸点を基準に判断される。すなわち，①労働者の受ける不利益の程度，②労働条件の変更の必要性，③変更後の就業規則の内容の相当性，④労働組合等との交渉の状況，⑤その他の就業規則の変更に係る事情である（10条本文）。ただし，「労働契約において，労働者及び使用者が就業規則の変更によっては変更されない労働条件として合意していた部分については，第12条に該当する場合を除き，この限りでない。」（同条ただし書）

　学説には，本条の「就業規則の変更」は，変更一般を言い，不利益変更にかぎらないと主張するものがあるが（土田・解釈18頁），本条は9条の不利益な

変更の合意の例外として規定されており（同条ただし書），変更の合理性の第一の考慮要素は「労働者の受ける不利益の程度」とされているのであるから，不利益変更（ないし，不利益の生ずる可能性のある変更）の要件規定であることは疑いない。

　二　本条は，変更の合理性をこれまでの判例で示された考慮要素を参考にして，上記一①〜⑤のように整理している（施行通達第3の4(3)オ(カ)）。特に「労働者の受ける不利益の程度」は「変更の必要性」の前に置かれており，他の考慮要素に優先する要素として最も重要視されている。

　三　本条の例示する考慮要素のうち，②「労働条件の変更の必要性」については，「賃金，退職金など労働者にとって重要な権利，労働条件に関し実質的な不利益を及ぼす就業規則の作成又は変更」の場合は，「そのような不利益を労働者に法的に受忍させることを許容できるだけの高度の必要性に基づいた合理的な内容のもの」でなければならないとされており（**case 4-10**・大曲農業協同組合事件），本条の「変更の必要性」はこの高度性の趣旨を含んでいる（施行通達第3の4(3)オ(カ)）。

　四　本条の例示する考慮要素には，**case 4-11**・第四銀行事件判決の例示する考慮要素のうちのいくつかが明記されていない。そのため同判決の「代償措置その他関連する他の労働条件の改善状況」および「同種事項に関する我が国社会における一般的状況等」は本条の③「変更後の就業規則の内容の相当性」の一内容としてカウントされる。さらに事情により「不利益制を緩和する経過措置を設けること」（みちのく銀行事件・最1小判平成12・9・7民集54巻7号2075頁）もこの範疇で考慮要素とされる。

　また，④「労働組合等との交渉の状況」には，**case 4-11**・第四銀行事件判決の例示する「他の労働組合又は他の従業員の対応」がカウントされる。その他の事情は，⑤「その他の就業規則の変更に係る事情」としてカウントされる（以上につき施行通達第3の4(3)オ。なお，根本到「逐条解説」労旬1669号43頁は，10条に規定されない考慮要素はすべて上記⑤に含めて考慮されるとする）。

　五　労働契約法は，就業規則の存在していない事業場の使用者が，新たに就業規則を作成し，既存の労働条件を不利益に変更する場合に関しては規定を置いていない。しかし，この場合にも本条が類推適用される（荒木＝菅野＝山川132頁，山川・制定12頁，土田・解釈18頁）。

　六　本条の「就業規則」，「周知」の意義については前言した（本講Ⅱ2(3)）。

　七　本条ただし書は，就業規則の不利益変更法理を適用し得ない例外の場合

について規定している。個別の特約は，労働契約で就業規則より有利な労働条件を定める場合のほか，就業規則と同基準でありながらそれを有利に運用する場合（年俸額を特に向こう3年間下方修正しないとか，配置転換は実施するが本人の同意なしには単身赴任させないなど）を含む。従来，この種の特約を個々にする例はあまり例を見ないが，今後雇用形態の多様化，業務の高度専門化，労働条件の選択的個別化といった傾向が進むにしたがって，こうした特約も増加するであろう。本条ただし書は，就業規則によっては変更し得ない個別特約の効力を正面から認め，契約法理の発展領域を確保したと評価するものもある（荒木＝菅野＝山川119頁）。

3 就業規則の届出，労働者の過半数代表の意見聴取

一 労働契約法は，「就業規則の変更の手続に関しては，労働基準法……第89条及び第90条の定めるところによる。」と規定している（11条）。すなわち，同条は，労基法が使用者に義務づけている就業規則の労基監督署長への届出（労基89条）や事業場の労働者の過半数代表の意見聴取の手続（同90条）について，「変更の手続」のみを取り上げて，その定めによると規定している。そこで，就業規則の「作成の手続」に際して労基監督署長への届出や労働者の過半数代表者の意見聴取などを懈怠した場合の当該就業規則の効力をどう考えるべきかが問題になる。学説には，労働契約法の下では，就業規則は，「周知」の要件を具備するかぎり，最低基準効（12条），労働契約規律効（同7条本文・9条），合理的に変更された場合の労働契約規律効（同10条本文）を有すると解し，届出と意見聴取の手続は，同法10条の就業規則の変更の合理性の考慮要素である「その他就業規則の変更に係る事情」のなかで考慮されるとしている（菅野103頁・119頁，同旨荒木＝菅野＝山川125頁，山川・制定12頁）。

二 しかし私見は，事業場の労働者の過半数代表者の意見聴取は，就業規則の労働契約規律効（労契7条・9条）および合理的変更の労働契約規律効（同10条本文）の効力要件と解したい。その理由はつぎのとおりである。労働契約法は，随所で労働契約の成立・締結・変更あるいは労働条件の決定・変更が労使の「合意の原則」により行われるべき旨を規定している（1条・3条1項・6条・8条・9条）。そして，労使の「合意の原則」について，個別的労働関係法においてははじめて，「労働者及び使用者の自主的交渉の下で」行われるべきであると規定し，合意の手続的側面における交渉の道程を重視する態度を表明している（同1条）。こうした労働契約法の精神ないし構造からみて，とく

に労働者の過半数代表者の意見聴取の手続は就業規則による労働条件の変更の場合のみでなく，その作成（設定）について，「合意の原則」を代替する重要な手続と考えたい（結論同旨，土田・解釈19頁）。

4　就業規則が法令または労働協約に反する場合

「就業規則が法令又は労働協約に反する場合には，当該反する部分については，第7条，第10条及び前条の規定は，当該法令又は労働協約の適用を受ける労働者との間の労働契約については，適用しない。」（労契13条）　本条は，就業規則が法令（強行法規，政令，省令）に反する場合は，労働契約を締結する場合における労働契約規律効（労契7条本文），労働契約の展開過程で合理的に変更された就業規則の労働契約規律効（同10条本文）および最低基準効（同12条，旧労基93条）とも生じないとする趣旨である。労働協約に反する場合も，当該労働協約の適用を受ける労働者との関係において同様である。労基法は，この規定とは別個に「就業規則は，法令又は当該事業場について適用される労働協約に反してはならない。」との規定をおいている（労基92条1項）。上記労働契約法13条は，就業規則が法令または労働協約に反する場合について「適用しない。」と規定し，労基法は「反してはならない。」と規定しているが，同趣旨に解すべきである。施行通達も本条は「就業規則と法令又は労働協約との関係を変更するものではないこと。」と解釈している（第3の7(2)ア）。したがって，法令または労働協約に反する就業規則は無効であり，労働協約が失効した場合も当然に復元されることはない（復元されるとの見解もあるが，そうすると労基法92条1項との関係が改めて問題になろう）。使用者が，労基法92条2項の定める労基監督署長の変更命令を受けて，法令または労働協約に反しないように就業規則を変更した場合は，上記の労働契約法7条，10条の原則および12条の定めが適用される。

第5講　労働契約上の権利義務

I　労働契約の性質・特徴

　一　かつて労働契約は，労働者が企業の一構成員（従業員）になることを目的にする，一種の「身分取得契約」であると解する有力な見解があった。労働契約の性質をこのように解するとすれば，労働契約は，従業員の地位の取得を直接の目的にし，結婚契約に似た身分法的契約と同質の契約ということになる。そうするとどうなるか。労働契約は，「一種の身分取得の契約であるから，労働者は契約内容の細かいことをいちいち知る必要もなく，就職後において，会社及び仲間との間に生まれる色々な関係を，いわば社会的所与として受け取ることとなる。」（末弘 a 188 頁）

　このような身分取得説の下では，労働契約自体は内容空疎な契約であり，法律，労働協約，それに会社の意思が書き込まれた就業規則や諸慣行によって内容を「外側から一方的に」充填される。

　二　身分取得説のような労働契約観は，今日でも否定しがたい一面を鋭く突いている。しかしそれは，旧時代の労働関係の一般的なあり方（社会的実態）をそのまま法的性質に投影した法的思考である。労働契約法は，労働契約の意義を，労働とその労働に対する賃金の支払いについて「労働者及び使用者が合意することによって成立する。」と定めている（労契 6 条）。この規定自体は，旧時代以来の民法の「雇傭」の定義（民 623 条）と異なるものではないが，第 2 次大戦後労基法は，労使は労働と賃金を中心にして，労働条件を「対等の立場において決定すべきもの」と定め（労基 2 条 1 項），使用者は労働契約の締結に際し，労働条件を労働者に明示し（同 15 条 1 項，労基則 5 条 1 項，短時労 6 条参照），かつ就業規則に記載して行政官庁に届け出ること，および事業場の労働者に周知する義務を負っている（労基 89 条・106 条，短時労 7 条参照）。加えて労働契約法は，使用者に労働条件および労働契約の内容について労働者の理解を深め，書面により確認するよう求めている（労契 4 条）。労働契約は，このように労働者・使用者という関係の設定（契約関係設定機能）だけでなく，その内容をかたちあるもの（文書等による労働条件の明示，就業規則の周知など）

を通して具体的に形成する機能（契約内容形成機能）をもつ。

　三　労働契約の特徴的性質は一般につぎのようである。

　第1に，労働契約は労働者が時間決めで労働に従事し，使用者がその対償として賃金を支払う債権契約である（契約目的の交換性）。第2に，なす債務である労働は労働者の精神および肉体と不可分の働きであり，人格的営為そのものである（労働力の人格不可分離性）。第3に，労働契約は取引（交渉）する力，情報を収集・整理・分析・活用する力に顕著な格差のある当事者間に結ばれる（契約主体者間の交渉力の非対称性）。第4に，労働者は労働契約において「なにを，いつ，どこで，誰に対して，どのように」労働するかに関し使用者と個別に合意する原則であるが（労基15条1項，労基則5条1項参照），明示または黙示の合意のないかぎり，その従事する労働の内容について使用者の指揮命令（指揮監督）に委ねているものと解されている（労働の他人決定性または人的従属性）。第5に，労働契約は，労働者を労働力の担い手として事業組織の一員に組み込む（組織編入性）。第6に，労働契約は，労働に対し賃金を支払う「主たる権利義務」（給付義務）と，法律上，信義則上それに直接，間接に付随して生ずる「従たる権利義務」（付随義務）とが織り合わさっている（権利義務の複合性）。主たる権利義務（労働と賃金）はそれぞれ対応関係にあるが，従たる権利義務には必ずしも具体的な対応関係はない。第7に，労働契約は一回的給付によって終了することを予定していないばかりか，当事者は通常は継続することを予定（予期）し，期待し，そのことに依存している。それゆえ，労働契約は存続しつつ変化する状況に対応し得るように，内容にある程度の柔軟性を内包することが実践的にも理論的にも必要とされている（債権関係の継続性と契約内容の変動性）。最後に，労働契約は，概して，その内容になる賃金・労働時間等の労働条件を事業場の労働者の共通基準ないし制度として決定する（労働条件決定の集合性と定型性）。

　これら労働契約に内在する諸特徴は，労働契約上の権利義務の成立の根拠および行使（履行）の基準に深く結びついている（参照，中窪裕也「労働契約の意義と構造」講座21世紀4巻5頁以下，土田道夫「労働契約の法的性質」争点3版19頁）。

　四　労働契約は労働者と使用者の権利義務の淵源であるが，労使の権利義務は，労働契約以外にも，たとえば労働者の公民権の行使，解雇予告，産前産後休業・育児時間，生理休暇，労災補償（労基6条・20条・65条・67条・68条，75条以下）や育児・介護・子の看護休業（育介5条以下・11条以下・16条の2以

下）の権利のように法令によって保障されているものがある。また、就業規則（第4講170頁），労働協約（第6講258頁），さらに労使慣行（第1講15頁）によっても生ずる。

II 労働契約の基本原則

　労働契約法は，「労働契約の原則」という条文タイトルの下に，労働者および使用者の双方に宛ててつぎの5つの基本原則を定めている（労契3条）。
　一　合意の原則　　「労働契約は，労働者及び使用者が対等の立場における合意に基づいて締結し，又は変更すべきものとする。」（労契3条1項）。労働契約法の「合意の原則」は，労基法の規定する労働条件対等決定の原則（労基2条1項，第3講100頁）と同じ意味であるが，つぎの2点で新味を有している。
　第1は，労働契約の「締結」と「変更」の両局面を合意の原則に含ましめている点である（労契7条において特に重要な意味を有する。第4講201頁参照）。
　第2は，労働契約法はその目的（同1条）に，労使の「自主的な交渉の下で，労働契約が合意により成立し，または変更されるという合意の原則……を定める」と規定している。したがって，労働契約の締結および変更にかかる労使間の「合意」には，意思の合致という契約法一般の意味と，「自主的な交渉」という合意成立の過程における手続的原則が含まれている。労働契約法の意味は，労働者の交渉力の弱さを直視し，労働契約の成立・内容の変更の諸局面（過程）において交渉と意思の合致（実質的な意味での合意）を原則としようとするところにある。以上の「合意の原則」は，労契法3条1項・6条・7条ただし書・8条・9条・10条ただし書に繰り返し規定されている（参照，和田肇「逐条解説」労旬1669号19頁，緒方桂子・同24頁。本条の合意の原則は「純粋に理念の表明」の意味しかもたないとする，野川b 81頁の見方には疑問がある）。ただし，就業規則による労働条件の一方的決定と変更（同7条本文・10条本文）は，本条および目的規定（同1条）の定める自主的交渉と意思の合致の原則の例外になる。
　二　均衡考慮の原則　　「労働契約は，労働者及び使用者が，就業の実態に応じて，均衡を考慮しつつ締結し，又は変更すべきものとする。」（労契3条2項）。本条は，国籍，信条および社会的身分を理由にする労働条件の差別的取扱いを禁止する労基法の均等待遇の原則（3条，第3講101頁参照）と同じ精神に立脚し，それらの事由による差別にかぎらず，労働契約の一般的，民事的

ルールとして均衡考慮原則を規定している。すでに使用者は，パートタイム労働者に対し，就業の実態等を考慮して，通常の労働者との均衡のとれた待遇の確保に努めるようにする義務を負っている（短時労3条，下巻第22講Ⅲ2(4)参照）。本条は，一般法である労働契約法の定める原則としてその基礎をなすものであり，有期雇用者を含む非正規雇用労働者の雇用に関しても，雇用形式のちがいでなく，「就業の実態」を重視し，これに応じた処遇をすることが本条によっても要請される（参照，野川b 84頁）。

なお，「考慮」と「配慮」との間には格別の意味の違いは存在しないように思われるが，強いて言えば，配慮は法律関係にある当事者関の信義則上の義務の観念と結びついており（安全配慮義務，セクシャル・ハラスメントなどが生じないようにする職場の人的環境整備配慮義務など），本条の「考慮しつつ」とは労働契約内容の適正化に向けた配慮義務の一構成要素という関係になるであろう。

　三　仕事と生活の調和　「労働契約は，労働者及び使用者が仕事と生活の調和にも配慮しつつ締結し，又は変更すべきものとする。」（労契3条3項）。労働者は，被用者であると同時に家族および社会の一員である。したがって婚姻，妊娠，出産，育児，介護，看護のほか教育，地域の活動など多様な生活環境への関わりを免れることはできない。このため労基法，労働安全衛生法，男女雇用機会均等法および育児介護休業法等には労働者の健康の維持，母性の保護，育児・介護・看護のための休業・休暇，母子の健康・福祉の増進などを狙いにしたさまざまな規定が設けられているが，本条の定める仕事と生活の調和への配慮はこうした諸法律の関係規定の統合理念であり，具体的措置が講ぜられることを要請したものということができる。

さらに本条は，理念から一歩を進めて，勤務管理および人事管理に関する諸制度（変形労働時間制，時間外休日労働，年次有給休暇，疾病休職，配置転換，人事考課，賃金制度など）とその運用の合理性の判断に際し，重要な解釈規範として作用する（緒方桂子「遂条解説」労旬1669号26頁参照）。

　四　信義誠実の原則　「労働者及び使用者は，労働契約を遵守するとともに，信義に従い誠実に，権利を行使し，及び義務を履行しなければならない。」（労契3条4項）。本条は，私法の一般原則（民1条2項）および労働協約，就業規則および労働契約を遵守し，誠実に各々その義務を履行しなければならないとする労基法（労基2条2項）と同趣旨の規定であり，その確認規定である。信義則は，労働契約上の主たる権利義務・従たる権利義務の両面において，さまざまに作用する（労働者については業務の遂行，服務規律・企業秩序の遵守など，

使用者については人事管理にかかる指揮命令，賃金の決定・計算・支払いなど）。なお，労働契約上使用者の負う重要な信義則上の義務である安全配慮義務については，本条と別個に特に規定されている（労契5条，本条に関しては下巻第23講Ⅳ2参照）。

　五　権利濫用禁止の原則　「労働者及び使用者は，労働契約に基づく権利の行使に当たっては，それを濫用することがあってならない。」（労契3条5項）。権利濫用禁止の原則は，信義誠実原則と同様に，私法の一般原則（民1条3項）であるが，本条はこのことを労働契約の一般原則として確認する規定である。労働契約法は，出向命令権（労契14条），懲戒権（同15条）および解雇権（同16条）の三権に関して別にこのことを規定している。本条の権利濫用禁止原則は，信義誠実原則とならんで，特に，使用者の行う賃金人事（人事考課の査定に基づく昇降給の決定など），異動人事（配置転換・出向，休職，懲戒，雇用継続措置など），格付け人事（職能等級の決定，職位の決定など）その他の人事管理上の権限が適正に行使されたか否かをチェックする規範として重要な意味を有する。

Ⅲ　主たる権利義務

1　労働提供義務

(1)　指揮命令に服して労働する義務

　一　労働者は，通常の労働契約においては，一般的に「なにを，いつ，どこで，誰に対して，どのように」労働すべきかに関し，使用者の指揮命令に服する。そういうことに同意しているものと解釈され，労働者は，一般的に，使用者の指揮命令に服して労働する義務を負うと解されている。しかしながら，「就業の場所及び従事すべき業務に関する事項」や「始業及び終業の時刻」その他労働時間に関する事項は，使用者が，労働契約の締結に際し，労働者に特に書面を交付する方法で明示すべき事項とされているように（労基15条1項，労基則5条1項1号・2号・2項・3項），個々の労働契約で個別に合意される場合も少なくなく，そのような合意（特約）が存在する場合は，使用者の指揮命令は当該個別合意の範囲を超えることはできない（労契7条ただし書参照）。すなわち，労働者の労働義務の具体的範囲は，指揮命令による決定を前提にしつつも，常に当然に全部を指揮命令により決定されるのではなく，個別の労働契約，就業規則および労働協約を意思解釈して判断される。

二　労働者は，使用者の指揮命令の下に，労働契約の本旨に従って誠実に労働に従事する義務を負う（民415条，労基2条2項，労契3条4項）。労働の提供に関する使用者の指揮命令権は，必ずしも主たる業務（本来の業務）に限られない。主たる業務と不可分・不可欠の業務（関連業務），災害訓練など安全衛生上の要請や，宿日直など保安ないし施設管理の要請に基づく一時的業務（付随的業務），教育研修等（特別業務）にも及ぶ。労働者は，これら使用者の指揮命令に服する義務を負う（機関士が一昼夜交替勤務につくための講習に参加せず欠勤を継続したことを懲戒免職処分の一事由としたことが有効と解された事例に，国鉄新津機関区事件・新潟地判昭和59・8・10労判441号52頁がある）。

　三　使用者が就業に関し法令・条理に反する行為，あるいは労働者自身の人格的利益を侵害し，または他者のそれを侵害し，その侵害に加担する行為をなすよう命令することがあれば，それは指揮命令権の濫用であり労働者は拘束されない。さらに労働者の心身の安全に危害を及ぼす高度のおそれのある労働の指示，命令も同様に指揮命令権の濫用に当たり，そのような指揮命令の効力は否定され，労働者はその命令に拘束されない（典型例は，発砲され撃沈されるおそれのある日本海海域での海底線修理工事のための修理船の発航命令に応じないよう乗組員に指令し，発航を遅延させた労働組合役員に対する解雇を無効と解した全電通千代田丸事件・最3小判昭和43・12・24民集22巻13号3050頁，本事件に関し渡辺章「労務指揮権」争点194頁）＊。

　　＊　**「職場での安全を確保しようとする努力」**　　裁判例には，組合活動抑制のために会社が雇用した者らから，事業場内で集団的に暴行を受け負傷した労働者らが，一致して労務を提供しなかったことに関し，「雇用契約に付随する信義則上の義務」として，使用者には労働者の労務の提供が安全に行われるよう配慮する義務があるとし，会社は「職場での安全を確保しようとする努力が十分ではな〔く〕」，労働者らの不就労は会社の責に帰すべき事由による履行不能にあたるとして，民法536条2項を適用し，不就労期間中の賃金請求権を認容したものがある（新聞輸送事件・大阪地判昭和57・12・20労民集33巻6号1149頁）。

　四　使用者の，労働者の就業に係る指揮命令がその目的・動機，就業の内容において合理性，相当性がないと判断される場合は，その指揮命令は権利濫用になり，労働者は服従義務を負わない（たとえば，懲罰的目的で教育訓練と称し，就業規則全文を長時間機械的に筆写させたことが不法行為に当たると判断したJR東日本〔本荘保線区〕事件・最2小判平成8・2・23労判690号12頁など）。

　他面，判例には，組合バッジを外さない国労組合員の本務就業を禁止し，夏季の10日間，1人で，終日監視下に1,200㎡の営業所構内に降下した火山灰を

掃き集めて袋詰めする作業に従事させた命令に関し、「懲罰的目的で発せられたもの」で業務命令権の濫用に当たり不法行為を構成するとした原審（福岡高宮崎支判平成 1・9・18 労判 582 号 83 頁）を破棄し、「職場管理上やむを得ない措置」であると判断したものがある（国鉄鹿児島自動車営業所事件・最 2 小判平成 5・6・11 労判 632 号 10 頁）。しかし、その職場管理は命令した作業の内容、強制の程度、態様からみて力づくの性質を帯びており、結論の妥当性には疑問を禁じ得ない。

(2) 服務規律に服して労働する義務

使用者は、就業規則に、業務の遂行の際の身なりの整正（服装、髭・頭髪・マニキュアなど）、業務用機器等（電話、PC 機器および業務用ネットワークなど）の私用の制限・禁止などを「服務規律」として定めることが多い。業務の種類、内容、性質等からみて合理的な規律は、労働義務の要素を構成するものであり、労働者はこれら服務規律を守る義務を負う（制帽を着用しないで乗務したバス運転手に対する減給処分を有効とした神奈川中央交通事件・横浜地判平成 6・9・27 労民集 54 巻 5・6 号 1115 頁）。しかし、労働義務の履行に実質的に差し支えない労働者のファッションに対する過度の干渉は、合理性を否定される（顧客に不快感を与えないようにとの趣旨でハイヤー運転手に「口ひげを剃れ」と命令することは、奇異なひげや無精ひげでないかぎり、労働義務の履行に必要かつ合理的な限度を超えるとした事例に、イースタン・エアポート事件・東京地判昭和 55・12・15 労民集 31 巻 6 号 1202 頁がある）。

case 5-1　頸肩腕症候群（労災）による長期軽勤務従事者の入院・総合精密検査の受診命令拒否を理由にする懲戒戒告処分（有効）

電電公社帯広電通局事件・最 1 小判昭和 61・3・13 労判 470 号 6 頁
　【事実】　前出 case 4-8（第 4 講 186 頁）
　【判旨】　原判決破棄、Ｘの請求棄却
　「論旨は、要するに、Ｘに対し頸肩腕症候群総合精密検診の受診を命ずる本件業務命令は無効であり、これを拒否したＸの行為がＹ公社就業規則……の懲戒事由にあたらないとした原審の判断には法令違背がある、というものであり、以下この点について検討する。」
　1　「本件業務命令は、Ｘの罹患した頸肩腕症候群の早期回復を図ることを目的として総合精密検診の受診を命ずるものであり、安全及び衛生に

関する業務命令ということができる。」そして，Y公社就業規則及び健康管理規程によれば，「要管理者は，健康回復に努める義務があり，その健康回復を目的とする健康管理従事者の指示に従う義務があることとされているのであるが，以上のY公社就業規則及び健康管理規程の内容は，Y公社職員が労働契約上その労働力の処分をY公社に委ねている趣旨に照らし，いずれも合理的なものというべきであるから，右の職員の健康管理上の義務は，Y公社とY公社職員との間の労働契約の内容となっているものというべきである。」

　2　「健康管理従事者による指示の具体的内容については，……要管理者は，労働契約上，その内容の合理性ないし相当性が肯定できる限度において，健康回復を目的とする精密検診を受診すべき旨の健康管理従事者の指示に従うとともに，病院ないし担当医師の指定及び検診実施の時期に関する指示に従う義務を負担しているものというべきである。もっとも，具体的な労働契約上の義務の存否ということとは別個に考えると，一般的に個人が診療を受けることの自由及び医師選択の自由を有することは当然であるが，Y公社の職員がY公社との間の労働契約において，自らの自由意思に基づき，右の自由に対し合理的な制限を加え，Y公社の指示に従うべき旨を約することが可能であることはいうまでもなく（最2小判昭和27・2・22民集6巻2号258頁・表記方法は引用者），また，……前記精密検診の受診義務は，具体的な治療の方法についてまで健康管理従事者の指示に従うべき義務を課するものでないことは明らかであるのみならず，要管理者が別途自ら選択した医師によって診療を受けることを制限するものでもないから，健康管理従事者の指示する精密検診の内容・方法に合理性ないし相当性が認められる以上，要管理者に右指示に従う義務があることを肯定したとしても，要管理者が本来個人として有している診療を受けることの自由及び医師選択の自由を侵害することにはならないというべきである。」

　3　事実記載の「事情に照らすと，Xは，……要管理者であったのであるから，前述したところによれば，Xには，Y公社との間の労働契約上，健康回復に努める義務があるのみならず，右健康回復に関する健康管理従事者の指示に従う義務があり，したがって，Y公社がXの右疾病の治癒回復のため，頸肩腕症候群に関する総合精密検診を受けるようにとの指示をした場合，Xとしては，右検診についてXの右疾病の治癒回復という目的との関係で合理性ないし相当性が肯定し得るかぎり，労働契約上右の指示

に従う義務を負っているものというべきである。」

　【コメント】　1　本件は，case 4 - 8・電電公社帯広電通局事件判旨1，2で引照したように，労働者の「業務命令に服する義務」に関し，就業規則の法的規範性とその法的根拠を判示したcase 4 - 7・秋北バス事件の判旨を「前提として検討すべきこととなる。」としている。業務命令についても「就業規則が労働者に対し，一定の事項につき使用者の業務命令に服従すべき旨を定めているときは，その就業規則の規定内容が合理的なものであるかぎりにおいて当該具体的労働契約の内容をなしている」としており，就業規則の法的性質のみならず，労働者が服従義務を負うべき業務命令権の法的根拠および要件を説いており，労働契約法理上，きわめて重要な意義を有する。

　2　判旨は，労働者が労働契約上いかなる範囲の業務命令に服する義務を負うかについては，就業規則の関連規定の内容（判旨1）と個々の業務命令（本件の総合検診受診命令）（判旨2，3）との双方の合理性が問題になるという〈二段構え〉の判断枠組みを示している。しかし，前者（就業規則の規定内容）は一般に抽象性，包括性を避け難く，合理性の有無も概括的判断にとどまることが想定される。したがって，後者（個々の業務命令）の合理性判断が重要であるが，就業規則に業務命令の対象になることが規定されていても，事柄の性質上，その実現には労働者の同意を待つべきものも存在する（本件原審の判断はこれを肯定する）。

　その点，本件総合検診受診命令が「要管理者の健康の早期回復という目的に照らし合理性ないし相当性を肯定し得る内容の指示」でなければならないことは当然として，それが肯定されるときは「健康管理従事者の指示できる事項を特に限定的に考える必要はな〔い。〕」との判旨には疑問がある。本件命令は個人の健康状態に関する情報収集（検診）という微妙な問題と関係しているからである（盛誠吾・百選7版56頁参照）。

　3　判旨3の結論には強い疑念を抱く。Y公社のXに対する本件総合検診受診命令は診療科のみを明らかにし，各診療科における主要な検診項目（たとえば，精神科ではXにどのような検診をするのか）を本人に明示せずに発せられている。本件「業務命令」は，この一点で具体的業務命令として合理性に疑問を抱かせるものであり，私見はXの受診拒否には相当の理由があると解する。

2　賃金支払義務

　一　労働者は，使用者に対し「労働の対償」として賃金請求権を取得する（労契2条・6条，賃金の意義は労基9条。第7講307頁参照）。労働者が使用者に賃金を支払ってくれと言えるのは，支払い時期に関して特別の取り決めのないかぎり，「労働を終わった後」である（民624条1項，宝運輸事件・最3小判昭和63・3・15民集42巻3号170頁）。期間によって定めた賃金（時間給・日給・週給・月給など）は，その期間を経過した後に，請求することができる（同条2項）。この報酬後払いの原則は労働者に同時履行の抗弁を認めず，使用者には労働の先履行の抗弁権が認められているという趣旨のように思われる（小西60頁，第7講303頁参照）。

　二　労働者は，①労働者の責に帰すべき事由により労働しなかったとき（債務不履行），および②労働者・使用者の責めに帰することのできない事由（傷病や天災事変など）により労働できなかったとき（履行不能）は，no work no payが法的にも妥当し，賃金請求権を失う（民536条1項）。

　三　しかし，労働者が労働しようとして（履行の提供をしたとき），使用者から断られた場合（受領を拒否されたとき），それが使用者の責めに帰すべき事由（違法な解雇，休職・自宅待機，出勤の停止，出勤させた上での待機〔**case 5-2**・片山組事件のコメント参照〕，正当性を欠くロックアウトなど）によるときは，危険負担の法理により，労働者は賃金請求権を失わない（no work with pay，民536条2項）。賃金と労働との法的関係は，このように責任主義の原則によって構成されている。

　四　人が相手方のためにその指揮命令を受けて働く約束をし，約束どおりに労働したときは，仮に報酬の支払いに関し明示の合意がされていないときも，ただちにそれを労働契約にあらざる無報酬，無名の契約と決めつけるべきではない。他人決定労働に従事した実態関係が存在するときは，無報酬である旨の特段の事情の存在しないかぎり，当該労働に従事したことに対する報酬（賃金）については，当該契約を事実たる慣習などを考慮して意思解釈をし，支払額を決定するべきである。なお確定できないときは，当該地域の同種の労働者の賃金を基準にする黙示的合意があったものとして，働かせた者の報酬支払義務を肯定すべきである（賃金法制については第7講参照）。

case 5-2　私傷病罹患のため軽易業務への転換を要求して拒否され，欠勤扱いされた労働者の賃金請求権（肯定）

片山組事件・最 1 小判平成 10・4・9 労判 736 号 15 頁

【事実】　1　X（被控訴人・上告人）は，ゼネコン事業者であるY会社（控訴人・被上告人）に雇用されて以来 21 年以上にわたり現場責任者として勤務していたが，バセドウシ病に罹患したため，医師の「デスクワーク程度の労働が適当」との診断書を添えて，現場監督作業から事務作業への一時的転換を求めた。Y会社はXに対し自宅待機を命令し，同期間を欠勤として扱い，賃金，一時金を減額した。本件はその支払請求事件。

2　1 審（東京地判平成 5・9・21 労判 643 号 45 頁）はXの請求を認容した。しかし原審（東京高判平成 7・3・16 労判 684 号 92 頁）は，労働者が「私病」により労務の全部または一部の履行が不能になったとき，労働者は賃金請求権を取得せず（民 536 条 1 項），たとえ一部のみ労務の提供が可能でも，債務の本旨に従った履行とはいえず，したがって使用者は，原則として受領を拒否し反対給付たる賃金の支払いを免れる。しかし，労務提供の不能部分が量的に質的にも僅かであるか，労働者の配置されている部署で提供可能な労務にのみ従事させることが容易にできる事情があるなど信義則に照らし労務の提供を受領するのが相当であるときには，使用者は受領すべきである。この場合，労働者は賃金請求権を失わない（民 536 条 2 項）。しかし，Xが現場管理を命じられる前の事務作業は，恒常的に存在するものではなく，本件不就業期間中これが存在したとは認められないなどとしてXの請求を棄却。

【判旨】　原判決破棄，差戻し

1　「労働者が職種や業務内容を特定せずに労働契約を締結した場合においては，現に就業を命じられた特定の業務について労務の提供が十全にはできないとしても，その能力，経験，地位，当該企業の規模，業種，当該企業における労働者の配置・異動の実情及び難易等に照らして当該労働者が配置される現実的可能性があると認められる他の業務について労務を提供することができ，かつ，その提供を申し出ているならば，なお債務の本旨に従った履行の提供があると解するのが相当である。そのように解さないと，同一の企業における同様の労働契約を締結した労働者の提供し得る労務の範囲に同様の身体的原因による制約が生じた場合に，その能力，

経験，地位等にかかわりなく，現に就業を命じられている業務によって，労務の提供が債務の本旨に従ったものになるか否か，また，その結果，賃金請求権を取得するか否かが左右されることになり，不合理である。」

2　①Xの労働契約上の職種は現場監督業務に限定されておらず，②事務作業に係る労務の提供は可能であり，かつ③その提供を申し出ていた。そうすると，Y会社は，「Xの能力，経験，地位，Y会社の規模，業種，Y会社における労働者の配置・異動の実情及び難易等に照らしてXが配置される現実的可能性があると認められる業務が他にあったかどうかを検討すべきである。」この点について審理判断をせず，Xの請求を棄却した原審判断は違法である。

【コメント】　学説には，原審と同様に，労働者の債務内容を，現に従事している労務を基準に解釈し，その上で信義則上の「配慮義務」を根拠に，労働者が私病で就労できない場合でも，使用者は当該労働者を就労可能な部署に配置換え可能な場合か否かを判断すべきであるとの主張もみられる（三井正信・百選7版38頁）。しかし，判旨が説くように，労働者が労働契約において業務内容を特定していない場合は，現に就業を命じられた特定の業務についての労務の提供が十分に可能でない場合でも，他の業務について労務の提供が可能であり，労働者が労働の意思を明らかにしているときは，なお債務の本旨に従った履行の提供がなされたものと解すべきである。このことは，個々の労働契約において，使用者はどの範囲まで労働者の労務の履行の提供に応諾すべきか（労働受領義務の客観的範囲）を明確にすることでもあり，労働者が健康，家庭事情等の変化を免れないことを織り込んだ理論構成として，判旨は正当と解する。

差戻し審（東京高判平成11・4・27労判759号15頁）は，Xのした労務の提供（事務作業の申出）は債務の本旨に従ったものであり，Xが労務を提供することができなかったのは，Y会社が同人に自宅待機を命令して労務の受領を拒否したからであり，Xは右期間中の賃金請求権を喪失しないと判示した。Y会社の上告および上告受理申立は認められなかった（最3小決平成12・6・27労判784号14頁）。

その後の裁判例では，労働者が黄斑変性症の進行により精密機械の担当から他の作業への変更を求めたことが「債務の本旨に従った履行の提供」と認められ，他の作業への変更が可能にもかかわらず，長期間休憩ベンチでの待機と賃金減額（約44％）を伴う清掃作業を命じて放置した会社に対

し，減額前の賃金請求権を認めた事案がある（オリエンタルモーター事件・東京高判平成19・4・26労判940号33頁，本件につき富永晃一〔判批〕ジュリ1362号140頁参照）。

Ⅳ 従たる権利義務

1 付随義務

一 契約法では，契約から発生する主たる債務を給付義務と呼び，主たる債務に付随して生ずる一連の義務を付随義務という。付随義務は，一般に，契約目的である主たる債務の履行（実現）のために，契約当事者が相互的に，信義誠実の原則（以下，信義則）に基づいて負担する義務であると言われている（中嶋士元也「労働関係上の付随的権利義務に関する感想的素描」『中嶋士元也先生還暦記念論集・労働契約法の現代的課題』〔信山社，2004年〕163頁・164頁，有田謙司・争点3版137頁）。

労働者の労働に従事する義務と使用者の賃金支払義務とを主たる債務とする労働契約もまた，信義則の支配下にある。労働契約は，「労働力の人格不可分離性」，「契約主体者間の交渉力の非対称性」，「労働の他人決定性または人的従属性」，「組織編入性」および「労働条件決定の集合性と定型性」といった特徴的性質を帯びるものであり（本講Ⅰ三参照），労働契約を支配する具体的信義則は，その特徴的性質と密接な関連において経験的に発生し，発展するものである。したがって，労働契約関係の成立に当然に付随して生ずる付随義務も固定的でなく，時代の要請を受けて発生し，発展する変動性を有している。付随義務の多くは労働契約，就業規則の明示の定めに基礎づけられているが，労働契約，就業規則に定められる付随義務は，信義則に基づき解釈され，具体的な義務内容が画定される＊。

＊ **付随義務の区別** 労働契約，就業規則の定めに基礎づけられる労働者の付随義務（誠実義務）を「特別的誠実義務」と呼び，その余の労働者の付随義務を「一般的誠実義務」と呼ぶ。また労働義務の履行過程において負担する場合を「狭義の誠実義務」，労働義務の履行過程を離れても負担する誠実義務を「広義の誠実義務」と呼んで区別する見解もある（小西國友「労働者の誠実義務」争点196頁以下）。

二 契約関係にある当事者は，「権利の行使及び義務の履行」に関して信義

則の支配を受ける（民1条3項）。労働契約においても同様である（労契3条4項）。労基法は，労働者および使用者は「誠実にその義務を履行しなければならない。」と義務の履行について信義則を規定しているが（労基2条2項），その趣旨は労働協約，就業規則および労働契約等の規範秩序の遵守義務を強調するところにあり（東大・注釈労基法〔上〕〔山川隆一〕69頁），権利の行使に関し信義則の適用を否認しているわけではない。労働契約法の上記の規定は，義務の履行とともに，権利の行使についても信義則の適用があることを明記している。したがって，権利の行使については法理上すべて，権利濫用禁止の原則の領域の問題とすべきであると決めつけるわけにはいかない。このことは，労働契約の最も重要な付随義務である「安全配慮義務」（下巻第24講Ⅳ2参照）が，使用者の労働者に対する労働給付請求権に付随して（労働者を使用する権利に付随して）使用者に課せられる義務であることからも明らかである。

　三　一般に労働者の負う付随義務は「誠実義務」と呼ばれ，使用者の負う付随義務は「配慮義務」と呼ばれている。もっとも抽象的には，誠実義務，配慮義務ともに相手方の利益を不当に侵害しないように行為する義務などと言われている（小西・前掲争点196頁以下）。労働者が労働契約に基づいて負う付随義務には，企業秩序を乱さない，会社の信用名誉を毀損しない，事業秘密を漏らさない，兼業・競業をしないなど一定の不作為を義務づける場合が多い（もっとも，調査に協力する義務は作為義務である）。使用者の付随義務には，安全衛生に配慮する，職場環境を良好に保つ，労働者を正しく指揮命令して使用するなど，労働契約上の権利の行使に関連して一定の作為が義務づけられる場合が多い。

　四　付随義務に違反して行われた行為は，それが法律行為の場合は効力を否定され，事実行為の場合は不法行為として損害賠償責任を生ずる。労働者が違反した場合は懲戒処分などの不利益取扱いの原因になり得る。また，一定の付随義務を履行しない者は，そのことを理由に相手方が債務を履行しないときも，当該不履行を理由に構えて不利益取扱いをすることが許されない場合がある。

2　使用者の配慮義務等＊

　＊　**イギリス雇用関係法理**　　使用者は，労働契約に基づき労働者に対し黙示的につぎのような義務を負うものとされている。
　(1)　合理的注意を尽くす義務（duty to exercise reasonable care）　　合理的注意義務とは，労働者の健康および安全に対する使用者のコモン・ロー上の義務をい

い，使用者は標準的注意義務として個々の労働者に対し「慎重な使用者があらゆる状況に対応してとるであろう注意」を尽くさなければならない（Stepney Borough Council 事件，1951 年）。したがって，使用者はある種の労働者に対しては標準より高度の注意義務を負うことがある（Hepworth & Grandage 事件，1968 年）。要するに使用者は，①安全な工場と諸設備，②安全な労働のシステムおよび③合理的な資格をもつ協働者を提供する義務を負う。なお，労働衛生安全法（Health and Safety at Work Act 1974）は，労働者は使用者の行う安全措置の実施に協力しなければならないと規定している（7 条）。

(2) 苦情処理手続きを整備する義務（duty to provide a grievance procedure）

使用者は，労働者からの苦情を処理する手続を整備し実効的に運用する義務を負う（WA Goold〔Peamak〕事件，1995 年）。裁判例には，セクシャル・ハラスメントの申立てを調査せず，または真剣に受けなかった使用者は根本的な契約違反を冒すものであると判示したものがある（Bracebridge Engineering 事件，1990 年）。

(3) 相互的信頼・信義の義務（duty of mutual trust and confidence）　使用者は「合理的理由および正当事由なしに労使間の信義・信頼関係を壊し，著しく損なうことのないように（もしくはそう思われるように）行為する義務」を負う（Courtaulds Northern Textile 事件，1979 年；WM Car Service 事件，1981 年）。管理者が女性秘書に「我慢ならないあま（intolerable bitch）」と言ったり，上級管理者が労働者の労働実績を考慮しないまま当該労働者に不利な報告書を書くなどの行為は相互的信頼・信義の義務に反するものとされている。近年では特に不公正解雇（unfair dismissal）をめぐる紛争において，この種の義務の重要性が高まっている（Andrew C. Bell, 2003, p. 17f；Brian Willey, 2003, p. 74f）。

(1) 危害の防止

一　使用者は，労働契約上「労働者が労務提供のため設置する場所，設備もしくは器具等を使用し又は使用者の指示のもとに労務を提供する過程において，労働者の生命及び身体等を危険から保護するよう配慮すべき義務」，すなわち「安全配慮義務」を負っている（川義事件・最 3 小判昭和 59・4・10 民集 38 巻 6 号 557 頁，下巻第 23 講Ⅳ 2 参照）。この安全配慮義務については，労働者に災害，疾病の発生・憎悪の具体的結果が惹起した場合に事後的にその具体的内容や程度が問題になるに過ぎない性質の義務であるとの見解もあり得る（高島屋工作所事件・大阪地判平成 2・11・28 労経速 1413 号 3 頁）。

しかし，安全配慮義務の法益の重大性を考慮すると，同義務の内容を特定した上で，損害賠償に加えて安全（健康保護）のために一定の措置をとるよう請求することができる旨を説く見解もある（採石作業員のじん肺罹患防止に関し，**case 5-3**・日鉄松尾採石所ほか事件 1 審・東京地判平成 2・3・27 労判 563 号 90 頁，2 審・東京高判平成 4・7・17 労判 619 号 63 頁）。

Ⅳ　従たる権利義務

二　学説には,「履行すべき安全配慮義務の内容が労働契約上明確に定まる場合」には履行請求を認めることも不可能ではないとしつつ, 真に「生命, 健康に対する現実的な危険が生じている」のであれば, その職場で勤務することの指揮命令を無効とし, あるいは使用者の責に帰すべき履行不能として処理する方法で対処すればよいとの見解もある(庁舎内部での禁煙措置請求を棄却した京都簡易保険事務センター事件・京都地判平成15・1・21労判852号38頁の〔判批〕小畑・第2集234頁)。私見も, 労働者は, 少なくとも労務の提供に先立ち, または労務の提供中において, 事業主により危害の発生を防止するために必要かつ相当な防止措置が講じられていないときは, 相当な危害防止措置が講じられるまで労務の提供を一時停止する権利(労働提供拒絶権)を有すると解する(小西ほか〔渡辺〕158頁)。その拒絶による労働の一時停止は, 契約法の一般原則(民536条2項)に従い, 使用者の責に帰すべき事由による履行不能として, 労働者は賃金請求権を失わないことは前言した(本講Ⅱ2三)。

case 5-3　削岩作業従事者のじん肺症と親会社および下請業事業者の安全配慮義務違反(肯定)

日鉄松尾採石所ほか事件・最3小判平成6・3・22労判652号6頁

【事実】　1　Y_1会社(控訴人・上告人)は, 第2次大戦前から鉱物加工業等を営む会社であり, Y_2会社(同上)はその下請けである。Xら3名(被控訴人・被上告人)は, 昭和41年5月ないし42年8月頃からA会社・B会社所属の, 昭和44年6月からはY_2会社所属の従業員(削岩夫)として, Y_1会社所有の松尾採石所で削岩作業に従事してきた。

2　X_1は, 昭和50年10月病院検診でじん肺「管理区分2」と診断され, 同54年から激しく咳き込み食べたものを吐き出してしまうようになり, 同55年4月に第2次検診が必要とされ, 直ちに仕事をやめ療養するようにとの診断を受け, 同年8月には労働基準監督署長から「管理区分4」の決定を受けた。X_2もほぼ同様の経過を辿り, 続発性気管支炎の合併症により要療養とされ, X_1と同時期に「管理区分4」の決定を受けた。X_3は, 昭和56年10月仕事のできる状態ではなく要療養との診断を受け同月末に「管理区分4」の決定を受けた。昭和63年5月のエックス線写真によると, X_1は一側肺の3分の1以上にじん肺結節の融合が認められる状態にまで病状の進行が確認され, X_2は肺気腫が現れ, 右肺収縮まで病状が進行し,

X_3 は融合陰影がさらに拡大する病状の進行がみられた。

　3　じん肺とは，臨床病理学的には，「各種粉じんの吸入によって胸部エックス線に異常粒状影，線状影が現れ，進行に伴って肺機能の低下を来し，肺性心にまで至る，剖検すると粉じん性線維化巣，気管支炎，肺気腫を認め，血管変化をも伴う肺疾患である。」と定義することができる。じん肺はその原因となる粉じんの種類に従って，①遊離けい酸を原因物質とするけい肺，②石綿を原因物質とする石綿肺，③滑石を原因物質とする滑石肺，④石炭を原因物質とする炭肺等に類別できる。

　またじん肺は，元の状態に戻す治療方法がない「不可逆性疾患」であり，粉じんの吸入が止んだ後も病変が増悪する「進行性疾患」であり，各種臓器に慢性的酸素不足を生じ臓器に機能障害を生ずる「全身性疾患」である。

　4　X らは，じん肺に罹患したのは Y_1 会社らが安全配慮義務に違反したがためであるとして，損害賠償（8,000万〜5,500万円）を請求した。1審（東京地判平成2・3・27労判563号90頁）は，2,500万〜2,600万円余の限度で請求認容。X ら，Y_1 会社らともに控訴。原審（東京高判平成4・7・17労判619号63頁）は金額2,100万〜2,900万円余に変更し，Y_1 会社らの控訴棄却。Y_1 会社上告。

　5　1審は，判決理由中でつぎのように判示した。Y_1 会社らは，少なくとも1960(昭和35)年(旧)じん肺法が制定された後においては，「労働者を，じん肺に罹患させないようにするため，当該粉じん作業雇用契約の継続する全期間にわたって，絶えず実践可能な最高の水準に基づく……『作業環境管理』，……『作業条件管理』，……『健康等管理』……を履行する義務を負担したものと解すべきである。」それは，「粉じん作業使用者は，粉じん作業労働者に対し，①その違反が損害賠償義務を生じうるにすぎないいわゆる安全配慮義務を負うにとどまるものではなく，粉じん作業労働者がじん肺に罹患するのを防止するために雇用契約の継続する限り，絶えず実践可能な最高の医学的・科学的・技術水準に基づく作業環境管理，作業条件管理及び健康等管理に関する諸措置を講ずる履行義務（以下「粉じん作業雇用契約に基づく付随的履行義務」という。）を負担し，②粉じん作業労働者はその使用者に対し，右義務に対応する履行請求権を有するものと粉じん作業雇用契約を構成するのが，旧じん肺法の前記目的に沿った規範的解釈であるというべきだからである。そして，当該時点における実践可能な最高の医学的・科学的・技術的水準に基づく前記の諸措置の具体的内

容（例えば，湿式削岩機の機種，呼吸用具の機能・種類，じん肺健康診断の時期・内容等）は，……いずれも特定することが可能なものといえるから，右義務の内容は履行可能なものというべきである。」と判示した（①，②の付番は引用者）。これに対し，原審は，上記1審判決理由中の①の部分を削除し，②の部分の「規範的解釈」を「合理的解釈」に改めた。Y₁会社が上告。

【判旨】　上告棄却

「XらはY₁会社の安全配慮義務違反によりじん（塵）肺に罹患したものというべきであり，Y₁会社の責任を限定すべき旨のY₁会社の主張は失当である。」

【コメント】　1　原審が，判旨①の部分を削除したのは，本訴が安全配慮義務の履行請求ではなく，その履行義務違反に対する損害賠償請求事件であるため，その判決理由中に「損害賠償義務を生じうるに……にとどまるものではなく」とまで判示する必要はないと判断したためであろう。また，「規範的解釈」を「合理的解釈」と改めたのは，安全配慮義務は労働契約上の付随義務であり，関係法規の解釈によってではなく，労働契約の解釈によって根拠づけられるものであるとの見地によったものであろう。

2　1審判決は，原審により削除された判示部分（①の部分）を受けて，つぎのように判示している。

第1に，「当該時点における実践可能な最高の医学的・科学的・技術的水準に基づく前記の諸措置の具体的内容……は，通風体系……を除いては，いずれも特定することが可能なものといえるから，右義務の内容は履行可能なものというべきである。」粉じん作業従事者が，粉じん作業使用者に対し，安全配慮義務の履行を求める場合には，同義務が契約上の債務として特定可能であることが前提になる。1審判決は，本件の安全配慮義務については履行請求が可能との立場に立っていることから，このような判断に及んだものと解される。

そして第2に，「粉じん作業雇用契約の内容は右のように解すべきであるところ，この理は，労働者と直接粉じん作業雇用契約を締結した者との間に限られず，労働者を自己の支配下に従属させて常時粉じん作業に関する労務の提供を受ける粉じん作業事業者等，右労働者との間に実質的な使用従属関係がある者（以下「実質的粉じん作業使用者」という。）との間においても妥当するものというべきである。」

原審は，この2つの重要な判示部分を削除ないし修正していない。1審判決の法的論理構成によれば，労働者は粉じん作業使用者に対し，安全配慮義務違反を理由とする損害賠償請求をなし得るに止まらず，じん肺の発生を防止するために必要な措置（特定可能な債務の不履行）につき現実的履行請求権を有することになる。この理は，普遍性を帯びており，「粉じん作業雇用契約」にかぎらず，他の「危険有害作業雇用契約」についても妥当するものと解される。

(2) 労働者の一般的人格的利益の尊重

　労働者は，職場において，生命・身体・健康はもとより，自由・名誉・プライバシーなど肉体的・精神的完全性を損なわれないように，個人として尊重されなければならない（憲13条参照）。労働者の身体的・精神（思想・信条・宗教など）的・社会的属性を理由とする不当な差別，私事の暴露，意図的・組織的な孤立化（共同絶交），セクシュアル・ハラスメント，パワー・ハラスメントその他さまざまな嫌がらせなどは労働者の人格権ないし人格的利益を侵害する行為であり，不法行為ないし債務不履行として損害賠償責任を生ずる。たとえば使用者が労働者らの思想を非難し，職場内外で継続的監視下に置き（退社後の尾行，ロッカー内の私物の写真撮影，架かってきた電話の調査など），他の従業員に交際しないよう働きかけ孤立化を画策するようなことは，「職場における自由な人間関係を形成する自由」を不当に侵害し，名誉，プライバシーなど労働者の人格的利益を侵害する不法行為を構成する（後記(3)の問題も含めて石田眞「労働関係における人格権」争点3版109頁以下参照）。

case 5-4　「職場における自由な人間関係を形成する自由」の侵害と損害賠償責任（肯定）

関西電力事件・最3小判平成7・9・5労判680号28頁
【事実】Y会社（控訴人・付帯被控訴人・上告人）は，Xら（被控訴人・付帯控訴人・被上告人）が共産党員またはその同調者であることのみを理由とし，その職制等を通じて，職場の内外でXらを継続的に監視する態勢をとり，極左分子あるいは非協力者であるなどとその思想を非難して，Xらとの接触，交際をしないよう他の従業員に働きかけ，種々の方法を用いてXらを職場で孤立させるなどした。具体的には，X_1及び同X_2について

は退社後尾行し，特にX₂についてはロッカーを無断で開けて私物である「民青手帳」を写真に撮影したりした。

　Xらは，各自287万円（慰藉料，弁護士費用）の支払いおよび謝罪文の掲示を請求した。1審（神戸地判昭和59・5・18労判433号43頁）は，各自慰藉料80万円，弁護士費用10万円の限度で請求を認容（謝罪文の掲示請求は棄却）し，「基本的見解」としてつぎのように判示した。労基法3条（均等待遇の原則）の「趣旨に照らすと，企業は，経営秩序を維持し，生産性向上を目的とするなど合理的理由のある場合を除き，その優越的地位を利用してみだりに労働者の思想，信条の自由を侵すことがあってはならないのであり，前記の経営秩序を維持し，生産性向上を理由とする場合にも，これを阻害する抽象的危険では足りず，現実かつ具体的危険が認められる場合に限定されるとともに，その手段，方法において相当であることを要〔する〕。」

　原審（大阪高判平成3・9・24労判603号45頁）は，「使用者において，労務管理，人事管理の必要上或いは企業秩序を維持するために，被用者の動静を観察し必要な情報を収集することが正当な行為であることはいうまでもないものの，被用者は，使用者に対して全人格をもって奉仕する義務を負うわけではなく，使用者は，被用者に対して，その個人的生活，家庭生活，プライバシーを尊重しなければならず，また，その思想，信条を侵害してはならないのであるから，使用者の被用者に対する観察或いは情報収集については，その程度，方法に自ずから限界がある」と述べて，Yの控訴を棄却した（Xらの付帯控訴も棄却）。Y上告。

【判旨】　上告棄却

　Y会社の行為は，「Xらの職場における自由な人間関係を形成する自由を不当に侵害するとともに，その名誉を毀損するものであり，また，X₂らに対する行為はそのプライバシーを侵害するものでもあって，同人らの人格的利益を侵害するものというべく，これら一連の行為がYの会社としての方針に基づいて行われたというのであるから，それらは，それぞれY会社の各Xらに対する不法行為を構成するものといわざるを得ない。原審の判断は，これと同旨をいうものとして是認することができる。また，原判決がY会社による行為として認定判示するところは，右に説示した限りにおいて，不法行為としての違法性評価が可能な程度に各行為の態様を示しており，その特定に欠けるものではない。」

【コメント】 本件は，本文後記「(3) 労働関係に特有の人格的利益の尊重」の箇所に置くべき事案であるが，上告審の判旨と1審，原審の判旨との関係を明らかにするためにこの箇所に置いたものである。

判旨は，会社の本件行為を労働者の「職場における自由な人間関係を形成する自由」の侵害と判断している。会社がXらに行った尾行，ロッカーの無断開扉，私物（手帳）の撮影などの労働者のプライバシーや思想信条の自由の侵害など一般的人格的利益の侵害行為は，この「自由」の侵害過程（Xらを職場で孤立させるなどした過程）の中で行われたものであると位置づけられている。したがって，「職場における自由な人間関係を形成する自由」の侵害は，具体的には，Y会社がXらを継続的監視下に置いた上で他の従業員に対しXらと接触，交際をしないよう働きかけた，職場における「孤立化」行為を評価判断したものである。なお，判旨は1審，原審とやや異なり本件会社の行為が労働者の思想，信条の自由の侵害に当たることを明言していない。しかし，「自由な人間関係」には「自由な思想・信条に基づく関係」の形成を欠くことはできないから，敢えて思想・信条の自由に言及するまでもないと考えたものと解する（遠藤隆久・百選7版44頁，角田邦重〔判批〕労判688号6頁，手塚和彰・ジュリ1103号156頁）。

(3) 労働者の労働関係に特有の人格的利益の尊重

労働は労働者の生活手段にとどまらない。労働は，労働者の職業的能力を高め，社会的評価の対象になり，精神的充足の内実を形成する。これらは労働関係に特殊な人格的利益であり，その侵害は不法行為または債務不履行として違法，無効である。裁判例もこの理を認め，これまでに，特定の教員の授業内容の無断録取（目黒高校事件・東京地判昭和47・3・31労民集23巻2号155頁），クラス担任など主要な教育活動からの排除（松蔭学園事件・東京高判平成5・11・12判時1484号135頁，同・東京地判平成4・6・11労判612号6頁），組合員への差別的・隔離的な作業指示（ネッスル事件・大阪高判平成2・7・10労判580号42頁），退職勧奨に応じない労働者の遠隔地配転（フジシール事件・大阪地判平成12・8・28労判793号13頁），副総婦長たる職務権限の大幅な縮小（北海道厚生農協連合会帯広厚生病院事件・釧路地判帯広支判平成9・3・24労判731号75頁），懲罰的目的に基づき長時間にわたり「教育指導」の名の下に行った就業規則全文の機械的筆写命令（JR東日本〔本荘保線区〕事件・最2小判平成8・2・23労判690号12頁）など，多数の事件において，使用者の不法行為責任を肯定して

きた。

(4) 就労請求権*

　　* **イギリス雇用関係法理**　　就労請求権は，①賃金を手数料または出来高で約定されている労働者の場合（Rosser & Sons 事件，1906 年），および②熟練労働者で労働を継続して行うことがその水準を維持する上で必要と認められる場合（Epsylon Industry 事件，1976 年），または③エンターテイナーや俳優のように評判や公衆にさらされることが当該労働者のために約因になっていると認められる場合（Sawdon 事件，1901 年）について肯定されている（Andrew C. Bell, 2003, p. 16）。

　一　労働契約の存続中，使用者が正当な理由なく労働者の就労を拒否した場合，労働者は使用者に「就労させよ（自分を使用せよ）。」と請求できるだろうか。ことばを換えれば，労働者は使用者に対し「労働受領義務」の履行請求権を有すると言えるだろうか。日本の裁判例の大勢は，一例（高北農機事件・津地上野支決昭和47・11・10労判165号36頁）を除き，労働契約において労働は労働者の義務であって権利ではないとの理由で，このような就労請求権（使用請求権）は認められないとする立場で一貫している（原則的否定）。しかし他面，労働契約等に特別の定めがある場合や業務の性質上労働者が労務の提供について特別の合理的な利益を有する場合は別であり（例外的肯定），裁判例も例外的に就労請求権を肯定し得る場合のあることまでは否定していない（**case 5-5**・読売新聞社事件）。そうした判断に沿って，解雇された調理人（コック）に関し「業務の性質上……特別の合理的利益」を有すると認め，就労妨害禁止の仮処分申請を認容した希有な事例がある（レストラン・スイス事件・名古屋地判昭和45・9・7労判110号42頁）。今日までのところ，それ以外に就労請求を認容した裁判例は見当たらない。

　二　学説には一般的に就労請求権を認める見解が多い（戦後の学説，裁判例を丹念にフォローし，就労請求権を認めるドイツ判例法理を紹介した懇切な好論文に大沼邦博「就労請求権」争点3版143頁以下がある）。有力説は，労働は労働者にとって賃金獲得の手段的活動であるが，同時にそれ自体が目的である活動でもあり，労働するものにとっての自己実現であるべきものである。それ故，使用者の就労拒否は，賃金支払いをもってカバーし得ない不利益が，論理的にはすべての労働者に，実際には少なからぬ労働者に生ずる。そこで，労働関係においては，「労働すること・させること」が「賃金を受けること・支払うこと」と同じく，労使の権利義務としてその内容をなす。すなわち，現実の労務給付行為は権利として保護するに値し，使用者の就労拒否は正当事由のないかぎり

債務不履行にあたる（原則的肯定・例外的否定），と主張する（下井217頁，下井隆史「就労請求権」争点新版176頁）。また，就労請求権が認められないときは，たとえば解雇の意思表示等が無効とされた場合でも，使用者は当該労働者を，仕事を与えないことによって「いびり出す」ことが可能になり，使用者の恣意が許されることになるため，使用者は配慮義務に基づいて，労働者の労働することの利益（就労利益）を不当に侵害することができないと解すべきであるとの主張も存在する（小西65頁）。

三　確かに，労働者は，労働を通してキャリアを形成し，自己の職業的効用を高め，社会的評価の対象となり，精神的充足を得ることが可能になる。労働の場なしにこうした人格的，社会経済的目的を実現することは不可能と言ってよいであろう。

しかしながら他面，労働者が労働を通して人格的，社会経済的価値を実現するためには，経営組織の一員として，また指揮命令の相手方として，使用者に受容されなければならず（菅野72頁），使用者に対しそのような受容を法的に強制することは，「明確な法的権限のある場合……や特約がある場合」を除いて，一般的には認め難いとの主張（菅野72頁）が存在し，私には前記二の有力説に惹かれつつ，この見解に反論できる能力がない。ただ，つぎのように考えたい。

四　今日，解雇権濫用禁止の法理が一般的に規定されるに至っているが（労契16条），加えて，使用者に対し，法律には特定の事由に基づいて行う解雇その他の不利益取扱いを特別に禁止する定めが存置されている（第14講629頁）。それは，労働者を解雇し，その他不利益に取り扱うことをさせてはならない特別に高度の社会的，公共的理由が存在する故であり，その種の強行規定を存置することの実際的な必要性に基づいている。したがって，使用者が法律により特に禁止されている事由により労働者を解雇し，または出勤停止等の締め出しを行った場合に，それが裁判所によって違法，無効と判断されたときは，当該解雇等がなかったと同様の状態を現実に回復する必要があり，労働者はそうした取扱いを請求する権利を当該法規定の趣旨自体に内包されたものとして有していると言ってよいのではないか。労働者にとって仕事を通して得られる精神的充足やキャリア形成の機会の利益を失うことは，一般に法律が個々に禁止している不利益取扱いの範疇に含まれると解することも可能のように思われる＊。

＊　使用者の「労働付与義務」という理論構成　就労請求権に関する裁判例の停滞的な動向とは別に，学説の考究はなお継続して行われている。近年では，

労働契約上の信義則は、「労働関係の公正さを実質的に確立・確保するための基本的ルール（以下、公正ルールと呼ぶ）」に則ったものでなければならないとの立場から、公正ルールに則った契約義務のひとつとして、使用者は労働者に対し「労働付与義務」を負うとの主張がなされている。その主張は、労働者の「就労」には経済的価値、職業技能的価値、社会的生活主体としての人格的価値が織り込まれており、使用者には、この「労働者の『就労』価値・利益」の尊重・配慮が要請されているという。そして就労拒否は、労働契約上異例の事態であり、使用者はその合理的理由を主張・立証する責めを負い、これなくして就労を拒否することは労働者の就労価値・利益を奪うことになり許されない。それ故労働者は、就労の価値・利益に配慮した「就労」の機会の提供を請求することができると説いている。この見解の主張者は、進んで、使用者が尊重し、配慮すべき「就労」の具体的内容に関し、職務限定型労働契約と非限定型労働契約に区分し詳細に論じているが、この点は省略する（唐津博「労働者の『就労請求権』と『労働付与義務』──『就労請求権』と『労働付与義務』試論」下井隆史先生古希記念論集『新時代の労働契約法理論』〔信山社、2003年〕162～165頁・192～193頁）。今後の活発な論議を誘発する有益な問題提起と言うべきであろう。

case 5-5　解雇の効力を停止された労働者の就労妨害排除請求（否定）

読売新聞社事件・東京高決昭和33・8・2労民集9巻5号831頁

【事実】　Xは、レントゲン撮影の結果陰影が認められること等を理由に解雇された。仮処分の原決定は、解雇の意思表示の効力を停止し賃金の仮払いを求める部分を認めて仮処分決定を行ったが、就労の妨害排除を求める部分は却下した。そこで、Xが不当解雇を認めながら就労妨害排除申請を認めない原決定は違法であるとして抗告。

【判旨】　棄却

「労働契約においては、労働者は使用者の指揮命令に従って一定の労務を提供する義務を負担し、使用者はこれに対して一定の賃金を支払う義務を負担するのが、最も基本的な法律関係であるから、労働者の就労請求権について労働契約等に特別の定めがある場合又は業務の性質上労働者が労務の提供について特別の合理的な利益を有する場合を除いて、一般的には労働者は就労請求権を有するものではないと解するを相当とする。本件においては、Xに就労請求権があるものと認めなければならないような特段の事情はこれを肯認するに足るなんの主張も疎明もない。のみならず、裁判所が労働者の就労に対する使用者側の妨害を禁止する仮処分命令を発し

うる……特段の事情（仮処分の必要性）もない。」

【コメント】 本件判旨は，就労請求権を原則的に否定しつつも，労働者の就労請求権を例外的に認め得る余地を判示している。もっとも，労働者の就労請求権を特約する労働契約の例は聞かない。「業務の性質上労働者が労務の提供について特別の合理的な利益を有する場合」については，前言したイギリスの雇用関係法理と共通する判断であり重要である（藤原稔弘・百選7版38頁参照）。

3　労働者の誠実義務＊

＊　**イギリス雇用関係法理**　労働者は，労働契約に基づき使用者に対し黙示的につぎのような義務を負うとされている。

(1) 労働に際し合理的な注意を尽くす義務（duty to exercise care）　この種の義務は，通常，労働者が労働に際して過失により第三者に危害を与えた場合の不法行為訴訟で問題になる。使用者はこの場合，労働者に代わって損害賠償責任を負うが，加害労働者に対し不法行為もしくは債務不履行を理由に損害賠償を請求することができる。第三者に対しては，労使は共同不法行為者とされる。もっともこのような訴訟はまれにしか起きない。

(2) 誠実信義の義務（duty of fidelity or good faith）　裁判所は，雇用契約と両立し得ない行為や，使用者に損害を与え，または損害の原因となる行為は誠実信義の義務違反になると判断している。誠実信義の義務には，①労働者が業務上得た非公開利益（secret profit）を使用者に報告する義務，②在職中競業をしない義務，③退職労働者の競業に関する義務などがある。もっとも③の義務は，労働者が明示の特約に基づいて負う義務であり，事業秘密の一般的保護義務を含む。

特に，労働者が退職前に他の会社に加わり，あるいは自ら事業準備をするといったケースで問題になり，誠実信義義務に違反するとされている（Andrew C. Bell, 2003, p. 19）。

その他，労働者の誠実信義の原則として，上記の①〜③のほか，④不正直であってはならない義務（a general duty not to be dishonest），⑤雇用関係で得た秘密情報を漏らさない義務，⑥使用者のためにした労働により利益を受けない義務（the obligation not to benefit from work undertaken for the employer），などが挙げられている（Brian Willey, 2003, p. 76）。

(1) 企業秩序遵守義務

使用者は，通常就業規則に「服務規律」を定め，「就業」，「施設管理」および「業務外活動」の3方向から労働者の遵守すべき具体的規律のカタログを定めている（中山116頁，119頁）。これら労働者の服務に関する就業規則の定め

る規律は，それが労働者に周知され，内容に合理性が承認されるとき，就業規則の労働契約規律効（第4講200頁）によって労働契約の内容になり，労働者に対して法的拘束力を及ぼす（労契7条参照）。

判例は，「労働者は，労働契約を締結して雇用されることによって，使用者に対して労務提供義務を負うとともに，企業秩序を遵守すべき義務を負〔う〕」と述べている（case 5-6・関西電力事件）。しかし，実際の就業規則における「服務規律」の規定自体が企業秩序遵守義務を包括的，一般的に定めるかたちになっていないこと，当該義務の内容は包括的，抽象的，概念的であり，結局個々の服務規律に即して労働者の負うべき義務がどのようなものであるかを吟味するほかなく，包括的な企業秩序遵守義務を定立する格別の必要性は認められない。したがって，包括的，一般的企業秩序遵守義務の概念を設定すること自体の合理性には疑問を呈さざるを得ない（小西ほか〔渡辺〕164頁の記述を改める）。労働者の行為が具体的な服務規律遵守義務に違反するか否かは，個々の服務規律の適用問題であり，就業規則法理に即して，関連規定の内容の合理性および当該規定に基づいて行われた具体的指示・命令の合理性の〈二段構え〉で判断される。

case 5-6　会社労務政策批判の文書配布を理由とする懲戒処分（有効）

関西電力事件・最1小判昭和58・9・8労判415号29頁

【事実】　X（被控訴人・上告人）は，他の者らとともに就業時間外にY会社（被控訴人・被上告人）の従業員社宅にビラ350枚を配布したことが，就業規則の懲戒事由「その他特に不都合な行為があったとき」に当たるとして譴責処分（Y会社就業規則の定める懲戒処分のうちもっとも軽い処分）を受けた。1審（神戸地尼崎支判昭和49・2・28労民集29巻3号403頁）はXの請求を認容し，譴責処分を無効と判断した。しかし原審（大阪高判昭和53・6・29労民集29巻3号371頁）は，ビラの内容は「会社が70年革命説ないし暴動説を唱えて反共宣伝をしている」など，Y会社の労務政策のあれこれを批判したものであるが，大部分が事実に基づかないか，または誇張歪曲してY会社を非難攻撃し，全体として中傷誹謗するもので「従業員に会社に対する不信感を醸成させ，企業秩序を乱し，もしくは乱さんとしたものであって，たとえ右行為が特定の思想，信条の表われであるとしても……これを事由に譴責処分に処せられてもやむを得ない」としてXの請求

を棄却。

【判旨】 上告棄却

1 「労働者は、労働契約を締結し雇用されることによって、使用者に対して労務提供義務を負うとともに、企業秩序を遵守すべき義務を負い、使用者は広く企業秩序を維持し、もって企業の円滑な運営を図るために、その雇用する労働者の企業秩序違反行為を理由として、当該労働者に対し、一種の制裁罰であるところの懲戒を課することができるものであるところ、右企業秩序は、通常、労働者の職場内又は職務遂行に関係のある行為を規制することにより維持しうるのであるが、職場外でされた職務遂行に関係のない労働者の行為であっても、企業の円滑な運営に支障を来すおそれがあるなど企業秩序に関係を有するものも……規制の対象とし、これを理由として労働者に懲戒を課することも許されるのである（国鉄中国支社事件・最1小判昭和49・2・28民集28巻1号66頁・表記方法は引用者）。」

2 Xのした本件ビラの配布により「労働者の会社に対する不信感を醸成して企業秩序を乱し、又はそのおそれがあったものとした原審の認定判断」は是認できる。Xによる本件ビラ配布は、「就業時間外に職場外であるYの従業員社宅において職務遂行に関係なく行われたものであるが、就業規則の懲戒事由にあたると解することができ、……譴責を課したことは懲戒権者に認められる懲戒権の範囲を超えるものとは認められない。」

【コメント】 1 「労働者は、労働契約を締結して雇用されることによって、使用者に対して労務提供義務を負うとともに、企業秩序を遵守すべき義務を負〔う〕」との判旨1の部分について、最高裁判所が使用者の懲戒権に関し固有権説の立場を採ったものと評価をするものがあるが、妥当ではない。この点は、懲戒権の箇所で述べる（第13講572頁、小西ほか〔渡辺〕202頁参照）。

2 本判決の意義は、ビラ配布を、場所（従業員社宅）およびその内容からみて「従業員の会社に対する不信感を醸成するもの」と評価し、懲戒事由に該当すると判断した点にある。本件ビラ配布は純然たる職場外の行為とは言い難い。しかし、ビラの内容が判旨認定のとおりであれば、判旨のような理由によって譴責処分有効との結論はやむを得ないと解される。とはいえ、判旨は、職場外の非行（文部省等主催の教育課程研究協議会開催反対闘争に参加し、警備の警官隊と衝突し公務執行妨害罪の現行犯で逮捕、起訴され、懲役6月、執行猶予2年の判決を受けたこと）を理由に国鉄職員の

懲戒免職処分を有効とした先例（国鉄中国支社事件）を引用しており，やや疑問が残る（小西國友・百選 7 版 150 頁，籾井常喜・百選 6 版 130 頁，盛誠吾・百選 5 版 62 頁）。

(2) 調査協力義務

使用者は，企業秩序維持を目的に従業員を対象にして種々の調査を行い，調査への協力を拒否した者を懲戒処分の対象にすることがある。しかし，調査はその目的，態様によって労働者の人格的利益や名誉感情を著しく傷つけるおそれがあり，慎重な対応が要請される。

判例は，私鉄の金銭を取り扱う乗務員が乗務後の所持品検査を拒否し懲戒解雇された事案において，①調査が一般的に妥当な方法と程度で行われ，②それが制度として，職場従業員に画一的に実施され，③就業規則その他，明示の根拠に基づいて行われるときにかぎり，労働者に受忍義務が生ずると判断している（**case 5-7**・西日本鉄道事件）。このほか，同僚の勤務時間中の業務外行為（就業規則違反行為）および原水爆禁止署名活動等に関し情報収集への協力を拒否した労働者の譴責処分に関し，業務と関連性の乏しい事柄に課する情報収集であり，労働者は企業の「一般的な支配」に服するものではない故に協力義務を負わないと判示したものがある（**case 13-11**・富士重工業事件最高裁判決）。なお，**case 5-1**・電電公社帯広電通局事件最高裁判決も労働者の健康という私事性の強い事項に関する調査協力義務について判断した事案である。

case 5-7　所持品の脱靴検査を拒否した乗務員の懲戒解雇（有効）

西日本鉄道事件・最 2 小判昭和 43・8・2 民集 22 巻 8 号 1603 頁
【事実】 1　X（控訴人・上告人）は，旅客運送事業を営む Y 会社（被控訴人・被上告人）の電車運転士である。Y 会社は，乗車料金の不正隠匿を防止，摘発する目的で勤務後の乗務員に対し所持品検査を実施することにし，補導室のコンクリート床上に踏板を敷き並べ，入口の部分を除いて同室を板張りのようにして，検査員から指示がなくても自然に脱靴せざるを得ないようにした。X は，乗車勤務終了直後，所持品検査を受けるよう指示を受け，補導室に赴いたが，「靴は所持品ではない，本人の承諾なしに靴の検査はできない筈だ」などと言って，上司の指示に反し，踏板の上に帽子とポケット内の携帯品を差し出しただけで，ついに脱靴に応じなかっ

た。なお，Xに指示した上司は検査の直前，その上司から靴の中を検査するよう指示されると同時に，行き過ぎや被検査者に対する感情の刺激のないよう特に注意され，検査の際もXの感情を刺激しないように努めたもので，Xのほか80名余が検査を受けたが，脱靴を拒否した者はいなかった。

2　Y会社は，勤務後の乗務員に対し上記方法で所持品検査を行うことについてX所属の労働組合と何度か協議を重ね，人権問題が生じたときは話し合うこと等が合意されている。Y会社の就業規則には，乗車賃の不正隠匿を防止，摘発するため「社員が業務の正常な秩序維持のためその所持品の検査を求められたときは，これを拒んではならない。」との規定が置かれている。本件は，脱靴検査拒否を理由とする懲戒解雇処分の有効性が争われた事例。1審（福岡地判昭和39・12・14労民集18巻1号125頁），原審（福岡高判昭和42・2・28労民集18巻1号108頁）ともXの請求を棄却。Xが上告。

【判旨】　上告棄却

1　「使用者がその企業の従業員に対して金品の不正隠匿の摘発・防止のために行なう，いわゆる所持品検査は，被検査者の基本的人権に関する問題であって，その性質上つねに人権侵害のおそれを伴うものであるから，たとえ，それが企業の経営・維持にとって必要かつ効果的な措置であり，他の同種の企業において多く行なわれるところであるとしても，また，それが……就業規則の条項に基づいて行なわれ，これについて従業員組合または当該職場従業員の過半数の同意があるとしても，そのことの故をもって，当然に適法視されうるものではない。問題は，その検査の方法ないし程度であって，所持品検査は，①これを必要とする合理的理由に基づいて，②一般的に妥当な方法と程度で，③しかも制度として，④職場従業員に対して画一的に実施されるものでなければならない。そして，このようなものとしての所持品検査が，⑤就業規則その他，明示の根拠に基づいて行なわれるときは，他にそれに代わるべき措置をとりうる余地が絶無でないとしても，従業員は，個別的な場合にその方法や程度が妥当を欠く等，特段の事情がないかぎり，検査を受忍すべき義務があり，かく解しても所論憲法の条項に反するものでないことは，昭和26年4月4日大法廷決定（民集5巻5号214頁）の趣旨に徴しても明らかである。」（①〜⑤の付番は引用者）

2　「Xが検査を受けた本件の具体的場合において，その方法や程度が

妥当を欠いたとすべき事情の認められないこと前述のとおりである以上，Xがこれを拒否したことは，右条項に違反するものというほかはない。」したがって「Xの脱靴の拒否が就業規則……所定の懲戒解雇事由（「職務上の指示に不当に反抗し……職場の秩序を紊したとき」・引用者）に該当するとした原審の判断も，所論の違法をおかしたものとは認めえない。」

　【コメント】　私見は判旨2の結論に承服しかねる。その理由は以下述べるとおりである。本件の場合を含めて所持品検査は，判旨説示のとおり常に人権侵害のおそれを伴う。Xは，①脱靴検査のみを拒否し，その他の所持品検査自体を拒否していない，②Xの脱靴検査拒否は人格的名誉感情（良心）に起因しており，その動機，目的においてY会社の秩序を乱す意図は認められない，③Xは隠匿の客観的嫌疑を受けて検査対象になったわけではない，そして④拒否を他の乗務員に呼びかけ同調を求める類の行為に及ばなかった。以上のように，Xの拒否は人格的名誉感情に発するいわば良心的検査拒否であり，その拒否行為に企業秩序への積極的違反の悪意性は認め得ない。したがって，仮に事業方針と相容れないとして解雇が相当であるとしても，敢えて懲戒解雇という厳罰で対処すべき性質のものではなく，通常解雇（退職金の支払いを伴う）が限度と考えられる。懲戒解雇は行為の内容，性質，態様と著しく均衡を失していると言わざるを得ない。

(3)　秘密保持義務

　一　労働者は，労働契約上の付随義務として，在職中に知り得た事業秘密を洩らさない義務を負う（公務員の守秘義務に関し国公100条，地公34条）。労働者が事業秘密を守る義務は一般に，就業規則の規定の有無，労働者の職務上の地位の高低および担当する職務との関連性を問わない，信義則上の義務と解されている（参照，有泉122頁，和田肇「労働市場の流動化と労働者の守秘義務」ジュリ962号〔1990年〕52頁）。

　二　しかし，職務上得た知識や情報の全部がここでいう事業秘密になるわけではない。事業秘密とは，当該知識・情報が一般に現実に知られていないもので（秘密性ないし非公知性），かつ財産的価値があり（有用性），秘密として実効的に管理されているもの（被管理性）でなければならない。また，情報は無形のものであるから，特に秘密として管理されていること（データ文書への秘密の表示，管理責任者の選任など）が明確になっていなければならない（中山128

頁)。就業規則等に定められる「事業秘密(あるいは営業秘密)」は，以下に述べる不正競争防止法の「営業秘密」にかぎらず，事業経営上客観的に対外的保護が必要な情報(顧客名簿，製品技術情報など)および対内的保護が必要な情報(特に従業員の人事関連情報など)がこれに当たると解される。事業秘密を不正に使用，開示した労働者に対しては事前の差止請求，解雇その他の不利益処分(退職金の不払い，減額)，不法行為ないし債務不履行として損害賠償請求などがなされる＊。

＊ 不正競争防止法における「営業秘密」の保護　1990(平成2)年3月の産業構造審議会財産的情報部会報告「財産的情報に関する不正競争行為についての救済制度のあり方について」は，「財産的情報」の意義を，「非公知で財産的価値のあるものであって，企業が秘密として管理している製造技術，設計図，実験データ，研究レポート等の技術上のノウ・ハウや顧客名簿，販売マニュアル，事業計画，仕入れ先リスト等の営業上のノウ・ハウ」と意義づけている。①非公知性，②財産的有用性，および③秘密管理性を有することが「財産的情報」の要件になっている。

　不正競争防止法(平成6年法律47号)は，上記「財産的情報」の意義を同法の「営業秘密」の定義の下敷きにしている(不正競争2条6項参照)。その上で，禁止される不正競争の一行為類型として，営業秘密を保有する事業者(以下，保有者)からその営業秘密を示された場合に，①不正の競業その他不正の利益を得る目的で，またはその保有者に損害を加える目的で，②その営業秘密を使用し，または開示する行為を挙げている(同2条1項7号)。保有者は，このような不正競争行為を行った者に対し損害賠償の請求(同4条)，事前の差止請求をすることが認められる(同3条1項)。悪質な場合は罰則(同21条)が適用される(なお，和田・前掲ジュリ962号52頁はドイツの不正競争防止法(17条)を参考にして，不正競争を「労働者が競業の目的，私利のためあるいは使用者に損害を与えるつもりで労働契約上知り得た会社の営業秘密を漏洩すること。」と意義づけている)。

三　裁判例には，会社の業務状態，新事業計画を具体的数値とともに記載した文書を企業外に洩らした工員の懲戒解雇を有効としたもの(**case 5-8**・古河鉱業足尾製作所事件)がある。他方，在職中に通常の業務の過程で身につけた，機密の製法に関する技能，経験を生かし，同業他社の下請けとして独立自営計画を立てた労働者に対する懲戒解雇に関し，そのこと自体は「秘密を社外に洩らそうとしたとき」に当たらないと解した事例(久田製作所事件・東京地判昭和47・11・1労判165号61頁)がある。

case 5-8　会社再建計画書を反対態勢づくりに利用した労働者の懲戒解雇（有効）

古河鉱業足尾製作所事件・東京高判昭和55・2・18労民集31巻1号49頁

【事実】　Xら2名（控訴人）は，昭和35年頃，Y会社（被控訴人）の経営再建3ヵ年計画書を数部複写し，その一部をガリ版にして共産党地区委員会議出席の幹部に配布し，反対態勢づくりのための検討資料とした。計画書には，3年後の会社の業務状態が具体的数値で記載され，経営実態を予測できる内容であった。この計画書に「秘密」の表示はなかったが，社内では高度の秘密文書として取り扱われていた。Y会社はXらを懲戒解雇した。1審（前橋地判昭和50・3・18労民集31巻1号169頁）はXらの探知行為は重大な義務違反といえないが，これを複写し政党地区幹部に配布したことは懲戒解雇事由に当たるとした。

【判旨】　控訴棄却

「労働者は，労働契約にもとづく付随的義務として，信義則上，使用者の利益をことさらに害するような行為を避けるべき責務を負うが，その一つとして使用者の業務上の秘密を洩らさないとの義務を負う……。信義則の支配，従ってこの義務は労働者すべてに共通である。もとより使用者の業務上の秘密といっても，その秘密にかかわり合う程度は労働者各人の職務内容により異なるが，管理職でないからといってこの義務を免れることはなく，又自己の担当する職務外の事項であっても，これを秘密と知りながら洩らすことも許されない。このことは工員をもって組織する組合の加入する足製連が会社と結んだ労協（労働協約の略語・引用者），及び工員のみを対象とする就規（就業規則の略語・引用者）が，従業員に右のような義務があることを前提として，それぞれ会社の業務上重要な秘密を洩らした者を懲戒解雇する旨定めていることからも，明らかである。」

2　本件再建計画は，Y会社が工場の将来にその命運をかけて策定したものであり，「業務上最も重要な秘密というべく」，Xらは「その秘密性を十分に知りながら」，これを党の「細胞及び地区委に漏らし，内容を研究討議し，その実施を妨げようとした行為は，情状極めて重大というべきである。」

【コメント】　判旨1は，労働者は労働契約上「使用者の利益をことさら害するような行為を避けるべき責務」の一内容として，「使用者の業務上

の秘密を洩らさないとの責務」を負い,「業務上重要な秘密を漏らした者を懲戒解雇する」との労働協約,就業規則の定めは労働契約に一般的な信義則を「前提」とするものであると判断している。これによれば,労働協約,就業規則の同趣旨の規定は,労働者が労働契約上の本来負うべき義務の確認的規定ということになる。この論理によれば,使用者は業務上の秘密漏洩をした労働者を労働協約,就業規則に懲戒処分規定がない場合でも,懲戒処分を行うことができるかのようであるが,おそらくそれは判旨の意図するところではない。懲戒処分は懲戒処分規定に基づいてはじめて可能であり,懲戒処分規定が存在しない場合には,使用者は懲戒処分以外の不利益処分をなし得るにとどまる(第13講575頁。本件に関し,内藤恵・百選7版42頁)。

(4) 競業避止義務*

＊ **イギリス雇用関係法理** (1) 雇用関係が存続中の競業は,一般に,労働契約に黙示的に含まれている保信義務(implied duty of fidelity)に違反し,労働者は契約違反を冒すことになる。すなわち,使用者は労働者を雇用する第三者を相手に,雇用関係の存続中当該労働者の雇用の差止命令(injunction)を得ることができる(Hivoc 事件,1946年)。しかし,パートタイム労働者の場合には,理論上はともかく,実際にこの理をそのままあてはめることはできないとされている。

(2) "ガーデン・リーブ(Garden leave)" 会社はしばしば労働契約に長期の解約予告期間を記載し,その期間中労働者の出勤を免除する一方,労働者に予告の遵守を強制している。この条項により労働者は在宅のまま賃金の支払いを受け——これを,"ガーデン・リーブ"という——,当該予告期間中他の使用者に雇用されない義務を負う(Evening Standard 事件,1987年)。この種の条項は,今日,管理者クラス(senior employee)の労働契約に一般に見られ,使用者はこの条項の下で労働者が競争会社に雇用を得ようとすればできた数ヵ月間に,すべての事業場の利益を保護できるのである。

とはいえ近年,裁判所は,"ガーデン・リーブ"の約定に基づく差止命令の発出について必ずしも足並みが揃っているとはいえない。というのは,労働者に解約予告期間中に新使用者との雇用契約の締結を禁止する差止請求を認容した事例(GFI Group 事件,1994年)が存する一方で,このような方法によるのではなく,雇用契約のなかに制限的誓約(restrictive covenant)を定め,これを根拠にして他に雇用されることを差し止める命令を行うべきであるとする控訴裁判所の判決(William Hill Org 事件,1998年)もあるからである。

(3) 「制限的誓約」 制限的誓約は,雇用契約の存続期間を超えて,労働者が,契約終了後に特定の使用者,特定の事業,特定の任務,特定の場所または地理的

範囲で，合意した期間，労働することを制約する趣旨を明示した雇用条件である。この種の制限的誓約は多くの雇用契約で一般的に行われており，その趣旨目的は退職後の労働者がその知識，技能，情報その他を競業者に与えることを妨げることにある。しかし，裁判例では，制限的誓約は，使用者が事業の秘密，特定の製造過程，顧客リスト（client base），そしておそらくその雇用する従業員の保護のために正当で固有の財産的利益（legitimate proprietary interest）を有し，かつ公正な必要期間にかぎり有効と解されている。

　(4)　若干の裁判例によれば，①事業秘密を利用せず，またはその有する人的影響力を利用しない約束，②そのような約束にサインしない労働者の解雇，③雇用契約終了後5年間秘密の製造過程の詳細を利用しない約束はそれぞれ有効と解され，④技師に対し雇用終了後7年間競争会社で働かないとの約束は，その知識，技能に対する合理性のない制限として無効とされた。⑤不動産仲介業の営業員につき，一定の地理的範囲において，一定の期間，同一業種で働かない旨の約束は，使用者の現在の事業を守るものではなく，単に当該労働者が職業を得る機会を制限しようとするもので強制できないとされた。また，⑥労働者がどのような資格（役割）であれ，同種の産業または組織で働かないという合意は，使用者の固有の利益を守る必要性を超えるとして無効とされた。

　しかしながら，⑦世界中どこでも，25年間，特定の事業で働かないという約束が，その約束に数百万ポンドの金銭が支払われていたことから，有効と解された事例がある（Maxim Nordenfelt Guns 事件，1894年）。また，⑧事務弁護士の事務員について，死ぬまで，半径7マイル以内の地域で他の事務弁護士の下で働かないという約束も有効と解された（Dewes 事件，1921年）。例外的な状況の場合は別であるが，この種の合意は今日では法的に強制可能というには広すぎる制限と判断されている（Andrew C. Bell, 2003, p. 100ff）。

　一　労働者は，退職により労働契約の法鎖から解放され，在職中に得た知識，技能，経験，交友関係などを自分の財産ないしキャリアとして生かし（job is property），有利な条件で転職し，または事業を営む自由（職業選択の自由）を有する（憲22条1項）。労働者が退職した後，以前在職した企業と競業することを禁止する法規定は存在しない（取締役の競業避止義務に関しては，会社356条・419条2項・423条参照）。

　二　就業規則に退職後の競業を規制ないし禁止する規定を設ける例は少なくないが，使用者は労働者と退職時に個別に合意することにより秘密保持が可能であるから，労働者の退職後にまで就業規則の法的拘束力を及ぼさなければならない特段の理由はない。よって上記の規定は無効と解する（同旨前掲(3)三の久田製作所事件）。

　退職後の競業禁止に関する労使間の特約は，退職後の労働者の職業選択，生

計維持に重大な制約となるため，使用者の事業利益の維持と均衡する内容のものでなければならない。すなわち労働者の退職後の競業禁止の特約は，その目的が，単に競争排除によって事業利益を確保しようとする点にあるのではなく，特殊的な知識・技能・情報など重要な事業秘密の秘密性を保持する点にあることが必要である。また，競業禁止の対象職種，期間および地域の限定は必要最小限度のものでなければならず，さらに，労働者が競業禁止により受ける不利益を考慮し相当の償い（代償的措置）が提供される必要がある。

　三　労働者が競業避止（禁止）の特約に違反した場合は，損害賠償責任が生じる（顧客収奪行為に関し，ダイオーズサービシーズ事件・東京地判平成14・8・30労判838号32頁参照）。また，競業行為により現実に利益侵害が生じ，または具体的侵害のおそれが認められるときは競業の差止めを請求できる（肯定例に **case 5-9**・フォセコ・ジャパン・リミテッド事件，否定例に東京リーガルマインド事件・東京地決平成7・10・16労判690号75頁。土田道夫〔判批〕ジュリ1097号〔1996年〕142頁参照。競業避止を退職金の支払条件にする特約の有効性については，第7講317頁を，また不正競争防止法の営業秘密の保護に関しては本講Ⅳ3(3)を参照）。

case 5-9　退職後の競業行為に対する差止請求（認容）

フォセコ・ジャパン・リミテッド事件・奈良地判昭和45・10・23判時624号78頁

【事実】　1　X会社は，各種冶金副資材の製造販売を業とし，Y_1は10年間X本社研究部で品質管理業務に従事し，Y_2は約7年間技術知識を有する販売員として勤務してきた。Y_1，Y_2は在職中および契約終了後2年間は競業関係会社に就職しない旨を約し，「機密保持手当」を支払われていた。しかし，同人らは退職後A会社の取締役に就任し，X会社の製品に対応する製品を試作，X会社の得意先への販売活動を行い，X会社当時の顧客を奪いつつあった。そこでX会社は，同社の製品は英国の親会社から実施料を支払って受けた技術供与をもとに，独自の技術開発を行い多額の投資の結果，製造に至ったものであり，A会社はそのような負担なく安価な製造コストで対応製品を製造しており，このまま放置すればX会社は回復しがたい損害を受けると主張し，Y_1，Y_2の競業行為の差止めを求めた。

　2　Y_1，Y_2は，問題の技術は公知，公用，公然のもので技術的秘密は

存在しない。本件競業避止特約は2年間にわたり，そのための代償がなく，一律に同業への就業を広い範囲で禁止するもので，職業選択の自由を保障した憲法22条1項，生存権を保障した同25条，民法90条に照らし無効であると主張した。

【判旨】　請求認容

1　退職後の競業避止の特約は，「経済的弱者である被用者から生計の道を奪い，その生存をおびやかす虞れがあると同時に被用者の職業選択の自由を制限し，又競争の制限による不当な独占の発生する虞れ等を伴うから，……合理的な事情の存在することの立証がないときは一応営業の自由に対する干渉とみなされ，特にその特約が単に競争者の排除，抑制を目的とする場合には，公序良俗に反し無効である。」したがって，被用者が雇用中に修得した「経験・知識・技能」が「他の使用者のもとにあっても同様に修得できるであろう一般的知識・技能を獲得したに止まる場合には，それらは被用者の一種の主観的財産を構成するのであってそのような知識・技能は被用者は雇用終了後大いにこれを活用して差しつかえなく，これを禁ずることは単純な競争の制限に他ならず被用者の職業選択の自由を不当に制限するものであって公序良俗に反する。」

2　「しかしながら，当該使用者のみが有する特殊な知識は使用者にとり一種の客観的財産であり……いわゆる営業上の秘密として営業の自由とならんで共に保護されるべき法益というべく，そのため一定の範囲において被用者の競業を禁ずる特約を結ぶことには十分合理性がある……。このような営業上の秘密としては，顧客等の人的関係，製品製造上の材料，製法等に関する技術的秘密等が考えられ，技術的秘密は特許等と相まって活用され，その財産的価値は極めて大きいものがあり，保護の必要性も大きく，企業の重要な財産を構成する。」「このような技術的秘密を保護するために当該使用者の営業の秘密を知り得る立場にある者……に，秘密保持義務を負わせ，又は右秘密保持義務を実質的に担保するために退職後における一定期間，競業避止義務を負わせることは適法，有効と解するのを相当とする。」

3　本件特約は，秘密保持義務と競業避止義務とからなり，競業避止義務は秘密保持義務を担保するものであるから，本件特約の重点は秘密保持義務にある。本件X会社の技術は客観的に保護されるべき秘密性が認められ，Y_1，Y_2はその秘密を知り得る地位にあり，その知識がA会社におい

て大きな役割を果たしていることが認められ、X会社の秘密を漏洩する立場にあるから、X会社は同人らの競業行為を差し止める権利を有する。

4 Yらの抗弁に対する判断　「競業の制限が合理的範囲を超え、Yらの職業選択の自由等を不当に拘束し、同人の生存を脅かす場合には、その制限は公序良俗に反し無効となる……この合理的範囲を確定するにあたっては、制限の期間、場所的範囲、制限の対象となる職種の範囲、代償の有無等についてX会社の利益（企業秘密の保護）、Yらの不利益（転職、再就職の不自由）及び社会的利害（独占集中の虞れ、それに伴う一般消費者の利害）の三つの視点に立って慎重に検討していくことを要する。」

本件契約は、①制限期間は2年間と比較的短期間であり、②制限の対象職種はX会社の営業目的である金属鋳造用副資材の製造販売と競業関係にある企業というのであって、制限の対象は比較的狭い。また③場所的には無制限であるが、これはX会社の営業秘密が、技術的秘密である以上やむをえない。④退職後の制限に対する代償は支給されていないが、在職中秘密保持手当が両名に支払われていた。これらの事情を総合すれば、本件契約の競業制限は合理的範囲を超えているとは言い難く、無効とは言えない。

【コメント】　就業規則に一般的に、退職後の競業避止義務、秘密保持義務を定めておいても無効である（就業規則はその雇用する労働者のみに適用される）。したがって、使用者が労働者に対し退職後に競業避止義務、秘密保持義務を負わせるには、退職時にその旨を個別に契約する必要がある。

本件は在職中になされた退職後の競業避止義務、秘密保持義務の特約の有効性に関するリーディング・ケースであり、その合理性判断に関し周到な利益衡量のテストを示した判決である。競業避止義務の合理性判断に関し、3つの視点（①秘密保持の必要性、②労働者の転職の不自由、③独占集中等の社会的利害）および4つの基準（①制限の期間、②場所的範囲、③職種の範囲、④代償の有無）が示されており、重要である。もっとも、代償に関し、在職中の「機密保持手当」をもって要件充足としている点は利益考量のバランスの点から問題が残る（参照、小畑史子「退職した労働者の競業規制」ジュリ1066号〔1995年〕119頁、石橋洋・百選6版162頁参照）。

(5) 在職中の兼職・競業

一　就業規則は、一般に、労働者が承諾なしに就業時間外に自ら事業を営み、または他に雇用されることを禁止している。とはいえ、労働時間外の時間をど

のように利用するかは労働者の自由である。他面使用者は，労働者がその日の労働の疲労をその日の休息によって回復すること（明日も元気で働くこと）を期待する。それは使用者の労働契約上の正当な利益である。したがって，兼業職種の内容，就業の態様，時間数・時刻などが労働者の心身にどの程度の負荷を与え，あるいは企業秩序に負の影響を与えるかによって，事前の承認を得るべき兼業か否かを判断すべきである（中山130頁は，兼業禁止違反となる場合として，自社の就業時間と両立しない場合，自社における効率的な労働に支障を生ずる場合，兼業しないことに特別の手当が支払われている場合等を挙げるが，妥当であろう）。

　二　裁判例には，終業後毎日午後6時〜午前0時の間キャバレーに勤務し，客の出入りチェック業務に就業した労働者の通常解雇を有効と解した事案において，「労働者がその自由なる時間を精神的肉体的疲労回復のため適度な休養に用いることは次の労働日における誠実な労働提供のための基礎的条件をなす」と判示するものがあるが，同感である（小川建設事件・東京地判昭和57・11・19労民集33巻6号1028頁，労判397号30頁，渡寛基・百選7版40頁参照）。

　他方，会社によって待機扱いされた乗務員が収入減を補うため一時的に無断で他に雇用され稼働した場合は，違法性がなく，懲戒解雇は無効と判断されている（京急横浜自動車事件・東京高判昭和44・12・24労民集20巻6号1750頁，岩村正彦「兼業禁止と競業避止義務」争点新版186頁参照）。

　なお，パートタイム労働者については原則的に兼業を制限し得ないと解する。

case 5-10　在職中同業他社で就業した労働者の懲戒解雇（有効）

昭和室内装備事件・福岡地判昭和47・10・20判タ291号355頁

　【事実】　倒産のおそれのあったY会社は，同社の退職者が代表取締役になっている同業種のA会社で就業している従業員がいるとの噂を聞き，全従業員に他社就業禁止を周知徹底し，警告した。Y会社は，その後の調査で，Xら2名が過去（その警告期間中の昭和43年3月18日〜4月23日の間）に5回，1日3時間ほど終業後にA会社で就業していたことをつきとめた。そこでY会社は，就業規則の懲戒処分事由「許可なく他に就業しないこと」に違反するとしてXらを懲戒解雇した。本件はXらによる懲戒解雇無効確認，賃金請求事件。

　【判旨】　請求棄却

1　会社が就業規則により禁止している「他への就業」とは、「従業員が他へ就労することによって①会社の企業秩序ないし労務の統制を乱し、またはそのおそれがあるか、あるいは、②従業員の会社に対する労務の提供が不能もしくは困難となり、企業の生産性の高揚を阻害することを未然に防止することにあると解されるから、会社の企業または労務の統制を乱すおそれがなく、会社に対する労務の提供に格別の支障を生ぜしめない程度のものは、就業禁止の対象とはならないものと解される。」

2　本件Ｘらの行為がＹ会社就業規則の禁止する「他への就業」に該当するか否かを検討するに、当時Ｙ会社は、従業員の長時間労働による肉体的疲労度を軽減し、就業時間中の作業能率を向上させ、かつその実態調査を試みる特別措置を講じており、従業員は「その措置中は特に自己または他の従業員の作業能率や意欲を低下せしめるような言動を慎むべき忠実義務があるのに、Ｘらは再三にわたる会社側の警告を無視し、許可なく他に就労して、就業の規律を乱し、職場内に他社就労の噂を生ぜしめて、他の従業員の作業意欲を減退させる等企業に好ましからざる影響を与えたものと推認するに十分である。」Ｘらの他社就業は、Ｙ会社の厳重な警告中に敢えてなされたものであって情状は重い。（判旨中の①②は引用者）

【コメント】　判旨は、在職中の他社就業に関し、一般的に、①企業秩序（労務統制）の乱れを生じるか、②会社に対する労務の提供が困難または不能になるかの２側面で評価すべきものとしている。本件では、Ｘら２名のＡ会社での就業は、「他の従業員の作業意欲を減退させる等企業に好ましからざる影響を与えたものと推認するに十分」というのであるから、②の理由ではなく、①の理由により懲戒解雇相当と判断したものと解される。しかし、「他の従業員の作業意欲を減退」させた具体的事象の認定はなく、好ましからざる影響を与えたとの「推認」の程度に止まる。その程度の根拠をもって不利益処分として最も重い懲戒解雇の理由として十分と言えるか疑問の余地がある。

また、判旨はＸらの行為は「忠実義務」に反すると述べているが、それは他社就業を禁止する警告期間中であった当時においてＸらが特に負っていたものとの趣旨か、それとも労働者は一般的に忠実義務を負っておりＸらの行為の情状は重いというのか、文脈上明確でない。懲戒解雇の効力の判断に際しては、いま少し念入りな事実認定と理論構成が必要と思われる。

case 5-11　管理職らの二重就職を理由とする懲戒解雇（有効）

橋本運輸事件・名古屋地判昭和47・4・28判時680号88頁
【事実】　X_1〜X_3は，諸機械の組立て，解体，木製品の製造，包装等を営むY会社に雇用され16年余を勤務し管理職または管理職に準ずる地位にあったところ，同社の社長死亡後Y会社の代表取締役になった実子と実弟の副社長Bらとの間に財産相続をめぐり意見対立が生じ，副社長Bはほどなく Y会社を去り，事業内容がY会社と完全に競合する従業員30人ほどのA会社を設立し，代表取締役に就任した。X_1〜X_3は，同会社の取締役に就任した。Y会社（当時，従業員数150人位）は，XらはY会社の親会社に対し発注作業の下命申請をなし，Y会社の業績を低下させるような計画に参画しており，極めて反会社的であり，かつY会社の発展に弊害をもたらし，他の従業員に及ぼす影響も大きいとして，就業規則の懲戒事由「会社の承認を得ないで在籍のまま他に雇入れられ他に就職した者」に当たるとしてXらを懲戒解雇した。本件は，X_1の従業員たる地位確認，X_2，X_3の退職金等請求事件。

【判旨】　X_1の請求棄却，X_2・X_3の請求一部認容
　1　「就業規則において二重就職が禁止されている趣旨は，従業員が二重就職することによって，会社の企業秩序をみだし，又はみだすおそれが大であり，あるいは従業員の会社に対する労務提供が不能もしくは困難になることを防止するにあると解され，従って右規則にいう二重就職とは，右に述べたような実質を有するものを言い，会社の企業秩序に影響せず，会社に対する労務の提供に格別の支障を生ぜしめない程度のものは含まれない。」
　2　本件のXらは，A会社の経営に直接関与せず，Y会社での労務の提供に何等支障を生ぜしめるものではなかったが，Y会社の管理職の地位にあり「経営につき意見を求められるなどして，A会社の経営に直接関与する事態が発生する可能性が大であると考えられること，……Y会社の秘密がXらによりBにもれる可能性もあることなどの諸点を考え併せると……X_1〜X_3がY会社の許諾なしに，A会社の取締役に就任することは，たとえ本件解雇当時XらがA会社の経営に直接関与していなかったとしても，なおY会社の企業秩序をみだし，又はみだすおそれが大であるというべき

である。」してみると、「XらのA会社取締役就任の所為……を理由としてなされた本件解雇は有効」である。

3 X_2, X_3 の退職金請求に関しては、退職金の功労報償的性格と賃金後払い的性格とを考慮すると、「退職金の全額を失わせるに足りる懲戒解雇の事由とは、労働者に永年の勤続の功労を抹消してしまうほどの不信があったことを要」するが、X_2, X_3 の所為は、Y会社にそれぞれ16年余勤務した功を一切抹消するに足りる程度のものと言うことはできないから、所定退職金の6割を超えて没収することは許されない。

【コメント】 本件判旨も、兼業禁止の実質的根拠について、企業秩序を乱すおそれ、および労務提供が不能もしくは困難になることを防止することに置いている。判旨はXらの他社就職については、「Y会社における労務の提供に何等支障を生ぜしめるものではなかった」としているので、単に名目的な他社就任に過ぎなかったと考える余地がないわけではない。しかし本件は、管理職の地位にある者らが兼業先会社の取締役という高い地位に就いた事案である点に特徴があり、事業秘密漏洩の可能性を指摘して解雇を有効と判断している。Xらの地位が仮に一般労働者であった場合はどのように解されるかは、一つの問題である。退職金請求に関する判旨3の割合的認容判断は、当時非常に注目されたが、その後これに倣う裁判例はない。

(6) 従業員の引き抜き

退職後の転職先のために（または自ら起業のために）、退職の前後に同僚や部下を引き抜くことがある。この種のいわゆる引き抜き行為は、それが単なる転職の勧誘であるかぎり問題はないが、その域を超え、社会的に相当性を逸脱した方法で行われた場合は、使用者の労働契約上の債権（引き抜かれた労働者に対する労働給付請求権）を侵害することになり、債務不履行または不法行為の責任を生ずる（ラクソン等事件・東京地判平成3・2・25労判588号74頁、厚生会共立クリニック事件・大阪地判平成10・3・25労判739号126頁、竹地潔・百選7版182頁参照）。

Ⅳ 従たる権利義務

第6講 労使協定等・労働協約

I 労使協定等

1 労使協定
(1) 労使協定制度の趣旨・機能

一 労基法の定める労働条件の基準は最低基準である（1条2項）。しかし，例外を許さないものではなく，労基法の制定当初，法定労働時間（32条）および週休制の原則（35条）に関し，使用者が，事業場の労働者の過半数を組織する労働組合（以下，過半数組合）との間に「時間外労働を認める場合の条件としての労働協約」を締結することによって，例外（時間外労働と休日労働）を認めることとした（36条）。ただし，過半数組合のない事業場では，労働者の過半数を代表する者（以下，過半数代表者）を選び，この者を協定当事者とすることを認めざるを得ず，その場合「精確には協約と云へぬ」ことになるために，時間外労働を定める協定を「労使協定」と呼んだ（立法資料53巻156頁）。以下，この講では，過半数組合と過半数代表者を一括するときは「従業員代表」という。

二 労基法は，その後の改正過程で労使協定を随所に活用し，労使協定の締結を条件に原則的な法定基準（強行規定）の適用を止め，その協定で定める基準を適用すること（原則的禁止の解除）を許容した。このようにして労使協定は，個々の事業場の状況に即した具体的労働条件を形成する機能を担うものとなり，次第に労基法以外の労働関係法にも広く浸透した。

三 従業員代表は，労使協定の締結主体にとどまらず，事業場の労働関係に関し，以下のような種々の重要な役割を担うようになっている。

① 事業場において事業主が法律により義務づけられている諸機関の構成員を指名するに当たって，当該指名される者を推薦すること　労安衛法上の安全委員会・衛生委員会・安全衛生委員会がその代表例である（労安衛17条4項・18条4項・19条4項）。また，雇均法は事業主に対し苦情処理機関を設けて紛争の自主的な解決を図るように促し，苦情処理機関の構成員に「当該事業場の労働者を代表する者」を加えることとしている（雇均15条）。

② 労働条件の決定，雇用管理への関与　就業規則の作成変更に対する意見表明（労基90条），事業主が育児介護休業の申出を拒むことのできる労働者の範囲の決定（育介6条1項・12条2項），派遣先が派遣元から継続して労働者派遣を受けようとする際の派遣可能期間の定め（またはその変更）に関する意見表明（労派遣40条の2第4項），会社分割にあたっての協議（分割労働承継7条，分割労働承継則4条），高齢者の雇用確保措置の決定等（高年雇用安定9条2項，高年雇用安定則6条の3第1項・6条の4第2項）など。

③ 労働条件の労使共同決定　労使委員会の委員の指名（後記2(1)）など。

　四　日本における労働組合の組織率は，先進諸外国の場合と同様に，近年低下の傾向にある（2006年の推定組織率は公務員を含めて18.2%，「平成18年労働組合基礎調査結果の概況」）。そのため大部分の労使協定は，過半数組合ではなく，組織的基盤のない過半数代表者（特定の個人）を相手に結ばれている。しかし，法律（特に，労基法）が最低基準または強行的基準として定める労働条件について，それと異なる例外的基準の定立権をもつ従業員代表，特に過半数代表者に関し，選任・被選任資格，選任方法，任期，従業員代表の代表権の範囲，その事業場の労働者の意見を集約するための活動の自由などの具体的な法的規整はなんら存在しない（過半数代表者の被選任資格，選任の方法等に関する労基則6条の2第1項参照）。従業員代表の役割，機能の重要性にかんがみ法的整備が喫緊の課題である（参照，久保＝浜田276頁）。

(2) 労使協定の法的効力

　一　使用者は，労使協定の締結（労働基準監督署に届出義務のあるものは届出）により，法律の定める原則的基準の適用を免れ，労働者に当該労使協定の定める基準を適用することが許容され，法律違反の責を負うことはない（法定基準の適用免除）。これを労使協定の「免罰的効力」という。もっとも免罰的効力は，法律違反にならないというだけに過ぎず，使用者が現実に労働者を労使協定の基準で労働させるためには，労働契約（就業規則を含む，以下同じ）で，その旨をあらかじめ合意しておく必要がある。

　法律のなかには，罰則規定を設けず，労働条件の基準に私法的強行性のみを付与し，その基準について労使協定で異なる定めをすることを認めているものも数多く存在する。その場合も使用者は，労働者と合意した上で，労使協定の基準を適用することが認められる。これを労使協定の「免責的効力」という。たとえば，育児介護休業の申出を拒むことができる労働者の範囲を定める労使協定（育介6条1項ただし書・12条2項），高年齢者の雇用確保措置に関する労

労働基準法等における労使協定例一覧

労働基準法	届出	労基法施行規則
貯蓄金管理協定（18条の2）	要	5条の2・6条
賃金控除協定（24条）	否	
＊1ヵ月変形労働時間制協定（32条の2）	要	12条の2第1項・12条の2の2・12条の6
＊フレックスタイム制協定（32条の3）	否	12条の2第1項・12条の3
＊1年変形労働時間制協定（32条の4）	要	12条の2第1項・12条の4・12条の6
＊1週間変形労働時間制協定（32条の5）	要	12条の5・12条の6
＊休憩時間一斉付与除外協定（34条）	否	15条
＊時間外・休日労働協定（36条）	要	16条・17条・18条
＊事業場外労働協定（38条の2）	要	24条の2
＊専門業務型裁量労働協定（38条の3）	要	24条の2の2
＊計画年休協定（39条5項）	否	
＊年休中の賃金を標準報酬額で支払う協定（39条6項）	否	
賃金支払い確保法		**賃確法施行規則**
退職金保全措置に関する協定（5条）	否	4条1項5号
育児介護休業法等		**育介法・施行規則**
育児休業の申出を拒むことができる者の範囲に関する協定（6条1項）	否	6条・7条・8条
介護休業の申出を拒むことができる者の範囲に関する協定（12条2項）	否	23条・24条

＊印の労使協定は，後記2(1)「労使委員会」および(2)「労働時間設定改善委員会」の決議によって代替できる（ただし，年休中の賃金を標準報酬額で支払う協定〔39条6項〕については(2)の委員会の決議事項に含まれていない。参照，労基38条の4第5項，労働時間改善7条2項）。

なお，労使協定等の届出，周知に関する労基則等の規定は表記していない。

I　労使協定等

使協定（高年雇用安定9条）などである。

　二　以上のことを，労働契約の側面から言えば，つぎのようである。たとえば，使用者が労働契約や就業規則に，時間外・休日労働を正当な理由なく拒否してはならないと規定し，あるいは会社食堂での使用料金や寮・社宅使用料を毎月の賃金から差し引く旨規定しても，３６協定の締結・届出（労基36条）あるいは賃金控除協定（同24条）を締結していなければ，時間外・休日労働は労基法32条（法定労働時間）および35条（法定休日）の定めに違反し，賃金から使用料等を差し引く行為は同24条（賃金全額払い）に違反し，ともに処罰（同119条・120条）の対象になる。

　免責的効力に関しても同様であり，当該の労使協定が締結されないときは，たとえば雇用期間が１年に満たない労働者も育児休業の請求権を認められ（育介5条・6条参照），65歳までの雇用継続措置に関する労使協定を締結しない場合は厚生労働大臣の勧告等の対象になる（高年雇用安定9条・10条参照）。

(3) 労使協定の締結当事者

　一　労使協定は，事業場を単位として結ばれる。この場合，「事業」とは「一定の場所において相関連する組織のもとに業として継続的に行われる作業の一体」をいい，事業場の範囲は場所の同一性，労働態様の一体性および組織的な相互関連性を総合して決定される（昭和22・9・13発基17号）。

　労使協定の使用者側の当事者は事業主であるが，労使協定の締結は，通常，事業場の長（工場長，支社長など）に委任されている。一方，労使協定の労働者側の当事者になる過半数組合は，労組法の定める自主性（2条1項）および民主性（5条2項）の要件（下巻第15講Ⅲ1参照）を具備している必要がある。事業場に過半数組合が存在しないときは，協定すべき事項を明らかにし，投票，挙手等の方法により事業場の労働者の過半数の支持を得た者が代表者になる。その場合，労働者の話し合い，持ち回り決議の方法で選出することも排除されないが，代表となる者の選任を支持していることが明確になる民主的な手続を経なければならない。また，事業場の監督・管理者（労基41条2号）は過半数代表者の被選任資格を有しない（労基則6条の2第1項2号，平成11・1・29基発45号）。

　二　判例は，会社役員を含めた全従業員により構成される親睦会の代表者が，自動的に労働者側の過半数代表者になって使用者と締結した時間外・休日労働協定を無効と判断している（**case 6-1**・トーコロ事件）。妥当な判断だと思う。

　使用者は，過半数代表者が行った「正当な行為」（協定締結の拒否も含む）等

を理由に不利益取扱いをすることを禁止される（労基則6条の2第3項）。

case 6-1　従業員親睦団体の代表者の過半数代表者資格（否定）

トーコロ事件・最2小判平成13・6・22労判808号11頁

【事実】　1　X（被控訴人・被上告人）は，平成3年8月下旬頃から学校に納める卒業記念アルバム等の製造等を営むY会社（控訴人・上告人）に雇用され，本社制作課に配属され，電算写植機のオペレーターとして住所録作成（組版）業務に従事していた。Xは入社と同時に，Y会社の役員および本社・工場等を合わせて100人程度の全員で構成される「トーコロ友の会」の会員になった。

2　Y会社の業務は毎年11月～翌3月末までが繁忙期であり，Xは入社の際，「納期は絶対にまもらなければならない。」との説明を受けていた。平成3年9月末頃，組版業務の部署（所定労働時間8時間・終業時刻午後5時30分）で，午後7時までの残業が申し合わされ，Xも，同年10月初旬頃から毎日30分ないし1時間45分程度残業し，この状態は繁忙期の11月に入っても継続した（2時間30分の残業をした日もある）。他面，Xは残業に否定的，拒否的であり，会社を批判することもあり，平成4年1月31日，上司から「来週1週間，毎日午後9時まで残業をやりなさい。」との残業命令（以下，本件残業命令）を受けてこれを拒否し，翌2月4日に「眼精疲労」の診断書を提出し，午後7時までの残業もしなくなった。

3　平成4年2月20日，Y会社は，就業規則の懲戒解雇事由「職務上の指示命令に不当に反抗し，職場の規律を乱したとき」等に該当するとしてXに解雇を告げた（以下，本件解雇）。

4　Yが平成3年4月6日に所轄の足立労働基準監督署に届け出た「時間外労働・休日労働に関する協定届」（労基36条，労基則16条・17条参照。以下，本件36協定）によれば，「時間外労働をさせる必要のある具体的事由」は「一時に大量の受注があり，期日に納入する必要がある場合」，「業務の種類」は「営業・事務・公務・版下・製版」，「延長することができる時間」は「1日につき4月から10月までの間，男性3時間，女性1時間，11月から3月までの間，男性6時間，女性2時間，1週につき（時期を問わず）女性について6時間，1か月につき（時期を問わず）男性50時間，女性24時間，年間につき男性450時間，女性150時間」とされている。X

は，本件解雇の無効を主張し，雇用契約上の地位確認，賃金支払い等を請求した。

5　1審（東京地判平成6・10・25労民集45巻5・6号369頁）は，「Y会社の右残業延長要請及び本件残業命令が適法になされたものであるかどうかについてみると，Y会社においては，友の会の役員であるKが『労働者の過半数を代表する者』として署名・捺印した本件36協定が作成され，労働基準監督署長に届け出られていることは前記のとおりである。しかし，友の会は，役員を含めたY会社の全従業員によって構成され，『会員相互の親睦と生活の向上，福利の増進を計り，融和団結の実をあげる』（規約2条）ことを目的とする親睦団体であって，労働者の自主的団体とは認めがたく，その役員は会員の選挙によって選出されるが（規約6条），右選挙をもって，36協定を締結する労働者代表を選出する手続と認めることもできず，本件36協定は，親睦団体の代表者が自動的に労働者代表となって締結されたものというほかなく，作成手続において適法・有効なものとはいいがたい。そうすると，本件36協定が無効である以上，Xに時間外労働をする義務はなく，Xが残業を拒否し，あるいは残業を中止すべき旨の主張をしたからといって，懲戒解雇事由に当たるとすることはできない。」と判示した。

6　原審（東京高判平成9・11・17労民集48巻5・6号633頁）も控訴を棄却した。(1)「いかなる場合に使用者の残業命令に対し労働者がこれに従う義務があるかについて」は，**case 8-10**・日立製作所武蔵工場事件判決の説くところによるべきところ，「本件36協定（証拠略）は，平成3年4月6日に所轄の足立労働基準監督署に届け出られたものであるが，協定の当事者は，Y会社と『労働者の過半数を代表する者』としての『営業部K』であり，協定の当事者の選出方法については，『全員の話合いによる選出』とされ，協定の内容は，原判決……記載のとおりであった。」

(2)　そこで，Kが『労働者の過半数を代表する者』であったか否かについて検討するに，『労働者の過半数を代表する者』は当該事業場の労働者により適法に選出されなければならないが，適法な選出といえるためには，当該事業場の労働者にとって，選出される者が労働者の過半数を代表して36協定を締結することの適否を判断する機会が与えられ，かつ，当該事業場の過半数の労働者がその候補者を支持していると認められる民主的な手続がとられていることが必要というべきである（昭和63年1月1日基発

第1号参照)。」(以下,上記5の1審判決と同旨)「以上によると,本件36協定が有効であるとは認められないから,……その余の点について判断するまでもなく,それを前提とする本件残業命令も有効であるとは認められず,Xにこれに従う義務があったとはいえない。」そこで,Y会社が上告。

【判旨】 上告棄却

「上記事実関係の下においては,協定当事者が労働者の過半数を代表する者ではないから本件36協定が有効であるとは認められず,Xが本件残業命令に従う義務があったということはできないとし,Xに対する本件解雇を無効とした原審の判断は,正当として是認することができる。」

【コメント】 1審,原審,上告審とも,会社役員ほか全員加入の「親睦会」の代表者は労働者の過半数を代表する者の適格を有せず,この者を自動的に労働者代表として締結される労使協定(本件では,36協定)は無効であると解している。特に,過半数代表者が選任される過程において,「選出される者が労働者の過半数を代表して36協定を締結することの適否を判断する機会」,すなわち過半数代表者選出の際に選出の趣旨が労働者に周知され,現実に選出の手続が行われる必要があると説く原審の判断が重要である(参照,藤内和公・百選7版114頁)。

2 労使協定に代わる制度

(1) 労使委員会

一 労使は,事業場に,使用者および労働者を代表する者を構成員として,賃金,労働時間等の労働条件に関する事項を調査審議し,事業主に対し意見を述べることを目的にする委員会を設置することができる(労基38条の4第1項)。この委員会はいわゆる諮問委員会の性質を有し,「労使委員会」と呼ばれる。委員の半数は労働者を代表する者(従業員代表によって指名された者)でなければならない(同条2項1号)。

二 労使委員会制度は,1998(平成10)年労基法改正により,「企画業務型裁量労働制」(第9講424頁)を創設した際,その実施に必要な事項を決議する機関とされた。労使委員会は,企画業務型裁量労働制の実施に伴い,①事業場の労働時間に関する諸制度(労基32条の2以下に定める各種の労働時間制),および②年次有給休暇の計画的付与や年休期間中の賃金に関する決議をし,労働基準監督署長への届出が必要なものは届け出ることにより,「労使協定」の締

結に代えることができる（労基 38 条の 4 第 5 項。上記の変形労働時間制等の弾力的労働時間については第 9 講で，年次有給休暇は第 10 講で述べる）。

　三　労使委員会は，制度の創設当初は「事業運営上の重要な決定が行われる事業場」，たとえば本社あるいは主要工場などにかぎって設置できるとされていた。しかし，2003（平成 15）年の改正によりそのようなしばりは廃止された。労使委員会の決議には，労使委員の 5 分の 4 以上（2003〔平成 15〕年改正前は「委員の全員」であった）の特別多数の議決が必要である（労基 38 条の 4 第 1 項）。

(2) 労働時間設定改善委員会
この委員会に関しては，第 8 講で扱う。

Ⅱ　労働協約の意義・役割等

1　意　　義
労働組合法は，「使用者と労働者との関係を規制する労働協約を締結するための団体交渉をすること及びその手続を助成すること」を目的の一つに掲げている（1 条）。労働協約（collective agreement）は，「労働組合と使用者又はその団体」が，「労働条件その他」に関し取り決め，「書面」（協定書，合意書，覚書など名称のいかんを問わない）に作成し，両当事者が「署名」または「記名押印」したものであり（14 条），その存続期間について一定の規制を受け（15 条），組合員らの労働条件をその基準で規律し得る特別の法規範的効力を与えられている（16～18 条）。ドイツでは，労働協約は Tarifvertrag と呼ばれる。Tarif は「賃率」（単位時間・個数当たり賃金額）を，Vertrag は「契約」を意味する。労働協約は，労使の集団的賃金協定から，労働時間その他の労働条件を含む包括的総合協定に拡大されてきた。

2　機　　能
　一　労働協約は，第一義的には，労働組合が組合員の利益のために，使用者（または，使用者団体）と労働条件を取引する手段（instrument of trade）である。そして労働協約は，使用者が組合員を協約の基準に違反する基準で使用（雇用）しないことを義務づける，すなわち個別的取引を統制する手段（instrument of governance）として機能する*。労働協約制度の最も基本的な意義は，集団的次元における契約の自由の回復という点にあると指摘されているが（西谷 332 頁），そのとおりであろう。

　　＊　**取引の手段**　「従来既に規範化して居り，さうして事實上資本家のみの立

場から先驗的に内容を定められた勞働條件──即ち勞働雇傭の社會的規範──が勞資雙方の協議により相互の任意協定によって定めらるるにいたったもの，それが即ち勞働協約である。」(末弘嚴太郎『勞働法研究』〔改造社，1926 年〕323 頁)

二　労働組合は，使用者が労働協約の定めを遵守することを信頼し，使用者は労働組合が労働協約で定めた事項について協約有効期間中争わないことを期待する。このように労働協約の成立基盤は，協約当事者相互の相手方に対する信頼，期待に存し，協約当事者は相互に信頼，期待を尊重する信義則上の義務を負う。すなわち，協約当事者は協約有効期間中，協約に定めた事項の改廃を求めて争わない法的義務（平和義務）を負う。かくして労働協約は，労使関係の安定化の手段（instrument of stabilization）として機能する＊。

　　＊　**平素平和の途を講ずる**　「鬪爭は畢竟精力の浪費を意味する。勞働者にとって勞働力を貨幣化する機會を失ふ所以であり，資本家にとっては其資本の利用を失ふ所以であり，社會全般にとっては又其生產を失ふ所以である。此の故に，……寧ろ平素平和の際勞働者團體と協定して彼らの間を支配すべき勞働規範を定め，以て少なくとも協約の效力の續く限り安んじて間斷なく一定の對價を以て勞働を買ひ取り得べき途を講ずる方が遙かに賢明であると考ふるに至るのは極めて自然であって，勞働協約の風習は實に主としてかくの如き情勢によって發生し發達するのである。而して，勞働協約の社會的意義の中心をなすものは實に此の點である。」(末弘嚴太郎・前掲『勞働法研究』307 頁)

三　労働協約には，労働条件以外に，労働組合員の範囲，組合活動・労使間の協議交渉および争議行為のルール，便宜供与，当該労働協約の有効期間・改訂手続・労使の遵守義務などの「労使関係事項」が定められる。これらの協約条項は，集団的労使関係にルールを設定する機能（function to establish a rule of labor relations）を有し，また経営的事項を協議交渉の対象にして労働者（労働組合）に経営参加の手段（instrument of worker participation in management）を与えることもある。

四　労組法は，特に，上記一の労働条件の集団的取引機能および統制機能に着目し，「労働協約に定める労働条件その他労働者の待遇に関する基準」に違反する個々の組合員の労働契約の部分は無効とし，無効となった部分は協約基準によると定めて，労働協約の規範的効力（個別労使の私的自治に対する集団的自治の優越性）を規定している（労組 16 条。なお，労基旧 92 条，労契 13 条を参照）。要するに，労働協約は，一つは締結当事者間（使用者と労働組合）における契約規範として機能し，もう一つは「労働条件その他労働者の待遇に関する基準」について使用者と組合員との間における一種の法的規範となる機能を有

する。

五 近年，労働環境が変化し，労働協約は改めてその機能が問われている。まず第1に，労働組合の組織率が低下し（日本に限らない），協約適用労働者は労働社会の少数派となっている。第2に，1960年代からはじまる高度経済成長期以後，産業構造が変化し労働者の就業分野が劇的に変化した。すなわち，産業革命以後労働組合組織の金城湯池であった第2次産業（製造業中心）の人口減少が著しく，現在では就業者人口の3分の2超がサービス業や情報産業等に就業している（下巻第15講Ⅱ1(1)）。労働組合の組織化は浸透せず，労働条件を集団的労使自治の支配下に置くことが困難な分野（特に，サービス業）では，労働協約による集団的規制よりも，法律による直接的，外部的規制に依存しがちである。第3に，労働市場の「女性化」，および非正規雇用（パートタイマー，契約社員，臨時労働者，構内下請け，派遣労働者，在宅勤務者など）の増大によって「雇用・就業形態の多様化」が進み，長期雇用慣行の下にある労働者の担う仕事の多くを代替した。このことは労働条件の多様化・個別化・複雑化を招き，労働協約の持つ，労働条件基準の統一化の機能を後退させている。第4に，労働協約による労働条件の規整がある程度実効的に作用している産業分野（主に，製造業，金融・保険，エネルギー供給事業等の中大企業）でも，企業間競争のため，労働組合は概して組合員の雇用確保を優先課題にしつつ，労働条件の下方圧力（不利益変更）や賃金処遇制度の改革（労働者間競争の促進化）などの諸問題に直面している。さらに労働組合は，今日，組合員の世代間，異職種間の利害調整という組織内部の困難な問題にも直面している（荒木尚志「労働条件決定と変更と法システム」講座21世紀3巻8頁・17頁参照）。

3 内 容

一 労働協約は，「労働条件その他」を定める（労組14条）。「労働条件」は，「労働条件その他の労働者の待遇に関する基準」とも表現されている（同16条）。「その他」とは，主に労使関係事項である。

二 協約事項はつぎのように整理できる（石井b 432頁，石川176頁）。

① 「労働条件その他の労働者の待遇に関する基準」に関する事項　この部分は，労組法により一種特別の法的効力（規範的効力，一般的拘束力）を与えられるため「規範的部分」という（本講Ⅲ2）[1]。

② 労働組合の組織・運営・活動（労使関係）に関する事項　協約当事者である使用者と労働組合との関係（労使関係）を規整する。この部分は，通常

の契約法理が適用されるため「債務的部分」という（本講Ⅲ6）*2。
　③　個々の労働契約（雇用関係）と労使関係の双方向を規整対象にする事項
　　この部分は，一般に「制度的部分」と呼ばれる*3。

　　*1　**規範的部分の例**　①賃金（決定形態，計算，支払方法，控除，一時金，退職金，経営障害・労働障害の場合の賃金支払いなど），②労働時間（労働時間，休憩，休日，フレックスタイム制その他各種の労働時間制，時間外・休日労働，割増賃金など），③休暇（休息），④休業，⑤労働災害補償，⑥人事（昇給・降給に係る賃金人事，昇格・降格に係る格付け人事，配転・出向・転籍・休職・懲戒処分などに係る異同人事），⑦労働契約の終了（定年・退職・定年退職後の雇用継続・解雇・雇止め・更新など）に関係する事項。
　　*2　**債務的部分の例**　①労使関係の基本的原則，総則的規定（労働基本権・経営判断の相互的尊重など），②組合員の範囲，③組合活動ルール（会社施設内における組合活動，掲示板・組合事務所の便宜供与および利用上の原則など），④団体交渉ルール（定期・臨時の開催原則，出席者，人数，場所，時間，事前の事務折衝など），⑤争議行為ルール（争議予告，調整手続の前置その他のいわゆる「平和条項」，保安協定，争議不参加者の範囲，スキャブ禁止協定など），⑥労働協約自体に関するもの（有効期間，自動延長条項，自動更新条項）に関係する事項。
　　*3　**制度的部分の例**　ユニオン・ショップ協定，人事（配転・出向・転籍・休職・懲戒処分・解雇など）に関する「事前協議（または同意）条項」，苦情処理手続など。このほか，常設的機関として，経営の中長期計画等に関し企業等が労働組合に情報公開，意見聴取，協議等する「経営協議会（事業所協議会）」を設置する例が多い。また，臨時的機関として，懲戒処分前に行う「懲戒委員会（賞罰委員会）」，「労働災害調査特別協議会」などが設置されることがある。

4　当　事　者

(1)　協約当事者・協約能力

　労働協約を締結する当事者を「協約当事者」，協約当事者になることのできる資格を「協約能力」という。協約当事者は「労働組合と使用者又はその団体」である（労組14条）。労働協約は団体交渉の果実である故に，協約能力は「団体交渉の当事者になり得る資格」と一致する。したがって，労働組合と使用者またはその団体であって，団体交渉の当事者になり得る資格を有するものが協約能力を有し，協約当事者となる。

(2)　労働者側の協約当事者

　一　協約当事者になり得る労働組合は，「自主性」を具えた労働組合（労組2条）でなければならない。労組法は労働組合が同法上の手続に参与する資格

や不当労働行為からの被救済資格を得るために必要な要件として，「民主性」の具備を規定しているが（同5条1項），この要件は労組法5条2項の同規定内容を組合規約に盛り込むことによって具わる形式的要件であるため，協約当事者の具えるべき必須の要件ということはできない（労働組合の自主性，民主性の要件に関しては，下巻第15講Ⅲ1）。

　二　協約当事者には，まず自然人たる組合員を構成員にする「単一組合」がなる。大規模の単一組合は，中央本部の統括下に「地方（地域）本部」・「支部」・「分会」などの下部組織を設けていることが多い。これら下部組織も自ら単一組合の資格要件（労組2条・5条2項）を具えている場合は，本部の単なる機関ではなく権利能力ある社団，すなわち協約能力ある当事者になり得る。その場合，中央本部は，一定の事項（特に，地域や支部に固有の問題）に関し団体交渉権および協約締結権を下部組織に委譲するのが通例である。

　三　単一組合を構成員にする「連合団体たる労働組合」も，単一組合と同様に，協約当事者たり得る（労組2条）。連合団体のなかには，個人加盟を認める混合的組合も存在している（混合的組合は，組合員の範囲につき通常，産業・業種を問わない）。日本は単一組合（企業別組合）が支配的であるため，地域または全国的規模で組織される産業別，業種別の連合団体は存在しても，独自の協約能力をもつ例はほとんどなく，その実質は，当該産業・業種の雇用に関する協議集団である。

　四　大企業の労働組合は，事業場を単位にして単一組合を組織し，同時に「企業連合体」（通称，「企業連」）を組織している。企業連は「企業連規約」を定め，一定範囲の事項に関し団交・協約能力を保有する場合がある（企業全体の事業再編問題など）。企業連規約の定めにより傘下の単一組合に対し統制権限を認められた団体交渉事項については，企業連も協約能力を認められる。裁判例にはかかる連合団体の協約能力を肯定した例もある（なお，争議団の団体交渉権および協約締結権に関しては下巻第15講Ⅲ1(3)で述べる）＊。

　　＊　**企業連の団体交渉権とその効果**　　池貝鉄工事件（東京地判昭和25・6・15労民集1巻5号740頁）は，会社の本店および工場単位に組織された各単一組合の連合体たる「組合連合体」（本件では，連合会ともいう）について，傘下の単一組合との間に上下関係はないが，「従来の会社と連合会及び単位組合との間の慣行や，連合会に諸種の権利を認めた協約の規定に徴し，少くとも各単位組合に共通する事項については，単位組合が特に反対の意思表示をしない限り連合会にも団体交渉権が認められ，且つ会社と連合会との間に団体交渉が行われるときは，その効果は各単位組合にも及ぶものと解することができる」，と判示した。

(3) **使用者側の協約当事者**

一 一般的には，労働者の「現在の雇用主」が協約当事者になる。しかし，これにかぎらない。退職者らの組織する労働組合が退職金の支払いなど退職条件の履行等に関して団体交渉を申し込むときは，「過去の雇用主」が，協約当事者となり得る。また，営業を譲り受ける事業主は，譲渡人の雇用する労働者の労働組合から承継後の労働条件に関し団体交渉を申し入れられたときは，「近い将来に雇用主になる可能性の強い雇用主」として，協約当事者になり得る。

二 派遣先あるいは業務委託先の事業主は，その事業主の下で就業する労働者の就業（就労）の条件に関し実質的な支配，決定力を有している場合は，当該就業（就労）の条件に関するかぎりにおいて，これら労働者の組織する労働組合に対し団交応諾義務を負う（朝日放送事件・最3小判平成7・2・28民集49巻2号559頁，馬渡淳一郎・百選7版10頁，下巻第18講**5**(2)参照）。したがって，派遣先あるいは業務委託先の事業主は当該団交事項に関し協約当事者になり得る。

(4) **協約締結権限**

労使の代表者またはその代理人として労働協約の締結権限を与えられた者が，協約締結権を有する。労働組合の代表者としての交渉権限と労働協約の締結権限とは，明確に区別する必要がある。労働協約の締結権限には，組合規約の定めによる委任，または組合執行委員会・代議員または組合員の総会（大会）の授権ないし承認決議が必要である。法人たる労働組合の場合，その管理については，代表者の代表権に加えた制限によって善意の第三者に対抗することができない（法人たる労働組合に関する労組12条の3参照）が，労働協約の締結については，このかぎりでないと解すべきである。

5 労働協約の要式

(1) **書面性・要式性**

一 労働協約は，書面に作成し，締結当事者の労使が署名または記名押印しなければならない（労組14条）。署名または記名押印は，協約当事者と協約の締結権限を有する者を表記するのが正式であるが，協約当事者（会社名，労働組合名）だけの場合も，協約締結権限者（代表取締役氏名，執行委員長名）だけの場合も認められる。労働協約は，「労働協約」の名称を用いる必要はなく，「覚書」，「○○に関する協定書」，「和解協定」，「附属議定書」，「議事録確認」

などの文書も成立の経緯，内容により労働協約と認めてよいものがある。
　二　労組法上の要件を充たして作成された労働協約の「労働条件その他の労働者の待遇に関する基準」は，組合員の労働契約に対し「規範的効力」を及ぼし（労組16条），一定の条件が整えば事業場内または地域内の「同種の労働者」に対して「一般的拘束力」を及ぼす（同17条・18条）。このように労組法は，労働協約に対し，市民法上の契約には見られない固有の法的効力を承認している。それゆえ労働協約は，労使間の合意の存在の確かさを具え，その内容が明確なものでなければならない。労組法上労働協約に書面性，要式性が要求されるのは，そのためである。さらに，労使間の交渉事が一つの権利義務条項にまとまるには複雑な取引の過程を経るのが通常であることも，その（合意の存在の確実性と内容の明確性を必要とする）理由の一つと言うことができよう。

(2) 法定要件を具えない「労働協約」

　一　判例は，署名を欠く合意書について労働協約の規範的効力を否定し（トヨタ自動車事件・最大判昭和26・4・2民集5巻5号195頁，横井芳弘・百選新版140頁参照），また，労使間のベア交渉の合意書を，労働組合がかねて反対してきた新賃金体系を導入する旨の協定書にして作成することを拒否している場合に関し，「（会社が）協定書が作成されていないことを理由にベースアップ分の支給を拒むことが信義に反するとしても，労働協約が成立し規範的効力を具備しているということはできない。」と判示して，組合員はベア交渉での合意額の支払いを請求できないと判断している（**case 6-2**・都南自動車教習所事件）。ただし，学説には諸説あり，必ずしもそのようには解さないものも多い（横井芳弘「労働契約の成立」大系2巻121頁，諸説につき唐津＝和田「労働協約の要式性と効力」〔鎌田耕一〕207頁参照）。

　労働協約の書面性・要式性は，合意内容を履行しないことが労使間の「信義に反する」場合にも，貫かれるべきであるとすることには抵抗感がある。労使間に合意成立後，労働協約の要式が整えられないことは一般に異例であり，それがどのような「特別事情」によるかは司法審査の対象になるべきである（以下，**case 6-2**・都南自動車教習所事件のコメント参照）。

　二　団体交渉において合意の成立が確実であるにもかかわらず敢えて書面にしないことについて，使用者に組合弱体化など労使間の信義に反する意図ないし事情が認められるときは，組合員との関係において当該合意に法的効力を承認すべきである。そのような場合にまで労働協約の要式性の原則を貫徹することは，妥当な態度とは言えないと思うからである。使用者が団体交渉上の合意

の書面化や署名（または記名押印）を正当な理由なく拒否する場合，労働組合は当該合意に労働協約の要式を具備するよう請求する権利を有するかが問題になるが，基本的には肯定すべきである。

　三　書面性・要式性を欠く労働協約が，一般的拘束力（労組17条・18条）を有さないことについては異論がない。

case 6-2　労組法上の要件を具えない労使合意と「労働協約」性（否定）

都南自動車教習所事件・最3小判平成13・3・13民集55巻2号395頁
　【事実】　1　Y会社（控訴人・附帯被控訴人・上告人）は，平成3年，Xら（被控訴人・附帯控訴人・上告人）従業員組織の労働組合（以下，支部）との交渉において，従来の勤続年数を偏重した賃金体系を，各人の技術力，知識，責任を重視したものに改めたいと提案し団体交渉を重ねたが合意に至らなかった。しかしY会社は新賃金体系の賃金規程を作成し，Xらの組合の意見を聴き，反対である旨の意見書を添付して労働基準監督署に届出をし，その後Xら組合員を含めて従業員に対し新賃金規程に基づいて賃金を支払った（Y会社の別組織の従業員組合は新賃金体系に同意した）。それによれば，賃金は「初任給・本人給・職務給」とを加算して支払われる。

　2　平成3年から同7年までの間，Y会社は支部のベースアップ要求に対し，いずれも新賃金規程に定める「『初任給及び初号賃金』を○○円とする」かたちでベア額を回答した。支部は，各年度とも賃金引上げの回答額には同意したものの，このY会社の回答形式に沿って協定書を作成することは新賃金規程を承認したことになるとしてこれに応じなかった。このようにして平成3年度から同7年までの間，Y会社は上記協定書が作成されなかったことを理由にベア合意額を支給しなかった。この間，別組合の従業員にはベア額が支払われていた。本件はXらが主位的にベア分およびベアに伴う時間外労働の増額分からなる各未払賃金等を請求し，予備的に不法行為による損害賠償を請求した事案である。

　3　1審（横浜地判平成8・6・13労判706号60頁）は，労組法14条の定める要件を欠く労使間の合意には規範的効力・一般的拘束力を兼ね備えた労働協約としての効力は認められないとしつつ，「労組法14条の趣旨は，後日の紛争が生じるのを防止し，労働協約の締結に当たり当事者をして慎重を期せしめ，その内容の明確化を図る……ことにあることを考慮すると

……当事者の最終的な意思の合致（ベースアップの合意成立）が明確に確認されるのであるから，……右合意は，規範的効力の限度で有効な労働協約として効力を有する」として，未払賃金等支払請求権の発生を認めた。

　原審（東京高判平成11・11・22労判805号28頁）は，労組法14条の趣旨について「当事者の最終的な意思を明確にすることにある」との1審判断と同様の判示をし，Y会社が，平成3年から7年にかけてのベースアップの合意をしたことは明らかであるにかかわらず，協定書の作成の段階に至って，支部が新賃金体系の導入に同意する形式になる協定書を作成し記名押印を求めたことは，「支部がそのような局面に記名押印をすることがないことを見越して，Y会社が本件合意によるベースアップ分の支給を取り止める口実にしようとしたもので，まことに不誠実な要求（提案）であるといわざるをえない。」と述べ，上述のベースアップを行う旨の合意は労働協約として成立し，規範的効力を具備していると判断してXらの主位的請求の一部を認容した。

　【判旨】　原判決破棄，Xらの請求棄却，予備的請求につき差戻し
　「しかしながら，原審の上記判断は是認することができない。その理由は，次のとおりである。」（以下，付番は引用者）

　1　「労働組合法14条が，労働協約は，書面に作成し，両当事者が署名し，又は記名押印することによってその効力を生ずることとしているゆえんは，労働協約に上記のような法的効力（労組法16条の規範的効力，17条・18条の一般的拘束力，労基法旧92条・労契13条の就業規則に対する優越的効力・引用者）を付与することとしている以上，その存在及び内容は明確なものでなければならないからである。換言すれば，労働協約は複雑な交渉過程を経て団体交渉が最終的に妥結した事項につき締結されるものであることから，口頭による合意又は必要な様式を備えない書面による合意のままでは後日合意の有無及びその内容につき紛争が生じやすいので，その履行をめぐる不必要な紛争を防止するために，団体交渉が最終的に妥結し労働協約として結実したものであることをその存在形式自体において明示する必要がある。……したがって，書面に作成され，かつ，両当事者がこれに署名し又は記名押印しない限り，仮に，労働組合と使用者との間に労働条件その他に関する合意が成立したとしても，これに労働協約としての規範的効力を付与することはできないと解すべきである。

　2　ところで，前記認定事実によれば，Y会社と支部とは，平成3年度

以降各年度のベースアップ交渉において、具体的な引上げ額については妥結して本件各合意をするに至ったが、いずれの合意についても、協定書を作成しなかったというのであるから、本件各合意が同条が定める労働協約の効力の発生要件を満たしていないことは明らかであり、Y会社が協定書が作成されていないことを理由にベースアップ分の支給を拒むことが信義に反するとしても、労働協約が成立し規範的効力を具備しているということができないことは論をまたない。

3　のみならず、……平成3年度以降各年度のベースアップ交渉の中身を見ると、Y会社は、具体的な引上げ額のほか、支部の組合員にベースアップ分を支給するために作成すべき協定書に新賃金体系による初任給の額を基準額として前記のように記載することも交渉事項としたが、支部は、引上げ額については同意したものの、上記交渉事項に応じれば事実上新賃金体系を自ら承認する意味を持つがゆえに、これを拒絶したものであり、その結果、協定書が作成されなかったというのである。」

4　「そうであるとすれば、協定書の記載の仕方に関する交渉事項であるとはいえ、支部がこの交渉事項を受け入れるか否かは労使双方にとって重要な意義があったのであり、この交渉事項が受け入れられず、協定書が作成されなかったのであるから、団体交渉による支部の組合員に対するベースアップの実施はとんざしたものというほかはない。だからといって、上記交渉事項と切り離してY会社が支部の組合員に対してベースアップ分を支給することが本件各合意の時点等にさかのぼって既に合意されていたものと解することは到底できない。……以上によれば、原審の判断には、判決に影響を及ぼすことが明らかな法令の違反がある。論旨は理由があり、原判決中Y会社敗訴部分は破棄を免れない。」予備的請求（事実2）については審理を尽くさせるため原審に差し戻す。（判旨付番は引用者）

【コメント】　1　Y会社が毎年のベア要求に対し、一般的な引上げの平均額（または平均引上げ率）を回答する方式ではなく、初任給プラス〇〇円という独特のかたちで行った理由は分からない。それは、当時、すでに新賃金制度を事実上実施していたものの、なお制度としての導入に反対している支部に対し応諾を要求し続けていたY会社なりの態度表明であるとすれば、ベア合意を「協定書」への記名押印によって明確にするよう求めることも労使交渉の一局面であり、原審の言うように「まことに不誠実な要求（提案）」だと決めつけるのは一面的である。判旨3はこのあたりの

事情に関係しており，結局協定書が作成されなかったことについて，Y会社の側にそれなりの理由が存したものと判断しているようである。

2　しかしそれならば，判旨2において，なぜ，Y会社がベア合意額を支給しないことに関連して，「信義に反するとしても」とまで踏み込んだのであろうか。「信義に反するとしても」とは，「信義に反してはいるが，しかし」とも，「信義則に反すると解される場合でも」ともとれる。労働協約の要式は重要である。しかし，労使関係の基礎的法原則というべき信義則に常に優越する原則とまでは考えられない。同判旨は，恒例的な当年度かぎりのベア交渉の場で，ベア額と新賃金制度の実施という永年の対立問題への応諾とをセットにして合意を迫るやり方（他組合員へは合意額を支払済み）自体に，労使交渉のあり方として一定の消極的評価を滲ませたのかも知れない。そうだとすれば，その実質的意義は重要である。

3　判旨1は，労組法14条の要件を欠く労使間の合意は規範的効力を有しないこと，およびその論拠を述べている。1審，原審の判断はこの意味で異例であるが，本件ベア合意については1回限りでなく5年間も反復され，しかもベア額の合意が書面でなされている点を重視してのことであろう。

4　Y会社と支部との本件ベア額の合意（判旨2）は，本件判旨の立場からは規範的効力を具備すべき労働協約締結への過程的合意であり，したがって当該合意自体から，あたかも労組法14条の規定する労働協約が成立したとして規範的効力を認めることはできないというものである。では，本件労使間で「確認」されたベア額の合意は，規範的効力以外の法的効力を協約当事者およびその組合員に対して一切もつことはないのであろうか。学説には，本件判旨は労組法14条の要件を充たさない「労働協約」について，規範的効力が生じないとした上で，労使合意により労働者・使用者間の労働契約が成立しうる可能性を認めた点に意義があるとの見解がある（唐津＝和田〔鎌田耕一〕213頁，そこで引用の文献参照）。しかし，本件判旨のどの部分にそのような可能性が示唆されているのか，私には理解できない（上記判旨2部分か？）。判旨2は，本件労使は「具体的な引上げ額についても妥結するに至ったが，いずれの合意についても，……労働協約が成立し規範的効力を具備しているということができないことは論をまたない。」としているに過ぎない。要するに，本件判旨は，全体として，上記学説の主張する問題に関してはノー・タッチであるというほかない。

5　ただし，Y会社は，労基法所定の手続を踏んで新賃金体系を就業規則に定めているので，Xらが就業規則の最低基準効（改正前労基93条，労契12条）を法的根拠に，ベア額の合意をY会社も確認していることをその事情として主張，立証した場合は，就業規則法理に基づく請求権が認められる可能性がある。しかしそれは，就業規則法理に基づく請求権であり，労働協約法理に基づくものではない。

6　使用者が，確実に成立した労使交渉上の合意について，協定書化の段階で労働組合の側に応じがたい不合理な条件を付し，ために当該合意が労組法14条の要件を満たすに至らなかったような場合には，使用者は不誠実交渉による合意達成の妨害として不法行為責任を負うものと解することができる（本件差戻し審での争点）。その場合には，Y会社は，ベア交渉におけるベア額の合意成立によって，平成3年以降毎年度支部の賃上げ争議を回避し得たという側面も考慮されることになろう（参照，文中のもののほか大橋範雄・百選7版206頁，野田進〔判批〕労判812号5頁）。

Ⅲ　労働協約の法的性質・効力

1　法的性質

一　労働協約の「労働条件その他の労働者の待遇に関する基準」は，協約当事者ではなく，組合員とその使用者（使用者団体が協約当事者のときは，当該団体傘下の個々の使用者）の権利義務を規律する（前述Ⅱ2四）。そのため，労組法制定以前から（イギリスではすでに19世紀後半期から）労働協約の法的性質が論議されてきた。次項で述べるように，日本の労組法は労働協約で定める「労働条件その他の労働者の待遇に関する基準」に規範的効力を付与している（16条）。このような規定が存在する以上，労働協約がなぜそのような法的効力を有するのか，元来労働協約はどのような法的性質のものであるかを改めて議論する実益は少なくなったが，学説はこの問題を大きく取り上げてきた。

二　社会的自主法説（慣習法説）　日本における労働協約の法規範的効力に関する最も古くからの学説で，その後の協約論議に甚大な影響を与えた。本説によれば，労使は，労働社会（国家という全体社会ではなく，企業や地域の部分社会）の構成員の労働条件を規整する力を現実に有し，労働協約は自治的部分社会の規範として，すなわち「社会的『法律』」として取り扱うべきもので

ある。国家法が協約違反の労働契約は法律上当然無効となるものとし，その無効となった部分は協約の規定によって補充されなければならないと定めても*，それは明文を設けるまでもない自明の事項を規定したに過ぎない。労働協約は，したがって法例2条（現・法適用3条）に規定する慣習法に準じ，法律の規定（労組16条参照）がなくとも，これに関係なく，「法律と同一の効力」を認められる（末弘嚴太郎『労働法研究』〔改造社，1926年〕333頁・337頁以下）。

* **1925（大正14）年内務省社会局労働組合法案** その12条は，現行労組法16条（基準の効力）とほぼ同内容のつぎの規定を置いていた。「労働組合が雇傭条件に関し雇傭者又は雇傭者団体と契約を為したる場合に於て協約の条項に違反する雇傭者及組合員間の雇傭契約は其の違反する部分に限り無効とす無効なる部分は協約の条項を以て之に代ふ。」

三 社会自主法説（団結権保障の趣旨説） 労働協約は，労働組合の統制力を基盤とした集団的自治を通じて，労働者の社会的保護と生存権の維持実現を図る点において労働者の主観的契機（規範意識ないし法的確信）による支持を獲得し得るし，他方使用者も協約規範が部分社会である企業における労働関係を規律することの正当性を是認し，これを受容せざるを得ない立場に置かれている。日本の憲法は，団結権の保障を通じて，かような集団的自治の方式が不可欠の重要性をもつことを承認し，自治の当事者が自治的に形成し維持する社会的規範を国家的見地から尊重助成するとともに，これに対し国家法秩序における法規範としての価値を容認することを明らかにしているものと解する，と主張される（片岡(1) 227頁）。これを要するに，社会自主法説は，労働協約の規範的効力の法的根拠を労働基本権保障（憲28条）の趣旨に見出すものと解される。

四 白地慣習法説 労働協約は，それ自体を慣習法（ないし準慣習法）とみるべきものではなく，近代的な労働組合主義の発展とその法認によって，一般的な労使関係における合理的な規範意識として，労使が協定により，みずからの関係を規整する法規範である労働協約を設定し得るという労働慣習法（白地慣習法）が存在し，これによって個々の労働協約の法規範性が根拠づけられる（石井a 427頁，石井b 238頁）。

五 国家授権説 日本の企業別協約は散在的（企業ごとに基準がバラバラという程度の意味・引用者）という特徴を有し，それ自体の内在的法規範性を認めることは困難である。それ故，労組法（16条）は，使用者と労働組合に対し創設的に国家的助力として，組合員の労働条件について権利義務を規律する法

規範設定権限を授権したものと解すべきであり,この結果労働協約はその労働条件部分に関し法的規範性が承認されている(久保＝浜田173頁・180頁,西谷330頁。授権説が今日の多数説であることにつき小西ほか〔中嶋〕457頁)。

六　労働協約は,当事者の経済的打算から,新規に締結され,経済変動に即応して変更され,また,その適用を一定期間に限定することも,当事者が意図的に解約し失効させることも可能である。したがって労働協約は慣習法(法例2条,現・法適用3条)の概念になじまない。第2次大戦後の労働基本権の保障の下で唱えられた社会自主法説は,法例2条(現・法適用3条)の慣習法を媒介にせず,労働協約であること自体に社会自主法として法的規範性の根拠を求める見解であるが,実定法上の根拠をもたないためにその説明には難解なものが多い。白地慣習法説は,慣習という'Sein'の問題を近代的労働組合主義の'Sollen'の論理で構成しており,労働協約はなぜ法的規範性をもつのかとの問に対し,それを法的規範とする白地慣習法が存在するからであるという結論摂取の論理構造になっている。

七　規範設定契約説　　今日の有力説は,労働協約は,労使が労働条件の規範を設定する契約として法規範性を認められると説いている。すなわち,労働協約の定める労働条件に関する基準を使用者(使用者団体が協約当事者の場合は,傘下の個々の使用者)と組合員の労働契約に適用することは,労働協約制度本来の趣旨,目的,機能に合致し,協約当事者およびその労使双方の構成員の合理的意思にも合致しており,法はその部分に法規範としての効力を承認した(簡単にいえば,契約に法規範の効力を与えた),と解する(山口174頁,菅野548頁)。本説は,協約当事者にこのような法規範設定権限が与えられているとする点では一種の国家授権説であるが,その実質的根拠について協約当事者である労使の「協約意思」を重視するものということができる。私見はこの見解に与する(渡辺章「労働協約の法的性質」争点3版14頁,労働協約の法的性質論争の経緯に関し中窪裕也「企業別組合と協約法理」争点3版97頁以下が非常に明快である。法的性質に関する学説を総合的に検討した労作として,川口実「労働協約の法的性質」日本労働法学会編『新労働法講座5巻』〔有斐閣,1966年〕165頁以下参照)＊。

＊　**イギリスの労使関係法理**　　労働協約は,法律上は,当事者がこれにより法的に拘束されることを意図していないものと推定される(TULR(C)A, s179(1))。したがって,労働協約の定めに法的拘束力をもたせるためには,労働協約は書面に作成され,協約当事者が,当該協約は法的拘束力のある契約であることを意図

している旨の規定を明記しなければならない（s179(1)(a), (b) and (2)）。労働協約の一部分について法的拘束力のある契約にしようとするときは，その部分を特定しなければならない（s179(3), 同条に関し，Brian Willey, 2003, p. 527; Peter Wallington, Employment Law, 12nd, 2004, p. 504）。

そこで，イギリスの労働協約は，上に述べたように，個々の労働契約に効力を及ぼす旨の労働協約の明示の定めによって（by express incorporation into contract）個々の労働契約の基準となる。これがもっとも一般的な方法である。

たとえば，団体協定（労働協約）により賃率協定が合意され，それが労働組合と使用者との間に法的効力を生ずべきものとされている場合，労働者に適用される賃率はその協約にしたがい，それ以外の合意が存在しなくても変更され得る（British Gas 事件，1983 年）。そのような合意条項（term）は組合員か非組合員かの区別なく雇用契約のなかに含まれている。しかし，労働協約の基準を個々の労働契約に取り込む方法はこれにかぎらない。

第2の方法は，代理人（agent）である。代理の法理によれば，労働組合は個々の組合員（本人）に代わって労働協約を締結する。しかし実際には，労働組合，組合員のどちらも進んでそのような法的拘束関係に入ることは考えられない。

第3に，団体交渉の成果（実際には，多数の労働条件事項）は，慣行の一部として（as a part of custom and practice）個々の雇用契約に取り込まれることがある。その場合，当該慣行は，すでに十分知られ，内容が明確かつ合理的なものでなければならない（Andrew C. Bell, 2003, pp. 14〜15, 20）。

2　規範的部分とその効力

一　労働協約中の「労働条件その他の労働者の待遇に関する基準」（以下，協約基準）は，その基準に違反する労働契約，就業規則の部分を無効にし（強行的効力），無効になった部分には協約基準が直接適用される（不可変的効力）。また，個々の労働契約に定めのない部分は協約基準によって補充される（直律的効力）。これらを一括して「規範的効力」と言う（労組 16 条）。不可変的効力と直律的効力を区別せずに「直律的効力」と呼ぶこともある。労組法には，上記の「基準」について定義した規定は存在しない。一般的には，労働契約の成立・展開・休止（停止）・終了等に関する基準ないし条件として「個々の労働契約関係を直接規律する事項」が，これに当たる（久保＝浜田 186 頁）。

二　規範的効力は，具体的にはつぎのように「2 段の効力」をもつ（深瀬義郎「労働協約の規範的効力」大系 2 巻 129 頁）。たとえば就業規則に，事業場外労働に従事する外勤労働者の労働時間を，内勤労働者と同じ労働時間だけ労働したものとみなす旨の定め（労基 38 条の 2 第 1 項本文，第 9 講 420 頁参照）が存在

する場合を考えてみよう。外勤労働者の加入する労働組合が使用者との間で，外勤労働の繁忙期を特定し，当該期間は内勤の所定労働時間に2時間をプラスした時間労働したものとして取り扱う旨労働協約を定めたときは，従前の外勤労働者の労働時間に関する労働契約，就業規則の定めは，組合員との関係において，協約の強行的効力により排除され（無効になり），排除された労働契約の部分は協約の不可変的効力（広義の直律的効力）により協約基準で充填される。

つぎに，年休の消滅時効（第10講475頁参照）に関し労働契約，就業規則に特に規定が存在せず，2年間行使しないと消滅する取扱いがなされていたとする（労基115条参照）。それが労働協約で，「未取得の年休は，組合員の傷病欠勤にかぎり，年休年度経過後3年間まで取得できる。」と労働者に有利な取扱いが協定されたとしよう。この場合，協約によって排除される対象は労働契約，就業規則に存在しない。このような場合，協約は労働契約に対し直律的効力のみを有する（山口175頁）。

三　使用者が協約基準を適用しない場合，組合員は使用者を相手にして履行請求（給付の訴え）をすることができる。では，労働組合が自ら原告となって，使用者に対し協約基準の履行を請求し，あるいは組合員が協約基準で処遇される権利の確認を請求することができるだろうか。この点に関しては協約基準の性質によると解される。

たとえば，「労働災害防止のため，一定の危険有害業務に従事する従業員については，会社は別に定めるところに従い，安全衛生に関する特別研修を実施する。」といった合意が労使間に成立した後，会社が経費圧縮，増産の必要を理由にこの研修を打ち切った場合を考えてみる。労働協約の定める労働条件（事例の場合は，厳密には労働者の待遇基準）には，この例のように，性質上個々の労働者が履行を請求することの困難なものが存在している。

使用者は，規範的部分について，協約（契約）当事者として規範的部分に係る債務の履行義務（実行義務）を，労働組合に直接負う（久保＝浜田189頁）。したがって労働組合は，規範的部分のうち，協定事項の内容，性質からみて個々の組合員による履行請求が困難なものについては，当該協約基準の実効性を確保するために，労働組合がその名において，組合員のために，使用者に対し履行の請求または履行義務の確認請求をなし得ると解される（深瀬義郎・前掲「労働協約の規範的部分」大系2巻132頁参照。反対説もある）。

case 6-3　所定労働時間に関する協約条項の効力確認請求（認容）

佐野安船渠事件・大阪高判昭和 55・4・24 労民集 31 巻 2 号 524 頁

【事実】　1　全日本造船機械労働組合のＸ佐野安船渠分会（控訴人）は，Ｙ会社（被控訴人）との間に，1 週間原則 6 労働日制とし，1 日の所定労働時間を 7 時間と定める協約を締結（昭和 30 年 6 月）していた。Ｙ会社は，昭和 48 年 7 月就業規則を作成し，隔週 5 労働日制にし，1 日の所定労働時間を 7 時間 30 分に延長した（以下，48 年規則）。そこでＸ組合は，労働協約の「実働 7 時間を原則とし……」の部分（以下，本件協約部分）が効力を有することの確認を求めて本訴を提起した（当初は，48 年規則の無効確認を請求していた）。

2　1 審（大阪地判昭和 54・5・17 労民集 30 巻 3 号 661 頁）は，本件協約条項は，Ｘ分会の組合員の実労働時間を一般的に規定するに過ぎず，Ｘ分会とＹ会社との現在の法律関係に影響を及ぼすものでないこと，さらに「Ｘ分会が本件協約条項部分の効力の存否の確認を求めたとしてもその結果は各条項部分によって直接規律される同Ｘ組合員に既判力等の法律上の効力を及ぼすものでないことからすると，右確認の訴は最も有効かつ直截的な紛争解決方法とはいえない。」よってＸ分会の訴えは，「確認の利益を欠き，確認の訴の対象とならない」として却下した。

【判旨】　原判決取消し，原審差戻し

1　「本件協約部分は，Ｙ会社の従業員の『労働条件その他の労働者の待遇に関する基準』（労組法 16 条）に該当する……が，本件協約部分が有効に存在するときは，協約当事者であるＹ会社とＸ分会とは相互に，これを誠実に履行すべきことを請求する法的権利を有する反面，これを誠実に履行すべき法的義務を負う……。労働協約のすべての条項あるいはそのいわゆる規範的部分に当る条項について，……協約当事者は相互に協約内容の履行を請求することはできない旨の見解は妥当とはいえない。そして本件確認の訴は，……一見過去の法律行為の確認を求めるもののようではあるが，ひっきょう，Ｘ分会がＹ会社に対し本件協約部分の履行を求める請求権を有すること……の確認を求めるものと解することができるうえ，請求の趣旨自体においても，審判の対象たる権利関係の範囲が明確さを欠くおそれはない。」

2　「本件紛争の経過……によれば，昭和 48 年規則をめぐってＹ会社と

X分会との間で紛争が発生し、これが本件協約部分の効力の存否の争いにまで発展したものであるから、本件協約の効力の存否が裁判所の判決により公権的に確定されれば、右紛争のすべてが解決されることを期待することができ、したがって、右紛争から派生するX分会の法律上の地位について現在の危険、不安を除去するために、本件協約部分の効力の存否を確定することが必要かつ適切であると認められるから、本件確認の訴は確認の利益があるというべきである。」

3　「本件確認の訴は、Y会社とその従業員間の労働契約に基く具体的な賃金請求権等の権利の存否の確定を求めるものでないから、本件協約部分の効力の存否の確定によって右具体的な権利の存否が確定されるものでないことは明らかであるが、それ故に本訴確認請求訴訟が具体性・特定性を欠くとか、紛争解決上の直截性・有効性を欠くとはいえない。なぜなら、労働組合は、……その目的遂行の必要上、使用者と労働協約を締結することができる（同法14条）とされており、また労働協約は規範的効力等があって、究極的には労働者と使用者との労働契約の規制を企図するものであるが、労働組合の目的・性格及び労働協約の性質・効力等にかんがみると、労働協約に基く労使間の争いは、直接的には使用者と労働組合間の固有の法律上の紛争たりうるものであって、労働組合あるいは使用者の提起する確認の訴が右紛争を解決するのに必要かつ適切であるときは、それが労働契約に基く労働者の具体的な権利関係の確定を求めるものでなくても訴の利益の存在を肯定すべきであるからである。」

4　本件において、X分会はY会社に対し「本件協約部分の履行を求める給付請求をなしうると解されるので、この点で本訴確認請求の訴の利益の存在に一応の疑問が生じうるが、……本件協約部分の効力の存否が公権的に確定されれば、これをめぐる紛争のすべての解決が期待しうるうえ、……紛争解決上の直截性・有効性という点において、本訴確認請求と右給付請求との間に径庭はなく、右のいずれについても訴の利益があると認めるのが相当である。」

【コメント】　本判決には間然する所がない。判旨1は協約当事者は規範的部分に関し双方的に履行義務（実行義務）を負うものであり、権利関係の範囲が明確であること、判旨2は使用者の不履行によって労働組合自身の「法律上の地位について現在の危険、不安を除去するために」、確認の利益が肯定されるべきこと、判旨3は規範的効力を有する協約条項につい

Ⅲ　労働協約の法的性質・効力

て確認請求の訴えの利益を否定すべきでないこと，判旨 4 は協約の履行請求（給付の訴え）が認められるからといって確認の利益が失われることはないことを判示している。

　　関連する裁判例に，一時金の最高額・最低額の支給格差を 1 万円以内にとどめるとの協約条項に違反して 2 万円以上の格差を付けた使用者に対し，労働組合の損害賠償請求権を認めた山手モータース事件（神戸地判昭和 48・7・19 判タ 299 号 387 頁）がある。

3　規範的効力の性質

　一　労働協約の協約基準は，前言したように労働契約および就業規則に対し優越的な効力を有する。では，協約基準が労働契約・就業規則に優越する規範的効力を有することをどのように説明（法理論構成）すべきであろうか。

　二　甲説　労働条件に関する協約基準は，労働契約の内容に成りかわり・溶けこむことによって労働条件を規律する，すなわち，協約有効期間中組合員の労働条件は──直接協約基準によってではなく──労働契約によって規律される。このことを協約基準の労働契約内容への化体（ケタイ）といい，こうした見解を「内容説」（化体説）という。この説によれば，協約失効後も，協約基準は労働契約の内容になって（化体して）残る（久保＝浜田 189 頁）。しかし，労働協約が労働契約の内容に化体すると言い得ても，それは労働協約の効果であって，その法的淵源は労働協約自体である。したがって，淵源が失効した後も（水源池が枯れても）化体効果がそのまま持続する（渓流に水は残る）と言えるのか，理論上疑問が残る。

　なお，内容説（化体説）も，労働協約の失効後は新たに労働契約・就業規則に合理的な労働条件が定められたときは，その基準によることを否定しない。

　三　乙説　労働協約の規範的部分は，労働契約を外部から規律するものであるという見解を「外部規律説」（または単に「規律説」）という。この見解は，協約失効後は規範的部分の法的規範性も当然に失われると主張する。この考え方は協約基準の法的規範性を，法律の定める労働条件基準の労働契約規律効（労基 13 条）および就業規則の定めの最低基準効（労契 12 条）や労働契約規律効（同 7 条本文・10 条本文）と同様に考える。蓋し，法定の労働条件基準は当該法律の規範力によって，また就業規則の最低基準効等は当該就業規則の規範力によって労働契約を規律し，労働契約の内容に化体するのではない。

四　では，協約基準が排除した労働契約・就業規則の定めは，協約失効後は「息を吹き返す」のかというとそうはならない。なぜなら，協約基準より低い基準を定めた就業規則・労働契約は，協約適用下において単に「息を潜めていた」(効力を停止されていた)に過ぎないのではなく，協約適用下の組合員との関係においては，無効なものとして法的には存在しなかったと解されるからである。これを要するに，労働者(組合員)は，協約失効後当然に協約前の就業規則・労働契約の適用下に置き換えられるのではなく，協約失効後どのような労働条件基準が労働契約の内容になるかは労使の意思解釈の問題に帰着する。その場合，信義則上，労働契約の継続性と労働条件の連続性が尊重され，労働契約の内容は特別の事情のないかぎり協約基準と同様の基準で規律する旨の黙示の合意が成立しているものと解する(小西ほか〔中嶋〕467頁)。以上は，労働協約が有効期間の満了または一方当事者の解約によって失効した場合，組合員の労働条件は何によって規律されるのかという「余後効」の問題(本講Ⅴ3)ともかかわる。

4　有利性原則

一　協約基準は「労働契約に開かれている」，それ故労働者(組合員)は労働契約で協約基準より有利な条件を定めることが許される(この場合には規範的効力は及ばない)という考え方を，「有利性原則」という。これには協約基準の設定に先行して協約基準より有利な労働契約，就業規則の定めが存在している場合も含まれる。日本の労組法16条は，労働協約の基準に「違反する」労働契約の部分は無効とすると規定しており，その文言自体からは協約基準より不利，有利を問わない趣旨か明確ではない。

二　学説の多数および判例は，労働協約の規範的効力を定めている労組法16条が，就業規則の最低基準効の定め(労契12条)のように「就業規則で定める基準に達しない労働条件を定める労働契約」と規定していないため，不利，有利を問わず，協約基準と異なる労働契約の部分も含めて無効とする趣旨であると解されること，また，日本の労働協約は企業(または事業場)内でのみ通用する閉鎖性を特徴としており，最低賃金協定(条項)のように最低基準であることが明らかな条項を除いて，「この基準以下で労働させない」という最低基準ではなく，「この基準で労働させる」という統制基準であるとの理由で有利性原則を否定し，協約基準の両面的強行性を肯定する見解が有力である(深瀬義郎・前掲「労働協約の規範的効力」大系2巻131頁，久保＝浜田188頁)。さら

に，協約所定の事項について使用者が個々の労働者と個別交渉を行うことは，労働条件の集団的規制をはかる団体交渉への侵害行為であるとの理由を述べて，有利性原則を否定する見解もある（山口193頁）。

　三　しかし，この考えには賛成できない。確かに，労働協約は労働条件基準を統制する。しかし，協約基準より有利な条件を定めることに実質的，合理的理由のある場合は，これを協約基準まで引き下げるべきではない（たとえば，特別の技能，知識，語学力，経験，成果等に報いて協約に定めのない「特別手当」を上乗せして労働者を募集し，あるいは処遇するような場合である）。今日，労働の専門化，高度化，裁量性の尊重などに応じて雇用管理の個別化（労働条件の複層化）が進行しつつあり，労働契約に対する団体交渉の優位性と矛盾しない内容，程度で個別交渉との併存的関係を許容することは，協約基準の実効性の面からもかえって望ましいことと考える（参照，小西ほか〔中嶋〕464頁）。

　四　日本の労組法（16条）は，有利原則については，肯定も（ドイツの場合），否定も（米国の場合）していないので，いわば白紙の立場をとっているが，企業別協約の場合，協約は一般的には（すなわち，最低賃金の定めのような場合以外は）両面的に規範的効力をもつと解する見解もある（菅野554頁，傍点は引用者）。

---

note 4　ドイツおよびアメリカの場合

　ドイツの労働協約法（Tarifvertragsgesetz vom 1949）は，「労働協約において認めている場合，または労働協約の規定が被用者に有利に変更される場合は，労働協約の規定と異なる約定が許される。」（4条3項）と，正面から有利性原則を認める。

　ドイツでは，産業別に組織される労組と事業主団体とが産業別統一交渉を行い，全国（または地域）に通用する産業別協約を結ぶのが通例である。そのため，産業別協約の基準は，同種の産業で事業規模等の異なる多数の使用者に適用可能な基準として，必然的に当該産業の「最低基準」になる。したがって，産業別統一協約の締結後，個々の企業（ないし事業場）においてその経営実情に応じ，協約基準より有利な条件の設定をめぐり労使交渉が行われ，組合員の労働契約に上積みされる（参照，ペーター・ハナウ＝クラウス・アドマイト〔手塚和彰＝阿久澤利明訳〕『ドイツ労働法』〔信山社，1992年〕69頁）。

　他方，アメリカでは有利性原則は否定される。アメリカにおける団体交渉は，工場，事業場の適正ユニット（交渉単位）ごとに，選挙によって労働者の過半数の支持を得た労働組合が排他的交渉代表権を与えられ，この組織が使用者と

交渉を行う。労働協約はその交渉結果であり，組合員であると否とを問わず，当該事業場ユニットの全被用者に適用される。そのために，使用者が協約基準と異なる有利な労働条件を個々の労働者に約することは，当該労働協約で特に認めていないかぎり，排他的交渉代表の交渉機能を否定する不公正な行為と考えられている（ウイリアム・B・グールド〔松田保彦訳〕『新・アメリカ労働法入門』〔日本労働研究機構，1999年〕37頁以下）。

5 不利益変更の効力

労働組合は，「労働条件の維持改善その他経済的地位の向上を図ることを主たる目的として組織する団体」である（労組2条本文）。組合員は，労働組合（実際は，執行部役員）がその目的に忠実に活動することを期待信頼し，地位の維持向上のために組合費の支払いその他必要な負担をし，協力する立場にある。他面，労働組合の活動対象になる「労働条件の維持改善」の実質は総合的なものであり，コレのためにアレを譲る（たとえば，使用者の人員削減提案を縮小させ，代償に一定限度で賃金の引下げを受諾する）ことも労働組合の目的の逸脱とは言い得ない。とはいえ，労働組合の主たる目的は，「労働条件の維持改善その他経済的地位の向上を図ることにあるので（労組2条），一般的には，協約基準の引下げ（不利益変更）は異例である。したがって，協約交渉は，実質的な自主的交渉というに値し，不利益変更の趣旨（必要性）およびその内容が組合員に十分知らされた上で，慎重な意見集約がなされ，組合規約に従って意思決定がなされるなど民主的手続の下に進められなければならない。そして，その点が充たされているときは，不利益変更の内容，程度にかかわらず有効と認めてよい。しかし，①不利益変更の内容，程度が著しく大きい場合には，不利益変更の趣旨・目的（必要性）・不利益の程度および変更後の基準の相当性など不利益変更の合理性が求められ，特に②不利益変更が組合員全体ではなく特定の労働者層（たとえば，定年間近の高年齢者層）に集中するような場合には，手続上，当該労働者層の意向や組合の意見を十分に聴き取り応答し，調整するなど，協約当事者双方において，慎重かつ公正な手続が践まれなければならない。裁判例には，長期勤続者の退職金を約14.2%（金額にして538万円余）減額する協約変更（この点で上記②に該当する事案）に関し，上記①の観点で否定した事例がある（中央建設国民健康保険組合事件・東京地判平成19・10・5労判950号19頁，同判決を支持する水町勇一郎〔判批〕ジュリ1357号172頁。もっとも，本件は控訴審〔東京高判平成20・4・23労判960号25頁〕で取り消され，原告の請求が棄却さ

れている。しかし，定年退職後の所得機会のない一部の高齢組合員に過大な不利益を与える変更であり，社会的相当性の観点から，協約自治の内在的制約を超えるものとして，その効力を否定した1審の判決を支持したい。参照，小西ほか〔中嶋〕460〜461頁）。

case 6 - 4　定年年齢の引上げと退職金協定の不利益変更（有効）

朝日火災海上保険（石堂）事件・最1小判平成9・3・27労判713号27頁
【事実】　1　昭和24年国鉄職員の退職後の雇用の受皿として，損害保険事業を営むA会社に鉄道保険部（鉄保）が創設された。X（控訴人・上告人）は，昭和28年鉄保プロパーの従業員としてA会社に雇用された（Xと同じ鉄保プロパー従業員も次第に増えていった）。A会社とXの所属する全日本損害保険労働組合鉄保支部（鉄保支部）とは労働協約を締結し，定年を63歳（定年後2年延長あり），定年退職時の退職金は退職時本俸の71.0倍とすると定めていた（A会社の就業規則も同じ内容）。
　2　昭和40年，A会社はY会社と合体した（合併に類する）。その際，A会社と鉄保支部とは，合体後も現行の定年および退職金制度を変えないとの約束を交わした。その後，鉄保支部とY会社の労働組合（旧朝日支部）とは組織統合して「朝日支部」となり，Y会社との間に労働条件の統一化交渉を重ね，昭和47年までの間に労働条件を順次旧朝日支部の労働協約の基準に沿って統一した。しかし，定年制（旧朝日の労働協約は55歳）と退職金制度は統一化されなかった。
　3　昭和52年，Y会社は経営悪化に陥り（17億7,000万円の赤字計上），大蔵省検査の際に退職金倒産の危機を指摘され，Y会社と労働組合とは退職金の計算基礎になる各自の本俸を昭和53年時の額に凍結することを合意した（54年度以降実施）。朝日支部は，その間組合員の職場討議や投票等を行い，昭和58年7月国鉄退職職員以外の者の定年を57歳（ただし，60歳までは正社員給与の6割相当で再雇用を認める）とし，退職金の支給率を51.0倍とする内容の労働協約に調印した。Xは，昭和61年に57歳に達し，本件労働協約，これに基づく就業規則および新退職金規程を適用された。そこでXは，自分の定年は63歳であること，および旧退職金規程による退職金債権の確認を求めて訴えを提起した。
　4　原審（神戸高判平成7・2・14労判675号42頁）は，1審判決（神戸

地判平成5・2・23労判629号88頁）を引用し，つぎのように述べてXの請求を棄却した。「労働協約のいわゆる規範的効力（労組法16条）は，既に組合員個人に生じた請求権等の剝奪は別にして，その内容が労働条件の切り下げにより個々の組合員に不利益なものであっても，①それが標準的かつ画一的な労働条件を定立するものであり，また労働組合の団結権と統制力，集団的規制力を尊重することにより労働者の労働条件の統一的引き上げを図ったものと解される労組法16条の趣旨に照らして，②特定の労働者を不利益に取り扱うことを積極的に意図して締結されたなどその内容が極めて不合理であると認めるに足りる特段の事情がない限り，不利益を受ける個々の組合員にも及ぶことは明らかである。そして，労働協約の内容が極めて不合理であると認めるに足りる特段の事情があるか否かを検討するについては，労働協約の締結，改定によって個々の組合員が受ける不利益の程度，他の組合員との関係，労働協約締結，改定に至った経緯，労働協約中の他の規定との関連性（代償措置，経過措置），同業他社ないし一般産業界の取扱との比較などの諸事情を斟酌して総合的に判断しなければならない。」（同判旨は，退職金の性質ほか上記諸点について順次判断し，本件労働協約が「極めて不合理であると認めるに足りる特段の事情は見当たらない」と結論づけている。①，②の付番は引用者）

【判旨】 上告棄却

「本件労働協約は，Xの定年および退職金算定方法を不利益に変更するものであり，昭和53年度から昭和61年度までの間に昇給があることを考慮しても，これによりXが受ける不利益は決して小さいものではないが，同協約が締結されるに至った以上の経緯（事実3の労使交渉・引用者），当時のY会社の経営状態，同協約に定められた基準の全体としての合理性に照らせば，同協約が特定の又は一部の組合員を殊更不利益に取り扱うことを目的として締結されたなど労働組合の目的を逸脱し締結されたものとはいえず，その規範的効力を否定すべき理由はない。……本件労働協約に定める基準がXの労働条件を不利益に変更するものであることの一事をもってその規範的効力を否定することはできないし（**case 6-8**・朝日火災海上〔高田〕事件判決・表記方法は引用者），また，Xの個別の同意又は組合に対する授権がない限り，その規範的効力を認めることができないものと解することもできない。」

【コメント】 原審の判旨①は，労働協約の規範的効力を定めている労組

法16条の立法趣旨，同判旨②はいわゆる「特段の事情」の存否を判断する要素を例示しており，労働協約による労働条件の不利益変更の趣旨，動機・目的，内容から見た合理性を判断基準にしている（事実4）。

本文に述べたように，労使自治（協約自治）の原則からみて，法令違反や公序良俗違反の場合以外は，労働条件の不利益変更も，労使の自主的交渉の結果と言えない特段の事情の認められないかぎり有効なものとし，使用者が一方的に行う就業規則の不利益変更の場合と明確に区別すべきである。

本件判旨は，協約が特定の又は一部の組合員を殊更不利益に取り扱うことを目的として締結された「など」として，協約交渉過程においては希有ともいうべき主観的意図を例示（あくまでも例示）しつつ，そのような場合の変更は不利益を受ける組合員を拘束しないと述べ，本件不利益変更が「労働組合の目的を逸脱して締結された」ものか否かを，①当該協約締結の経緯，②Y会社の経営状態，③同協約に定められた基準の全体としての合理性を要素にして判断した。これは，不利益変更の程度が大きく，不利益が定年に近い年齢層の労働者に集中する内容のものであるという「特段の事情」を慮った論理構成と言えよう（参照，野川忍〔判批〕ジュリ1132号〔1998年〕164頁，村中孝史〔判批〕ジュリ1135号〔1998年〕223頁，西谷敏・百選7版210頁）。

6 協約自治とその限界

一　労働条件に関する労働組合の集団的規律権能は，その対象の性質と多数決原理の内在的制約の両面から一線を画される。労働者の「本来的な個人的権利」および「既得の権利」は，労働者の固有の権利であり，労働組合がこれを使用者の処分に委ねる協定をしても効力は認められない（参照，渡辺章「協約自治と個別労働者の法的地位」労働38号〔1971年〕38頁）。

二　「本来的な個人的権利」は，性質上労働者の固有の法的地位ないし請求権である。具体的には，①使用者の指名する組合員の退職を承認する協定，②出向・転籍（移籍）対象者の応諾義務を定める協定などは，単に協約締結組合が使用者の行う退職者の指名，出向・転籍の命令に反対しない意思の表明に過ぎず，当該組合員の承諾に代わることはできない。自由時間の使途の制限につながる時間外・休日労働の義務づけ協定の効力に関しては，学説の対立がある（判例は現業国家公務員に関しこれを有効としている。**case 8-9**・静内郵便局事件，

第 8 講 395 頁参照。②に関しては第 13 講 542 頁，555 頁参照）。

三　「既得の権利」は，典型的には賃金請求権のように，その支払いの有無（一時金，退職金の場合）や金額が労働協約に基礎づけられていても，発生とともに私的財産領域に移行する権利である。具体的には，③経営再建への協力策として未払賃金（たとえば，退職金）の一部を放棄せしめる協定が典型例である。賃金の使途を制限する協約（たとえば，チェック・オフ協定）の有効性に関しては，学説の対立がある（判例は済生会中央病院事件・最 2 小判平成 1・12・11 民集 43 巻 12 号 1786 頁で無効説の立場をとっている。チェック・オフ協定に関しては下巻第 18 講Ⅱ 4，第 20 講Ⅵ 9 参照）。

四　判例は，case 6 - 5・香港上海銀行事件において，上記三の観点から協約規定の規範的効力を否定している。しかし古い裁判例には，組合員が会社の退職の申出に応じ組合委員長に明らかに交渉を委ねたという特別事情の下で締結された全員退職の協定の効力を，了承しなかった 1 名の組合員を除き，有効と認めたもの（松崎建設工業事件・東京地判昭和 26・1・30 労民集 2 巻 4 号 456 頁，同・東京高判昭和 28・3・23 労民集 4 巻 3 号 210 頁）や，労災休業後の組合員が就業不能の場合に退職する旨，同人立会いの下に結ばれた労働協約を有効と解したもの（光洋運輸事件・名古屋地判平成 1・7・28 労民集 40 巻 4・5 号 463 頁）がある。しかしこれら事案は，協約法理の問題ではなく代理の法理の効果と解することができる。

case 6 - 5　既に発生した退職金請求権の遡及的不利益変更協約の効力（否定）

香港上海銀行事件・最 1 小判平成 1・9・7 労判 546 号 6 頁
　【事実】　1　X（被控訴人・上告人）は，昭和 52 年 6 月から訴外会社の出向社員として，在日外国銀行のＹ銀行（控訴人・被上告人）に勤務し，昭和 53 年 12 月以降は，勤続年数上の入社日を出向時の昭和 52 年 6 月として，翌 54 年 6 月 30 日までの期間を定め，臨時従業員として雇用された。そして，①58 年 6 月 30 日までの間は 1 年ごとに雇用契約を更新すること，②退職金の定めを含む賃金等についてはＹ銀行が昭和 50 年 10 月大阪労働基準監督署に届け出ている就業規則を適用し，Ｙ銀行と外国銀行外国商社に勤務する労働者の組織するＡ労組（Ｘは昭和 53 年に加入）との間に締結される諸協定の準用を受けること，③退職時の基本給月額を基準にした退

職金を昭和55年6月30日に退職したものとみなして同日支払うとの約定がされた。Xは昭和58年6月30日まで勤務した。Y銀行とA労組との退職金協定は昭和53年12月に失効し，その後協定されなかった。

2　Y銀行は，昭和55年10月別組織の「従業員組合」（以下，B従組）との間に，退職金の算定基準基本給を従来の定めより低額の第2基本給を計算基礎に計算した額の退職金を支払う旨の「昭和54年度退職金協定」を締結し，昭和59年7月には昭和55年，56年も同内容とする旨の退職金協定を締結し，同59年8月同内容の就業規則変更届を大阪労働基準監督署に提出した。その就業規則には退職金の支給に関し，「支給時の退職金協定による」との規定がある（Y銀行とA労組との間では，昭和54年度，55年度，56年度の退職金協定は締結されていない。昭和53年度までは，Y銀行とB従組との退職金協定と同一内容の退職金協定が締結されていた）。

3　Xの退職時には，Y銀行とA労組との間に退職金協定は存在していなかった。そこでY銀行は，退職金については，従業員労組との間に締結された退職金協定の計算式に従い，Xの退職時の基本給より20,000円低額の「第2基本給」を基礎に算出し，支払った。Y銀行は，後日A労組との間で昭和55年度の退職金協定が成立したときに清算すべきであると考えていた。これに対し，Xは，失効した退職金協定の定める支給基準に基づき計算される退職金額を請求する権利を有すると主張し，その支払いを求めて本件訴えを提起した。

1審（大阪地判昭和58・3・28労民集36巻1号48頁）は，Y銀行とA労組との間で新たな労働協約が締結されるか，Xの同意がない限り，退職金協定の失効後もその内容が個々の労働契約の内容になっているとして，Xの請求を認めた。これに対しY銀行は，労組法17条の定める一般的拘束力により，B従組との間で締結した昭和55年度の退職金協定がXに対して遡及適用されるから，同協定に基づきXの退職金の額を計算すべきであるなどと主張して控訴した。原審（大阪高判昭和60・2・6労民集36巻1号35頁）は，Y銀行の主張を容れてXの退職金は，第2基本給を基礎に計算した額に減額されると判示した。

【判旨】　原判決破棄，Yの控訴棄却

1　Xの退職金は，退職時にその額が決定されるべきであり，退職金協定が失効していても，「就業規則に取り入れられこれと一体となっている退職金協定の支給基準は，……当然には効力を失わず」，退職時の就業規

則の定める支給基準により退職金額が決定されるべきものと解するのが相当である。

　2　「Y銀行は，原審において，労働組合法17条により，昭和59年7月25日B従組との間で締結された昭和55年度退職金協定がA労組の組合員たるXにも遡及的に拡張適用されるべきであると主張しているが，<u>既に発生した具体的権利としての退職金請求権を事後に締結された労働協約の遡及適用により処分，変更することは許されない</u>というべきであるから，右拡張適用の有無について判断するまでもなく，右主張は理由がない。」また，「右就業規則の変更についても，同様の理由により遡及効を認めることはできない。」

　【コメント】　判旨1は，Xの退職時，Y銀行の就業規則は昭和50年10月届出のもののまま改正されていなかったこと（事実2）と関連づけて理解する必要がある。判旨2は，Xの退職金請求権は「既に発生した具体的権利」である故に労働協約により処分，変更することが許されないというのか，不利益な内容の「労働協約の遡及適用により」処分，変更することが許されないというのか，許されないとする理由がどちらなのか明らかには判断し難い。しかし，ともに「処分，変更することが許されない」と解すべきであろう（参照，村中孝史〔判批〕ジュリ957号212頁。**case 6-8**・朝日火災海上〔高田〕事件が本件判旨の上記部分を引用している）。

7　債務的効力

　一　労働条件その他に関する労働協約（労組14条）の「その他」は，労働組合と使用者（協約当事者）の法律関係を定める部分であり，債務的部分と呼ばれる（前掲Ⅱ3）。

　二　労働協約の債務的部分は協約当事者間の契約である。したがって，労使いずれかが協約違反をしたときは，一般契約法理に従い，相手方に履行請求権（民414条），損害賠償請求権（同415条），同時履行の抗弁権（同533条），解除権（同540条以下）などが認められる。協約の債務的部分のそのような法的効力を「債務的効力」という。

　しかしながら，労使どちらかが協約条項の一部に違反したとき相手方に協約全体の解約権が認められるか，ある協約条項（たとえば，労使が合意した作業上の危険通路に防護措置を施すことを約する規定など）が守られなかった場合労働

組合は使用者に対しどのように履行を請求できるか，あるいはどのように同時履行の抗弁権を行使し得るかは問題となる点である。さらに，損害賠償法理を例にとると，労働組合の協約違反により使用者側の受ける損害の算定は比較的容易である一方（たとえば，平和義務または平和条項違反の争議行為により受けた事業運営上の損害など），使用者の協約違反（たとえば，事業部門のアウト・ソーシングに際しての労使協議義務違反，組合事務所や掲示板貸与の合意違反の場合など）によって労働組合側に生じる無形損害の算定は非常に困難である。このように，一般的な契約法理の適用には複雑な問題が多々あり，協約違反の内容，態様に即して格別慎重な検討が必要になる。

　三　規範的部分も契約たる労働協約の一部であり，債務的効力を有することは疑いない。すなわち，使用者は労働協約に定めた労働条件の「実行義務」を，労働者（組合員）に対してのみならず，協約当事者である労働組合に対しても負う（前出 2(2)）。

　四　労働協約の債務的効力として重要な「平和義務」，「平和条項」に関しては，労働組合の団体交渉権，争議権との関係で取り上げるのが適当であるのでその箇所で述べる（下巻第 17 講 II 1(3)）。

8　制度的部分とその効力

　一　ユニオン・ショップ協定，異動人事（配転・出向・転籍・休職・休業・懲戒処分・解雇など）に関する同意または協議条項（以下，人事協議条項）は，一般に労働協約の制度的部分に分類されている。ユニオン・ショップ協定については別箇所（下巻第 15 講 V 3）で扱い，ここでは人事協議条項について述べる。

　二　人事協議条項は，「会社は組合員の人事に関する事項に際し，あらかじめ組合に通知する。組合または組合員に異議あるときは，双方誠意をもって協議する。」といった類の一定の制度設定条項であり，多くの労働協約にみられる（解雇のみを協議対象にする例もみられる）。この種の条項は，一般に，事業再編・合理化のための多数の労働者の再配置（配転，出向，転籍）または人員の削減（整理解雇），および個々の組合役員や組合員の異動に際して問題になる。組合員は，使用者の主導する人事が公正，適正に行われることに重要な利害を有している。人事条項は労働組合が，使用者の行う再配置，解雇，懲戒処分その他の人事に関して関与することができることを定めるものである。したがって，人事協議条項に違反して配置転換や解雇等の人事を強行することは，組合員の利益のために働く労働組合の重要な役割を軽視し，否定するものとし

て，労働組合に対する債務不履行となり，当該組合員に対しては信義則違反（適正手続違反）ないし権利濫用として無効と解される（久保＝浜田187頁，菅野559頁）＊。同条項はそのかぎりで，実体的労働条件を定める労働協約の規範的部分と同様の法的効果をもたらす（参照，李鋌「解雇の手続的規制」講座21世紀第4巻183頁）。

　　＊　**人事同意・協議条項の主眼**　　それは「労働組合自体の権利・利益の実現よりも，むしろ組合員個々人の利益擁護にある」として，この種の条項に規範的効力を認める見解がある（西谷356頁）。また，この種の条項にも労働者の待遇に関し「準則性」があるとして，規範的効力のうち個々の労働契約に対する直律的効力を否定するものの，強行的効力を認める見解もある（山口182頁）。しかし，私見は本文に述べたように，この種の条項は，個々の組合員の労働契約上の権利義務に関し労働組合の関与権を認め，その後見的役割（組織的責務と権限）を定めるところに主眼が存するものであり，人事協議条項違反の人事行為は，組合員の利益のために関与する労働組合の役割・立場を否定する点で支配介入の性質を有し，信義則違反ないし権利濫用との評価を受けると解する。

　三　労働組合が協議に応じないなど協議権の濫用と判断されるときは，協議を経ないでなされた解雇もその故に効力を否定されることはない。旧くは，労働協約と同一内容の就業規則の「解雇協議約款」に関し，協約失効後であっても，会社の解雇提案に客観的妥当性が認められ，かつ組合に対し必要性を十分に納得せしめるに足る手段方法を尽くしたにもかかわらず，組合が正当な理由なくその提案を拒否する場合のごときは，会社はこれに拘束されることなく解雇をなし得るとした判示したものがある（高岳製作所事件・東京地決昭和25・12・23労民集1巻5号770頁）。

case 6-6　人事協議条項違反の人員整理の法的効力（肯定）

池貝鉄工事件・東京地判昭和25・6・15労民集1巻5号740頁
　【事実】　1　Y会社には，本店のほか4工場にそれぞれ唯一の労働組合があり，またY会社と各「単位労働組合」との共通事項を統一的に団体交渉するために労働組合たる「連合会」が組織され，統一的労働協約を締結している。Y会社と各単位組合・連合会とは連名で，昭和24年8月20日労働協約（有効期間1年）を締結し，「組合は経営権が会社にあることを確認する。但し会社は経営の方針，人事の基準，組織及び職制の変更，資産の処分等経営の基本に関する事項については再建協議会その他の方法によ

り，組合又は連合会と協議決定する。前項の人事とは従業員の採用，解雇，異動，休職，任免及びこれ等に関連する事項をいう。」と定め（24条），また同日右協約当事者間に交換された労働協約に関する「覚書」には，「第24条にいう人事の基準の実行にあたっては必ず会社は組合と十分に協議し組合の了解の上で人事の決定を行うことを約束する。」と定めている。

　2　Y会社は，同年10月頃から企業整備に基づく人員整理を企図し，連合会との間に同月17日から12月8日まで前後6回の協議を行い，その必要やむを得ない所以および整理解雇基準（出勤・能率・職務の状況，業務命令等の違反状況など6項目）を説明した上で，約15％の人員整理を発表した。連合会は，従業員の地位に重大なる影響を及ぼす経営方針は，協約第24条に定める「再建協議会」または団体交渉により協議決定し，人員整理の必要性について協議すべきであると主張した。Y会社はこれに応ぜず，整理基準の協議促進を強調することに終始し，同年12月8日の第6回協議会で協議を打ち切り，連合会に対し最終回答を求め，同月10日連合会が納得できない旨回答すると，即日人員整理の実施を宣し，上記のとおり翌11日発の書面をもって従業員238名（各工場従業員の10～15％）を同月13日限りで解雇する旨文書で通告した。

　三田工場分会および神明工場組合の組合員であるXらは，本件解雇は労働協約24条の協議約款に違反して無効であり，さらに一部の者については労組法7条1号違反としても無効であると主張して本件訴えを提起した。

【判旨】　一部認容
　1　本件の如き「協約約款は当裁判所が既にしばしば説示したるが如く，労働者の待遇に関する基準を定めたものであり，ここにいわゆる協議とは当事者双方が信義則に基き十分なる協議をつくすの意味に解すべきものであるから，たとい外観上一応協議の形式を備えても，会社側のみの信義則違背により相手方を納得せしめるに至らない場合にはこれをもって解雇の有効なる前提要件となすことはできない。そこで次に本件人員整理が果して信義則による協議を経たものであるかどうかについて考えてみる。」

　2　本件「整理による一部従業員の犠牲は遺憾ながら已むを得ないもの」と判断されるところ，以下，「会社の協議態度について考えてみる。前記〔事実2・引用者〕認定の如き会社の態度は通例の場合にあっては信義をつくさないものとして協約違反の責を免れ得ない。なんとなれば協約第24条にいわゆる『人事の基準』とは同条立言の趣旨に徴する解雇条件

のみならず，解雇の要否，その範囲等の問題をも包含するものと解すべきであり，従って本件の如き大量解雇の場合においては解雇の要否，範囲等を決定する必要上からも当然その前提たる経営方針についての協議がなさるべきものだからである。しかしながら本件の場合にあっては，人員整理の緊急必要のあることは右……認定の通りであり，しかも池貝の従業員少くともその組合幹部は従来の対会社との闘争過程を通じて池貝の現状に対しては相当深い認識もっていたものと推測するに難くないから，……池貝存続のためにも完全雇傭の線を固執することなく，人員整理の基本線については，一応これを譲歩し，進んで整理の範囲，整理基準等の協議に入るべきであったと思われる。もっとも会社の態度において組合側を納得せしめる上において欠けるところがあったことは否めないが，組合側の態度において池貝の現状に照して余りに自説を固執し過ぎたと思われるふしがないわけでもない。かく考えるとき会社が緊急の必要に迫られた事の余り，時日の遷延を許さずとして，連合会の最後回答を待って直ちに解雇を発表するに至ったこともあながち協約違反として咎め得ないものがある。」

3　しかしながら，Xらのうち17名については不当労働行為の成立を認めざるを得ず，解雇は無効と解すべきである。

【コメント】　判旨1は，人事協議条項における「協議」は「信義則に基き十分なる協議をつくすの意味に解すべきもの」とその意義を述べ，かつ同条違反の解雇は有効となし得ないとしており，重要である。判旨2は，本件人員整理は，「池貝の現状は当時危機寸前にあり，この危機を切抜けて企業の継続を図るためには早急に合理化体系を整えて金融資本の援助を待つ以外に途のない事情にあった」と認定し，Y会社は存続自体を危ぶまれる状況にあり，労働協約の趣旨に従って労働組合と協議し了解を経て実施することが客観的に困難な状態にあったと判断している。Y会社の態度を，「通例の場合」協約違反の責を免れないとしつつ，本件の場合はこれを咎めることはできないとしており，一種の緊急避難としての手続違背と判断したと言える。

case 6-7　事前協議条項に基づく協議なしに行った組合員の懲戒解雇（有効）

洋書センター事件・東京高判昭和61・5・29労民集37巻2・3号257頁

【事実】　X_1，X_2の2名（控訴人）は，昭和48年6月，パートタイム労働者を含む従業員のうち3名で労働組合を結成した（翌日，Xら以外の組合員1名は退職した）。昭和50年3月，Y会社（被控訴人）は同組合に社屋取壊し・一時仮店舗（従前の5分の1程度の広さ）への移転計画を通告した。Xら2名は，労働条件が低下するなどとして反対闘争を行った。その過程でXらは，約16時間Y会社の社長を監禁し，吊し上げ，また取壊し予定のビル内事務所を占拠したため，Y会社は同年5月15日，Xらを懲戒解雇した。Xらの労働組合とY会社との間には昭和49年10月「会社は運営上，機構上の諸問題，ならびに従業員の一切の労働条件の変更については，事前に，組合，当人と充分に協議し同意を得るよう努力すること」との事前協議条項が締結されていたが，Y会社は前記懲戒解雇に当たり同条項に基づく協議を行わなかった。本件は，雇用関係存続確認等請求事件。1審（東京地判昭和58・4・26労判408号40頁）はつぎに掲げる判旨とほぼ同趣旨を判示し請求棄却。

【判旨】　控訴棄却

Xらは，本件懲戒解雇は事前協議条項に違反し手続的に違法であって，無効である旨主張するので，以下検討する。「本件事前協議約款の……協議の対象事項には，事柄の性質上事前協議にしたしまない場合，あるいは事前協議の到底期待できない特別な事情の存する場合を除いて，従業員の解雇，処分を含むものと解するのが合理的である。」

ところで，組合の構成員は，「本件解雇をされたX_1及び同X_2の両名のみであり，組合の意思決定は主として右両名によって行われ，組合の利害と右両名の利害とは密接不可分であったところ，右X両名は，本件解雇理由たる，前叙の両名共謀によるM社長に対しての長時間に及ぶ軟禁，暴行傷害を実行した当の本人であるから，その後における組合闘争としての，右X両名らによる旧社屋の不法占拠などの前叙の事態をも併せ考えると，もはや，Y会社と組合及び右X両名との間には，本件解雇に際して，<u>本件事前協議約款に基づく協議を行うべき信頼関係は全く欠如しており</u>，……本件解雇については，組合及び当人の同意を得ることは勿論，その協議を

すること自体，到底期待し難い状況にあった，といわなければならないから，かかる特別の事情の下においては，Y会社が本件事前協議約款に定められた手続を履践することなく，かつ，組合及び当人の同意を得ずに，X_1及び同X_2を即時解雇したからといって，それにより本件解雇を無効とすることはできない。」

【コメント】 判旨は，労働協約に人事等に関する事前協議条項が協定されている場合において，協議を尽くさないまま不利益処分等が行われたときは，協議を尽くさないことに関し「特別の事情」の認められない限り，有効性を否定すべきであるとの見地に立っている。とはいえ，一般論としては，「協議しても結論は見えている，話し合っても無駄だ。」との理由で協議自体を拒否することが正当だとは思えない。本件は，事前協議約款に基づく協議を行うべき信頼関係は「全く欠如し」，「協議をすること自体，到底期待し難い状況にあった」という「特別の事情」下でのレア・ケイスと考えられる（独自の視点で本件判旨を解説するのに萱谷一郎・百選7版208頁がある）。

Ⅳ 労働協約の一般的拘束力

1 一般的拘束力

一 労働協約は，労働条件の規律効を協約部外者に拡張適用されることがある。これを労働協約の「一般的拘束力」といい，ドイツの「労働協約法」（1918年「労働協約令（Tarifvertaragordnung vom 1918）」，1949年「労働協約法」）の規定の趣旨を取り入れて制定された（旧労組23条・24条）。規範的効力（労組16条）とともに労働協約に認められる特別の法的効力である。

二 一般的拘束力の制度は，「一の工場事業場」または「一の地域」の多数の労働者（組合員）の労働条件に実効的支配を及ぼしている労働協約を，一の工場事業場または一の地域の「同種の労働者」（したがって，当該同種の労働者を使用している使用者）にも拡張適用するものであり（労組17条・18条），その趣旨について2とおりの考え方がある。

その1は，労働協約の適用範囲内に協約基準より低い労働条件で働く労働者がいると，使用者はより低い条件で働く労働者をより多く雇用しようとする結果，協約基準は下方圧力を受け，次第に社会的実効性を失うリスクを負いかね

ない，それ故，同種の労働者で協約基準より低い労働条件で働く労働者を協約基準の支配下に置いて，労働組合の工場事業場または地域における協約交渉機能を確保する必要がある，と主張される。この考え方によれば一般的拘束力制度は，当該協約当事者である労働組合・労働者の団結権，団体交渉権の保障に法的根拠がある（優れた基本文献として横井好弘「労働協約の一般的拘束力」旧講座4巻1003頁以下・1014頁）。

その2は，工場事業場または一定の地域の多数の労働者の労働条件に実効的支配を及ぼしている協約基準は，その範囲における労働条件の社会的公正基準であり，一般的拘束力の制度の趣旨は，工場事業場または地域の「同種の労働者」の低い労働条件をその基準まで引き上げて保護すること（労働組合の市場貢献）にあると主張する（以上に関し，東大・注釈労組法〔下〕841頁以下・867頁以下参照）。

判例は，工場事業場における一般的拘束力に関し，「右規定の趣旨は，主として……当該事業場の労働条件を統一し，労働組合の団結権の維持強化と当該事業場における公正妥当な労働条件の実現を図ることにあると解される」，と上記の学説をミックスしたものとなっている（**case 6-8**・朝日火災海上〔高田〕事件）。

2　工場事業場単位の一般的拘束力

一　一の工場事業場に，常時使用される同種の労働者の4分の3以上の数の労働者が，一の労働協約（その規範的部分）の適用を受けるに至ったときは，当該工場事業場に使用される他の同種の労働者に関しても，当該労働協約が適用される（労組17条）。

二　「同種の労働者」の範囲は，第一次的には，当該協約基準が工場事業場の全労働者に適用されるものであるときは工場事業場の同種の全労働者に拡張適用され，作業職労働者（工員）に適用されるものであれば事業場の同種の作業職労働者（工員）に，特定の職種の労働者（たとえば，機械組立工）に適用されるものであれば同じ職種に従事する機械組立工に適用される（昭和24・10・24労収8180号）。

そして第二次的には，拡張適用されるべき協約基準の決定要素との相関関係で決まるべきものと解される。当該協約基準が一定の職務内容，勤務形態の適用下にある労働者に適用されるものであるときは，「同種」性も当該協約基準の決定要素との関係で判断せざるを得ないであろう。

問題は，雇用形態の違いである。労働協約を適用される組合員がいわゆる本工の場合，それと同種の作業に従事する臨時雇用者，パートタイム労働者，請負労働者など雇用就業形態の異なる労働者は同種の労働者と言えるであろうか。裁判例は一貫して職務内容，勤務形態において仮に同種性を肯定できても，雇用就業形態が異なる労働者については協約基準を拡張適用することに否定的見解をとってきた（比較的後年の否定事例として，「臨時工」に関し case 3-8・富士重工業事件，3ヵ月の期間を定めて雇用された作業職たる「準社員」に関し日野自動車工業事件・東京高判昭和56・7・16労民集32巻3・4号437頁，同・最1小判昭和59・10・18労判458号4頁）。かくして低賃金層労働者の労働条件の引上げと保護を中心的狙いとするはずであった労働協約の一般的拘束力制度の趣旨は封鎖され，この問題は，高度経済成長期の初期段階（1960年前後）の経過後に，すでに法的争点性を失うに至っている。

　三　協約部外者が，事業場内の少数組合の組合員である場合は，その数が同種の労働者の4分の1未満の場合であっても拡張適用すべきではない。少数組合も固有の団体交渉権，協約締結権を有するからである。

　四　ところで，労働協約は，拡張適用の結果，未組織少数（4分の1未満）の同種の労働者が現に享有している労働条件の基準を引き下げる不利益な場合にも拡張適用されるかが問題になる。前言したように，拡張適用される協約基準の一部のみを取り上げて有利，不利を判断すべきではないが，総合的判断の結果不利益であることが明らかな場合には，拡張適用は否定すべきである。それは，未組織少数の労働者の保護にならず，労働条件の下方圧力を防止しようとする拡張適用制度の想定していない局面であるからである。

case 6-8　定年年齢の引上げと退職金協定の不利益変更の非組合員に対する拡張適用（否定）

朝日火災海上（高田）事件・最3小判平成8・3・26民集50巻4号1008頁
　【事実】　1　case 6-4・朝日火災海上保険（石堂）事件の事実1，2と同じ。X（控訴人・被上告人）は，昭和26年6月A会社の鉄道保険部（鉄保）に雇用され，鉄保がY会社（被控訴人・上告人）と合体（昭和40年）後はY会社の従業員として北九州支店に勤務し，本件当時営業担当調査役の地位にあり，非組合員であった。鉄保の労組とY会社の従業員で組織する労働組合は統合して朝日支部となり，合体後労働条件の統一化交渉を進

め，昭和58年7月，それまで統一化できなかった定年制（鉄保出身者は63歳，旧朝日出身者は55歳）と退職金（退職時の本俸の71.0倍，旧朝日は同51.0倍）に関し，**case 6-4**・朝日火災海上保険（石堂）事件の事実3記載の内容の労働協約（定年57歳，退職時の本俸の51.0倍）を締結し，就業規則を同内容の規定に改めた。

　2　Xは，新協約の遡及適用時の昭和58年4月にすでに57歳に到達していたため，Y会社は，同月Xが退職したものとして，同協約の経過措置規定（勤続30年以上の者は向こう3年間60.0倍とする）を適用して退職金を支払い，同年5月から定年後の1年有期の「特別社員」として6割給与で処遇した。なお，北九州支店においては，本件協約当事者の労働組合の組合員が4分の3以上を占めていた。

　3　Xは，新協約締結前まで旧鉄保プロパーの従業員に適用されてきた63歳定年制および退職金制度（支給倍率71.0）が適用されるべきであると主張し，同制度を適用した場合の金額と新協約・新就業規則の規定による計算額との差額を請求した。1審（福岡地小倉支判平成1・5・30労判545号26頁）は，Xに対しても新協約の効力が及ぶと解したが，その効力の発生時期を，組合員でなかった者に対し，その個別の授権あるいは同意なくして当然に遡及して適用することはできないとして，X（昭和58年4月57歳定年到達）の，事実1記載の協約締結前に当たる58年5月ないし7月分の各給与残額等の請求のみを認容し，その余を棄却した。Xが控訴したところ，原審（福岡高判平成4・12・21労判691号22頁）は，Xに対し新協約の拡張適用（労組17条）と新就業規則の規定の適用とを一体的に判断し，退職金額の切下げに関するかぎり，Xの昭和53年当時の本俸額（前出**case 6-4**事実3参照・引用者）に改正前の71.0を乗じた金額を下回る限度において，これを「Xに適用することを不当とする特段の事情があり，また当該条項の法的規範性を是認することができるだけの合理性を欠く」と判示し，Xのこの点に関する請求を認容した。Y会社上告。

【判旨】　上告棄却

　1　労組法17条の適用に当たっては，「労働協約上の基準が一部の点において未組織の同種労働者の労働条件よりも不利益とみられる場合であっても，そのことだけで右の不利益部分についてはその効力を未組織の同種労働者に対して及ぼし得ないものと解するのは相当でない。けだし，①同条は，その文言上，同条に基づき労働協約の規範的効力が同種労働者にも

及ぶ範囲について何らの限定もしていない上，②労働協約の締結に当っては，その時々の社会経済的条件を考慮して，総合的に労働条件を定めていくのが通常であるから，その一部をとらえて有利，不利をいうことは適当でないからである。また，右規定の趣旨は，主として……当該事業場の労働条件を統一し，労働組合の団結権の維持強化と当該事業場における公正妥当な労働条件の実現を図ることにあると解されるから，その趣旨からしても，未組織の同種労働者の労働条件が一部有利なものであることの故に，労働協約の規範的効力がこれに及ばないとするのは相当でない。」

2 「しかしながら他面，未組織労働者は，労働組合の意思決定に関与する立場になく，また逆に，労働組合は，未組織労働者の労働条件を改善し，その他の利益を擁護するために活動する立場にないことからすると，①労働協約によって特定の未組織労働者にもたらされる不利益の程度，内容，②労働協約が締結されるに至った経緯，③当該労働者が労働組合の組合員資格を認められているかどうか等に照らし，当該労働協約を特定の未組織労働者に適用することが著しく不合理であると認められる特段の事情があるときは，労働協約の規範的効力を当該労働者に及ぼすことはできないと解するのが相当である。」

3 「これを本件についてみると」，Y会社の経営を著しく悪化させないために，組合が組合員の雇用を安定させ，均衡ある労働条件を獲得するために，一部の労働者にとっては不利益な部分がある労働条件を受け入れる結果となる本件労働協約を締結したことはそれなりの合理的理由がある。「そうであれば，本件労働協約上の基準の一部の有利，不利をとらえて，Xへの不利益部分の適用を全面的に否定することは相当でない。」

4 「しかしながら他面，本件労働協約の内容に照らすと，その効力が生じた昭和58年7月11日に既に満57歳に達していたXのような労働者にその効力を及ぼしたならば，Xは，本件労働協約が効力を生じたその日に，既に定年に達していたものとしてY会社を退職したことになるだけでなく，それと同時に，その退職により取得した退職金請求権の額までもが変更前の退職手当規程によって算出される金額よりも減額される結果になるというのであって，①本件労働協約によって専ら大きな不利益だけを受ける立場にあることがうかがわれるのである。また，退職手当規程等によってあらかじめ退職金の支給条件が明確に定められている場合には，労働者は，その退職によってあらかじめ定められた支給条件に従って算出される金額

の退職金請求権を取得することになること，退職金がそれまでの労働の対価である賃金の後払的な性格をも有することを考慮すると，少なくとも，本件労働協約をＸに適用してその退職金の額を昭和53年度の本俸額に変更前の退職手当規程に定められた退職金支給率を乗じた金額である2,007万8,800円を下回る額にまで減額することは，②Ｘが具体的に取得した退職金請求権を，その意思に反して，組合が処分ないし変更するのとほとんど等しい結果になるといわざるを得ない。加えて，③Ｘは，Ｙ会社と組合との間で締結された労働協約によって非組合員とするものとされていて，組合員の範囲から除外されていたというのである。以上のことからすると，本件労働協約が締結されるに至った前記の経緯を考慮しても，右のような立場にあるＸの退職金の額を前記金額を下回る額にまで減額するという不利益をＸに甘受させることは，著しく不合理であって，その限りにおいて，本件労働協約の効力はＸに及ぶものではないと解するのが相当である。」
（①〜③の付番は引用者）

【コメント】　判旨1は，労働協約の事業場単位の拡張適用制度（労組17条）の趣旨を述べ，協約基準より有利な労働条件を適用されている未組織労働者への拡張適用を肯定する原則的立場を明らかにしている。その根拠は，判旨1の①と②の論理である。これは不利益変更の労働協約を協約当事者である労組の組合員に対し及ぼし得るという **case 6-4**・朝日火災海上保険（石堂）事件のロジックと同じである。その上で判旨2は，Ｘに対し拡張適用すべきでない「特段の事情」に関し具体的判断要素を示している。そして判決は，本件労働協約の締結に至る事情（判旨3参照）に理解を示しながらも，これを全面的にＸに適用した場合は，①退職金額に大きい不利益が生ずること，②退職金が賃金の後払い的性質を帯有していること，および③Ｘが労働協約により非組合員とされていたことを重視し，本件労働協約のうち退職金制度を定める部分についてその規律効をＸに及ぼすことは「著しく不合理」であると結論づけている（判旨4）。

なお判旨1の前に，労働者が「具体的に取得した賃金請求権」を事後に労働協約や就業規則の変更により処分または変更することは許されないとの前提的判断を **case 6-5**・香港上海銀行事件を引用しており，判旨4の「退職金規程等によってあらかじめ退職金の支給条件が明確に定められている場合」は，これを不利益に変更する労働協約の効力はＸに及ばないとの結論の，理論的バックグラウンドにしている。結論は妥当な判決と言う

ことができる（参照，籾山錚吾・百選7版212頁）。

なお，唐津＝和田〔大内伸哉〕223頁は，「同種の労働者」の範囲は「組合員資格があるかどうか」を中核的な判断要素とするのが適切であると主張されている。「組合員資格があるかどうか」は，現に「組合員であるかどうか」と同義でないことは確かであるが，組合員の資格範囲をどう設定するかは組合自治の問題であり，協約自治の問題である。その主張は結局，労組法17条の適用範囲を労働組合ないし団体交渉によって決定すべきであるとの主張に帰し，法律により組合員資格を否認される労働者（労組2条ただし書1号）との関係がさらに複雑になり，適切とは思えない（なお，組織範囲が競合する他組織組合員の場合は，本文で述べたように当該他組織の団結権，団体交渉権を尊重する趣旨により労組法17条は適用されないことにほぼ異論は見られない）。

3　地域単位の一般的拘束力

一　一の地域において，同種の労働の大部分が，一の労働協約の適用を受けるに至ったときは，当該労働協約の当事者（労使）の一方または双方の申立てにより，労働委員会の決議をもって，厚生労働大臣または都道府県知事は，当該地域において従業する他の同種の労働者および使用者も，当該労働協約の適用を受けるべきことを決定することができる（労組18条1項）。このように地域単位の一般的拘束力は，事業場単位の場合と異なり，労働委員会の決議または厚生労働大臣等の決定の手続が必要である。

二　労働委員会が決議をするときは，拡張適用に不適当な部分を修正できる。厚生労働大臣等の決定は公告によって行う（同条2項・3項）。

三　すでに述べたように，日本の労働組合は企業別（または，事業場別）組織であり，団体交渉も，労働協約も，賃金，労働時間，休暇といった基本的労働条件および人事に関する諸基準も，すべて当該企業・事業場に固有の内容（企業特殊的労働条件）が盛りこまれている。また協約当事者の大部分の企業別組合は，協約基準を地域に拡張し，未組織労働者の労働条件の水準の向上のためにその社会的機能を担おうとする連帯の志をもたない。こうした背景のために，本条の地域的拡張適用制度は，現行労組法が制定された直後の1950年代前半期にいくつかの決定事例を残したのみで，今日ではその例をみない。

Ⅴ 労働協約の有効期間の上限・解約・終了

1 労働協約の終了原因

(1) 終了および終了原因

　労働協約の終了に関しては労組法に規定がない。労働協約の終了は，一般に労働協約がその効力の存続を維持することのできない事実（法律事実）の発生・到来を言い，終了の原因には，①有効期間の満了，②解約，③協約当事者の組織変動および協約の競合の4つがある（有泉亨＝山口浩一郎「労働協約の終了」大系2巻173頁）。このうち「協約の競合」は，上位の労働組合（たとえば，企業連）と下位の加盟組合（たとえば，事業場別に組織された単位組合）とが異なる内容の労働協約をもつに至るような場合を指すが，協約当事者間において調整がなされるのが通例であり，ほとんど紛議を生じない（無調整の場合は，後法が前法に優越するとの法適用の一般原則に従って処理するほかない。以下では，①〜③について述べる）。

(2) 有期協約の場合

　一　有効期間の満了　　労働協約の有効期間の上限は3年である（3年以内であればどのような期間を定めても問題ない）。4年，5年の期間を定めても3年協約とされる（労組15条1項・2項）。その趣旨は，労働協約本来の役割にかんがみ，「なるべく長期間労使関係を安定せしめたい，しかしながら一方又，経済的，社会的の刻々の変化に適応した協約であらしめたいと云う相矛盾した要求の調和点を図るべく」（末弘a 109頁），3年間に制限したものである。

　二　不確定期限の到来　　「事業再建整備計画完了まで」といった不確定期限を定めることもできるが，3年以内のそれを指したものと解される。したがって，3年以内に延長ないし更新協議が整わないときは3年で失効すると解すべきである。3年経過後は，期間の定めのない協約と同様に90日前の予告により解約できると解される（有泉亨＝山口浩一郎・前掲大系2巻176頁）。

　三　有効期間の中途解約　　労働協約の有効期間は，その存続期間中協約の安定を図る趣旨を含んで規定されたと解されるので，期間途中の解約はその趣旨に矛盾する。組合側の平和義務または使用者側の実行義務違反など重大な債務不履行によって，労使どちらか一方に協約の存続を強いることが，著しく正義公平に反すると考えられる程度に重要な事情が生じた場合にかぎり，認められるものと解される（民541条の限定解釈）。

　四　事情変更の原則　　協約締結後，戦争，空前のインフレ，重大災害など

締結時にまったく予見できなかった異常事態が発生し，締結時と事情が大きく変化する場合がある。このような場合，①予見し得ない事情の変更が認められ，②その事情の変更が当事者の責に帰すべからざる事由に基づき，③協約どおりに履行を強制することが社会通念上公平に反すると判断できる場合は，協約締結という「行為基礎の喪失」，すなわち事情変更が生じたものとして当事者に労働協約の解約告知権が認められる。このことは，後記(4)期間の定めのない協約の場合も同様である。今日までにこの原則の適用が認められた例は存在しない。

　　五　合意解約　　協約当事者は，何時でも，即時にまたは一定の期間経過後に労働協約を合意解約することができる。このことは，後記(4)期間の定めのない協約の場合も同様である。

(3)　自動延長・自動更新

協約に有効期間を定め，期間満了時に新協約が締結されない場合は現協約を自動延長する旨を協定しておくことがある。次期協約成立までの相当期間無協約状態になるのを避ける趣旨に基づいている。自動延長された協約は無期協約になる（後記(4)を参照）。延長限度（3年以内にかぎる）を明確に定めたときは，その限度までの有期協約になる。

有効期間の定めのある労働協約について，期間満了前の一定の時期までに協約当事者間に異議がないときは「そのままもう一度繰り返す」（更新する）旨の自動更新規定（新協約締結の簡略化の合意）が置かれることがある。自動更新された協約は，前協約と同様の有期協約となる。

(4)　無期協約の解約

協約の存続期間を定めない無期協約を解約する場合には，「少なくとも90日前に」解約予告をしなければならない。解約予告は口頭ではできず，労働協約の成立（労組14条）と同様に，当事者が署名または記名押印した書面でしなければならない。この要式は，協約に自動延長の定めが存在し，延長期間中に解約する場合も同様である（同15条3項・4項）。労使は90日の解約予告期間より長い期間を定めることは認められる（協約の安定を優先する趣旨のものとして）。しかし，90日より短い期間を定めても無効と解すべきである。この理は，協約の存属期間を3ヵ月，6ヵ月など短期に定めた場合も変わりないと解すべきである（3ヵ月間だけ存続する協約を解約するのに90日前に予告すべしと言うのは不自然だという見解があり得るが，短期の協約と雖もそれなりの交渉期間を費やして成立に至ったものもあり，その存続期間と解約予告期間という性格の違うもの

をリンクさせて考えなければならない必然性はない）。

case 6-9　期間を定めない組合専従協定の解約と不当労働行為の成否（肯定）

駿河銀行事件・東京地判平成 2・5・30 労判 563 号 6 頁

【事実】　1　X銀行（原告）と組合（補助参加人）とは，数年間の協議を経て，昭和 46 年 6 月「組合専従者に関する協定」（以下，協定）を締結し，同年 7 月より実施した。同協定は，その後 12 年間専従者 5 名を選任し運営されてきた。昭和 58 年 6 月，X銀行は組合に対し同協定の改定を文書で提案し，提案から 21 日後の 7 月 6 日，X銀行は，10 月 5 日付けで協定を解約する旨の通告を行った。

　2　X銀行の協約改定提案は，①専従者を 3 名以内に減員し，再任を禁止し，専従者の任期に関し役員（中央執行委員）在任期間としていたのを 1 年（1 名にかぎり 1 年延長可）に改めるというものであった。

　3　この件に関し組合は，第 1 回目（6 月 21 日）の交渉で他行の実情調査などのため協議を少し待って欲しいと申し入れ，第 2 回目（同月 30 日）の交渉はX銀行の人事部長が途中退席したため実質的協議にはいることができなかった。

　4　静岡地労委は，「Y銀行は，組合に対して昭和 58 年 7 月 6 日に行った『組合専従者に関する協定』の解約通告がなかったものとして取扱い，直ちに，組合との間において，『組合専従者に関する協定』の改定につき，誠意をもって協議しなければならない。」との救済命令を発し（昭和 60・12・5 別冊中時 1022 号 42 頁），中労委（Y・被告）は，再審査申立てを棄却した（昭和 62・6・17 別冊中時 1045 号 76 頁）。本件は，X銀行がした再審査命令取消請求事件。

　5　X銀行は，組合との協定 8 条には，労使双方の合意がない限り協定の改廃はできないと定めがあるが，労組法（15 条 4 項）は，期間の定めがない労働協約については，90 日以上の予告期間を置いていつでも解約することができる旨を定めているのであって，本件協定 8 条のような規定は無効であり，協定の解約通告をしたことをもって，不当労働行為を構成することはありえないと主張した。

【判旨】　請求棄却

1　「本件協定が長年にわたって実施されてきたこと，本件改定提案が突然なされ，その内容に補助参加人（組合・引用者）としてはすぐには受け入れにくい点があったこと，補助参加人が基本的には本件改定提案を受け入れられない旨表明したものの，協議には応じる姿勢を示していたこと，本件協定の改定には双方の合意が必要である旨の規定があったことなど前認定の事実に照らせば，X銀行が実質的協議を尽くさずに本件解約通告に至ったのは，交渉促進を図るためにはやむを得なかったものということはできない。」

　2　X銀行は，事実5のように主張する。「しかし，協定を解約することが使用者の権利であることは当然であるが，その解約権の行使がことさら組合に不利な時期を選ぶなど，専ら組合に打撃を与える目的でされた場合には，権利の行使であっても支配介入行為として不当労働行為に該当するというべきである……そうすると，X銀行のした本件解約通告は，労働組合法7条3号に該当する不当労働行為であるといわざるを得ない。」

　【コメント】　判旨2が，「解約権の行使がことさら組合に不利な時期を選ぶなど……」と述べているのはつぎのような事情による。X銀行は，本件協定の改定案を提示する3ヵ月前に新「職能資格賃金制度」の導入を提案し，組合の拒否を受けて全行員に直接文書配布を行い，組合が指名ストライキをもって対抗した日（本件協定提案の2日前）には新賃金制度に従って役員登用試験を実施し，ストライキ参加者に警告を発するなど，当時労使間の緊張関係が高まっていた。また，X銀行が本件協定の解約通告をした13日後には別に職員組合が結成され，人事部調査役が新組合の後押しをする旨発言し，組合からの脱退者が相次いだ（2審東京高判平成2・12・26労判583号25頁も1審判決を支持）。

(5)　協約当事者の組織変動

　一　使用者の組織変動　　合併（下巻第22講Ⅴ1参照）の場合は，吸収合併・新設合併とも，一定の範囲の事業の全体を一体として合併後の存続会社に包括的に承継する（包括承継）ため，労働協約も承継される。事業譲渡（下巻第22講Ⅴ1参照）の場合は，何をどの範囲で譲渡するかについて会社間の合意により個別的に決定される（特定承継）ため，労働協約の承継は特約をなすことを要する（菅野573頁）。会社分割については労働契約承継法に関する箇所にゆずる（下巻第22講Ⅴ2参照）。

二　労働組合の組織変動　　組合員の大量脱退があっても,協約当事者の労働組合が存続しているかぎり労働協約は影響を受けない。分裂した場合（法律上ごく例外的に認められる可能性がある。下巻第15講Ⅳ4,Ⅵ1参照）は,労働組合は消滅し,2つ以上の新労働組合が併存することになるため,労働協約は消滅する。単一組合が合併した場合は,同一組織の組合員に対し労働協約の重複が生ずるため,当分の間従前どおり別々に従前の労働協約を適用するなどの特約のないかぎり,合併前の労働協約は消滅すると解するほかない（山口209頁）。解散した場合は,清算結了と共に労働協約は消滅する。

2　労働協約の一部解約

労働協約の一部の条項を,他の条項と切り離して解約することは可能か。一般的には,解約対象条項の制定経緯,他の条項との相互関連性,解約の背景等個別に判断し,他の条項と分離して解約しても協定事項相互の均衡を失わず,解約対象条項を他の条項と切り離して消滅させても当該労使関係において不自然でないと認められる場合は,一部解約も許容されると解される。

3　余　後　効

ドイツ1949年労働協約法は,「協約規範は,協約期間満了後においても,別の約定に代替されるまでは,引続き効力を有する。」（4条5項）と規定している。次期協約交渉成立までの混乱を回避する特別措置ということができる。このような協約失効後の残存効を「余後効」（Nachwirkung）という。

日本の労組法にはこのような規定は存在しない。したがって,労働協約は期間の満了または解約によって完全に効力を失う。労働協約失効後,組合員の労働契約の内容（労働条件）がどのように規整されるかについてはすでに述べた（本講Ⅲ3四）。

第7講　賃金法制

I　賃金保護法制の基本的視点

1　賃金の多面的性質

　賃金は，支払形態によって時間賃金，出来高（個数）賃金または能率賃金に分けられる。時間賃金にはその単位の採り方により，時間給・日給・週給・月給・年俸がある。時間賃金は原則的に職務（仕事と役割）ごとの時間単価（hours rate）が決められ，出来高賃金は出来高の計量単位ごとの個数単価（piece rate）が決められる。また能率賃金は事業の基幹部門の基準生産性（鉄鋼では，粗鋼生産量など）を基に，各業務部門の能率賃金が決められる。賃金は通常その複合的形態をとっている。

　しかし，賃金は時間，出来高，能率など労働との交換的要素のみで決められるものではなく，社会的，経済的，公共的要素が組み込まれている（小西ほか〔渡辺〕274頁以下。賃金請求権の発生・日本の賃金保護法制全体に関しては浜村彰・法セ=コメ122頁以下が有益である）。

　―　**交換的要素**　賃金は，労働の種類，労働者の職務上の地位（権限・責任）に対応しつつ，労働の時間，出来高，能率を基準にして支払額が決められるという意味で，労働の対価（対償）である。賃金のこのような労働との交換的関係を，俗に「ノーワーク・ノーペイの原則」と言うことがある（民623条，労契6条，労基11条参照）*。

　　*　**賃金後払いの原則**　民法は，「労働者は，その約した労働を終わった後でなければ，報酬を請求することができない。」（624条1項）と，賃金後払いの原則を定めている（任意規定）。この規定に関して，「これは双務契約当事者の相互の義務が同時履行の関係に立つとの原則（533条）を修正して，労働を先履行義務，賃金支払いを後履行義務とするものであり，これにより，労働者が賃金請求権を具体的に取得するためには，まず労働義務を履行することが必要となる。これが，いわゆるノーワーク・ノーペイの原則の法的基礎である」と説明する見解がある（久保=浜田373頁）。もっともこの見解も，ノーワーク・ノーペイの原則を強行法規と解すべき理由はなく，当事者は自由にこれを修正し，作りかえることができ，別段の約定をしないときの補充規定以上の意味をもたないとしている。いずれに

せよ、「労働なければ賃金なし」（no work no pay）という賃金の労働対価性の原則は、民法623条の「雇傭」の定義および労働契約法6条の「労働契約の成立」にかかる要件規定自体のなかに一般的に内包される原則である。結局、民法624条は賃金の支払期に関する合意がされていないときに、使用者が労働者に対し労務提供の先履行義務の履行の抗弁権を持つことを定めた任意的補充規定に過ぎない（第5講218頁参照）。

二　社会的要素　賃金は、労働者の「生活を営むための必要を充たすべきもの」という労働条件の一般原則（労基1条1項）が最も切実に妥当する。労働者は、配偶者を扶助し（民752条）、子を監護教育する（同820条）。それ故労基法には、労働者の生活保障の観点に立って、賃金の交換的性質をある程度まで緩和し、所得保障を講ずる諸規定が存在している（Ⅳ参照）。

三　経済的要素　賃金は、労働による付加価値配分の一形態（労働時間短縮という配分の仕方もある）であり、経営の人件費（商品・サービスのコストの一部）を構成する。その結果、賃金水準は企業の国内的・国際的市場競争力、物価変動、企業再生力（設備投資のための原資）等に直接作用する。使用者が労働者に賃金をいくら支払うかは、最低賃金法の規制を受けるほかは高度の私的自治（労使の個別的、集団的な自主的な交渉による決定）に委ねられている。

四　公共的要素　賃金は、租税、年金・医療・介護の各社会保険および労働保険（雇用保険）の保険料の財源になる＊。それ故、賃金の水準、支払慣行（年間総額を、実務家たちが「キマ給」と通称する「毎月決まって支給する賃金」と、夏季・年末一時金とに振り分ける日本の賃金支払慣行）および退職金制度は、社会保険および労働保険の保険料の賦課方法や保険給付の水準を左右し、ひいては企業の採用、雇用・就業形態のあり方に深い影響を与えている。

　　＊　社会保険料・労働保険料　被用者社会保険の保険料は、使用者が労働者に支払う賃金に所定の保険料率を乗じて算定され、労使がそれぞれ半額負担する仕組みである。その概要はつぎのとおりである。
　「厚生年金保険料」は、たとえば2008年9月〜2009年8月までは標準報酬月額および標準賞与額の1000分の153.50であり、その後1年ごとに逓増し、2017年9月以降は1000分の183.00である（厚年81条・82条）。「健康保険料」は、政府管掌被保険者の場合は2003年4月から1000分の82、健康保険組合の被保険者の場合は1000分の30〜95の範囲内で厚生労働大臣の認可を得て定める料率（健保160条1項・2項・161条）、「介護保険料」（40〜65歳の被用者が被保険者になる）は2008年3月から1000分の11.3を労使折半で負担し、健康保険の保険料（1000分の82）と一括して（全国健康保険協会管掌健保ではあわせて1000分の93.3）徴収

される（健保160条11項）。

　労働保険のうち,「雇用保険料」の仕組みはやや複雑である。保険料は「失業等給付」に使用される分は労使が各々半額を負担し,「雇用二事業」（雇用安定事業,職業能力開発事業）に使用される分は事業主が負担する。一般事業の場合は2007年4月から両者をあわせて賃金総額の1000分の15（農林水産・清酒製造の事業は同1000分の17, 建設事業の場合は同1000分の18）であり，被用者たる被保険者は1000分の6，事業主は1000分の9の割合で負担する（農林水産・清酒製造および建設業の場合は，被用者1000分の7，事業主各1000分の10および11である）（雇保68条2項, 徴収12条4項・6項・30条）。

　「労働者災害補償保険料」は，以上述べた社会・労働保険の場合と制度原理を異にし，事業主が保険料を単独負担する。事業の種類ごとに労働者の賃金総額に労働災害の発生頻度により異なる「労災保険率」を乗じた額が徴収される（徴収11条・12条・「別表第1」，下巻第24講Ⅰ3参照）。

2 「年功序列賃金」とその変容

　一　日本では，第2次大戦前後を通じ，労働者の学歴・身分別に初任給（いわゆる「基本給」の原級）を決定し，毎年一定時期に定期昇給する「年功序列賃金制度」が一般的であった。その場合の「身分」は，事務技術管理職（職員）と現業職（工員）の別を言い，職員は高等学校卒業者以上から，工員は主に中学校卒業者から採用された。また，学歴・身分・勤続年数が同じでも初任給，昇給額，昇進体系は男女別に定められた。

　二　労働者の学歴別，身分別，勤続年数（年齢）別，男女別の賃金決定の仕組みは年功序列賃金制（略称，年功賃金制）と呼ばれ，つぎのような特徴ないし性質を内包していた。

　第1に，年功賃金制は，学歴，身分，男女の「……別」を賃金決定要素としているため，労働者の社会的，人的属性によって賃金を決める差別的性質を分かちがたく帯びていた。第2に，年功賃金制の本質は「生活保障賃金」であると考えられた。その原型は，第2次大戦後の労働攻勢期（1946年秋）に，有力単産の日本電気産業労働組合（電産労組）が考案し要求した「電産型賃金体系」に代表される。電産型賃金体系は，下図に見るように，「生活保証給」と「勤続給」とが賃金の7割以上を占め，労働者の年齢（勤続年数）にしたがって賃金額が増大する仕組みと，家族構成を基準に一律の額の生活賃金（living wage）を保障する仕組みとを組み合わせた体系になっており（敗戦後の経済危機下での"食える賃金"の具体化），使用者の裁量的決定部分（人事考課による査

定部分）を約2割の「能力給」に縮減した。このように，年功賃金制度の原型である電産型賃金体系は，同学歴・同身分・同勤続年数の枠内では極端な平等主義的賃金体系であった。そのため熟練労働者らの不満が次第に募り，それが電産労組分裂の要因となり，分裂後の1952（昭和27）年には生活保証給と能力給との比率が60対40まで修正された。

電産型賃金体系

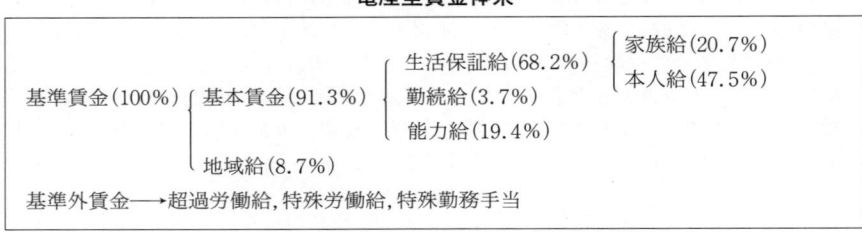

```
基準賃金(100%) ┌ 基本賃金(91.3%) ┬ 生活保証給(68.2%) ┬ 家族給(20.7%)
               │                 │                   └ 本人給(47.5%)
               │                 ├ 勤続給(3.7%)
               │                 └ 能力給(19.4%)
               └ 地域給(8.7%)
基準外賃金──→超過労働給，特殊労働給，特殊勤務手当
```

三　1960年代の高度経済成長初期には，鉄鋼，電機機器産業のなどの大企業において，①職務の難易度・重要度，②作業環境，③責任の程度を指標に，事業を構成する全職務を序列化し，賃金支給額を決める「職務給制度」が行われたことがあった。しかし，職務給制度はその後普及せず，代わって「職能給制度」（別名，職能資格賃金制度）が一般化した。

四　「職能資格賃金制度」は，職務の序列ではなく，労働者の能力の序列によって賃金を決める制度である。労働者の能力は，勤務実績（発揮された顕在的能力）と，貢献期待度（潜在的能力）を基準に評価され序列化された。その際，「学歴」は知識技能の貢献期待度を，「勤続年数」は企業特殊的な経験的能力を表徴するものとして職能資格の格付け（個人ごとの資格の序列）の決定に組み入れられている。したがって，同学歴でも学卒の定期採用者と中途採用者（転職者）とでは賃金に格差が設けられた。また，男女の性別格差（差別）は年功賃金制度下の取扱いのまま踏襲された（参照，神代和欣『産業と労使』〔放送大学教育振興会，2003年〕）。

五　職能資格賃金制度は，一面において定期採用者の初任給を学歴，身分（事務管理職・作業職，総合職・一般職など）および性別によって決定し，勤続年数に連動して定期昇給させる年功序列賃金と親和性をもっているが，他面において同学歴・同身分・同勤続年数の労働者の間に人事考課（仕事・能力・勤怠評価）によって昇給額の格差を設ける能力主義的差別化の構造を内包している。

人事考課は「定期昇給制度」に随伴して定期的に行われる（職能資格賃金制度に関しては下巻第21講Ⅰ1参照。小西ほか〔渡辺〕280頁以下参照）。

六　今日，職能資格賃金制度に代わるものとして「成果主義賃金制度」が注目されている（同制度については，下巻第21講Ⅰ3，小西ほか〔渡辺〕282頁以下参照）。

Ⅱ　賃金の意義

1　賃金の法的意義
(1)　労働基準法上の賃金

一　定義の必要性　　労基法は，使用者に対し，賃金の支払いの方法・時期に関する義務を定め（24条以下），特別の計算方法により「平均賃金」（12条）を算出し，それを基準に解雇予告手当（20条），休業手当（26条），年次有給休暇中の賃金（39条6項）等の支払いを義務づけている。また，時間外・休日労働割増賃金は労働者の「通常の労働時間又は労働日の賃金の計算額」を基礎に算定され（37条），減給の制裁の上限を規制し（91条），使用者に「賃金台帳」の調整を義務づけている（108条）。労働者災害補償保険法は労基法の定める「平均賃金」（同法では「給付基礎日額」という）を基礎に保険料を算定している（8条）。そして，最低賃金法は，賃金を「労働基準法第11条に規定する賃金をいう。」と定めている（2条3号）。以上のことから，賃金の統一的定義が必要になる（小西ほか〔渡辺〕275頁）。

二　賃金の3要件　　賃金は，①「名称の如何」を問わず，②「労働の対償」として，③「使用者が労働者に支払うすべてのもの」である（労基11条）。このうち，賃金の法的意義の中心は②である。すなわち賃金は，具体的には「労働」を発生根拠とし，判例もこのことを「賃金請求権は，労務の給付と対価的関係に立ち，一般には，労働者において現実に就労することによって初めて発生する後払い的性格を有する」（宝運輸事件・最3小判昭和63・3・15民集42巻3号170頁）と表現している。

労働の「対償」とは，賃金が労働を原因とする給付であるとの意味である。これには，直接「労働を原因として」支払われるもののほか，使用者の指揮命令を受けて「労働すべき地位にあることを原因として」支払われるものを含む。「支払う」とは，労働に対し使用者の義務の履行として賃金を交付ないし給付することである。「もの」とは，交付や給付の内容とされるもの（強制通用力の

ある日本国の貨幣・紙幣・銀行券）である。

　賃金は，使用者が「労働者」に支払うものである。その労働者は，使用者に「使用される者」であるから（労基9条），在職中の休業，休職の期間は労働者であるが，退職後は労働者ではない。とはいえ，退職一時金は，退職後に支払期（弁済期）が到来するに過ぎないから賃金である（いわゆる企業年金の賃金性に関しては後述Ⅲ 2 (2)参照）。

　三　賃金は，通常，基本給（本人給などと呼ばれることもある賃金の基本部分）と諸手当とから構成されている。諸手当には生活的要素を加味した諸手当（家族手当，住宅手当，越冬手当，物価手当，通勤手当，単身赴任手当，子女教育手当など）と，仕事的要素（業務遂行にともなう特別負担）に着目して支払われる諸手当（役職手当，時間外・休日・深夜労働手当，出張手当，現場手当，特殊（危険・汚染）作業手当，航空機や列車乗務員の乗務手当など）とがある。

　一般に，基本給（本人給）と生活的要素の諸手当の大部分は一括して「基準内（所定内）賃金」と呼ばれ，仕事的要素の諸手当の大部分は「基準外（所定外）賃金」と呼ばれている（通常，役職手当は基準内賃金である）。これらの基本給（本人給）など賃金の基本部分および諸手当が，「労働の対償」として労基法上の賃金に当たることに異論は見られない。その請求権の発生根拠はそれぞれ労働契約，就業規則または労働協約であり，併せてそこに具体的な発生事由，決定・計算のルールも定められていることが通例である（労基15条1項・89条2号，労基則5条1項3号参照）。

　四　このほか使用者は慶弔見舞金の支払い，現物の供与（社宅・寮など住居利益の供与，作業服・作業靴の一部負担付供与，食事の供与など），社会保険・生命保険・損害保険の労働者負担部分の負担などを行っている例が少なくない。

　使用者が労働者に給付するこれらの利益が，労基法上の賃金といえるかどうかははなはだ難しい問題である。しかし使用者が，労働契約，就業規則，労働協約で労働者に対し支払い（ないし供与）を約したものは，労基法上の賃金に当たらなくても，労働契約上の賃金として，その支払いを保護することは重要である。以下に示す行政解釈は，労基法上の賃金とすべきものの範囲について事例判断をしたものであるが，労働の対償としての給付（労基法上の賃金）と支払いの合意に重点を置いた給付（労働契約上の賃金）とを含んでおり，行政的監督上一定の要件の下に両者を一括して労基法上の賃金とみなして法的規整の対象にするという趣旨を窺うことができる（中窪＝野田＝和田177頁参照）。

(2) 賃金性の具体的判断

一　任意的，恩恵的性質の給付は労基法上の賃金ではない。たとえば，使用者が労働者に会社創立記念や個人の吉兆禍福に際し臨時に「金一封」を支給するような場合である。しかし，このような「慶弔見舞金」も労働契約，就業規則，労働協約の定めにより使用者が支払う義務を負うことが明らかにされ，支給条件が明確なものは，任意的給付とはいえないため，恩恵的性質を含んでいても賃金とされる。退職金もこの例外ではない（昭和22・9・13発基17号，昭和22・12・9基発452号）。一時金（賞与）も同様の条件の下で労基法上の賃金の性質を帯びる（労基15条1項・89条4号，労基則5条1項5号を参照）。

二　福利厚生施設は賃金ではない。しかし，使用者の給付する金銭，物品が福利厚生施設か賃金かの判別は困難なことが多い。特に，①住宅貸与，食事（昼食料補助・居残弁当料・早出弁当料）の供与は，使用料金（家賃，食費など）を徴収している場合でも，労働者の負担が名目的程度の低額にすぎない時は供与の利益は賃金とみなされる（厚労省・労基〔上〕158頁）。②通勤手当に代わって支給される定期乗車券は賃金である（昭和25・1・18基収130号）。③労働者を被保険者とする団体生命保険料の負担は，労働者の受けるべき将来的利益が不確定のため福利厚生とされている（昭和63・3・14基発150号）。④所得税，社会保険料の労働者負担部分の負担，育児介護休業中の社会保険料の肩代わり負担分は賃金である（同上通達）。

三　企業の設備備品・業務費用の供与は，実費弁償の性質を有し，賃金ではない。典型例は制服・作業服ないしその代金の支給である（昭和23・2・20基発277号，昭和27・5・10基収2162号）。私用自動車を通勤に使用する者に対して支給される通勤定期乗車券代金の月額の半額負担部分は賃金である（昭和28・2・10基収6212号）。役職管理者の交際費も賃金ではない（昭和26・12・27基収6126号）。

四　従業員が客から受けるチップは「使用者の支払うもの」ではなく原則的に賃金ではない。しかし，賃金がチップ収入を見込んで低廉に定められているときは賃金に当たる（昭和23・2・3基発164号）＊。

＊　**ストック・オプション**　ストック・オプション制度（stock option）は，1997（平成9）年商法改正にともない，一般の株式会社で，会社が従業員にあらかじめ設定された価格で自社株を購入する権利を付与する制度である（会社2条21号・236条以下）。従業員は，権利行使価格で自社株式を購入し，これを上回る価格で任意の時期に売却して利益を得ることが認められる。自社株の売却により

得た利益は，その利益を取得する時期，得られる利益額がともに労働者の判断に委ねられるものであるため賃金には該当しない。したがって，ストック・オプションの付与，行使等に当たり，それを「賃金」の一部として取り扱うことは労基法24条違反になる。しかし，従業員が自社株式を権利購入価格で購入できる権利を付与されることは，労働条件の一部を構成することになるため就業規則の相対的必要記載事項（労基89条10号）となる（平成9・6・1基発412号）。なお，ストック・オプションの権利行使利益は，所得税法上は給与所得として取り扱われる（荒川税務署長〔アプライドマテリアルズ〕事件・最3小判平成17・1・25労判885号15頁）。

2　賃金請求権の発生・変動・消滅

一　労働者の賃金請求権は，抽象的請求権と具体的請求権に区分することができる。賃金の抽象的請求権は，労働者が使用者に労働に従事することを約し，これに対して使用者がその報酬を支払うことを約することによって発生し，具体的請求権は労働者がその約した労働に従事したことによって，労働契約で定められた賃金支払期に発生する（民623条，労契6条，下井251頁）。労働契約の展開過程において，労働者がその責に帰すべき事由により労働に従事しなかった場合（債務不履行）には，具体的賃金請求権は発生しない（no work no pay）。労使双方の責に帰すことのできない事由（不可抗力など）によって労働者が労働に従事することができなかった場合や，使用者の責に帰すべき事由によって労働者が労働に従事することができなかった場合（履行不能）は，危険負担の法理（民536条）により具体的賃金請求権の存否が決定される（このことは，賃金の支払時期に関する民法624条の意義を含めて前言した。第5講218頁参照）。

二　賃金請求権の内容は昇給，降給，減給など支払額の変動により変動する。昇給，降給は職能資格賃金制度の下で行われる人事考課制度および成果主義賃金制度における年俸額の決定方式に深く関わる問題であり別に述べる（下巻第23講Ⅰ2，Ⅰ3）。減給については懲戒処分に関する箇所で触れる（第13講581頁）。

三　賃金請求権は，使用者の弁済，減額（本講Ⅲ2(3)参照），相殺（本講Ⅳ4(1)〜(3)参照），放棄（本講Ⅳ4(4)参照），時効によって消滅する。賃金の消滅時効は，民法の原則1年（174条）を修正し，通常の賃金は2年，退職金は5年である（労基115条）。

3　平均賃金

　平均賃金は，解雇予告手当（労基20条），休業手当（同26条），年次有給休暇における賃金の支払い（同39条），業務上災害による補償（同76条・77条・79条）および減給の制裁（同91条）など，その支払い・補償・制裁の額の算定基準となる法技術的賃金概念である。支払いの必要が生じた日（賃金締切日があるときは，直前の賃金締切日）以前の3ヵ月間の賃金の総額を，その期間の総日数（労働日数ではない）で割った日額をいう（同12条1項・2項）。労基法は，平均賃金の額が労働者が平常受けている賃金額とあまり隔たらないようにするため，つぎのような定めを置いている。

　その1は，平均賃金の額が不当に低額にならないように，計算方法が定められている。これには，①最下限の定め（同条1項ただし書1号・2号）と，②労働者が労働できず，そのために賃金の支払いを受けることができなかった一定の期間を計算期間から除外する定めがある（労基12条3項，労基則4条）＊。

　その2は，「臨時に支払われた賃金」，「3箇月を超える期間ごとに支払われる賃金」および「通貨以外のもので支払われた賃金で一定の範囲に属しないもの」を計算対象から除外している（労基12条条4項・5項，労基則2条）。

　なお，雇入れ後3ヵ月に満たない労働者の平均賃金の計算期間は雇入れ後の期間とされ（労基12条6項），日々雇用の労働者の平均賃金は，その従事する事業または職業について厚生労働大臣が額を決定する（同条7項）。試用期間中の労働者の平均賃金は，算定事由発生までの期間中の日数および賃金を平均賃金算定の総日数・総賃金に算入する（労基則3条）。

　　＊　**平均賃金の計算期間から除外される期間**　①業務上災害の休業期間（労基76条），②産前産後休業期間（労基65条），③育児休業期間（育介5条），④介護休業期間（育介11条）が計算期間から除かれる。

Ⅲ　賞与・退職金

1　賞　　与

(1)　**賞与請求権**

　労働者が賞与（一時金）の支払いを受けることができる権利は，前言したように，その支払いに関する労働契約，就業規則等の定めを発生原因とし，労働者は支払額の決定・計算の方法，支払いの時期その他の事項に関する労働契約，就業規則の具体的発生事由の定めにしたがって賞与支払請求権を取得する。そ

の場合の賞与は労基法上の賃金に当たり，労基法の賃金支払保護規定（24条）が適用される（小西ほか〔渡辺〕276頁）。労働契約，就業規則にそのような定めが存在しない場合は，賞与の支払いに関し一定の基準性，規範性をもつ慣行が存在するときは別として，労働者は賞与の支払請求権をもたない。

(2) 賞与の決定・計算

賞与は，一般に，夏季と冬季に一時金として支払われる。夏季・冬季一時金とも，通例として，支払期前6ヵ月間（夏季賞与は前年12月～当年5月，冬期賞与は6月～11月など）の企業業績・利益状況を基に，個々の労働者について実施される人事考課（勤怠，勤務成績等）を考慮要素にして支給額を決定し支給される。使用者が単独で経営状況等を判断して決定する場合もある。

支給額の決定方法（計算式）は，労働契約，就業規則で，たとえば「支給年度当初の各人の基本給×支給率×人事考課率＋一律支給分」などと定められている。「支給率」は当該支払期の都度企業業績・利益状況などを総合判断して決められる。「人事考課率」は平均1.00として，たとえば上位1.20，下位0.90の枠内で「優秀・優良・普通・要努力」のように格差配分されることが多い。具体的な支給率，人事考課率の高低の格差幅，一律支給額などは支給期の都度または年間を通して労使交渉で決定する場合もあれば，使用者が単独で決定することもある。上記のような賞与支給制度が存在しても，使用者がその支払いのために支給率，人事考課率等を決定しないときは，労働者は具体的賞与請求権を取得することはできない（木暮釦製作所事件・東京地判平成6・11・15労判666号32頁）。使用者が支給に必要な決定をしないことに合理的な理由が認められない場合は，期待権侵害として不法行為責任が生じ得る（藤沢医科工業事件・横浜地判平成11・2・16労判759号21頁）。

(3) 在籍者支給条項

一　1970年代後半頃から多くの日本企業は，賞与の支給対象者を支給日の在籍者に限定するようになり，このこととの関係で勤務成績等評価の期間の全部または一部に在籍し，支給日に退職等している労働者が賞与請求権を有するかが問題化した。

case 7-1　在籍者支給の慣行を規定化した就業規則規定の効力（肯定）

大和銀行事件・最 1 小判昭和 57・10・7 労判 399 号 11 頁，判時 1061 号 118 頁

【事実】　1　Y 銀行（被控訴人・被上告人）では，夏季一時金は，前年度 10 月～当年度 3 月を「決算期間」として 6 月に，冬季一時金は当年 4 月～9 月を「決算期間」として 12 月に支給される定めであった。X（控訴人・上告人）は，昭和 51 年 4 月 Y 会社に入社し，昭和 54 年 5 月 31 日退職した。同人は夏季，冬季の賞与決算期間の全部または一部に在籍していたとして，54 年 6 月および 12 月支給の夏季および冬季一時金の支払いを請求した（54 年 6 月支給の夏季一時金については決算期間の全期間在籍し，54 年 12 月支給の冬季一時金については当年 4 月～5 月末日まで一部の期間在籍）。

　2　Y 会社の就業規則は，「賞与は決算期毎の業績により支給日に在籍する者に対し各決算期につき 1 回支給する。」と定めている。この規定は旧規定を変更して付加されたもので，X が退職する直前の昭和 54 年 5 月 1 日から施行されている。Y 会社は，右就業規則の変更に際しその従業員で組織する労働組合の同意を得ている。1 審（大阪地判昭和 55・10・24 労判 399 号 14 頁）は，賞与は賃金の後払い一時金ではないとの法的性質から X の請求を棄却し，原審（大阪高判昭和 56・3・20 労判 399 号 12 頁）も棄却した。

【判旨】　上告棄却

「原審の適法に確定したところによれば，Y 銀行においては，本件就業規則 32 条の改訂前から年 2 回の決算期の中間時点を支給日と定めて当該支給日に在籍している者に対してのみ右決算期間を対象とする賞与が支給されるという慣行が存し，<u>右規則 32 条の改訂は単に Y 銀行の従業員組合の要請によって右慣行を明文化したにとどまるものであって，その内容においても合理性を有する</u>というのであり，右事実関係のもとにおいては，X は，Y 銀行を退職したのちである昭和 54 年 6 月 15 日及び同年 12 月 10 日を支給日とする各賞与については受給権を有しないとした原審の判断は，結局正当として是認することができる。」

【コメント】　判旨は，事案の「支給日在籍者条項」に関し，それまで賞与を支給日在籍者にのみ支給してきた慣行を労組から要請されてそのまま就業規則に定めたという当該条項の改定の経緯（要するに，労働契約の内容を不利益に変更したものではないこと）および規定内容の合理性を認めて

Xの請求を棄却しており，賞与の性質，内容等に関して判断をしていない。判旨には，「その内容において合理性を有する」との原審の判断部分は明らかにされていないが，①支給日後に退職した者に返戻は求められていないこと，②任意退職者は退職時期を任意に選択できること（Y会社では賞与支給日後の退職者がほとんどであった），③死亡または定年退職者など退職時期を任意に選択できない場合には，別に日割り計算による賞与支給の慣行が存在したこと，などを指している。在職者支給条項の合理性の判断に際しては，特に，③が重要である（同旨の判例に，ニプロ医工事件・最3小判昭和60・3・12労経速1226号25頁，京都新聞社事件・最1小判昭和60・11・28判時1178号149頁がある。坂本宏志・百選7版96頁，野村晃「退職金と賞与」争点3版194頁参照）。

二　支給日在籍条項の一般的な合理性を肯定し得たとしても，これを労働者が退職の時期を選択できない会社都合解雇（整理解雇が典型）や定年退職に適用する定めは **case 7-1**・大和銀行事件のコメントで述べたように，違法無効と解する。裁判例には定年退職者への適用も有効と解するものがあるが（カツデン事件・東京地判平成8・10・29労経速1693号3頁），適切ではない（同旨，菅野216頁，山川124頁，土田98頁）。

三　毎月決まって支給される賃金の場合，週給制（各週末払い），月給制（翌月払い）で使用される労働者は，当該週の賃金支払日前に退職した場合または当該月の賃金支払日前に退職した場合に，「既往の労働」分に対し支払請求権を有する（参照，労基25条）。では，6ヵ月を計算期間にする賞与（一時金）は，何故在籍者にのみ支給することを以て足りるのであるか。思うに，この問題は賞与の法的性質に及ばざるを得ない。「賞与（一時金）」の性質は，決定，計算の原理等において多様な性質をもつことが考えられ，具体的な「労働の対償」性をどの程度内包するものであるかについて，その決定・計算方式を精査し，個々に吟味する必要がある（上記坂本・百選7版は賞与を一般に停止条件付給付と解しているが，個別事案に即した具体的判断を排除すべきでない）。

四　年俸制（たとえば，年俸を17分し，その2.5を夏期・冬季の2回に分けて支給するような場合）には，在籍者支給条項を適用すべきではない。当該年度の所定労働日数に対する在籍期間中の実出勤日数比の賃金請求権を有すると解される。

2　退職金
(1)　賃金性

一　退職金は，日本に広く普及している。それにはいろいろな理由があるであろうが，そのことに関して以下の見解に優るものはないであろう。

「最も支配的な理由としては，定年との関連において，定年まではある程度の身分保障を含んで労働者を定着させて労働力の需給を安定させ，しかし定年がきた場合に労働者を円満に退職させてその交替を計るという使用者のねらいを挙げることができるであろう。長い目で見れば退職金の分だけ日常の賃金が安いはずであるが，老後についての社会保障が十分でない法制の下では，労働者たちもこれに反対せず，むしろ歓迎しているのである。」(有泉239頁)

退職金は，どのような性質の給付であろうか。上記の見解によれば，それは，ある年限無事に勤めあげたことに対する報償であって，日々または月々の労働には対応しないが，労働の対償であることは疑いない。その意味で一種の賃金である。しかしそれは，ある年限の終了に当たって追加して支払われるものであり，使用者として，最後の段階でその勤務そのものを「再評価」したいという意欲があり，それが自己都合と会社都合の場合の額の差となり，或いは全然支払いをしない懲戒解雇制度となって現われている（有泉232～233頁）。では，労働者が使用者に退職金の支払いを権利として請求できるのはどのような要件が具わる場合であろうか。

二　労働者が退職金の支払いを受けることができる権利は，その支払いに関する労働契約，就業規則等の定めを発生原因とする（昭和22・9・13発基17号。盛誠吾・法セ・コメ44頁。労働協約に支給条件の定めのある退職金に関し小倉電報電話局事件・最3小判昭和43・3・12民集22巻3号562頁，伊予銀行事件・最3小判昭和43・5・28判時519号89頁）。労働者は，支払額の決定・計算の方法，支払いの時期その他の事項に関する労働契約，就業規則の具体的発生事由の定めにしたがって，退職金支払請求権を取得する。その場合の退職金は労基法上の賃金に当たり，労基法の賃金支払保護規定（24条）が適用される（小西ほか〔渡辺〕277頁）。労働契約，就業規則にそのような定めが存在しない場合は，退職金の支払いに関し一定の基準性，規範性をもつ慣行が存在するときは別として，労働者は退職金の支払請求権をもたない。

三　使用者は，退職金（退職手当）の定めをするときは労働契約の締結に際して明示し（労基15条1項，労基則5条1項4号の2），かつ就業規則に記載して周知する必要がある（労基89条3号の2・106条）。また，事業主は就業規則

に退職金を支払うことを定めたときは，その一定額（原則として，労働者全員が退職した場合に退職手当として支払うべき金額の見積額の4分の1に相当する額）を命令の定める方法により保全する努力義務が課せられている（賃確5条，保全すべき額に関し賃確則5条，保全方法に関し同5条の2）。

(2) 支給額の決定方式

　一　伝統型　　退職時の「基本給」に，勤続年数別の「支給率」をかけて支給額を決定する方式が永く採用されてきた。勤続年数別支給率は，一般に，自己都合退職，定年退職，会社都合退職，死亡退職など退職の態様により区分されている。

　二　職能資格等級連結型　　職能資格等級制度は，毎年度一定の時期に行う人事評価により労働者の職能資格等級を決定し，賃金処遇および人事処遇を決定する制度であり，広く日本の中大企業に普及している。労働者は一定の職能資格等級に対応する退職金ポイントを各年度に取得し，退職時までの累積点数によって退職金の支払額を決定する。したがって，人事評価が劣り職能資格の等級が永年低位にとどめられるときは，退職金ポイントの累積点数も低くなり，低支給額になる。使用者の人事評価権限（その適正な行使）が，労働者にとっていかに重大な利害事項であるかを示す一例である[1][2]。

　　＊1　従業員兼務取締役の退職金　　取締役に就任した者が取締役を退任するに際し退職金の支払いを受けるときは，定款または株主総会の決議が必要である（会社361条）。このことは，従業員と取締役を兼務する者に共通に適用される退職金支給規程が存在する場合でも変わりない。他方，退任取締役が兼務の従業員としても退職する場合において，退職金支給規程がある場合は，会社法361条1項の適用をまつまでもなく，従業員としての勤務期間につき退職金請求権を有する（前田製菓事件・最2小判昭和56・5・11判時1009号124頁，矢部恒夫・百選7版98頁参照）。

　　＊2　退職年金（いわゆる自社年金）の減額　　いわゆる「企業年金」は，「事業主が，従業員の労働に対する見返りとして，任意に実施する年金または一時金の給付制度であって，従業員の引退後の所得保障を主たる役割の一つとするもの」と定義することができ，各種のもの（一時金・年金・外部積立型）が存在する。いずれも個々の労働者との契約に根拠を置き，支給条件等が明確にされているものは，労基法89条3号の2の「退職手当」として，「賃金」に該当する（以上，歯切れのよい森戸英幸「企業年金」争点3版195頁に負う）。裁判例には，退職一時金のほかに，勤続20年以上の退職者に60歳到達時から終身間「退職年金」を支給する旨の退職金規程に基づいて，約20年間，当該規程の所定額の3倍の額の上積み退職年金を支給してきた会社が，経営事情の悪化により，3分の1の額に減額

した措置の有効性が争われた事案がある。判旨は、①退職年金は功労報償的性格が強いこと、②減額を決めるに至った事情からみて恣意的減額とはいえないこと等のほか、③受給者の大多数が異議を唱えていないことをも考慮すると権利の濫用といえないとして有効と認めた（幸福銀行事件・大阪地判平成10・4・13労判744号54頁）。①は退職年金は賃金の後払い的給付としての拘束性が低いこと、②は減額措置の必要性、③は減額措置の社会的相当性ということができようか。他に、年金規程の「経済情勢に大幅な変動があった場合」に改定・廃止を行う旨の規定に基づく年金額の給付利率2％の減額につき、当該規定を限定解釈しつつ、減額の「必要性」と「相当性」を認めた松下電器産業事件（大阪高判平成18・11・28労判930号13頁）があり、年金規程にこの種の減額規定が存在しないと解釈されて、4年間に5段階を経て35％減額する措置を無効とした早稲田大学事件（東京地判平成19・1・26労判939号36頁、本件につき詳細に検討している島村暁代〔判批〕ジュリ1374号109頁参照）などがある。学説には、退職者の受ける退職年金の不利益変更の有効性判断に、在職者の労働条件を規定する就業規則の不利益変更の法理を適用することについて「同じ考え方を貫けるのか」と問題提起をするものがある（参照、森戸英幸・百選7版102頁）。

(3) 退職金の減額・不支給

一　退職金の減額

労働者の退職金請求権は、その支給に関する就業規則等の定めにより発生する（前記(1)二）。他方、使用者がそのようにして発生する退職金を減額支給する場合には、そのことに関し明確な、そして合理的な内容の就業規則等の定めが必要である。裁判例には、退職金規程中の「職中の成果を考慮〔し〕、……会社の業績を考慮して減額する場合もありうる。」との規定を根拠に、会社の技術上のミスにより顧客に支払った損害賠償額をスタッフの頭割りで、退職金から減額したことを、同規定の適用に関する裁量権の濫用と解し、減額前の退職金請求権を認容した事例がある（PSD事件・東京地判平成20・3・28労判965号43頁）。むしろ、減額規定の合理性自体の疑わしい事案と考えるべきであろう（本件に関し野川忍〔判批〕ジュリ1380号141頁参照）。

case 7-2　退職後3ヵ月以内に同業他社に就職した労働者に対する退職金の半額返戻請求（認容）

三晃社事件・最2小判昭和52・8・9労経速958号25頁

【事実】　1　Y（被控訴人・上告人）はX会社（控訴人・被上告人）に10年間勤続後、昭和48年7月自己都合退職し、X会社の退職金規則に基づ

き648,000円の退職金を支給された。X会社の同規則は、退職後3ヵ月以内に同業他社に転職したときは退職金を2分の1に減額すると定めていた。Yは、X会社在職中管理職の地位にはなかったが、広告の募集、スポンサーからの出稿を取りに行くなど約40社との間で営業関係の仕事に携わり、退職後3ヵ月以内に同業他社に就職した。本件は、X会社が上記退職金規則の定めを根拠にして、Yに支払済みの退職金の半額の返戻を請求した事案である。

　2　1審（名古屋地判昭和50・7・18判時792号87頁）は、X会社就業規則の上記定めは損害賠償の予約にあたり、労基法16条に違反し、無効と解して返戻請求を棄却した。原審（名古屋高判昭和51・9・14労判262号41頁）は、X会社の請求を認容した。その理由は、第1に、Yの退職金受給額は同業他社に転職しない条件が成就するまでは確定していない。第2に、共済方式の退職金制度と異なり、全額使用者負担の退職金制度のもとでは、公序良俗に違反しないかぎり、使用者は支給の要件をある程度裁量的に定めることができ、X会社就業規則の定めの程度の減額支給は従業員に対する「強い足止め」になるとも考えられず、よって労基法16条、民法90条に違反しない。「中小企業であるX会社のように、営業は専ら営業社員と顧客との個人的結びつきに頼っている場合には、営業社員が他に転職すると、それに伴って顧客も同業他社に移る傾向が強く、それだけ会社にとっても不利益となることから、同業他社への転職の場合は単なる自己都合退職の場合と区別して低い算定基準で算出した退職金を支給するものとして従業員の企業への定着を期待する程度のことは、企業防衛上已む得ないものと考えられ」る。Y上告。

　【判旨】　上告棄却
　「原審の確定した事実関係のもとにおいては、X会社が営業担当社員に対し退職後の同業他社への就職をある程度の期間制限することをもって直ちに社員の職業の自由等を不当に拘束するものとは認められず、したがって、X会社がその退職金規則において、右制限に反して同業他社に就職した退職社員に支給すべき退職金につき、その点を考慮して、支給額を一般の自己都合による退職の場合の半額と定めることも、本件退職金が功労報償的な性格を併せ有することにかんがみれば、合理性のない措置であるとすることはできない。すなわち、この場合の退職金の定めは、制限違反の就職をしたことにより勤務中の功労に対する評価が減殺されて、退職金の

権利そのものが一般の自己都合による退職の場合の半額の限度においてしか発生しないこととする趣旨であると解すべきであるから，右の定めは，その退職金が労働基準法上の賃金にあたるとしても，所論の同法3条，16条，24条及び民法90条等の規定にはなんら違反するものではない。」

【コメント】　1　本件退職金は就業規則に基づき支給されており，その法的性質は労基法上の賃金である。判旨は，具体的に，X会社就業規則のいかなる規定根拠に基づいて本件退職金が「功労報償的な性格」を有すると判断したかは明らかでなく，本件のような減額規定自体からそのように性格づけることには問題がある。しかし，退職金については，一般的に賃金後払い的（労働の対償的）性格と功労報償的性格とを併せもつものと観念されており，以下その前提の下に検討する。

2　そうすると，退職金の減額または不払いをめぐる法的問題は，賃金（その後払い）の性質と功労報償的な性格との均衡点（個々の退職金制度によって異なり得る）を探り，①減額や不払い規定の趣旨・目的・内容に合理性が認められ，かつ②減額率や不払い事由に相当性が認められるか否かにかかっている。裁判例には，退職後6ヵ月以内に同業他社に就職した労働者に全額を支払わないとの支給制限規定を無効と解したもの（中部日本広告社事件・名古屋高判平成2・8・31労民集41巻4号656頁）もあり，また労働者の退職後の行為を理由とする退職金の減額は，労働者の退職後の行為に減額に値する程度の背信性が認められる場合のみ許容されるとしたもの（ベニス事件・東京地判平成7・9・29労判687号69頁）があるが，以上の観点に立つ判断と考えられる。

3　退職後の競業制限を目的にする退職金減額支給規定に関しては，当然，競業避止を義務づけることの合理性が問われる。そこで，競業を制限する業務の範囲，地域，期間のほか減額の程度が代償措置との関連において問題になり，現に本件でも考慮の対象になっている。しかし，本件判旨は退職後の競業禁止の期間規制に注意を払っていない点で問題があるとの指摘があるが（岩村正彦「競業避止義務」争点3版148頁），正当な指摘である（唐津＝和田〔山下昇〕101頁は，本件に関連し，退職後の競業制限違反と退職金の減額，不支給の措置に関する裁判例を詳細に検討し，「過去の功労を減殺する程度の顕著な背信性のある場合に限り」認められるとしている。また岩村・前掲争点3版148頁は，裁判所は，競業の及ぼした影響との均衡を考慮して減額率を減らす操作をできると考えるべきであるとの注目すべき主張をされている。

神尾真知子・百選 7 版 100 頁参照)。

二 いわゆる不信行為と退職金不払い
case 7-3 退職の際の不信行為を理由とする退職金不払い（違法）

日本高圧瓦斯工業事件・大阪高判昭和 59・11・29 労民集 35 巻 6 号 641 頁

【事実】 Y 会社（控訴人）は，X（被控訴人）ら 2 名が営業所責任者であったのに突如退職届を出し，その後営業所の運営を放棄し，残務整理も後任者への業務引継ぎもせずに退職したことは，「退職金の不支給を肯認させる永年勤続の功労を抹消するに足りる不信行為」であるとして退職金を支給しなかった。退職金規程によれば，両名の退職金は，X_1（約 12 年勤続）が約 156 万円，X_2（約 14 年勤続）が約 227 万円になる。1 審（大阪地判昭和 59・7・25 労民集 35 巻 3・4 号 451 頁）は，仮に，X らに Y 会社主張事由が存するとしても，従業員の退職についての手続規定違反を論難するに過ぎないとして X らの請求認容。

【判旨】 控訴棄却
「仮に，X らにおいて退職に際し Y 会社主張に係る……行為があったとしても，その行為は，責められるべきものであるけれども，未だ（ママ）もって労働者である X らの永年勤続の功労を抹消してしまうほどの不信行為に該当するものと解することができないから，Y 会社の右主張は採用することができない。」

【コメント】 日本の大部分の企業等においては，懲戒解雇の際は退職金を支払わない旨定めている（その事例につき中山 311 頁）。懲戒解雇された労働者の退職金請求権は，このように懲戒解雇の対象になった労働者の非違行為が，「永年勤続の功労を抹消してしまうほどの不信行為に該当する場合」にはじめて合理性を肯定されている（有泉 233 頁。この主張はその後圧倒的な通説となった）。

(4) 職能資格連結型退職金の減額，不払い

職能資格連結型退職金（前述(2)二）は，労働の対償性の点において伝統型の退職金に比し，在職中の労働の質量への相関性が強く，賃金の後払いとしての性格は一層濃いとみてよい。その意味で，使用者の労働関係終了時の再評価は

制限されると考えざるを得ない。月例賃金と異なるのは、労働関係の終了時点で支払われる点であるが、その実質は追加払いというより、むしろ後払いである。したがって、勤務全体の再評価との関係に乏しい退職後の競業制限違背などを理由に減額することは違法であり、懲戒解雇者に全額支払わない制度も、不払いが高度にやむを得ないと認められる特段の事情のないかぎり違法と解すべきである（小西ほか〔渡辺〕278頁）。

(5) 死亡退職金の受給権者

就業規則に受給権者が規定されている場合は、当該受給権者に固有の権利であり、相続財産に属さないと解されている。就業規則に特に受給権者が規定されていないときは相続財産になる（小西ほか〔渡辺〕279頁。ちなみにそのどちらも相続税法上は「みなし相続財産」〔相法3条1項2号〕として課税対象になる）。

(6) 退職金の消滅時効

労基法制定当初は、一般の賃金と同様退職金請求権の消滅時効も2年とされていたが、1988（昭和63）年4月から5年に延長されたことは前言した（Ⅰ 2 三、労基115条）。

Ⅳ 賃金の支払原則

1 賃金の支払規制の意義

一 賃金の支払場所　契約法の一般原則によれば、金銭債務の弁済は不特定物の引渡債務と同様に、「債権者（労働者）の現時の住所において」しなければならない（民484条後段、ただし任意規定）。しかし、一般には労働契約等で賃金の支払場所は事業場と定められており、労働者の取立債務とされている。後に述べるように、使用者は賃金を労働者の預金口座等に振り込むかたちで支払うことも認められているので、その場合の賃金は送付債務である。

二 支払規制の意義　労基法は、労働者が唯一の生活の支えである賃金を確実に受領でき、即時に使用できるように、賃金の支払いについて「通貨払い」、「直接払い」、「全額払い」および「毎月1回以上一定期日払い」の4原則を定め、通貨払いと全額払いの原則には一定の例外を認めている（労基24条、罰則120条）。債務不履行を処罰の対象にすることは一般に異例の措置というべきであるが、労基法はこの立場を採った（参照、廣政185頁以下）。

なお、賃金の支払いに関しては、前借金相殺の禁止の原則（労基17条、罰則119条）があり（第3講148頁参照）、全額払い原則との関係が一応問題になる。

前借金相殺の禁止の原則はいかなる例外も認められず，合意相殺，一方的相殺を問わず賃金との一切の相殺が禁止される。違反に対する罰則（同119条）も全額払い原則違反より重い。したがって，労基法17条は同24条の特別規定と解される（小西ほか〔渡辺〕136頁）*。

　　＊　**イギリスの雇用関係法理**　賃金は労働者の労働に対する主たる約因（major consideration）である。使用者は賃金を明示の契約のないかぎり現物で支払うことはできず，金銭で支払わなければならない。しかし，労働者は賃金の支払いを現金で（in cash）受ける権利を当然に有するのではなく，自己の銀行口座への振込み，小切手などでも支払われる。

　　賃金からの控除は，法律により許される場合（後述**4**）が制限されており，それ以外の事由による控除は禁止される。

　　賃金の不払いは，法律の許容しない控除と判断される（Staplesほか事件，1992年）。使用者が労働者に解約予告に代えて支払う金銭は，これまでずっと不当解雇（wrongful dismissal）に対する賠償金であって賃金ではないと判断されてきている。しかしながら，労働契約の明示の定めに基づいて，解約予告に代えて金銭が支払われる場合は，当該金銭は契約違反から生ずる賠償金ではなく，労働契約により発生する報酬であり，そのようなものとして課税対象になる（Coldicott事件，1991年）。

2　通貨払いの原則

　一　使用者は，賃金を「通貨」で支払わなければならない。通貨とは，日本国内で強制通用力のある貨幣（「通貨の単位及び貨幣の発行等に関する法律」7条）をいう。外国貨幣や小切手の交付による支払いは認められない（賃金債務の有効な弁済にならない）。会社製品，商品券などを交付する現物給与制（truck system）も禁止される。現物給与制の禁止は，労働者の最低就業年齢の規制と並び労働者保護法のはしりであった（産業革命期の炭坑，鉱山における現物給与制とその弊害についてフリードリッヒ・エンゲルス『イギリスにおける労働者階級の状態』，日本の1890〔明治23〕年鉱業条例69条など）。

　二　賃金通貨払いの原則には，「法令」による例外を定める余地が認められているが，現在のところ無い。また，使用者は賃金を，個々の労働者の同意を得て，当該労働者の指定する金融機関の労働者名義の口座（証券会社の証券総合口座への払込みを含む）に払い込む方法によって支払うことが認められる。この場合，使用者は所定の事項を記載した賃金の支払明細書（計算書）を所定の賃金支払日に労働者に交付し，かつ労働者が所定の賃金支払日の金融機関の営業開始時間に引き出すことができるようにしなければならない（労基則7条

の2第1項1号・2号，昭和63・1・1基発1号）。退職手当（労基89条3の2号参照）については，個々の労働者の同意を得た上で，銀行振出小切手，銀行の支払保障のある小切手または郵便為替により支払うことも認められる（労基則7条の2第2項，平成10・9・10基発530号）。

つぎに「労働協約」による例外が認められる（労使協定は不可）。たとえば，賃金の一部を通勤定期乗車券で支払う旨の定めは可能である。ただし，評価額を定めておく必要がある。

3　直接払いの原則

一　使用者は，賃金を，「直接労働者に」支払わなければならない。「直接労働者に」とは，「第三者を介在させることなくその労働者に」との意味である（小西299頁）。かつては，職業仲介人，労働者供給人（親方）などが介在した。また，親や後見人が未成年の子女の賃金を使用者から受領することもしばしばあったが，労基法はこのことも別個に規定を設けて禁止している（労基59条）。直接払いの原則は，こうした旧弊を禁止し，賃金が労働者に確実に引き渡され，直ちにその自由な処分に委ねられるようにする趣旨である（有泉248頁）。本人の受領が確実な場合に本人の使者（病気や長期出張中の本人の配偶者など）に支払うことは差し支えない。

二　債権は一般に，第三者に譲渡することができる（民466条・478条）。労働者自身が賃金債権を譲渡することも，格別禁止されていない。賃金債権を第三者に譲渡した労働者は，当期の賃金について無権利者になり，当該債権の譲受人（第三者）が賃金債権の権利者になる。しかしながら判例は，「直接労働者に」との規定文言を厳格に適用し，労基法24条が「使用者たる賃金支払い義務者に対し，罰則をもってその履行を（直接労働者に支払うことを・引用者）強制している趣旨に徴すれば」，使用者は賃金を債権譲受人にではなく，労働者に直接支払わなければならないと判断している（小倉電報電話局事件・最3小判昭和43・3・12民集22巻3号562頁。参照，山崎文夫・百選7版88頁）。

4　全額払いの原則*

使用者は，賃金の「全額」を支払わなければならない。賃金の不払いは労基法24条違反（罰則119条）のほか，最賃法違反ともなり得る（最賃4条，罰則40条）。

　*　**イギリスの雇用関係法理**　ERA（1996年）のPart IIは，許されない賃金

控除 (unauthorised deduction) を定め，労働者を保護している。賃金からの控除はつぎの場合にかぎり許される。①法律が控除を認めているとき (s. 13 (1)(a))，②控除が労働契約に定められているとき (s. 13 (1)(a))，③労働者が書面で控除を認めたとき (s. 13 (1)(b))，④控除が過払賃金の返済としてなされるとき (s.14 (1)(a))，ただし，裁判所は，通常，過払いが法律の誤認 (mistake of law) ではなく事実の錯誤 (mistake of fact) により行われた場合にだけ認めている。⑤労働に関連する実費の過払い (s.14 (1)(b))，この場合も控除は上記④の条件に従う。⑥労働者がストライキその他の労働争議に参加したとき (s.14 (5)) など。(Andrew C. Bell, 2003, p. 15f)

(1) 相　　殺

賃金の「全額」とは，①文字どおり賃金として労働者に発生した金額の全額か，②それとも使用者が労働者に対し正当な債権（貸金債権，損害賠償債権など）を有する場合，弁済期の到来したそれら債権を自働債権とし賃金債権を受働債権として対等額で相殺した後の残額（民事上の賃金債務）についてその全額を支払うことで足りるかという問題がある。全額払いの原則は相殺禁止の趣旨を含む原則と解されており，上記②の支払方式は賃金全額払いの原則に違反し，違法である。

判例は，労働者の債務不履行により被った会社の損害を自働債権にする賃金との相殺について（関西精機事件・最2小判昭和31・11・2民集10巻11号1413頁），また労働者の不法行為により会社の被った損害を自働債権にする賃金との相殺について（日本勧業経済会事件・最大判昭和36・5・31民集15巻5号1482頁），いずれも本条の賃金全額払いの原則に違反するとしている*。

＊　会社の労働者に対する損害賠償請求権と賃金との相殺　　本文の関西精機事件は，会社の取締役（労基法上の労働者とされた）であった者が，集金のために出張し，保管中の金銭を盗まれY会社に損害を与えた事案である。また，本文日本勧業経済会事件は，破産会社が未払賃金を請求した労働者に対し在職中権限なく顧客に投資金の満期払戻しをするという背任行為を冒し，会社に損害を与えたとして，その損害金と相殺すると抗弁した事案である。

(2) 調整的相殺

賃金計算の過誤，支払期（賃金の計算締切日）後の労働者の欠務等により過払いが生じた場合，使用者は不当利得返還請求権を自働債権にして賃金と相殺することが許されるであろうか。これが賃金の「調整的（ないし清算的）相殺」の問題である。

case 7-4　賃金過払い分と賃金との相殺（肯定）

福島県教組事件・最1小判昭和44・12・18民集23巻12号2495頁

【事実】　Y県（被上告人）は，昭和33年9月5日から15日間，教職員のXら（上告人）が職場離脱したため当月支払いの賃金および12月支給の勤勉手当に過払いが生じたので，翌年1月15日から20日までの間に「1月に返納しなければ2月分の給料から，2月に返納しなければ3月の給料から差引く」旨を予告し過払い分の返納を求めた。しかし，Xらが応じなかったので，同年2月分給与から給与および暫定手当の過払い分を，3月の給与から勤勉手当の過払い分を減額した。本件はXらによる右減額分の返還請求事件。1審（福島地判昭和38・3・25民集23巻12号2503頁）は，過払いから4ヵ月後にした給与，暫定手当の減額控除は違法であるが，過払い発生期の翌月にした勤勉手当の減額控除は適法と判示した。双方が控訴し，原審（仙台高判昭和40・7・14民集23巻12号2513頁）はそれぞれの控訴を棄却，Xらのみ上告。

【判旨】　上告棄却

「1　おもうに，右事実に徴すれば，Y県の行った所論給与減額は，Y県がXらに対して有する過払勤勉手当の不当利得返還請求権を自働債権とし，XらのY県に対して有する昭和34年2月分または3月分の給与請求権を受働債権としてその対当額においてされた相殺であると解せられる。しかるところ，本件につき適用さるべきものであった労働基準法24条1項……の法意は，労働者の賃金はその生活を支える重要な財源で日常必要とするものであるから，これを労働者に確実に受領させ，その生活に不安のないようにすることが労働政策上から極めて必要であるとするにあると認められ，従って，右規定は，一般的には，労働者の賃金債権に対しては，使用者は使用者が労働者に対して有する債権をもって相殺することは許されないとの趣旨をも包含すると解せられる。

2　しかし，賃金支払事務においては，一定期間の賃金がその期間の満了前に支払われることとされている場合には，支払日後，期間満了前に減額事由が生じたときまたは，減額事由が賃金の支払日に接着して生じたこと等によるやむをえない減額不能または計算未了となることがあり，あるいは賃金計算における過誤，違算等により，賃金の過払が生ずることのあることは避けがたいところであり，……労働者にとっても，このような控

除をしても，賃金と関係のない他の債権を自働債権とする相殺の場合とは趣を異にし，実質的にみれば，本来支払わるべき賃金は，その全額の支払を受けた結果となるのである。このような事情と前記24条1項の法意とを併せ考えれば，適正な賃金の額を支払うための手段たる相殺は，同項但書によって除外される場合にあたらなくても，その行使の時期，方法，金額等からみて労働者の経済生活の安定との関係上不当と認められないものであれば，同項の禁止するところではないと解するのが相当である。この見地からすれば，許さるべき相殺は，過払のあった時期と賃金の清算調整の実を失わない程度に合理的に接着した時期においてされ，また，あらかじめ労働者にそのことが予告されるとか，その額が多額にわたらないとか，要は労働者の経済生活の安定をおびやかすおそれのない場合でなければならないものと解せられる。」「そこで，本件についてみるに，……Y県のした所論相殺は，……許さるべきものと認められ，従ってこれと同旨の原判決の判断は正当」である（判旨中の1，2の付番は引用者）。

　【コメント】　判旨1は教科書的でわかりやすい。賃金の計算上過払い分が発生した場合には，使用者は，その理由および清算の時期について説明の上，過払い分の生じた時期以降に支払う賃金から控除する旨を，労使協定に定めて置くことが労基法の立場からは常道と言うことができる。判旨2が「調整的相殺」といった概念でこの種の紛争を解決したのは，賃金支払実務の未熟の段階での苦肉の策であったとも言える（参照，渡辺章〔判批〕ジュリ357号103頁。なお，金子征史・百選7版91頁，今野順夫「全額払いの原則と相殺・放棄」争点3版191頁参照）。

(3) **合意による相殺**

　使用者は，賃金控除については，賃金控除協定を事業場の労働者の過半数代表者と締結した上でなすべきである。このような手続を省いて個々の労働者から同意を取り付ける方法を認めるべきではない（労基13条参照）。しかし，判例は肯定しており疑問を禁じ得ない（小西ほか〔渡辺〕289頁）。

case 7-5　住宅財産形成融資の残債務と退職金との合意相殺（肯定）

日新製鋼事件・最2小判平成2・11・26民集44巻8号1085頁
　【事実】　Y_1会社（控訴人・被上告人）は，「住宅財産形成融資規程」を定

め，金融機関への住宅ローン返還のために，融資を受けた従業員には賃金・賞与（年2回）から元利均等の一定額を，また退職時に残債務が存在しているときは退職金から差し引き，繰上げ返済する旨契約させていた。右融資は，抵当権の設定を求めず，低利で長期分割弁済させるもので労働者に有利になっていた。Y_2は右の約定でY_1会社から融資を受けた。その後，Y_2は借財が700万円に及び破産申立てをするほかない状態に陥り，Y_1会社に退職を申し出るとともに，退職時の残債務の処理をY_1会社に委ねた。Y_2の破産管財人になったX（被控訴人・上告人）は，Y_1会社がY_2の退職時に受けるべき退職金から残債務を相殺し繰上げ償還させたことは，労基法24条1項の賃金全額払いの原則に違反するとして，Y_1会社に対し償還分の返済を求めた。1審（大阪地判昭和61・3・31労判473号26頁）はXの請求を認容したが，原審（大阪高判昭和62・9・29労判507号53頁）は，本件相殺は労基法24条1項に違反しないと判示した。

【判旨】 上告棄却

1 労基法24条1項本文の定めるいわゆる<u>賃金全額払いの原則は，「使用者が労働者に対して有する債権をもって労働者の賃金債権と相殺することを禁止する趣旨をも包含するものであるが，労働者がその自由な意思に基づき右相殺に同意した場合においては，右同意が労働者の自由な意思に基づいてされたものであると認めるに足りる合理的な理由が客観的に存在するときは，右同意を得てした相殺は右規定に違反するものとはいえないものと解するのが相当である</u>（**case 7-6**・シンガー・ソーイング・メシーン・カンパニー事件参照・表記方法は引用者）。もっとも，右全額払いの原則の趣旨にかんがみると，右同意が労働者の自由な意思に基づくものであるとの認定判断は，厳格かつ慎重に行われなければならないことはいうまでもない。」

2 本件清算処理は，Y_1会社が前記融資規程に基づき，Y_2の退職により同人に対して有するに至ったY_1会社借入金の一括返済請求権，及びA銀行とB労金借入金についてY_1会社がその残債務の一括返済の委任を受けたことに基づく返済費用前払請求権（民649条）と，Y_2の有する退職金及び給与等の支払請求権とを，Y_2の同意のもとに対当額で相殺した（以下，右相殺を「本件相殺」という）ものである。

「右事実関係によれば，Y_2は，Y_1会社の担当者に対し右各借入金の残債務を退職金等で返済する手続を執ってくれるように<u>自発的に依頼してお</u>

り，本件委任状の作成，提出の過程においても強要にわたるような事情は全くうかがえず，右各清算処理手続が終了した後においてもY₁会社の担当者の求めに異議なく応じ，退職金計算書，給与等の領収書に署名押印をしているのであり，また，本件各借入金は，いずれも，借入れの際には抵当権の設定はされず，低利かつ相当長期の分割弁済の約定のもとにY₂が住宅資金として借り入れたものであり，特に，Y₁会社借入金及びA銀行借入金については，従業員の福利厚生の観点から利子の一部をY₁会社が負担する等の措置が執られるなど，Y₂の利益になっており，同人においても，右各借入金の性質及び退職するときには退職金等によりその残債務を一括返済する旨の前記各約定を十分認識していたことがうかがえるのであって，右の諸点に照らすと，本件相殺におけるY₂の同意は，同人の自由な意思に基づいてされたものであると認めるに足りる合理的な理由が客観的に存在していたものというべきである。してみると，右事実関係の下において，本件相殺が労働基準法24条1項本文に違反するものではないとした原審の判断は，正当」である。

【コメント】　1　判旨に疑問がある。Y₁会社は，融資規程の返済方法の部分について労基法24条1項ただし書の定めに従い，賃金・退職金からの控除（退職時の未返済分を退職金と相殺することも含めて）に関する「賃金控除協定」を締結すべきである。「住宅財産形成融資規程」の内容がいかに労働者に有利なものと認められようとも，それは使用者が労使協定において事業場の労働者の過半数代表者の賛同を得るに容易な事情であるというに過ぎない。本件判旨は，使用者がそのような法律の定める手続（手間）を省くことを認め，裁判所が，それ（相殺の合意）が労働者の自由な意思に基づくものであるかについて「厳格かつ慎重に」認定判断するというのであるが，労基法の定める労働条件の最低基準の意味（労基13条参照）に思いを致すべきである。本件相殺の合意は，労基法24条1項に抵触するものとして違法，無効と解すべきである（同旨菅野230頁，吉田美喜夫・百選7版92頁，水町勇一郎〔判批〕法協109巻3号〔1992年〕479頁は本判決に賛成している）。

　　2　もっとも，賃金全額払い原則は，労働者保護のための原則とはいえ，元来労使協定の形式をとれば適用除外することができる原則であるから，労働者の自由な意思に基づく相殺の合意は，例外として許容してよいとする見解もある（柳屋孝安「雇用関係における労働者性判断と当事者意思」『下

井隆史先生古希記念論集・新時代の労働契約法論』〔信山社，2003 年〕15 頁）。また，賃金全額払いの原則は，労使の実質的非対等性を要保護性の根拠として置かれている原則と解されるから，労使の間で真の（すなわち，対等な）合意が成立していると認められるときは，適用除外の対象にすることも認められるべきであるとの見解もでている（大内伸也「従属労働者と自営労働者との均衡を求めて」『中嶋士元也先生還暦記念論集・労働関係法の現代的課題』〔信山社，2004 年〕61 頁）。しかし，上に述べた理由から賛同できない。

(4) 賃金債権の放棄

労働者が賃金債権を第三者に譲渡することは，それに見合う何らかの代償を得ているであろうから，あり得ることである。しかし放棄は，一般に何の代償もなく行うものであり，通常，賃金を唯一の生活の糧にする労働者が行うことはない。仮にあるとしても余程異例のことと言うべきである。したがって，賃金債権が放棄されたかどうか自体が争われている場合には，放棄を主張する使用者が，労働者の自由な意思によって放棄されたものであることを証明すべきである。不況期に一定範囲の管理職者等の賃金の一部について「返上」が行われることがあるが，このような場合も同様に考えるべきである。なお，就業規則所定の計算方式で支払っている賃金を，個々の労働者との合意で減額しても無効である（労契 12 条）。

case 7-6　退職金債権の放棄の特約の効力（肯定）

シンガー・ソーイング・メシーン・カンパニー事件・最 2 小判昭和 48・1・19 民集 27 巻 1 号 27 頁

【事実】　X（被控訴人・上告人）は，Y 会社（控訴人・被上告人）の西日本地区総責任者の地位にあり，退職の際，自分は「会社に対しいかなる性質の請求権も有しないことを確認する」旨記載された本人署名の書面を差し出していたが，その当時，X には退職金債権以外はなかった。X は，右意思表示は錯誤であって，退職金債権の放棄の合意書は労基法 24 条 1 項違反を免れるために Y 会社が仕組んだ脱法行為であると主張し，その支払いを求めた。1 審（東京地判昭和 43・4・19 民集 27 巻 1 号 46 頁）は X の請求を認容したが，原審（東京高判昭和 44・8・21 民集 27 巻 1 号 48 頁）は，

Xの放棄の意思表示に要素の錯誤はなく，その退職金債権の放棄がY会社のXに対する損害賠償債権と相殺する趣旨でなされたものであったとしても，完全な自由意思による相殺の合意は労基法24条の全額払い原則に反しないなどとして請求を棄却。

【判旨】 上告棄却

「労働者たるXが退職に際しみずから賃金に該当する本件退職金債権を放棄する旨の意思表示をした場合に，右全額払の原則が右意思表示の効力を否定する趣旨のものであるとまで解することはできない。もっとも，右全額払の原則の趣旨とするところなどに鑑みれば，右意思表示の効力を肯定するには，それがXの自由な意思に基づくものであることが明確でなければならないものと解すべきであるが，……Xは，退職前Y会社の西日本における総責任者の地位にあったものであり，しかも，Y会社には，Xが退職後直ちにY会社の一部門と競争関係にある他の会社に就職することが判明しており，さらに，Y会社は，Xの在職中におけるXおよびその部下の旅費等経費の使用につき書面上つじつまの合わない点から幾多の疑惑をいだいていたので，右疑惑にかかる損害の一部を填補する趣旨で，Y会社がXに対し原判示の書面に署名を求めたところ，これに応じて，Xが右書面に署名した，というのであり，……右事実関係に表われた諸事情に照らすと，右意思表示がXの自由な意思に基づくものであると認めるに足る合理的な理由が客観的に存在していたものということができるから，右意思表示の効力は，これを肯定して差支えないというべきである。

したがって，……Xのした本件退職金債権を放棄する旨の意思表示を有効と解した原審の判断は，正当である。」

反対意見（裁判官色川幸太郎）

「本件で問題となったような，相殺の合意または使用者からの要請ないし働きかけによる放棄については，使用者の勢威によって抑圧されたものでなく，労働者の真に自由なる意思に出た場合にかぎって，その効力が認められるべきであり，したがって，その点が明らかでない以上，相殺の合意または放棄の効力は，全額払の原則の本旨に反するものとして否定されなければならないと考える。とくに，放棄の場合は，相殺と異なり，労働者にとって消滅させるべき自己の債務がなく，失うのみで得るところがないのであるから，放棄が，使用者から抑圧を受けたものでなく，真に自由な意思によるものであると認めるにあたっては，それによって，当該労働

者がいかなる事実上,法律上の利益を得たものであるかなど,労働者がその権利を放棄するにつき合理的な事情の存在したことが明らかにせられなければならないであろう。もしかかる事情が立証されないときは,むしろ逆に,放棄が自由な意思によったものでないことが推定されるというを妨げない。」そして,「放棄の有効・無効に関しての立証責任は,使用者に負担せしめるのが相当であり,使用者が当該放棄をもって有効であると主張する場合には,放棄を相当とする合理的事情の存在を立証しなければならないと解するのである。」

【コメント】 賃金債権放棄の有効性を認めつつ,その要件(放棄が,使用者から抑圧を受けたものでなく,真に自由な意思によるものであること)に関し,立証責任を使用者に負わせるべきであるとの反対意見に賛同する意見は多い(同旨,渡辺章〔判批〕判時709号34頁,川口美貴・百選7版94頁)。なお,最高裁は,年俸制適用の労働者に関し,月払い額を途中で20%減額した事案に関し,当該月の初日から変更日までの賃金に関し,労働者が異議を述べていた事実を認め,「自由な意思」に基づくものと認め得ないとして本判決を引用し,減額前の額の支払いを命じている(北海道国際航空事件・最1小判平成15・12・18労判866号14頁)。

5 毎月1回以上一定期日払いの原則

労基法の賃金支払原則は民法の原則(624条1項,前出Ⅰ1)と異なり,労務を終わることを条件とせず,また賃金の計算単位の決め方(たとえば,年報)も問題にしないで,使用者に対し,賃金を「毎月1回以上,一定期日を定めて」支払うことを義務づけている(労基24条2項)。これは,労働者が,毎月ごとに規則的に,確実に賃金の支払いを受けることができるようにするためである。「一定の期日」は暦日で定める原則(ただし,月給制の月末,週休制の週末といった定めでもよい)である。しかし,労働日を曜日で定めているパートタイム労働者に関しては毎月第何週(または,毎週何曜日)といった支払時期の定めも有効と解される(菅野232頁)。

臨時に支払われる賃金,賞与,1ヵ月を超える期間を定めて支給される精皆勤手当など一定の賃金には,この原則は適用されない(労基24条2項ただし書,労基則8条)。

V 労働者の所得保障

1 休業手当

一 契約法理上,「債権者の責めに帰すべき事由」(以下, 有責事由) によって債務者が債務を履行することができなくなったときは, 債務者は反対給付を受ける権利を失わない (民536条2項, 危険負担における債務者主義)。これを労働契約について言えば, 使用者 (債権者) は労働者 (債務者) に対し労務給付請求権を有し, 労働者が使用者の責に帰すべき事由によって (1時間でも, 1日でも, 1年以上でも期間の長短を問わない) 労働に従事することができないときは, 労働者 (債務者) は具体的賃金請求権 (反対給付請求権) を失わない (no work with pay, 具体的賃金請求権の意味は本講Ⅱ2一参照)。その支払いは, 賃金全額払いの原則 (労基24条) により保護される。しかし, 民法の危険負担の定めは任意規定であり, 使用者は労働契約でこの危険負担法理 (債務者主義の原則) と異なる趣旨の約定を結ぶことが可能である。そのような場合には, 労働者は生活を維持できない。また, その種の約定のない場合でも, 使用者が任意に賃金を支払わないときは, 労働者は時間と費用をかけて訴訟に出るほかなく, 負担に耐えず泣き寝入りのおそれが強い。

二 そこで労基法は, 労働者の所得保障のために,「使用者の責めに帰すべき事由により休業する場合においては, 使用者は, 当該休業期間中労働者に, その平均賃金の100分の60以上の手当を支払わなければならない。」と定めた (26条)。本条に違反した使用者には, 付加金の制裁のほか罰則が適用される (114条・120条。立法資料53巻148頁参照)。しかし, 労基法26条は, 使用者の責に帰すべき事由で労働者が労働できなくなった場合 (休業する場合) に, 使用者は常に平均賃金の6割の手当を支払うことで足りるとする趣旨で定められたものでは毛頭ない。

三 その趣旨は第1に, 民法の原則によって, 労働者に支払われるべき賃金請求権のうち, その6割を罰則によって強行的に確保し, 労働者の訴訟負担が事実上なくなるようにして生活を護るためである。労働者が解雇, 休職, 出勤停止 (自宅待機) またはロック・アウトなどにより労働不能に陥り, それが違法, 無効と判断されるような場合が典型例である。このような場合, 使用者はその期間中の賃金を全額支払う義務を負い, あわせて休業手当支払義務も負う (二重に支払義務を負うとの意味ではない)。すなわち, 民法536条2項に基づく賃金請求権と労基法26条に基づく休業手当請求権とは競合する。

四　第2に，民法536条2項の「債権者の責めに帰すべき事由」は，一般に債権者の故意，過失または信義則上これと同視することができる事由（主観的有責事由）とされているのに対し，労基法26条の「使用者の責めに帰すべき事由」は，これより広く，労働者の生活保障の観点に立って，「取引における一般原則たる過失責任とは異なる観点を踏まえた概念というべきであって，……使用者側に起因する経営，管理上の障害を含むものと解すべきである。」とされている（下巻 **case 17-9**・ノース・ウエスト航空事件）。学説にもほぼ異論は見られない（下井253頁，菅野232頁，山川135頁）。このような事由によって労働者が労働不能に陥った場合，使用者はその期間について賃金支払義務を負わないときも，本条の休業手当の支払義務を負うと解されている。もっとも，かなり以前から，労働契約への適用に当たっては，民法536条2項の帰責事由も拡大的に解釈し，使用者として不可抗力を主張し得ないすべての場合を含むと解釈すべきであるとの有力説も説かれており（我妻栄『民法講義Ⅴ3・債権各論中巻2〔岩波書店，1954年〕93頁，有泉258頁），この説によれば両条における帰責事由に実質的差異は存在しないことになる（私見は，民法学者の解釈に共感を覚える）。そこでつぎに，労基法26条の「使用者の責めに帰すべき事由」の具体的範囲が問題になる。

五　「使用者の責めに帰すべき事由」とは，企業の外部に起因し，かつ使用者が最善の努力をしたにもかかわらず回避することが不可能な事由以外の，一切の事由である。別言すれば，使用者は，労働者を労働に従事させることのできない事由が企業の外部で起こり（外部起因性），かつ，それを防止できない場合（回避困難性）に，はじめて休業手当の支払義務を免れることができる。

具体的には，①機械設備の故障，②親工場の経営難による下請工場の休業（昭和23・6・11基収1998号），③電気・重油等燃料，原料の不足（昭和24・12・3基収3884号），④経営難による自宅待機（一時帰休）などによる休業は，「使用者の責に帰すべき事由による休業」に当たる。これらの事由は，企業内部事情か，または企業外部事情であっても経営上予見可能な危険（予見可能性）であり，事業経営の支配圏内に生じた（回避可能性）休業事由である。また，⑤子の死亡等により育児休業が終了した労働者が，使用者と話し合って労務提供の開始時期を決めた場合，使用者はそれまでの期間休業手当を支払う必要があるとされている（昭和63・3・14基発150号）。

これに対し，①天災地変，②休電，③法令の規定により行うボイラー検査による休業，④労基法33条2項の規定による代休付与命令は使用者の責に帰す

べき事由による休業とは解されない（昭和23・6・11基収1998号，昭和23・6・16基収1935号）。⑤労働安全衛生法66条の定めにより行う健康診断の結果に基づいて使用者が休業ないし労働時間の短縮を行う場合も，不可抗力に準じ，使用者の責に帰すべき事由による休業ではないとされている（昭和63・3・14基発150号。この解釈例規に至るまでの行政解釈に関し，廣政194頁以下参照）*。

  * **新規学卒採用内定者の自宅待機** 行政解釈によれば，定期採用の学卒者の採用内定は，一般には，当該企業の例年の入社時期を就労の始期とし，一定の事由による解約権を留保した労働契約が成立したと認められる場合が多く（第11講490頁参照），不況等を理由に企業の都合によって就労の始期を繰り下げ，労働者を自宅待機させる措置をとったときは，その期間について労基法26条の休業手当を支給すべきものとされている（昭和50・3・24労働省労働基準局監督課長等内翰，厚労省・早わかり123頁，昭和63・3・14基発150号）。

case 7-7 使用者に帰責事由のある労務提供不能と労基法26条の適用関係

米国陸軍小倉綜合補給廠事件・最2小判昭和37・7・20民集16巻8号1684頁

【事実】 1 Xら339名（被控訴人・被上告人）は，米国陸軍小倉綜合補給廠に勤務する駐留軍労務者であり，全駐労福岡地本小倉支部の組合員である。同人らは，昭和28年7月，補給廠のA軍曹更迭など10項目要求を掲げて48時間ストライキをし，その終了後の8月5日就労すべく出勤したところ就労を拒否され，結局同日は就労できなかった。Xらは，軍による同日の就労拒否は正当な理由がなく，債権者の責に帰すべき事由による履行不能（民536条2項）に当たるとして賃金の支払いを請求した。1審（東京地判昭和32・1・14労民集8巻1号109頁），原審（東京高判昭和36・1・30労民集12巻1号24頁）ともXら勝訴。

  2 日本政府であるY（控訴人・上告人）は，連合国軍使用人給与規程には「軍の都合により使用人を休業せしめた場合は1日につき平均賃金の6割に相当する休業手当を支給する」と規定しており，同規定は民法536条2項の適用を排除する特約に当たり，国は6割の限度で支払義務を負うにすぎないと主張した。

【判旨】 上告棄却

「論旨は，要するに，駐留軍労務者給与規程の休業手当に関する条項は，軍の都合による休業の場合には，それが民法536条2項にいう『債権者ノ

責ニ帰スヘキ事由』によると否とにかかわらず，一律に平均賃金の6割に相当する手当を支給する旨を規定したものであると主張し，そのことを前提として，原判決には同条項の解釈適用を誤った違法があるというのである。しかし，駐留軍労務者は，政府に雇用されて日本に駐留するアメリカ合衆国軍隊のために労務に服する者であって，……私企業の労働者と区別して取り扱うべき合理的根拠は見出し難く，また……右規程の立案にあたり民法536条2項の適用を排除せんとする特段の配慮はなされなかったというのであるから，<u>本件給与規程の休業手当に関する条項は，原判示のように，労働基準法26条と同様，休業期間中における労働者の最低限度の生活を保障するため特に設けられた規定であって，軍の都合による休業が民法536条2項にいう『債権者ノ責ニ帰スヘキ事由』に基づく履行不能に該当し，労務者が政府に対し全額賃金の支払を請求し得る場合にも，その請求権を平均賃金の6割に減縮せんとする趣旨に出たものではない</u>，と解するのを相当とする。」

【コメント】 判旨は，民法536条2項と労基法26条との競合関係の意味を説いており重要である。その意義は本文二および三を参照のこと（蓼沼謙一・百選新版88頁が入念な検討をしており参考になる）。

2 その他の所得保障

(1) 支払日前の非常時払い

使用者は，労働者の出産，疾病，災害その他一定の非常の事由に必要な費用のために，労働者が請求する場合においては，支払日前に「既往の労働に対する賃金」（accrued wage）を支払わなければならない（労基25条，具体的非常事由に関し労基則9条，罰則労基120条）。これは旧工場法以来の規定である（工場法施行令23条，同施行規則20条）。

(2) 出来高給・請負給における保障給支払義務

使用者は，出来高払い，請負制で使用する労働者について，「労働時間に応じ一定額の賃金」（一定率の賃金ではない）の保障をしなければならない（労基27条，罰則120条）。保障給は，「労働時間に応じ」て支払うことが必要であるから，その額は1時間につきいくらと定める時間給でなければならない（厚労省・早わかり126頁）。したがって，たとえば，タクシー運転手や貨物運送の運転手を「オール歩合給」で使用することは本条違反である。そして，保障額は，

通常の賃金とあまり差のない程度の収入が保障されるように定められなければならない（昭和22・9・13発基17号）。

Ⅵ　賃金の支払確保

1　民商法等による賃金債権の確保

(1)　差押限度額の規制

労働者が借財の返済を怠り，第三者によって賃金・退職金債権を差し押えられたときは，使用者は賃金等を差押え債権者に支払うことができる（民執155条。本講Ⅳ3の「賃金直接払いの原則」の例外）。賃金，賞与および退職手当については，労働者の生活保障のため原則4分の3に相当する部分の差押えは禁止される（民執152条，差押え禁止の限度額につき民執令2条）。ただし，夫婦間の協力・扶助義務（民752条），婚姻費用負担義務（民760条），子の監護義務（民766条，民749条・771条・788条において準用する場合を含む），親族の扶養義務（民877条～880条）にかかる金銭債権を請求する場合においては，2分の1相当額までの差押えが許される（民執152条3項。なお，税徴76条も参照）。

(2)　先取特権

倒産等により雇用主の財産の清算が必要になった場合，未払賃金があれば，「雇人」は雇用主の総財産の上に，租税等の共益債権に次いで，他の債権者に先だって弁済を受けることができる一般先取特権を有する（民303条・306条）。

先取特権は，民法制定以来「最後の6ヵ月間の給料」についてのみ認められていた（同308条）。しかし，株式会社，有限会社および相互会社（保険業を営む会社をいう，保険業2条5項）の労働者の場合は，労働債権全額に先取特権が認められており，賃金保護法制上，これら3つの会社形態以外の使用者に使用される労働者との間に不均衡が存在した。そこで2003（平成15）年の民法改正により308条は「給料その他債務者と使用人との間の雇用関係に基き生じたる債権」と改められ，先取特権の上限規制が撤廃された。その「給料」には退職金が含まれている（江戸川製作所事件・最3小判昭和44・9・2民集23巻9号1641頁）。

また，農業労働者の場合は最後の1年間の労務，工業労働者は最後の3ヵ月間の労務について，「労役に因りて生じたる果実（または製作物）」に対し特別の動産先取特権を認められている（民311条8号・323条・324条）。

しかし一般の先取特権は，まず不動産以外の財産から弁済を受けるべきもの

とされ（同335条1項），しかも目的動産が第三者に引き渡されてしまえば追及力を失い，さらに不動産から弁済を受けようとしても，抵当権など登記をした担保物権に対抗できない（同333条・336条）。このように先取特権は賃金債権の保護には無力であると言って大過ない。

2 倒産処理法における賃金債権の保護

一　倒産処理には，窮境にあるが再建の見込みがあるとして各債権者の協力の下に再起，再生を図る再建型処理（会社更生法，民事再生法）と，そのような見込みがなく債務者の全財産を換価し，公平に清算分配する清算型処理（破産法，会社法の特別清算手続）の2通りがある（以下，浜村彰・法セ・コメ130頁以下，塚原英治「企業倒産と労働者の保護（賃金債権の保護等）」争点3版187頁以下参照）。

二　会社更生手続の場合は，再建後の円滑な事業展開にとって労働者の協力が不可欠なため，会社更正手続の開始前6ヵ月以内の賃金および退職金（退職前6ヵ月分の賃金相当額か所定退職金の3分の1の額のどちらか多い額），そして更正手続開始後に生じた賃金および退職金債権のそれぞれ全額は「共益債権」とされ，更正計画によらず，他の更正債権に先立って随時弁済を受けることができるなど比較的手厚く保護されている（会社更生127条2号・130条4項・132条1項）。それ以外の更正手続開始前の未払賃金および一定の額を超えるため共益債権とされない退職金は，「更生債権」として他の更正債権と平等の取扱いを受ける原則であるが，他の更正債権者の同意があるときは衡平を害しない範囲で，優先的取扱いを受けることが可能である（同168条1項2号・130条2項・3項参照）。

三　民事再生手続においても，会社更生法とほぼ同様の趣旨で，再生手続開始前の賃金，退職金等の労働債権は一般優先債権とされ，再生手続によらないで随時弁済を受けることができる（民再122条1項・2項）。再生手続開始後の賃金は，共益債権として再生手続によらないで，再生債権に先立って弁済を受けことができる（同119条2号・121条1項・2項）。

四　会社更生手続の開始決定前，裁判所が更正計画の定めによらずに事業財産の譲渡を許可する際，あるいは裁判所が更正計画案を認可する際には，それぞれ会社の使用人の過半数を組織する労働組合またはその過半数代表から意見を聴くこととされている（会社更生22条1項・46条3項・188条・199条5項）。民事再生の手続においても裁判所が民事再生の許可をするに当たって，また再

生債務者の行う財産状況報告集会において、それぞれ労働組合に意見開陳の機会が保障されている（民再42条3項・126条3項など）。

　五　清算型処理の場合は、他の債権者の債権保護との調整が図られるため、賃金の支払いの確保も限定的である。破産手続においては、破産開始前3ヵ月間の破産者の使用人の給料債権と退職金債権（破産前3ヵ月の給料総額より少ない場合は、同給料の総額）について、「財団債権」として、配当手続によらず、他の破産債権に先立って随時弁済を受けるに過ぎない（破産2条7項・149条1項・2項・151条参照）。それ以外の一般先取特権により優先権を与えられる賃金債権は、各種の財団債権に劣後するが、他の「破産債権」との関係では優先弁済を受けることが可能である（優先破産債権、同98条）。破産手続開始後解雇の効力が生ずるまでの間に生じた賃金債権については、「財団債権」として、配当手続によることなく、随時弁済を受けることができる（同148条1号）。

　六　会社が解散すると清算事務が行われるが、清算人は、債務超過の疑いがあるときは裁判所に特別清算開始の申立てをしなければならない。また、清算の遂行に著しい支障を来すべき事情があるときも、法的倒産手続のリスクを回避するために、特別清算開始を申し立てることができる（会社510条以下）。特別清算手続においては、清算会社が債権者集会に申し出る「協定」案の作成の際に、労働者を一般先取特権その他一般の優先権がある債権を有する者として参加させ（同566条）、賃金債権を右「協定」の対象外とし、協定債権者の平等取扱いの原則（同537条）と別個に、衡平を害しない限度で清算会社による随時弁済が可能となる途を開いている（同565条）。

3　賃金の支払いの確保等に関する法律

　一　高度経済成長期後の1970年代前半（第一次石油危機以降）の不況下で、賃金未払いのまま倒産する企業が急増した。「賃金の支払い確保等に関する法律」（昭和51年法律34号）は、この状況に対応し、賃金の支払いを受けることが困難な労働者に政府が賃金の一部を立替え払いする保護措置等を定めた（1条。以下、浜村彰・法セ・コメ131頁以下、塚原英治「企業倒産と労働者の保護（賃金債権の保護等）」争点3版188頁、濱口287〜289頁参照）。

　二　本法は、労働者災害補償保険法の適用事業で、1年以上の期間事業を行った事業主が倒産し、賃金未払いのまま退職した労働者に適用される。具体的には、事業主が、①破産手続開始の決定、②特別清算開始の命令・再生手続開始の決定・更正手続開始の決定を受けた場合、および③中小企業事業主に限

り，事業活動が停止し，再開の見込みがなく，かつ賃金支払能力がないことについて労働基準監督署長の認定を受けた場合である（賃確7条，賃確令2条1項・2項，賃確則8条）。賃金の一部の立替え払いを受けることができるのは，上記①〜③の決定等のあった日の6ヵ月前の日から2年の間にその事業を退職した労働者である（賃確7条，賃確令3条）。

　三　労働基準監督署長が労働者の請求に基づいて行う賃金の一部立替え払い（賃確7条，賃確令2条）は，第三者による債務の弁済に当たり，元来，当事者が反対の意思を表示したとき，または債務者の意思に反するときには行い得ない（民474条1項ただし書・2項）。本法は，この一般原則の特則を定めたものである。

　支払額は，退職日の6ヵ月前から立替え払いの請求日までの未払賃金の80％相当額である（年齢別の上限額が定められ，たとえば基準退職日に45歳以上の者は上限370万円である。賃確令4条）。

　四　未払賃金の立替え払いは，政府が労働者災害補償保険法に基づき事業主から徴収する保険料を基金として運営する「社会復帰促進事業」として行われる（賃確9条，労災29条1項3号）。労働者の請求は，労働基準監督署長から事業主が立替え払いの事由が存在する旨の認定を受け，かつ賃金が未払いであること等の確認を得た上で（認定・確認の方法は，賃確令2条，賃確則9条以下に定めがある），「独立行政法人労働者健康福祉機構」に対して行う（賃確則17条）。

　政府は，事業主に対し，未払賃金の支払いに要した事務管理費用を請求できる（民702条），また「債務者（この場合は退職した労働者）の承諾を得て」，弁済した賃金請求権を代位取得する（民499条）。立替え払いを受けることができなかった未払いの賃金は，労働者が未払い企業等に直接請求することになる。

　五　本法はこのほか，事業主に対し，労働者の社内貯蓄金について保全（支払確保）措置を講ずることを義務づけ，また退職金についても，一定の額について社内貯金の保全措置に準ずる措置を講ずるよう努めるべきこととしている（賃確3〜5条・18条）。なお，退職労働者に対する賃金（退職金を除く）の支払遅延に関し，退職日の翌日から支払いをするまでの間，年14.6％の遅延利息を支払うべきことを定めている（賃確6条，賃確令1条）。一般に，賃金の支払遅延に係る利息は6％であるところ（商514条），本条はこの定めを特別に高率化したものである。

Ⅵ　賃金の支払確保

Ⅶ 最低賃金

1 最低賃金制度の必要性・沿革
(1) 必要性

　労働の供給と賃金との間には,「低所得多就業」という特殊な関係がある。すなわち, 労働者の家計は一般に「主たる所得者」の賃金で支えられているが, その収入で生計を維持できなければ, 他の世帯員も働かざるを得ない。つまり「労働市場の人」になる。そうした就業者は, 主たる所得者の賃金が低いほど増える。その結果, 労働市場は供給過多になり, 失業者が増え, 賃金は一層下方圧力を受ける「悪循環」に陥る。労働市場はこの悪循環を自力で調整する機能に乏しい。

　賃金は労働者の唯一の生活の糧である。その生活はひとり労働者のみならず家族を予定する。賃金は, その生活を支え得る水準を確保されなければならない（憲25条, 労基1条）。「最低賃金法」は, このような社会法的見地から, 国が強制力をもって賃金の最低基準を定め, その額未満の支払いを罰則を以て禁止し, 賃金が下落の悪循環に陥るのを防ぎ（賃金の下支えをすること）, 特に「賃金の低廉な労働者」の生活を守る（所得保障をする）セイフティー・ネット[*1]の役割を担っている（最賃1条。参照, 濱口289～295頁, 小西ほか〔渡辺〕296頁以下）。

　最低賃金法は, 2007（平成19）年重要な改正が行われた。その背景には, 近年（特に1980年代後半期以降）, 雇用・就業形態の多様化が著しく進行し, いわゆる非正規労働者が増加して賃金所得の格差が拡大し, ワーキングプアーと呼ばれる「働く貧困層」が増大したことがある。また, 他方で, 日本の最賃額が諸外国の最賃水準に比べて相当程度見劣りするといった事情もある[*2]。

　　*1　**セイフティー・ネット**　その概念に関しては,「働くことによって生活を支える労働者にとっての所得保障」（中窪裕也「労働法におけるセイフティー・ネットの再構築―最低賃金と雇用保険を中心として・シンポジウムの趣旨と構成」労働111号〔2008年〕4頁）,「すべての労働者に, ディーセントで健康な生活を維持できることが可能な『雇用』を保障し, できるだけ『公的扶助』へ落ちないようにする」こと（柳澤武「最低賃金法の再検討」同111号23頁）などと意義づけられている。失業時の生活を支える雇用保険給付の水準に関してもセイフティー・ネットとして適正かといった観点から論議される（丸谷浩介「失業時の生活保障としての雇用保険」労働111号31頁）。

　　*2　**日本の最低賃金水準**　2007（平成19）年度の「地域別最賃額」（後述2

(2)）は，前年度以来，高卒初任給の水準との格差縮小を図るなど，特に「賃金の底上げを図る趣旨に沿った引上げが図られるよう」にとの考え方に基づき，前年度と同様に例年より引上げ幅をアップし，全国加重平均額で703円（前年度687円），最高額は東京都，神奈川県の766円（同739円，731円），最低額は宮崎県，鹿児島県，沖縄県の627円（同618円，619円，618円）と定められた。

(2) 沿革および最賃決定方式の変遷

一 最低賃金（以下，最賃ということがある）の決定の仕方は，国によって一様ではない。大きく分けると，労使が団体交渉で一定の事業または職業の労働者について最賃協定を結んだとき，それを公的機関がバック・アップし同種の事業または職業の労使に拡張適用する労使自治支援型と，最賃の必要性，具体的最賃額等について公的機関が判断し決定する行政主導型（職権主義型）の2つがある。後者のシステムには，全国一律の場合（アメリカ）と地域別の場合（日本）とがあり，また産業別の場合（イギリス）もある（欧米諸国の最低賃金制度に関しては，『世界の労働』57巻11号〔2007年〕の諸論文が有益である）。

なお，最低賃金を決定する公的機関は，決定に際しあらかじめ労使団体の代表者と協議し，その意見を聴くことが必要とされている（最低賃金決定制度に関する1928年ILO第28号条約2条，1971年第131号条約1条・4条。日本は1971年批准）。日本は労基法の制定当初から，行政主導型システムである（立法資料53巻150頁，寺本270頁以下）。

二 制定時，労基法は最賃規定を定めたが，敗戦後の経済復興期の特殊な状況（インフレの急激な進行）から実施が見送られた。1959（昭和34）年，（旧）最低賃金法（昭和34年法律137号）が制定されると，労基法の最賃規定は最賃法とのドッキング規定を残して削除された（労基28～31条）。（旧）最賃法は，①同種の事業の業者間の最賃に関する取決めを当該事業の最低賃金として決定する「業者間協定方式」，②最賃を定める「労働協約の拡張方式」および③労働条件の改善が必要な場合に行政官庁が賃金審議会の意見に基づいて決定する「審議会方式」の3制度を定めた（以上の経緯につき，廣政112頁以下）。

三 上記①の「業者間協定方式」は，相当程度普及したものの，前出のILO第28号条約に反しており，1967（昭和42）年に廃止が決定され，翌1968（昭和43）年改正法（昭和43年法律90号）により，最賃を定めた労働協約の拡張方式（上記②）および審議会方式（上記③）が残された。

四 最低賃金には，都道府県ごとに，パート，アルバイトを含むすべての労働者に適用される「地域別最低賃金」（地域別最賃）と，地域における一定の産

業に使用される労働者のための「産業別最低賃金」(産別最賃)との2つが存在した。その決定の方式は審議会方式によっており，地域別最賃と産別最賃とでは決定のプロセスが異なる。

　五　「地域別最賃」は，中央(厚労省労働基準局)に労使公益代表の三者で構成する「中央最低賃金審議会」(中賃審)を置き，また都道府県労働局に同様の構成の「地方最低賃金審議会」(地賃審)を置き，その調査審議を経て，厚生労働大臣または都道府県労働局長が決定することができるとされ(任意的制度)，実際には全都道府県において都道府県単位に決定されていた。それが，1978(昭和53)年からは地域別最賃の全国的整合性を図るとの趣旨に基づいて，中賃審が毎年調査審議し決定する当該年度の最賃額の「目安」(前年度最賃額に対する引上げ基準額)を基に，地賃審において実効的最賃額を審議し，都道府県労働局長がその意見を聴いて決定してきた。

　六　これに対し「産別最賃」は，地域において地域最賃をすでにクリアーしている同種産業の同種の基幹労働者の間に，明らかな賃金格差が認められるときに定められる最賃であり，関係労使の申出を受けた行政官庁(厚生労働大臣または都道府県労働局長)が，最低賃金審議会の調査審議を経て，その意見に基づいて，地域別最賃より高いレベルで最低賃金額を決定するものであった。この意味で産別最賃は，地域別最賃と役割を異にし，地域における同種産業の事業者間の公正競争を確保する機能が期待され，また或る意味では労使の代表が地域単位で，企業別労組の団体交渉機能を補完する役割を営むものであることも指摘された。産別最賃は，2007(平成19)年改正法により「一定の事業または職業に係る最低賃金」(「特定最低賃金」と呼ばれる)として再出発することになった(最賃15条)＊。

　　＊　**産別最賃と関係労使のイニシアティブ**　　これまで，関係労使の申出には，①地域における同種産業の賃金動向を基礎に，事業間の公正競争を確保する趣旨に基づいて産別最賃の決定・改正・廃止の申出を行うケース(公正競争ケース)と，②地域の同種の事業の大部分の労使間に最低賃金を定めた労働協約が適用されている場合に，当該労働協約の適用外にある同種産業の労働者への適用を求めて申し出るケース(労働協約ケース)とが存在した(前者の例が多かった)。

　七　労働協約の最賃規定を拡張適用する方式(上記二②)は，日本の労働協約の基本的性質(企業別協約)になじまず，これまでも最賃決定のシステムとして機能せずほとんど停止状態であったが，2007(平成19)年改正法により廃止された。

以下，2007（平成19）年改正法の内容，趣旨に沿って最賃法の概要を述べる（参照，土田武史「日本における最低賃金と生活保護の関係について」『世界の労働』57巻11号〔2007年〕2頁以下，厚労省労働基準局勤労者生活部勤労者生活課「最低賃金法の改正」ジュリ1351号〔2008年〕51頁以下，橋本陽子「最低賃金法改正の意義と課題」同57頁以下）。

2 最低賃金の内容
(1) 最低賃金

一　最低賃金法を適用される労働者，使用者は，それぞれ労基法9条・10条に規定する者をいい（第1講22頁，34頁），その賃金の意義・範囲も同法11条に規定される賃金（本講Ⅱ1）をいう（最賃2条）。賃金の支払方法（計算単位）は時間給，日給，週給，月給，年俸など様々存在するが，最低賃金は「時間額」一本で決定，表示される（同3条）。最賃額をわかりやすいものにし，時間賃金で就労することの多いパートタイム労働者，派遣労働者等の増大に対応する趣旨である。日・月・週・その他の期間によって定められる賃金および出来高賃金は，一定の方法によって時間額に換算される（その方法の詳細は最賃則2条）。

二　心身に障害があり労働能力の著しく低い者，試用期間中の者，基礎的職業訓練を受ける者（職能開24条1項参照），軽易な業務に従事する者等については，命令で定める率に相当する額を「減額」した額をもって「最低賃金」とする（最賃7条）。改正前は，これら労働者に「所定労働時間の特に短い者」も含めて最賃法の「適用除外」の対象にしていた（ただし，運用により下限額を定めて許可する実質減額方式であった）が，改正法は労働者が所定労働時間として何時間労働することになっているかは問わないことにし，労働能力その他の事情を考慮し，一定の率を定めて時間額を減額することを原則とした（減額率の詳細は最賃則5条）。

三　使用者は，最低賃金以上の額の賃金を支払わなければならない（最賃4条1項）。最低賃金に達しない賃金を定める労働契約は，その部分について無効とし，無効となった部分は，最低賃金（地域別最賃または特定最賃）と同様の定めをしたものとみなされる（同条2項，労基13条参照）。地域別最賃を支払わない使用者は50万円以下の罰金に処せられる（最賃40条）。特定最賃の定めは民事的強行規定であり，違反に対する罰則規定は定められていない。この点も今次改正法の重要点である。

case 7-8　臨床研修医の労働者性と最低賃金額の支払請求（肯定）

関西医科大学事件・最2小判平成17・6・3労判893号14頁
【事実】　1　Y（控訴人・上告人）は，関西医科大学附属病院（以下「本件病院」）を開設している学校法人である。Aは，平成10年4月医師国家試験に合格し，同年5月厚生大臣の医師免許を受け，同年6月1日から本件病院で耳鼻咽喉科の臨床研修期間中，同年8月16日に死亡した。Y法人は，Aの臨床研修期間中，同人に対して奨学金月額6万円及び1回当たり1万円の副直手当（以下「奨学金等」という）を支払い，これらの金員につき所得税法28条1項所定の給与等として源泉徴収を行っていた。Xら（被控訴人・被上告人）はAの両親である。Xらは，Aは労基法9条，最賃法2条所定の労働者として，最低賃金法所定の賃金を支払われるべきであるとして，上記「奨学金等」と最低賃金額との差額の支払いを請求した。

　2　耳鼻咽喉科の臨床研修プログラムは，2年間の研修期間を2期に分け，第1期（1年間）は外来診療において，病歴の聴取，症状の観察，検査及び診断の実施並びに処置および小手術の施行を経験し，技術・能力の修得を目指すほか，入院患者の主治医を務めて，耳鼻咽喉科の診療の基本的な知識及び技術を学び，医師としての必要な態度を修得する。第2期（1年間）は，関連病院において更に高いレベルの研修を行う，というものであった。

　3　平成10年6月1日から同年8月15日までの間，Aが受けていた臨床研修の概要はつぎのとおりであった。①午前7時30分頃から入院患者の採血，午前8時30分頃から入院患者への点滴，②午前9時から午後1時30分ないし午後2時まで，一般外来患者の検査の予約，採血の指示を行い，診察を補助する。問診や点滴，処方せんの作成を行うほか，検査等を見学する。③午後は，専門外来患者の診察を見学し，また一般外来の場合と同様の診察を補助し，火曜日及び水曜日には，手術を見学することもある。④午後4時30分ころから午後6時ころまで，カルテや文献を読んだりして，自己研修を行う。⑤午後6時30分ころから入院患者に対する点滴，⑥午後7時以降は入院患者に対する処置を補助することがある。指導医が不在の場合や，指導医の許可がある場合には，単独で処置を行うこともある。⑦指導医が当直をする場合には，翌朝まで本件病院内で待機し，

副直をする。

　Aは，本件病院の休診日等を除き，原則的に，午前7時30分から午後10時まで，病院内において，指導医の指示に従い，上記のような臨床研修に従事すべきこととされていた。1審（大阪地堺支判平成13・8・29労判831号36頁），原審（大阪高判平成14・5・9労判831号28頁）ともXらの請求を認容した。Y法人が上告。

【判旨】　上告棄却

1　研修医は，医師免許を受けた後も，2年以上厚生大臣の指定する病院等において，臨床研修を行うように努めるものとするとされている（医師16条の2第1項）ところ，「この臨床研修は，医師の資質の向上を図ることを目的とするものであり，教育的な側面を有しているが，そのプログラムに従い，臨床研修指導医の指導の下に，研修医が医療行為等に従事することを予定している。そして，研修医がこのようにして医療行為等に従事する場合には，これらの行為等は病院の開設者のための労務の遂行という側面を不可避的に有することとなるのであり，病院の開設者の指揮監督の下にこれを行ったと評価することができる限り，上記研修医は労働基準法9条所定の労働者に当たるものというべきである。」

2　「これを本件についてみると、……本件病院の耳鼻咽喉科における臨床研修のプログラムは，研修医が医療行為等に従事することを予定しており，Aは，……Y法人が定めた時間及び場所において，指導医の指示に従って，Y法人が本件病院の患者に対して提供する医療行為等に従事していたというのであり，これに加えて，Y法人は，Aに対して奨学金等として金員を支払い，これらの金員につき給与等に当たるものとして源泉徴収まで行っていたというのである。」

3　「そうすると，Aは，Y法人の指揮監督の下で労務の提供をしたものとして労働基準法9条所定の労働者に当たり，最低賃金法2条所定の労働者に当たるというべきであるから，Y法人は，同法5条2項（現行4条2項・引用者）により，Aに対し，最低賃金と同額の賃金を支払うべき義務を負っていたものというべきである。」

【コメント】　最賃法は，最低賃金を支払われるべき労働者の意義に関し，労働基準法「第9条に規定する労働者」をいうと定めている（2条1号）。したがって本件は，労基法上の労働者の法的意義の一適用事例を示すものであるが，労基法上の労働者の法的意義が最賃法の適用関係において問題

になったのは本件が最初である（運送業務を委託された者の労災補償給付の請求にかかる労働者性について判断した **case 1-1**・横浜南労基署長〔傭車運転手〕事件参照）。

判旨1は，研修を実施する者の側からみて教育的側面（受ける側から見れば学習的側面）を有する活動（本件では医師の「臨床研修」）に関し，①病院の開設者のための労務の遂行という側面を有し，②病院開設者（研修実施者）の指揮監督の下にこれを行ったと評価できるときは，労基法9条の「労働者」に当たると判断している。

判旨2は，まず，Aが指揮監督の下に医療行為等に従事したものといえるか否か（②）に関し，その時間，場所をY法人の病院が定め，指導医の指示に基づいて行われたことを認定した。そして，病院の「ための」労務の遂行といえるか否か（①）に関しては，Aの従事した研修が「Y法人が本件病院の患者に対して提供する医療行為」であったことを挙げている。

判旨3は，以上の指揮監督の下で医療行為に従事（研修）するという本件研修の性質と，それがY法人の病院自身のなす患者への医療行為（病院医師のなす本来的労務）としてなされていたという性質・内容のものであったことを理由に，AはY法人の「指揮監督の下で労務の提供をした」と判断している。

学説には，Aが研修期間中，医療行為に従事したことに関し，判旨が「これらの行為等は病院の開設者のための労務の遂行という側面を不可避的に有する病院のための労務の遂行」と表現したことをとらえて，研修（医療行為等）への従事によって生じた利益が使用者に帰属していること（利益の使用者帰属性）を労働者性の判断要素にしたものと解釈する見解が見られる。しかし，本件判旨が「病院のための労務という側面を……有する」としたのは，研修の内容，実態が，実質は医療行為そのものであり，本来的労務の性質・内容を有していた点（敢えて言えば，本来的労務性）に，労働者性の判断根拠を置いたものと解するのが正確な理解であろう（本件に関し水町勇一郎〔判批〕ジュリ1299号180頁，小俣勝治〔判批〕労判899号5頁，橋本陽子〔判批〕法教304号168頁がある）。

(2) 地域別最低賃金

地域別最低賃金は，2007（平成19）年改正により，これまでの「……最低賃金の決定をすることができる。」と定められた任意的制度であることを止め，あまねく全国各地域について決定されなければならないこととされた（最賃9条1項）。最賃額の決定に当たっては，①「地域における労働者の生計費」（傍点部分は改正法により追加），②「賃金」および③「通常の事業の賃金支払能力」が考慮される（同条2項）[*1]。

①の労働者の生計費は，改正前においても最低賃金決定の重要，かつ優先的考慮要素であった。改正法は，この生計費について地域性を考慮することを明らかにした。そして，地域における労働者の生計費を考慮するに当たっては，「労働者が健康で文化的な最低限度の生活を営むことができるよう」にとの趣旨で，「生活保護に係る施策との整合性に配慮するものとする。」ことが新規に規定された（同条3項）。

国が労働者を含む国民全体に対し，「健康で文化的な最低限度の生活を営む権利」を実現する政治的責務を負うことは，日本の憲法の基本的立場であり（憲25条1項），最賃法が改めてこのことを具体的，法的責務として定めたことの意義は大きい。その「配慮」は，中賃審および地賃審の調査審議において反映されることになる（最賃10条参照）。地域別最賃を改正，廃止するときもその決定の例によって行う（同12条）[*2]。

＊1　最低賃金決定の考慮要素　1970年ILO第131号条約（Minimum Wage Fixing Convention, 1970）は，最低賃金水準の決定に当たって考慮すべき要素（elements）を，①労働者とその家族の必要（needs）と，②経済的諸ファクター（economic factors）とに分け，前者①ではそれぞれの国の賃金の一般的水準，生活費，社会保障給付，雇用労働者以外の国民の生活水準を考慮し，後者②では経済的発展の要請，生産性の水準，高雇用率の達成維持の観点における妥当性を考慮すべきであるとしている（3条）。

＊2　生活保護の施策との「整合性」　改正法施行通達は，改正法の「生活保護に係る施策との整合性に配慮するものとする。」との定めの趣旨に関し，「これは，最低賃金は生活保護を下回らない水準となるよう配慮するという趣旨である」と簡潔に述べている（平成20・7・1基発0701001号）。

生活保護基準（その要否，程度）は世帯単位の原則で定められ，これにより難い場合にのみ個人単位で定められる（生保10条）。保護は，生活扶助のほか教育・住宅・医療・介護・出産その他の扶助で構成され（同11条1項），生活扶助は「衣食その他日常生活の需要を満たすために必要なもの」および「移送」の費用として算定される（同12条）。その費用は，食費等個人にとっての必要費（第一類）と

高熱水道費その他世帯にとっての必要費（第二類）とに区分して定められる。詳細は，「生活保護法による保護の基準」（昭和38・4・1，その後逐次改正）に決められている。これによれば，生活扶助は，まず「地域の級地区分」（同基準「別表第9」）により，第一類については全国を郡・市・町別に合計6階級の地域に区分して格差を設け，最年少の0歳と最年長の70歳の間に10年齢階級（合計12階級）を設けて個人別の「基準生活費」を決めている。第二類については世帯人員1人・2人・3人・4人の別（5人以上は1人増すごとに一定額を加算）に基準額を加算し，これに「地区別冬季加算額」を加算している。

　最低賃金との関係で問題になり得る生活扶助以外の扶助は「住宅扶助」であるが，この扶助も1～3級の3階級の地域区分を前提に，「家賃・間代・地代等の額」（月額）と「補修費等住宅維持費の額」（年額）とに区分されて一定額が給付されることになっている。

　一方，賃金は常に個人単位で時間給という短期間のものさしで計算され，しかも最低賃金は都道府県を単位に一律の定額で決められる。最低賃金の決定に当たっては，生活保護の基準における個人（世帯員1人）単位の「基準生活費」と「住宅扶助」との合算額になることが推測されるが，生活保護はこのほか医療，介護，出産扶助など臨時の出費が必要な事由に対しても行われる原則であり，最賃審においては，これらを含めてどのような観点で「整合性」に配慮することが適切かについて慎重な検討が行われるであろう。これについて，最低賃金審議会の公益委員見解は，「手取り額で見た最低賃金額と，衣食住という意味で生活保護のうち若年単身者の生活扶助基準の都道府県内人口加重平均（生活保護基準は，都道府県内の市町村を6段階の級地に区分して決定している・引用者）に住宅扶助の実績値を加えたものとを比較することが適当と考える。」との見解を明らかにしている（中窪裕也「最低賃金法制の新しい出発」季労222号〔2008年〕63頁）。この見解は，今後の地方最低賃金審議会における審議のベースになるであろう。

(3) 特定最低賃金

　特定最賃は，2007（平成19）年改正前の産別最賃のシステム（前記1(2)六参照）と同様のシステムにより，決定・改定・廃止される。すなわち，厚生労働大臣または都道府県労働局長が，労使の一部または全部を代表する者により，当該労使に適用される「一定の事業または職業に係る最低賃金」（特定最賃）の決定・改定・廃止の申出を受けた場合に（最賃15条1項），最低賃金審議会に調査審議を求め，その意見を聴いて，当該申出に係る特定最賃の決定・改正・廃止を行うことができる（同条2項。なお職権による廃止に関し同17条参照）。特定最賃は，前言したように日本に永く存続してきた旧産別最賃を継承しており，その性質，役割からみて，地域別最賃の額を上回るものでなければならない（最賃16条）。

(4) その他

一　派遣労働者は派遣元事業主に雇用され，派遣期間中の賃金支払義務も派遣元事業主が負う。しかし，最低賃金の額は，派遣先事業の地域または職業に適用される最低賃金による（地域別最賃につき最賃13条，特定最賃につき同18条）。

二　最低賃金は，厚生労働大臣または都道府県労働局長の決定，または改正の決定を公示した日から起算して30日を経過した日から効力を生じ，廃止は公示の日から効力を生ずる（地域別最賃につき最賃14条，特定最賃につき同19条）。

三　最低賃金の適用を受ける使用者（最賃2条，前記2(1)一）は，当該最低賃の概要を適切な方法で労働者に周知させなければならない（同8条）。違反した使用者は30万円以下の罰金に処せられる（同41条1号）。労働者は，最賃法違反の事実を監督機関に申告でき，使用者は申告したことを理由として解雇その他不利益取扱いをしてはならない（同34条。同種規定として労基104条，労安衛97条など）。違反した使用者は6ヵ月以下の懲役または30万円以下の罰金に処される（同39条）。

第8講　労働時間法制Ⅰ（法定労働時間制・時間外労働）

Ⅰ　労働時間法制の原則

1　労働時間法制の基本的枠組み

　一　労働時間，休憩，休日そして年次有給休暇（広い意味の労働時間）は，労働者の心身の健康と安全のため，生活時間の確保（仕事と生活の両立）のため，効率的な働き方の工夫のため，また国民相互（求職者と就業者間，また世代間）の雇用機会の分け合いの仕組み（work sharing）の構築のため，そして公正な国際的通商への参入にとって必要な基本的労働条件として，法的規整を受けている。

　二　日本の労働時間法制は6つの柱で構成されている。

　①　1週間40時間・1日8時間の「法定労働時間」の原則（労基32条）。

　②　連続労働時間の限度を6時間とし，6時間を超える労働には労働時間の途中に「休憩時間」を与えるべきこと（同34条），連続労働日の限度を6日とし，7日ごとに1回の休日（法定休日）を与えること（同35条）。

　③　使用者は，一定の要件の下に，労働者に，法定労働時間を超えてまたは法定休日に労働をさせることができ，使用者は時間外労働・休日労働に対し「割増賃金」の支払義務を負うこと（同33条・36条・37条）。

　④　使用者は，労働者に「休息（余暇）」の権利（憲27条2項）を保障し，雇入れの日から6ヵ月以上経過した労働者に対し，一定の要件の下に，年間10～20労働日の「年次有給休暇」を与えること（同39条1項・2項）。

　⑤　使用者は，労働者を，1週間以上の「一定の期間」の法定労働時間の総量（下表）の枠内で，特定の週に40時間・特定の日（労働日）に8時間を超えて労働させることを許容されること，こうした弾力的労働時間制には「フレックスタイム制」（同32条の3）と「変形労働時間制」（同32条の2・32条の4・32条の5）の2つの形態があること。

弾力的労働時間制における「一定の期間」の法定労働時間の上限

一定の期間	法定労働時間の総数
1週間	40時間
1ヵ月	40時間×30（31）日／7＝171.42時間（177.14時間）
3ヵ月	40時間×91（92）日／7＝520時間（525.71時間）
1年	40時間×365日／7＝2085.71時間

⑥　使用者は，「労使協定」の締結，または「労使委員会」の決議により，実労働時間ではなく，協定または決議で定める時間「労働したものとみなす」ことができること，こうしたみなし労働時間制には事業場外労働（労基38条の2），専門業務型裁量労働（同38条の3）および企画業務型裁量労働（同38条の4）の3型態が存在すること。

　上記①～④は伝統的労働時間法制の基本であり，⑤と⑥は一部の例外を除き，1990年代以降行われた数度の労働基準法の大幅な改正によって導入された労働時間の新しい規制方式である（小西ほか〔渡辺〕301頁，渡辺章＝山川隆一編『労働時間の法理と実務』〔信山社，2000年〕，中窪裕也・法セ・コメ152頁以下，濱口246頁以下参照）＊。

　＊　イギリスの雇用関係法理　　ECの「労働時間指令」（93/104）および「年少労働者指令」（94/33）を受けて定められた労働時間規則（Working Time Regulations, 1998年）は，概略つぎのように定めている。
　(a)　最高労働時間は，17週間を平均して，1週間48時間。ただし，この規制は個々の労働契約で適用を排除（opt out）することができる（労働時間規則4条）。
　(b)　夜間就業の労働者は，17週間を平均して，24時間につき8時間を超えて労働させてはならない（同6条）。ただし，この規制は，労働協約または労使協定によりその適用を排除（opt out）または修正することができる（同23条）。
　(c)　夜間就業の労働者のうち身体に重い負荷または重い精神的ストレス，または特に危険な特定の労働に従事する労働者の場合は，例外なく，24時間につき8時間を超えて労働させることはできない（同6条7項）。
　(d)　夜間就業する労働者はすべて夜間労働に就く前に健康診査を受けることができ，その後は定期的検査を受けることができる（同7条）。
　(e)　成人労働者は，1日当たり11時間の連続的休息（continuous rest hours），1週間につき1日の休日（1 day off），および6時間を超える労働につき最低20分間の休憩時間（break）を与えられる（同10条・11条・12条）。
　(f)　義務的教育修了後の18歳未満の年少者は1日連続12時間の休息（同10条2項），1週間2日の休日（同11条3項），4時間30分を超える労働につき最低30分

の休憩時間（同12条4項）を与えられる。

　(g)　すべての労働者は，1年につき4週間の年次有給休暇（annual paid leave）の権利を与えられる（同13条1項）。「本雇用契約は年次有給休暇の権利を含まない」という約因は無効である（The College of North East London事件，EAT30/11/01）。

2　日本の労働時間法制の近年の変動

　日本の労働時間法制（労基法「第4章」）は，1987（昭和62）年の第1次改正（1988〔昭和63〕年4月施行）を皮切りに，1993（平成5）年第2次改正（1994〔平成6〕年4月施行），1998（平成10）年第3次改正（1999〔平成11〕年4月施行，一部2000〔平成12〕年4月施行）が行われた。いずれも大幅な改正であった（参照，濱口251〜259頁）。

　改正の基本的方向は，①高度経済成長期以来蔓延した長時間労働体制を改め，週当たりの法定労働時間を48時間から欧米並みの40時間に短縮し，実質的な週休2日制を実現すること，②恒常化した時間外・休日労働の抑制を図ること，③働き方の多様化に即応し，かつ1週間40時間労働の原則が実質的に守られるように，固定的な1日・1週単位で行われてきた法定労働時間の規制を一定の要件の下に弾力化（柔軟化）すること，④年次有給休暇の取得促進を図ること，⑤労働時間制度面で，母性保護を図りつつ，女性への特別保護的扱いをできるかぎり縮小すること，などであった。その後，2003（平成15）年7月にも重要な改正が行われた。以下はその概略である。

(1)　法定労働時間の短縮

　第2次大戦終了時，日本では休憩を含めた「就業時間」を1日8時間，9時間，10時間制にする事業場がほぼ同率で併存していた。1947（昭和22）年制定の労基法は，当時の国際水準（ILO第1号条約，1919年）に従い，実労1日8時間・1週間48時間制（週休1日制）の実施に踏み切った（立法資料53巻17頁・418頁）。以来40年余を閲し，1987（昭和62）年，労基法は欧米水準の「1週間40時間制」を達成目標として明記し（労基32条），その後約10年をかけて事業の種類・規模別に順次短縮した。40時間労働制が最終的に全事業に適用されたのは1997（平成9）年4月である（労基法40条に基づく1週44時間の特例長時間制，41条の適用除外は残った。後記3(2)，6)。

(2)　時間外・休日労働

　一　日本の労働時間法制にとって，残業（時間外労働・休日労働）の抑制は

年来の重要関心事であった。しかしこの点の改正は，第2次改正（1993〔平成5〕年）の際に割増賃金率（2割5分増）を，法定休日労働にかぎり高率（3割5分増）にしたにとどまっていた（労基37条，平成6年政令5号）。2008（平成20）年には，月当たり60時間を超える時間外労働に対し最低5割の割増賃金の支払いを義務づける等の法改正がなされた（同37条1項ただし書および3項新設，平成20年法律89号，施行は2010〔平成22〕年4月）。

　二　1990年代後半，時間外労働の上限規制の必要性が現実味を帯び，労使の激しい応酬を経て，第3次改正（1998〔平成10〕年）では，法律で直接上限を規制せずに，厚生労働大臣が「労働者の福祉，時間外労働の動向」などを考慮し，命令で「労働時間延長の限度基準」を定める規制方式が採られた（労基36条2〜4項新設，上記2008〔平成20〕年改正により，改正前3項・4項はそれぞれ4項・5項になる）。経営側は，恒常的残業は悪と決めつけるべきではなく，雇用調整の面でプラス効果をもち（好況時に現有人員の残業で業務をまかなうことにより，不況時に人員削減をせずに長期雇用体制を維持することが可能になる），労働者にとっても有意味であると強調した。

　三　第3次改正はまた，男女雇用機会均等法を改正し女性差別禁止を強化する方向に歩調を合わせ，女性労働者の時間外・休日・深夜労働を禁止・制限してきた旧来の特別保護規定を原則的に撤廃した（参照，濱口262〜266頁）。

(3) **労働時間制の弾力化の拡大**

　労働時間の弾力化については，前出のように（本講1二），フレックスタイム制や変形労働時間制など多様な仕組みが考案された（第9講407頁，412頁）。

(4) **みなし労働時間制の導入**

　「みなし労働時間制」は，労働時間を実績値ではなく，あらかじめ何時間の労働をしたことにするか（その実態に即した経験的平均値）を労使協定または労使委員会の特別多数決議で定め，その協定または決議で定めた時間労働したものとみなす制度である。みなし労働時間制は，労基法制定当初，出張，記事の取材など労働時間の一部または全部について，労働時間を算定することが困難な「事業場外労働」にかぎって例外的に認められていたに過ぎなかったが，前記労働時間法制の改正期に，最初は特定の「専門的業務」に認められ（同38条の3，1997〔平成9〕年），その後事業の運営上の重要な事項に関する「企画等の業務」に拡大された（同38条の4，1998〔平成10〕年，参照，濱口273〜281頁）。

(5) **年次有給休暇権の拡充**

一　労基法は，第2次大戦前に採択されたILO第52号条約（1936年）の基準に則り，使用者に，雇入れ後2年目の労働者に対し1年につき最低6日の年休権を与え，その後継続勤務年数1年当たり1日を加算し，最高20日までの年休権を与えることを義務づけた（労基39条）。その後数次の改正が行われ，使用者が雇入れ後の最初に付与すべき年休付与日数を最低10日とし，労働者の年休取得率が低い状況を打開する方策として年休の取得時季を労使で設計する「計画的年休協定」の制度を新設した（1987〔昭和62〕年）。

併せて，パートタイム労働者に対し，通常の労働者の年休日数を基準に，契約労働日数（週当たり4日以下）に比例した日数の年休を与えるべきこと（比例付与）が明記された（1987〔昭和62〕年）。

二　さらに，1993（平成5）年には，労働者が雇用された後，最初に年休権を付与されるまでの「継続勤務」期間を1年間から6ヵ月に短縮し，1998（平成10）年には最高20日に達するまでの勤務期間を大幅に短縮した（1年6ヵ月経過後および2年6ヵ月経過後は1年ごとに各1日，3年6ヵ月経過後は1年ごとに各2日を増やし，6年6ヵ月経過後は各1年につき20日とする）。しかし，使用者に対し，労働者が権利として有する年休を実際に取得できる職場環境の整備を促すことまでには法律の手は伸びず，労働者の実際の年休取得日数は近年ますます減少し（年休消化率の低下），権利として付与される日数の5割を切るまでに至っている（2007〔平成19〕年の年休平均取得率は43.0％，JIL/PT, JWLP 2008/2009, 58頁）。

2008（平成20）年改正法は，労働日単位でなく，時間単位の年休付与も認めることとした。

(6)　労働時間等の設定改善法

一　労基法の労働時間制度の改正と並行し，1992（平成4）年，「労働時間の短縮の促進に関する臨時措置法」（平成4年法律90号）いわゆる時短促進法，が制定された。この法律は，全労働者の年間の残業を含む労働時間（実労働時間）の短縮目標を1,800時間に置き，事業主らに時短のための体制の整備および共同の時短実施計画を策定するよう求め，国の援助などを定めていた（濱口259頁）。しかし，近年，短時間労働者が増大した結果，実労働時間は統計上のみ1,800時間前半まで短縮したものの，正規従業員の実労働時間はかえって延長される「労働時間分布の長短二極化」が進み，結果として1,800時間の目標自体の意味が問われる事態になった。併せてwork and life balanceの観点および長時間労働に起因する労働者の脳・心臓疾患，心の病への対策が迫られ，労働

時間短縮に対する労働者のニーズも多様化した。そうした背景の下，同法に代わって2005（平成17）年11月「労働時間等の設定の改善に関する特別措置法」（平成17年法律108号）が制定された（2006〔平成18〕年4月1日施行）。

二　同法は，事業主の責務として，自主的に，①業務の繁閑に合わせて労働者の始業・終業の時刻を設定し，②年休を取得しやすくし，③健康に問題のある労働者，育児や介護をする労働者，単身赴任者，自ら教育訓練を受ける労働者などに，特に配慮が必要な事情を考慮して労働時間等の設定，改善を行うこと，④労使による「労働時間設定改善委員会」を設置すること，などの努力義務を定めた（労働時間改善2条1～3項・6条）。

労使の委員会は，上記①，②，③の事項に関し，「労働時間等の設定の改善を図るための措置」などを調査審議し，事業主に意見を述べることを主要な任務とするが（同6条），このほか「労使委員会」（第6講257頁）と同様に，労基法上の各種の「労使協定」（第6講251頁）の締結に代えて，委員の5分の4以上の多数による「特別決議」をすることが認められている（同7条1項）。

三　厚生労働大臣は，上記二の事業主の責務について事業主が適切に対処するために必要な指針を定め（労働時間改善4条），事業主が労働時間の設定改善に取り組めるように，関係団体に必要な要請をすることができる（同5条）。指針（労働時間等設定改善指針）では，特に労使が労働時間の課題に関して話し合う機会を設けることや，生活と調和した働き方のため「短時間正社員」のような柔軟な働き方を選択できるようにし，また労働者が年休の取得にためらいを感ずる状況の克服など，事業主の取り組むべき具体的な諸課題が例示されている（平成18・3・31厚労告197号，改正20・4・1厚労告108号）。

3　法定労働時間

(1) 原　　則

使用者は，1週間40時間，1日8時間を超えて，労働者を労働させてはならない（労基32条1項・2項，罰則119条1号）。法定労働時間は，休憩時間（同34条）を除いた「実労働時間」（actual working hours）をいう。1日，1週とも，就業規則等で特段の定めをしないかぎり，暦日（午前0時から午後12時まで），歴週（日曜日から土曜日まで）をいう。1勤務が2暦日にまたがるときは，始業時刻の属する日の勤務とする（昭和63・1・1基発1号）。労働時間は，使用者が労働条件として労働者に対し「始業・就業の時刻」を明示し，または就業規則に記載する方法で決定しなければならない（労基15条1項，労基則5条1

項2号，労基89条1号，小西ほか〔渡辺〕304頁参照）。

(2) **固定的例外**

　常時10人未満の労働者を使用する小零細規模の，一定の事業＊に関し，1週間44時間制が認められている（労基40条）。

　　＊　**1週間44時間労働制**　労基法「別表第1」の8号（物品の販売，配給，保管，賃貸または理容の事業），10号（映画の製作を除く，映写，演劇その他興業の事業），13号（病院・診療所その他保健衛生の事業）および14号（旅館・料理店，飲食，料理店その他娯楽の事業）の事業である（労基則25条の2第1項）。

---

note 5　ILOの労働時間・年休条約

　法定労働時間は，国際的労働基準の端緒であり，ILO第1号条約（1919年）は，「工業的事業」の労働時間の上限を1日8時間・1週間48時間制と定めた。同原則は，6労働日制による「週休制の原則」の裏付けになった。次いでILOは，「商業・事務所」の労働者にこの基準を波及させ（1930年第30号条約），1935年には1週間40時間制（同第47号条約）を採択した。第2次大戦後は1週間40時間制を諸国の到達すべき社会的基準として勧告した（1962年126号勧告がそのはしり）。その後経済復興，発展の過程で，諸外国では労働協約等で「週休2日制」が定められた（週休2日制自体を法律で定める例は存在しない）。

　ILO条約は，「年次有給休暇」制度について，最初1年当たり6日（同1936年第52号条約）与えるべきことを定めた。6日の年休は週休日と連結し，1週間連続の休息を保障する趣旨も含まれていた。第2次大戦後は，年休日数を1年当たり3労働週（15労働日）にまで拡大し，欧米では季節の"ヴァカンス"（vacance, vacation）を楽しむ労働者のlife styleが社会に広く根づいた（1970年第132号条約）。さらに労働時間と同様に労働協約等で年休付与日数，付与の時季，方法等に関し詳細な定めが置かれるようになっている。

各国の年間労働時間・休日・年次有給休暇日数の比較（2004年）

	日本	アメリカ	イギリス	フランス	ドイツ
週実労働時間数	43.5	40.9	41.0	36.67	37.6
年間休日数	127.4	127.1	137.0	140.0	143.2
年間総労働時間数	1,996	1,948	1,888	1,538	1,525
年次有給休暇日数	8.4	13.1	25.0	25.0	31.2

　＊資料出所　JIL/PT・データブック・2008，188頁以下
　＊週実労働時間比較は，アメリカ（2002年），フランス・ドイツは支払時間，イギリス（2003年）
　＊年間労働時間比較は，製造業・生産労働者。年次有給休暇日数は付与日数

4　休憩時間

一　使用者は，労働時間が6時間を超える場合は少なくとも45分，8時間を超える場合は少なくとも1時間の休憩時間を与えなければならない（労働時間が6時間未満の場合は，使用者は休憩時間付与義務を負わない）。また休憩時間は，連続労働時間の限度を画する重要な意味があり，労働時間の途中に与えなければならない（労基34条1項）*。

　　＊　**休憩時間を与えなくてもよい例外**　　使用者は，①長距離にわたり継続して乗務する運転手，操縦士，給仕などの「乗務員」と，②30人未満の郵便局で「郵便・電信又は電話の業務」に従事する労働者には休憩時間を与えないことができる（同40条，労基則32条）。
　　しかし，運転手の長距離継続運転の疲労は事故原因になり，公共の安全をも脅かす虞があるため，政府は「自動車運転者の労働時間等の改善のための基準」（平成1・2・9労働省告示7号）を定め，①一般乗用旅客自動車運送事業（バス，タクシーなど），②貨物自動車運送事業，および③その他の自動車運送事業に分けて，1ヵ月（または4週間）・1日の拘束時間の限度，その延長限度，勤務終了後の休息時間などに関し詳細な基準を定めている。

二　休憩時間は，一斉に与えなければならない（労基34条2項）。「一斉付与の原則」は，労働者を確実に休息させる必要と行政的監督の便宜のためであるが，労使協定で例外（休憩時間の交代付与方式）を定めることができる*。

　　＊　**休憩時間一斉付与の原則の例外**　　第3次産業を中心に相当広範囲の事業で例外が定められている。具体的には，労基法「別表第1」の4・8号・9号・10号・11号・13号・14号の事業と官公署である（同40条，労基則31条）。

三　使用者は，休憩時間を自由に利用させなければならない（労基34条3項）。「自由利用の原則」は休憩時間制度の核心的な原則である。休憩時間は，労働者に労働から解放されることを権利として保障する時間であり，この点で「手待ち時間」（労働の必要に即応できるよう待機する時間）と区別される。「労働からの解放の保障」のない時間は身体的活動がないときでも，精神的活動から解放された時間ではない故に，休憩時間とは言えない（参照，昭和22・9・13発基17号）。

四　休憩時間の自由利用を妨げる不合理な規制は違法，無効である。たとえば，休憩時間中の外出許可制は，許可しないことがあることを前提にするものであり，特段の事情のないかぎり行き過ぎた規制であり，届出制を限度とすべきである。行政解釈は旧来から，事業場内で自由に休息できる場合には必ずしも違法にならないとしているが疑問である（昭和23・10・30基発1575号）*。

＊　**休憩時間の自由な利用を制限できる例外**　①警察官，消防吏員，常勤の消防団員，児童自立支援施設で児童と起居をともにする職員，②あらかじめ労働基準監督署長の許可を受けた乳児院，児童養護施設，知的障害児施設，盲ろうあ児施設および肢体不自由児施設で児童と起居をともにする職員が対象になる（労基40条，労基則33条）。

case 8-1　休憩時間付与義務違反と自由利用の原則違反の成否

住友化学事件・最3小判昭和54・11・13判タ402号64頁

【事実】　1　Y会社（控訴人・上告人）とX（被控訴人・被上告人）の所属する訴外労働組合との間には，休憩時間を1日1時間，自由に利用させる旨協定されている。Xを含む操炉班員は，休憩時間中も，食堂に行く時間以外は炉の異常事態（フンケン現象）をいつでも察知し，対処できるように周辺を離れることを禁止されていた。Xは，①休憩時間中に監視労働（フンケン現象が生じたときは実労働）に従事させられたとして1時間の時間外労働手当，②休憩時間付与に関するYの債務不履行により精神的苦痛を受けたとして慰謝料の支払いを請求した。1審（名古屋地判昭和50・12・5労判242号25頁）は一部を除いてXの請求を認容したが，原審（名古屋高判昭和53・3・30労判299号17頁）はつぎのように判示してXの賃金請求を棄却し，30万円の慰謝料の支払いのみを命令した。

2　Y会社は，「一般交替勤務者の休憩時間帯にあたる1時間については，定常的作業を行なわせないよう配慮していたことは明らかであるが，……Xら操炉班員に対する休憩時間は，その時間の指定が明確を欠いていたうえ，実質それに相当する時間帯においても，Y会社の労務指揮のもとに身体・自由を半ば拘束された状態にあったものであるから，この意味においてY会社が操炉班員に与えたとする休憩時間は不完全であり，休憩を与える債務の不完全な履行であると解するのが相当である。

そこでXの損害賠償の請求について検討するに，……Xは協約・規則等に定める1時間の休憩を完全な形で与えられず，それによりY会社の労務指揮下に身体・自由を半ば拘束され，身体上，精神上の不利益を蒙ったことは肯認できるが，……その時間帯に完全にY会社の労働に服したというものでもないのであるから，Xの前記身体上・精神上の不利益は，勤務1時間あたりの労働の対価相当額に換算或は見積ることはできないものというほかはない。」したがって，債務不履行を理由とするXの賃金相当額の

損害賠償請求は，失当として排斥を免れない。
　しかしながら，慰藉料請求の点については，「使用者の労務指揮権から離れ，自由にその時間をすごすことにより肉体的・精神的疲労の回復を計るべく設けられた休憩時間の付与が債務の本旨にしたがってなされず，Xの身体・自由といった法益について侵害があったと認められる以上，これによりXが精神的損害を蒙ったと認めうることは多言を要しない。」Xの蒙った精神的損害は30万円をもって相当とする。
　【判旨】　上告棄却
　「原審の判断は，原審の確定した事実関係のもとにおける民事上の損害賠償請求に関する判断として是認するに足るものであり，原判決に所論の違法はない。」
　【コメント】　Y会社の就業規則は，休憩時間を自由に利用させる旨を定めている。原審は，休憩時間の利用方法に関するY会社の本件指示は，休憩時間を「与える義務」（労基34条1項）に違反するものではないが（それゆえ，当該時間相当の賃金の損害を蒙ったとは言えない），休憩時間を労働者の「自由に利用させる義務」（同条3項）に違反すると判断した（それ故，労働者は精神的損害を蒙ったとされた）。要するに，休憩時間付与義務の不完全履行と判断した。労働者を「半ば拘束した状態」に置き，炉の「異常事態を察知し，対応できる場所」を離れてはならないとの使用者の指示が，判旨の言うように，休憩時間の与え方の不完全さの問題か，それとも監視労働の指示と見るべきかの問題である。異常事態の発生頻度（必要とされる精神的緊張の程度や場所的拘束の強度）が重要な考慮要素となるであろう（参照，中嶋士元也・百選5版106頁）。

case 8-2　休憩時間中休憩室等でのビラ配りを理由にする戒告処分（有効）

日本電信電話公社目黒電報電話局事件・最3小判昭和52・12・13民集31巻7号974頁
　【事実】　X（被控訴人・被上告人）は，「ベトナム侵略反対，米軍立川基地拡張反対」と書いたプレートを着用して勤務し，Y公社（控訴人・上告人）の取外し命令の不当性を訴えて上記行為（表題参照）に出た。Y公社

は，Xの右行為は就業規則5条6項「職員は，局所内において，演説，集会，貼紙，掲示，ビラの配布その他これに類する行為をしようとするときは，事前に別に定めるその局所の管理責任者の許可を受けなければならない。」に違反し，懲戒事由「上長の命令に服さないとき」に該当するとしてXを譴責処分にした。1審（東京地判昭和45・4・13労民集21巻2号574頁），原審（東京高判昭和47・5・10判タ276号114頁）はXの請求を認容し，懲戒処分を無効とした。

【判旨】 原判決破棄，1審判決取消し，Xの請求棄却

1 Y公社就業規則5条6項は，「局所内の秩序風紀の維持を目的としたものであるから，形式的にこれに違反するようにみえる場合でも，ビラの配布が局所内の秩序風紀を乱すおそれのない特別の事情が認められるときは，右規定の違反になるとはいえないと解するのを相当とする。ところで，本件ビラの配布は，休憩時間を利用し，大部分は休憩室，食堂で平穏裡に行われたもので，その配布の態様についてはとりたてて問題にする点はなかったとしても，上司の適法な命令に抗議する目的でされた行動であり，その内容においても，上司の適法な命令に抗議し，また，局所内の政治活動，プレートの着用等違法な行為をあおり，そそのかすことを含むものであって，職場の規律に反し局所内の秩序を乱すおそれのあったものであることは明らかであるから，実質的にみても，Y公社就業規則5条6項に違反し，……懲戒事由に該当するものといわなければならない。」

2 「一般に，雇用契約に基づき使用者の指揮命令，監督のもとに労務を提供する従業員は，休憩時間中は，労基法34条3項により，使用者の指揮命令権の拘束を離れ，この時間を自由に利用することができ，もとよりこの時間をビラ配り等のために利用することも自由であって，使用者が従業員の休憩時間の自由利用を妨げれば労基法34条3項違反の問題を生じ，休憩時間の自由利用として許される行為をとらえて懲戒処分をすることも許されないことは，当然である。しかしながら，休憩時間の自由利用といってもそれは時間を自由に利用することが認められたものにすぎず，その時間の自由な利用が企業施設内において行われる場合には，使用者の企業施設に対する管理権の合理的な行使として是認される範囲内の適法な規制による制約を免れることはできない。また，従業員は労働契約上企業秩序を維持するための規律に従うべき義務があり，休憩中は労務提供とそれに直接附随する職場規律に基づく制約は受けないが，右以外の企業秩序

維持の要請に基づく規律による制約は免れない。しかも，Y公社就業規則5条6項の規定は休憩時間中における行為についても適用されるものと解されるが，局所内において演説，集会，貼紙，掲示，ビラ配布等を行うことは，休憩時間中であっても，局所内の施設の管理を妨げるおそれがあり，更に，他の職員の休憩時間の自由利用を妨げ，ひいてはその後の作業能率を低下させるおそれがあって，その内容いかんによっては企業の運営に支障をきたし企業秩序を乱すおそれがあるのであるから，これを局所管理者の許可にかからせることは，前記のような観点に照らし，合理的な制約ということができる。本件ビラの配布は，その態様において直接施設の管理に支障を及ぼすものでなかったとしても，前記のように，その目的及びビラの内容において上司の適法な命令に対し抗議をするものであり，また，違法な行為をあおり，そそのかすようなものであった以上，休憩時間中であっても，企業の運営に支障を及ぼし企業秩序を乱すおそれがあり，許可を得ないでその配布をすることは公社就業規則5条6項に反し……，これをとらえて懲戒処分の対象としても，労基法34条3項に違反するものではない。」

【コメント】　1　本件判旨1は，はじめにY公社就業規則の規定（事実参照）に「形式的に違反するような場合でも，ビラの配布が局所内の秩序風紀を乱すおそれのない特別の事情が認められるときは，右規定の違反になるとはいえない」と判示した上で，判旨2において，労働者の行為（プレート着用行為に対するY当局の取外し命令に抗議するビラ配布）が休憩時間中に行われた場合でも，施設管理権に基づく合理的な規制による制約を免れないと判示し，その制約は「労務提供とそれに直接附随する職場規律に基づく制約」の問題ではなく，「右以外の企業秩序維持の要請に基づく規律による制約」の問題であるとして判断を進め，休憩時間中のビラの配布について，局所管理者の許可の下に置くことの合理的根拠に関し，①施設管理を妨げるおそれ，②他の従業員の休憩時間の自由利用を妨げるおそれ，③ひいて休憩後の作業能率を低下させるおそれ，そして④企業運営に係わる企業秩序を妨げるおそれがあると述べる。

　2　本件ビラ配布行為は，休憩時間中，休憩室，食堂において平穏裡に行われており（時間・場所・平穏性），違法と目すべき事情はないが，当該ビラ配布の目的（適法命令に対する抗議）と内容（違法な行為のあおり，そそのかし）の面で「企業の運営に支障を及ぼし企業秩序を乱すおそれ」が

あったと判断され，懲戒事由該当性が肯定された。

したがって，無許可でなされた本件ビラ配布行為も，その内容がプレートに記載したと同様に平和の願望なり信念を表記するにとどめられ，Y公社に対する抗議やあおりなどの趣旨，文言を記載していないものであったときは，「局所内の秩序風紀を乱すおそれのない特別の事情」が認められ，Y公社就業規則5条6項の実質的該当性は否定された可能性が強い（後藤勝喜・百選7版156頁は，違法性を否定された事業場内のビラ配布の事例を詳細に紹介している。なお，西谷敏・百選5版108頁，**case 3-4**・本事件参照）。

5 休　　日

(1) 週休制の原則

使用者は，1週間に少なくとも「1回の休日」を与えなければならない（労基35条）。休日とは単に連続24時間の休業ではなく，暦日の休業をいう（昭和23・4・5基発535号）。使用者は，就業規則に休日を定めるに当たり（同89条1号），曜日を特定する義務を負っていない。しかしそれでは，労働者は生活の予定が立たないため，行政解釈は，「就業規則の中で単に1週間につき1日といっただけではなく具体的に一定の日を休日と定める方法を規定するよう指導されたい。」としている（昭和63・3・14基発150号）。なお，「国民の祝日」は，「国民の祝日に関する法律」の定める休日であり，労基法上の休日ではない。使用者は，労基法上，国民の祝日を休日にしなければならない義務を負わない（昭和41・7・14基発739号）。

(2) 変形週休制

労基法は，4週間4日（第1週2日，第2週0日，第3週0日，第4週2日などの例）の休日を与える使用者には週休制を適用しないとしている（労基35条2項）。したがって，週休制に関する労基法の定めは訓示規定に過ぎない＊。

＊　週休制と行政解釈　行政解釈は，週休制が原則であり，4週4日休日制は例外であると述べ，また就業規則でできるだけ特定させるべきであるとしてきた（昭和22・9・13発基17号，昭和23・5・5基発682号）。諸外国においては，週休制は，法律上というより宗教的，社会的規律と深く結びつき，「1回の休日」といった回数規制ではなく各週の特定の曜日を指し（ユダヤ教は金曜日日没から土曜日日没まで，キリスト教は日曜日，イスラム教は土曜日），日本の週休日制度と本質的に異なる。

(3) 休日の振替

一 使用者は，業務の都合により，休日と定めた日を臨時に労働日に変更し，連動して労働日を休日に変更することがある。こうした臨時の休日と労働日との入換えを「休日の振替」という。休日の振替を行うと，休日と定めた日は労働日に変更され，その日の労働は休日労働ではなくなる。そのため，時間外・休日労働協定（３６協定）の対象にならず，使用者は割増賃金の支払義務を生じない。

二 休日の振替は，同じ週内で行うかぎり当該週の労働時間は増減せず，当該週の休日は１回以上確保される。しかし，たとえば第１週の休日を第２週の労働日と振り替えると，第１週に休日はなく，かつその週の労働時間は法定限度を超過する（１週間の所定労働時間を40時間とした場合）。

このように，休日を週の枠を超えて振り替える場合は，４週４日の休日を確保できても，当該４週のなかに週当たりの法定労働時間を超えて労働させる週が必然的に生ずる。そこで使用者は，休日の振替を１週間の枠を超えて行うときは，１週間40時間制（労基32条１項）との抵触が生じないように，併せて，随時，１ヵ月以内の期間を定めた「変形労働時間の定め」（第９講413頁）をしておかなければならない（昭和22・9・13発基17号）。

三 休日の振替が，週休制の原則（または４週間４日休日の原則）に抵触せず，かつ週40時間労働制に違反しないように実施される場合でも，労働契約上，休日の振替は休日と定めた日を労働日に変更した上，休日と定めた日に労働義務を課すことになるため，いつでも自由になし得ると解すべきではない。使用者は，少なくとも，就業規則に休日振替の事由および振替休日を与える時期を定めておかなければならない（**case 8 - 3**・三菱重工横浜造船所事件参照）。

case 8 - 3　労働日に振り替えた日の欠務の欠勤扱い（適法）

三菱重工横浜造船所事件・横浜地判昭和55・3・28労民集31巻2号431頁
　【事実】　Y会社は，交通ゼネストの実施が確実になった昭和49年４月10日，同日の従業員の出勤率は30％程度と予測されたため，数人がチームとなって共同して製品を造り上げていく造船所の作業の特性および安全面の確保を考慮し，労働組合に事前に事情を説明して（格別異議は申し立てられなかった），ゼネスト予定日の同月11日，12日の２日間（通常の労働日）を臨時振替休日とし，通常の休日に当たる当該週の13日（土曜日），

14日（日曜日）を労働日とする旨従業員全員に通達をして周知を図った。しかし、この措置に反対するＸら39名が振替日（4月13日、14日）に出勤しなかった。Ｙ会社は、同人らを欠勤扱いにし賃金を2日分差し引いた。本件はＸらがその賃金の支払いを求めた事案である。Ｙ会社就業規則には「業務上必要がある場合は前条の休日を就業日とすることがある。」との定めがある。Ｙ会社は、本件休日振替にあたって多数派労組の同意を取り付け、Ｘら所属の労組と団体交渉を行い、連日構内放送等で周知を図った。

【判旨】　請求棄却

1　「Ｘらは、使用者が一方的に休日振替をなしうる旨の就業規則の定めは、労基法の精神に違反して無効であると主張するが、前記就業規則……の定めは、使用者に無条件かつ恣意的な休日振替を許容するものではなく、『業務上必要』あるときにのみ振替えうることを定めたものであり、企業の運営上、休日を変更して他に振替える必要の生ずる場合のあることは容易に理解しうるところであるから、右内容の就業規則の定め自体が無効であるものとは到底解しえないので、Ｘらの右主張は失当である。」

2　Ｘらは、特定した休日を同人らの同意なく他に振り替えることは、休日を剥奪したことになり、労基法35条に違反すると主張するところ、「就業規則……によれば、一定の条件のもとに就業規則所定の休日を他に振替えることができることになっているのであるから、所定の休日は振替のありうることが予定されたうえで特定されているものというべきであり、右の定めは就業規則によるものであることから、その性質上、労働契約の内容をなしているものと解されるので、使用者は、前記の条件が満たされるかぎり、特定された休日を振替えることができるものというべく、たとえ、個々の振替の際に労働者の同意、了解がなくとも、そのことの故に直ちに休日振替が違法、無効となるいわれはない。」

3　Ｘらは、休日振替には、①休日振替の根拠規定の存在、②社会的に妥当な期間内の予告、③予告に際し振り替えられる休日が特定されること、④休日振替の合理的理由（事由）の具備の4つの要件が必要であるところ、本件措置はその大部分の要件を欠き無効であると主張するが、「右主張は独自の見解に基づくもので必ずしも肯認しうるものではないけれども、仮りに右4要件が必要であるとしても、本件措置は就業規則上の根拠を持ち所定の要件を具備していること、本件措置の手続が適正、妥当であったことは前記認定のとおりであるから、右の要件をも満たしている。」

【コメント】 使用者が休日を労働日に振り替えることができる場合に関して，Xらの主張する4要件（判旨3）には実質的に妥当な内容が含まれている。しかし，本件では，就業規則に根拠規定が存在し（①），交通ゼネスト実施が決まった後直ちに周知され，かつ労働組合にも説明されていること（②），振り替える労働日が特定され（③），当該振替に合理的理由が存在すること（④），そして当該週内の振替であることなどから，判旨の判断の妥当性に特に異を挟む余地はないように思われる（判旨疑問とする深谷信夫・百選7版118頁は，振替の事由，手続，振替通告の時期その他の振替実施要件となるべき事項をあらかじめ規定しておくべきであると主張される）。

(4) 代 休

使用者が休日の振替を行わず，休日を休日としたまま労働者を労働させるときは休日労働であり，この場合には36協定の定め（本講Ⅳ2）が必要であり，使用者は休日労働に対し割増賃金支払い義務を負う（労基36条・37条）。

他方，休日労働をさせた労働者に，代償として相当期間内の労働日の労働を免除し休息を与えることがあり，これを「代休」という。代休した労働者は，休日労働に対する割増賃金を支払われる一方，代休を取得した日の「通常の労働時間又は労働日の賃金」を失う（当該休日が法定休日の場合，差引き割増率相当額〔1時間当たり35％増分〕の賃金が支払われる）。

休日労働の後，使用者が労働者に代休を命じることがある。この場合には，使用者は就業規則にいつまでに代休を与えるかを定めておく必要がある。使用者が労働者に事前に代休日を指定しないで休日労働をさせた場合は，当該労働者に対し代休の取得を強制できないと解すべきである。

6 労働時間・休憩・休日規定の適用除外

(1) 適用除外の対象

一 労基法41条は，つぎの者には労働時間，休憩，休日の定めを適用しないと定めている。すなわち，①農業，水産業の事業に従事する労働者，②事業の種類を問わず監督若しくは管理の地位にある者または機密の事務を取り扱う者，③監視労働または断続的労働に従事する者で，使用者が労働基準監督署長の許可を受けた者である。

1日8時間・1週間48時間制を定めたILO第1号条約および第30号条約も，②のカテゴリーとして監督または管理の地位にある労働者（1号条約では'persons holding positions of supervision or management', 30号条約では 'persons occupying positions of management'),および機密の事務従事者（'persons employed in a confidential capacity'）を適用除外にし，③のカテゴリーについても「本質上間歇的な作業に従事する労働者」（1号条約では 'workers whose work is essentially intermittent', 第30号条約では 'inherently intermittent'）を恒常的例外の対象にすることを許容していた（小西ほか〔渡辺〕310頁）。

　二　上記①，②および③の労働者には労基法の労働時間，休憩，休日に関する規定（時間外・休日労働に関する33条・36条・37条を含む）は適用されない。しかし，深夜業に関する規制は適用されるため，使用者は通常の労働者の場合と同様に割増賃金の支払義務を免れない（同37条3項・4項）。同様に，年次有給休暇に関する規定（同39条）も適用される。

(2) 事業の種類による適用除外

　農業，水産業（労基「別表第1」6号・7号）の事業に従事する労働者は適用除外になる。これら事業は気候，天候等の自然条件に影響を受け，労働を人為的にコントロールすることが困難であり，8時間労働制や週休制になじまないからである。林業労働者は永く適用除外の対象にされてきたが，1993（平成5）年改正により通常の労働者と同様の扱いに変更された。

(3) 労働者の地位による適用除外

　一　立法趣旨には，「監督若しくは管理の地位にある者又は機密の事務を取り扱う者」（以下，管理監督者等と言う場合もある）のうち，「監督の地位にある者」とは「労働者に対する関係に於て使用者の為に労働状況を観察し労働条件の履行を確保する地位にある者」のことであり，「管理の地位にある者」とは「労働者の採用，解雇，昇級，転勤等人事管理の地位にある者」のこと，そして「機密の事務を取り扱う者」とは，「単に公開し難い事務に従事している者と云ふ意味ではなく，秘書的に事務に従事している〔者〕を云ふ。蓋し之等のものは監督又は管理の地位にあるものと，事務の性質上不可分の関係に立つからである。」とされている（以上，立法資料53巻163頁）。労基法41条3号（監視断続労働従事者）の場合と異なり許可が条件とされていないのは，有権解釈によれば，その地位からして規制外においても労働条件に及ぼす影響が少なく，その範囲は自ずから一定の客観的な基準が考えられるからであるとされている（厚労省・労基〔上〕601頁）。

　これを要するに，「監督の地位」（positions of supervision）とは，労働者の業務遂行および労働条件基準の実施に関し重要な権限と責任を有する地位を，ま

た「管理の地位」(position of management) とは, 人事労務管理に関し重要な権限と責任を有する地位を意味する*。

* **労基法制定当初の見解**　末弘b・法時20巻3号37頁は,「監督若しくは管理の地位にある者」を一括して,「局長, 部長, 工場長等労働条件の決定その他労務管理について経営者と一体的な立場にある者」をいうとし, 経営全体的にみた場合のほか, 事業場単位にみた場合の限られた上級役職者のみを例示しつつ, しかし名称の如何に拘らず「出社退社等につき厳格な制限に服するを適当としないものはすべてこの中に入る。」とする (傍点は引用者)。待遇には言及がない。
　寺本318頁はやや詳細に,「経営者と一体的立場に在る者をいう」とする点は同様であるが,「労務管理方針 (management policy) の決定に参与するか否か及び自己の勤務についての自由裁量 (independent discretion) を持っているか否か等を参考としてその範囲を定めるべきものである。」とし,「労務管理方針」への関与と「自己の勤務について自由裁量」を持つこととを並列的に必要な要件としている。一方,「その給与額」をも参考にすることについては,「我が国の現状では採用し難い」とされている。

　二　上に見たように, 労基法の労働時間, 休憩, 休日の定めの適用除外対象となるべき管理監督者等については, 立法当初から役職の部長・部長代理, 支店長・支店長代理などの名称は問わないものの, 職制上相当に高い地位 (経営者と一体的立場) にあり, かつ自己の勤務について幅広い裁量権を有する者と考えられていた。

　行政解釈は, この適用除外の趣旨について, 当初,「一般的には局長, 部長, 工場長等労働条件の決定その他労務管理について経営者と一体的な立場に在る者の意であるが, 名称に促われず出社退社等について厳格な制限を受けない者について実態に即して判断すべきもの」とした (昭和22・9・13発基17号)。その後, やや抽象的に「職制上の役職者のうち, 労働時間, 休憩, 休日等に関する規制の枠を超えて活動することが要請されざるを得ない, 重要な職務と責任を有し, 現実の勤務態様も, 労働時間等の規制になじまないような立場にある者に限って」労働法41条の管理監督者とするものであると敷衍し, 併せて「管理監督者であるかの判定に当たっては, ……賃金等の待遇面についても無視し得ないものであること。」とした (昭和63・3・14基発150号, 傍点は引用者)。この考え方では,「出社退社等について厳格な制限を受けない者」との幾分窮屈な判断要素は改められたものの, 部分的修正にとどまっており, その基本的立場自体はそのまま継承されたと解して差し支えない。今日でも改めて確認されている (平成20・4・1基監発0401001号, 厚労省・労基〔上〕601頁参照)*。

＊　**一般的意義の管理監督者と労基法 41 条の管理監督者**　　一般に，職制上の「職位」（職務内容と権限に応じた地位）および「資格」（経験，能力等に基づく格付け）の上で，「管理監督者」として部長・次長・課長・係長（主任）などと呼称されている者の労働態様は，特に高度経済成長期を経て劇的に変化しており，ILO もすでに 1962 年第 116 号勧告（賃金の減少を伴わない―― 1 週間 40 時間制への――労働時間の短縮に関する勧告）を採択した際，前出の「監督または管理の地位にある労働者」を恒久的例外の対象者（14 条）から削除するよう加盟国に勧告した経緯がある。日本においては，一般的意義の管理監督者を労基法 41 条の「監督若しくは管理の地位にある者」として取り扱い，時間外・休日労働に対する法的規制や割増賃金の支払いを免れようとする強い傾向性が指摘されている。特に金融機関においてそうした傾向が著しく，改めて都市銀行等における「管理監督者」の具体的範囲の適正化について，本条の本来の趣旨を徹底する行政通達（昭和 52・2・28 基発 104 号の 2・105 号）が発せられるといったことがあった（この通達については，厚労省・労基〔上〕602 頁以下参照）。

　この後，一般の管理監督者の労働者（またはその遺族）で「過労死」の補償や損害賠償を訴える事件（下巻第 23 講Ⅳ 2，第 24 講Ⅲ 2 参照）のうち，労基法 41 条 2 号該当者とされた労働者の例も多く，また本人（多くの場合，退職後）が在職中割増賃金を支払われなかったとしてその支払いを請求する訴訟が多発しており，今日も跡を絶たない（裁判例等を含め詳細は，東大・注釈労基法〔下〕〔和田肇〕756 頁，新谷真人・法セ・コメ 233 頁参照）。

　三　まず，「労働時間，休憩，休日等に関する規制の枠を超えて活動することが要請されざるを得ない，重要な職務と責任」の要件（職務の要件）に関しては，最近年の解釈例規（上記平成 20・4・1 基監発 0401001 号）も，「部長，工場長等」の職制上のトップクラスのみを例示しており立法当初の考え方を変えていない。その職責は「労働条件の決定その他労務管理について経営者と一体的な立場にある者」とされている。「労働条件の決定その他労務管理」には，先に「監督」および「管理」の地位に関して述べたように（上記一），下位の労働者の業務遂行に関する監督と人事労務事項に関する管理が含まれる。

　つぎに，「現実の勤務態様も，労働時間等の規制になじまないような立場にある者」の要件（勤務の要件）については，「労働時間等の規制」の具体的意味が問題になる。それは第 1 に，労働時間，休憩，休日に関する法的規制を意味し，第 2 に，個々の就業規則の労働時間や賃金の決定・計算に関連する定め（始業・終業時刻等の定め，遅刻・早退・離席を賃金の減額や制裁の対象とする定め，また昇給，昇格〔反対に降給，降格〕や配置に当たって人事考課における勤怠評価の対象にする旨の定めなど）を指し，こうした規定を適用される通常の労働者

の人事労務管理とは異なる取扱いを受けることが明確にされていることが必要となろう*1。

最後に,「賃金等の待遇面についても無視し得ないものであること」とされている要件(待遇の要件)については,上記行政解釈は「一般労働者に比べ優遇措置が講じられているからといって,実態のない役付者が管理監督に含まれるものではない」と釘をさしている(厚労省・労基〔上〕602頁)。「無視しえない」との趣旨については,職務の要件および勤務の要件と比較し副次的要件であるかのように響かないでもない。しかし,労働時間,休憩,休日に関する法的規制の適用除外は,直ちに時間外・休日労働の成立を否定し,使用者に割増賃金の支払義務を免れしめる法的効果をもつものであるから,待遇の要件を副次的なものと解すべき合理的理由はなく,待遇の要件は,職務の要件および勤務の要件と一体の,かつ独自の要件と解される*2。

＊1　出社退社についての制限　学説には,労基法41条2号の管理監督者に当たるか否かは「その者の職務の遂行に関連してその就労時間を自ら決定しうる裁量権を有するか否かどうかという点に置かるべきである。」とし,職制上の地位や待遇上の代償措置は,それ自体で独立した要件とみなされるべきものではないとするものがある(タクシー会社で約200名の乗務員の日常業務を指揮監督していた「係長・係長補佐」に関し,本条の管理監督者性を否定し,時間外割増賃金等の支払いを命じた彌榮自動車事件・京都地判平成4・2・4労判606号24頁に対する秋田成就〔判批〕ジュリ1030号148頁)。傾聴に値するが,労基法41条2号は労働者の「監督の地位」,「管理の地位」の基準によることを明言しているのであり,これを単に「付随的要素」と解することには疑問を感ずる。

最近の学説には,遅刻早退を賃金カットや制裁の対象にする「厳格な制限」でなければ,人事考課等で勤怠評価の対象にしても本条の「監督若しくは管理の地位」を肯定する妨げにはならないと主張するものがある(**case 8-5**・日本マクドナルド事件に関する岩出誠〔判批〕ジュリ1363号139頁)。しかし,それでは勤怠評価の内容,程度を度外視することにもなりかねず,その主張には賛同できない。

＊2　待遇の要件について　私見は,労基法41条の適用対象に値する管理監督者等の意義に関し待遇の要件を持ち出すことは判断を複雑にするのみで妥当とは思えず,少なくとも最重要の要素とは言えないと述べたことがある(下井隆史ほか『コンメンタール労働基準法』〔有斐閣,1979年〕186頁)。しかし,近年における労基法41条の適用関係をめぐる問題には,経営者と一体的立場で自己裁量的に企業活動を行う上級管理者の勤務態様に関し,いかに適合的な労働時間管理のルールを見出すべきかといった視点は失なわれ,実務の主要な関心は割増賃金支払義務を免れることにあると断じて大過ない状況である。このような現状にかん

がみて，敢えて本文のように見解を改めるものである。

四 以上の実体的要件をすべて具備している管理監督者のみが労基法の定める労働時間，休憩，休日規定の適用除外対象になる（参照，菅野262頁）＊。特に，人事等に関しある程度の権限を有する者でも，所定労働時間帯の勤務について通常の労働者とほぼ同様に規律づけられている者は適用除外すべきではない（同旨の先例に，ほるぷ社事件・東京地判平成9・8・1労民集48巻4号312頁がある）。

学説のなかには，実務界で「課長クラス」の75％，「課長クラス補佐」の45％がすでに適用除外対象になっているという現実（平成18年厚労省実態調査）を指摘し，「『管理監督者』とは，『労務管理について経営者と一体的な立場にある者』とすることが実態から著しく乖離していることは明らかである。」として，労働者を指揮監督し，また他の労働者の人事管理をすることを職務とするという，①「職務の特質のゆえに労働時間管理が困難・不可能あるいは不適当であったり，また②賃金は職務の特質に適応した額・方法によって支払われている者」は，「管理監督者」に該当すると解するのが適当であるとの主張がある（下井308頁以下，①，②は引用者）。指摘されている①と②は別個の要件と理解した上で，思うに，①に該当する労働者の「職務の特質」については，労基法はフレックスタイム制，専門業務型裁量労働および企画業務型裁量労働について，それぞれの実施要件ないし「労働」を概念規定し，労使協定または労使委員会決議によって現実的対応が可能なように「みなし労働時間」の制度を設けている（労基32条の3・38条の3・38条の4）。これら労使自治型の弾力的労働時間制度のどの点にどのような不十分さがある故に，さらに加えて①の要件に該当する労働者を適用除外の対象にすべきであると主張されるのか，その点を具体的に明らかにする必要があるのではないか。また，②の「職務の特質に適応した」賃金を支払われている労働者については，これまでも，そして今日では一層，賃金は，労働者の従事する仕事の種類，難易度，役割（権限・責任），業務遂行の方法と遂行量に関する裁量性，勤務の実績（成果とコンピテンシー評価）などの諸要素を複層的に構成した仕組みの下で決定する建前がとられており，「他の労働者の人事管理をする職務上の地位にある者」に対する賃金の決定方法が，こうした賃金決定の仕組みとどのように異なるべきものである故に，法定労働時間制の適用外に置いてよいとされるのか，このことをある程度は実地に則しつつ，具体的に明らかにする必要があるのではないか。私見も，法的論議に当たって現実を直視する意義を軽視するものでは決してない。

そして裁判例も,「経営者と一体的立場」との概念については,業態に即して,相当応用的に意味解釈していることも付言しておきたい(**case 8-4**・育英舎事件の判旨1,**case 8-5**・日本マクドナルド事件判旨1参照)。

今日のホワイトカラー管理職等の労働時間規制の検討に当たっても,管理監督者の該当要件に関する現行の解釈(上記二)や労使自治型の弾力的労働時間制を含めた現行の労働時間制を,どのような理由で適用除外するのかについて理論的根拠が問われており,私見は,結局上に述べた点と共通する問題の検討が必要とされていると理解している(この点に関する基本文献として,幡野利通「ホワイトカラー管理職等の労働時間規制の基本構造と日本の制度の再構築(上・下)」季労221号167～177頁,222号181頁以下〔2008年〕参照)。

＊　スタッフ職　職能資格賃金制度において一定の資格等級に達した者で役職の地位に就かない者や,「役職定年制」によりラインの役職を退いた者などで,本社の企画,調査等の部門に配置される「スタッフ職」について,行政解釈は,「企業内における処遇の程度によっては」,管理監督者と同様に取り扱うとしている(昭和52・2・28基発104号の2・基発105号,昭和63・3・14基発150号,厚労省・労基〔上〕602頁)。「処遇の程度」という包括的基準は行政の監督基準としてやや明確を欠くものと評さざるを得ない。この点,スタッフ職も労基法の適用を受けるべき労働者であり,管理監督者と職制機構上ほぼ同格の地位にあり,経営の重要事項に関係する業務に実質的に関与し,その地位および業務に相応しい待遇を受けている者について,管理監督者と同様に取り扱うことが許容されるものと解する。いわゆる「スタッフ職」は,上位者からの特命事項に関する調査,分析等の専門的業務を単独もしくはチーム編成で行う場合が多い。

case 8-4　学習塾営業課長の労基法41条2号「管理監督者」性(否定)

育英舎事件・札幌地判平成14・4・18労判839号58頁
【事実】　1　Xは,平成7年8月頃Y学習塾に入社し,専任講師,教室長を経て,同10年頃「営業課長」になり,同12年6月退社した。本件は,営業課長時代にした時間外労働の割増賃金支払請求事件である。

2　Y会社は,代表取締役の下,営業第1～4課,教務事務課の5課,人事広報係,経理係の2係を置いていた(正社員28名,時間講師,パート従業員約150名)。各営業課はその配下に4～6の「学習塾教室」の運営を担当していた(全体で20教室)。各教室の方針,新たな費用の出捐,社員の採用はすべて社長が決定権限を有し,各教室の専任講師,教室長等の人

事考課，昇格・昇級，異動に関しても営業課長の意見は尊重されたものの社長が決済していた。会社は，2週間に一度，営業課長の出席する「経営企画会議」（チーフミーティング）を開催し，人事を含む学習塾の運営を討議し，社長が最終決定を下し，営業課長は同会議の確認事項を各課のミーティングで指示伝達していた。

3　営業課長は，①経営企画会議の課員への指示伝達のほか，②教室の運営に必要な正社員の採用，昇格，異動，賞与の評価・決定，業務内容管理，時間講師の採用・昇格・昇級の可否などの人事，③教室での指導内容，営業業務全般，物品購入の申請，教室運営経費の申請などの教室運営について，社長に意見を具申し，④塾生の入退者などに関する書類を作成する業務などを行っていた。

4　所定労働時間は，教室長・専任講師が午後1時〜10時まで，事務職員が午前10時〜午後7時までで，営業課長についての定めはなかった。営業課長のXの日課は，おおむね午前10時頃（遅いときは午後1時頃）〜午後7時（遅いときは午後11時過ぎ）まで，毎日各教室の巡回，教室長との打ち合わせ，日報の点検および社長へのFAX送信をすることであった。本部に出勤してから巡回に出ることも，直接巡回に出ることもあった。出退勤は他の社員と同様にタイムカードに記録され，全休，半休は届出が厳格に求められ，有給休暇もきちんと把握されていた。

5　Xの賃金は，基本給，諸手当のほか課長手当（月額4万円），部下との交際用に使途を制限された交際費（年間24万円），交通費（年間6万円）が支給されていた。賞与（年2回），期末手当（年1回）も支給された。Xに支給された賞与の年間所得に占める割合は平成10年32.7％，同11年35.6％であり，一般事務職員のなかにもこの率に匹敵する賞与を支給されている者がいる。

【判旨】　請求一部認容

1　ア　労基法41条2号の趣旨は，「管理監督者は，その職務の性質上，雇用主と一体となり，あるいはその意を体して，その権限の一部を行使する関係上，<u>自らの労働時間を中心とした労働条件の決定等について相当な程度の裁量権を認められ，その地位に見合った相当な待遇を受けている者</u>であるため，強行法規としての労働基準法所定の労働時間等に関する厳格な規制を及ぼす必要がなく，かつ，相当でないとするところにあるものと解される。」

イ　「したがって，管理監督者に当たるかどうかを判断するに当たっては，その従業員が，①雇用主の経営に関する決定に参画し，労務管理に関する指揮監督権限を認められているかどうか，②自己の出退勤を始めとする労働時間について一般の従業員と同程度の規制管理を受けているかどうか，③賃金体系を中心とした処遇が，一般の従業員と比較して，その地位と職責にふさわしい厚遇といえるかどうかなどの具体的な勤務実態に即して判断すべきものである。」（①，②，③の付番は引用者）

　2　事実2，3によれば，営業課長は教室の管理業務を担当していたが，「業務全般を通じて，形式的にも実質的にも裁量的な権限は認められておらず，……何の決定権限も有していなかった。」また，経営企画会議は「社長の決定に当たっての諮問機関の域を出ないものであって，それへの参加が何らかの決定権限や経営への参画を示すものではない。」

　3　Xの「勤怠管理自体は他の従業員と同様にきちんと行われており，……業務態様に照らしても，事業場に出勤するかどうかの自由が認められていたなどということはない。」

　4　Xは，課長になってからそれまでの手当より月額12,000円ほど上がったため，賞与も多少増額された。しかし，他の一般事務職員にも同程度の支給率の者がおり，「その役職にふさわしい高率のものであるともいえない。」

　5　「以上の認定判断によれば，Xは，Yの営業課長として，その業務に関する管理者としての職務の一部を行っていたとはいえ，その勤務実態から見ても，いまだ管理監督者に当たると解することはできない。」「課長手当の支給は，時間外労働に対する給与の一部として算定することができるにとどまる。」

　【コメント】　判旨は，労基法41条2号の管理監督者に関する学説，裁判例および行政解釈の判断路線を基本的には踏襲していると言ってよいが，問題がないわけではない。すなわち，管理監督者と判断されるために必要な勤務の要件における裁量権限（自己決定権限）は，主に出退勤の時刻，就業時間の長さに関係しており，判旨3でいう「出勤するかどうかの自由」まで認められている必要はない。また，いわゆる勤務の要件に該当するか否かは，自己の勤務態様について自由な裁量権を有するか否かにあるところ，判旨1アは「自らの労働時間を中心とした労働条件の決定等」について相当な程度の裁量権を有する者としている。この判断に続く判旨1

イでは，改めて管理監督者の範囲に関する判断要素を適切に整理しているので，敢えて指摘するまでもないかも知れないが，その裁量権が「自らの労働時間……の決定」を超えて，「自らの……労働条件の決定等」にまで広く及ぶ者である必要は必ずしもない。

case 8-5　全国的ハンバーガーチェーン店舗の店長の労基法上の管理監督者性（否定）

日本マクドナルド事件・東京地判平成20・1・28労判953号10頁

【事実】　1　Y会社は，直営店等をもち自社ブランドのハンバーガー等の飲食物を販売する株式会社である。各店舗（平成17年現在全国3,802ヵ所，うち直営店は2,785店）には，店長（全国1,715名），アシスタントマネージャー（ファースト，セカンドの格付け有り），マネージャートレーニーの（正）社員（同合計2,555名）のほか，アルバイト（クルーとその上位のスイングマネージャーに区分けされている，同合計101,152名）が配置されている。各店舗を統括する営業ラインとして，10店舗程度を統括するオペレーションコンサルタント（OC）が置かれ，その上位に6ヵ所程度のOCエリアを統括するオペレーションマネージャー（OM）が置かれ，それぞれ担当のOMエリアを持っている。その上位に営業部長，営業推進本部長（代表取締役兼務）がいる。

2　店舗の各営業時間帯には商品の製造，販売を総指揮するシフトマネージャーを置く必要があるとされ，アルバイトのスイングマネージャーのほか，店長，アシスタントマネージャー等がこれに当たる。しかし，店長は，他の従業員から確保できない場合は自らシフトマネージャーとして勤務しなければならなかった。店舗の営業時間帯は，平成17年に開店時刻を午前6時30分，閉店時刻を午後11時（ドライブスルーは12時）とされていた。

3　Xは，昭和62年2月Yに採用され，平成11年10月に店長に昇格し，現に店長を務めている。

4　店長の人事・店舗運営の権限，勤務態様について　ア　店長は，アルバイトとしてクルーを採用し，時間給を決定し，人事考課をしてスイングマネージャーへの昇格および昇給を決定する権限を有する。社員（上

記1のマネージャー等）の採用権限は持たない。しかし，OCに対し一定の基準を充たした者の昇格の推薦を行うほか，正社員であるアシスタントマネージャーの第一次評価者となる。

　イ　店長は，店舗の運営について，店舗従業員代表との時間外労働等に関する協定（36協定）や賃金控除協定の締結，就業規則の変更に関する店舗代表者の意見の受領と労働基準監督署への届出，勤務シフトの決定，次年度の努力目標としての損益計画の策定，販売促進活動の実施を担当し，店舗の支出について一定事項に関し決済権限を有している。店長は，店長会議，店長コンベンションなど各種会議に参加する。

　ウ　店長の勤務態様については，後記判旨2・イ参照。

5　Y会社の就業規則は，所定労働時間を1ヵ月平均1週間40時間とし，年間休日119日を各月10日間に分割して与え，業務上の都合により時間外，休日および深夜に勤務したときは給与規程の定める所により割増賃金を支払うと定めている。他方，「管理又は監督の地位にある者」には以上の定めを適用しないと規定し，その対象者を「パートの処遇，採用，解雇の可否，昇給の決済権限を有する店長，営業スタッフ，会社の重要な戦略，戦術を決定する……マネージャー職以上の者」と定めている。Xは「店長」として，この定めにより時間外，休日労働に対し割増賃金を支払われていない。なお，基準内給与の「職務基準給」には「深夜勤務等手当」（14,000円）を含むとされている。

6　店長の報酬をファースト・アシスタントマネージャー（ファーストAM）と比較すると以下のとおりである。

（S〜Cは勤務評価）	店　　長	ファーストAM
年収平均（含む・賞与）	7,070,184円	5,905,057円 （下記時間外労働分の割増賃金を含む）
（S評価，20%）	(7,972,000円)	
（A評価，30%）	(6,962,000円)	
（B評価，40%）	(6,352,000円)	
（C評価，10%）	(5,792,000円)	
月平均時間外労働数	39.28時間	38.65時間

7　本件は，Xが店長は労基法41条2号の「監督又は管理の地位にある者」に該当しないとして平成15年12月〜17年11月までにつき，「出退社時刻・時間外勤務一覧表」および「勤務表」（証拠）に基づいて計算し

た時間外労働割増賃金，付加金等を請求した事案である。

【判旨】　請求一部（時間外労働割増賃金として 503 万円余および付加金としてその不支給額の半額）認容

1　店長であるＸは，管理監督者に当たるか　労基法 41 条 2 号の規定が設けられたのは，「管理監督者は，企業経営上の必要から，経営者との一体的な立場において，同法所定の労働時間等の枠を超えて事業活動することを要請されてもやむを得ないものといえるような重要な職務と権限を付与され，また，賃金等の待遇やその勤務態様において，他の一般労働者に比べて優遇措置が取られているので，労働時間等に関する規定の適用を除外されても，上記の基本原則に反するような事態が避けられ，当該労働者の保護に欠けるところがないという趣旨によるものであると解される。したがって，Ｘが管理監督者に当たるといえるためには，店長の名称だけでなく，実質的に以上の法の趣旨を充足するような立場にあると認められるものでなければならず，具体的には，①職務内容，権限及び責任に照らし，労務管理を含め，企業全体の事業経営に関する重要事項にどのように関与しているか，②その勤務態様が労働時間等に対する規制になじまないものであるか否か，③給与（基本給，役付手当等）及び一時金において，管理監督者にふさわしい待遇がされているか否かなどの諸点から判断すべきであるといえる。」

2　以上を前提に店長である原告の管理監督者性について検討する。

ア　店長の権限等　店長は，アルバイトの採用および昇格について決定権限を有するものの，正規社員の採用権限はない（事実 4）など，「Ｙ会社における労務管理の一端を担っていることは否定できないものの，労務管理に関し，経営者と一体的立場にあったとはいい難い。」また，事実 4 イ記載の各種会議への出席も，Ｙ会社からの営業方針等に関する「情報提供」や店舗運営に関する「意見交換」を行うものであって，「その場でＹ会社の企業全体としての経営方針等の決定に店長が関与するというものではないし……，他に店長がＹ会社の企業全体の経営方針等の決定過程に関与していると評価できるような事実も認められない。」

以上によれば，Ｙ会社における店長は，「店舗の責任者として，アルバイト従業員の採用やその育成，従業員の勤務シフトの決定，販売促進活動の企画，実施等に関する権限を行使し，Ｙ会社の営業方針や営業戦略に即した店舗運営を遂行すべき立場にあるから，店舗運営において重要な職責

を負っていることは明らかであるものの，店長の職務，権限は店舗内の事項に限られるのであって，企業経営上の必要から，経営者との一体的な立場において，労働基準法の労働時間等の枠を超えて事業活動することを要請されてもやむを得ないものといえるような重要な職務と権限を付与されているとは認められない。」

　　イ　店長の勤務態様　　店舗の各営業時間帯にはシフトマネージャーを必ず置くこととされ，店長は自らこれに当たるほか，他の従業員を充てることができない営業時間帯は自ら務めることが必要になる（事実2）。このためXの場合,「同年（平成16年・引用者）7月ころには30日以上，同年11月から平成17年1月にかけては60日以上の連続勤務を余儀なくされ，また，同年2月から5月ころにも早朝や深夜の営業時間帯のシフトマネージャーを多数回務めなければならなかった」その結果「時間外労働が月100時間を超える場合もあるなど，その労働時間は相当長時間に及んでいる。」

　「店長は，自らのスケジュールを決定する権限を有し，早退や遅刻に関して，上司であるOCの許可を得る必要はないなど，形式的には労働時間に裁量があるといえるものの，実際には，店長として固有の業務を遂行するだけで相応の時間を要するうえ（試算では，月150時間程度・引用者），上記のとおり，店舗の各営業時間帯には必ずシフトマネージャーを置かなければならないというY会社の勤務態勢上の必要性から，自らシフトマネージャーとして勤務することなどにより，法定労働時間を超える長時間の時間外労働を余儀なくされるのであるから，かかる勤務実態からすると，労働時間に関する自由裁量性があったとは認められない。」

　　ウ　店長に対する処遇　　店長の平均年収額および4段階評価別の平均年収額は事実6記載のとおりであり，これによれば「店長全体の10パーセントに当たるC評価の店長の年額賃金は，下位の職位であるファーストアシスタントマネージャーの平均年収より低額であ〔り〕，また，店長全体の40パーセントに当たるB評価の店長の年額賃金は，ファーストアシスタントマネージャーの平均年収を上回るものの，その差は年額で44万6,943円にとどまっている。」

　また，店長の週40時間を超える労働時間は事実6記載のとおりファーストアシスタントマネージャーの月平均時間外労働数を超えており，「店長のかかる勤務実態を併せ考慮すると，上記検討した店長の賃金は，労働

基準法の労働時間等の規定の適用を排除される管理監督者に対する待遇としては，十分であるといい難い。」

エ　「以上によれば，Y会社における店長は，その職務の内容，権限及び責任の観点からしても，その待遇の観点からしても，管理監督者に当たるとは認められない。したがって，Xに対しては，時間外労働や休日労働に対する割増賃金が支払われるべきである。」

3　時間外及び休日割増賃金に係る付加金の要否及びその額　「Y会社に対しては，上記認定した時間外割増賃金及び休日割増賃金の合計額の5割……の付加金の支払を命ずるのが相当である。」

【コメント】　1　労基法41条2号の規定する「監督若しくは管理の地位にある者」に関する基本的意義および具体的範囲に関する判旨の判断は，通説および行政解釈に堅実に沿ってなされたものと評価できる。問題となり得る点は以下のとおりである。まず，判旨1はいわゆる職務の要件に関し，「企業全体の事業経営に関する重要事項にどのように関与しているか」との基準によっている。しかし，労基法制定当初から「工場長」が例示されているように，「企業全体……に関する重要事項」とまでいう必要はなく，事業場単位の上級幹部も含まれると考えられる。したがって，「企業全体の事業経営」への関与基準は，一般論としては狭きに失するように思われる（本件店長の権限に関する判旨2アについては異論の余地はない）。

2　つぎに，判旨2イは，Xの長時間労働の実態の一端を詳細に認定し，店長の労働時間に関する裁量の名目性と日常のルーチンワークによる長時間の実質的被拘束性の実態を捉えた上で，自由度の高い裁量性を有していたとは認められないとしており妥当な判断である。論者のなかには，管理監督者性の判断におけるいわゆる勤務の要件は，「厳格な時間的拘束性」の有無にあり，時間外労働の発生をもって時間裁量性を否定するのは矛盾であると批判するものがある（岩出誠〔判批〕ジュリ1363号139頁）。しかし，長時間労働を余儀なくされる者（Xの場合は，本件係争期間中に店長固有の業務やシフトマネージャーとしての勤務によって，30日連続労働あるいは60日連続労働を余儀なくされている）に，自己の勤務を自由に決定できる実質的裁量権があるはずはないのであり（経験則），長時間労働の実態を認定した上で，勤務の要件を欠くと判断することに格別矛盾はない。

3　さらに，判旨は，待遇の要件に関し，職務の要件や勤務の要件との関係において，付随的要素あるいは参考要素といった考え方をせずに，並

立した独自の要件と解しており妥当である。また店長の半数は，月平均時間外労働数に相当する割増賃金額を加えると，定期的にB評価またはC評価を受けることにより，下位のマネージャーの平均年収と比較してさほど変わりないか（B評価とされる40％の店長），またはこれより低額（C評価とされる10％の店長）になるが，判旨**2ウ**は，特にC評価を受ける店長の場合を取り上げ，「労働基準法の労働時間等の規定の適用を排除される管理監督者に対する待遇としては，十分であるといい難い。」としており，こうした評価手法に違和感はない（なお，水町勇一郎〔判批〕NBL882号22頁参照）。

(4) 業務の特殊性による適用除外

一　「監視労働または断続的労働に従事する者で，使用者が労働基準監督署長の許可を受けた者」（労基41条3号）　「監視労働に従事する者」とは，一定部署で監視することを本務とし，常態として心身の緊張の少ないものである（門番，守衛，水路番，メーター監視員のようなものが監視業務に従事する者と認められる余地があるとされている）。精神的緊張度の高い監視労働（プラント等における計器類を常態として監視する業務，駐車場などを含む交通関係監視，立哨・出入者の身体や所持品の検査・監視ないし警備の業務，犯罪人の監視など）は許可対象にならない。

二　「断続労働に従事する者」とは，本来の業務に時間的な間隙があり，労働時間中の手待ち時間が，実作業時間と折半程度に多いものである（実態に即して判断すべきものであるとされた上で小学校の用務員，高級職員専用乗務員，寄宿舎の寮母などが例示されている）。しかし，実働時間が8時間を超えるもの，および危険または有害な業務（タクシー運転手，ボイラー技士，高圧線保守工などがその例）は一般的に許可対象にならない（以上につき，昭和22・9・13発基17号，昭和63・3・14基発150号，平成5・2・24基発110号，平成11・3・31基発168号）。

三　監視または断続労働として労基法41条の適用除外業務とするためには労働基準監督署長の許可が必要である（労基則34条）。労働基準監督署長の許可は，当該労働が監視労働または断続労働と認められるための要件であり，許可を受けないときは，労働実態上監視労働または断続労働と認められるものも，通常の労働として労働時間，休憩および休日の定め（労基32条・34～35条・37

条) が適用される*1*2。

＊1　宿日直業務　宿日直業務は，通常，事業施設について防犯，防火など警備のための定時的巡視，緊急文書の収受，非常事態時への対応を目的に事業場内に泊まり込み，あるいは一定の時刻まで留まる特別の勤務をいう。使用者が労働者に対しそうした宿日直勤務を命ずることを就業規則に明示しているものが多い（参照，昭和35・8・25基収6428号）。

宿日直には，①本来の業務とは別に追加の労働として時間外または休日に行う場合（労基則23条）と，②「本来の業務として」行う場合（同34条）とがある。①の場合の許可には，②の場合の許可のように「法第41条第3号の規定による許可」であることが明記されていないが，上記行政解釈は労基則23条を労基法41条を根拠条文とする同条3号の解釈規定であるとしており，労基法32条の法定労働時間の規定のみを適用しないとしている。これは，本来の業務の「追加の労働として」としての宿日直の場合には，労働者は別に休憩，休日を与えられていると考えられたからであろう。②の本来の業務として行われる宿日直は労基法41条の定める監視断続労働に該当するものであり，法定労働時間のほか休憩，休日の規定も適用されない。

学説には，①の宿日直を規定する労基則23条は，同34条の定める宿日直のように法律の規定根拠（労基41条）を持たない規則（命令）として無効と解するものが少なくない（青木宗也＝片岡曻編『注解法律学全集44・労働基準法Ⅰ』〔青林書院，1994年〕553頁〔西谷敏〕ほか）。しかし，政府はいずれの場合も，労基法41条の定める断続労働として取り扱っており，有力学説も「宿日直の勤務を極めて軽易な労働とみて」，厳格な諸条件（下記①②③）を付して労基法41条3号の許可対象にすることを肯定している（有泉320頁，東大・注釈労働時間752頁，東大・注釈労基法〔下〕〔和田肇〕765頁ほか）。

労働基準監督署長は，許可に際し，①睡眠施設の整備状況，②回数（宿直は1週1回，日直は1ヵ月1回），③宿日直手当として平均賃金の3分の1以上が支払われることを条件としている（昭和63・3・14基発150号）。

宿日直勤務中に本来の業務と同等の労働を行った場合，使用者は宿日直手当とは別に当該労働の遂行に実際に必要とした時間に関し時間外労働として労基法37条所定の割増賃金を支払わなければならない（たとえば，医療法16条は病院に対し医師の宿直勤務を義務づけているが，特定の軽易な業務〔定時巡回，定時検温・検脈など〕以外に，宿直医師が急患の診療をしたような場合，その診療時間は通常の労働時間として取り扱わなければならない〔厚労省・早わかり225頁以下〕）。

＊2　ILO条約　第30号条約は，監視または継続的労働の例として建物管理人（caretakers），敷地・倉庫の守衛（persons employed to look after working premises and warehouses），所定労働時間の前後に準備的，補助的な仕事をするためにだけ雇用される者など，を挙げている。

Ⅱ　労働時間の法的意義

1　労働基準法上の労働時間
(1)　労働時間の法的意義をめぐる学説・判例

　一　日本は，1970年代以降大企業を中心に1週間44時間制または48時間制から1週間40時間制への移行期に入り，これと併行して従来所定労働時間内で実施していた作業の準備や作業終了時・終了後の整理整頓を所定労働時間外に行うよう勤務規則を変更した。こうした「労働時間管理の厳正化」の動きに対し労働者（労働組合）の抵抗運動も活発に行われ，労基法上の労働時間の法的意義に関する学界および実務の感心が大いに高まった（濱口251～254頁，小西ほか〔渡辺〕313頁参照）。

　二　労基法は，使用者に対し，1週間・1日の法定労働時間を超えて「労働させてはならない。」と定めている（32条）。しかし，労働時間の定義規定を置いていない。ILOは，商業・事務所の労働者の8時間労働制を定めた1930年第30号条約で労働時間の概念に関し，休憩時間を含まないとした上で，'the term "hours of work" means the time during which the persons employed are at the disposal of the employer.'（「『労働時間』とは，被用者が使用者の指揮監督の下にある時間をいう。」）と定めた（第1号条約には定義規定は存在しない）。

　三　有力な学説は，日本の労基法上の労働時間の意義も国際条約の定義と同じことに帰すると解し（有泉273頁），行政解釈もそれに従っている（厚労省・労基〔上〕392頁）。しかしながら，「使用者の指揮監督の下にある」とは，労働時間の法律概念の大枠であり，具体的に労働者のどのような状態にあることをいうのか明らかではない。労基法32条は刑罰規定であり，その意義，限界は明確でなければならず，労働時間の意義および範囲は労使が自由に決めるべき問題ではない。したがって，客観的に労働時間の性質を有する時間を労働時間でないように取り扱うことは違法である。

　四　その後，「使用者の作業上の指揮監督下にある時間または使用者の明示または黙示の指示によりその業務に従事する時間」と業務従事性を基準にする説（菅野265頁，同旨安枝＝西村130頁，下井288頁），「使用者の関与のもとで労働者が職務を遂行している時間」と使用者の関与性と職務性の程度を相互補完的要件として労働時間性の有無を判断する説（荒木尚志『労働時間の法的構造』〔有斐閣，1991年〕261頁），労働者が「労働義務を履行している時間」と解する説（山川144頁），「労働者が職務遂行に客観的関連性ないし必要性のある行為

をする時間」とする説（小西ほか〔渡辺〕314頁）などの学説が唱えられた。

五 判例は，作業職労働者の始業前の作業準備，終了後の作業整理等に要する時間が労基法上の労働時間に該当するか否かが争われた事件（**case 8-6**・三菱重工業長崎造船所事件）において，労基法上の労働時間か否かは「労働者が使用者の指揮命令下に置かれたものと評価することができるか否かにより客観的に定まる」と，一般的な判断基準の大枠を示した。そしてその大枠基準の下で，労働者が就業を命じられた業務に関し一定の行為を「義務付けられ」ているか，または「余儀なくされた」ときは，当該行為は，特段の事情のない限り，使用者の指揮監督下に置かれたものと評価することができ，労基法上の労働時間に該当するとの具体的判断基準を示した。

その後，ビル管理業務に一昼夜（24時間）勤務する技術系職員が深夜に仮眠室で仮眠することを許される「不活動仮眠時間」が労基法上の労働時間に当たるか否かが争われた事件（**case 8-7**・大星ビル管理事件）において，判例は上記判決の判断基準の大枠を確認した上で，「当該時間に労働者が労働から離れることを保障されて初めて，労働者が使用者の指揮命令下に置かれていないものと評価することができる。」と，場所的拘束性ないし待機性を重くみて，不活動仮眠時間が労基法上の労働時間に当たることを肯定した＊。

これら最高裁判決は，上の諸学説の理論的成果を取り入れた判断ということができる（参照，東大・注釈労基法〔下〕〔小畑史子〕508頁以下・516頁，上記2判決に関する石橋洋・百選7版106頁，中窪裕也・同108頁）。

＊ **労働時間性に関する判例の3つの具体的判断基準**　以上のように判例は，「労働者の行為が使用者の指揮監督下に置かれたものと評価することができるか否か」との判断の大枠基準の下に，労基法の規制を受ける労働時間か否かに関し，①使用者から義務付けられた行為を行う時間，②当該行為を行うことを余儀なくされた時間，そして③労働者が労働から離れることを保障されていない時間，という具体的な3基準を示していることになる。

(2) **具体的検討**

私見は，上に述べたように（前記**四**），労基法上の労働時間は「労働者が職務遂行に客観的関連性ないし必要性のある行為をする時間」と解する立場である。その観点に立って，以下に具体的判断の基準を述べる（判例の立場と大きく異なることはない）。

① 労働者が労働契約により義務づけられている本来の業務（作業）の一部を組成する「不可分の行為」を行う時間は，労基法上の労働時間である。作業

前後の機器の設置，点検，機材等の受取りその他の準備（朝礼など）および業務終了後の機材等の格納，作業日報整理，後始末，清掃等がその例である。「不可分の行為」の概念は，これら作業工程上，技術上直接必要な行為に限らず，業務研修，安全衛生教育および諸会議など労働者が業務に関連して使用者の種々の措置ないし指示に従って行う行為を含む（参照，労安衛17～19条・59条・60条，昭和47・9・18基発602号，平成11・3・31基発168号）。

② 本来の業務（作業）を組成する行為ではないが，本来の業務の遂行に「不可欠の行為」は労基法上の労働時間である。たとえば，作業衣，作業靴，保護具その他業務の人的な準備およびその脱離等がこれに当たる。「不可欠の行為」の概念は，これら作業に直接必要な行為に限らず，災害予防訓練や特別健康診断の受診など労働者が本来の業務を適正に遂行する前提ないし合理的体制として必要な行為を含むであろう（参照，労安衛25条の2第1項2号・66条2項，昭和63・3・14基発150号）。また，就業規則により作業規律保持等の観点から使用者が労働者に指示して行わせる行為（たとえば，一斉点呼，準備体操など）は，当該労働契約上不可欠の行為とされているものと解することができる（渡辺章「労働基準法上の労働時間―作業職労働者の『始終業基準』との関連において―」『筑波大学大学院企業法学専攻十周年記念論集・現代企業法学の研究』〔信山社，2001年〕666頁）。

case 8-6 作業職労働者の始業前の作業準備と終業後の後始末に要する時間の労働時間性（肯定）

三菱重工業長崎造船所事件・最1小判平成12・3・9民集54巻3号801頁

【事実】 1 昭和48年6月当時，Xら（被控訴人・被上告人）は，Y会社（控訴人・上告人）の長崎造船所で就業していた。当時，Y会社の就業規則は，Xらの所属する一般部門の労働時間を午前8時～正午・午後1時～午後5時，休憩時間を正午～午後1時と定め，「始終業基準」として，始業に間に合うよう更衣等を完了して作業場に到着し，所定の始業時刻に作業場において実作業を開始し，所定の終業時刻に実作業を終了し，終業後に更衣等を行うものと定め，さらに，始終業の「勤怠把握基準」に，更衣を済ませ始業時に体操をすべく所定の場所にいるか否か，終業時に作業場にいるか否かを基準として判断する旨定めていた。

2 当時，Xらは，実作業に当たり，作業服のほか所定の保護具，工具

等（以下，保護具等）の装着を所定の更衣所または控所等（以下，更衣所等）で行うものとして義務づけられており，これを怠ると懲戒処分を受け，就業を拒否され，また，成績考課に反映されて賃金の減収につながる場合もあった。Xらのうち造船現場作業に従事する者は，材料庫等からの副資材や消耗品等の受出しを午前ないし午後の始業時刻前に行うよう義務づけられ，また鋳物関係の作業に従事する者は，粉じん防止のため，上長の指示により，午前の始業時刻前に月数回の散水を義務づけられていた。

3 以上の事実関係の下において，実作業開始（始業）前に労働者が，①会社の指定する更衣室で作業服・保護具等の着用を完了し，②指定の更衣室から作業現場まで歩行し，③作業器具等の受出しを受ける作業準備行為に要する時間，および④実作業終了（終業）後に作業器具等を格納し，⑤作業現場から指定の更衣室まで歩行し，⑥作業服・保護具等を脱離するために必要な時間が労基法上の労働時間といえるか否かが争われた。

【判旨】 一部認容

1 労基法32条1項の「労働時間（以下「労働基準法上の労働時間」という。）とは，労働者が使用者の指揮命令下に置かれている時間をいい，右の労働時間に該当するか否かは，労働者の行為が使用者の指揮命令下に置かれたものと評価することができるか否かにより客観的に定まるものであって，労働契約，就業規則，労働協約等の定めのいかんにより決定されるべきものではない……。そして，労働者が，就業を命じられた業務の準備行為等を事業所内において行うことを使用者から義務付けられ，又はこれを余儀なくされたときは，当該行為を所定労働時間外において行うものとされている場合であっても，当該行為は，特段の事情のない限り，使用者の指揮命令下に置かれたものと評価することができ，当該行為に要した時間は，それが社会通念上必要と認められるものである限り，労働基準法上の労働時間に該当すると解される。」

2 本件の「事実関係によれば，Xらは，Y会社から，実作業に当たり，作業服及び保護具等の装着を義務付けられ，また，右装着を事業所内の所定の更衣所等において行うものとされていたというのであるから，①右装着及び②更衣所等から準備体操場までの移動は，Y会社の指揮命令下に置かれたものと評価することができる。また，Xらの③副資材等の受出し及び④散水も同様である。さらに，Xらは，⑤実作業の終了後も，更衣所等において作業服及び保護具等の脱離等を終えるまでは，いまだYの指揮命

令下に置かれているものと評価することができる。
　そして，各Xが右……の各行為に要した時間が社会通念上必要と認められるとして労働基準法上の労働時間に該当するとした原審の判断は，正当として是認することができる。」（①～⑤の付番は引用者）

　【コメント】　1　本判決は，労働時間の法的意義に関し，指揮命令説をとり，労働者が指揮命令の下に置かれているか否かに関し客観説をとる。その上で，労働者が義務づけられた行為であるか否か（義務づけの要件），およびそうすることを余儀なくされたか否か（状況の要件）を基準に判断すべきものとした。学説の「職務遂行との客観的関連性ないし必要性基準説」と同趣旨の判断基準とほぼ同趣旨の基準によって判断されたものと解され，賛同できる。

　　2　X・Y間の別件訴訟では，Xらは「実作業の終了後に事業所内の施設において洗身を行うことを義務付けられてはおらず，また，特に洗身をしなければ通勤が著しく困難であるとまではいえなかった」との事実認定の下に，「Xらの洗身等は，これに引き続いてされた通勤服の着用を含めて，Yの指揮命令下に置かれたものと評価することができず，各Xが……洗身等に要した時間は，労働基準法上の労働時間に該当しないというべきである。」と判決されている。この点の判断には疑問が残る（石橋洋・百選7版106頁は，判旨の「指揮命令下」性は，業務性，場所的拘束性，義務付け性の3要素を含んでいると的確に分析している）。

case 8-7　ビル管理業務従事者の待機的仮眠時間と休憩時間

大星ビル管理事件・最1小判平成14・2・28民集56巻2号361頁
　【事実】　Xら10名（被控訴人・上告人）は，ビル管理人として1週間平均38時間以内の変形労働時間制の下で，一昼夜24時間勤務に就いており，2時間の休憩時間のほか連続8時間の「仮眠時間」が与えられていた。本件仮眠時間中，Xらは警報が鳴るなどしたときは直ちに対応を求められるが，そうした事態のないときは睡眠してよいとされていた。しかし，睡眠時も仮眠室を離れることは許されなかった。Y会社（控訴人・被上告人）は，仮眠時間を非労働時間として取り扱い，「泊り勤務手当」（2,300円）を支払い，時間外勤務手当および深夜就業手当の対象外としていた。しか

し，仮眠時間中に業務の必要が生じ，実作業に従事した時間については，本人が残業として申請した場合に割増賃金を支払っていた。Xらは，本件仮眠時間は全時間が労基法上の労働時間に当たると主張し，本件仮眠時間の全体につき法37条所定の時間外・深夜労働の割増賃金の支払いを請求した。1審（東京地判平成5・6・17民集56巻2号425頁）は，Xらは強度の場所的拘束下にあり，警報が鳴り次第速やかに対応することが義務づけられていたことなどを理由に，仮眠時間帯を労基法上の労働時間と判断して請求を認容した。

原審（東京高判平成8・12・5労民47巻5・6号654頁）は，Xらの本件仮眠時間は労働時間と認めたが，労働契約上この時間に対し時間外手当等を支払う合意は存在しなかったと述べ，Xらの請求の一部（変形労働時間制の下での法定労働時間を超過した部分と深夜労働部分）についてのみ通常の賃金の25％の割増賃金の支払いを命じた。双方が上告。

【判旨】 原判決破棄，差戻し

1 「労基法32条の労働時間（以下「労基法上の労働時間」という。）とは，労働者が使用者の指揮命令下に置かれている時間をいい，実作業に従事していない仮眠時間（以下「不活動仮眠時間」という。）が労基法上の労働時間に該当するか否かは，労働者が不活動仮眠時間において使用者の指揮命令下に置かれていたものと評価することができるか否かにより客観的に定まるものというべきである（**case 8－6**・三菱重工業長崎造船所事件判決参照・表記方法は引用者）。そして，不活動仮眠時間において，労働者が実作業に従事していないというだけでは，使用者の指揮命令下から離脱しているということはできず，当該時間に労働者が労働から離れることを保障されていて初めて，労働者が使用者の指揮命令下に置かれていないものと評価することができる。したがって，不活動仮眠時間であっても労働からの解放が保障されていない場合には労基法上の労働時間に当たるというべきである。そして，当該時間において労働契約上の役務の提供が義務付けられていると評価される場合には，労働からの解放が保障されているとはいえず，労働者は使用者の指揮命令下に置かれているというのが相当である。」

2 「そこで，本件仮眠時間についてみるに，前記事実関係によれば，Xらは，本件仮眠時間中，労働契約に基づく義務として，仮眠室における待機と警報や電話等に対して直ちに相当の対応をすることを義務付けられ

ているのであり，実作業への従事がその必要が生じた場合に限られるとしても，その必要が生じることが皆無に等しいなど実質的に上記のような義務付けがされていないと認めることができるような事情も存しないから，本件仮眠時間は全体として労働からの解放が保障されているとはいえず，労働契約上の役務の提供が義務付けられていると評価することができる。したがって，Xらは，本件仮眠時間中は不活動仮眠時間も含めてY会社の指揮命令下に置かれているものであり，本件仮眠時間は労基法上の労働時間に当たるというべきである。」

3 「本件仮眠時間が労基法上の労働時間と評価される以上，Y会社は本件仮眠時間について労基法13条，37条に基づいて時間外割増賃金，深夜割増賃金を支払うべき義務がある。」そして，Xらの24時間勤務および当該勤務を含む週における所定労働時間を基準に，これを超える時間を算出し，Y会社がXらに支払うべき割増賃金額を確定するよう，審理判断を尽くすため，原審に差し戻す。

【コメント】 本件は，変形労働時間制の下で実施されている一昼夜24時間勤務中の深夜の「不活動仮眠時間」の労働時間の判断に関する事案であり，同時間帯において労働者が使用者の指揮命令下に置かれている状態から離脱しているといえるか否かが問題になっている。判旨1は，case 8-6・三菱重工業長崎造船所事件判決の判示した労働時間性の要件のうち，労働者にとって「労働契約上の役務の提供が義務付けられていると評価される場合」（義務付け要件）に該当するか否かの観点からアプローチし，「労働からの解放の保障」という判断基準を立てた。判旨2は，同時間帯においてはその保障がなく，依然いわゆる「義務づけ」の要件を充足しているものと判断して労基法上の労働時間性を承認した。判旨3はその法的帰結を説いている。妥当な判断と評価できよう（判旨を肯定的に評価するものとして中窪裕也・百選7版108頁。唐津＝和田〔橋本陽子〕108頁は，使用者の指揮命令は業務ないし職務の内容を具体化するものであるから，指揮命令は労働時間概念を統合する本質的要素というべきであるとして本判決の判断枠組みを支持している）。

2 労働時間の計算

一 **事業場通算制** 労働時間は「事業場」を異にする場合も通算される

（労基38条1項）。「事業主」が違う場合も事業場を異にする場合に当たり通算される（立法資料53巻159頁）。労働者の労働時間が，8時間を超過することを知って使用する使用者は時間外労働に必要な要件（36協定の締結・届出および割増賃金の支払い）を満たさなければならない（平成11・3・31基発168号）。特に，パートタイム労働者を使用する事業主に注意が必要である。派遣中の労働者が複数の事業場に派遣されるときは各派遣先において労働した時間が通算される（昭和61・6・6基発333号）。

　二　坑口計算制　　鉱山の坑内や地下通路など坑内で労働する労働者の労働時間は坑口に入ったときから坑口を出たときまでを，途中坑内で過ごす休憩時間を含めて，労働時間とみなす（労基38条2項。この場合，休憩時間の一斉付与および自由利用の原則の適用はない）。坑内の「坑」とは要するに，公道と同程度の安全衛生が保障されておらず，坑内夫以外の者の通行が可能でない地下通路であり，都市の地下隧道工事現場やその地下通路等が労働場所である労働者にも適用される（昭和25・8・11基発732号参照）。

Ⅲ　時間外・休日労働

1　時間外・休日労働の意義および種類

(1)　意　義

　一　使用者が，労働者に，法定労働時間（労基32条・40条）を超えて労働させることを「時間外労働」といい，法定休日（同35条）に労働させることを「休日労働」という。変形労働時間制（労基32条の2・32条の4・32条の5），フレックスタイム制（同32条の3）およびみなし労働時間制（同38条の2・38条の3・38条の4）の各場合における時間外労働の範囲ないし意義に関しては，それぞれの箇所で述べる（第9講412頁・407頁・419頁参照）。

　二　使用者が時間外・休日労働協定を締結しないまま労働者を労働させた場合は，法定労働時間の規定（労基32条・40条）に違反するものとして処罰される。時間外・休日労働に対して所定の割増賃金（後述4）を支払わないときも同様に処罰される（いずれも，同119条）。

　三　使用者が，労働者を，所定労働時間（労基89条1号参照）を超えて労働させた場合でも，実労働時間が法定労働時間の範囲内にとどまっているかぎり，当該所定外労働は「法内残業」であり，ここで言う「時間外労働」は発生しない。1週間2休日制の事業場で所定休日の1日を労働させた場合は，当該休日

労働は「法内休日労働」であり，ここで言う「休日労働」は発生しない。もっとも，割増賃金の支払いにおいては両者を区別しない例が多く，実務上，区別する場合には，あらかじめ法定休日とそれ以外の休日を特定しておくことが，割増賃金率を明確にする上で望ましいとされている（中山 198 頁）。

四　1990 年代前半期以後，慢性的長時間労働により労働者が心身を病み，自殺するケースも増え，労働者災害補償保険法の適用を求め，また安全配慮義務違反を理由に損害賠償を求める訴訟が激増している（典型例は，「常軌を逸した長時間労働」によって心身共に疲弊してうつに陥り自殺を図ったものと判断され，会社の安全配慮義務違反による損害賠償請求が認められた，下巻 **case 23 - 5**・電通事件参照）。問題は，時間外労働の長さだけでなく，その事実を表出させない雇用管理の実態および行政的監督のあり方にもある（参照，濱口 240～241 頁以下）。

(2)　**種　　類**

一　時間外・休日労働は，労基法上，その必要性および手続の点から 3 種に分けられる。

ア　人命または公共の利益に危害が及ぶような差し迫った事態，または突発的な機械の故障，自然災害等の通常予見できない（または高度に予見される）非常事態に対処するために，使用者が労働基準監督署長の許可を得て労働させる場合である。労働者（年少者，女性を含む）はこのような時間外・休日労働命令に服する信義則上の義務がある（有泉 329 頁）。時間外・休日労働が必要の限度を超えて行われた場合には，労働基準監督署長は「代休付与命令」を行うことできる（労基 33 条 1 項・2 項。この場合も，使用者が割増賃金支払義務を負うことに関しては後記 **4** 参照）。

イ　官庁事務を行う国家公務員，地方公務員については，任命権者は公務のために臨時の必要があるときは（非常事由がなくても），時間外・休日労働をさせることができる（同条 3 項）*。

＊　**公務員の時間外労働**　(1)　労基法「別表第 1」の事業に従事する職員を除くいわゆる一般職の公務員（非現業公務員）に関しては，任命権者は「公務のため臨時の必要がある場合において」，その具体的事由や手続に関し格別の規制なしに，法定労働時間を延長し，休日に労働させることができる（労基 33 条 3 項）。

(2)　労基法は国家公務員には適用されない（国公附則 16 条）。国家公務員の勤務時間等は，「一般職の職員の勤務時間，休暇等に関する法律」（平成 6 年法律 33 号）により定められている。これにより，各省庁の長は「公務のため臨時又は緊急の必要」に基づき職員に対し時間外・休日労働を命令することができる（同 13 条）。

そのため，本条（労基33条）はもっぱら地方公務員に適用される。

(3) 地方公務員のうち，地方公営企業に勤務する職員（現業地方公務員）には労基法が原則的に適用される。地方公務員に対し労基法の規定の一部を適用しないと規定している地公58条は地方公営企業職員には適用されないからである（地公企39条）。非現業地方公務員には労基法の労働時間規定のうち法定労働時間，休憩，休日，時間外・休日労働，割増賃金の支払義務および休暇等に関する規定，つまり労働時間法の原則的規定のみが適用される。適用される労基法の規定は32条・32条の2・34条・35条・36条・37条・38条・38条の2第1項，39条（5項を除く）である（地公58条1項）。

(4) 公立学校の教職員に関しては，「公立の義務教育諸学校等の教職員の給与等に関する特別措置法」（昭和46年法律77号）によって，条例で時間外・休日労働の事由を定め，条例においては国立学校教職員の時間外・休日労働事由（昭和46・7・5文部省訓令28号，同特法7条参照）に準じて定めることとされている（同給特法11条）。その「事由」に該当するかぎり，労基法所定の３６協定の締結および割増賃金の支払いは必要ない。これら教職員にはその代償として本俸の４％の「教職調整額」が支給される（同給特法3条・8条）。その時間外・休日労働の「事由」は，現在のところ，①生徒の実習，②学校行事，③教職員会議および④非常災害等のやむを得ない場合のいわゆる「限定4項目」に絞られているところ，公立の義務教育学校の教職員（地方公務員）の日常的に必要とされる所定勤務時間外の生徒指導等のための時間外労働に関しても拡大適用されている現状について，法理論的問題性が指摘されている（萬井隆令「教師の休憩時間中の労働と超勤手当について」龍谷法学41巻2号〔2008年〕315頁以下に詳細な検討がなされている）。

ウ　今日最も問題とされるのは，使用者が「臨時の必要」に基づいて労働者にさせる時間外・休日労働である。この場合，使用者は労基法36条の定めに従い，事業場の労働者の過半数代表者と時間外・休日労働協定（俗称「サンロク協定」）を締結し，別に定められている届出の様式で労働基準監督署長に届け出ることが要件になっている（労基則16条・17条）。

ニ　労基法は，以上のように，時間外・休日労働の要件として，客観的に緊急性，必要性の高い非常事由の時間外・休日労働（労基33条）には行政官庁の許可を受けさせ，一方，一般的な臨時の必要を理由にする時間外・休日労働（同36条）については３６協定届の届出に止めており，法定労働時間の原則遵守の立場から見ると手続的要件の設定が転倒的構造になっている。

2 36協定に基づく時間外・休日労働

(1) 36協定の締結

36協定にはつぎの事項を協定しなければならない（労基36条1項本文，労基則16条）。

① 時間外または休日労働をさせる必要のある具体的事由
② 業務の種類
③ 労働者の数
④ 1日および1日を超える一定の期間についての延長時間
⑤ 同期間に労働させることができる休日
⑥ 有効期間の定め（労働協約による場合を除く）

(2) 時間外労働の限度

一　厚生労働大臣は，「労働時間の延長を適正なものとするため」，36協定で定める労働時間の延長の限度その他必要な事項について，「労働者の福祉，時間外労働の動向その他の事情を考慮して」定めることができる（要するに，労基法は直接時間外労働の限度を定めていない）。この規定に基づいて，36協定で定める「労働時間の延長の限度等に関する基準」（以下，限度基準）が通達されている（平成10・12・28労働省告示154号，その後改正され，現行は平成15・10・22厚労省告示355号）。「限度基準」は下表のように定められている（労基36条2項・4項）。

上記告示「別表第1・第2」

36協定期間	限度時間 I	限度時間 II
1週間	15時間	14時間
2週間	27時間	25時間
4週間	43時間	40時間
1ヵ月	45時間	42時間
2ヵ月	81時間	75時間
3ヵ月	120時間	110時間
1年間	360時間	320時間

　＊　限度時間IIは，対象期間が3ヵ月を超える1年単位の変形労働時間制（労基38条の4）を実施している場合の限度時間である。

二　限度基準通達には，「特別の事情」（臨時の事由に限る）のために，あらかじめその基準を超えてある限度まで労働時間を延長できるエスケイプ・ルー

トが認められている（同告示3条ただし書）。また，告示の定める限度基準は建設事業，自動車運転の業務，新技術・新商品の研究開発その他特に労働基準局長の指定する業務には適用されない（同告示5条）。育児または家族介護を行う女性労働者の時間外労働の制限に関しては別箇所で述べる（下巻第21講Ⅳ5参照）。

　三　36協定の当事者は，「当該協定の内容が前項の基準（限度基準・引用者）に適合したものとなるようにしなければならない。」（労基36条3項）。この適合義務について，一説には「なるように」との規定文言からみて，それに違反する36協定も直ちに無効とはいえないとの見解が有力である（東大・注釈労基法〔下〕〔中窪裕也〕620頁参照）。しかし，厚生労働大臣の定める限度基準は，立法に至る長い歴史的経緯にかんがみると，労働契約の内容となるために必要な合理性の限度を示すものと解したい。使用者は，限度基準を超えて労働時間を延長する必要があるときは，労働省告示154号3条ただし書が規定するように，あらかじめ「特別の事情」（臨時の事由に限る）を定めて行う方法によるべきである。したがって36協定の，時間外労働の限度基準を超えて定めた部分は，労働契約上合理性を欠く定めとして無効となり，その限りで時間外労働は違法となり，かつ個々の労働者を拘束しないと解する＊。

　　＊　**延長限度基準を超える時間外労働協定**　労基法36条3項の規定文言の問題については，同種の規定は年次有給休暇を取得したことを理由とする不利益取扱いを禁止する例があるが（労基136条），同規定は年休付与義務を定めた本規定（同39条）の精神を確認的に規定したものとして，いかなる不利益取扱いも許さない趣旨を明確にしたものと解する見解が有力である。それと本条の規定とを異なる趣旨に解する根拠はないと思う。しかも，本条は，年休に関する先の規定（同136条）と異なり，労基法の附則ではなく，本規定の一部として規定されていることにも留意する必要がある。

　四　坑内労働その他健康に有害な業務の延長限度　　2時間が限度である（労基36条1項ただし書）。有害業務とは，暑熱，寒冷な場所，強度の騒音，有害放射線に曝される業務，重量物取扱業務等であり命令に詳細に定められている（有害業務の具体的範囲に関しては労基則18条参照）。

(3) 労働者の時間外・休日労働義務
― 時間外労働申込み説
case 8-8　３６協定が存在する場合の時間外労働義務（否定）

明治乳業事件・東京地判昭和44・5・31 労民集20巻3号477頁
　【事実】　Y会社労組の支部執行委員であるXは，会社が３６協定未締結のまま支部の反対を無視して早出・残業を中心にする新勤務形態を採用したことに反発し，勤務命令簿をアルコールランプで焼却し，懲戒解雇された。本件は従業員の地位確認請求事件。
　【判旨】　請求認容
　1　３６協定は，「単に使用者が労働者に基準労働時間を超過する労働をさせても労基法違反にならないという公法上の効果を生ずるにとどまるため，使用者が労働者に時間外勤務を命令し，労働者がこれに従うべき私法上の効果（労働義務）を生ずるためには，他の要件を必要とする。しかして，……労基法に定める基準労働時間を超えて時間外勤務を行う義務を認める労働契約，就業規則は，３６協定のもつ前示公法上の効果を超えて個々の労働者に時間外勤務に関する具体的義務を定めるものであるならばその限界において労基法に違反して無効であり，また労基法所定の最低労働条件以下の労働条件を労働協約に定めることは，協約の本質に反するばかりでなく，前示の限度において労基法違反として無効である。」
　2　「このように時間外勤務に関して３６協定，労働契約，就業規則，労働協約などいかなる形式をもって取り決めをしてみても労働者にその義務を生ずることがないが，ただ３６協定成立後，使用者から具体的な日時，場所などを指定して時間外勤務に服して貰いたいとの申込みがあった場合に，個々の労働者が自由な意思によって個別的に明示もしくは黙示の合意をしたときは，それによって労働者の利益が害されることがないから，その場合に限り，私法上の労働義務を生ずるものと解するのが相当である。」
　本件勤務命令簿は，３６協定締結の手続を履践しないで作成したものであり，従業員は同命令簿の記載内容に従う義務はない。Xの行為は会社諸規定に違反する行為であるが，会社の不当な措置に大半の責任があり，懲戒解雇は社会観念上相当と認められる均衡を失し，無効である。
　【コメント】　学説の「時間外労働申込み説」に依拠したものである。判旨1が，労働契約および就業規則が，個々の労働者に時間外勤務に関する

具体的義務を定めるものであるならばその限界において「労基法に違反して無効」と言う部分は不可解である。「32 条に違反して無効」との趣旨であろう。判旨 2 は，他方で「使用者から具体的な日時，場所などを指定して時間外勤務に服して貰いたいとの申込みがあった場合」にかぎり，私法上の労働義務を生ずるとする。労働契約と就業規則の当該規定を無効としてその適用を排除しつつ，個々の労働者の合意のみ何故有効と解し得るのか。そこのところにこの説のアキレス腱がある（参照，石川吉右衛門「三六協定と時間外労働義務」『鈴木武雄先生古希記念論集・現代商法額の課題下巻』〔有斐閣，1975 年〕1162 頁以下）。

二　一般的（包括的）合意説
case 8-9　現業国家公務員（郵政職員）の時間外労働義務（肯定）

静内郵便局事件・最 3 小判昭和 59・3・27 労判 430 号 69 頁
【事実】　1　Xら（控訴人・上告人）は，勤務時間内に配達すべき郵便物を数多く持ち戻ったため局長代理により超過勤務を命令され，これを拒否したところY郵政省（被控訴人・被上告人）により懲戒処分（戒告，訓告）を受けた。本件はXら被処分者の慰藉料請求事件。1 審（札幌地判昭和 50・2・25 労民集 26 巻 1 号 26 頁）は下記 2 の就業規則・労働契約を根拠にして，また原審（札幌高判昭和 54・1・31 労民集 30 巻 1 号 81 頁）は，当局の職員らに対する時間外労働命令は国公法 98 条の規定する職務上の命令に当たることを根拠にして，Xらはこれに服する義務を負うと述べてXらの控訴を棄却。

2　郵政省と全逓信労働組合との間の労働協約には，やむをえない事由がある場合には郵政省が職員に時間外労働又は休日労働をさせることができる旨の合意がされ，郵政省就業規則にも同旨の定めがある。またYの静内郵便局長と右組合日胆地方支部長との間において，同局長が所属職員につき労働基準法 32 条又は 40 条所定の労働時間を延長しうる旨の協定が締結されており，同協定には，①郵便の業務が著しくふくそうして利用者に不便を与えると認められるとき，および②その他急速に処理を要する業務の渋滞を防止するためやむを得ないとき等特定の場合に，同局長は，時間外労働を，所定の期間，1 日 2 時間，所定の期間中 15 時間の限度で時間

外労働を命令することができる旨定められていた。

　【判旨】　上告棄却

　Xらは，勤務時間内に配達すべき郵便物を数多く持ち帰ったため本件時間外労働を命ぜられたものである。「右は前記労働協約に定めるやむをえない事由がある場合に該当する……。原審は，これを前提とし，また，『国の経営する企業に勤務する職員の給与等に関する特例法』6条の規定に基づいて郵政大臣が制定した『郵政事業職員勤務時間，休憩，休日および休暇規程』は所属長が職員に対して一定の場合に時間外勤務を命ずることができる旨定めており，右は国家公務員法98条所定の職務上の命令に当たるものであるとして，本件時間外労働を命ぜられたことによりXらは時間外労働の義務を負うに至ったと判断したものと解される。原審の右判断は，正当として是認することができ」る。

　【コメント】　判旨は，時間外，休日労働をさせることができる旨の労働協約およびこれと同旨の郵政省就業規則の定め，および職員組合支部との間に締結されている所定労働時間の延長に係る協定の存在を挙げ，Xらの郵便物の持ち帰りは，労働協約所定のやむを得ない事由がある場合に当たること，併せて給与特例法6条に基づいて郵政大臣が制定した「郵政事業職員勤務時間……規程」の定めに基づく時間外労働命令は，国公法98条の職務命令に当たるものであることを法的根拠にして，本件時間外労働命令を有効と解し，Xらの時間外労働義務を肯定している。労働協約・就業規則・時間外労働に関する労使協定といった民間私企業における時間外労働の実施要件（A規定群）と，給与特例法・「郵政事業職員勤務時間……規程」・国公法98条の職務命令権限といった公務員法制としての時間外労働命令権限（B規定群）と，そのいずれがXらの具体的時間外労働の義務づけの直接の法的根拠にされているのか，法理論的判別が困難な判断になっている。判旨は，原審はA規定群の時間外労働義務の定めを「前提とし，また」としてB規定群の定めをも付加し，同義務の根拠としたものと理解（整理）しているようである。したがって原審は，包括的義務規定を置いたA規定群を時間外労働義務の主要な根拠としていると解することが可能であり，この法理は，つぎの **case 8-10**・日立製作所武蔵野工場事件の判旨の論理につながっていく（本件判旨の論理構造を的確に分析している島田陽一〔判批〕ジュリ838号225頁，本多淳亮・百選5版102頁参照）。

三　合理的規律説

case 8-10　時間外労働命令に従わない労働者の懲戒解雇（有効）

日立製作所武蔵野工場事件・最 1 小判平成 3 ・11・28 民集 45 巻 8 号 1270 頁

【事実】　Y 会社（被控訴人・被上告人）の就業規則は，「業務上の都合によりやむを得ない場合は，組合との協定により労働時間を延長することがある。」と規定し，同社 M 工場と組合との間に３６協定が結ばれている。同協定は時間外労働を命ずる場合について，①納期に完納しない重大な支障を起こすおそれのある場合，(中略)⑤生産目標達成のために必要がある場合，⑥業務の内容によりやむを得ない場合，⑦その他前各号に準ずる理由のある場合には，実労働時間を延長することがある，と定めている。X（控訴人・上告人）は，トランジスターの品質と歩留まり管理を担当していたが，選別実績歩留まりの推定値の計算の手抜きが判明し，I 主任により残業して歩留まり低下の原因究明を命じられた（本件残業命令）。X はこれを拒否し，14 日の出勤停止処分を受け，同処分後も残業は労働者の権利であり，就業規則に違反した覚えはないなどと主張し，上司らに説得されて提出した始末書にも反省の色がみられないとして書き直しを命じられ，拒否して懲戒解雇された。

1 審（東京地八王子支判昭和 53・5・22 労判 301 号 45 頁）は，労働者に対し時間外労働の義務を負わせるためには「時間外労働をさせる必要のある具体的事由，労働に従事すべき時間，労働者の範囲，労働の内容等」が具体的，明確に規定されていなければならないところ，本件時間外労働の命令の根拠になった３６協定の⑤〜⑦の項目は抽象的，包括的であって，X はこのような協定項目に基づく本件残業命令には従う義務がなかったと判断し懲戒解雇の効力を否定した。しかし原審（東京高判昭和 61・3・27 労判 472 号 28 頁）は，上記各項目は「いささか概括的な規定内容であるけれども……企業経営上，製品の需給関係の変化に即応して生産計画を適正円滑に実施する必要性等を考慮するときは，……やむを得ないもの」と判示し，X には本件残業義務が生じていたとして請求を棄却した。

【判旨】　上告棄却

1　使用者が，３６協定を締結し，これを所轄労働基準監督署長に届け出た場合において，「使用者が当該事業場に適用される就業規則に当該３６協定の範囲内で一定の業務上の事由があれば労働契約に定める労働時

間を延長して労働者を労働させることができる旨定めているときは，当該就業規則の規定の内容が合理的なものである限り，それが具体的労働契約の内容をなすから，右就業規則の規定の適用を受ける労働者は，その定めるところに従い，労働契約に定める労働時間を超えて労働をする義務を負うものと解するを相当とする（case 4-7・秋北バス事件，case 4-8・電電公社帯広電通局事件参照・表記方法は引用者）。」

2 「本件の場合，右にみたように，Y会社の武蔵工場における時間外労働の具体的な内容は本件36協定によって定められているが，本件36協定は，Y会社（武蔵工場）がXら労働者に時間外労働を命ずるについて，その時間を限定し，かつ，前記①ないし⑦所定の事由を必要としているのであるから，結局，本件就業規則の規定は合理的なものというべきである。なお，右の事由のうち⑤ないし⑦所定の事由は，いささか概括的，網羅的であることは否定できないが，企業が需給関係に即応した生産計画を適正かつ円滑に実施する必要性は同法36条の予定するところと解される上，原審の認定したY会社（武蔵工場）の事業の内容，Xら労働者の担当する業務，具体的な作業の手順ないし経過等にかんがみると，右の⑤ないし⑦所定の事由が相当性を欠くということはできない。

そうすると，Y会社は，昭和42年9月6日当時，本件36協定所定の事由が存在する場合にはXに時間外労働をするよう命ずることができたというべきところ，I主任が発した右の残業命令は本件36協定の⑤ないし⑦所定の事由に該当するから，これによって，Xは，前記の時間外労働をする義務を負うに至ったといわざるを得ない。I主任が右の残業命令を発したのはXのした手抜作業の結果を追完・補正するためであったこと等原審の確定した一切の事実関係を併せ考えると，右の残業命令に従わなかったXに対しY会社のした懲戒解雇が権利の濫用に該当するということもできない。」

【コメント】 本件判旨は，就業規則は時間外労働をさせる必要のある具体的事由について36協定の定めに委ねることができ，36協定で定める時間外労働の事由が就業規則の内容を補充し，合理的なものであることを要件に，労働者の時間外労働義務の根拠となるとの立場である。しかし，36協定の締結及び届出自体は，もともと法定労働時間を超えて労働者を労働させても労基法違反としない（免罰的効力を有する）という限定的なものであり，36協定と就業規則とを併列的に労働者の労働契約上の義務

づけの根拠とすることが妥当とは思われない。したがって、本件の⑤～⑦のような事由は、労働者の一般的、概括的な時間外労働義務の根拠規定として就業規則に定めておくべき事由であり、３６協定はそれを一定の時期における状況に合わせて具体化するものと位置づけるべきである。労基法36条を受けて労基則16条１項が３６協定に時間外又は休日の労働をさせる必要のある「具体的事由」を定めることとしている趣旨はこのように解すべきものである。

３６協定に定めるべき時間外労働の事由として、本件⑤～⑦のような「概括的、網羅的な」事由が労基則16条１項の「具体的事由」と言うことができるか、ひいては労働者に重要な義務（時間外労働義務）を課する合理的な内容の定めと言うことができるか、疑問の残る判決である（両角道代・百選７版112頁は、本件判旨を「包括的合意説」に位置づけている。唐津＝和田〔有田謙司〕119頁以下も同様に解し、本件要旨を厳しく批判している。しかし、理論的枠組みとしては「合理的規律説」に分類すべきであろう〔宮本光雄〔判批〕ジュリ1002号208頁参照〕。休日労働と時間外労働との義務発生要件を別個に考察すべきものとしている見解として、小西ほか〔渡辺〕322頁参照）。

3 時間外労働の適正な管理・把握・記録義務

一 使用者は、労働者に時間外・休日労働または深夜労働（原則22時～翌日5時）をさせた場合は、その時間数を労働者ごとに正確に把握し、賃金台帳に記載し、保存しなければならない（労基108条・109条、罰則120条、労基則54条）。

二 近年、特に事務系労働者について、出勤・退勤時刻の「自己申告制」の普及、始業前の作業準備・終業後の後始末を労働時間外に行わせる勤務管理など、時間外労働を正しく記録しない傾向が見られ、過重な「サービス残業」の温床になっている。このような場合、時間外労働の有無、時間数を証明する明確な記録等（証拠）が存在しないとして使用者の割増賃金の支払義務を否定することは実情に合わない。自主申告制の下で勤務した職員については、日常の出退勤時刻の実態から時間外労働の黙示の指示を推認し、あるいは本人のメモ帳の記載等があれば、それを資料に時間外労働の事実を認めるべきである（同趣旨の事例として京都銀行事件・大阪高判平成13・6・28労判811号５頁、藤本茂〔判批〕ジュリ1224号227頁参照）。

Ⅲ 時間外・休日労働

三　なお，使用者が労働者の休日労働を認識しながら中止を指示しない場合は積極的に休日勤務を指示していなくても時間外労働になる（書籍訪問販売の月間売上げ目標を達成するためにした土曜休日出勤に関し時間外労働を認めた事例に，ほるぷ社事件・東京地判平成9・8・1労民集48巻4号312頁がある）。

政府は，使用者に対し，労働時間を適正管理する「責務」を負うことについて改めて注意を喚起している（平成13・4・6基発339号。このヨンロク通達の言う「責務」の法的義務性を肯定する見解として，川田琢之「労働法の現代的課題―労働時間性」ジュリ1322号125〜126頁を参照。小西ほか〔渡辺〕322頁）。

> **note 6　賃金不払い残業監査指導結果**
> 東京労働局の18労働基準監督署の調査（2003〔平成15〕年度）によれば，時間外労働に対する割増賃金の不払いに対する是正勧告は100万円以上不払いのもので180社（前年度91社），支払金額は26億余円から42億余円，対象労働者数は25,032人から61,382人に増加した。東京労働局が2003年に行った臨検監督件数10,124件中，時間外労働割増賃金違反で指導した件数は1,625件（違反率16.1％）であった。

4　割増賃金

(1)　割増賃金の支払義務

一　使用者は，災害等による臨時の必要がある場合（労基33条），または36協定に定めた具体的事由に基づき，労働者に時間外・休日労働をさせた場合（同36条1項，労基則16条1項）には，「通常の労働時間又は通常の労働日の賃金の計算額」に所定の率（割増賃金率）を乗じた額の割増賃金を支払わなければならない。割増賃金率は，2割5分以上5割以下の範囲内で，「労働者の福祉，時間外又は休日の労働の動向その他の事情を考慮して」政令により定めることとされ（労基37条1項・2項），「労働基準法第37条1項の時間外及び休日の割増賃金に係る率の最低限度を定める政令」（平成6・1・4政令5号）は，法定の労働時間を超えて延長した場合について2割5分，法定の休日に労働させた場合は3割5分と定めている。

二　2008（平成20）年，労基法が改正され（平成20年法律89号），上記37条1項に「ただし書」が新たに追加された。すなわち，使用者は，法定労働時間を超えて労働させた時間が1ヵ月60時間を超えた場合においては，その超えた時間の労働については，通常の労働時間の賃金の計算額の5割以上の率で計算

した割増賃金を支払わなければならない（37条1項ただし書）。加えて，使用者は，労使協定において，その5割以上の率で計算した割増賃金の支払いに代えて，有給休暇（通常の労働時間の賃金が支払われる休暇）を与えることを定めた場合において，労働者が当該休暇を取得したときは，上記37条1項ただし書に規定する割増賃金を支払うことを要しないこととされた（労使協定に締結すべき事項および1ヵ月60時間を超える時間外労働であって，有給休暇に対応する時間の範囲については省令で定められる予定である。同条3項新設）。

この労基法37条1項ただし書の規定は，2010（平成22）年4月1日に施行される（附則1条）が，中小企業については，当分の間，上記の規定は適用されない（中小企業の範囲とともに，労基138条）。

　三　使用者が，労働者を深夜時間帯に労働させた場合も，その労働させた時間について，2割5分以上の割増賃金を支払わなければならない。深夜時間帯は，原則午後10時から翌午前5時までをいうが，省令により午後11時から翌午前6時とされる地域または期間もある（同条3項，上記平成20年法律89号による改正後は4項）。通常の労働日の時間外労働が深夜時間帯に行われた場合は割増賃金率は最低5割に，休日労働が深夜時間帯に行われた場合は割増賃金率は最低6割以上になる（労基則20条1項・2項）。

　四　使用者は，労基法36条1項の規定に違反して36協定の締結，届出をせず，違法に労働者に時間外労働をさせた場合にも，当然に，割増賃金を支払わなければならない。判例（小島撚糸事件・最1小判昭和35・7・14刑集14巻9号1139頁）は，このことについて「適法な時間外労働等について割増金支払義務があるならば，違法な時間外労働等の場合には一層強い理由でその支払義務があるものと解すべきは事理の当然とすべきである。」と明快に判示している。すなわち，違法に時間外労働させた使用者は，適法な時間外労働をさせて割増賃金を支払わなかった使用者の場合と同様に，労基法37条1項違反の罪責（労基119条）を負う（熊倉武・百選初版206頁，深瀬義郎・百選2版92頁）。

(2) 割増賃金の計算

ア　割増賃金の基礎になる「労働時間」

割増賃金は，労働者の「通常の労働時間又は労働日の賃金の計算額」を算定基礎として計算する。すなわち，賃金が日給制，週休制または月給制の場合は，それぞれ1日・1週・1ヵ月の「所定労働時間」（法定労働時間ではない）で割った額が算定基礎の時間額になる。賃金を出来高払い（歩合給）で支払う場合は，当該算定期間の賃金の総額を同期間の総労働時間（時間外労働時間も含

める）で割った額が算定基礎の時間額になる（労基則19条。**case 8-12**・高知観光事件参照）。

　イ　**割増賃金の基礎になる「賃金」**

　使用者は，割増賃金の基礎になる賃金の時間額の計算に当たって，①具体的労働に関係のない個人的事情によって支給する賃金（家族手当，通勤手当，別居手当，子女教育手当，住宅手当）のほか，②臨時に支払われた賃金（慶弔の祝金・見舞金など非常に希に発生するもの）および③1ヵ月を超える期間ごとに支払われる賃金（主として賞与）を除外することができる（労基37条4項〔上記(1)二の平成20年法律89号による改正後は5項〕，労基則21条）。①，②および③は法令により特に制限的に認められたものでこれ以外の賃金を除外することはできない（**case 8-11**・小里機材事件。このほか，「職務手当」を基礎賃金から除外したことを違法とした事例に，ほるぷ社事件・東京地判平成9・8・1労民集48巻4号312頁がある）。賃金が上記の除外賃金に含まれるか否かは，その名称ではなく実質に即して判断される（厚労省・労基〔上〕504頁）。

　③の賞与は，支給額が予め確定していないものをいい，支給額が確定しているものは賞与とはみなされない（昭和22・9・13発基17号）。よって，年俸制で毎月払いの分と賞与とを合計して年俸額を決定している場合は当該年俸額を基礎に割増賃金を支払う必要がある（平成12・3・8基収78号，厚労省・労基〔上〕505頁）。

(3)　**割増賃金の定額制・一括払い制**

　割増賃金を毎月定額で支払い，あるいは基準賃金込みにして支払うとする例がすこぶる多い。いずれの場合も，時間外労働の何時間分として支給されているかが明確にされていなければならない。使用者は，時間外労働がその予定時間数を超えて現実に行われたときは，不足額を計算し差額を支払わなければならない（**case 8-11**・小里機材事件の1審・東京地判昭和62・1・30労判523号10頁）。なお，行政通達（平成12・3・8基収78号）も，「あらかじめ，年間の割増賃金相当額を各月均等に支払うこととしている場合において，各月に支払われている割増賃金相当額が，各月の時間外労働等の時間数に基づいて計算した割増賃金額に満たない場合も同条違反となる。」と同趣旨を述べている（傍点・引用者）。

case 8-11 諸手当を「割増賃金の計算基礎」から除外したことを理由とする割増賃金の差額請求（肯定）

小里機材事件・最1小判昭和63・7・14労判523号6頁

【事実】　Xは，工業用皮革，ゴム絶縁材料石綿のパッキング加工販売を業とし，Xは班長の職位にあった。Y会社は，時間外労働割増賃金の計算に当たり，後記の諸手当を除外して割増額を計算した。そこでXは，諸手当を算出基礎にした計算額と差額を請求，Y会社は，基本給に月15時間分の残業手当が含まれていたとも主張した。

1審（東京地判昭和62・1・30労判523号10頁）は，①「割増賃金の計算基礎」から除外できる賃金の範囲を定めた労基法37条4項，労基則21条は，制限的列挙の趣旨に解すべきであって，Y会社がXに支払っていた住宅手当，皆勤手当，乗車手当，役付手当はいずれも上記労基法，労基法施行規則の列挙する除外賃金に該当しない。また，Y会社が従業員に支払う本件「住宅手当」は，労働者が既婚か未婚かを問わず，住民票上世帯主である従業員に対して扶養家族の存否，家族数等に関係なく一律に月5,000円支払われているものであり，労基法37条2項（現4項）所定の「家族手当」の性質を有するものと解することはできず，またいずれの除外賃金にも該当しない。②「基本給のうち割増賃金に当たる部分が明確に区分されて合意され，かつ労基法所定の計算方法による額がその額を上回るときはその差額を当該賃金の支払期に支払うことが合意されている場合にのみ，その予定割増賃金分を当該月の割増賃金の一部又は全部とすることができる。」しかし，本件においては「予定割増賃金分が明確に区分されて合意がされた旨の主張立証も，労基法所定の計算方法による額がその額を上回るときはその差額を当該賃金の支払期に支払うことが合意されていた旨の主張立証もない」，としてY会社の主張を認めなかった。原審（東京高判昭和62・11・30労判523号14頁）も同趣旨を判示。

【判旨】　上告棄却

「原審の認定判断は，……正当として是認することができ，その過程に所論の違法はない。」

【コメント】　判旨は，時間外労働の全時間について割増賃金の差額請求を認容している。附加金については，時間外労働の正確な時間の算出が困難との理由で，毎月当たり12時間を除外した時間数分について認容され

ている。本件判旨によれば，使用者がある種の手当なり基本給の一部を割増賃金の趣旨で支払っていると言えるためには，①その部分が明確に区分されて合意されていることを要するとの「区分の合意」の要件，および②当該区分された金額と実労働時間に基づく割増賃金の法定計算額との「差額支払いの合意」の要件を具備する必要がある。そして判旨の「明確な」は，この両要件にかかるものと判断できる。明快かつ妥当な判断である。

case 8-12 「オール歩合給」労働者の割増賃金の支払請求（肯定）

高知観光事件・最2小判平成6・6・13労判653号12頁

【事実】 Xら（被控訴人・上告人）は，Y会社（控訴人・被上告人）に勤務する「オール歩合給」のタクシー運転手で，午前8時～翌午前2時の18時間拘束（うち，2時間休憩）・1勤務2日制の隔日勤務をしていた。Xらは，終業時刻後の午前8時まで稼働していたとして，退職前3ヵ月間の時間外，深夜労働時間にあたる割増賃金を請求した。Y会社は，月間タクシー料金の水揚高に歩合給を乗じた金額のほかは，Xらに対し時間外，深夜割増賃金を支払っていなかった。1審（高知地判平1・8・10労判564号90頁）は，Y会社がXらに支払った歩合給のうち，いくらが割増賃金に当たるのかが確定できないため，割増賃金を支払った場合に当たらないとしてXらの請求を認容したが，原審（高松高判平2・10・30労判653号14頁）は，終業時刻～午前8時までのXらの稼働は法的根拠を欠くもの（?）と判断し，時間外労働割増賃金請求権は発生しないと判断した。

【判旨】 原審を破棄，Xらの請求一部認容

1　終業時刻（午前2時）から午前8時までの時間外労働について，「Xらの午前2時以降の就労についても，それがXらとY会社との間の労働契約に基づく労務の提供として行われたものであること自体は，当事者間で争いのない事実となっていることが明らかである。したがって，この時間帯におけるXらの就労を，法的根拠を欠くもの，すなわち右の労働契約に基づくものではないとした原審の認定判断は，弁論主義に反するものであり」，違法である。

2　割増賃金請求に関し，「本件請求期間にXらに支給された前記の歩合給の額が，Xらが時間外及び深夜の労働を行った場合においても増額さ

れるものではなく，通常の労働時間の賃金に当たる部分と時間外及び深夜の割増賃金に当たる部分とを判別することもできないものであったことからして，この歩合給の支給によって，Ｘらに対して法37条の規定する時間外及び深夜の割増賃金が支払われたとすることは困難なものというべきであり，Ｙ会社は，Ｘらに対し，本件請求期間におけるＸらの時間外及び深夜の労働について，法37条及び労働基準法施行規則19条1項6号の規定に従って計算した額の割増賃金を支払う義務がある。」

【コメント】 本件は，オール歩合給で賃金を支払われているタクシー運転手が，1勤務実働16時間（18時間拘束・2時間の休憩時間）で2日単位の変形労働時間制（所定労働時間は法定労働時間の限度内）の下で乗務し，1勤務当たり6時間（午前2時〜8時）の時間外労働（うち午前5時までの3時間は深夜労働）に従事していたところ，会社は深夜労働3時間分を含む6時間の時間外労働についても，乗務時間全体の水揚げ高を基に，所定労働時間乗務した場合と同率の歩合率で計算した賃金額を支払っていたという事案である。本来ならば，1勤務当たりの報酬総額を乗務した総労働時間で除した1時間当たりの賃金を算出し，所定労働時間を超える労働時間（本件では1勤務当たり6時間）の部分について，その賃金単価に1.25倍（時間外労働の場合）または1.50倍（時間外労働＋深夜労働）を乗じた割増賃金を支払わなければならない。判旨が，「時間外労働及び深夜の割増賃金に当たる部分」について，労基法施行規則19条1項6号の規定に従って計算した額の割増賃金を支払う義務があると判示しているのは，そのような意味である。原審判断は不可解としか言いようのないものである。

第9講　労働時間法制Ⅱ（弾力的労働時間制ほか）

Ⅰ　弾力的労働時間制度

1　フレックスタイム制
(1) 意　義

　一　フレックスタイム制（flextime）は，労使協定により，1ヵ月以内の期間（「清算期間」という）とその清算期間内の法定労働時間の枠内で所定労働時間（総数）を定め，労働者が各日の始業・終業の時刻の双方を（一方だけでは不可）自主的に決定することができるようにする制度である。フレックスタイム制を採る場合は，時間外労働は，清算期間内を一括し実労働時間が平均して1週間40時間を超える場合に発生し，清算期間内の各週および各労働日については発生しない（労基32条の3）。使用者は，清算期間内の実労働時間（総数）がその期間の法定労働時間数を超えることが予想される場合に，３６協定を締結し届け出る必要がある（昭和63・1・1基発1号，厚労省・早わかり141頁）。清算期間は1ヵ月以内の期間であれば，1日，1週間，2週間でも任意に設定できる。清算期間を1週間に設定したときは40時間を，2週間に設定したときは80時間を超えて労働する部分について時間外労働が成立する。

　二　労基法40条により法定労働時間が1週間44時間とされている特例対象事業（第8講357頁）の場合も，ここで述べる実施要件の下でフレックスタイム制を行うことが可能である（労基40条，労基則25条の2第3項）。

(2) 機　能

　フレックスタイム制は，あらかじめ特定の週または特定の労働日の所定労働時間を決めておく変形労働時間制と異なり，労働者が自由に始業・終業時刻を決定できるため，労働者は業務の都合と私生活との調整や健康管理のための時間の捻出がある程度可能になる。都市部でラッシュアワーを避けて通勤できるメリットも大きい。

　フレックスタイム制は，主に研究機関，新技術・新商品の調査開発部門，個人ごとに業務の繁閑の調整が容易な業務，顧客との折衝機会が多く固定的な時

間制の勤務が必ずしも必要でない営業部門はもとより，企画業務・専門業務などの部門でも広く採用可能な時間制であり，また妊産婦，育児・介護の必要のある個々の労働者の健康や生活事情にも対応し得る制度として普及が期待されている。

(3) **実施要件**

使用者は，フレックスタイム制を実施する場合，就業規則その他これに準ずるものに「始業及び終業の時刻をその労働者の決定にゆだねる」旨を規定し，つぎの事項を労使協定に定めなければならない（労基32条の3）。

① この制度を適用する労働者の範囲（同条第1号）
② 1ヵ月以内の清算期間とその起算日（同条第2号，労基則12条の2）
③ 清算期間内における所定労働時間の総数（労基32条の3第3号）
④ 標準となる1日の労働時間（同条第4号，労基則12条の3第1号）

「標準となる1日の労働時間」は，労働者が年次有給休暇を取得した際に労働したものとして算定される労働時間である。労働者が出張したときは事業場外労働の定め（労基38条の2，本講Ⅱ1参照）に従い，通常は所定労働時間労働したものとみなされるが，フレックスタイム制適用下の労働者の「所定労働時間労働」については，労使協定上の「標準となる1日の労働時間」を適用する。

⑤ 「労働者が労働しなければならない時間帯」（コアタイム）を設ける場合は，その開始・終了の時刻（労基32条の3第4号，労基則12条の3第2号）
⑥ 「労働者がその選択により労働することができる時間帯」（フレキシブルタイム）を設ける場合は，その開始・終了の時刻（同条第4号，労基則12条の3第3号）

〔フレックスタイム制の具体例〕

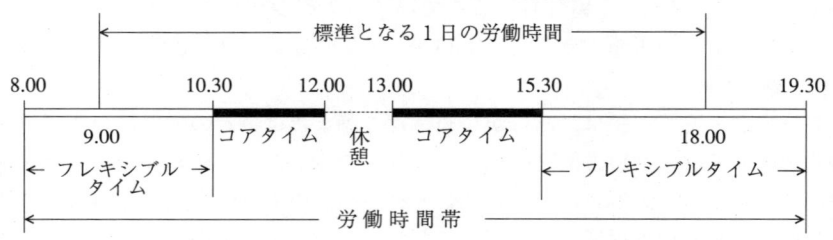

フレキシブルタイムは，「自由出勤時間帯」であり，たとえば午前中の出勤時間帯を8時～10時30分，午後の退社時間帯を15時30分～19時30分と定めるときは，労働者はコアタイムの前2時間30分・後4時間（合計6時間30

分）の幅で始業および終業の時刻を自由に決定し，労働時間を自主的に調整できる。

(4) フレックスタイム制と時間外労働

　フレックスタイム制の場合，法定労働時間を超えて労働した時間外労働の時間数は清算期間ごとに計算する。清算期間における所定労働時間（総数）が法定労働時間より短い場合は，清算期間における法定労働時間に達するまでは法内残業である（当該時間については「通常の労働時間または労働日の賃金」を支払うことで足りる）。

　実労働時間が清算期間の法定労働時間（総数）を超えたときは，使用者はその超えた労働時間を時間外労働として，割増賃金（労基37条）を支払わなければならない。そこで使用者は，フレックスタイム制を適用する労働者の時間外・休日労働に備えて別途３６協定を締結し，労働基準監督署長に所定の様式（「様式第９号」・労基則17条１項）で届け出なければならない（フレックスタイム制下の休日労働に関してはつぎの(5)で述べる）。

---

note 7　フレックスタイム制と時間外労働

　フレックスタイム制を適用されない労働者の場合，暦の具合により，大の月も小の月も，４週間の残りの日数がすべて労働日になる場合，所定労働時間は大の月で184時間（40時間×４＋８時間×３），小の月で176時間（40時間×４＋８時間×２）になり，フレックスタイム制の清算期間の法定労働時間（40時間×清算期間の暦日数／７）の計算数（大の月177.1時間，小の月171.4時間）を上回る。このことは，一般労働者にとって通常の労働時間となる部分がフレックスタイム制労働者については時間外労働になってしまうことを意味する。こうした不合理を避けるため行政解釈は苦肉の解決法をとっている。

　すなわち，①清算期間が１ヵ月で，②毎週週休２日制，③清算期間の29日目を起算日とする１週間の実際の労働時間が40時間を超えず，④清算期間における労働日ごとの労働時間がおおむね８時間以下のときは，１ヵ月の清算期間における実労働時間が法定労働時間を超えても時間外労働としないことができるとしている。

　具体的には，労基法32条の３が時間外労働になるかならないかの分岐点としている「清算期間として定められた期間を平均し（た）１週間当たりの労働時間」は，以下の算式による値とすることができる。

　　｛(起算日から４週間の労働時間)＋(清算期間の29日を起算日とする１
　　週間の労働時間)｝÷５（週間）　　　　　　（平成９・３・31基発228号）

(5) **清算期間における休憩および休日**

　フレックスタイム制は，労働時間の計算に関する一方法であり，労基法の休憩および休日に関する規定はそのまま適用される。したがって使用者は，コアタイムかフレキシブルタイムかを問わず，労働時間が6時間を超える場合は少なくとも45分，8時間を超える場合は1時間の休憩時間を，労働時間の途中に与えなければならない（労基34条1項）。

　また使用者は，毎週少なくとも1回の休日（または，4週間4日の休日）を与えなければならない（同35条）。法定休日に労働させた場合は，労働時間は清算期間における総労働時間の一部として通算するときも，時間外労働と区別し，休日労働として特別の割増率（通常の労働時間または労働日の35％）で計算した割増賃金を支払わなければならない。

(6) **欠勤，遅刻，早退**

　フレックスタイム制適用労働者が，全1日欠勤したときは，就業規則または労使協定の定めに従い，特別の定めがないときは，「標準となる1日の労働時間」の賃金額を差し引くことができる。

　労働者がコアタイムの一部を労働しなかった場合は，遅刻または早退となる。ただし，後日のフレキシブルタイムの労働で喪失時間を埋め合わせることが可能であり，直ちには賃金計算に反映されない。しかし，コアタイムには業務上重要な会議や打ち合わせが予定されることがあり，使用者は就業規則にコアタイムの遵守のために遅刻，早退を職場規律違反として一定の制裁を定めることができる。減給の制裁を行うときは，平均賃金の1日分の半額を超えることはできないが（労基91条），その場合の「1日分」は，コアタイムの時間相当額を基準にすべきものと解される。

(7) **使用者の業務命令**

　使用者は，非常事由の発生時（労基33条1項，第8講390頁）を除いて，フレックスタイム制の労働者に残業を命令することはできない。また残業なしに処理できない業務を命令することも許されない（労働者はその命令を拒否できる）。緊急または重要な，余人をもって代え難い業務に，真に臨時の必要が生じたときにかぎり，合理的な範囲で時間外労働を命令することは認められると考える余地もないことはないが，その必要性や合理性の判断を使用者の裁量に委ねたときはフレックスタイム制のメリット自体が損われる虞がある。使用者は，フレックスタイム制を採用した以上，労働者の同意を得た場合にのみ，当該業務に従事させることが可能と解すべきであり，ほぼ異論は見られない

(東大・注釈労基法〔下〕〔岩出誠〕546頁参照)。

出張についても同様に労働者が業務の必要を自主的に判断し，自らの計画の下に時間配分を含めて決定し行うべきであるとの見解がある。しかし私見は，出張は事業場外労働に従事するものであり，一般的には，労働者の自主的な必要性判断の枠を超えるものとして，使用者は業務命令できると解する。

(8) 隣接する清算期間相互間の「労働時間の貸借」

一　労働者の清算期間内の実労働時間が当該期間の所定労働時間（総数）より多いとき，いわゆる「(使用者への) 貸し時間」として次期の清算期間の総労働時間をその分短くし，使用者において当期の増加時間相当分の賃金を支払わないことは認められるであろうか。反対に，労働者が清算期間の所定労働時間（総数）より少ない労働時間しか労働しなかったとき，いわゆる「(使用者からの) 借り時間」として次期の清算期間の所定労働時間（総数）にその分を付け替え，当期の不足時間相当分の賃金をカットしないでおくことは認められるであろうか。行政解釈は，後者（「借り時間」の場合に不足時間相当分の賃金カットをしない取扱い）は問題ないが，前者（「貸し時間」の場合に増加時間相当分の賃金を支払わない取扱い）は，労基法24条の賃金全額払いの原則に違反し違法と解している（昭和63・1・1基発1号，厚労省・早わかり141頁以下）。

二　この問題は，「清算期間」の意義に関係している。フレックスタイム制における清算期間は，賃金の通常の支払期間と歩調を合わせ，1ヵ月以内の期間とされており，清算期間内の所定労働時間（総数）を基準にして当期の実労働時間の過不足に賃金計算上の決着をつける期間と解される。そこで，労働者の「貸し時間」に関し次期の総労働時間を短くする措置をとり，貸し時間相当分の賃金を支払わない取扱いは違法になり，行政解釈と同じ結果になる（ただし，賃金全額払いの原則の適用問題ではなく，清算期間の法的意義の問題である）。

三　労働者の「借り時間」に関しては，次期清算期間の総労働時間への付け替えを適法と解する行政解釈には賛成できない。労働者の実労働時間がなんらかの事情により相当程度少なくなった場合（たとえば，健康上の理由で1週間以上にわたりコアタイムしか就労できなかったような場合を想起せよ），次期の清算期間の実労働時間をその分増加させると，それだけで法定労働時間を超えてしまう場合を容易に想定できる。そのような場合使用者は，元来所定労働時間（総数）の枠内で通常の賃金を支払えば足りる時間に対し，法定割増賃金を支払うことを義務づけられる結果になる。

以上要するに，賃金は実労働時間に即して毎期の清算期間で「清算」すべき

である（同旨，吉田美喜夫・法セ・コメ 170 頁）。なお，行政解釈に従った就業規則の規定例も見られるようであるが，清算期間内の実労働時間に過不足を生じないよう労働者が自己調整すべき義務を定める例もある（中山 168 頁）。

2 変形労働時間制
(1) 意　義

一　使用者は，労使協定等に，①1ヵ月以内または1年以内の期間（変形期間），②当該変形期間内の所定労働時間（総数），③変形期間内の各労働日の始業・終業の時刻（変形期間内の各労働日の所定労働時間の特定）等を定めたときは，1週間 40 時間・1日 8 時間の法定労働時間の定め（労基 32 条）に縛られず，労働者を，労使協定等に定めた各労働日の所定労働時間に従って労働させることができる。これが変形労働時間の制度である。

変形労働時間制は，このようにして，繁忙期に労働時間を集中させ，その分閑散期に労働時間を短縮して，変形期間内の時間外労働の抑制（実労働時間を効果的に配分する）を可能ならしめる制度であり，フレックスタイム制と並んで「弾力的労働時間制」の一形態である。

二　弾力的労働時間制は，欧米の時短の歴史が証明するように，第 2 次大戦前からの時短目標（1 週間 40 時間制）が実現され，その定着する過程（おおむね 1970 年代）で発展普及した。それは，1 週間 40 時間制を恒常的な時間外労働により空洞化させない工夫として，事業の実情に合わせ無理なく守るために普及したものである（勿論，それ以外の理由もある）。弾力的労働時間制は，したがって，法定労働時間制の例外というより，それを一定の期間（変形期間）の単位で守ろうとして編み出された労働時間制である。

三　しかしながら変形労働時間制は，必然的に特定の時期に労働時間を集中させて長時間の連続労働を可能にし，労働者に過度の疲労，生活の不規則化，家庭や社会のノーマルな生活サイクルからの孤立を深めるという負の面もある。したがって変形労働時間制は，特定の週，特定の日の労働時間の延長限度や労働時間を延長する期間の継続限度を適度な範囲に保つ必要があり，法的規制が必要である。

四　また変形制を実施する使用者には，以下のような配慮が要請されており，場合により適用が制限されている。すなわち，使用者は，

① 育児を行う者，老人や病者を介護する者，職業訓練または教育を受ける者，その他特別の配慮を必要とする男女労働者について，必要な時間を確保で

きるよう配慮しなければならない（労基則12条の6）。

②　変形労働時間制を適用されている妊産婦（妊娠中の女性および産後1年を経過しない女性）が請求した場合，1週間40時間・1日8時間を超えて労働させてはならない（労基66条1項，罰則119条。厚労省・労基〔下〕721頁）。

③　妊産婦が上記②の措置請求をしないまま1日8時間を超えて労働している場合は，具体的状況に応じ法定の育児時間（労基67条）を超える育児時間を与えることが望ましいとされている（厚労省・労基〔下〕726頁）。

(2) 種類と実施要件

一　変形労働時間制に3種があり，それぞれに実施要件が定められている。①1ヵ月変形制は，就業規則か労使協定のいずれかに定め（労基32条の2），②1年変形制および③1週間変形制とは労使協定に定める（同32条の4・32条の5）。それゆえ，「慣行上の変形労働時間制」などは存在し得ない（**case 9 - 1**・学校法人桐朋学園事件）。

二　変形制のうち，上記③1週間変形制は小規模の接客業（常時30人未満の労働者を使用する小売業で日ごとの業務に著しい繁閑が生じることが多いもの，旅館業，料理店および飲食店）でのみ実施することが認められる（労基32条の5，労基則12条の5第1・2項，厚労省・労基〔上〕437頁）。

三　変形制実施の最重要の要件は，変形期間内の各週の労働時間および各労働日の始業・終業の時刻（所定労働時間）をあらかじめ労使協定等に規定（特定）することである（労基89条1号参照）。

唯一の例外は，旅客貨物運送事業（労基「別表第1」4号）の列車，気動車または電車（自動車は含まない）に乗務する労働者で予備勤務に就くものについて，1ヵ月以内の期間を平均し，1週間の労働時間が40時間を超えないかぎりにおいて，1週間40時間，1日8時間を超えて労働させる場合である（労基40条，労基則26条）。

裁判例は，1ヵ月単位の変形制において，1週間・1日の平均所定労働時間を定めたものの，使用者が毎月その枠内で勤務割表を作って各日の労働時間を決め，「季節，または業務の都合により変更」する（労働時間を短縮し，または延長する）と定めただけでは，労働時間を特定したことにならないとして，自動車学校を経営する会社の1ヵ月変形制の定めを無効と解している（岩手第一事件・仙台高判平成13・8・29労判810号11頁）。

四　1年変形制の場合は変形期間が長期であり，1週間変形制は客足に左右される小零細の接客娯楽事業のみを対象にする関係で，それぞれ変形期間内の

各労働日の所定労働時間の規定（特定）の仕方が異なることは後述（(3)イ）する。

case 9-1　深夜仮眠時間帯を含む17時間ないし24時間勤務制の学校警備員の時間外割増賃金の請求（認容）

学校法人桐朋学園事件・東京地八王子支判平成10・9・17労判752号37頁

【事実】　Xは，Y学園の警備員として，平日は1勤務17時間拘束，休日は1勤務24時間拘束の2形態の勤務に，他の警備員と2名1組の交替で就き，各館各室の戸締まり，点検，門扉の開閉，照明点検・消灯，電話・外来者の応対その他の業務を行ってきた。午後11時〜翌朝午前5時までの6時間は「仮眠時間」とされ，賃金計算上は勤務時間に含まれず，平日勤務は11時間，休日勤務は18時間とされた。本件は，平成8年6月Y学園を退職したXが，退職前の2年間につき（労基115条参照），上記仮眠時間を含め，全拘束時間を勤務時間として，法定の時間外割増賃金（労基37条参照）を含めた賃金と，実際に支払われた賃金との差額を請求した事案である。

Y学園は，上記1勤務17時間拘束，24時間拘束勤務は変形労働時間制に基づく変則勤務であり，1ヵ月を平均して40時間を超えることはなかったから時間外労働は存在しないと抗弁した。

【判旨】　請求一部認容

「1か月単位の変形労働時間制採用の有無について

1　Y学園が，Xら警備員の労働時間につき，1か月単位の変形労働時間制を採用するためには，①就業規則において，②起算日を明らかにした上変形期間を1か月の期間と定め，③変形期間を平均して1週間当たりの労働時間が労働基準法32条1項の労働時間を超えない範囲内において，各日，各週の労働時間を特定することが必要である。（労働基準法32条の2）。

2　しかしながら，前記のとおり，警備員勤務規定は，勤務時間につき，『平日については，当日午後4時30分から翌日午前9時30分までとする。……休日については，当日午前9時30分から，翌日午前9時30分までとする。1週に1日の休日を設ける。』『警備員の勤務日は，公平を失しないよう配慮して，前月末までに決定し，割り当てるものとする。』と規定す

るのみであって，変形期間の定め，変形期間の起算日，各日，各週の所定労働時間の特定を規定していない……。

　3　Y学園は，同規定に基づく警備員の勤務日の指定が1か月単位で行われていたことをもって，変形期間の起算日を毎月1日とする1か月の変形期間が定められ，右指定により，各日，各週の所定労働時間が特定されていたと主張するが，右規定の文言に照らすと，右指定は，単に警備員の具体的な勤務日を前月末までに定めることを規定したにすぎないのであって，その指定する場合の基準も定められていない。そうすると，これをもって，変形労働時間制の定めがなされたものと解釈することはできないものである。変形労働時間制は法定労働時間制の例外となるものであるから，その内容は就業規則において明確に規定する必要があり，単に慣行上同様な取扱いがされていたことをもって，その定めがなされたものと解釈することはできないものである。そうすると，1か月単位の変形労働時間制が採用されていた旨のYの主張は理由がない。」(付番は引用者)

　【コメント】　判旨は，「変形労働時間制の定め」，特に労働日とされる日の労働時間の定め（特定）の意義，内容について正確な判断を示しており，適切である。なお，判旨は，労基法13条を援用し，1日8時間を超える労働時間については通常の労働時間の賃金の計算額の25％の率で計算した時間外割増賃金を，また午後10時から翌午前5時までの労働時間については，同25％の率で計算した深夜割増賃金の支払いを請求できると判示している。その際，Xの所定勤務時間が1日17時間ないし24時間（仮眠時間を含む）と定められたものであることから，Y学園がXに支払った賃金を，法定労働時間の上限（8時間）ではなく，当該所定勤務時間で除した額を「一勤務時間当たりの賃金単価」として請求額を算定している。この点についても適切な処理であったと解される。

　五　変形労働時間制の「勤務割り」を使用者が自在に変更することは認められない。やむを得ず「勤務割り」を変更するときは，変形制の定め自体に，①予測される変更事由，②事前の通知，③休日として指定した日の勤務については対象者の同意を得ること，④その他必要な事項を具体的に定めておく必要がある。

　裁判例には，使用者が臨時の必要に基づいて個々人に対し変形労働時間の勤務割りを変更しようとするときは，就業規則に「業務上の必要がある場合，指

定した勤務及び指定した休日を変更する。」と定めるのみでは足りず，変更事由を具体的に定める必要があると解したものがあり，正当である（1ヵ月変形制に関し，同規定に基づいて使用者が勤務割りを変更した措置を無効とした JR 東日本横浜土木技術センター事件・東京地判平成12・4・27労判782号6頁。仲村和夫・百選7版110頁参照）。

六　変形労働時間制を採用した場合の時間外労働は，つぎの時間とされている（昭和63・1・1基発1号）。

①　1日については，8時間を超える時間を定めた日はその時間，それ以外の日は8時間を超えて労働した時間

②　1週間については，40時間を超える時間を定めた週はその時間，それ以外の週は40時間を超えて労働した時間（①で時間外労働となる時間を除く）

③　変形期間については，変形期間における法定労働時間の総枠を超えて労働した時間（①または②で時間外労働となる時間を除く）

この考え方は1年変形制に関しても適用されている（平成6・1・4基発1号）。

しかし私見は，変形労働時間制本来の趣旨（1日8時間・1週間40時間の法定労働時間の定めに代えて，使用者に業務の都合に合わせて一定期間ごとにそれぞれの事業に独自の労働時間の編成を認め，特定の週に40時間・特定の日に8時間を超えて労働させることを認める制度）からみて，当初編成の労働時間を超えて労働させた労働日の労働時間は法定時間外労働として取り扱うことが妥当な処理であると解している（ただし，単独説）。

case 9-2　変形労働時間制の適用労働者が終業時刻の延長指示を拒否したことを理由にする減給処分（無効）

国労熊本地本事件・熊本地判昭和48・10・4判タ300号135頁

【事実】　変形労働時間制を適用されていたX_1は，「入区」午後6時30分と定められた日に入区時刻を15分遅らせる旨の指示を拒否し，X_2は「入区」午後11時30分と定められた日に入区時刻を30分遅らせる旨の指示を拒否し，X_3はX_2に対する入区合図をしてはならないとの指示を拒否して合図し，それぞれ所要の作業を終了して所定入区時刻に入区し，列車の遅延を引き起こした（Xらの右拒否は国労熊本地本の行う順法闘争の一環であった）。本件は，右遅延行為を理由とする減給処分の無効確認請求事件。Y（国鉄）は，助役がXらにした「入区時間の延長」命令は労働時間帯の繰

り下げに過ぎないから適法であると主張した。

【判旨】 X_1 の当日の所定労働時間は9時間30分，X_2 は5時間30分であった。そして，Xらに対する入区時刻の繰り下げは労働時間帯の繰り下げでないことが明らかである。Yは当時労働者の過半数代表との間に３６協定を締結していないから，仮に勤務割で確定された労働時間を自由に変更することが認められるとしても時間外労働にならないことが前提になる。ところで，変形労働時間制の下では時間外労働は行政解釈（昭和23・4・15基収1347号，昭和33・2・13基発90号）のように解すべきである。これを本件についてみると，「X_1 に対する業務命令は，当日勤務時間からみて，超過労働になることは計数上明らか」であるから，Yの業務命令は適法性を有しない。X_2 については，当日の勤務時間が5時間30分であること以外の資料はなく，超過労働にならないものとはにわかに断じがたい。

【コメント】 判旨中の行政解釈は，本文と同趣旨のものである。所定労働時間が5時間30分と定められていた X_2 の勤務時間延長指示が超過労働命令ではないと判断されるためには，Yはどのような事実を主張立証する必要があるか，考えよ。

(3) 変形労働時間制度別の個別的実施要件

ア　1ヵ月変形制の実施要件

使用者は，就業規則または労使協定に，①1ヵ月以内の期間およびその起算日，②法定労働時間（原則40時間，労基法40条の定める特例対象事業の場合は44時間，第8講357頁参照）の枠内での当該期間の所定労働時間（総数），③各週の労働時間および各労働日の始業・終業の時刻を定める。この定めにより使用者は，労働者を特定の日に8時間，特定の週において40時間（または44時間）を超えて労働させることができる。1ヵ月変形制を定める就業規則，労使協定は有効期間の定めをし，労働基準監督署長に届け出なければならない（労基32条の2・89条，労基則12条の2・12条の2の2）。上記の特例対象事業でも同様の実施要件の下で1ヵ月変形制の定めにより労働させることができる（労基40条，労基則25条の2第2項・25条の3第2項）。

イ　1年変形制の実施要件

― **適用除外事業**　1年単位変形制は，中長期的に業務の繁閑を見込んで労働時間を計画的に配分することを可能にする制度である。したがって，①時間外労働が恒常的に行われる事業，②あらかじめ時間外労働をさせる日または

週を決めることが困難な事業（貸切観光バス事業など），および③いったん労使協定で定めた時間を業務の都合で変更しがちな事業など，計画的時間管理が困難な事業には適用されない（平成6・1・4基発1号ほか）。

　二　使用者は，労使協定に，1ヵ月を超え1年以内の「対象期間」（起算日を含む）を定め，その期間全体の法定労働時間の枠内で，各日（労働日）ごとに「始業及び終業の時刻」と各週の所定労働時間を定め（ただし，下記四参照），労使協定に有効期間とその起算日の定めをして労働基準監督署長に届け出なければならない（労基32条の4第1項2号，労基則12条の2・12条の4第1項・6項）。

　三　1年変形制の労使協定には，二の事項以外に，①適用する労働者，②対象期間中の特に業務が繁忙な期間（以下，「特定期間」），を協定しなければならない（労基32条の4第1項1号・3号）。特定期間は労働者を連続して労働させることができる日数の限度（下記五②）と関係する。特定期間の長さは特に規制されていない（平成11・1・29基発45号）。

　四　1年単位の変形制は対象期間が長期にわたる。そのため，対象期間内の労働日の「始業及び終業の時刻」の特定方法に関し一定の便法が認められている。すなわち，対象期間を1ヵ月以上の期間に区分することとした場合（たとえば対象期間を1年とし，その期間を業務の状況により2ヵ月または3ヵ月ごとに区分する場合）は，その最初の「区分期間」の労働日および当該労働日ごとの労働時間を協定すればよい。後続の区分期間については，あらかじめ各期間の30日前までに労働日数と総労働時間を協定することで足りる（労基32条の4第1項4号）。

　その場合，使用者は，最初の区分期間に続く各区分期間の労働日および各労働日ごとの労働時間を，それぞれの区分期間開始の少なくとも30日前に，労使協定の代表者の同意を得て，書面により定めなければならない（同条2項，労基則12条の4第2項）。

　五　1年単位変形制は，対象期間内の労働日数および労働時間の総量が多い。したがって労働時間の集中度（時間および期間）が大きくなり労働者の健康や生活リズムに悪影響を与えることが考えられる。そこで，以下のように規制されている（労基32条の4第3項，労基則12条の4）。

　①　対象期間が3ヵ月を超えるときは，1年当たりの労働日数を280日以内にしなければならない（対象期間が3ヵ月の場合は，労働日数の限度は，280日×対象期間の暦日数／365＝69日である。労基則12条の4第3項）。

② 所定労働時間の上限は1日10時間，1週間52時間に規制される。加えて，対象期間が3ヵ月を超える場合は1週間48時間を超える週は3週間を超えて連続させることはできない。そして，対象期間を初日から3ヵ月ごとに区分した各区分期間において労働時間が48時間を超える週の初日の数が3以下であること（労基則12条4項），連続労働日数の限度は6日とし，前言した「特定期間」については1週間につき1日の休日が確保できる日数（すなわち，連続労働の可能日数12日）としなければならない（労基則同条5項）。

六　使用者は，対象期間中に他に転出する労働者には，労働期間を平均し1週間40時間を超えて労働させた時間（労基33条または36条1項の規定により延長し，又は休日に労働させた時間を除く）について，労基法37条の規定の例により割増賃金を支払い，賃金を清算しなければならない（労基32条の4の2）。

ウ　1週間変形制の実施要件

一　1週間単位の変形制の認められる事業（前記(2)ニ）は，客の出入りによって日ごとの実労働時間がほぼ周期的に変わり，就業規則等にあらかじめ各日の労働時間を特定しても名目的になってしまうことが多い。そこで，就業規則には1週の所定労働時間と，各日の始業・終業時刻を通知する時期と方法だけを規定しておけば足りる。その上で，労使協定において，使用者が毎週末までに次週の客足を予測し，それに合わせて当該次週の各日の労働時間を決定する旨を定めることを認めている。

二　すなわち使用者は，労使協定に，1週間40時間の範囲で1日の所定労働時間を10時間まで定めることができる旨の基本合意を協定し，労働基準監督署長へ届け出ること，および1週間の開始前に，労働者の意思を尊重しつつ，書面で，各日の労働時間を労働者に通知して労働者を労働させることができる。緊急でやむを得ない事由がある場合には，使用者は変更の前日までに，書面によって通知し，当初通知した労働時間を変更することができる（労基32条の5，労基則12条の5，通知義務違反につき罰則120条）。

Ⅱ　みなし労働時間制

1　事業場外労働

(1)　意義および原則

一　労働者が事業場外で労働する場合，そのすべてにあてはまることではないが，使用者が業務の遂行を指揮監督することが不可能または困難なため労働

者が実際にどのくらいの時間労働したかを把握する（算定する）ことができない場合がある。そうした場合，使用者は，①労働者に申告させ，その時間労働したものとみなすか（申告労働時間方式），または②事業場で就業する労働者に適用される所定労働時間だけ労働したものとみなすか（所定労働時間方式），どちらかで労働時間を確定するよりほかの方法はない。在宅勤務は，自宅内で仕事を専用とする個室を設けるなど勤務の方法について，使用者が特段の指示をしないかぎり，事業場外労働とみなされる（平成16・3・5基発0305001号）。

二　労基法は，②の「みなし方式」をとっている（38条の2第1項本文）。ただし事業場外労働の場合でも，使用者が労働時間を把握することが可能と認められるときは，みなし労働時間制は適用されない。すなわち，①事業場外労働に従事する何人かの労働者の中に労働時間の管理者がいる場合，②携帯電話等によって随時使用者の指示を受けながら労働している場合，③訪問先，帰社時刻等当日の業務について具体的指示を受け，事業場外で指示どおり業務に従事し，その後事業場に戻る場合，である（昭和63・1・1基発1号，厚労省・早わかり184頁）。なお，休憩（労基34条），休日（同35条），深夜業（同61条）に関する規定は，事業場外労働にも適用される。

(2) 例　外

業務が集中する繁忙期（中元・歳暮，年度末，または春季・秋季の行楽シーズンなど）に，事業場外の業務（取引先，顧客，仕事の現場の訪問・巡回，現地案内など）に従事する労働者の場合，普段とちがって「所定労働時間を超えて労働することが必要となる場合」に，所定労働時間だけ労働したものとみなすとすることは妥当でない。そこで，このような場合は「当該業務の遂行に通常必要とされる時間労働したものとみなす。」（労基38条の2第1項ただし書）。すなわち使用者は，「その業務を遂行するために客観的に必要とされる時間」労働したものとして賃金の支払い等をしなければならない（昭和63・1・1基発1号）。

(3) **事業場外労働と労使協定によるみなし労働時間制**

一　上記(2)の「所定労働時間を超えて労働することが必要となる場合」のみなし労働時間は，「当該業務の遂行に通常必要とされる時間」であり，時間外労働や休日労働の実績値に近いもの（経験的平均値）でなければならない。その際，所定労働時間に何時間プラスの労働とみなすべきかを労使協定で定めたときは，その労使協定で定める時間を「当該業務の遂行に通常必要とされる時間」とする（労基38条の2第2項）。

二　使用者は，事業場外労働のみなし労働時間に関する労使協定に，有効期

間を定め，命令所定の様式（「様式第12号」）により労働基準監督署長に届け出なければならない。この場合，３６協定に付記して届け出る便法が認められている（労基則24条の2第2～4項。届出義務に違反すると処罰される，労基120条）。

(4) 一部事業場外労働の場合の算定

みなし労働時間制による労働時間の算定の対象になるのは，事業場外で業務に従事した時間である。労使協定も，この部分について協定する。事業場内で労働した時間は使用者において把握（算定）が可能であり，事業場外労働と区別しなければならない。したがって，一部を事業場内，一部を事業場外で労働する場合の当該日の労働時間は，事業場内での実労働時間と事業場外労働のみなし労働時間とを合算した時間である（昭和63・3・14基発150号）。

2 裁量労働制

(1) 裁量労働概念の成立とその拡大

1980年代後半期から，日本経済のサービス化，情報化が進み，新技術・新商品の開発競争が激化し，取引の国際化が一層活発化した。企業は次第に自然科学技術，情報処理，技芸，金融・取引，経営・法務・財務等の諸分野で高度の専門的知識・経験をもつ労働者を多く抱えるようになり，これら労働者の就業実態に相応しい労働時間管理のあり方が模索されるようになった。

労基法は，1980年代後半期から始まる労働時間規定改正の端緒（1987〔昭和62〕年第1次改正）に，一定の範囲の「専門業務」にかぎり裁量労働の概念を導入し，その後の改正（1998〔昭和63〕年）でこれを「企画業務」に拡大した（菅野・雇用社会218頁以下）。

(2) 専門業務型裁量労働の意義および対象業務

専門業務型裁量労働制は，①「業務の性質上その遂行の方法を大幅に当該業務に従事する労働者の裁量にゆだねる必要がある」業務であり，かつ②「当該業務の遂行の手段及び時間配分の決定等に関し使用者が具体的な指示をすることが困難」な業務に適用される（労基38条の3）。①は業務の種類・内容の面での，②は就業管理の面での特性である。それゆえ，専門業務型裁量労働の範囲は，上の2つの客観的，限定的要素に即して命令（労基法施行規則）により個別業務が限定列挙されている（後記3(1)四参照）。

(3) 企画業務型裁量労働の意義および対象業務

一　企画業務型裁量労働制は，①「事業の運営に関する事項についての企画，立案，調査及び分析の業務」で，②「当該業務の性質上これを適切に遂行する

にはその遂行の方法を大幅に労働者の裁量にゆだねる必要がある……業務」で，かつ③「当該業務の遂行の手段及び時間配分の決定等に関し使用者が具体的な指示をしないこと」とされる業務に適用される（労基38条の4）。

二　このように企画業務型裁量労働制の対象業務は，特定の業務に限定されない点で専門型の対象業務と異なるが，他方業務内容が企画・立案・調査・分析の業務に制限され（①），労働者には当該業務の適切遂行能力（②）および大幅な裁量性（③）という主体的限定が存し，使用者には「具体的な指示をしないこととする」主観的限定が求められる業務が対象になる。

(4)　**裁量労働制の展開と労働者の健康確保措置等**

一　裁量労働制は，専門業務型，企画業務型とも実際にはそれほど普及していない[*1]。また，専門業務型裁量労働制をすでに導入している事業場では，成果主義的賃金制度（いわゆる年俸制）の併用と相まって，労働者の働き過ぎによる健康への悪影響が懸念される危うい状況が判明した[*2]。

二　2003（平成15）年労基法改正は，こうした状況に対応し，それまで企画業務型にのみ義務づけられていた，①労働者の健康，福祉の確保に関する措置と，②労働者の苦情の処理に関する措置（労基38条の4第1項4号・5号）とを，専門業務型裁量労働制を採用する使用者に新たに義務づけた（同38条の3第1項4号・5号）。使用者は，これら健康確保の措置および労働者からの苦情の処理に関して講じた措置に関する記録を，当該労使協定または労使委員会の決議の有効期間の満了後3年間保存することを義務づけられている（労基則24条の2の2第3項2号，同24条の2の3第3項2号）。

健康，福祉の確保に関する具体的な措置は，使用者が，①労働者の勤務状況を把握し，②状況に応じて休日，休暇を付与し，③労働者が産業医等の助言，指導を受けることができるようにすることである（平成15・10・22厚労省告示353号，平成15・10・22基発1022001号）。

*1　**みなし労働時間制度採用企業数・適用労働者数**（2007年）

	企業数割合	適用労働者割合
専門業務型	2.9%(8.5%)	1.3%(1.8%)
企画業務型	1.1%(4.9%)	0.3%(0.6%)

資料出所：JIL/PT, JWLP 2008/2009, 60頁。かっこ内は1,000人以上規模企業

*2　**企業が裁量労働制を実施したきっかけ**　「成果主義人事労務管理の導入の一環」（専門業務型61.4%，企画業務型86%），「労働者の創造的能力を高め，発展を促す」（同79.7%，同89.5%）となっている（MA，厚生労働省「裁量労働制

の施行状況に関する調査・平成17年」)。

三　2003（平成15）年労基法改正の際には，企画業務型裁量労働制の一層の普及のために重要な規制緩和が図られた。その主要な一つは，それまで「事業運営上の重要な決定が行われる事業場」のみに許容されていた企画業務型裁量労働制の実施について，その制限が除かれたことである。また，この制度の実施，運営の基本事項の決議には事業場の労働代表で構成ずる「労使委員会」の「全員の合意」が必要とされていたが，「5分の4以上の多数による議決」に緩めた（労基38条の4第1項）。

(5)　裁量労働制と労働時間規定の適用関係

裁量労働制は労働時間の算定に関する制度であり，労基法の法定労働時間等の規定を適用除外する制度ではない。したがって，裁量労働制の下で就業する労働者にも労働時間以外の休憩時間，休日，深夜業に関する規定は適用される（労基則24条の2の2第1項）。また，労使協定等で法定労働時間を超えるみなし労働時間を定める場合は，併せて時間外・休日労働協定の締結が必要であり，その超える時間に関して割増賃金の支払いが必要である。したがって，使用者は裁量労働制の適用される労働者の労働時間を管理する義務を免れない。

3　裁量労働制の実施要件

(1)　専門業務型

一　専門業務型裁量労働制を実施するためには，使用者は，労使協定につぎの事項を協定し，所定の様式（「様式第13号」）で，労働基準監督署長に届け出なければならない（労基38条の3第1項，罰則120条，労基則24条の2第3項・第4項）。

①　対象業務の範囲
②　対象業務に従事する労働者の労働時間として算定される時間（要するに，「労働したものとみなす」1日当たりの時間数)*
③　「対象業務の遂行の手段及び時間配分の決定等に関し……具体的な指示をしないこと」
④　労働者の健康・福祉を確保するための措置を講ずること
⑤　労働者からの苦情の処理に関する措置を講ずること
⑥　労使協定の有効期間

*　「1日のみなし労働時間（平均）」　調査によれば，8時間29分となっている。年間実労働日数は平均240.7日（最多の者は，254.2日）である（厚労省「労

働時間等総合実態調査結果」平成 17 年)。

二　専門業務型裁量労働制は，企画業務型裁量労働制の場合と異なり，その実施に関し，上に述べた労使協定の締結と届出のほかは，個々の労働者の同意を得ることまでは必要とされていない（東大・注釈労基法〔下〕667 頁〔水町勇一郎〕）。

三　行政解釈は，専門的裁量労働制の適用に関し，重要な 2 点に注意を喚起している（平成 12・1・1 基発 1 号）。すなわち，①数人編成のプロジェクトチームを組んで開発業務を行うような場合，チーフが選任され，その管理下で業務遂行，時間配分を行うケースは専門業務型裁量労働に該当しないこと，②労使協定で定める時間は 1 日当たりの労働時間であり，1 週間または 1 ヵ月単位の労働時間を定めることはできないこと，である。

四　対象となる専門的業務の範囲は命令で定められている（労基法施行規則および同規則に基づいて発せられた数次の改正後の平成 15・10・22 厚労省告示 354 号で指定・下表。詳細は，厚労省・労基〔上〕528 頁以下参照）。

労基法施行規則 24 条の 2 の 2 第 2 項 1 ～ 5 号該当業務
①　新商品または新技術の研究開発等
②　情報処理システムの分析または設計
③　記事の取材または編集
④　新たなデザインの考案
⑤　プロデューサーまたはディレクター
⑥　その他厚生労働大臣の指定する業務（下記の 14 業務）

労基法施行規則 24 条の 2 の 2 第 2 項 6 号該当業務
①コピーライター，②情報処理システムのコンサルタント，③インテリア・コーディネイター，④ゲーム用ソフトウェアの創作，⑤証券アナリスト，⑥金融工学等の知識を用いて行う金融商品の開発，⑦大学教授（主として研究に従事するものに限る），⑧公認会計士，⑨弁護士，⑩建築士，⑪不動産鑑定士，⑫弁理士，⑬税理士，⑭中小企業診断士

---

(2)　**企画業務型**

一　企画業務型裁量労働の対象業務は，前言したように専門業務型と業務範囲の決め方が異なっている（前記 2 (2), (3)）。そこで，同制度が適正に運用されるように，①「事業の運営に関する事項」，②「企画，立案，調査及び分析の業務」，③これら業務を「適切に遂行する」ために必要な労働者の職務能力お

よび④「業務の遂行の手段及び時間配分の決定等に関し使用者が具体的指示をしないこととする業務」に関し，「指針」で詳細に定められている（平成11年労働省告示149号を一部改正した平成15・10・22厚労省告示353号。下記 **note 8** 参照）。

二　同指針は，「企画，立案，調査及び分析の業務」は，企画，立案，調査，分析をそれぞれ切り離した個別の業務ではなく，「相互に関連し合う作業を組み合わせて行うことを内容とする業務」を指し，また部署の所掌業務ではなく，労働者が個人として使用者に命じられた業務でなければならないとしている。

また，対象となり得る労働者は，職務能力の面で大学の学部を卒業し，少なくとも3年ないし5年の職務経験を経ており，当該業務を適切に遂行するための知識，経験等を有するか否かを判断されるべきものとされている（厚労省・労基〔上〕545頁以下参照）。

---

note 8　企画業務型裁量労働の対象業務となり得る業務・なり得ない業務の例

【対象となり得る業務】
①経営企画を担当する部署の，経営計画の策定，新たな社内組織の編成の策定業務，②人事労務を担当する部署の新たな人事制度の策定，社員の教育・研修計画の策定業務，③財務経理を担当する部署の財務計画の策定業務，④広報を担当する部署の広報の企画・立案業務，⑤営業を担当する部署の全社的営業計画策定業務，⑥生産企画を担当する部署の全社的生産計画の策定業務

【対象業務となり得ない業務の例】
①経営に関する会議の庶務等の業務，②人事記録の作成保管，給与の計算・支払い，各種保険の加入・脱退，採用・研修の実施等の業務，③金銭の出納，財務諸表・会計帳簿の作成，租税の申告・納付，予算・決算に係る計算等の業務，④広報誌の原稿の校正等の業務，⑤個別の営業活動の業務，⑥個別の製造等の作業，物品の買い付け等の業務

三　企画業務型裁量労働制は，労使協定ではなく，労使同数の委員（最低限度労使各2名）で構成する「労使委員会」で一定の事項を決議して実施しなければならない。労使委員会は，企画業務型裁量労働制に限らず，「賃金，労働時間その他の当該事業場における労働条件に関する事項を調査審議し，事業主に対し当該事項について意見を述べることを目的とする委員会」として設置されるものである（労基38条の4第1項）。

四　労使委員会の労働者委員は，事業場に過半数組合がある場合はその組合，ない場合は労働者の過半数代表者により任期を定めて指名された者でなければならない（労働者委員には労基41条2号の管理監督者を含めてはならない，労基則24条の2の4第1項）。

　五　使用者は，労使委員会の議事録を作成し，労働者に周知させ，3年間保有ししなければならない（労基則24条の2の4第2項・3項）。また，労使委員会の運営に関する規程を定め，その招集，定足数，議事その他委員会の運営に関し必要な事項を規定し，その作成および変更に際し労使委員会の同意を得る必要がある（労基38条の4第2項3号，労基則24条の2の4第4項・5項）。

　六　使用者は，労働者が労使委員会の委員であること，委員になろうとしたことまたは委員として正当な行為をしたことを理由として不利益な取扱いをしないようにしなければならない（労基則24条の2の4第6項）。

　七　労使委員会の決議すべき事項は，つぎの7つの事項である（労基38条の4第1項1～3号・6号）。

① 適用対象業務
② 対象業務に就かせる一定の職務能力を有する労働者
③ 対象業務に従事する労働者の労働時間として算定される時間*1
④ 労働者を対象業務に就かせることについて労働者の同意を得るべきこと，および同意しないことを理由に不利益な取扱いをしてはならないこと*2

　これら4事項は，企画業務型裁量労働制実施の中心的要件であり，労使委員会の委員の5分の4の特別多数決議が必要である。

　さらに，つぎの事項をも一体的に決議しなければならない（労基38条の4第1項4号・5号・7号）。

⑤ 労働者の労働時間の状況に応じた健康確保措置
⑥ 労働者の苦情処理に関する措置
⑦ 決議の有効期間

（⑤，⑥の事項に関し労基38条の4第1項4号・5号，⑦に関し労基則24条の2の3第3項）。

　　＊1　「1日のみなし労働時間（平均）」　調査によれば，8時間7分である。年間実労働日数は平均234.0日（最多の者は243.9日）である（厚労省「労働時間総合実態調査結果・平成17年」）。

　　＊2　労働者の同意　みなし労働時間制の適用に関して労働者の同意がないとき，または労働者が相当な方法により同意を撤回したときは，労基法上のみな

し効果（実労働時間が8時間を超えている場合も，決議で定めたみなし労働時間だけ労働したものとして労基法32条違反の責任を問わないという効果）は発生しないというほかなく，労働契約上もみなし労働時間制は適用されない。したがって，使用者はその者の時間外労働には割増賃金を支払わなければならない（労基法上のみなし効果を認め，労働契約上のみなし効果を否定する見解，あるいはその逆の見解が存するが，労基法の民事的強行性（13条）にかんがみ，いずれも賛成できない。参照，東大・注釈労基法〔下〕679頁〔水町勇一郎〕）。

八 使用者は，労使委員会の上記事項に関する決議を所定の様式（様式「第13号の2」）で労働基準監督署長に届け出なければならない（労基38条の4第1項，労基則24条の2の3第1項）。また，当分の間，決議の日から6ヵ月以内ごとに1回，労働基準監督署長に対し健康確保措置について報告することが義務づけられている（労基38条の4第4項，労基則24条の2の5，同附則66条の2）。

九 労使委員会は，企画業務型裁量労働制以外のつぎの事項に関し労使協定に代わる決議をすることができる（労基38条の4第5項）。

労使委員会決議が可能な事項
① 1ヵ月変形労働時間制協定（労基32条の2）
② フレックスタイム制協定（同32条の3）
③ 1年・1週間の変形労働時間制協定（同32条の4・32条の5）
④ 一斉休憩の適用除外協定（同34条2項ただし書）
⑤ 時間外・休日労働協定（同36条1項）
⑥ 事業場外労働協定（同38条の2）
⑦ 専門業務型裁量労働制協定（同38条の3）
⑧ 計画年休協定（同39条5項）
⑨ 年次有給休暇中の賃金を健康保険法3条所定の標準報酬日額に相当する金額を支払うことを定める協定（同39条6項）

Ⅲ 年少者の労働時間

1 ILO条約等の規定

ILO条約は，最低就業年齢に関し，1919年の創立以来いくつもの条約を採択してきた。今日では1973年138号条約（Convention concerning Minimum Age for Admission to Employment, 1976年6月発効）が義務教育終了年齢までで，かつ15

歳を下回るものであってはならない、と定めている（2条）。

　日本の労基法は、制定（1947年）以来、最低就業年齢に関し単に「満15歳に満たない者は、労働者として使用してはならない。」とのみ規定しており、同条約に抵触する状態にあったが、国際条約の基準に適合すべく、1998（平成10）年改正により義務教育が終了する15歳到達後の最初の3月31日までの間、労働者として使用してはならないと改められた（労基56条1項、2000〔平成12〕年4月発効）。

　国際連合総会の採択している「児童の権利に関する条約」（1994年5月）は、児童の、経済的搾取から保護され、危険な、または教育、健康、身体的・精神的・道徳的もしくは社会的な発達に有害となるおそれのある労働から保護される権利を定め、この条約を採択する国が「雇用が認められるための1または2以上の最低年齢」を定め、また「労働時間および労働条件についての適当な権利」を定めるべきことを規定している（同条約32条、34〜36条をも参照。なお第2次大戦前の「工場法」における幼少者を含む年少者の使用規制に関しては、女性に関する就業規制と合わせて概説する。下巻第21講Ⅰ1））。

2　労働基準法の規定

　一　労基法は、15歳に達した日以後（以下、「満15歳日後」という）の最初の3月31日が終了した18歳未満の者を「年少者」といい、その使用に関し種々特別の規制を置いている（年齢計算1条参照）。

　二　労基法では例外的につぎの場合に児童の使用が許されている。すなわち、①満13歳以上の児童を、その者の「修学時間外に使用する」場合である。満13歳以上の児童を使用できる事業は、労基法の定める非工業的事業（労基「別表第1」6号以下）で健康・福祉に有害でなく、かつその労働が軽易なものに限られる（同56条2項第1文）。

　また、②映画の制作または演劇の事業の場合は、特に13歳に満たない児童を「修学時間外に使用する」ことが認められている（子役の確保のため）。

　ただし、いずれの場合も、労働基準監督署長の許可が必要である（労基56条2項第2文、児童の使用許可申請に関しては年少則1条・2条に詳細に定められている）。労働時間の計算の特例については後述する（後記4(1)）。

3　児童福祉法・労働基準法の禁止行為ないし業務

　一　18歳未満の「年少者」は、児童福祉法の「児童」に当たる（児福4条。

児童は，満1歳に満たない「乳児」，満1歳〜小学校就学までの「幼児」，小学校就学の始期〜満18歳未満の「少年」に3区分される）。日本の憲法27条3項は「児童は，これを酷使してはならない。」と定めており，ここにいう児童は児童福祉法上の児童と同じ18歳未満の者（労基法上の「年少者」）である。児童福祉法は，厳格な刑罰規定により児童にさせてはならない禁止行為を11種類定めており，このなかには雇用のかたちをとって行われることの多い数種の行為が含まれている（児福34条，罰則同60条）。

二　労基法の施行に関する「年少者労働基準規則」は，15歳未満の児童について，18歳未満の年少者に禁止される業務のほか，①曲芸軽業の類，②戸々または道路等で行う歌謡遊芸，③旅館・料理店等接客娯楽の業務，④エレベーター運転の業務その他厚生労働大臣の指定する業務への就業を禁止している（年少則9条，詳細は厚労省・労基〔下〕644頁参照）。このなかには児童福祉法34条の禁止行為に当たる業務もあり，違反した場合は労基法違反罪と児童福祉法違反罪との観念的競合になる。

4　労働時間・休日等に関する特例
(1)　修学時間通算制
満15歳日の後の最初の3月31日を経過しない者（労基56条2項の規定によって使用する児童）に関する労基法32条の法定労働時間は，「修学時間を通算して1週間40時間」，「修学時間を通算して1日7時間」である（労基60条2項）。したがって使用者は，7時間から学校での修学時間を差し引いた残りの時間だけ使用できる。なお，休日は1週間に1回与えなければならない（同35条）。「修学時間」のない休校日（通常，日曜日）に7時間就業させることは認められる（昭和23・7・15基収1799号）。

「修学時間」は，授業の開始時刻から終了時刻までの，授業の合間の休憩時間（昼食時間を含む）を除いた時間である（昭和63・3・14基発150号）。

(2)　弾力的労働時間制，時間外・休日労働等の適用除外
一　満18歳未満の年少者には，1ヵ月変形制（労基32条の2），フレックスタイム制（同32条の3），1年変形制（同32条の4）および1週間変形制（同32条の5）の弾力的労働時間制を適用してはならない（同60条1項，労基則34条の2）。

二　ただし，満15歳日後の最初の3月31日を経過した満18歳未満の年少者の場合は，つぎの制限の下で特別の変形労働時間制を適用できる。すなわち，

① 1週間の労働時間が40時間を超えない範囲で，1日の労働時間を4時間まで短縮するときは，他の日の労働時間を10時間まで延長できる（労基60条3項1号）。「他の日」は1日にかぎられず，2日間にわたって延長することが認められる（昭和63・3・14基発150号）。この場合も，1週間40時間を超えることはできない。

② 同様に，1週間48時間・1日8時間を超えないかぎり，1ヵ月変形制（労基32条の2），1年変形制（同32条の4・32条の4の2）で労働させることも認められる。一般労働者の就業と歩調を合わせて就業させ得る余地を認める趣旨である（同60条3項2号）。

三 年少者には，36協定による時間外・休日労働が禁止される（労基60条1項）。ただし，天災事変など非常災害時の時間外・休日労働（同33条1項・2項）に就かせることは認められる（平成11・3・31基発168号）。

四 18歳未満の年少者には，10人未満の特定の事業に認められる特例法定労働時間制（1週間44時間制）および休憩に関する特例（労基40条）は適用されない（同60条1項）。

(3) 深夜業の禁止・制限

一 満18歳未満の者を午後10時～翌午前5時までの「深夜業」に就かせることはできない（労基61条1項本文，罰則119条）。深夜業の時間帯は，地域または期間を限定して午後11時～午前6時までとすることができる（同条2項）。現在のところ特例の地域，期間の指定はなされていない。

労基法56条2項の規定により使用する児童（満15歳日後の最初の3月31日を経過しない児童）については，午後8時～午前5時（厚生労働大臣が地域または期間を限って指定する場合は，午後9時～午前6時）の「深夜業」が禁止される（労基61条5項）。

二 満16歳以上の男性の場合，一定期間ごとに昼間勤務と夜間勤務とに就く「交替制」で使用する場合は，深夜業に就かせることできる（労基61条1項ただし書）。また使用者は，労働者を交替制で使用する場合は，労働基準監督署長の許可を得て，午後10時30分まで労働させ，または地域・期間を限って深夜業の禁止時間帯を午後11時から午前6時までとした場合（前記一）において，午前5時30分から労働させることができる（同条3項）。これは実働8時間・休憩45分による2交替勤務制を実施する余地を認めるために設けられた例外であり，異色の緩和措置である。

三 年少者の深夜業の禁止にもつぎの例外が認められている（労基61条4

項)。①天候，気象条件に影響を受ける農林・畜産・水産の事業（労基「別表第1」6号・7号），②公衆の不便を避けるために必要と考えられる病院等保健衛生の事業（同「別表第1」13号），③同様の理由で電話交換（鉄道，鉱山，新聞その他一般の事業を含む）の業務および④非常災害時に年少者を深夜業に就かせることも（同33条参照），時間外・休日労働の場合と同様に許される。

　年少者を深夜業に就かせた使用者は，労基法37条所定の深夜割増賃金を支払わなければならない。

第10講　労働時間法制Ⅲ（年次有給休暇）

Ⅰ　はじめに

　一　年次有給休暇（以下，年休）の制度は，憲法27条2項の定める「休息」の権利の保障を具体化した制度であり（GHQの憲法の英文草案には「休息」の権利の保障は存在していなかった），1936（昭和11）年のILO第36号条約を参考にして起草された＊（小西ほか〔渡辺〕340頁以下）。

　二　労基法制定当初，年次有給休暇制度の趣旨は，「労働者に毎年一定期間の休暇を与え，しかもその間平常通り給与を支給するにより，労働者をして安んじて休養をとらしめ，その労働力を回復せしめることを目的とする。」と説かれた＊（末弘b・法時20巻3号35頁）。労基法制定のもう1人の主導者も，労働者が毎週1回の休日だけでなく休暇をとって心身の休養を図ることが「労働力の維持培養の為に絶対必要」と説いた（寺本308頁）。

　　　＊　**末弘意見**　末弘は，続けてつぎのように述べた。年次有給休暇は，当時の日本で一般に「慰労休暇」といわれていた報労的，恩恵的性質の休暇ではなく，「休暇を与えることによって労働力の回復を図ることが，労働者自身にとっては勿論，使用者のためにも，ひいては公共の福祉のためにも望ましいというのが，この制度の根本精神である」，と（末弘b・法時20巻3号35頁，傍点引用者）

　三　「労働力の維持培養説」は，休暇利益を「労働力の回復（維持培養）」としている。それも年休制度の重要な目的であることは確かである（**case 10-7**・東亜紡織事件参照）。しかしそれは年休制度の一面に過ぎない（大瀬工業事件〔横浜地判昭和51・3・4労判246号30頁〕は，併せて「健康な最低限度の生活を保障すること」を挙げている）。年休は，労働の疲労を癒す週休日（無給）とは別個に，労働者が賃金を失うことなく安んじて，自由に，一定期間労働から解放されることを権利として保障すること，別言すれば労働力の維持培養の機会を含めて「健康で文化的な生活」ないし「人たるに値する生活」（憲25条，労基1条1項）を保障することにある（同旨，小西・労働法494頁）。年次有給休暇はこのように，労働者の「労働からの解放」自体を目的にしている（労働からの解放説）。

四　労基法の年休法制は，1980年代後半期から，労働者の年間総労働時間を欧米並みの1,800時間にすることを目標とする時短の有力な手段に位置づけられ，付与日数の増加，計画年休制度の導入，パートタイム労働者への付与義務の明確化など数次の改正を重ねた（濱口269頁以下）。しかしながら，労働者の年休取得率は逆に低下傾向にあり，正規雇用労働者の長時間労働と重なって，制度改革の狙いと社会的実態との間に大きな乖離が見られることは前言した（第8講355頁参照）。その根本的な理由は，これまで重ねられてきた制度改革が，年休取得率の向上に不可欠の論議を回避してきたことにも一因がある。学説には，年休未消化問題の生ずる要因は，年休の具体的な時季を決定する権利（時季指定権）が労働者側に認められていることにあると指摘し，併せて欧米諸国の例に倣って「使用者が労働者の意見・希望を聞いたうえで具体的な年休日程を決定し，それに従って年休が完全に消化されるというやり方」をとるべきであると主張するものがある（小西333頁，水町勇一郎「新しい労働時間制度を考える──『今後の労働時間制度に関する研究会』報告書について」法教309号〔2006年6月〕14頁）。

　この点については，日本の年休法制の歴史を踏まえた考察が必要である。労基法は制定当初，施行規則（旧25条）において，使用者は年休の権利が生じた労働者に対し休暇を取る「時季を聴かなければならない」と規定していた。しかし，労基法39条の旧3項は「前2項の規定による有給休暇を労働者の請求する時季に与えなければならない。」としか規定していなかった（この点は，現行4項も変更ない）。このため，使用者に法律に明記されていない義務を課することは法律の施行命令として行き過ぎであるとの形式的な理由で，旧規則25条は1954（昭和29）年に削除された。背景には，戦後経済の復興から経済成長に向かう時期の，一連の経済界からの規制撤廃圧力があった。その後も，この規則は息を吹き返すことはなかった。しかし，旧労基則25条は「労基法の精神を忠実に表現したもの」であり，削除は，法そのものの改正が困難であることの「犠牲」と言ってよい（有泉亨「労働基準法の二，三の総則的問題」『東京大学社会科学研究所創立15周年記念論文集』〔1963年〕183頁以下）。今日，年休制度の改善の鍵は，日本の法制自体に存在したこの方式を法律規定として復活させること，このことが最も肝腎である。

　　＊　**年次有給休暇に関する今日の国際水準**　　ILO第132号条約（1970年）に規定されている（日本は未批准）。その概要はつぎのようであり，多くの点で日本の制度と異なっている。①年休日数は最低3労働週（週休2日制が確立している場

合は 15 労働日）とする。②採用初日から与え，出勤率要件や勤務年数加算はしない。③勤務期間 1 年未満の労働者には勤務期間に比例した日数の休暇を与え，休暇取得の要件に最長 6 ヵ月の継続勤務を規定することはできる。④疾病，負傷，妊娠等やむを得ない事由による欠勤は，休暇を受ける資格を得るための労働時間の一部として算定される。⑤ 3 労働週のうち 2 労働週は分割してはならない。

五 なお年休は，国民の祝日，慶弔休暇，会社の指定する労働者に対するリフレッシュ休暇など各種の「特別休日」とは性質を異にする。これら特別休日は，取得の時期および理由が決められ，特約のある場合にのみ賃金が支払われる。さらに，年休権は，産前産後（労基65条），育児・介護，看護（育介5条以下・11条以下・16条の2以下），労災傷病（労基76条，労災14条・22条の2）など，特定の事由が労働者に生じた場合にのみ労働者が請求できる「休業」の権利とも異なる。

II 年休権の成立とその要件

1 年休権の法的構造——基礎的年休権・具体的年休権——

一 労働者は，法律の定める一定の要件を具備することにより「基礎的年休権」を取得する。そして，その休暇日数の枠内で年休の時期（年休の始期および終期）を指定することにより「具体的年休権」を行使することができる。労働者が指定する年休の時期について，労基法は，「○日から○日まで」という1 日を単位にした時期の指定のほか，あらかじめ取得するシーズン（ある季節の連続した何日か）を指定することをも含める趣旨で「時季」と表現している。したがって以下では，具体的年休権に関しては「時季」の用語を用いる（小西ほか〔渡辺〕341 頁）。

二 基礎的年休権は，労働者が具体的年休権の行使として指定した時季について労働義務を消滅させ（労働義務の消滅効），かつ賃金請求権を存続せしめる基本的権利である。すなわち，労働義務消滅権である（**case 10-1**・全林野白石営林署事件は「労働日における就労義務が消滅する」ものと表現している）。具体的年休権は労働者が自己の年休について，任意に時季を指定し，当該時季の休暇を取得することができる権利である。このように，年休権は，法律の定める一定の要件を具備することにより当然に成立し，賃金を失うことなく労働義務の発生を阻止できる権利と，労働者が任意に時季指定し，当該労働日に休息する（労働義務から解放される）ことができる権利とから構成されている。具体

的年休権は，使用者の同意を必要とすることなく，労働者が一方的に行使できる形成権である（参照，小西327頁）。このように年次有給休暇権を，権利の成立と権利の行使の2つに区分して把握する見解を，二分説という＊。

近年は，「新形成権説」が唱えられ注目されている。新形成権説は，年休権の労働義務を消滅させる効果は本体たる年休権（私見のいう「基礎的年休権」）であると解すべきである故に，労働者がその時期（ママ）を第一次的に特定できると考えれば，時季指定権を年休権本体と独立して考える必要はなさそうである。そうすると，年休権は39条1・2項の要件を充たすことにより当然に発生する形成権であり，その行使により労働義務が消滅し賃金請求権が発生すると考えれば足りると主張される（山川185頁）。傾聴に値する新見解というべきである。しかし，年休の時季指定権はいつ年休をとるかを労働者が自由に決定できる権利であり，この自由はそれ自体重要な法的利益であり，時季指定権はそのことの故に基礎的年休権と特に区別して観念する意味がある。そして，労働者の指定した労働日の労働義務の消滅効および賃金請求権の存続効は本体たる年休権（基礎的年休権）を発生根拠とし，併せて年休目的に使用者の干渉を受けない自由も，時季指定の自由と別個独立の法益と解される。加えて，労働者がまとまった日数の時季指定をするときは，使用者との間に一定の調整が行われることになるが（**case 10 - 5**・時事通信社事件参照），当該調整はやはり労働者の権利（労働義務の発生を阻止し得る権利に付随する時季調整権）として行うべきものであり，その根拠は労働者が基礎的年休権を現に有していることにあるものと解される。したがって，基礎的年休権を時季指定権と区別して構成することには格別の法的意味があるように思えるので，私見はやはり二分説でよいと思う。

＊　**年休権の法的性質をめぐる諸学説**　　**case 10 - 1**・全林野白石営林署事件最高裁判決までは，学説に種々の主張の対立が見られた。初期には，労働者が年休を「与える」ことの承認を使用者に請求できる権利であるとする説（給付請求権説），使用者の承認を待つまでもなく，時季を指定することにより賃金を失うことなく労働義務を消滅せしめ得る形成権と解する説（形成権説）が唱えられたが，次第に，年次有給休暇は法定要件を満たすことにより当然に成立する権利と，労働者が年休の時季を指定することができる権利との2つの権利からなることを強調し，労働者を賃金を失うことなく労働義務から解放する基本的権利と，労働者の自由な時季指定権とを明確に区別する説（二分説）が有力になった。最高裁は後出（**case 10 - 1**・全林野白石営林署事件）のように二分説に立つことを明らかにし，その後この考えが通説となった（そのモニュメントと言うべき論文として

花見忠「年次有給休暇と組合活動」日本労働協会雑誌116号〔1968年〕13頁を挙げることができる)。上記の私見もこの説に与している(年次有給休暇権の法的性質論の詳細に関しては，東大・注釈労働時間630頁以下，東大・注釈労基法〔下〕〔川田琢之〕715頁以下参照)。

三　基礎的年休権は，つぎのようにして成立する。
① 労働者は，雇入れの日から6ヵ月間継続勤務し，全労働日の8割以上出勤することにより，6ヵ月経過後の最初の1年につき10労働日の休暇権を保障される(労基39条1項)。
② 雇入れの日(就労開始の日)から1年6ヵ月経過後は1日を加えた11日，2年6ヵ月経過後はさらに1日を加えた12日，3年6ヵ月経過以後は継続勤務年数各1年間につき2日を加えた日数の年休権を保障される。使用者が労働者に付与すべき年休は，1年間につき20日(6年6ヵ月経過後に到達する)を限度とする(同条2項，下表参照)。

勤続年数	6ヵ月	1年6ヵ月	2年6ヵ月	3年6ヵ月	4年6ヵ月	5年6ヵ月	6年6ヵ月以上(8年以上)
付与日数	10日	11日	12日	14日	16日	18日	20日

＊表中の「勤続年数」欄の( )内は旧法適用者(平成5年9月30日以前に入社した者)の勤続年数。

③ ある年休年度(たとえば，採用後2年6ヵ月からの1年間・本来の年休日数12日)において，全労働日の8割以上出勤できなかった労働者には翌年(その例で，採用後3年6ヵ月からの1年間)の年休権(本来の年休日数14日)は成立しない(労基39条1項ただし書)。しかし，当該翌年に全労働日の8割以上出勤した場合，その翌年(その例で，採用後4年6ヵ月からの1年間)は，法規定どおりの日数(16日)の年休権を取得する。
④ 1週間の所定労働日数が少ない短時間労働者(パートタイム労働者)も，上の2要件(継続勤務要件および全労働日の8割以上出勤)を充たすことにより，1週間の所定労働日数を基準に，通常の労働者が取得する年休日数と比例して命令で定める日数の年休権を取得する(同条3項，後記2(3)参照)。

四　労働者は，基礎的年休権の範囲で，任意に年休の時季(いつからいつまで)を指定して具体的年休権を行使する(俗に「年休をとる」)ことができる(労基39条4項本文)。労働者があらかじめ何日間と決めて「季節」を指定したときは，その後使用者と調整協議し具体的な年休日を合意することになる(山

川189頁)。具体的年休権は以上のように，労働者が年休を取得する時季を指定することにより行使するものである故に，「時季指定権」と一体の権利である。労働者は，時季指定した（年休をとった）期間は賃金を失うことなく労働義務からの解放を保障される。

　五　使用者は，請求された時季に年休を与えることが「事業の正常な運営を妨げる場合」には，その時季に年休を与えることを要しない。この場合は，「使用者は，……他の時季にこれを与えることができる。」（労基39条4項ただし書)。「他の時季」は改めて労働者が時季指定するのであって，時季指定権が使用者に移るわけではない。このように，使用者が労働者に対し，指定された時季を変更するよう求めることができる権利を「時季変更権」という。使用者が時季変更権を適法に行使したときは，当該具体的年休権は消滅する（時季指定の効果が発生しない)。すなわち，具体的年休権（その時季指定の効果）は使用者の適法な時季変更権の行使を解除条件として成立する形成権である。

　六　基礎的年休権の一部（労働者が取得している基礎的年休日数のうち5日を超える部分）は，「計画年休協定」（労使協定）の定めがあるときは，その定めに従い時季指定の時期，時季指定の方法および労働者の取得する休暇日数等が統制される（労基39条5項)。

　七　使用者は，具体的年休権を行使した労働者に対し賃金の減額その他の不利益取扱いをしてはならない（労基136条)。

　八　なお，2008（平成20）年労基法改正（平成20年法律89号）により，労基法39条に年次有給休暇を労働日単位ではなく，時間単位で与えることができることを定めた4項が新設された（後記3一）ため，以上述べた現行の4項以下の規定は順次繰り下げられる。本講では，改正法の施行時期（2010〔平成22〕年4月1日）にかんがみ改正前の規定にしたがっている。

case 10-1　年次有給休暇権の成立と使用者の承認の要否（否定）

全林野白石営林署事件・最2小判昭和48・3・2民集27巻2号191頁
　【事実】　X（被控訴人・被上告人）は，Y・国（控訴人・上告人）の一般職の職員として林野庁白石営林署に勤務していた。昭和33年12月9日，Xは退庁間際に同庁気仙沼営林署で行われる処分撤回闘争に参加する目的で翌10日，11日両日の年休を請求し，当局の承認を経ないまま退庁し両日出勤しなかった。Yは，両日を欠勤扱いにし，同月分の賃金から2日分

を差し引いた。本件はXの未払賃金請求事件。1審（仙台地判昭和40・2・22高民集19巻3号292頁），原審（仙台高判昭和41・5・18高民集19巻3号270頁）ともXの請求認容。Y上告。

【判旨】 上告棄却

（判旨中の労基法39条は，昭和62年法律99号による改正前の規定である。同法39条1項・2項は，上記改正法で追加された現行3項とともに基礎的年休権の成立要件を定めた規定であり，使用者の時季変更権に関する判旨引用の同条「3項」は現行「4項」に当たる。）

1　「労基法39条1，2項の要件が充足されたときは，当該労働者は法律上当然に右各項所定日数の年次有給休暇の権利を取得し，使用者はこれを与える義務を負うのであるが，この年次休暇権を具体的に行使するにあたっては，同法は，まず労働者において休暇の時季を『請求』すべく，これに対し使用者は，同条3項（現行4項・引用者，以下同じ）但書の事由が存する場合には，これを他の時季に変更させることができるものとしている。かくのごとく，労基法は同条3項（現行4項）において『請求』という語を用いているけれども，年次有給休暇の権利は，前述のように，同条1，2項の要件が充足されることによって法律上当然に労働者に生ずる権利であって，労働者の請求をまって始めて生ずるものではなく，また，同条3項（現行4項）にいう『請求』とは，休暇の時季にのみかかる文言であって，その趣旨は，休暇の時季の『指定』にほかならないものと解すべきである。」

2　論旨は，また，39条1項ないし3項（現行4項）の「規定の文言を捉えて，同法は有給休暇を『与える』というに相当する使用者の給付行為を予定しているとみるべきである，と主張するが，有給休暇を『与える』とはいっても，その実際は，労働者自身が休暇をとること（すなわち，就労しないこと）によって始めて，休暇の付与が実現されることになるのであって，たとえば有体物の給付のように，債務者自身の積極的作為が『与える』行為に該当するわけではなく，休暇の付与義務者たる使用者に要求されるのは，労働者がその権利として有する有給休暇を享受することを妨げてはならないという不作為を基本的内容とする義務にほかならない。

年次有給休暇に関する労基法39条1項ないし3項（現行4項）の規定については，以上のように解されるのであって，これに同条1項が年次休暇の分割を認めていることおよび同条3項（現行4項）が休暇の時季の決定

を第一次的に労働者の意思にかからしめていることを勘案すると，労働者がその有する休暇日数の範囲内で，具体的な休暇の始期と終期を特定して右の時季指定をしたときは，客観的に同条3項（現行4項）但書所定の事由が存在し，かつ，これを理由として使用者が時季変更権の行使をしないかぎり，右の指定によって年次有給休暇が成立し，当該労働日における就労義務が消滅するものと解するのが相当である。すなわち，これを端的にいえば，休暇の時季指定の効果は，使用者の適法な時季変更権の行使を解除条件として発生するのであって，年次休暇の成立要件として，労働者による『休暇の請求』や，これに対する使用者の『承認』の観念を容れる余地はないものといわなければならない。」

3 「もし，これに反して，所論のように，労働者の休暇の請求（休暇付与の申込み）に対して使用者の承認を要するものとすれば，けっきょく，労働者は使用者に対して一定の時季における休暇の付与を請求する債権を有し，使用者はこれに対応する休暇付与の債務を負うにとどまることになる（論旨は，理由なき不承認は『債務不履行』を構成する，という）のであるが，かくては，使用者が現実に特定日における年次休暇の承認，すなわち，当該労働日における就労義務免除の意思表示をしないかぎり，労働者は現実に休暇をとることができず，使用者に対して休暇付与義務の履行を求めるには，改めて年次休暇の承認を訴求するという迂遠な方法をとらなければならないことになる（罰則をもってその履行を担保することは，もとより十全ではありえない）のであって，かかる結果が法の趣旨・目的に副う所以でないことは，多言を要しないところである。」

4 「ちなみに，労基法39条3項（現行4項）は，休暇の時期といわず，休暇の時季という語を用いているが，『時季』という用語がほんらい季節をも念頭においたものであることは，疑いを容れないところであり，この点からすれば，労働者はそれぞれ，各人の有する休暇日数のいかんにかかわらず，一定の季節ないしこれに相当する長さの期間中に纏まった日数の休暇をとる旨をあらかじめ申し出で，これら多数の申出を合理的に調整したうえで，全体としての計画に従って年次休暇を有効に消化するというのが，制度として想定されたところということもできるが，他方，同条1項が年次休暇の分割を認め（細分化された休暇のとり方がむしろ慣行となっているといえるのが現状である），また，同条3項（現行4項）が休暇の時季の決定を第一次的に労働者の意思にかからしめている趣旨を考慮すると，

右にいう『時季』とは，季節をも含めた時期を意味するものと解すべく，具体的に始期と終期を特定した休暇の時季指定については，前叙のような効果を認めるのが相当である。……原判決に所論の違法はなく，論旨はすべて採用しえない。」(判旨の付番は引用者。判旨は連続している)

【コメント】 判旨1は基礎的年休権の成立の要件を判示し，判旨2は労働者による具体的年休権(休暇の時季指定権)の行使と使用者の時季変更権との関係を論じている。判旨3は，同1および同2を補強する趣旨の判示であり，年休権が成立するには労働者の申込みに対し使用者の承認が必要であるとの主張に懇切に応答し，これを排斥している。判旨4は，労基法39条のユニークな造語である「時季」の法的意義に関し「季節をも含めた時期を意味する」との判断を示しており，本件の場合にはあてはまらないが，長期休暇の請求をも視野に入れて解釈したものとして重要である。

本件は，労働者が「具体的に始期と終期を特定した休暇の時季指定」に関する判断であるが，「季節」を指定した場合の具体的年休権(いわば労働者が個人的に行う「計画年休」の権利)の成否については，別途考慮が必要になるとの判断を滲ませている点に注意が必要である(本件に関し，斉藤周・百選7版120頁，坂本重雄・百選6版104頁，岩村正彦・百選5版110頁，**case 10-5**・時事通信社事件参照)。

2 基礎的年休権の成立要件詳説

(1) 「継続勤務」の意義

一 労働者が「継続勤務」するとは，在籍すること(労働契約関係の実質的継続)を意味する。何らかの理由による労務不提供期間(たとえば，ストライキ，休職，出勤停止等の期間)が介在しても継続勤務性は失われない(昭和63・3・14基発150号)。

二 ①退職後の再採用・勤務延長，②有期雇用の更新，③在籍出向，④臨時雇用者やパートタイム労働者の正規従業員への切替え(またはその逆)，⑤会社解散後の包括承継，全員解雇後の事業再開などの場合については，勤務の実態の継続性いかんにより継続勤務性の有無が判断される(上記行政通達，厚労省・早わかり201頁)。①については，東京都を定年退職し都の設置する公社の非常勤嘱託員に採用された労働者に関し，その勤務態様が従前の週6日から4日に縮減していることから勤務の継続性はなく，勤務年数も通算されないと判断し

た裁判例（東京芝浦食肉事業公社事件・東京地判平成2・9・25労判28頁）があり，②については，1年契約の更新を継続している外国人語学講師につき「継続勤務」性を肯定した裁判例（国際協力事業団事件・東京地判平成9・12・1労判729号26頁）がある。転籍の場合は特段の事情のないかぎり，勤務の継続性は失われる。会社分割，営業譲渡，合併などの場合も同様に「従来どおりの事業の実態が継続する」場合は継続勤務性が肯定される。

case 10-2　一競馬開催単位雇用の馬券販売員の「継続勤務」性（肯定）

日本中央競馬会事件・東京高判平成11・9・30労判780号80頁

【事実】　1　X（控訴人・被上告人）は，昭和48年4月からY・日本中央競馬会（被控訴人・上告人）に開催従事員（馬券販売員）として雇用され，Y競馬会が主宰する競馬開催日時（土，日）に東京競馬場または後楽園馬券販売所で業務に従事してきた。その雇用期間は「一競馬開催……を単位とし，その回の全日または特に指定する日」とされ，競馬の開催されない期間は雇用契約が存在しない取り扱いであり，各雇用契約の間には5日ほどの間隔があり，夏季（7月，8月）の2ヵ月間は東京，中山での競馬は開催されなかった（雇用契約のブランク期間）。本件当時，1年間で東京競馬場は5開催（40日），中山競馬場は5開催（40日），新潟競馬場は2開催（16日），福島競馬場は1開催（8日）であった。

2　開催従事員（馬券販売員）は，競馬開催時に同人らが次回不就労の意思を表示せず，また格別の不都合がなければ，次回開催時も面接等の考査なしに，原則60歳または65歳まで採用を継続されていた。Y競馬会は，Xを採用した昭和48年以降は，毎年東京及び中山の各競馬場でおおむね50〜80余回の競馬を開催し，Xはその8割以上を勤務していた。Xは年休を請求し，欠勤として賃金を差し引かれたため未払賃金の支払いを請求した。1審（立川簡判平成6・3・24労民集46巻4号1054頁）はXの主張を斥け，原審（東京地判平成7・7・12労民集46巻4号1031頁）は，Xはすでに9年以上継続勤務していたものとして6日間の日数の年休権（労基39条3項，労基則24条の3第3項各表参照）を有するとし，請求を認容した。Y競馬会が上告。

【判旨】　上告棄却

1　「法39条1項所定の『1年間継続勤務』（平成6年法改正前の規定に

よる・引用者）とは，雇用契約に基づき労働者が同一使用者の下で1年間被使用者たる地位を継続して保有することを意味するが，同一使用人の下で多数回に分けて雇用契約が締結され，当該雇用契約に基づき労働者が勤務しているような場合においては，右の継続勤務か否かについては，当該雇用契約の期間が形式的に継続しているか否かを判断するのではなく，……年次有給休暇の制度趣旨を踏まえ，勤務の実態，当該雇用契約の期間，各雇用契約毎に契約終了させて，新たに雇用契約を締結する形態をとる理由，雇用契約と次に締結される雇用契約との間隔，雇用契約締結の際の採用手続及び有給休暇が付与されている他の労働者との均衡等を総合して，雇用関係が継続しているか否かを実質的に判断すべきである。」

2　「本件各雇用契約が実態として同一性がないと判断することは相当ではなく，……実態として各雇用契約が同一性を維持して継続していたものとした原審の判断は正当として是認することができる。」

【コメント】　労働省（当時）は，競馬等の事業において所定労働日がレース開催日に限られている労働者に関し，①概ね毎月就労すべき日が存すること，②雇用保険法に基づく「日雇労働求職者給付金」の支払いを受ける等継続勤務を否定する事実の存在しないこと，のいずれにも該当する場合は，法39条の「継続勤務」と解されるとの通達を発している（「競争事業に従事する労働者の場合について」平成1・3・10基収140号）。この通達では，「概ね毎月就労すべき日が存すること」との要件が必要とされている。これを形式的にみれば，Xは7月，8月の契約ブランクの期間が介在するため，勤務の継続性は否定される。しかし，7月，8月のブランクは開催者やXらの自由な合意によって決まるのではなく，法令により開催することができないためのブランクであるため，判旨はこの点について上記特殊事情が存在することに配慮し，実態としての継続勤務性を肯定している。柔軟な，ケースに即した適切な判断というべきである（この判旨に賛同するものとして，小畑170頁以下）。

(2)　「全労働日」の意義

労働者が8割以上出勤したか否かを判断する際の基数になる「全労働日」は，労働者が労働契約，就業規則において労働すべき日と定められた日（労働義務のある日）の総日数をいう。

case 10-3　就業規則上の休日は「全労働日」に含まれるか（否定）

エス・ウント・エー事件・最3小判平成4・2・18労判609号12頁
【事実】　Y会社（控訴人・上告人）は，就業規則に日曜日を休日とし，祝日，土曜日，年末・年始の各休日を「一般休暇日」として「労働義務があるが，欠勤して差し支えない日」と定め，これらを生理休暇などとともに，年休権成立要件である「全労働日」のうちに含めている。X（被控訴人・被上告人）は年休を請求したところ，出勤率が全労働日の8割以上に達していないとして年休権の成立を否定され，年休の時季指定をして勤務しなかった日を欠勤扱いにされて賃金を支払われず，賞与も減額された。本件は，Xが年休権の成立を主張し，欠勤として控除された賃金およびそれと同額の付加金（労基114条）の支払いを請求した事件。1審（東京地判平成1・9・25労判548号59頁）および原審（東京高判平成2・9・26労判582号78頁）はXの請求を認容（ただし，賞与減額分相当の付加金請求は棄却）。
【判旨】　上告棄却
　1　労基法39条1項にいう「全労働日とは，1年の総暦日数のうち労働者が労働契約上労働義務を課せられている日数をいうものと解すべき」である。したがって，Y会社就業規則が「一般休暇日が全労働日に含まれるものとして年次有給休暇権の成立要件を定めている部分は同項に違反し無効であるとした原審の判断は，正当として是認することができる。」
　2　「Y会社の就業規則は，年次有給休暇権の成立要件，年次有給休暇期間の賃金支払義務について，法定年次休暇と法定外年次休暇を区別せずに定めており，両者を同様に取り扱う趣旨であると認められる。また，使用者に対し年次有給休暇の期間について一定の賃金の支払を義務付けている労働基準法39条4項（現行6項・引用者）の規定の趣旨からすれば，使用者は，年次休暇の取得日の属する期間に対応する賞与の計算上この日を欠勤として扱うことはできないものと解するのが相当である。」また，年次休暇取得日を「賞与の支給に係る勤怠考課に当たりこれを欠勤として扱うことはできないとした原審の判断は，正当として是認することができる。」
【コメント】　判旨1は，労基法39条1項の「全労働日」の意義に関する判示であり，もとより正当な解釈である。判旨2は，企業等が就業規則で労基法上の年休より労働者に有利な年休日数等を定めている場合は，特に両者の取扱いを区別して定めていないかぎり，その成立要件等について，

法定年休と同様に取り扱うべきものであるとしている。さらに，年休取得日を賞与計算上欠務日として減額要素とすること，および人事考課上欠勤として取り扱うことも，一般的な公序良俗（民90条）違反を媒介とせず，使用者は「有給休暇を労働者の請求する時季に与えなければならない。」と定めている労基法39条4項（現行6項）の「規定の趣旨」から，違法と判断している。いずれの点も法理論上は疑いのないところであるが，最高裁判所がこのことを明確に判示した点で実務上非常に重要な意義を有する。

case 10-4　派遣労働者に対し「半年800時間労働」を休暇取得要件とすること（違法）

ユニ・フレックス事件・東京高判平成11・8・17労判772号35頁

【事実】　1　平成6年9月，一般労働者派遣事業を営むX会社（被控訴人）に派遣労働者として雇用された労働者のY（控訴人）は，同月16日から7年6月16日までX会社に継続して在籍し，A会社で就業した。

2　X会社は，年休については，その権利を取得したと判断した派遣労働者に対し，年休の日数分のチケット（申請用紙）をあらかじめ送付し，これに基づき派遣労働者が年休を取得する方式をとっていた。

3　Yは，派遣先のA会社で就業して6ヵ月が経過した後の平成7年3月25日に，体調が悪くて勤務を休まざるを得なかった。同人は当時妊娠中で，今後も同様のことが予想されたことから，3月25日の休業を有給休暇で処理できればそのようにしたいと考え，X会社に電話したところ，同社担当者は，年休は半年で800時間労働した者に限られ，X会社から「年休用のチケット」が送付されるが，Yはこの要件を充足していないので年休権は与えられない旨述べ，同人の要請を拒否した。

4　Yは，その後同様の事由で5月1日，10日，13日，26日及び27日に派遣先のA会社を休まざるを得ず，これらの日について年休を取りたかったが，X会社から右のような対応をされ，年休を取ることができなかった。本件は，X会社がYを被告とした雇用契約に基づく債務不存在確認請求事件である（Yは反訴し，年休として認められず欠勤扱いされた日数分の賃金の支払を請求）。1審（東京地判平成10・6・5労判748号117頁）は，「Yが事前に年次有給休暇の請求をしなかったことが認められるから，こ

の事実に照らして考えると，X会社が年次有給休暇として承認しなかった措置に違法はなく，これが不法行為に当たるということはできない。また，X会社が，Yが事前に請求しても認めない方針であったこと……を理由に，不法行為による損害賠償責任を負うということもできない。」と判示し，Yの反訴請求を棄却した。

【判旨】　1審判決を変更し，Yの反訴請求を認容

1　「Yは平成7年3月15日の経過によりX会社に『6箇月継続勤務』したということができる。次に，『全労働日の8割以上の出勤』という要件について検討するに，右……認定の事実によれば，当時X会社は，Yのような派遣労働者について，X会社における就業日を基準にして，半年間で800時間就業しなければ年休権を取得しないとの扱いをしていたものである。しかし，……Yのような派遣労働者の場合には，<u>使用者から派遣先において就業すべきであると指示された全労働日，すなわち派遣先において就業すべき日とされている全労働日をもって右の『全労働日』とするのが相当である</u>。したがって，X会社の右取扱いは，労働基準法39条1項の規定に違反するものであったというべきである。」そして，「Yは右6か月間に全労働日の8割以上出勤したものと認めることができる。したがって，Xは，勤務開始から6か月を経過した平成7年3月16日の時点において10日の年休権を取得したものというべきである。」

2　「X会社は，労働基準法39条1項に違反する取扱いにより，Yに対しあらかじめ年休用のチケットを交付せず，かつ，同Yの年休取得の要請を拒否したものであるから，X会社はYの年休権を違法に侵害したものというべきである。そして，この点についてX会社に過失があったことも明らかである。」

【コメント】　本判決は，派遣労働者の年休権の成立要件について，派遣先で就業すべき日とされた日を「全労働日」として「8割以上出勤」の有無を判断すべきであるとしており，法理上はなんの疑いのないところであるが，実務上は重要な意義がある。X会社の「半年800時間以上労働」の要件は，基礎的年休権成立のための最低基準の法定要件とは無縁の要件として明らかに違法，無効である。

X会社はこうした違法，無効の取扱いを前提に本件の派遣労働者に対し「年休用のチケット」を交付せず，本人の年休取得の要請も拒否したものである。1審判決は，このような重要な事実関係に眼を閉ざして，「事前

に年次有給休暇の請求をしなかった」ことを理由に年休を与えなかったX会社の措置を適法と解しており、著しく失当な判断として厳しく批判されなければならない。

(3) パートタイム労働者への年休の比例付与

一 パートタイム労働者は、通常の労働者が取得する年休日数と比例して命令で定める日数の年休権を取得する（前述1三）。年休日数算出の基礎的事項は、省令で以下のように定められている。

二 労基法39条でいうパートタイム労働者は、①「1週間の所定労働日数が通常の労働者の週所定労働日数に比し相当程度少ないものとして厚生労働省令で定める日数」以下の労働者をいい、その日数は4日（年間所定労働日数は216日）と定められている（労基39条3項、労基則24条の3第4項）。

しかし、通常の労働者のなかにも1回の勤務の労働時間が長いため、1週間の労働日数が上記4日以下の者がいる（たとえば、隔日勤務者）。そこで、②「1週間の所定労働時間が厚生労働省令で定める時間以上の者」は年休日数の比例附与の対象になる労働者から除かれる。その時間は、週30時間と定められており、週30時間以上の所定労働時間を就労する労働者は、パートタイマーであっても、週当たり労働日数にかかわりなく、通常の労働者として取り扱われる（労基則24条の3第1項）。

三 比例附与の計算のもとになる、③「通常の労働者の1週間の所定労働日数」は、5.2日と定められている（労規則24条の3第2項）。パートタイム労働

パートタイム労働者の年休取得日数

週所定労働日数	1年間の所定労働日数	雇入れの日から起算した継続勤務期間						
		6ヵ月	1年6ヵ月	2年6ヵ月	3年6ヵ月	4年6ヵ月	5年6ヵ月	6年6ヵ月以上
4日	169日から216日まで	7日	8日	9日	10日	12日	13日	15日
3日	121日から168日まで	5日	6日	6日	8日	9日	10日	11日
2日	73日から120日まで	3日	4日	4日	5日	6日	6日	7日
1日	48日から72日まで	1日	2日	2日	2日	3日	3日	3日

Ⅱ　年休権の成立とその要件

者に与えられるべき年次有給休暇は，その日数との「比率を考慮して厚生労働省令で定める日数」であり，省令によって確定されている（同条3項の表）（小西ほか〔渡辺〕345頁参照）。

以上の省令は，上記②の週所定労働時間および③の週所定労働日数について，全体的な労働時間短縮の情勢に適応するように順次引き下げを行ってきている。

3 具体的年休権の行使

一 具体的年休権は，労働者が年休の時季指定をすることにより取得時期を定めて行使する。使用者は，労働者が有給休暇を取得した場合には，有給休暇の期間について，就業規則その他これに準ずる定めにより，①平均賃金もしくは②所定労働時間労働した場合に支払われる通常の賃金を支払わなければならない。労使協定に定めることにより，その期間について③「標準報酬日額」（健保99条1項参照）を支払うこととすることも可能である。なお，後記三に述べるとおり，時間単位年休を与えた場合については，それぞれ上記①，②，③の額を基準にして省令で定めるところにより算定した額の賃金を支払わなければならないこととされた（労基39条6項，本項は2010〔平成22〕年4月1日施行後は7項に繰り下げられる）。

二 半日年休 半日だけの時季指定については，行政解釈は「使用者は労働者に半日単位で付与する義務はない」としているが（昭和24・7・8基収1428号），使用者がこれを認めることは差し支えない（昭和63・3・14基発150号）*。

> * **半日年休制** たとえば，土曜日半ドンと定められている事業場（私立学校に多い）で，2度の時季指定で1日の年休取得とするように扱うことはなんら差し支えない（厚労省・労基〔上〕576頁）。裁判例には，半日年休制が「確立した労使慣行」になっていたとして，同日の年休取得を欠勤扱いにしたことを違法・無効と解したものがある（高宮学園事件・東京地判平成7・6・19判時1540号130頁，柳沢旭〔判批〕ジュリ1901号185頁）。

三 時間単位年休 2008（平成20）年労基法改正（平成20年法律89号）により，39条に4項が新設され，使用者は労使協定につぎの事項を定めることにより，労働者が有給休暇を時間を単位として請求したときは，当該協定の定めるところにより，時間を単位として有給休暇を与えることができることとされた。そのために労使協定で協定すべき事項は，①時間を単位として有給休暇を与えることとされる労働者の範囲，②時間を単位として与えることができる有給休暇の日数（5日以内にかぎる），③その他厚労省令で定める事項である

（③の事項には，①時間を単位として与えることとされる有給休暇1日の時間数，ⅱ1時間以内の時間を単位として時間単位年休を与える場合は，その時間数，ⅲ時間単位年休として与えた有給休暇に対し支払う賃金額の計算方法が定められる予定である。労法2174号2頁以下）。前言したように，本講では，改正法の施行時期（2010〔平成22〕年4月1日）にかんがみ改正前の条数にしたがっている。

四　判例（case 10-1・全林野白石営林署事件）は，年休の時季について「季節をも含めた時期を意味する」と解していることは前言した。すなわち，年休の時季指定には，①何日から何日までと休暇の時期（期間）を指定する方法と，②ある季節の，ある程度まとまった日数を，いつ頃というかたちで時季指定をする方法がある。このような時季指定が行われたときは，労使間で調整的な話合いを行い具体的な年休取得時期が決定される。

五　時季指定の方法の制限　使用者は，就業規則などで，年休の請求を，たとえば「休暇取得の2日前まで」に行うよう定める場合がある。このような規制は時季指定の方法について法律に定めのない手続を加重するものであるが，労働者の望む時期（期間）に年休をとれるように，使用者に代替要員確保など対応に必要な時間的余裕を与える意味があり，硬直的適用をしないかぎり合理的な定めとして有効と解される（年休請求は「前々日まで」にすべしとの制限を有効と解した事例に，電電公社此花局事件・最1小判昭和57・3・18民集36巻3号366頁）。

六　季節の指定または長期休暇指定

case 10-5　約1ヵ月間の長期休暇の時季指定に対する部分的時季変更権の行使（適法）

時事通信社事件・最3小判平成4・6・28民集46巻4号306頁

【事実】　1　X（控訴人・上告人）は，Y会社（被控訴人・被上告人）の本社社会部所属の記者として科学技術記者クラブに単独配置されていた頃の昭和55年6月23日，S社会部長に対し，同年8月20日から9月20日まで約1ヵ月間欧州の原子力問題に関する取材を理由に年休を請求した。S社会部長は，Y会社の記者クラブ常駐要員はX1人だけであり，1ヵ月も専門記者が不在では取材報道に支障を来すおそれがあり，代替記者を配置する人員の余裕もないとの理由を挙げて，2週間ずつ2回に分けて休暇を取ってほしいと回答した上で，8月20日から9月3日までは認め，後半部分の9月6日以降についてのみ時季変更権を行使した。Xは，これを

拒否して渡欧したため，Y会社は業務命令違反を理由にXを譴責処分にし，賞与を減額支給した。本件は懲戒処分無効確認，減額分支払請求事件。

2　科学技術記者クラブ常駐記者は，原子力発電所事故が発生した場合の事故原因や安全規制問題等に関する技術的解説記事を担当職務とし，取材活動，記事の執筆にはある程度の専門的知識が必要であり，Xは，昭和55年8月当時相当の専門的知識，経験を有しており，社会部の中からXの担当職務を支障なく代替し得る勤務者を見いだし，長期にわたってこれを確保することは相当に困難であった。

3　Y会社の社会部では，当時，外勤記者の記者クラブ単独配置，かけもち配置がかなり行われ，Xの単独配置も異例の人員配置ではなく，これは，Y会社が官公庁，企業に対する専門ニュースサービスを主体としているため，マスメディアに対する一般ニュースサービスのための取材をする社会部への人員配置が若干手薄とならざるを得なかったためであった。しかしXは，右休暇の時期及び期間について，Y会社との「十分な調整」を経ないで本件休暇の時季指定を行った。1審（東京地判昭和62・7・15労判499号28頁）は，Y会社の時季変更権の行使を有効と認めてXの請求を棄却し，原審（東京高判昭和63・12・19労判531号22頁）は，Y会社の人員配置が不適正であったとして時季変更権を違法と判断した。Y会社が上告。

【判旨】　Y会社敗訴部分を破棄

1　基礎的年休権の成立に関し，case 10-1・全林野白石営林署事件を引用し，また，使用者はできるかぎり労働者が指定した時季に休暇を取得することができるように，「状況に応じた配慮」をすることを要請されているとする case 10-8・弘前電報電話局事件を引用し，その上で，

2　「労働者が長期かつ連続の年次有給休暇を取得しようとする場合においては，それが長期のものであればあるほど，使用者において代替勤務者を確保することの困難さが増大するなど事業の正常な運営に支障を来す蓋然性が高くなり，使用者の業務計画，他の労働者の休暇予定等との事前の調整を図る必要が生ずるのが通常である。しかも，使用者にとっては，労働者が時季指定をした時点において，その長期休暇期間中の当該労働者の所属する事業場において予想される業務量の程度，代替勤務者確保の可能性の有無，同じ時季に休暇を指定する他の労働者の人数等の事業活動の正常な運営の確保にかかわる諸般の事情について，これを正確に予測することは困難であり，当該労働者の休暇の取得がもたらす事業運営への支障

の有無，程度につき，蓋然性に基づく判断をせざるを得ないことを考えると，労働者が，右の調整を経ることなく，その有する年次有給休暇の日数の範囲内で始期と終期を特定して長期かつ連続の年次有給休暇の時季指定をした場合には，これに対する使用者の時季変更権の行使については，右休暇が事業運営にどのような支障をもたらすか，右休暇の時期，期間につきどの程度の修正，変更を行うかに関し，使用者にある程度の裁量的判断の余地を認めざるを得ない。もとより，使用者の時季変更権の行使に関する右裁量的判断は，労働者の年次有給休暇の権利を保障している労働基準法39条の趣旨に沿う，合理的なものでなければならないのであって，右裁量的判断が，同条の趣旨に反し，使用者が労働者に休暇を取得させるための状況に応じた配慮を欠くなど不合理であると認められるときは，同条3項ただし書所定の時季変更権行使の要件を欠くものとして，その行使を違法と判断すべきである。」

3　事実記載の「諸点にかんがみると，社会部内において前記の専門的知識を要するXの担当職務を支障なく代替し得る記者の確保が困難であった昭和55年7，8月当時の状況の下において，Y会社が，Xに対し，本件時季指定どおりの長期にわたる年次有給休暇を与えることが『事業の正常な運営を妨げる場合』に該当するとして，その休暇の一部について本件時季変更権を行使したことは，その裁量的判断が，労働基準法39条の趣旨に反する不合理なものであるとはいえず，同条3項ただし書所定の要件を充足するものというべきであるから，これを適法なものと解するのが相当である。」

【コメント】　判旨2は，労働者が「長期かつ連続の年次有給休暇」を取得しようとするときは，使用者において当該休暇によって生じる事業運営への支障の有無・程度を正確に予測することが困難であり，「事前の調整を図る必要」が生じ，使用者の時季変更権の行使について「ある程度の裁量的判断の余地」を認める必要があるとする。常識的な判断であり，一般論としては支持できる（同旨，下井348頁）。その際には，労働者の申し出た「休暇の時期，期間につきどの程度の修正，変更を行うか」が検討される。使用者には合理的判断が求められ，「状況に応じた配慮を欠くなど」したときは，時季変更権行使の要件を欠く。

問題は，その判断の具体的適用にある。Xのように，要員の単独配置業務（本件では科学記者クラブ常駐）の場合は，事実上長期休暇を実現するこ

とは困難ないし不可能と言っても過言ではない。Xは取得時期の約2ヵ月前に時季指定をしているが（事実1），たとえば4ヵ月または6ヵ月前でも，使用者は代替要員の確保が困難だとして時季変更権を行使できるのか。代替要員確保の困難性は，労働者の年休の時季指定の効果を障害する抗弁事由であるが，そうした抗弁はどの範囲まで合理性を認められるのか，本件事案の判断は肯定できるとして，依然残された問題である。

　本件では，「社会部の中からXの担当職務を支障なく代替し得る勤務者を見いだし，長期にわたってこれを確保することは相当に困難であった。」とされている（事実2）。困難だったのは「見出すこと」（代替要員確保）であったのか，「長期にわたって確保すること」であったのか，曖昧さを払拭できない。判旨も，この事実認定に対応し，代替記者の確保および長期にわたる年休を与えることの困難性を挙げて，「事業の正常な運営を妨げる場合」に当たると判断している。代替要員確保自体が困難というのであれば，Xはほとんど常に長期休暇をとることはできない。このような場合は，要員の配置が不適正であったとの原審の判断の重みが増すであろう（同趣旨の主張は名古道功・百選7版126頁にも見られる。なお，労働者の時季指定権の行使に関し諸判例の動向と本件とを対照し，問題点を的確に指摘しているものとして，宮本光雄〔判批〕ジュリ1024号226頁が好文献である）。

七　年休権と争議行為

case 10-6　他事業場での一斉休暇闘争への参加と具体的年休権の成否（肯定）

全林野白石営林署事件・最2小判昭和48・3・2民集27巻2号191頁
　【事実】　前掲 case 10-1・全林野白石営林署事件を参照。
　【判旨】　1　Xの休暇請求は，退庁間際になされ，営林署長に「事業の正常な運営を妨げる」か否かを判断する暇を与えなかったものであって，使用者の時季変更権の行使を妨害し，休暇請求の権利行使の方法が信義則に反し，権利の濫用であるとのYの主張について　「労基法39条3項（現行4項・引用者，以下同じ）に基づく労働者の休暇の時季指定の効果は，使用者による適法な時季変更権の行使を解除条件として発生するのであり，また，右の時季変更権が，客観的に同項但書所定の要件が充足された場合

に限って使用者に生じうるものである……。しかるに，本件において原判決の確定するところによれば，X所属の事業場たる白石営林署において，問題の当日に休暇の時季指定をしたのはXほか1名があるのみで，Xが本件の年次休暇をとることによって同署の事業の正常な運営に支障を与えるところもなく，したがって使用者たる同営林署長に時季変更権がなかったというのであるから，その権利行使の妨害ということも，またありえない筋合である。」

2　原判決が，年次有給休暇の利用目的がどのようなものであっても，休暇請求が違法となることはありえないと判断した点について　「年次有給休暇の権利は，労基法39条1，2項（現行はこれに3項も加わる・引用者）の要件の充足により，法律上当然に労働者に生ずるものであって，その具体的な権利行使にあたっても，年次休暇の成立要件として『使用者の承認』という観念を容れる余地のないことは，第一点につき判示したとおりである。」（**case 10-1**・本件判旨1，2を参照せよ・引用者）。「年次休暇の利用目的は労基法の関知しないところであり，休暇をどのように利用するかは，使用者の干渉を許さない労働者の自由である，とするのが法の趣旨であると解するのが相当である。

ところで，……いわゆる一斉休暇闘争とは，これを，労働者がその所属の事業場において，その業務の正常な運営の阻害を目的として，全員一斉に休暇届を提出して職場を放棄・離脱するものと解するときは，その実質は，年次休暇に名を藉りた同盟罷業にほかならない。したがって，その形式いかんにかかわらず，本来の年次休暇権の行使ではないのであるから，これに対する使用者の時季変更権の行使もありえず，一斉休暇の名の下に同盟罷業に入った労働者の全部について，賃金請求権が発生しないことになるのである。」

3　「しかし，以上の見地は，当該労働者の所属する事業場においていわゆる一斉休暇闘争が行なわれた場合についてのみ妥当しうることであり，他の事業場における争議行為等に休暇中の労働者が参加したか否かは，なんら当該年次休暇の成否に影響するところはない。けだし，年次有給休暇の権利を取得した労働者が，その有する休暇日数の範囲内で休暇の時季指定をしたときは，使用者による適法な時季変更権の行使がないかぎり，指定された時季に年次休暇が成立するのであり，労基法39条3項（現行4項）但書にいう『事業の正常な運営を妨げる』か否かの判断は，当該労

者の所属する事業場を基準として決すべきものであるからである。
　本件において，X所属の事業場たる白石営林署の問題の当日における事業の運営の情況は，第二点につき判示した（上記1の判示・引用者）とおりであって，気仙沼営林署におけるXの行動のいかんは，本件年次休暇の成否になんら影響するところはないものというべきである。」
　【コメント】　判旨1は，「問題の当日に休暇の時季指定をしたのはXほか1名があるのみで，Xが本件の年次休暇をとることによって同署の事業の正常な運営に支障を与えるところもなく」といった本件特有の事情の下において，使用者に時季変更権を行使し得る事由は存在しなかったと判断した。一般的には，休暇請求の方法，態様は使用者の時季変更権との関係において問題になり得る。
　判旨2は，年休の利用目的は労基法の関知しないところとしつつ，「一斉休暇闘争」については「その実質〔が〕，年次休暇に名を藉りた同盟罷業にほかならない」故に，本来の年休権の行使ではなく，労働者はそのような場合には時季指定の効果を有しないと述べる。基本的判断と，争議行為目的の年休権の行使の場合の判断とが，整合的か否か疑問であり，年休の利用目的は「労基法の関知しないところ」という原則からして，使用者は適法な時季変更権によってのみ対応することができると解すべきであるとの主張もみられる（小西・労働法502頁）。
　判旨3は，一斉休暇闘争といえども「『事業の正常な運営を妨げる』か否かは，当該労働者の所属する事業場を基準として判断すべきものである」と述べて，時季変更権の行使し得べき客観的範囲を限定している点が注目される。

III　使用者の時季変更権と年休の自由利用の原則

1　使用者の時季変更権

(1)　原　　　則

　一　使用者は，年次有給休暇を労働者の請求する時季に与えなければならない。「ただし，請求された時季に有給休暇を与えることが事業の正常な運営を妨げる場合においては，他の時季にこれを与えることができる。」（労基39条4項）。使用者のこの「他の時季にこれ（年休）を与えることができる」権利を

時季変更権という。時季変更権は，請求された時季に有給休暇を与えることが「事業の正常な運営を妨げる場合」に限られる。すなわち，使用者の時季変更権はそのような要件の下に労働者の時季指定の効果（労働義務からの解放）を阻止できる権利（時季指定の効果の発生を障害し得る抗弁権）であり，労働者が時季指定権，ひいては有給休暇権を有さなければ存在する余地のない権利であるという意味で，「その発生，消滅は時季変更権，窮極的には年休権と運命をともにする」（山口浩一郎「年次有給休暇をめぐる法律問題」上智法学論集25巻2・3号31頁以下・46頁・61頁参照）。また，「時季変更権は時季指定権に対応して発生する」と簡明に説くものもある（小西329頁）。

二　「事業の正常な運営を妨げる場合」とは，一般的には，その事業場の「通常あるべき経営状態を量的・質的に相当程度紊乱しあるいは紊乱するおそれを発生させること」と説かれ（小西329頁参照），時季変更権の理由とされることの多い「業務の繁忙」に関しては，「平常時の能率や成果が著しく低下する蓋然性が認められなければならない。」と説かれているが（中窪＝野田＝和田235頁），それでよいと思う。

case 10-7　虚偽目的で年休を請求した労働者の懲戒解雇（無効）

> 東亜紡織事件・大阪地判昭和33・4・10労民集9巻2号207頁
> 【事実】　組合支部代議員を務めるXは，Y会社の繁忙期に実兄と自分の結婚の話をするためと述べて，上司から4日間の年休取得を承認され休暇を取得し，実は同期間中作文教育全国協議会に出席していた。Y会社は，Xの行為はみだりに職場放棄をしたものであるとしてXを懲戒解雇した。本件は労働契約存在確認請求事件。
> 【判旨】　請求認容
> 1　年休の時季指定の法的性質　「年次有給休暇請求権はその始期と終期の決定を労働者に委ねる形成権と解するのが相当である。蓋し，之を単に請求権と解するときは使用者が後記の変更権を行使し得る場合を除き労働者の有給休暇の申出を承認乃至許可しない場合は使用者については労働基準法第119条の罰則の適用があるのみで労働者は使用者に対し労務提供義務を制限せしめる不作為請求訴訟を提起せざるを得ない結果となり最低の労働条件として労働力の維持培養を目的とした制度の実効性を期し得ないこととなるからである。従って有給休暇の請求をするにはその日数の

枠内で単にその始期と終期とを明示して申出れば足り有給休暇を必要とする事由の如きは何等具申することを要しないし使用者亦その事由如何により有給休暇の申出を左右し得ない。」

2　使用者の時季変更権行使の要件　「若し使用者の時季変更権行使の裁量を広く認めるに於ては事実上労働者はその求める時季に有給休暇を請求し得ない結果となる虞も生じ又使用者が休暇後の生産の向上を意図して与える恩恵的制度とは異り国家が労働条件に介入しその最低基準を法定しようとするこの制度の本質的趣旨に副わないからである。そして……<u>従業員の或者が何等かの事由によりその職場で労務の提供をなし得ない事態が生ずるときは之に替る従業員をその職場に配置することは事業が正常に運営されている限り経営者の常に配慮すべきことであり又かかる代行員の配置による作業の成果に対する多少の差異も亦考慮に入れておくべきものであって，ここに云う有給休暇を与えることが事業の正常な運営を妨げる場合とは①その企業の規模，②有給休暇請求権者の職場に於ける配置その担当する作業の内容性質，③作業の繁閑，④代行者の配置の難易，⑤時季を同じくして有給休暇を請求する者の人数等諸般の事情を考慮して制度の趣旨に反しないよう合理的に決すべきものであり現在企業に於ける慣行として実施されているとしても単に繁忙であるとの事由を以て時季変更権があるとすることは正当でない。</u>」（判旨の表題，①～⑤の付番は引用者）

【コメント】　1　判旨は，Xの本件年休の利用目的の虚偽申告の問題に関しては，Y会社の「事業繁忙のため有給休暇はご遠慮願いたい」旨の指示下で行われており，「みだりに職場を放棄する等業務の正常な運営を阻害し」たとの懲戒解雇事由に「準ずる行為」として，Y会社就業規則所定の懲戒解雇の基準に該当することは否定し得ないとした。しかし，労働者に積極的に年次有給休暇を与えるべき制度の本旨に拘わらず，Y会社は年間生産計画の樹立に際し，病気欠勤有給休暇の予想を僅少に計上するなど，Y会社にもXの本件行為を惹起するに至った責任があるなどと述べて，懲戒解雇を無効と判断した。

2　使用者の時季変更権の行使に関して本件判旨2の説く時季変更権の行使理由の適法性に関する「総合判断説」の理論枠組みは，後記 case 10-8・弘前電報電話局事件判決以前のものであるがそれと同趣旨であり，先例としての価値が高い。特に，労働者の時季指定を受けた使用者の適法な時季変更権の行使について，「従業員の或者が何等かの事由によりその職

> 場で労務の提供をなし得ない事態が生ずるときは之に替る従業員をその職場に配置することは事業が正常に運営されている限り経営者の常に配慮すべきこと」と判示し，「代行員の配置」に言及していることは，優れた指摘であり，重要である。

(2) 使用者の「状況に応じた配慮」

　一　初期の判例法理は，労働者が休暇の時季を指定（請求）した場合，「休暇の付与義務者たる使用者に要求されるのは，労働者がその権利として有する有給休暇を享受することを妨げてはならないという不作為を基本的内容とする義務にほかならない。」としていた（**case 10-1**・全林野白石営林署事件）。有給休暇の享受を妨げる行為とは，具体的には①賃金を支払わないこと，および②休暇の取得を理由に不利益な処遇をすることをいう。しかし，その後判例法理は一歩前に踏み出し，労基法の趣旨は「できるだけ労働者が指定した時季に休暇を取れるよう状況に応じた配慮をすることを要請している」として，使用者はそのような配慮をした上でなお休暇を与えることが事業の正常な運営を妨げる場合に時季変更権を行使すべきものである，との見解を打ち出した（**case 10-8**・弘前電報電話局事件）。これは，年休の付与について，使用者は，たとえば勤務割りを変更して代替要員を確保するなど，一種の「作為義務」を負うことを認めたものであると解し得る（岩村正彦・百選5版111頁）。

　二　しかし，労働者が休暇を取れるように「状況に応じた配慮」をする義務（一種の作為義務）は，それ自体が法的に履行を強制され，またはその不履行に対して不利益な法的効果が加えられるといった本来の義務ではないと説かれており（岩淵正紀「判例解説弘前電報電話局事件」法曹41巻10号〔1989年〕204頁），私見もそのとおりだと思う。使用者が，時季変更権を適正に行使したか否かは，法律の規定（労基39条4項）に則し「事業の正常な運営を妨げる場合」に当たると言えるかどうかの客観的事実のみに基づいて判断されるべきであるからである（長渕満男「年休権の構造」講座21世紀7巻158頁以下は，一定の状況においては法的義務と解すべきであると主張される）。したがって，使用者が「状況に応じた配慮」を行ったか否かは，年休を付与することが「事業の正常な運営を妨げる場合」に当たるか否かを判断する際の一事情として考慮されることになる。とはいえ，「その判断過程におけるほんの一視点（アプローチの手段）に過ぎない」とまで言うのも言い過ぎであろう（中嶋士元也「労働契約上の付随的権利義務に関する感想的素描」『中嶋士元也先生還暦記念論集・労働関係法の現代的課題』

〔信山社，2006年〕175頁）。具体的年休権の成否を左右する重要な事情として，使用者が時季指定された年休権の実現のために，事業の運営の状況に応じ，誠実に配慮したかどうか，具体的には，特に代替要員確保の努力を尽くしたかどうかが考慮されるべきである（参照，菅野308頁，大内伸也〔判批〕法協108巻4号〔1991年〕160頁，野田進・百選6版109頁）。

case 10-8　同僚の代替勤務の申出を撤回させ行使した時季変更権（違法）

弘前電報電話局事件・最2小判昭和62・7・10民集41巻5号1229頁

【事実】　1　X（被控訴人・上告人）は，Y公社（控訴人・被上告人）の弘前電報電話局施設部機械課に勤務し，同課係員27名のうちの5名で日勤，宿直・宿明勤務の6輪番交替勤務に組み入れられ，電信電話機械設備の建設・保全等の現場作業に従事していた。Xは，昭和53年9月4日，勤務割上，日勤勤務日の同月17日（日曜）の年次休暇の時季指定をした。

2　施設部機械課においては日曜，祝祭日の日勤勤務の場合に必要な最低配置人員は2名と定められていた。機械課長は，Xが右9月17日予定の成田空港反対現地集会への参加を阻止するため，Xの年次休暇取得をやめさせようと企図し，あらかじめ代替勤務を申し出ていた職員を説得してその申出を撤回させ，右同日に必要な最低配置人員を欠くことになるとの理由で時季変更権を行使した。しかしXは，右同日出勤せずに成田空港反対現地集会に参加した。Xは，当日，反社会的な違法行為をしなかった。

3　Y公社は，右欠勤を理由に，Xを本件戒告処分にし，同年10月20日に支払うべき賃金から右1日分5,096円を差し引いた。

1審（青森地判昭58・3・8労判405号11頁）は戒告処分を無効とし，Y公社に対し未払賃金，付加金等の支払いを命令した。原審（仙台高判昭和59・3・16労判427号29頁）は，1審判決を取り消し，①勤務割の決定，変更は使用者の専権に属し，使用者は，年休の時季指定があっても，合理的な理由がある場合は勤務割を変更しないことができ，その結果として事業の正常な運営を妨げられることを理由に時季変更権を行使することができる，②Yが，Xが成田空港反対現地集会において過激派の違法行為に加わり，または巻き込まれることを未然に防止するために，勤務割の変更，代替勤務者の配置をしなかったことには合理的な理由がある，③Xが出勤しないと最低配置人員を欠き，事業の正常な運営を妨げることになり，Y

の時季変更権の行使は適法で，Xの年次休暇は成立せず，本件戒告処分及び賃金差引きは適法である，と判断した。

【判旨】　原判決破棄，一部自判，一部差戻し

1　年次有給休暇権の成立に関し，**case 10-1**・全林野白石営林署事件ほかを引用した後，「この意味において，労働者の年次休暇の時季指定に対応する使用者の義務の内容は，労働者がその権利としての休暇を享受することを妨げてはならないという不作為を基本とするものにほかならないのではあるが，年次休暇権は労基法が労働者に特に認めた権利であり，その実効を確保するために附加金及び刑事罰の制度が設けられていること（同法114条，119条1号），及び休暇の時季の選択権が第一次的に労働者に与えられていることにかんがみると，同法の趣旨は，使用者に対し，できるだけ労働者が指定した時季に休暇を取れるよう状況に応じた配慮をすることを要請しているものとみることができる。そして，勤務割を定めあるいは変更するについての使用者の権限といえども，労基法に基づく年次休暇権の行使により結果として制約を受けることになる場合があるのは当然のことであって，勤務割によってあらかじめ定められていた勤務予定日につき休暇の時季指定がされた場合であってもなお，使用者は，労働者が休暇を取ることができるよう状況に応じた配慮をすることが要請されるという点においては，異なるところはない。」

2　「労基法39条3項（現行4項・引用者）ただし書にいう『事業の正常な運営を妨げる場合』か否かの判断に当たって，代替勤務者配置の難易は，判断の一要素となるというべきであるが，特に，勤務割による勤務体制がとられている事業場の場合には，重要な判断要素であることは明らかである。したがって，そのような事業場において，使用者としての通常の配慮をすれば，勤務割を変更して代替勤務者を配置することが客観的に可能な状況にあると認められるにもかかわらず，使用者がそのための配慮をしないことにより代替勤務者が配置されないときは，必要配置人員を欠くものとして事業の正常な運営を妨げる場合に当たるということはできないと解するのが相当である。そして，年次休暇の利用目的は労基法の関知しないところである（前記各最高裁判決参照）から，勤務割を変更して代替勤務者を配置することが可能な状況にあるにもかかわらず，休暇の利用目的のいかんによってそのための配慮をせずに時季変更権を行使することは，……許されない。」

Ⅲ　使用者の時季変更権と年休の自由利用の原則

3　そして，前記事実2の事情の下では，機械課長の「時季変更権の行使は，事業の正常な運営を妨げる場合に当たらないのになされたものであることは明らかであり，無効といわなければならない。また，Xの年次休暇の時季指定が権利濫用とはいえないことも明らかである。」

【コメント】　1　判旨1は，労働者の具体的年休権の行使（年休の時季指定）があった場合，使用者はその権利の実現のために「状況に応じた配慮」をなすべき義務を負い，使用者のこの配慮を「事業の正常な運営を妨げる場合」に該当するかどうかを総合的に判断する際の一要素に位置づける。そして判旨2はその「状況に応じた配慮」は，「勤務割による勤務体制がとられている事業場の場合には，重要な判断要素である」と判示しており，この指摘は適切なものである。しかし，同時にそれは使用者に無理を強いるものではなく，「使用者としての通常の配慮」をすること，すなわち代替勤務者を配置することが客観的に可能な状況にあるときは，使用者がそのための配慮をすることで足りるとしている。いずれにせよ，使用者は時季指定された年休権の実現のために，誠実に努力する必要がある（参照，奥田香子・百選7版124頁）。

2　本件原審の判断は，成田空港反対現地集会をはじめから過激派の違法行為と決めつける偏向判決であり，労働関係における業務上の「上司」の役割に関しても，Xの上司と同水準の社会認識に立って判断しており，司法の判断として適切ではない。学説には，本件最高裁判決を表して，「最高裁判例は反社会的目的からの年休取得を許容するものであるとの理解に立つものといってよい。」とまで言うものがあるが（小西324頁），最高裁判所もさぞかし迷惑なことであろう（本件と同種の事案につき，本件判旨と同様に判断をした事案に横手統制電話中継所事件・最3小判昭和62・9・22労判503号6頁がある。同事件に関しては石橋洋〔判批〕ジュリ910号212頁参照）。

case 10-9　集中訓練期間中の年休請求に対する時季変更権の行使

NTT（立川ネットワークセンター）事件・最2小判平成12・3・31労判781号18頁

【事実】　1　Xは，平成1年11月電話の自動交換，中継を主たる業務とするY会社立川ネットワークセンターの「交換課」の工事主任として電話交換機の保守業務に従事していた。Y会社は，当時アナログ交換機からデジタル交換機への転換期にあり，交換機の保守技術者の養成と能力向上を必要とし，同年11月1日から29日までの間，Y会社の施設で「デジタル交換機応用班」の訓練（以下，本件訓練）を実施し，Xに参加を指示した。本件講習には交換保守の際に処理を要する「共通線」についての講義時間が従来の3時間から6時間の2倍に増やされていた。参加者は職場の代表との意味合いがあった。

2　Xは，同年11月18日，「共通線処理」に関する4時限の講習が予定されている同月21日の組合休暇を申請した。Y会社は時季変更権を行使したが，Xは21日の講習に参加しなかった。Y会社はXを無断欠勤として「けん責処分」にし，職能賃金の定期昇給額の4分の2を減じ，さらに右1日分の賃金を削減した。1審（東京地八王子支判平成6・8・31労判658号43頁）はY会社の時季変更権の行使は適法であるが，処分内容は行き過ぎであり，権利濫用としてけん責処分を無効とし，賃金請求を認容した。

3　原審（東京高判平成8・1・31労判781号22頁）はY会社の控訴を棄却した。理由は概略つぎのとおりである。①本件研修，訓練等への参加は，当該職員にとってその知識および技能の増進，向上を目的とする非代替的な業務である。②しかし，年休取得によりその訓練の一部を欠席したとしても，「当該訓練の目的及び内容，欠席した訓練の内容とこれを補う手段の有無，当該職員の知識及び技能の程度等によっては，他の手段によって欠席した訓練の内容を補い，当該訓練の所期の目的を達成することのできる場合もあると考えられる。」③「したがって，訓練中の年休取得の可否は，当該訓練の目的，内容，期間及び日程，年休を取得しようとする当該職員の知識及び技能の程度，取得しようとする年休の時期及び期間，年休取得により欠席することになる訓練の内容とこれを補う手段の有無等の諸般の事情を総合的に比較考量して，年休取得が当該訓練の所期の目的の達

成を困難にするかどうかの観点から判断すべきである。」④Xの1日間の年休取得により訓練の目的が達成されなくなるとは判断されず、その年休取得が直ちにY会社の事業の正常な運営を妨げるということはできない。⑤Xは、翌22日に予定されていた共通線信号処理に関する2時限の講義には参加し、右講義には教科書があり、それに、Xの職歴及び職務内容に伴う知識、経験を考慮すれば、Xの努力により右欠席した4時限の講義内容を補うことは十分に可能であると認められ、また、現に、Xは、おおむね普通以上の評価をもって本件訓練を終了している。したがって、Xが同月21日の1日間の年休を取得することが、Xにとって本件訓練の目的の達成を困難にするとまで認めることは困難である。⑥したがって、Xの本件年休取得がY会社の事業の正常な運営を妨げるとはいえず、Y会社のした時季変更権の行使は違法である。

【判旨】　破棄差戻し

　原審の右判断のうち③ないし⑥は是認することができない。その理由は次のとおりである。

　1　「本件訓練は……各職場の代表を参加させて、1箇月に満たない比較的短期間に集中的に高度な知識、技能を修得させ、これを所属の職場に持ち帰らせることによって、各職場全体の業務の改善、向上に資することを目的として行われたものということができる。このような期間、目的の訓練においては、特段の事情のない限り、訓練参加者が訓練を一部でも欠席することは、予定された知識、技能の修得に不足を生じさせ、訓練の目的を十全に達成することができない結果を招くものというべきである。したがって、このような訓練の期間中に年休が請求されたときは、使用者は、当該請求に係る年休の期間における具体的な訓練の内容が、これを欠席しても予定された知識、技能の修得に不足を生じさせないものであると認められない限り、年休取得が事業の正常な運営を妨げるものとして時季変更権を行使することができると解される。」

　Xが、本件訓練において修得することが不可欠とされる共通線に関する4時限の「講義を欠席することは、本件訓練において予定された知識、技能の修得に不足を生じさせるおそれが高いものといわなければならない。」

　2　原審は、右講義には、①教科書で自習が可能である、②Xは所属職場の交換課は共通線信号処理装置にかかわる業務を担当していたなどを根拠に、Xの努力で欠席した4時限の講義内容を補うことが十分可能などと

して、右欠席が本件訓練の目的達成を困難にするとはいえないと判断している。しかしながら、教科書による自習で4時限の講義と同程度の知識、技能の修得が可能とは解されない。のみならず、Xが自習することを前提にすることはできず、Xの職歴から講習で修得する知識、経験を有していたとも言えず、Xの本件訓練終了時の評価も時季変更権行使の当時は予見しえない事情に過ぎない。

3　「以上によれば、前記事実関係に基づいて本件の年休の取得がY会社の事業の正常な運営を妨げるものとはいえないとした原審の前記判断は、法令の解釈適用を誤ったものというべきであり、右の違法は原判決に影響を及ぼすことが明らかである。……そして、①Xが欠席した講義において修得することが予定されていた知識、技能をあらかじめ有していたと認められるか否かなどの点について更に審理した上で、Y会社の時季変更権行使の要件の有無について判断を尽くす必要がある。また、これがあると判断される場合には、②右時季変更権の行使が不当労働行為に当たるか否か、さらには、③Xの本件訓練の欠席が無断欠勤といわざるを得ないとしても、これを理由に定期昇給に係る不利益を伴うけん責処分を行うことが懲戒権の濫用に当たらないか否かなどについても、審理判断させる必要がある。したがって、本件を原審に差し戻すのが相当である。」(①～③の付番は引用者)

【コメント】　1　判旨1は、原審の①の本件研修、訓練への参加は非代替的業務であること、および②の「当該訓練の目的及び内容、欠席した訓練の内容とこれを補う手段の有無、当該職員の知識及び技能の程度等によっては、他の手段によって欠席した訓練の内容を補い、当該訓練の所期の目的を達成することのできる場合もあると考えられる。」との判断を支持しながら、その「他の手段によって欠席した訓練の内容を補うこと」が可能かを判断する際の判断枠組みに関する原審③、およびその判断枠組みに基づく検討部分の④、⑤を排斥している。その理由を本件判旨1からは明らかには読みとることはかなり難しいが、つぎのような趣旨と思われる。

第1に本件講習は、短期間（1ヵ月の講習期間を短期と言えるか疑問もあるが・筆者）であり、第2に高度の専門的知識、技術の修得を目的とするものである。第3に参加者は個人としてではなく職場代表者として参加を指示され、職場に講習の結果を過不足なく持ち帰る立場にあった。第4にXは特に重要科目として従前より倍の6時限が組まれた「共通線処理」に

関し，4時限を予定された講義日に年休の時季指定をした。判旨は，このように，本件講習が特別な性質を有するものであることから，「訓練参加者が訓練を一部でも欠席することは，予定された知識，技能の修得に不足を生じさせ，訓練の目的を十全に達成することができない結果を招く」と判断している。

　すなわち本件判旨は，本件講習内容は，原則的に「欠席しても予定された知識，技能の修得に不足を生じさせないもの」ではなく，特段の事情がない限り，参加者が訓練の一部でも欠くことはその目的からして許されないものと判断しているのである。したがって，原審③のように，「諸般の事情を総合的に比較考量して」，欠席しても補うことが可能な場合には，講習を欠席する年休の取得に対し，時季変更権を行使することは違法となるとの論理は，本件講習にはあてはまらないとしているのである。

　従業員研修や講習開催日に年休の時季指定をし，これに対して使用者が時季変更権を行使し，紛争を生じることがしばしばあるが，本件判旨の結論を一般化すべきではないであろう。本件Y会社の講習，なかんずくXの時季指定した講習日のテーマが特別の内容のものであったとされているからである（小畑173頁参照）。

　判旨2は，個々の事情との関係においてその結論的判断を補強している。判旨3は，差戻し審での判断事項であり，差戻し審（東京高判平成13・11・28労判819号18頁）は，Y会社の時季変更権の行使を適法としている。私見は，原審の柔軟な判断手法の方が適切のように思う。

2　年休の自由利用の原則

年休は，労働者が労働から解放されて自由な目的に利用することにこそ価値があり，使用者は，労働者の年休目的に容喙することはできない。年休の自由利用原則は，年休権の法的構造の論理的帰結であるが[*1]，それにとどまらず休息権保障の精神に裏付けられる実質的意味の原則でもある[*2]。

　＊1　年休自由利用の原則　労働者は自由な目的のために年休を利用できる権利を有する。この権利の性質は年休権の法的構造に内蔵されており，**case 10-1**・全林野白石営林署事件が明らかにしたところであり，**case 10-8**・弘前電報電話局事件も「年次休暇の利用目的は労基法の関知しないところである」として，この原則を繰り返し判示している。

＊2　交替勤務者の事例　　勤務割りで勤務日を割り当てられる交替服務者の場合，勤務日とされた日に休暇請求がなされた場合には，使用者は代替勤務者を補充する必要がある。このため，たとえば請求を「原則として，前前日の勤務終了時までに」するよう定めておく場合が少なくない。判例（電電公社此花局事件・最1小判昭和57・3・18民集36巻3号366頁）には，労働者がこの定めに反する方法で休暇の時季を指定した場合に，所属長が事務に支障が生ずるおそれがあると判断しつつ，「休暇を必要とする事情」いかんでは業務に支障が生じても年休を認めるのを妥当とする場合があると考え，その事情を聴取しようとしたところ，労働者に拒まれたため，年次休暇の請求を不承認としたことを適法な時季変更権行使と判断した。しかし同判旨は，「使用者が時季変更権を行使するか否かを判断するため労働者に対し休暇の利用目的を問いただすことを一般的に許容したもの，あるいはまた労働者が休暇の利用目的を明らかにしないこと又はその明らかにした利用目的が相当でないことを使用者の時季変更権行使の理由としうることを一般的に認めたものでない」，と念を押している。

case 10-10　争議行為実行目的による年休の時季指定の効力（否定）

津田沼電車区事件・最3小判平成3・11・19民集45巻8号1236頁

【事実】　X（控訴人・上告人）はY・日本国有鉄道（被控訴人・被上告人）の職員であり，動労千葉地本津田沼電車区執行委員であった。Xは，昭和60年12月21日にYの津田沼電車区長に同月28日の年休を請求し，電車区長は格別時季変更権を行使しなかった。その後同月28日にストライキが決定され，実施された。Xはスト当日，前記年休を維持して勤務に就かず，津田沼電車区構内で行われたストライキ中の組合員集会に参加し，他の執行委員とともに指導的役割を果たした。Yは，Xの欠務を欠勤とし賃金カットを行った。本件は未払賃金請求事件。1審（千葉地判昭和63・9・28労判531号93頁）は，Yの電車区長が時季変更権を行使したとしてもXはそれに従う意思はなかったことは明らかとして請求を棄却し，原審（東京高判平成2・1・31判タ739号115頁）も控訴棄却。

【判旨】　上告棄却

「Xは，前記争議行為に参加しその所属する事業場である津田沼電車区の正常な業務の運営を阻害する目的をもって，たまたま先にした年次休暇の請求を当局側が事実上承認しているのを幸い，この請求を維持し，職場を離脱したものであって，右のような職場離脱は，労働基準法の適用され

る事業場において業務を運営するための正常な勤務体制が存在することを前提としてその枠内で休暇を認めるという年次有給休暇制度の趣旨に反するものというべく，本来の年次休暇権の行使とはいえないから，Xの請求に係る時季指定日に年次休暇は成立しないというべきである。」以上と同趣旨に出た原審の判断は，正当として是認することができる。

【コメント】　1　判例は，「一斉休暇闘争は，実質上年次有給休暇に名を借りた同盟罷業にほかならず，本来の年次有給休暇権の行使ではないから，当該労働者に賃金請求権が発生しない。」との判断に立っている（case 10-1・全林野白石営林署事件）。

　2　この判決の後，最高裁は，夕張南高校事件（最1小判昭和61・12・18判時1220号136頁）で上記1引用の判決を引用し，「職場離脱は，たとえ年次休暇権行使の形式をとっていても，その目的とするところは，……当該事業場の業務の正常な運営を阻害しようとするところにあるのであって，そこには，そもそも，使用者の適法な時季変更権の行使によって事業の正常な運営の確保が可能であるという，年次有給休暇制度が成り立っているところの前提が欠けている……。そして，右の休暇闘争の態様が当該事業場の労働者の一部のみが参加する……場合であっても，それが，同様に当該事業場における業務の正常な運営の阻害を目的とするものであれば，同盟罷業となりうる」，と述べた。他面，労働組合による春闘統一行動参加のための「3割休暇闘争」の指示は，使用者の適法な時季変更権の行使があった場合にこれを無視してまで（事業場外で開催される）集会に参加することを指示したものではなかった，などとして3割休暇闘争参加者に対する時季変更権の行使を違法と解した。

　3　本件津田沼電車区事件は，年休自体を闘争手段にする「休暇闘争」ではない。年休取得後に行われた自己の所属事業場の争議行為に自由意思で，すなわち年休闘争に基づく組合指令によってではなく，参加した事案であり，上記1，2の判決と事案が異なる。争議行為への参加に年休を利用したことは疑いないが，本件は，争議行為への新たな類型の年休利用行為であり，本判決はこの点について判断したものとして一定の意義がある（山田桂三・百選7版122頁，金子征史・百選6版106頁）。

　私見は，判旨に疑問を感ずる。Xの年休請求は当初争議行為への参加と関係のない目的でされている。判旨は，そのような場合でも，労働者が年休取得後に自分の事業場で行われる争議行為に参加することは，「年次有

給休暇制度の趣旨に反するもの」と判断する。このような判断は，Xがしたように「指導的役割」での参加でも，一組合員としての単純参加（争議行為中の集会への参加など）であっても，すなわち参加の態様のいかんを問わない趣旨かは明らかではない。ビラ配布や署名集めのような争議行為に付随もしくは関連する参加態様の場合でも同様であろうか（下井355頁は，それでは年休自由利用の原則に関する例外をあまりに広く許容することになってしまうと述べておられる）。「指導的役割」での参加である故に，使用者は適法に時季変更権を行使できるというのであればその理由はどのようなものか。いずれにしても「正常な勤務体制が存在することを前提としてその枠内で休暇を認めるという年次有給休暇制度の趣旨」といった大枠のロジックで，Xの本件年休利用行為を「争議行為への参加」として一括りにして年休権の行使とは言えないとする判断には同感できない（この点に関し判旨に疑問ありとする島田陽一・ジュリ〔判批〕1002号211頁参照）。

　使用者は，当日争議行為が行われることを知った時点で，Xが年休権を行使して当該事業場の争議行為に参加することが「事業の正常な運営を妨げるおそれ」があると判断したときは（使用者が改めてそのような判断をすることは許されるであろう），明確に時季変更権を行使（当該労働者に対して出勤を指示するなど）すべきである。Yは，そのような手続をしてはじめて，Xの年休の「請求」自体ではなく，請求を「維持」したことが，年休権の濫用に当たると主張し得るものと解すべきである。（参照，渡辺章＝山川隆一編『労働時間の法理と実務』〔信山社，2000年〕200頁）。

Ⅳ　計画年休制度

1　計画年休制度の趣旨

　—　使用者は，労使協定により，「有給休暇を与える時季に関する定めをしたときは，……有給休暇の日数のうち5日を超える部分については，前項の規定にかかわらず，その定めにより有給休暇を与えることができる。」（労基39条5項）。この「有給休暇を与える時季に関する定め」が計画年休制度である。「前項の規定にかかわらず」とは，「有給休暇を労働者の請求する時季に与えなければならない。」との原則（同条4項）にかかわらず，との意味である。計画年休はこのように，労使協定の締結を要件に，年休の時季指定を当該労使協

定の定めるところにより，使用者が行うことができることとするものである。立法の趣旨は，これによって労働者が「まわりを気にしないで」年休を取得できるようにし，取得率のアップ（時短効果の促進）につなげることにあった（小西ほか〔渡辺〕349 頁）。

　二　計画年休には，①労働者が翌年（または次期）の年休に関し，所定の時期までに，年休をいつ，何日とるかを使用者に申し出て，たいていは使用者が労働組合（その各職場世話人等）と協議し，必要に応じ各人ごとに取得時季を事前に調整した上で付与する「個別年休の事前調整型」（欧米の例）と，②会社，事業場または部・課単位の都合に合わせて一斉に取得する「一斉年休の一斉取得型」がある。日本は後者が一般的であるが，普及率は依然低調であり（計画年休制度のある企業は 14.8%・平成 16 年度厚労省「就労条件総合調査」），休暇期間も短いものが多い（1 日単位の単独取得が過半数の 50.9%・連合総研「年次有給休暇の計画的付与の実態に関する調査研究報告書」〔平成 15 年〕）。

2　計画年休協定

　一　計画年休を定める労使協定の法的性質および効力に関して，学説上争いがある。甲説は，計画年休協定は，労働者の時季指定権を，同協定の定める時季，日数のかぎりで統制し得る私法的性質および効力を有すると説く（下井 351 頁，菅野 311 頁，野田進「計画年休制」季労 145 号〔1987 年〕30 頁ほか）。これに対し乙説は，使用者が同協定の定める時季，日数のかぎりで労働者の指定する時季に年休を与えないこととしても法 39 条 4 項違反を構成しないという公法的性質ないし免罰的効力を有するにとどまり，労働者に対する関係においては，使用者は就業規則または労働協約に計画年休制度について基本的事項を定める必要があると説く（和田肇「新労働時間制度の導入に伴う法律問題」労働 74 号〔1989 年〕10 頁，浜村彰「年次有給休暇」労旬 1293 号〔1992 年〕16 頁，小西 328 頁参照）。私見は乙説をとる。計画年休協定をたとえば賃金控除協定（労基 24 条）や 36 協定（同 36 条）と別個の法的性質と考える実質的理由が理解しがたいし，本条の労使協定（計画年休協定）にかぎって別格扱いし，私法的性質ないし効力を認める合理的根拠に乏しいと考えるからである。

case 10-11　夏季連続一斉休暇に 2 日の年休を含める計画年休協定の労働者の時季指定権の排除効（肯定）

三菱長崎造船所事件・福岡高判平成 6・3・24 労民集 45 巻 1・2 号 123 頁

【事実】　Y 会社（被控訴人）の長崎造船所には，従業員の 98％を組織する A 労組ほか B 労組（組合員 25 名）と C 労組がある。Y 会社は，計画年休制を新設した昭和 63 年労基法改正後，A 労組と計画年休協定を結び，夏季連続 10 日の休暇のうち 2 日を計画年休として扱うよう就業規則を改正し，「本条に定める有給休暇の一部について，法令の定めるところにより，有給休暇を与える時季に関する定めをした場合は，これにより有給休暇を与える。」という規定を新設した（昭和 64 年 1 月 1 日実施）。しかし，B 労組とは団体交渉において妥結に至らないまま同労組組合員も上記計画年休協定の適用対象とした。本件は，B 労組組合員である X らが，同協定は計画年休制度を定めた労基法の立法趣旨に反し無効であり，仮に有効でもこれに同意しない X らには適用されない等と主張し，同協定の適用を受けないものとして計算した年休の残存日数の確認を請求した。1 審（長崎地判平成 4・3・26 労判 619 号 78 頁）は請求棄却。

【判旨】　控訴棄却

　計画年休協定の法的効力に関し，甲説に依拠し，「一旦右労使協定により年休の取得時季が集団的統一的に特定されると，その日数について個々の労働者の時季指定権及び使用者の時季変更権は，共に，当然に排除され，その効果は，当該協定により対象とされた事業場の全労働者に及ぶと解すべきである。」

　「これを要するに，Y 会社長崎造船所における本件計画年休は，労基法 39 条 5 項の規定により年次有給休暇の計画的付与制度が新設されたことに伴い，その趣旨に則り，年次有給休暇の取得を促進するため，平成元年から，全体の約 98 パーセントの従業員によって構成される A 労組との間の書面による協定に基づいて実施されたものであるところ，本件協定の締結に当たっては，昭和 63 年 10 月以降，3 つの労働組合との団体交渉を通じて，右制度導入の提案，趣旨説明，意見聴取等適正な手続きを経由したことが認められる。そして，<u>本件計画年休は，その内容においても，事業所全体の休業による一斉付与方式を採用し，計画的付与の対象日数を 2 日（平成 5 年からは，4 日）に絞るとともに，これを夏季に集中することに</u>

よって大多数の労働者が希望する10日程度の夏季連続休暇の実現を図るという法の趣旨に則ったものであり，現時点において年休取得率の向上に寄与する結果が得られていると否とを問わず，Xら（B労組組合員）について適用を除外すべき特別の事情があるとは認められない以上，これに反対のXら（B労組組合員）に対しても，その効力を有する。」

【コメント】 1 本件判旨は，別箇所で労使協定に至る「手続の公正さや内容的な合理性は，法所定の要件に反しない限り，原則としては，労働組合と使用者との自主的かつ対等な協議によって担保されるべきもの」と述べている。「手続の公正さや内容的な合理性」は，就業規則の定めが労働契約の内容になるために必要な要件でもあり，労使協定自体に私法的効力を認める以上，当該協定も同様の観点から手続的公正性や内容の合理性が判断されることになる。

もっとも判旨は，反対する労働組合の組合員を右協定に拘束することが「著しく不合理になるような特別の事情が認められる場合」等には，労使協定による集団的統一的特定の効果は，これらの者には及ばないなどとも述べているが，具体性のある有意味な留保になっているとは思えない。

2 私見は，年休の時季指定権は年休権に内在する重要な権利であり（年休の時季選択の自由），その統制には慎重でなければならず，したがって使用者は，就業規則に計画的年休の基本的制度部分を規定し，労使協定はその枠内で（あるいはその基本的制度の趣旨に抵触しないように），締結されてはじめて労働契約上の拘束力を有すると解する。Y会社の就業規則の計画年休に関する規定自体は包括的，一般的な内容に過ぎず，同制度の具体的内容の一切を労使協定に委ねるものであり，合理的内容のものとするには疑問がある。以上の理由で，判旨の理論構成に疑問を呈しておきたい（中島正雄・百選7版128頁，金子征史・争点3版224頁参照）。

二 計画年休における休暇の付与予定日は労基法39条4項にいう「労働者の請求する時季」に相当し，計画休暇付与予定日の変更は，同39条4項所定の時季変更権の行使にあたる。したがって，「事業の正常な運営を妨げる場合」にのみ許される。しかし，年休の付与予定日の計画を使用者が労働者の時季指定する通常の年休と同じように変更できるというのでは，年休を計画化した意味がない。使用者が計画の休暇付与予定日を変更することのできるのは，計画

決定時においては予測できなかったような事態が発生したか，または発生する可能性が生じた場合に限られる。そのような場合であっても，時季変更により労働者の被る不利益を最小限にとどめるため，使用者は，合理的期間内に時季変更権を行使しなければならず，不当に遅延した時季変更権の行使は許されない（高知郵便局事件・最2小判昭和58・9・30民集37巻7号993頁）。

V　年休権行使による不利益取扱いの禁止等

1　不利益取扱い

(1)　不利益取扱いの禁止の趣旨

使用者は，「有給休暇を取得した労働者に対して，賃金の減額その他不利益な取扱をしないようにしなければならない。」（労基136条）。行政解釈および判例はこれを訓示規定（努力義務規定）と解している（厚労省・早わかり212頁，case 10-12・沼津交通事件参照）。本規定は，「権利として認められている年次有給休暇の取得を抑制するすべての不利益な取扱いはしないように」，監督機関による是正指導の法的根拠を明らかに規定したものであるが（参照，昭和63・1・1基発1号），同時に労基法39条に内包される趣旨を確認したものとして私法的規範性を有すると解すべきである。したがって，不利益取扱いの禁止は使用者に課せられた強行的義務と解される（以下，小西ほか〔渡辺〕350頁）。

(2)　具体的判断

判例は，年休取得日を欠勤日として昇給資格要件としての出勤日数から除外する取扱いは「労働者に各権利を保障した趣旨を実質的に失わせるものというべきであるから，公序に反し無効である」と判示し，労基法の年休規定（39条）と切り離した判断をした（日本シェーリング事件・最1小判平成1・12・14民集43巻12号1895頁）。他方，賞与計算上欠勤として取り扱うことは「使用者に対し，年次有給休暇の期間について，一定の賃金の支払いを義務付けている労働基準法39条4項（現行6項）の趣旨からすれば……できないもの」と，年休規定と連結した判断をした（case 10-3・エス・ウント・エー事件）。

また，判例（case 10-12・沼津交通事件）は，交番表作成後の年休取得を避ける配慮をした乗務員に「皆勤手当」を支給し，年休取得者には「皆勤手当」を減額または不支給にすることを「公序に反しない」とし，日本シェーリング事件と同様に公序違反構成の判断をしている。年休取得を原因とする不利益取扱いに対する最高裁の判断枠組みを，統一的に理解することはこのように難し

い状況である（労基法136条の趣旨に関し，タクシー運転手の年休取得と皆勤手当の支給要件における欠勤扱いおよび賞与支給額の計算における乗務日数からの除外等，年休取得に対する不利益取扱いをめぐる紛争事例について，運賃収入確保を経営基盤にするタクシー事業における賃金の計算，決定の実情との関連において詳細に検討した文献として大橋将「年休取得不利益取扱い法理の再検討」『山口浩一郎先生古希記念論集・友愛と法』〔信山社，2007年〕57頁以下，特に70頁以下が参考になる）。

case 10-12　年休取得者の皆勤手当の減額または不支給規定の効力（肯定）

沼津交通事件・最2小判平成5・6・25民集47巻6号4585頁

【事実】　Y会社（控訴人・被上告人）にはタクシー乗務員に関し皆勤手当（1998年度は1ヵ月3,000円，1989年度は4,100円）を支給する定めがあり，1日欠勤すると1988年度は1,550円，1989年度は2,050円を控除し，欠勤が2日以上の場合は支給しないこととされていた。この欠勤には乗務員が年休を取得した場合も含むとされ，X（被控訴人・上告人）は1988年5月から1989年10月までの5ヵ月につき，年休取得を理由に1日分または当該月の皆勤手当の全額を控除された。本件は同皆勤手当の支払請求事件。1審（静岡地沼津支判平成2・11・29労判636号16頁）はXの請求を認容したが，原審（東京高判平成4・3・18労判636号13頁）は請求を棄却した。

【判旨】　上告棄却

1　「使用者が，従業員の出勤率の低下を防止する等の観点から，年次有給休暇の取得を何らかの経済的不利益と結び付ける措置を採ることは，その経営上の合理性を是認できる場合であっても，できるだけ避けるべきであることはいうまでもないが，右の規定（現行労基136条・引用者）は，それ自体としては，使用者の努力義務を定めたものであって，労働者の年次有給休暇の取得を理由とする不利益取扱いの私法上の効果を否定するまでの効力を有するものとは解されない。また，右のような措置は，年次有給休暇を保障した労働基準法39条の精神に沿わない面を有することは否定できないものではあるが，その効力については，その趣旨，目的，労働者が失う経済的利益の程度，年次有給休暇の取得に対する事実上の抑止力の強弱等諸般の事情を総合して，年次有給休暇を取得する権利の行使を抑制し，ひいては同法が労働者に右権利を保障した趣旨を実質的に失わせる

ものと認められるものでない限り，公序に反して無効となるとすることはできないと解するのが相当である（エヌ・ビー・シー工業事件・最3小判昭和60・7・16民集39巻5号1023頁，日本シェーリング事件・最1小判平成1・12・14民集43巻12号1895頁参照・表記方法は引用者）。」

2　これを本件についてみると，①タクシー会社においては，乗務員の出勤率低下を防止するため，皆勤手当の制度を採用する企業があり，Y会社においても，ほぼ交番表（月ごとの勤務予定表）どおり出勤した者に対して，報奨として皆勤手当を支給することとしていた。②事実記載の本件皆勤手当の支払方法は，労働組合との間で締結されたものである。③Xが年休取得により減額または不支給にされた皆勤手当の額は現実の給与支給月額に対し，最大でも1.85％にすぎなかった。④Xは，昭和62年8月から平成3年2月までの43ヵ月間に42日の年次有給休暇を取得し，それ以外の年次有給休暇9日分についてはXの意思に基づきその不行使につきY会社が金銭的補償をしている。

3　「右の事実関係の下においては，Y会社は，タクシー業者の経営は運賃収入に依存しているため自動車を効率的に運行させる必要性が大きく，交番表が作成された後に乗務員が年次有給休暇を取得した場合には代替要員の手配が困難となり，自動車の実働率が低下するという事態が生ずることから，このような形で年次有給休暇を取得することを避ける配慮をした乗務員については皆勤手当を支給することとしたものと解されるのであって，右措置は，年次有給休暇の取得を一般的に抑制する趣旨に出たものではないと見るのが相当であり，また，乗務員が年次有給休暇を取得したことにより控除される皆勤手当の額が相対的に大きいものではないことなどからして，この措置が乗務員の年次有給休暇の取得を事実上抑止する力は大きなものではなかったというべきである。

以上によれば，Y会社における年次有給休暇の取得を理由に皆勤手当を控除する措置は，同法39条及び134条（現行136条・引用者）の趣旨からして望ましいものではないとしても，労働者の同法上の年次有給休暇取得の権利の行使を抑制し，ひいては同法が労働者に右権利を保障した趣旨を実質的に失わせるものとまでは認められないから，公序に反する無効なものとまではいえないというべきである。」

【コメント】　本件判旨1は，勤務割で決められた勤務予定日に休暇の時季指定がなされた場合でも，使用者は労働者が休暇を取ることができる

よう「状況に応じた配慮」をなすべき義務を負うとした先例（**case 10-8**・弘前電報電話局事件）の趣旨と内的整合性を有するか否か疑問がある。また，労基法 136 条の立法趣旨（本文(1)参照）と相反する解釈であり賛同できない。

学説には，労基法 39 条は，使用者に年休付与義務と「年休手当」の支払義務を課すにとどまり，不利益取扱いを禁止する私法的規範は含まないとし，「年休手当」には皆勤手当は含まれず，結局不利益性の大小により，労基法 39 条，136 条ではなく，公序（民 90 条）違反の成否を判断すべきであると主張するものがある（藤川久昭・百選 7 版 131 頁）。しかし，そもそも年休期間中の賃金支払義務を定めている労基法 39 条 6 項は，その賃金の意義を「平均賃金」，「通常の賃金」または健康保険法上の「標準報酬日額」としており，「年休手当」などといった法的概念はどこにも存在しない。皆勤手当は「平均賃金」（したがって，標準報酬日額）にも「通常の賃金」にも含まれるのであるから前提的理解に誤りがあり，またそのように解すべき特段の根拠も実質的，合理的根拠も提示していない。

年休についてはいかなる不利益取扱いも，違法性を免れるものではないと解すべきである（本件に関しては，野田進〔判批〕ジュリ 1046 号 223 頁が参考になる。判旨 1 引用のエヌ・ビー・シー工業事件については小西ほか〔渡辺〕226 頁，日本シェーリング事件については同 350 頁参照）。

2　年休の買上げ・繰越し

(1) 買上げ

労働者が年休権を行使（時季指定）しない結果，年休年度の末日に何日分かを残した場合，使用者が通常の賃金を支払って「買い上げる」ことがある。このような措置は違法とは言えないが，買上げを見越して時季指定をしない（具体的年休権を行使しない）傾向を誘発する副作用も生じがちであり，一般的には好ましい制度とはいえない。行政解釈は，休暇の買上げを予約し，これに基づいて法定の年休日数を減らし，あるいは請求された日数の年休を与えないことは，労基法 39 条違反であるとしている（昭和 30・11・30 基収 4718 号）。労働者が定年等で退職する場合，特別措置として未消化年休を買い上げることはしばしば行われている。

(2) 繰越し

　年休権は，労基法115条に定める「この法律の規定による……請求権」とされ（厚労省・早わかり216頁），2年間行使しないと時効により消滅すると解されている。すなわち，労働者が年休年度の最初の日に取得する年休は次の年休年度の最終日を経過することにより消滅する。また，就業規則に「年次有給休暇は翌年度に繰り越されない。」と定めても無効である（昭和23・5・5基発686号。この考え方に真っ向から挑んだ裁判例が **case 10-13**・国鉄浜松機関区事件である）。

　時効は，労働者の「請求」によって中断する（民147条1号）。その請求は裁判上の請求にかぎらない（昭和24・9・21基収3000号）。労働者の明確な時季指定（労基39条4項の「請求」）によって中断効が生じると解される。使用者が労働者ごとに勤怠簿（年休取得簿）等に年休取得日数と残日数を記載している場合に，残日数につき年休請求権の「承認」（民147条3号）があったと言えるかが問題になるが，上記行政解釈はこの程度では承認したことにならないとしている。しかし使用者は労働者各人別に「賃金台帳」を調整する義務を有し（労基108条），そこには労働時間関係事項として，時間外・休日・深夜労働のほか，年休取得実績に関係する労働日数および賃金支払額に関係する遅刻・早退・欠勤など実績が併せて記載される筈である（労基則54条）。労働者ごとの年休日数そのものは法定記載事項ではないが，「勤怠簿」はそれと同種の人事関係事項の記録ということができ，そこに記載され，賃金台帳の「労働日数」と突合することにより，債務の「承認」があったものと認めてよいと解すべきである。行政解釈の立場には疑問がある。

case 10-13　年休の繰越しと2年消滅時効の適用（否定）

> **国鉄浜松機関区事件・静岡地判昭和48・3・23労民集24巻1・2号96頁**
> 【事実】　1　国鉄（Y）の職員であるXら（動力車乗務員）は，Yの年休規程およびYとXらの所属する労働組合とが締結している労働協約の定めにしたがって年休を付与されているところ，同規程および協約には年休は勤続3ヵ月以上1年内に10日，勤続1年を超える場合は1年内に20日とし，「附与期日から2年間有効」と定められていた。また労基法39条の定める年休を「法定年休」，それを超える年休を「法定外年休」と呼んで区別し，年休を消化する順序を「前年の法定内，法定外，当年の法定内，法

定外」とし，さらに年休を，職員が時季を指定（請求）する「自由年休」と勤務予定表を組む際に計画的に消化する「計画年休」に分け，自由年休を5分の2，計画年休を5分の3の割合で消化するものとしていた（計画年休は付与の時から1年内に平均1ヵ月に1日消化するように，本人の希望等を尊重して勤務予定表を組み，突発的事由で消化できなかった場合は，不承認年休として退職の際に考慮される）。

　2　Xら4名は自由年休について，「有効期間」の2年目に2日ないし5日の年休を残していたため，2年の期間が経過する数週間前に時季指定したところ，Yはその一部について代務要員がいないなどの理由により付与を拒否し，拒否した分の自由年休はその後2年の「有効期間」を経過し消滅したと主張した。Xらは右請求により催告をし，その後6ヵ月以内に本訴（年休確認請求訴訟）を提起しているので2年内に消化できなかった当該2日ないし5日について消滅時効（労基115条）は中断していると主張した（民153条）。

　【判旨】　Xらの請求棄却

　1　本件の主要な争点は，Xらの未消化年休は同人らの時効中断によってなお現存しているか，それとも有効期間の経過によりすでに消滅してしまったかに存するが，まずXらの年休請求権に消滅時効（労基115条）の制度が適用されるかについて検討する。「労働基準法が最低限度の労働条件として罰則をもって強行し保障しようとしているところのものは，たんなる抽象的な年次有給休暇請求権の附与またはその蓄積を認めることではなく，現実に当該年度の一定日数を有給で休ませることであるというべく，労働基準法第39条にいう『有給休暇を与え……』たことになるためには，現実に有給で休ませることが必要であり，抽象的な年次有給休暇請求権の附与ないし繰越しでは足りないものといわなければならない。これに反し，年次有給休暇の繰越しを認める立場をとるとすれば，それは必然的に，右同条にいう『有給休暇を与え……』ることをたんに抽象的な年次有給休暇請求権を附与することをもって足ると解する立場に立つことになる。けだし，繰越しというものを認める以上，そこに抽象的な年次有給休暇請求権というものを想定せざるをえず，しかもその繰越しを認めるわけであるから，当該年度においては現実に有給で休ませることをしなくても労働基準法違反にならないと解すべきことになるからである。そしてこの立場をおしすすめると，抽象的な年次有給休暇請求権を附与し，その繰越しないし

蓄積を認めさえすれば，現実に有給で休ませることをいっさいしなくても同法39条の違反にはならず，したがって同法第119条の罰則の適用もないということにならざるをえないが，その不当なことは何人の目にも明らかであろう。」

　この場合，労働者側からの繰越しのみは認めてよいのではないかと議論があるかも知れないが，労働側のイニシアティブによるものであっても右最低基準を下廻る結果となることを許容するものではないというべきであるから，これを認めることはできない。これを要するに，「労働基準法上の年次有給休暇については時効ということを考える余地はなく，同法第115条の規定が適用されることはないというべきである。」

　2　そうすると，年休取得の有効期間を2年とするYの年休規程および協約の規定が問題になるが，その趣旨は，労基法39条の年休はあくまで附与年度内に消化することが建前であり，現実にその日数の有給休暇が与えられないという事実があることによって労基法違反が成立し，同法119条の罰則の適用を免れない状態が生じる。このように罰則を適用しうる状態が生じたにかかわらず，Yの年休規程によれば未消化日数だけ翌年において余分に有給で休むことを認める（いわゆる繰越しを認める）ものであり，このような運用は「あきらかに労働基準法の定める労働基準を上廻る労働条件ということができる。……しかし右のように2年間有効とされて初年度では消化されず次年度に繰りこされた休暇は，もはや労働基準法第39条にいう年次有給休暇ではなく，同法第115条の適用を論ずる余地はない。」Yは，「年休未消化の事態について……現実に休暇を与えなければならない法律上の義務を痛感し，事態の改善を計らなければならない。……そうしてこの違法な事態を脱却すべきである。」

　3　「以上の次第で，Xらが本件で問題にしている自由年休（……2年間有効とされたもの）についての年次有給休暇請求権は，2年の有効期間の経過によって消滅するものといわなければならない。」

　【コメント】　本文に述べたとおり，労基法の違反について監督機関（労基102条）自身が，労基法の制定間もない時期（昭和23年）から，すでに年次有給休暇請求権も労基法115条にいう「この法律の規定による……請求権」であり，時効制度の適用があるとしていることを考えると，年休付与年度内に全日数を消化しないときは労基法違反が成立し，同法119条の罰則の適用を免れない状態が生じると判旨2が説いても，「罰則の適用」

V　年休権行使による不利益取扱いの禁止等

は現実にはなされない（労基102条参照）。判旨は，したがって，本件Yの「違法な事態」に警鐘を鳴らしているのみでなく，労基法の監督機関に対してもその解釈態度を改めるよう警告をしているものと理解できよう。この判決から35年以上が閲した今日において，日本の労働者の年次有給休暇請求権の消化状況は一向に改善されていないどころか，かえって悪化し，憲法の保障する休息の権利の実現にはほど遠い状況である。そのことには「労働側のイニシアティブ」にも一因があることも確かであり，官民あわせ，改めて本判決の重要な意義を顧みるべきであろう。

第11講　労働契約の成立および試用労働契約

I　労働契約の成立

1　採　　用

(1)　採用過程の法的規制

　労働契約の締結までに，事業主は，求職者を募集して応募を呼びかけ（労働契約の申込みの誘引），応募者を選考し，合格と認めた者へ採用内定通知（通常，「承諾書」，「誓約書」が同封され返信が求められる）を発信する*。

　＊　労働者の募集と職業紹介　職業安定法は，労働契約成立までの過程に関し以下のような種々の規制を定めている。

　〔労働者の募集〕（i）募集は，労働者を雇用しようとする企業等（求人者）が，自らまたは他人に委託して，「労働者となろうとする者に対し，……その被用者になることを勧誘すること」であり（職安4条5項），求人者が自ら募集する「直接募集」と職業紹介機関の「職業紹介」を受ける方法とがある。直接募集には，新聞，雑誌その他の刊行物に掲載して行う「文書による募集」と「従業員に業務としてさせる募集」の2通りがある。「文書による募集」は自由にすることができる。その際，求人者は労働者の適切な職業選択のため，業務の内容等を明示し，誤解を生じさせないように募集条件を的確に表示することに努める義務を負う（同42条）。従業員に募集業務をさせる場合は，使用者は，業務に対する報酬（賃金）以外の報酬を与えてはならない（同40条，罰則65条6号）。

　（ii）求人者は，厚生労働大臣の許可を得て，被用者以外の者に，「報酬を与えて労働者の募集に従事させ」ることができる（職安36条1項，罰則64条7号）。これを「委託募集」という（民法上は，有償の準委任契約）。被用者以外の者に与える報酬の額については，あらかじめ厚生労働大臣の認可を受けなければならない。無報酬の場合でも届出が必要である（同36条2項・3項，罰則65条4号）。

　（iii）募集に従事する者は，直接募集，委託募集を問わず，応募者から，「いかなる名義でも」，報酬を受けてはならない（職安39条，罰則65条6号）。

　〔職業紹介〕（i）職業紹介は，「求人及び求職の申込みを受け，求人者と求職者との間における雇用関係の成立をあっせんすること」，である（職安4条1項）。①公共職業安定所，②職業紹介事業者，③労働者の募集を行う者および④募集受託者，ならびに⑤労働者供給事業者（法規上，これらをあわせて「公共職業安定所等」という）は，職業紹介，労働者の募集等に当たり，求職者等に対し，「その

者が従事すべき業務の内容，賃金，労働時間その他の労働条件を明示しなければならない。」（同5条の3第1項）

同様に求人者は，公共職業安定所，職業紹介事業者に対して，また労働者供給を受けようとする者は労働者供給事業者に対して，上記の場合と同様に，求職者または供給される労働者に適用される労働条件を明示する義務を負う（同条2項）。明示することが必要な労働条件の詳細および明示の方法は命令に定められている。特に，社会保険および労働保険の適用に関する事項の明示が必要とされており，重要である（同条3項，職安則4条の2参照）。

公共所業安定所および職業紹介事業者は，求人・求職の申込みを「すべて受理しなければならない。」（均等取扱いの原則。職安5条の5・5条の6第1項）。ただし，求人の申込みを受理しないこともある。①その申込みの内容が法令に違反するとき，②その申込みの内容である労働条件が通常の労働条件と比べて著しく不適当であると認めるとき，または③求人者が，職業紹介，募集等に当たり労働条件を明示しないとき，である（同5条の5ただし書）。求職の申込みも，その内容が法令に違反する場合は受理しないことができる（同5条の6第1項ただし書）。

(ii) 職業紹介は，「無料職業紹介」が原則である。無料職業紹介は国の機関である「公共職業安定所」が行う（職安8条・17条以下）。その他，一定の要件（厚生労働大臣の許可または届出など）の下に公共職業安定所以外の機関（たとえば，高校，大学など）も無料職業紹介を行うことができる（同33条・33条の2・33条の3・33条の4）。

(iii) 従来，職業紹介事業者が紹介手数料を取ること（有料職業紹介）は，求人者，求職者のいずれからであれ，厳格に規制されていた。しかし近年は大幅に緩和され，不当な中間搾取（参照，労基6条）への警戒的規制を維持しつつ，民間の行う「有料職業紹介事業」は自由な労働力調達システムの一翼を担うものとして位置づけられるようになった（職業紹介事業の国家独占体制から官民共同事業体制へ。濱口57頁以下，特に63〜66頁が詳細である）。

「有料職業紹介」は，厚生労働大臣の許可を得て行うことが認められる。この点はこれまでと変わりない（職安30条。許可を得ないでした場合の罰則は重い，罰則64条1号）。有料職業紹介事業者は，①厚生労働大臣が定める種類および額（職業紹介に通常必要となる経費等を勘案して決められる）の手数料を徴収する場合のほか，②事前に厚生労働大臣に「手数料表」を届け出ることにより，求人者から，その手数料表に定める種類および額の紹介手数料を徴収することが認められている（同32条の3第1項・3項）。「手数料表」に定める手数料の種類，額等が不当な場合，厚生労働大臣はその変更を命ずることができる（同32条の3第4項）。

職業紹介事業者は，①および②所定の報酬以外の報酬を受けることを禁止されており，違反者は処罰される（同32条の3第1項，罰則65条2号）。

(iv) 他方，職業紹介事業者が求職者から紹介手数料を徴収することは原則的に禁止される。失業中の弱みを逆手にとって不当な利益を得ることを封じる趣旨で

ある（職安32条の3第2項，罰則65条2号）。

しかし，厚生労働大臣が「求職者の利益のために必要である」と認める場合は例外的に，省令で定める芸能家，モデル，科学技術者，経営管理者もしくは熟練技能者など特定の職業について（対象），あらかじめそのことを明らかにした上で（手続），求職者から，就職後6ヵ月以内に支払われる賃金の100分の10.5（消費税法〔昭和63年法律108号〕9条1項本文により消費税の納税義務が免除される免税事業者にあっては100分の10.2）に相当する額以下の手数料（徴収額の制限）の徴収が認められている（職安32条の3第2項ただし書，職安則20条2項参照）。

〔**募集，職業紹介の基本原則**〕 労働者の募集，職業紹介を通して重要な原則がいくつかある。

(i) 求職者（雇用保険受給資格者）が，公共職業安定所の紹介する職業に就くこと（または，職業訓練を受けること）を拒んだときは，「基本手当」（原則として，60歳未満の求職者の場合は賃金日額の最低100分の50，雇保16条参照）を1ヵ月間支給されない（雇保32条1項）。しかし，その職業または職種が受給資格者の「能力」から見て不適当なとき，および「就職先の賃金が，同一地域における同種の業務及び同程度の技能に係る一般の賃金水準に比べて，不当に低いとき」にまで職業に就くべきであるとは言えない。そこでこのような場合は，就職を拒んでも雇用保険給付は停止されない（同項各号参照）。

(ii) 公共職業安定所等は，求職者の個人情報を適正に収集，保管，使用および管理する義務を負う（職安5条の4第1項参照）。この点に関する職業紹介，労働者の募集および労働者供給事業に当たる者の責務は，「職業紹介事業者，労働者の募集を行う者，募集受託者，労働者供給事業者等が均等待遇，労働条件等の明示，求職者等の個人情報の取扱い，職業紹介事業者の責務，募集内容の的確な表示等に関して的確に対処するための指針」（平成11・11・17労告141号。通称，「個人情報保護指針」）に具体的に定められている。

(iii) 前言したように，公共職業安定所および職業紹介事業者は求人・求職のすべての申込みを受理すべき均等取扱いの原則の下にあるが（職安5条の5・5条の6第1項），その際，公共職業安定所等は，求職者に対してはその能力に適合する職業を紹介し，求人者に対してはその雇用条件に適合する求職者を紹介するように努めなければならない（同5条の7）。

(iv) 公共職業安定所は，労働争議に対する中立の立場を維持するため，同盟罷業または作業所閉鎖の行われている事業所に，求職者を紹介してはならない（争議行為不介入の原則，職安20条1項）。

このほか公共職業安定所は，労働委員会から，争議が発生しており職業紹介をすることによって争議の解決が妨げられるとの通報を受けた場合も，その事業に対し求職者を紹介してはならない（職安20条2項）。これらの義務は，公共職業安定所に課せられたものであり，民間の有料職業紹介事業者等はいわばフリーである（以上につき，小西ほか〔中嶋〕67頁以下参照。労働者供給事業の禁止の原則

Ⅰ 労働契約の成立

に関しては，下巻第22講Ⅳ1で述べる）。

〔職業紹介の経済的機能〕　かくして，「戦後，職業安定所が果たした経済的機能の大きな点は，労働条件の平準化，特に職業安定所の利用率が高い新規学卒者の労働条件を平準化し，従来未適用であった中小企業に社会保険の適用範囲を拡大したことであった。」（氏原正治郎『日本の労使関係と労働政策』〔東京大学出版会，1988年〕27頁）。

(2) 採用とその自由

一　使用者は，法律に別段の制限がないかぎり（後記 note 9 参照），採用方法（公募，縁故），募集の地域・方法（直接募集・委託募集の別，公的・私的職業紹介機関の活用の有無），採用手続（試験方法，面接，健康診査，提出を求める書類の種類），採用基準，採用労働者の種別（学歴別，事務・技術系，作業職種等），採用（内定）の時期などに関し自由に決定できる（小西ほか〔渡辺〕147頁）。今日の日本企業の多くは，経営の基幹となる人材を長期雇用の前提の下に，毎年度，高校，大学，大学院の卒業見込み者のいわゆる「定期採用者」から充足する方式を採っている＊。

＊　雇用ポートフォリオ　　日本経団連経営労働政策委員会『経営労働政策委員会報告』（2006年版）は，雇用における「人，仕事，コストの効果的組み合わせ」に「雇用ポートフォリオ（portfolio）」の概念を与え，人材を，①「長期蓄積能力活用型グループ」，②「高度専門能力活用型グループ」，③「雇用柔軟型グループ」に分けて行う複線型人事制度の導入を提唱している。①は「長期継続雇用という考えに立って，企業としても働いてほしい，従業員も働きたいという」グループとされており，学卒定期採用者がこの人材グループの人的資源として想定されている（同書44頁以下。日経連は，1995年『新時代「日本的経営」―挑戦すべき方向とその具体策』でこの基本方向を提言した。この提言の中心になった福岡道生氏の『人を生かす！』〔日経連出版部，2002年〕300頁以下が詳細である）。

二　このように，使用者が労働者（求職者）を採用する自由は広範囲に及び，自由市場経済秩序の重要な一環をなす。これは憲法22条1項の営業の自由の保障，29条の財産権の保障に根拠をもつ憲法的秩序ということができる。他面，労働者（求職者）は，「健康で文化的な最低限度の生活を営む」ために（憲25条1項），賃金を唯一の生活源としており，個人として尊重され（同13条），法の下の平等を保障されている（同14条）。また，労働者（求職者）は，思想および良心の自由を享受し（同19条），集会，結社および言論の自由（同21条），職業選択の自由を有し（同22条1項），勤労の権利（同27条1項）を保障されている。これら労働者の求職活動に直接間接に関連する自由や権利も，

民主主義的社会経済における憲法的秩序であり，企業者等の採用の自由の意義，性質，効果を考えるに当たって当然に考慮のうちに取り入れられなければならない。

三　日本の労働関係法制は，下記 note 9 に見るように，企業者等の採用の自由を労働関係の重要な局面において制限するようになっている。それらを概観してみるに，児童酷使の禁止を定めている憲法27条3項に由来するもの，勤労者の団結権保障にかかる憲法28条の趣旨を具体化したもの，性的差別を禁止している憲法14条を私人間の適用原理にしているもの，就労に困難を抱える労働者（求職者）の具体的状況に即し，社会的考慮に基づいて職業選択の自由および勤労の権利を保障するものなどが存在し，憲法的秩序として，企業者等の採用の自由を一定の方法，範囲において制限している。

> **note 9　採用に関する日本の現行の法的規制**
> 〔労働基準法〕　①満15歳に達した日以後の最初の3月31日未満の者を使用すること（56条1項，罰則118条。同56条2項に例外がある），および②親権者，後見人が未成年者の労働契約を代わって締結すること（58条1項，罰則120条1号）が，それぞれ禁止されている。
> 〔労働組合法〕　使用者は，労働者が労働組合に加入せず，若しくは労働組合から脱退することを雇用条件にしてはならない（7条1号）。このほか，労働組合の組合員であることを理由に採用しないストレートな差別があり得るが（事業譲渡の際に，譲受事業主が特定の労働組合の組合員にかぎり労働契約を承継しないなど），このような採用差別が不当労働行為（7条1号の不利益取扱い）に当たるか否かに関しては見解が分かれている。しかし，これを肯定すべきである（詳細は，下巻第19講Ⅱ2参照）。
> 〔男女雇用機会均等法〕　事業主は，労働者の募集，採用について性別にかかわりなく均等な機会を与えなければならない（5条。ただし18条に基づく「紛争調整委員会」の行う調停の対象からは除外されている）。同法は冒頭に，雇用の分野において男女の均等な機会と待遇の確保を図ることは，「法の平等を保障する日本国憲法の理念にのっとり」行われるものであることを宣明している（1条）。
> 〔雇用対策法・職業安定法〕　雇用対策法は，2007（平成19）年改正法により，応急の時勢にかんがみ，事業主に対し，「青少年……の募集及び採用の方法の改善」について必要な措置を講ずるよう努める義務を定め，このことに関し厚生労働大臣は必要な指針を定めることとされ（雇対7条・9条），「青少年の雇用機会の確保等に関して事業主が適切に対処するための指針」（平成19・8・23厚労告6号，その後21・1・19改正）が発せられた。それによれば，①内定

Ⅰ　労働契約の成立

取消しは客観的に合理的な理由に基づき，社会通念上相当と認められないときは無効であること，②その防止に最大限の経営努力をすること，③加えてやむを得ず内定取消しをした者には就職先の確保について最大限の努力を行い，④補償等の要求には誠実に対応すべきであるとした。

職業安定法も，雇入れ方法の改善に関し，工場事業場等を指導する厚生労働大臣の権限を定め，省令に指導事項を定めている（職安54条，職安則35条）。これによれば，①学校，専修学校等（以下，学校等）の新卒者について募集の中止，募集人員の縮減，採用の取消し，内定期間の延長等をする者は，その旨を公共職業安定所と学校等の施設長の双方に通知すべきこととしている。また，上記の雇用対策法の改正と連動し，2009（平成21）年1月19日付省令は，採用内定取消し等が一定の要件に該当する場合（本人の事情や企業倒産による場合は除く）は，厚生労働大臣が企業名を公表できるとする新規定を設け（職安則17条の4），同日の告示において企業名公表の要件が公表された（平成21・1・19厚労告5号）。企業名公表の要件は，大きく4つ定められているが，そのなかに，事業主が，①内定取消しの対象者に対しその必要性について十分な説明を行わなかった場合，②内定取消しをした新卒者の就職先の確保に向け支援を十分に行わなかった場合が挙げられている。

しかし，行政官庁が指針を告示するかたちでする事業主向けの行為規範が，内定取消しをされた対象者自身にとってどのような法的意味（救済的意味）を有するかは曖昧であり，国のなすべき雇用政策の質が問われている（参照，緒方桂子「採用内定取消しをめぐる法律問題と法の役割」ジュリ1377号〔2009年4月〕10頁以下）。

〔障害者雇用促進法〕　事業主は，「身体障害者又は知的障害者である労働者」（2005〔平成17〕年改正により，精神障害者を含む。障害雇用2条・3条，障害雇用則1条の4）を，その雇用する労働者の数に「障害者雇用率」を乗じて得た数以上雇用することを求められており，毎年1回これら障害のある労働者の雇用状況を厚生労働大臣に報告しなければならない（同43条1項・5項）。障害者雇用率は政令で定められる（同条2項）。政令は，漸次法定雇用率の引上げを図っており，現在は100分の1.8（その直前は100分の1.6）と定めている（障害雇用令9条）。法定雇用率未達成の事業主からは，未達成率に応じて，障害者を雇用する事業主を支援する措置等に要する費用の給付（「障害者雇用調整給付金」）に充てるため，「障害者雇用納付金」を徴収することとされている（同53条以下）（小西ほか〔中嶋〕79頁，安枝＝西村〔10版〕84頁，濱口163〜167頁参照）。

〔高年齢者雇用安定法〕　定年に関し65歳未満の年齢を定めている事業主は，定年の引上げ，または当該定年の定めの廃止などの措置を講ずることとされているが，これらの措置を講じない事業主は，現に雇用している高年齢者が希望するときは，定年後引き続いて雇用する「雇用継続制度」の導入措置を講じな

ければならない（9条1項）。この場合において，事業主は，事業場の労働者の過半数代表との間で「継続雇用制度の対象となる高年齢者に係る基準」を定めることができるとされている（同条2項。参照，小西ほか〔中嶋〕77頁，高年齢者を対象にした雇用就業対策の展開史に関し，濱口145頁以下，特に年金制度改革と関連する65歳までの継続雇用制度の導入に関して154頁以下に詳細な説明がある）。

(3) 募集・採用における年齢制限の法的規制

　2007（平成19）年，雇用対策法が大幅に改正され（平成19年法律79号による），事業主は，労働者の募集，採用について，「その年齢にかかわりなく均等な機会を与えなければならない。」との規定が定められた（雇対10条）。この改正は，人口減少社会の雇用対策の重点の一つとして，特にいわゆる年長フリーターおよび高年齢者が，企業等の年齢制限を行う求人活動により応募の機会（雇用への門戸）を閉ざされることの多い現状を打開し，これら労働者が能力を有効に発揮することができるための必要な施策として実施された＊。

　もっとも雇用対策法10条は，事業主がどのような場合に労働者に対する均等な応募機会の付与義務を負うことになるかに関し，判断のすべてを厚生労働省令に白紙授権するかたちをとっており，均等な応募機会の付与義務に関する実体的，具体的な内容は法律のなかに直接は示されていない。そして，この義務に違反する事業主には，厚生労働大臣の助言，指導または勧告が行われるものと考えられる（同時に追加された雇対32条参照）ので，本条の定める事業主の均等な応募機会を付与すべき義務は，国の行う雇用対策に対する公法的性質の協力義務と解される。しかし，こうした個々の実体的，契約規制的規範を，国の行う雇用政策の基本法（雇用対策法）のなかに位置づけることの積極的意味は見出せない。むしろ，労働契約法のなかに定め，その実施（具体的実現）に向けて必要となる事項に関し，行政上の助言・指導・勧告等をなし得る権限規定を雇用対策法に規定すべきものであろう。なお，同法施行規則（1条の3）には労働者を募集，採用するに当たり年齢制限を行うことができる場合が6例定められている。

　　＊　**均等な応募機会の付与義務の前身**　2001（平成13）年の雇用対策法の改正時に，事業主に対し，労働者の募集・採用について「その年齢にかかわりなく均等な機会を与えるよう努めなければならない。」との努力義務が規定された（改正前7条）。同規定に基づいて政府は，「労働者の募集及び採用について年齢にか

かわりなく均等な機会を与えることについて事業主が適切に対処するための指針」（平成13・9・13厚労告295号）を発し，募集，採用に際し，特に年齢制限を設けることが認められる場合の具体例を挙げていたが，今次改正の施行規則にその例が踏襲された。

(4) 採用の自由と労働者の思想・信条の自由

一　最高裁判所は，case 11-5・三菱樹脂事件において，企業の「採用の自由」および採用に当たっての労働者の「選別の自由」を最大限尊重する立場を打ち出している。

同事件は，大学卒業見込み者を3ヵ月の試用期間を定めて定期採用し，試用期間満了の直前に，その労働者が在学中活発に政治活動を行った学生自治会の中央委員の立場で"60年安保"反対の無届けデモ等に参加したこと，および大学生協の役員に就いて報酬を受けていたことを秘匿したこと（応募に際し提出した身上書記載欄への虚偽の記載，または記載すべき事項の不記載および選考面接時の質問に対し学生運動をしたことはなく，興味もなかったと応答をしたこと）が判明したとして，右秘匿は詐欺にあたり，管理職要員の適格性に欠けるなどの理由により「本採用拒否」（すなわち，解雇）したものである。

1審（東京地判昭和42・7・17労民集18巻4号766頁）は，解雇権の濫用として無効と判断し，原審（東京高判昭和43・6・12労民集19巻3号791頁）も同様の結論であったが，つぎのように判示した。通常の「会社においては，新聞社，学校等特殊の政治思想的環境にあるものと異なり，特定の政治的思想，信条を有する者を雇傭することが，その思想，信条のゆえに直ちに事業の遂行に支障をきたすとは考えられない。」「政治的思想，信条に関係ある事項を申告させることは，公序良俗に反し，許されず，これを秘匿しても，不利益を課し得ないものと解すべきである。」

最高裁判決は，つぎのように述べ，原審を破棄差戻しした。

〔判旨〕　1　憲法19条（思想良心の自由の保障），同14条（法の下の平等＝信条に基づく差別の禁止）は，他の自由権的基本権の保障規定と同様に，「国または公共団体の統治行動に対して個人の基本的な自由と平等とを保障する目的に出でたもので，もっぱら国または公共団体と個人との関係を規律するものであり，私人相互の関係を直接規律することを予定するものではない。」

「私人間の関係においても，相互の社会的力関係の相違から，一方が他方に優越し，事実上後者が前者の意思に服従せざるをえない場合があり，このような場合に私的自治の名の下に優位者の支配力を無制限に認めるときは，劣位者

の自由や平等を著しく侵害または制限することとなるおそれがあることは否み難い。」とはいえ，私的支配関係における個人の基本的自由，平等に対する具体的侵害またはそのおそれに対しては，その態様，程度が社会的に許容しうる限度を超えるときは，立法的措置，民法1条・90条や不法行為に関する諸規定の適切な運用によって，その間の適切な調整を図る方途が存在する。

　2　憲法は，「22条，29条等において，財産権の行使，営業その他広く経済活動の自由をも基本的人権として保障している。それゆえ，企業者は，かような経済活動の一環として契約締結の自由を有し，自己の営業のために労働者を雇傭するにあたり，いかなる者を雇い入れるか，いかなる条件でこれを雇うかについて，法律その他による特別の制限がない限り，原則として自由にこれを決定することができるのであって，企業者が特定の思想，信条を有する者をそのゆえをもって雇い入れることを拒んでも，それを当然に違法とすることはできない。」法の下の平等を定める憲法14条の規定は，「私人のこのような行為を直接禁止するものでない。」

　3　労働条件について信条等による差別を禁止している労基法3条（均等待遇の原則）は，雇入れ後の労働条件について適用され，雇入れそのものを制約する規定ではない。したがって，企業者は採用の自由を有し，思想，信条を理由として雇入れを拒んでもこれを直ちに民法上の不法行為とすることはできないことは明らかであり，その他これを公序良俗違反と解すべき根拠も見出すことはできない。

　4　以上のように，「企業者が雇傭の自由を有し，思想，信条を理由として雇入れを拒んでもこれを目して違法とすることができない以上，企業者が，労働者の採否の決定にあたり，労働者の思想，信条を調査し，そのためその者からこれに関連する事項についての申告を求めることも，これを法律上禁止された違法行為とすべき理由はない。」

　「もとより，企業者は，一般的には個々の労働者に対して社会的に優越した地位にあるから，企業者のこの種の行為が労働者の思想，信条の自由に対して影響を与える可能性がないとはいえないが，法律に別段の定めがない限り，右は企業者の法的に許された行為と解すべきである。また，企業者において，その雇傭する労働者が当該企業の中でその円滑な運営の妨げとなるような行動，態度に出るおそれのある者でないかどうかに大きな関心を抱き，そのために採否決定に先立ってその者の性向，思想等の調査を行なうことは，企業における雇傭関係が，単なる物理的労働力の提供の関係を超えて，一種の継続的な人間

関係として相互信頼を要請するところが少なくなく，わが国におけるような・いわゆる終身雇傭制が行われている社会では一層そうであることにかんがみるときは，企業活動として合理性を欠くものということはできない。」(傍点は引用者)

二　上記判決には労働法学のみならず憲法・民法学の立場からも批判が多く，私見もまた賛同できない。その理由は以下に述べるとおりである。

第1に，判旨1は，①憲法19条，14条は「もっぱら国または公共団体と個人との関係を規律するものであり，私人相互の関係を直接規律することを予定するものではない」とする一方で，②私的支配関係において個人の基本的自由，平等に対する具体的侵害の態様，程度が社会的に許容しうる限度を超えるときは，立法的措置，民法1条・90条や不法行為に関する諸規定を適切に運用し，適切な調整を図る方途が存在すると述べている。上記①の部分と②の部分との関係は必ずしも明らかでないが，一応，私人による基本的自由，平等への侵害に対しては，立法措置を新たに講ずるか，それとも信義誠実の原則，権利濫用の禁止，公序良俗，不法行為など私法上の一般条項の解釈に憲法の趣旨を読みとることで対処すべきであるという意味に理解しておくことにしよう。

第2に，判旨2は，憲法22条，29条を根拠に，契約締結の自由を強調し，企業者の採用の自由について，「法律その他による特別の制限がない限り，原則として自由にこれを決定することができる」としている。この判旨の言う「法律」には果たして民法の上記一般条項（1条・90条など）が含まれないのか，判旨1との関係で論理上疑問がやや残る。それはそれとして，判旨はこの判断を発展させて，企業者が特定の思想，信条を有する者をその故をもって雇い入れることを拒んでも，それを当然に違法とすることはできず，憲法14条の規定は私人のこのような行為を直接禁止するものではないと述べる。しかし，企業者の採用の自由が個人の基本的自由，平等に及ぼす具体的侵害の態様，程度に応じ，権利濫用または公序良俗概念を適切に適用し，合理的制限を施す必要があることは否定できない。その法的根拠として憲法14条の法の下の平等原則の間接適用を排除すべきではない。国民の思想・信条，良心のあり方は，憲法の保障する基本的人権（その精神的自由権）の中核であり（憲19条），また個人のプライバシー尊重の観点からも高度に保障されるべき自由権と考えられるからである。

第3に，現行労基法3条は，雇入れ後の信条差別を禁止し，雇入れ段階での信条差別を禁止していない。判旨3はこのことを理由の一つに挙げて，それ故

に採用時に思想・信条を理由に雇入れを拒んでもこれを直ちに民法上の不法行為とも公序良俗違反ともすることはできないとする。しかし，現行労基法3条を雇入れ後の差別禁止規定と解釈することから，雇入れ前の差別が自由だという論理は当然には出てこない。労基法3条を採用差別の「自由」の根拠づけに援用することは間違っている。思想・信条を理由にする採用拒否は，人がその思想・信条の故に生計の経済的基礎（職業に就く機会）を奪われることを意味する。そのことと，労働者が雇用され生計の経済的基礎を築いた後に思想・信条の故に労働条件を差別されるのとを比べて，どちらが一層深刻な打撃であるかは容易に判別しがたい。国民は，思想・信条の故に職業の機会均等を奪われてはならないのであり，そうした差別をされないことについて正当な期待利益を有する（憲22条1項・27条1項参照）。そしてその侵害は，原則として違法の評価を受けるものと解すべきである。

　第4に，日本の多くの企業は，基幹的労働者を，長期雇用を前提に学校卒業見込み者から定期採用する方式で充足している。このことに，近い将来変化は生じないであろう。それ故，学校卒業見込み者の定期採用に当たって，思想・信条による採用差別が憲法上許された経済行為（営業の自由）であるとすることは，まさしく判旨4の説くように，企業の求職者の思想・信条を調査する権限の法認に帰着し，求職者に対し強い社会的圧力要因となり，企業が自律的人格形成に不当な支配を及ぼす虞れが大きい。

　第5に，日本企業の長期雇用慣行は，労使の強い信頼関係に基礎を置く雇用慣行であることは否定できない。まさにその故に，労働者の企業に対する経済的，社会的依存関係は深まる。しかし，企業協働体を健全な人的関係社会として維持するためには，かえって採用段階における個人の思想，信条，宗教などの精神的自由と多様性が尊重されなければならない。

　もちろん，企業は採用に当たり人命尊重，法令遵守，信用保持，秘密保持，事業運営の組織性（規律性）原則など当該事業経営に必要な従業員としての資質（職業的適格性，能力）に関連して，求職者のものの考え方や信念（内心）に踏み込んで調査を行うことは許され，合理的疑いがあるときはそのことを理由に採用を拒む自由を有する。このことが公序に反するものと言えないことは明らかである（花見忠「採用の自由」『石井照久先生追悼論集・労働法の諸問題』〔勁草書房，1974年〕129頁，下井41頁・43頁，小西ほか〔渡辺〕148頁，島田陽一・百選7版20頁，同法セ・コメ17頁，水町勇一郎・争点3版130頁，唐津＝和田〔浜村彰〕26頁など参照）。

Ⅰ　労働契約の成立

2 採用内定
(1) 採用内定通知

一　労働契約は諾成契約である。したがって労働契約は，原則的に，求職者が「労働に従事すること」を，求人者が「その報酬を与えること」を，それぞれ「約する」ことにより（「約する」ことのみにより），成立する（民623条，労契6条）。入社式，辞令交付，就労開始など一連の行為自体は労働契約の成立には関係ない。では，労働契約はいつ，どのようにして成立するのか（以下，小西ほか〔渡辺〕150頁）。

二　通常，労働契約は，求職者の応募（必要書類の提出，選考試験の受験等）によりその締結の「申込み」がなされ，求人者が「採用内定通知」を発信して締結を「承諾」する。すなわち，採用内定発信の時点で労働契約は成立する（求人者の募集行為は労働契約の申込みの「誘引」に当たる）。

三　これまで，「採用内定通知」（ときに，「採用決定通知」と表現される）は，労働契約が締結されるまでの過程の一こまと解する説（労働契約締結過程説），労働契約の締結の予約と解する説（予約説），労働者の申込みに対し労働契約の締結を承諾する行為であると解する説（その取消事由との関係において停止条件説，解除条件説，留保解約権付労働契約説などに分かれるが一括して労働契約説という）など，諸説が存在した。締結過程説，予約説によれば，採用内定は，それ自体としては契約上の地位に変動をもたらさないものであるから，使用者が不合理な理由で採用内定を取り消しても，労働者は不法行為を理由に損害賠償を請求し得るにとどまり，労働契約上の地位の確認を求めることはできない。

四　判例は，大学卒業見込み者を定期採用し，採用内定後グルーミーな印象を打ち消す材料がでなかったとの理由で採用内定を取り消した事案に関し，採用内定通知の法的効果は，採用に関する個々の事実関係に即して個別的に判断すべき問題であるとしつつ，少なくとも学卒見込み者の定期採用の場合には，「採用内定通知のほかには労働契約締結のための特段の意思表示をすることが予定されていなかった」と述べ，採用内定通知の発信時に労働契約の成立が認められると判示し，労働契約説の立場を明らかにした（大日本印刷事件・最2小判昭和54・7・20民集33巻5号582頁）＊。

もっとも個々のケースによっては，採用内定通知を労働契約の締結の申込みと解し，求職者がそれを受ける旨を使用者に通知したとき（たとえば，指示に従って誓約書等の同封書類に必要な事項を記載し返送したときなど）に，労働契約締結の承諾がなされ，労働契約が成立したと解される場合もありえよう。

＊　**大日本印刷事件の事実の概要**　　概要はつぎのとおりである。X（被控訴人・被上告人）は4年次在学中に大学の推薦を受け，Y会社（控訴人・上告人）の実施した筆記試験，適正検査，身上調書提出，面接試験，身体検査などの選考手続を経て，会社から7月に「採用内定通知書」を受けた。Xは同通知書同封の誓約書に必要事項を記入して返送し，この時以降大学経由でしていた他社への応募を辞退し，11月会社の指示に従い近況報告書を提出した。Y会社は翌年2月Xに理由を示すことなく採用内定取消しを通知した（本件は従業員の地位確認，賃金請求，慰謝料請求等事件である。参照，上田達子・百選7版22頁，唐津博・百選6版22頁，高木紘一・百選5版20頁，唐津＝和田〔川田和子〕44頁）。

(2)　**採用内定期間中の労働契約の特性**

上記の判例（大日本印刷事件）は，採用内定通知により，翌年大学卒業直後からの就労の始期が定められた労働契約（就労の始期付き労働契約）が，「解約権留保付き」で成立していると判断した（解約権留保付き労働契約の成立）＊。

もっとも，使用者には一般的に合理的理由に基づく解約権が留保されている（参照，労契16条）。したがって，採用内定期間中の労働契約を「解約権留保付き」と表現することには特別の意味はない。労働者は，採用内定期間中は労働義務がなく，企業等への貢献実績は皆無であり，もっぱら将来を期待される立場にある。卒業見込みの定期採用者の場合は採用内定から就労開始日までの間に相当の期間があり，場合によって卒業ができなくなり，健康に異変を生じ，近々従業員となる立場にある者として問題視せざるを得ない行動を起こすこともないではない。したがって，採用内定の場合にも，使用者は，採用内定期間を経過した一般労働者の労働契約を解約（解雇）する場合に求められるのと同じ程度の合理性がなければ解約（解雇）できないとも言い切れない。その意味で採用内定期間中の労働契約には，使用者に通常の労働契約を解約する場合に比べてより幅の広い事由によって労働契約を解約できる権利が留保されていると言って差し支えない。

＊　**効力の始期付き労働契約の成立説の問題点**　　判例は，別件において，採用内定により「効力の始期付き労働契約」が成立したと解している（電電近畿電通局事件・最2小判昭和55・5・30民集34巻3号464頁）。

採用内定者に関する法的紛争がほとんど内定取消し（解雇）問題に限られていた状況においては，内定取消し（解雇）に安定的，法的基準を見いだす要請が強く，就業規則の解雇基準の適用が可能になるように，採用内定により労働契約が成立し，すでにその効力が生じているとの意味を込めて，「就労の始期付き労働契約」（原則的に採用内定通知により労働契約としての効力はすでに生じている）と解するのが妥当と考えられた。もちろん，就業規則のうち就労関係の展開を前提

にする規定は適用されない。

しかしその後，採用内定者の在学中にたびたび研修，実習を行い，様々なレポートを提出させるなど行き過ぎと思われる「入社前教育」の実例が見られるようになった。採用内定者は，その約した労務提供の時期まではそれぞれの当面の課題に取り組むことができるように（学卒定期採用者の場合は，学業に専念できるように），その自由な生活時間は尊重されなければならない。したがって，原則的に，企業が課するこのような就労開始前の負担を負わない。このことをより一層明らかにするために，労働契約上の指揮命令関係は未だ発生していないという理由づけが必要になり，労働契約の成立は認められるものの，未だその法的効力は発生していないとの意味を込めて，「効力の始期付き労働契約」と解するのが妥当だとする説が多数になっている（下井107頁など）。

しかしさらに考えると，内定取消しも労働契約上の解約権を行使することであり（小西ほか〔渡辺〕152頁），その解約権行使の合理性を問題にする以上，その時点ですでに労働契約が成立し，一定の法的効力が生じていなければ，当該解約権自体が存在しないことになる。そうするとやはり，原則的に採用内定通知により労働契約が成立し，一定の範囲で法的効力は発生しているとの意味で，就労について始期の付された労働契約が成立しているものと解するほかないことになる（小西179頁より貴重な示唆を得た）。その上で，研修指示権や解約権の行使について合理的な限定を施すことになろう。内定期間中に使用者が内定者（その実，労働者）に課する研修，訓練，レポート提出（近況報告），定期開催の会合への参加などのさまざまな負担，課題については，その合理性に関し厳格な法的コントロール下に置くことが妥当と考える（**case 11－3**・宣伝会議事件参照）。

(3) **採用内定の取消し**

一　使用者は，どのような場合に採用内定を取り消す（解雇する）ことが許されるであろうか。最高裁は，すでに三菱樹脂事件（前記1(4)）において，試用期間中の労働者の解雇について「客観的に合理的な理由が存し社会通念上相当として是認されうる場合でなければならない」との判断を示していた。そして大日本印刷事件においても，採用内定取消しは試用期間中の解雇の場合とほぼ同様に，「採用内定当時知ることができず，また知ることが期待できないような事実であって，これを理由として採用内定を取り消すことが解約権留保の趣旨，目的に照らして客観的に合理的と認められ社会通念上相当として是認することができるものに限られる」との判断を示した（(1)四参照）。

二　採用内定の取消しに合理的理由を必要とする根拠は，上記判例によれば，採用内定の関係に入った者は，卒業後の就労を期して，他企業への就職の機会と可能性を放棄するのが通例であるとの点にある。条理にかなった説得力のあ

る実質判断といえよう*。

　　*　**大日本印刷事件における採用内定取消事由**　　本件では，採用内定後「グルーミーな印象」を打ち消す材料が出なかった，との理由は，解約権留保の趣旨，目的に照らして合理性がなく，解約権の濫用と判断された。

case 11-1　中途採用者の採用内定取消し（無効）

インフォミックス事件・東京地決平成9・10・31労判726号37頁
　【事実】　1　X（原告）は，大学院修了後昭和62年4月日本アイ・ビー・エム株式会社に勤務していたところ，平成8年12月頃スカウトされ，米国インフォミックス社製のコンピューター・ソフトウエアやデータベースの販売，テクニカル・サポート等を業とする従業員130名のY会社の役員らと数回面接を重ね，平成9年2月，同社のコンサルティンググループのマネージャーとして採用内定された。Xは，Y会社が提示した採用条件事項を確認し，正当な理由のないかぎり入社拒否をしない旨記載した入社承諾書を提出した。就労開始日は同年4月21日（その後変更・後記判旨1参照）と合意され，Y会社は2月18日，Xの提出した入社承諾書を受領した旨の通知および「入社手続のご案内」をXに送付した。
　2　Y会社は，採用内定後，インフォミックスグループの平成9年の業績が予想を大幅に下回ったため事業計画を見直し，Xが着任を予定したコンサルティンググループ自体が存続できなくなったとして，4月15日，Xに対し，①3ヵ月分の賃金補償，②入社して試用期間3ヵ月経過後辞める，③入社するがマネージャーでなく，マネージャー待遇でシステムエンジニア（いわゆるSE）として働くとの3つの提案をした。Xはいずれをも拒否した。そこでY会社は，9年5月6日Xに採用内定を取り消す旨通知した。本件は地位保全等仮処分申請事件。
　【判旨】　請求認容
　1　本件採用内定の法的性格　　「Y会社はXに対し，所属，職能資格等級，給与条件，入社希望日等を記載した採用条件提示書を送付し，XがY会社の了解を得て入社日を当初の平成9年4月1日から同月20（ママ）日に変更したうえで」入社承諾書を送付し，Y会社はXに対し，入社承諾書を受諾した旨伝えるとともに，『入社手続きのご案内』と題する書面を送付し，「これ以外に労働契約締結のための手続等は予定しないこと，そ

の後，Xの退職時期の関係でY会社の了解を得て入社日が（最初，5月1日に変更され，ゴールデンウィークのため・引用者）……5月6日に変更されたこと，以上の事実が疎明される。これらの事実によれば，<u>本件採用内定は，就労開始の始期の定めのある解約留保権付労働契約であると解するのが相当である。</u>」

　2　本件内定取消しの有効性判断の基準　「始期付解約留保権付労働契約における留保解約権の行使（採用内定取消）は，解約権留保の趣旨，目的に照らして客観的に合理的と認められ，社会通念上相当として是認することができるものに限られると解するのが相当である（前出本文2(3)大日本印刷事件最高裁判決・引用者）。そして，採用内定者は，現実には就労していないものの，当該労働契約に拘束され，他に就職することができない地位に置かれているのであるから，<u>企業が経営の悪化等を理由に留保解約権の行使（採用内定取消）をする場合には，いわゆる整理解雇の有効性の判断に関する①人員削減の必要性，②人員削減の手段として整理解雇することの必要性，③被解雇者選定の合理性，④手続の妥当性という四要素を総合考慮のうえ，解約留保権の趣旨，目的に照らして客観的に合理的と認められ，社会通念上相当と是認することができるかどうかを判断すべきである。</u>」

　3　職種変更命令違反を理由とする本件採用内定取消しの有効性　　ア
　Y会社が，Xに対し，給与はそのままでマネージャーからSEへ職種を変更し，SEで働いてもらうと述べたことは，「事態の円満解決のための条件の一つを単に提示したにすぎず，Y会社がXの職種を確定的に変更する意思でもって右発言をしたとみることはできない。したがって，……職務変更命令の存在という前提を欠くから，職務変更命令違反等を理由とする本件内定取消は無効というほかない。」

　イ　Y会社は，本件採用内定取消しは整理解雇ではないが，その要件に照らして有効であると主張するので，以下，判断する。第1，人員削減の必要性は極めて高かった。第2，Y会社は人員削減手段としての整理解雇（採用内定取消し）の回避に向けて相当の努力を払っていた。第3，被解雇者として採用内定者のXを選定したことに不合理なことはない。

　第4，手続の妥当性について　　「Xは，Y会社の勧誘を受けて本件採用内定を受け，10年間務（ママ）めたIBMを退職して入社準備を整え，入社日の到来を心待ちにしていたところ，入社日の2週間前になって突然

入社の辞退勧告や職種変更の申し入れがなされたのであって……Y会社が自らスカウトしておきながら経営悪化を理由に採用内定を取り消すことは信義則に反するというほかなく、本件採用内定を取り消す場合には、Xの納得が得られるよう十分な説明を行う信義則上の義務があるというべきである。しかるに、Y会社は（顧問弁護士をとおしてXの代理人弁護士との間で本件内定取消しに関し、電話や内容証明郵便によるやりとりをしたものの・引用者）……必ずしもXの納得を得られるような十分な説明をしたとはいえず、Y会社の対応は、誠実性に欠けていたといわざるを得ない。」

　右第1，2，3，4で検討してきたところを総合考慮すれば、「本件内定取消は客観的に合理的な理由があるということができる。しかしながら、Y会社がとった本件内定取消前後の対応には誠実性に欠けるところがあり、Xの本件採用内定に至る経緯や本件内定取消によってXが著しい不利益を被っていることを考慮すれば、本件内定取消は社会通念に照らし相当と是認することはできない。」

　【コメント】　判旨1は、本件採用内定により労働契約が成立し、その効力が就労の始期付きで生じているものと解している。それは、Y会社が採用内定通知に際して、所属（労働の場所、業務の種類）や賃金など重要な労働条件を決定し、Xに明示したことによるものと解される（労基15条1項。なお労契4条参照）。判旨2は、採用内定取消しの一般的有効要件および経営悪化を理由とする採用内定取消しの有効要件の2つの判断が示されており、後者に関しては、整理解雇の有効性の要件（要素）に即して判断すべきものと判示されている。判旨3・アは、採用内定取消しの一般的有効要件に照らして本件内定取消しを無効と判断しており、その理由は、要するに、Y会社がXにした職種変更の発言は「打診」であって「命令」ではなかったというのである。

　同イは、経営悪化を理由とする内定取消しであるとのY会社の主張に応えた部分であるが、判旨は、一方で「Y会社が自らスカウトしておきながら経営悪化を理由に採用内定を取り消すことは信義則に反する」と言い、他方で「本件内定取消は客観的に合理的な理由があるということができる。」とも言い、さらに、Y会社の内定取消し前後の対応について、特に「十分な説明」をしなかった点で誠実性を欠いたと述べている。このように、判旨は、経営悪化を理由とする採用内定取消しであるとのY会社の主張について、信義則違反が認められるというのか、手続に不誠実が認めら

れるというのか，判断にやや混乱が見られる（整理解雇の有効性の要件〔要素〕に関しては第 14 講 656 頁参照）。

なお，中途採用の場合は，企業等が募集する人材の職種，知識・技能・経験の種類，内容および程度など範囲が比較的特定されている場合が多く，応募者が募集条件に適合しているか否かに関し，十分に吟味された上で採否の決定がなされるものと考えられるため，一般に，新卒採用者の場合より使用者に留保される解約権の範囲が狭まると考えてよい（参照，荒木尚志・労研 461 号 5 頁）。

case 11 - 2　採用取消しと不法行為の成否（肯定）

わいわいランド事件・大阪高判平成 13・3・6 労判 818 号 73 頁

【事実】　小規模無認可保育所を経営する Y 有限会社は，Z 会社（一審被告補助参加人）の福利厚生施設の保育業務の委託を受けることを見込んで，X_1 に対し平成 10 年 11 月ころ，X_2 に対し平成 11 年 1 月ころ，それぞれ賃金・労働時間等の労働条件を示して就職の勧誘を行い，両名から概ね承諾を得たため，同年 3 月 27 日，両名に雇入通知書および 4 月の予定表を手渡した。その際，X_2 は，Y 会社代表取締役に対し，雇用条件が従来のものと違うと指摘して「考えさせて欲しい。」と述べ，後日，給料等を電話で確認した。その後，X_1 は，同年 3 月 30 日限りで当時の勤務先を退職したが，同年 4 月 6 日，Y 会社代表取締役から，Z 会社との業務委託契約が成立しなかったので「このお話はなかったことにして下さい。」と言われた。X_2 もまた，当時の勤務先に対し退職する意向を示し，他からの誘いの話も断っていたところ，同月 8 日，「この話はなくなった。」と言われ，結局，両名が Y 会社で働く機会はなかった。

両名は，解雇権の濫用を主張して解雇予告手当と損害賠償（逸失利益，慰藉料等）を請求した。1 審（大阪地判平成 12・6・30 労判 793 号 49 頁）は，X_1 の採用取消しは解雇権の濫用に当たるとして解雇予告手当 30 日分および慰謝料 50 万円を認容し，X_2 については労働契約は成立していないが雇入れ通知に記載した承諾期間がこないうちに雇用契約の申込みを撤回したことが不法行為に当たるとして慰謝料 30 万円を認容した。X ら，Y 会社ともに控訴。X らは予備的に説明義務違反等を理由とする債務不履行ない

し不法行為に基づく損害賠償を請求した。

【判旨】　X₁につき解雇予告手当等の請求（主位的請求）を棄却した上で，解雇の日から解雇の意思表示が効力を有するまでの30日分の賃金の支払いを認容し，予備的請求に関し慰謝料（X₁に50万円，X₂に40万円），再就職に要する期間として6ヵ月分の賃金相当額を基礎に諸事情を斟酌し一定の減額をした損害賠償額（X₁について解雇月の賃金を差し引いた5ヵ月分，X₂には2ヵ月間他で雇用されたことから4ヵ月分の賃金相当額）および弁護士費用を損害として認容。

　1　「本件解雇は，予定していたZ会社の保育所における業務をY会社が委託を受けることができなくなったという客観的な事実を理由とするものである。X₁もそこを職場とすることを予定して雇用契約を結んだものである。したがって，本件解雇はやむをえないものであって，権利の濫用や信義則に違反するとはいえない。」

　2　X₁に対する解雇通知は即時解雇としての効力を生じないが，通知後労基法20条1項所定の30日の期間を経過したときに解雇の効力を生ずるものである（**case 14-4**・細谷服装事件参照）。したがって，X₁は解雇予告手当を請求することはできないが，解雇通知の日（4月6日）の翌日から30日間について賃金請求権を有する。

　3　「Y代表取締役は，Xらの信頼に答（ママ）えて，自らが示した雇用条件をもってXらの雇用を実現し雇用を続けることができるよう配慮すべき信義則上の注意義務があった。また，副次的にはXらがY会社代表取締役を信頼したことによって発生することのある損害を抑止するために，雇用の実現，継続に関係する客観的な事情を説明する義務もあったということができる。」にもかかわらず，Y代表取締役は，Z会社との「折衝経過及び内容をXらに説明することなく，業務委託契約の成立があるものとしてXらとの雇用契約を勧誘した。その結果X₁については契約を締結させたものの就労する機会もなく失職させ，X₂については雇用契約を締結することなく失職させたものである。……以上のY代表取締役の一連の行為は，全体としてこれをみると，Xらが雇用の場を得て賃金を得ることができた法的地位を違法に侵害した不法行為にあたるものというべきである。」したがって，Y会社は民法709条，44条1項（現行・一般法人78条）により，これと相当因果関係にあるXらの損害を賠償する義務がある。

　4　損害賠償の算定に当たりXらが受けるべき賃金の6ヵ月相当額を基

礎にしたことに関しては，雇用保険の求職者給付中の基本手当の受給資格取得の最低被保険者期間（6ヵ月）が考慮されている（Xらは1年間分を請求した）。

　【コメント】　本件では，Xらは雇用契約上の権利を有することの確認を求めてはいないので，判旨1についてはコメントを控える。判旨2の引用する最高裁判決は，労基法20条の定める解雇予告手当支払義務に違反してなされた解雇の法的効力に関するリーディングケースであり，同事件参照箇所で述べる。

　判旨3は，X_1について，解雇（X_2については雇用契約締結の申込みの撤回）が有効の場合でも，使用者は「自らが示した雇用条件をもってXらの雇用を実現し雇用を続けることができるよう配慮すべき信義則上の注意義務」を負うとしている。この意味をやや詳細にみると，X_1の場合は，雇用は実現しているので「雇用を続けることができるよう配慮すべき義務」違反があるとされ，雇用契約締結に至らなかったX_2については「雇用を実現……できるよう配慮すべき義務」違反があるということになる。

　しかし判旨は，X_1の解雇自体，およびX_2の雇用契約締結の申込みの撤回自体は有効，適法と認めている。解雇等が有効になされた場合，当該解雇等はいかなる意味で不法行為を構成するのであろうか。判旨はこの点に関し，「Y代表取締役の一連の行為は，全体としてこれをみると，Xらが雇用の場を得て賃金を得ることができた法的地位を違法に侵害した」と判示する。それでは，解雇等が有効な場合でも，労働者の「賃金を得ることができた法的地位を違法に侵害した」と言えるのはどういう場合であろうか（下井170頁は，権利濫用に当たらないゆえに有効である解雇が違法な利益侵害という不法行為の要件をみたすことは，現行法の下ではありえないと批判されている）。

　一般的に言えば，雇用を続けること・実現することができるよう「配慮すべき義務」違反が認められるとき，当該解雇等は無効，違法と判断される。これと異なる本件判旨の趣旨を善解すれば，解雇（X_1の場合）や雇用契約締結の申込みの撤回（X_2の場合）に合理的理由が認められる場合でも，当該解雇ないし雇用契約締結の申込みの撤回により，労働者に通常生ずべき損害を超える損害を与えたと認められるときは，なお不法行為責任を負うことがあるということであろうか。いずれにせよ，判旨の理屈は分かりにくい。

なお，判旨は，損害賠償の算定において，契約違反そのものではないが，契約が成立した場合に準じた救済（ただし，6ヵ月分を限度）を行っており，この点において特徴ある判決である（中窪裕也・労研508号7頁以下参照）。

case 11 - 3　入社前研修への一部不参加を理由とする内定取消し（違法）

宣伝会議事件・東京地判平成17・1・28労判890号5頁

【事実】　1　A大学大学院で博士号取得に向けて研究中のXは，指導教授の紹介により，平成14年6月，Y会社に翌15年4月新卒採用の採用内定通知を受け，(初任給19万6,000円)，Xは入社承諾書，誓約書をY会社に差し出した。誓約書には，故意または過失により社会の風紀，秩序を乱したとき及びこれに準ずる不都合な行為をしたときは，内定を取り消されても異議がないと記載されていた。採用内定の条件とは，15年3月末までに論文審査を終えることであった。

2　Xは，採用内定通知の際，Y会社から，14年10月以降2週間に1回，各2，3時間程度の入社前研修への参加について説明を受け，研究に支障がないと判断してこれに同意した。Y会社は，採用内定者に対し，懇親会（8月と10月の2回午前中3時間），入社前研修（10月下旬から翌15年3月中旬まで11回，1回3時間午前中），入社直前研修（15年3月下旬4回，1回8時間）を実施した。Xは，懇親会2回，14年12月4日までの研修4回に参加したが，各回とも課題に応えてA4用紙7枚程度のレポート提出を指示され，1週間毎日2〜3時間を割くことになり，研究に支障を感じて指導教授に相談した。同教授はY会社に掛け合い，Xは14年12月18日からの入社前研修7回への参加を免除され研究に専念した。その後，Y会社は15年3月25日Xに対し，採用内定時の博士号取得の条件は外すので，同月末に実施する入社直前研修に参加するようにと求め，そうでなければ4月1日入社を取り止め，同年度の中途採用試験を再度受験してもらうと告げた。Xは論文審査を延期し，直前研修4日間（全日）のうち3日間参加した。

3　Y会社は，直前研修の修了後，Xに対し，評価が良くないため，就業規則に従い試用期間を6ヵ月延長するか，博士号取得後に中途採用試験

を受験するか，どちらかを選択するよう求めた。Xはいずれをも拒否し，3月31日付で，Y会社に，「内定辞退はしていない，内定を取り消されたものと考える，そして4月1日以降出社しても通常の業務に就くことはできないから出社しない」との内容証明郵便を郵送した。その後Xは，15年5月1日から11ヵ月間，A大学生産技術研究所非常勤講師として勤務し，博士論文の研究を継続した（16年10月現在論文審査未終了）。本件は，XがY会社に対し，採用内定取消しは債務不履行であるとして損害賠償（616万円）の支払いを求めた事案である。

【判旨】 請求一部認容

1 内定取消しか内定辞退か　　事実3認定の事実からみて，Y会社代表はXに対し，実質的な意味で採用内定を取り消す旨の意思表示をしたと認められる。

2 解約権留保の趣旨　　「一般に内定において解約権が留保されるのは，新卒採用に当たり，採否決定の当初においては，その者の資質，性格，能力，その他社員としての適格性の有無に関連する事項について，必要な調査を行い，適切な判定資料を十分に蒐集することができないため，後日における調査や観察に基づく最終的決定を留保する趣旨によるものと解されるところ，雇用契約締結に際しては使用者が一般的に個々の労働者に対して社会的に優越した地位にあることを考慮すると，そこでの解約権行使は，解約権留保の趣旨，目的に照らして客観的に合理的と認められ社会通念上相当として是認することのできる場合にのみ許されるというべきである。したがって，内定の取消事由は，使用者が，採用決定後における調査の結果により，当初知ることができず，また知ることができないような事実を知るに至った場合において，そのような事実に照らし内定者を雇用することが適当でないと判断することが，解約権留保の趣旨，目的に照らして，客観的に相当であると認められることを要し，その程度に至らない場合には，解約権を行使することはできないと解される。」本件内定は，Xが15年3月31日までに論文審査を終えることができない場合および内定期間中に不都合な行為があったときに，Y会社は解約権を行使することができると解される。

3 始期付の趣旨および入社前研修の許否　　ア　一般に，入社日前の研修等は，「入社後の新入社員教育の部分的前倒しにほかならないと解されるが，本件研修もこれと異なるところはない……効力始期付の内定では，

使用者が，内定者に対して，本来は入社後に業務として行われるべき入社日前の研修等を業務命令として命ずる根拠はないというべきであり，効力始期付の内定における入社日前の研修等は，飽くまで使用者からの要請に対する内定者の任意の同意に基づいて実施されるものといわざるを得ない。」

イ 「また，使用者は，内定者の生活の本拠が，学生生活等労働関係以外の場所に存している以上，これを尊重し，本来入社以後に行われるべき研修等によって学業等を阻害してはならないというべきであり，入社日前の研修等について同意しなかった内定者に対して，内定取消しはもちろん，不利益な取扱いをすることは許されず，また，一旦参加に同意した内定者が，学業への支障などといった合理的な理由に基づき，入社日前の研修等への参加を取りやめる旨申し出たときは，これを免除すべき信義則上の義務を負っていると解するのが相当である。」

ウ 「以上を総合すると，本件内定は，入社日において労働契約の効力が発生する効力始期付のものであって，Xが直前研修を含めた本件研修への参加に明示又は黙示的に同意したことにより，ＸＹ会社間に本件研修参加に係る合意が成立したが，当該合意には，Xが，本件研修と研究の両立が困難となった場合には研究を優先させ，本件研修への参加をやめることができるとの留保が付されていたと解するのが相当である。なお，このことは，本件内定が就労始期付であるとしても，入社日前に就労義務がない以上，同様と解される。」よってＹ会社は，Ｘの14年12月18日以降の入社前研修への不参加を理由に本件内定を取り消すことはできない。また，「Xの論文審査終了という自律的決定事項に干渉しつつ，直前研修に参加することを求めることは，公序良俗に反し違法というべきであり，これに対するXの同意は無効である」から，それに参加しなければならない理由はなく，直前研修での出来ごとを理由に採用内定を取り消すことはできない。

4 試用期間の延長に応じないことを理由とする内定取消し 「本件内定は，効力始期付のものであるから……，Xに就業規則の適用はない……よって，Y会社が，平成15年3月28日の段階で，Xの試用期間を6か月に延長する根拠はない。」

5 Xの損害 「Xは，本件内定取消しにより平成15年4月1日以降得ることができた賃金を喪失させられたが，同年5月1日以降は，A大学

Ⅰ　労働契約の成立

生産技術研究所に非常勤職員として勤務しながら研究を継続するという生活を自ら選択したものであって，本件内定取消しと相当因果関係がある逸失利益は，同年4月分の19万6,000円と解される。」「Y会社の債務不履行（誠実義務違反）によりXは精神的苦痛を受けたものと認められるところ，債務不履行の態様，本件内定取消し後の経過その他本件に表れた諸般の事情を考慮すると，Xの精神的苦痛を慰謝するに相当な金額は，50万円とするのが相当である。」

　【コメント】　1　Y会社はXの採用内定を取り消したものと認定した判旨1に問題はない。判旨2は，採用内定の法的性質（留保解約権付き労働契約の成立）および採用内定の取消事由を論じている。その内容は，大日本印刷事件最高裁判決の趣旨（本文前記2(3)）に沿っている。判旨3・アは，本件採用内定通知により「効力始期付の内定」が成立したとの前提に立っている。他面，本件内定は，15年4月1日の就労開始日を確定した上でなされており，判旨がどのような事実から「就労始期付の内定」でないと判断したかは明らかでない（小西康之〔判批〕ジュリ1313号〔2005年〕236頁）。就労始期付の内定の場合は，労働契約の効力は生じていると解するため，就業規則は，就労を前提にする規定を除いて，原則的に適用される。本文（前記2(2)）に述べたように，採用内定期間中の労働者に対し，使用者に留保される「解約権」は労働契約に根拠を有し，労働契約の効力が発生していることを前提として，当該労働契約に基づく使用者の解約権の行使に合理的な限定を付するという法論理構造になるべきである。

　2　Y会社が入社前研修，直前研修と称して採用内定者に実施した本件研修はその内容，程度，実施の時期ともに学卒定期採用者にはなはだ過度の負担を強いる，会社の都合オンリーの一方的なもののように思われ，この点に関する判旨3・イ，ウの判断は結論において正当である。判旨は，3・アにおいて本件採用内定の法的性質を労働契約の「効力始期付の内定」と解したため，事前研修への参加義務を労働契約上の指揮命令権によって根拠づけることはできず，内定者との「同意」によって根拠づけ，当該同意の合理的，限定的解釈によって会社の事前研修不参加者に対する内定取消権（解約権）を限定するという理論構成を採っている。学説には，この時期，事前研修参加の要請に対し，一般に，内定者が「同意しない自由」を行使できるとは考えられないとして，判旨の判断手法に疑問を投ずる見解もある（参照，唐津＝和田〔川田和子〕49頁，本件に関し小宮〔判批〕

法セ 615 号〔2005 年〕128 頁がある）。

Ⅱ 試用労働契約

1 試用期間の意義・法的性質

一 労基法，労働契約法に試用期間に関する規定は存在しない。もっとも使用者の解雇予告義務に関連し，労基法には，使用者が試用期間中の者を雇用後14日以内に解雇する場合は解雇予告義務（労基20条）を負わないとの定めがある（同21条4号）が，これ以外には，就業規則の必要記載事項のなかにも入れられていない*。しかし，試用期間を設け，試用期間中の労働者を，試用期間の付着しない通常の労働者と区別して処遇する場合（たとえば，解約事由や一時金の支払いについて特別規定を定めるとき）は，関係事項を就業規則に記載しなければならない（同89条10号の相対的必要記載事項）。また，労基法は，労働契約の締結の際に使用者が労働者に明示すべき労働条件のなかにも試用期間に関する事項を入れていない。しかし，この場合も就業規則と同様に，試用期間を設ける使用者は，「その他の労働条件」（同15条1項）として労働者に明示しなければならないと解される（小西ほか〔渡辺〕177頁）。

* 公務員の条件付き任用期間 国家公務員，地方公務員には任用後6ヵ月を下らない範囲で「条件付任用（採用）期間」の制度がある（国公59条，地公22条1項）。判例には，条件付任用期間中の国家公務員に対する勤務成績不良を理由とする免職処分を有効と解したものがある（新宿郵便局事件・最2小判昭和60・5・20労判452号4頁）。

国公法は，職員を本人の意に反して降任または免職することのできる事由を列挙し（78条），この規定を受けて人事院規則11－4（「職員の身分保障」，以下，規則という）は，降任または免職の事由について厳格適用の原則を明らかにしている（同規則7条）。しかし条件付き採用期間中の職員に関しては，「勤務実績の不良……と認める場合には，何時でも降任させ，又は免職することができる。」と「特例」を設け，任命権者に広い裁量権を認めている（同規則9条）。上記新宿郵便局事件判決は，この規定の趣旨に関しつぎのように判示している。

「規則9条に基づく条件附採用期間中の職員に対する免職処分は，職員の採用にあたり行われる競争試験又は選考の結果だけでは職務を遂行する能力を完全に実証するとはいい難いことから，いったん採用された職員の中に適格性を欠く者があるときは，これを排除し，もって職員の採用を能力の実証に基づいて行うという成績主義の原則（国公33条・36条参照・引用者）を実現しようとする観点から，

その官職に引き続き任用しておくことが適当でないと認められる職員に対しされるものであって、……処分権者としては、……免職処分以外の懲戒処分をすると同時に、それ以前の勤務実績をも併せ考慮することによりその官職に引き続き任用しておくことが適当でないと認めたときは、規則9条に基づき免職処分をすることもでき」る。本判決の趣旨は、民間の試用期間制度の意義を考える際にも参考になるであろう。

二　試用期間は、一般に、⒤業務に必要な研修・教育訓練、ⅱ従業員としての能力・適性の判定、ⅲ勤務態度その他従業員としての適格性の評価判定などのために置かれる。学説は試用期間の法的性質に関し、つぎのように説いた。

①　試用期間は、本契約のための予備的契約期間であり、試用期間経過後改めて本契約が締結されるとする説。予備契約も、性質上、使用者の指揮命令を受けて労務を提供する労働契約であることは疑いない。しかし本契約の予備として、試用目的の下に期間を付して雇用する労働契約である点で本契約と区別される。したがって、本契約の締結拒否は採用の拒否であって解雇ではないとされる（予備契約説。この説によれば、不当に本採用を拒否された労働者の救済は損害賠償の請求に限られる）。

②　採用により労働契約は成立し、試用期間中に従業員として不適格と評価されたとき労働契約が消滅するとする説（解除条件付き労働契約説。この説によれば、労働契約は試用期間中も存在することとなり、本採用拒否は解雇にほかならず、不当になされた場合は労働契約上の地位確認を請求できる）。

③　採用により労働契約が成立し、使用者には、個々具体的な試用期間制度の趣旨、目的に従い、試用期間の付着しない通常の労働者を解雇する場合に比べて解約事由の広い解約権が留保されていると解する説（解約権留保付き労働契約説。この説においても、②説と同様、不当な本採用拒否に対し労働契約上の地位確認を請求できる）。学説の多数説であり、判例もこの説をとる（**case 11 - 5**・三菱樹脂事件）。

三　学説には、実際の労働契約関係を始動するまでに長期の採用内定期間が介在する学卒定期採用者に関しては、内定取消権（留保解約権）に重ねて、さらに試用期間に特別の解約権の留保を認める必要はないと説くものがある。また使用者は、労働者が採用当初予定した労働力としての資質を欠いている場合には、解雇権の行使によって雇用を解消できるから、試用期間に特有の解約権留保を認める意味はないと説くもの（山本吉人「労働者の思想信条と採用の自由」季労91号〔1974年〕20頁以下）、あるいは一般的な職務遂行能力や正規従業員・

管理職要員としての適格性などを短期の試用期間で判定することは困難であり，仮に判定可能としてもその後の教育訓練や職務経験によって適格性を獲得していくことが期待できる場合が多いであろうから，試用期間中の実験的就労のみでそのような判定を下してしまうことは問題であり，特別の解約権留保を定める就業規則の定めには合理性が認められないとする主張もみられる（唐津＝和田〔浜村彰〕29頁以下）。

いずれも傾聴に値するが，果たして実証的論議か多少の疑問が残る。試用期間が採用内定期間と明らかに異なり，全体としてまとまりのあるプログラム（カリキュラム）の下で一般的，専門的な教育研修，訓練あるいは実地勤務を体験させ，併せて各種のテストを実施してどのような分野の仕事に向いているかの職務適格性を審査するケースは存在している。そのような場合には，特別の解約権を留保する意義を否定すべきではない。

2　試用労働者の「本採用拒否」

一　試用労働者の解雇，すなわち留保解約権の行使は，「解約権留保の趣旨，目的に照らして，客観的に合理的な理由が存し社会通念上相当として是認されうる場合にのみ許される。」（case 11 - 5・三菱樹脂事件判旨3を参照）。その理由としては，①労働契約の締結に際しては，企業者は一般的には個々の労働者に対し社会的に優越した地位にあること，および②いったん特定企業との間に一定の試用期間を付した雇傭関係に入った者は，本採用，すなわち当該企業との雇用関係の継続についての期待の下に，他企業への就職の機会と可能性を放棄したものであることなどをあげることができよう。判例はこれらの理由に加えて，労基法は，企業者の雇用の自由について雇入れの段階と雇入れ後の段階とで区別を設けていることをも挙げている。しかし，雇入れ後の段階において雇用の自由が制限されていること（労基3条参照）は，直ちに雇入れの段階における雇用差別の自由の根拠づけになり得ないと解すべきであることは前言した（本講Ⅰ 1 (4)二）。

二　では，使用者はどのような場合に留保解約権を行使し得るのであろうか。同判決はつぎのように言う。「企業者が，採否決定後における調査の結果により，または試用期間中の勤務状態等により，当初知ることができず，また知ることが期待できないような事実を知るに至った場合において，そのような事実に照らしその者を引き続き当該企業に雇傭しておくのが適当でないと判断することが，上記解約権留保の趣旨，目的に徴しては，客観的に相当であると認め

られる場合には（本件においては「管理職要員」として不適格であると認められることをいう・引用者），さきに留保した解約権を行使することができるが，その程度に至らない場合には，これを行使することはできない」，と。

確かに，「試用期間中の勤務状態等により」，当初知ることができず，また知ることが期待できないような事実を知るに至った場合に，留保解約権を行使することは問題ないであろう。しかし，「採否決定後における調査の結果により」，当初知ることができず，また知ることが期待できないような事実を知るに至った場合にまで留保解約権の行使を認めることには疑問がある。

採否決定前の事情は，それが，試用期間中の教育，訓練，実地の勤務研修等の過程に顕現した諸事情等を通して，従業員としての行動態度に影響を与え，従業員として（ときに，管理職要員として）の適格性に疑いを生じさせるものと評価できる場合に，はじめて解約権行使の合理的根拠となると解すべきである。したがって使用者は，採否決定以前の事情が採否決定後の試用期間中に判明したというだけの理由で解約権を行使することは許されない。判例の立場は，採用内定に解約権を留保する意味を希薄にし，試用労働者を採用内定者の法的地位と同列に置いてその地位を不当に不安定にするものとして適切ではないと思われる（参照，菅野 167 頁）。

case 11-4　試用期間を「停止条件付き労働契約」と解した事例

山武ハネウエル事件・東京地決昭和 32・7・20 労民集 8 巻 4 号 390 頁
　【事実】　1　Xは，昭和 31 年採用されたが，Y会社は調査の結果Xが日本共産党の大物であると知り，そのような人物は米合衆国の会社と資本，技術，人事の提携，交渉関係にある会社の秘密保護に危険であり，米国派遣が困難になるとの理由を構えて，試用期間終了日にXに対し「当社の採用基準に達せず，本採用いたしかねる。」と通知した。
　2　Y会社の就業規則は，「新たに採用した従業員には 2 ヶ月の試用期間を置く。」と定め，本採用基準に関し，内部規定として「試用者本採用基準設定の件」が定められ，その中に「左右両極端の思想を有する者又はこれ等に準ずる者と会社が認めた者」などと定められている。なお，Y会社と労働組合との間の労働協約には，上記就業規則と同様の定めが置かれている。
　【判旨】　請求認容

1　「Y会社の本採用の決定により試用者は本採用の従業員たる地位……を取得するが、不採用の決定があれば、雇用関係は、終了する契約と認められる。」そして、Y会社が本採用の基準として内部的に定めた「試用者本採用基準設定の件」には「本採用しない」者について定めがあるが、「その趣旨は会社の効率的運営に寄与することの期待が困難と考えるべき合理的事由を具体的に列挙したものというべきであって、Y会社はそのような事由のない限り本採用とする意思を有し、この内容の試用契約が成立しているものと認めるのが相当である。

　従って、Xは、Y会社の試用採用により、会社と2ヶ月の試用契約を締結すると同時に、Y会社の本採用を妨げるような合理的根拠のない限り本採用の決定がなされることを停止条件とする期間の定めのない雇用契約を締結したものというべきである。」

　2　「ところでY会社は、右のような契約上の地位を有しているXに対し憲法、労働法規等の強行規定に違反する処遇をすることが許されないことは当然であるので、前記本採用の内部基準……の運用如何によって思想信条を理由とする差別待遇であるかどうかの問題を生ずる。」そして、Y会社のXに対する「かかる措置は、憲法第14条、労働基準法第3条および会社は政治的信条などによる組合員を差別待遇しないことを確認するとの協約第3条に違反する違法の差別待遇というべきである。」

　3　「Xは不採用の障害となるような合理的根拠のない限り本採用となるべき契約上の地位にあって、その本採用決定を停止条件とする期間の定めのない雇用契約を締結しているのであるから、本採用の障害となる合理的理由の何も認められない本件においてはXに対しY会社が協約ないし強行法規に違反する不採用の措置をすることは、条件の成就によって不利益を受ける者が故意にその条件の成就を妨げたことに該当すると認めるのが相当である。そして、Xは……Y会社に対し雇用期間の定めのない従業員として扱うべきことを主張しているのであるから、民法第130条によりXとY会社との間に期間の定めのない雇用関係が生じたものと認むべきである。」

　【コメント】　判旨は、Y会社の試用期間の法的性質を停止条件付き労働契約と判断している。そして、Y会社が試用制度を設けた趣旨について、同期間中「会社の効率的運営に寄与することの期待が困難と考えるべき合理的事由」の有無を判断するためであるとしている。したがって、Xに対

する本採用拒否がそのような試用期間を設けた趣旨からみて正当と言えるか否かを判断するためには，通常の場合は，試用期間経過後に実際に「不採用」とされた労働者の例が存在したのか，その場合どのような事由に基づいて不採用が行われたのか，試用期間制度の実際の運用と就業規則の規定文言との間に乖離がないかどうかについて事実関係を明らかにし，その上でXについての本件採用拒否の適否を判断することになろう。しかし，本件事案は労働者の政治的信条を理由にした差別的本採用拒否であることが明らかであるため，そのような判断を必要としなかったものである。

case 11-5　試用期間を「解約権留保付き労働契約」と解した事例

三菱樹脂事件・最大判昭和 48・12・12 民集 27 巻 11 号 1536 頁

【事実】　本講 I 1 (4)参照。原審（東京高判昭和43・6・12労民集19巻3号791頁）は，試用期間中のX（被控訴人・被上告人）の法的地位について，「XはY会社（控訴人・上告人）との間の雇傭契約によりその従業員となったもの」であるとし，Y会社の主張する詐欺による雇傭契約の取消し（Y会社のいう「本採用拒否」）は，「Xの持っていた従業員たる地位を喪失せしめるものであり，その実質において解雇と同一の作用を営むものというべく，従って，その効力についても労働基準法の適用を受ける。」と判示した。

【判旨】　破棄差戻し

1　「原判決は……右の雇傭契約を解約権留保付の雇傭契約と認め，右の本採用拒否は雇入れ後における解雇にあたるとし，これに対して，Y会社は，Y会社の見習試用取扱規則の上からも試用契約と本採用の際の雇傭契約とは明らかにそれぞれ別個のものとされているから，原判決の上記認定，解釈には，右規則をほしいままにまげて解釈した違法が……あると主張する。

思うに，試用契約の性質をどう判断するかについては，就業規則の規定の文言のみならず，当該企業内において試用契約の下に雇傭された者に対する処遇の実情，とくに本採用との関係における取扱についての事実上の慣行のいかんをも重視すべきものであるところ，原判決は，①Y会社の就業規則である見習試用取扱規則の各規定のほか，Y会社において，②大学

卒業の新規採用者を試用期間終了後に本採用しなかった事例はかつてなく，③雇入れについて別段契約書の作成をすることもなく，ただ，本採用にあたり当人の氏名，職名，配属部署を記載した辞令を交付するにとどめていたこと等の過去における慣行的実態に関して適法に確定した事実に基づいて，本件試用契約につき上記のような判断をしたものであって，右の判断は是認しえないものではない。……したがって，Xに対する本件本採用の拒否は，留保解約権の行使，すなわち雇入れ後における解雇にあたり，これを通常の雇入れの拒否の場合と同視することはできない。」（①～③は引用者）

2　「Y会社において試用期間中にXが管理職要員として不適格であると認めたときは解約できる旨の特約上の解約権が留保されているのであるが，このような解約権の留保は，大学卒業者の新規採用にあたり，採否決定の当初においては，その者の資質，性格，能力その他Y会社のいわゆる管理職要員としての適格性の有無に関連する事項について必要な調査を行ない，適切な判定資料を十分に蒐集することができないため，後日における調査や観察に基づく最終的決定を留保する趣旨でされるものと解されるのであって，今日における雇傭の実情にかんがみるときは，一定の合理的期間の限定の下にこのような留保約款を設けることも，合理性をもつものとしてその効力を肯定することができるというべきである。それゆえ，右の留保解約権に基づく解雇は，これを通常の解雇と全く同一に論ずることはできず，前者については，後者の場合よりも広い範囲における解雇の自由が認められてしかるべきものといわなければならない。」

3　「しかしながら，①前記のように法が企業者の雇傭の自由について雇入れの段階と雇入れ後の段階とで区別を設けている趣旨にかんがみ，また，②雇傭契約の締結に際しては企業者が一般的には個々の労働者に対して社会的に優越した地位にあることを考え，かつまた，③本採用後の雇傭関係におけるよりも弱い地位であるにせよ，いったん特定企業との間に一定の試用期間を付した雇傭関係に入った者は，本採用，すなわち当該企業との雇傭関係の継続についての期待の下に，他企業への就職の機会と可能性を放棄したものであることに思いを致すときは，前記留保解約権の行使は，上述した解約権留保の趣旨，目的に照らして，客観的に合理的な理由が存し社会通念上相当として是認されうる場合にのみ許されるものと解するのが相当である。換言すれば，企業者が，採用決定後における調査の結

果により，または試用中の勤務状態等により，当初知ることができず，また知ることが期待できないような事実を知るに至った場合において，そのような事実に照らしその者を引き続き当該企業に雇傭しておくのが適当でないと判断することが，上記解約権留保の趣旨，目的に徴して，客観的に相当であると認められる場合には，さきに留保した解約権を行使することができるが，その程度に至らない場合には，これを行使することはできないと解すべきである。」

4 「本件においてXの解雇理由として主要な問題とされているXの団体加入や学生運動参加の事実の秘匿等についても，それがY会社において上記留保解約権に基づきXを解雇しうる客観的に合理的な理由となるかどうかを判断するためには，まず①Xに秘匿等の事実があったかどうか，②秘匿等にかかる団体加入や学生運動参加の内容，態様および程度，とくに違法にわたる行為があったかどうか，ならびに③秘匿等の動機，理由等に関する事実関係を明らかにし，これらの事実関係に照らして，Xの秘匿等の行為および秘匿等にかかる事実が同人の入社後における行動，態度の予測やその人物評価等に及ぼす影響を検討し，それが企業者の採否決定につき有する意義と重要性を勘案し，これらを総合して上記の合理的理由の有無を判断しなければならないのである。」（①～③は引用者）この点につき，さらに審理する必要があるので，原審に差し戻すのが相当である。

【コメント】 判旨1は，試用期間の法的性質に関し，就業規則の定めと過去における試用期間に関する慣行的取扱いを併せ考慮して，試用期間は「解約権留保付の雇傭契約」であり，「本採用拒否は雇入れ後における解雇にあたる」と判示した。判旨2は，解約権留保の趣旨に関し，「試用中の勤務状態」（判旨3参照）のみならず，「採否決定の当初」まで遡って，知ることができない（ないし期待できない）事情を「後日における調査や観察」によって明らかにし，最終決定を留保することにあるとしている。判旨3は，本判決の核心である。判旨が「試用中の勤務状態等により，当初知ることができず，また知ることが期待できないような事実を知るに至った場合」に留保解約権を行使できるとする点は異論ない。しかし，上に述べたように「採用決定後における調査の結果により，……当初知ることができず，また知ることが期待できないような事実を知るに至った場合」にまで留保解約権の行使を認めている点は批判されなければならないことは本文でも述べた。判旨4は，以上の基本的判断枠組みの下で，試用労働者

の「いわゆる管理職要員としての適格性の有無に関連する事項」として「学生運動参加の事実」などを含めている。その適切ではないと思料することについては繰り返さない（本件につき，家田愛子・百選7版24頁，唐津＝和田〔浜村彰〕28頁）。

3　試用期間と有期労働契約
(1)　判例法理

使用者は，労働者の適格性を判断するために，試用期間を，契約の存続期間として定めることが許されるであろうか。思うに，それを許されないとする理由はない。しかし，そのような労働契約が無限定で行われるとき，労働者の地位はきわめて不安定になる。試用期間の法的性質はすでに述べたとおりであるが，そもそもそのような試用期間に関する判例法理は「長期雇用システムにおける正社員の採用と地位取得の過程を想定したもの」であり，その法理論を正社員と区別された期間雇用者の労働関係に及ぼす場合には，「十分な修正がなければ実態との食い違いが生ずる。」との主張がある（菅野169頁）。そして問題は，労働者がそのような「長期雇用システムにおける正社員」として雇用（採用）されたのか，それと区別される「期間雇用者」として雇用（採用）されたのか，その判断自体に関わることも確かである。

case 11-6　有期労働契約の期間の定めを試用期間と解した事例

神戸弘陵学園事件・最2小判平成2・6・5民集44巻4号668頁
【事実】　1　X（控訴人・上告人）は，昭和59年4月，Y学園（被控訴人・被上告人）に社会科担当の非常勤講師として採用されたが，翌60年3月31日をもって期間満了を理由に雇用契約の終了を告げられた。Xは，①Y学園に採用される過程で他校の非常勤講師の採用内定を辞退し，Y学園理事長の面接を3回受け，2回目の面接で，契約期間は「一応」1年とすると，1年間の勤務状況をみて再雇用するか否かを判定するなどの説明を受けた。なお，Xは，1審（神戸地判昭和62・11・5労判506号23頁）および原審（大阪高判平成1・3・1労判564号21頁）において，②2回目の面接の際に，Y理事長から「雲雀が丘は断って，うちで30年でも40年でもがんばってくれ。」「公立の試験も受けないでうちへ来てくれ。」と

言われた旨供述している（もっとも原審が，Y学園の理事長がXの供述のとおり発言をしたと認定しているのかどうかは必ずしも明らかではない）。

2 採用後の5月，XはY学園から求められるまま，昭和60年3月31日まで1年間「常勤講師」として採用され，期限が満了したときは解雇予告を要せず当然退職の効果が生ずる旨記載された「期限付職員契約書」を提出した。1審，原審とも本件常勤講師契約は期間の満了とともに当然終了したことを否定すべき特段の事情は存在しないとして，Xの地位確認請求を棄却した。

【判旨】 破棄差戻し

1 「使用者が労働者を新規に採用するに当たり，その雇用契約に期間を設けた場合において，その設けた趣旨・目的が労働者の適性を評価・判断するためのものであるときは，右期間の満了により右雇用契約が当然に終了する旨の明確な合意が当事者間に成立しているなどの特段の事情が認められる場合を除き，右期間は契約の存続期間ではなく，試用期間であると解するのが相当である。そして，試用期間付雇用契約の法的性質については，試用期間中の労働者に対する処遇の実情や試用期間満了時の本採用手続の実態等に照らしてこれを判断するほかないところ，試用期間中の労働者が試用期間の付いていない労働者と同じ職場で同じ職務に従事し，使用者の取扱いにも格段変わったところはなく，また，試用期間満了時に再雇用（すなわち本採用）に関する契約書作成の手続が採られていないような場合には，他に特段の事情が認められない限り，これを解約権留保付雇用契約であると解するのが相当である。そして，解約権留保付雇用契約における解約権の行使は，解約権留保の趣旨・目的に照らして，客観的に合理的な理由があり社会通念上相当として是認される場合に許されるものであって，通常の雇用契約における解雇の場合よりもより広い範囲における解雇の自由が認められてしかるべきであるが，試用期間付雇用契約が試用期間の満了により終了するためには，本採用の拒否すなわち留保解約権の行使が許される場合でなければならない。」

2 本件X・Y学園間の常勤講師契約においては，事実1①，②の採用時の事情に加え，③XがY学園に対し「期限付職員契約書」を提出していることは事実2認定のとおりであるが，Xの採用時はY学園は開講2年目にあたり生徒数が増加するため期限1年の職員を採用する必要性が存したとは認められないこと，および，④Xには1年経過後の雇用継続を期待す

るもっともな事情が存したこと，などから「1年の期間の満了により本件雇用契約が当然に終了する旨の明確な合意がXとYとの間に成立しているなどの特段の事情が認められるとすることにはなお相当の疑問が残る。」

【コメント】 1 判旨1は，雇用契約に期間を定めた「趣旨・目的」が労働者の適性を評価・判断するためのものであるときは，①最初に，雇用契約が期間の満了により当然に終了する旨の「明確な合意」（それが認められる「特段の事情」）が存在しないかぎり，②当該期間は契約の存続期間でなく試用期間と解するのが相当であり，③その性質は処遇の実情その他の「実態等に照らして」判断すべきであり，④他の労働者と同様に勤務しているような場合は，「解約権留保付雇用契約」と解するのが相当である，⑤その上で，本採用の拒否，すなわち留保解約権の行使が許される場合か否かを判断すべきであるという。判旨2は，以上の論理構造の出発点に当たる上記①の点に関し，本件雇用契約に定められた「1年」の期間を，期間満了により当然に終了する旨の「明確な合意」とすべき特段の事情があるといえるか否かについて疑問が残るとしている。したがって差し戻し審では最初から審理のやり直しが命じられたことになる（参照，今野順夫・百選7版178頁）。

2 本判決の論理の進め方は，以上のように，①（期間満了により当然終了する旨の明確な合意の存否）から，②（期間を設けた趣旨，目的による試用契約性の肯定）へ進み，そして当該試用契約の法的性質に関し，③（処遇の実情等による解約権留保付雇用契約性の肯定）へと，前提をクリアーしながら3段階審査をする判断枠組みが採られている。しかし，雇用契約に付された期間の定めが，その存続期間か試用期間かは，雇用契約に期間を定めた「趣旨，目的」のみから帰結できるものか疑問があり，有期性と試用性とがともに強い要素で併存している雇用契約の場合には殊にその判断は難しくなる。結局，契約の存続期間か試用期間かは，当該期間の「趣旨・目的」だけでなく，当該期間における「処遇の実情」や「本採用手続の実態」を含めて総合判断をしなければならないと考えられる。学説には，本判決は，有期労働契約における雇用期間の有効性を趣旨，目的の観点から制限するという解釈原理を提示したものとする見解がある（唐津＝和田〔緒方桂子〕61頁以下に詳しい）。労働契約法が，新たに，労働契約に期間を定める当たり，「その労働契約により労働者を使用する目的」を重視するよう促す規定（労契17条2項）を置いていることを考えると，本判決を

このように読む（意味を理解する）のが適切かもしれない。

　3　本判決後，判旨1と同様の観点に立って，雇用契約に付された1年の期間について試用期間の性質を肯定し，「解約権留保付雇用契約」であるとして，期間満了による雇用契約の終了効果を否定する裁判例が出ており，本判決の影響はすこぶる大きいものがある（市立高校常勤講師につき瀧澤学館事件・盛岡地判平成13・2・2労判803号26頁，社会福祉施設に雇用された労働者につき愛徳姉妹会事件・大阪地判平成15・4・25労判850号27頁）。

(2)　私　見

　一　労働契約に期間を定め，併せて同期間中従業員としての教育訓練や適格性を評価する採用方式は，契約を終了させる機能と試用する機能とを併せ有し，その性質をどちらか一方のものであると断定し難いものも含めて今後とも減少することはないであろう＊。そして，試用期間に関する判例法理は，これまで長期雇用を前提にする労働契約の法理として構築されてきた。そのこと自体は紛れもない事実であり，労働契約に期間を定めるだけでなく，その期間中に併せて適格性を審査しようとする採用方式がとられる場合は，適格性有りと判断された労働者は長期雇用体制に組み入れることになる。したがって，そのような意味で，期間を定めて雇用された労働者はやはり一般の有期雇用者とは異なる立場で労働契約を締結している者であるから，期間が満了したという理由のみで労働契約を終わらせることを認めることは，使用者の恣意を許すことにもなり，適切ではない。

　　＊　**雇用期間の中期化**　　有期労働契約は，2003（平成15）年労基法改正により有期契約の上限の原則1年を3年に，高度の専門的知識・技術・経験を有する者等につき3年を5年に延長した（第3講144頁）。改正の趣旨は，短期雇用の更新を反復することによって事実上継続して使用する雇用方式を修正し，有期雇用を中期化の方向へ誘導し雇用の安定度を高めることにあると解される。雇用期間の中期化が進めば，有期労働契約は，正規従業員としての適格性を評価判定する実質的な試用期間の色彩が強まるとも考えられる。

　二　有期雇用者の雇い止めに関しては，労働者の次期契約の締結への合理的期待を保護するために，解雇権濫用禁止の法理（労契16条）を類推適用する判例法理が定着している（下巻第22講Ⅱ2参照）。労働契約の期間の定めが，契約自体の終期性と，適格性を判定する試用性とを併せ有する場合，労働者の次期

契約の締結への期待と，試用期間の付着しない労働契約となることへの期待とが併存する。そのような場合，試用期間の付着しない労働契約となることへの期待は，次期の有期労働契約の締結への期待より一層強い理由で保護されるべきである。

労働契約の期間の定めがもつ，契約関係を自動終了させる機能は，適格性の評価機能と比べて労働者に与える不利益性が強い（後者の場合は，評価期間の延長も可能な場合があり，直ちに契約の終了を意味しない）。したがって，契約の存続期間と適格性の評価期間の性質を併せ有すると認められる契約関係を終了させる場合は，使用者は，労働契約を期間の定めに従って終了させる合理的理由（労働者が不適格であること）を主張，立証する責任を負うと解すべきである。この点，学説には，使用者が試用を目的として雇用期間を定め，適性がないと判断した場合には期間満了を理由に労働関係を終了させる取扱いは，解約権行使の適法性審査を回避しようとするものと評価せざるをえないと主張するものがある（唐津＝和田〔緒方桂子〕63頁）。「試用を目的として」として一方の目的のみを取り上げている点を除けば，上に述べた私見とほぼ同じと言えよう。

三　以上の私見を基に case 11-6・神戸弘陵学園事件最高裁判決を考えるに，①Ｙ学園においてＸ以外の教職員一般が長期雇用システムの下になかったと認められる事実や，②Ｘの採用方式が他の教職員一般の採用方式と特に区別されるものであった事実は存在していない。したがって，期間の定めは適格性評価のための期間としての性質を帯び，使用者はＸとの契約を期間の満了のみによって終了させることはできないと解され，判旨は妥当と考えられる（上記最高裁判決に関する今野順夫・百選7版178頁は，「契約締結上の労使の不平等性」を理由に適正の評価・判断を目的にする労働契約の期間の定めは，当該期間の設定に合理性が認められない限り，公序良俗に反すると述べる）。

Ⅲ　年少者・未成年者の労働契約

1　最低就業年齢

一　第2次大戦前における日本の労働法のはしりとして，1911（明治44）年制定された「工場法」（明治44年法律46号，1916〔大正5〕年施行）は，はじめ12歳（軽易な業務については10歳）をもって最低年齢とし，その年齢未満の者の使用を禁止した。15歳未満の年少者および女子の職工はひとまとめに「婦女幼少者」とされ，「保護職工」とも言われた。その後，1923（大正12）年工

場法の大幅な改正の際,「工業労働者最低年齢法」(大正12年法律34号) が制定され, 労働者として使用することができる最低年齢が満14歳に引き上げられた (1926〔大正15〕年施行)*。

   * **「工業労働者最低年齢法」(大正12年法律34号)**　工場法改正と同時に制定された「工業労働者最低年齢法」は, 工業主に対し, 14歳未満の者を労働者として使用することを原則的に禁止し (同2条1項本文), 12歳以上の者で尋常小学校の教科を修了した者の使用を例外的に認めた (同項ただし書)。14〜16歳未満の年少者 (保護職工) を使用する使用者には生年月日, 学歴等を記載した名簿を調製して作業場に備えることを義務づけた (同3条, 後述の労基56条1項・57条参照)。同法の「工業」の範囲は, おおむね現行の労基法「別表第一」1〜5号までの工業的事業の範囲に一致している (同1条)。

  二　第2次大戦後, 憲法27条3項は,「児童は, これを酷使してはならない。」と規定し, 労基法はこの趣旨を受けて, 満15歳に達した日以後の最初の3月31日が終了するまでの児童の使用を禁止しており (労基56条1項), また児童福祉法上の「児童」(児福4条) に当たる18歳未満の者を「年少者」として, その労働時間に関し種々規制を設けている (第9講427頁参照, 小西ほか〔渡辺〕152頁)。

  三　最低就業年齢の定めには例外が認められている。すなわち使用者は, 労働基準監督署長の許可を得て,「児童の健康及び福祉に有害でなく, かつ, その労働が軽易な」一定の事業に, 13歳以上で15歳到達後最初の3月31日が終了するまでの児童を,「その者の修学時間外に」使用することができる。その場合使用者は, 修学に差し支えないことの学校長の証明書および親権者 (または後見人) の同意書を事業場に備え付けなければならない (労基56条2項・57条2項, なお, 年少則1条参照)*。

   * **15歳未満の年少者を労働者として使用する場合**　許可の対象は, 非工業的事業 (「別表第一」の1〜5号以外の事業) の職業に限られる (新聞配達, ゴルフ場のキャディー, サーカスの地上2メートル未満の綱渡りなどが許可例)。なお以上の条件の下に, 映画の製作または演劇の事業では満13歳に満たない児童も使用することができる (労基56条2項)。

2　未成年者の労働契約

  一　締結　未成年者は, 父母の親権に服し (民818条), 親権者 (または後見人) は子 (または被後見人) の職業許可権 (同823条・857条) および子の財産管理権 (同824条・859条) を有する。また, 未成年者が法律行為をする場合は

親権者または後見人の同意を得なければならず，同意を得ないでした法律行為は取り消すことができる（同5条1項・2項）。

したがって，未成年者は労働契約の締結に際し親権者（または後見人）の同意を得なければならない（同意を得ないでした労働契約は取り消すことができる）。しかし，親権者または後見人自身が，未成年者に代わって労働契約を締結することは禁止される（労基58条1項，罰則120条）。すなわち，子（未成年者）の労働契約に関する親権者（または後見人）の権限は，締結に関する同意権および同意を得ないで締結した労働契約の取消権にとどまる（上記の労基法58条は民法824条〔または859条〕の特別規定になる）。

二　年齢証明書等の備付け　使用者は満18歳未満の年少者について年齢を証明する戸籍証明書を事業場に備え付けなければならない（労基57条1項，罰則120条）。使用者には労働者の年齢確認義務があり，年齢の不知（または，「本人のことばを信用した」など）は処罰を免れる理由にならない（参照，児福34条，罰則60条4項）。

三　解除　親権者，後見人または行政官庁（労働基準監督署長）は労働契約が未成年者に不利と認める場合においては，労働契約を解除することができる（労基58条2項）。満18歳未満の者が，その責に帰すべからざる事由（会社都合など）により解雇され，解雇の日から14日以内に帰郷する場合は，使用者は，本人の請求を待つことなく，必要な旅費（帰郷旅費という）を負担しなければならない（労基64条，罰則120条）。

3　年少者の就業制限

一　危険有害業務等への就業禁止　使用者は，満18歳未満の年少者を危険・有害業務に従事させてはならない（労基62条，罰則119条）。就業禁止業務の具体的範囲は命令に定められている（同62条3項。重量物を取り扱う業務につき年少則7条，危険・有害業務につき同8条参照）。また，使用者は年少者を「坑内労働」に使用することが禁止される（労基63条。その場合の「坑」の意義に関し，昭和23・8・11基発732号）。

二　風俗営業等への就業禁止　労働基準監督署長は，満13～15歳到達後最初の3月31日が終了するまでの児童について危険業務，有害業務のほか，いわゆる旅の技芸団業務，旅館，料理店，飲食店または娯楽場における業務，エレベーターの運転業務その他一定の業務の就業を許可してはならない（年少則9条）。なお，児童福祉法は15歳未満の児童に関し，酒席に侍する行為や風

俗営業行為など一定の行為をさせることを禁止している（児福34条，罰則60条参照）。

4　未成年者の訴訟能力

一　未成年者は，訴訟無能力者であり，原則として法定代理人によらなければ訴訟行為をすることができない（民訴31条本文）。ただし，未成年者が「独立して法律行為をすることができる場合」は訴訟能力者となり，法定代理人による必要はない（民訴31条ただし書）。労基法は，未成年者は独立して賃金を請求することができると規定し，賃金請求権に関し訴訟能力を有することを確認している（労基59条。立法資料53巻174頁）。

二　賃金請求訴訟以外の，たとえば解雇無効の訴えを独自にできるかについては必ずしも明らかではないが，「営業を許された未成年者」（民6条）として成年者と同一の行為能力を認められることから，民訴31条ただし書の定める例外の場合に当たり，独立の訴訟能力を認めるべきものと解される（この立場からは，労基法59条は特に賃金請求権に関する確認的規定と解されることになる。参照，別冊法学セミナー『基本法コンメンタール・新民事訴訟法1』〔難波孝一〕87頁）。裁判例には，未成年者が法定代理人の同意を得て労働契約を締結した以上，法定代理人は訴訟行為をなすことはできず，未成年者本人が実体法上独立して法律行為をなすことができる場合として，訴訟行為をなすことができると判示したものがある（滝上工業事件・名古屋高判昭和38・6・19労民集14巻5号1110頁）。

5　身元保証契約

一　労働契約に付随して，身元保証人を立てさせる慣行が古くから広く行われている。こうした身元保証契約は，使用者と保証人との間で「被用者ノ行為ニ因リ使用者ノ受ケタル損害ヲ賠償スルコトヲ約スル」契約であるが，身元保証人が過大な責任を負わせられる弊害を防ぐため「身元保証ニ関スル法律」（昭和8年法律42号）が制定された。上記趣旨の契約であるかぎり，引受け，保証その他名称の如何を問わない（身元保証1条）。使用者は，身元保証を労働契約締結の条件とすることは可能である。したがって，いったん労働契約を締結した場合でも，後に身元保証人を立てられない場合には労働契約は完結していないとして，その完結を拒否することができる。しかし，身元保証契約は労働契約を維持する条件ではないと解されており，身元保証人が死亡しても労働契約は存続する（有泉116頁）。身元保証人になった者が後に自らの都合で身元

保証契約を解約したときも同様に解すべきである。

　二　身元保証契約では，上に述べたように「被用者の行為」によって使用者が被った損害を，身元保証人が賠償する責任を負う立場にある。しかし，労働契約に直接関係のない事項について責任を負うことはなく，労基法が使用者に対し労働者との間で契約させてはならないとしている違約金ないし損害賠償の予定（労基16条）は，労働契約に関係させてはならない事項として，保証人に対しても契約させることができない。

　三　身元保証契約の期間　①身元保証契約について期間を定めない場合は3年間（商工業見習者の場合は5年）有効である。期間を定めるときは5年を超えることができない。更新は可能であるが，更新の時から5年（すなわち初回契約時から10年）を超えることはできない（身元保証1条・2条）。②使用者は，被用者に業務上不適任もしくは不誠実の事跡があるとき，または任務，任地等の変更があるときは，これらを身元保証人に通知しなければならない（同3条）。③保証人は，その通知を受けたとき，または自ら知ったときは保証契約を解除できる（同4条）。④身元保証人が損害賠償の支払いを求められたときは，裁判所は使用者の過失の有無，身元保証をするに至った事由，注意の程度その他一切の事情を斟酌して金額を定めるべきものとされている（同5条）。⑤「身元保証ニ関スル法律」の規定は強行性を有し，これに反する特約であって保証人に不利益なものは無効である（同6条）。

第12講　異動人事Ⅰ（配転・出向・転籍）

Ⅰ　異動人事の意義

1　労働の場所，種類・内容に関する労務指揮権について

　一　本講では，労働者の広い意味の配置の変更（配置転換，出向，転籍）に関する使用者の人事上の行為を「異動人事」と言う。使用者は，労働契約の締結に際し，労働者に対し「就業の場所及び従事すべき業務に関する事項」を明示する義務を負っている。労働の場所，種類・内容は，労基法上，労働契約の期間の有無，賃金，労働時間および退職関係事項と同様に，使用者は特に「書面の交付」による方法で個々の労働者ごとに明示を義務づけられている（労基15条1項，労基則5条1項1の2号・2項，使用者の労働条件明示義務に関し第3講140頁参照）。加えて，労働の場所，種類・内容（それに加えて，労働契約の期間に関する事項）は，採用区分（技術系，事務系，有資格職系あるいは一般採用区分から区別される特別採用区分職系など）の枠内で具体的に明示するものであり，この点で，就業規則に画一的に規定される労働時間，賃金，退職に関する事項等の労働条件（労基89条参照）と労働契約の内容となるなり方が異なっている（前出労基則5条1項1号・1号の2）。

　二　他面，労働の場所および種類・内容に関する個別的合意の内容，範囲にも幅があり，使用者は合意の範囲内において具体的労働義務（給付義務）を決定し，指揮命令する権限を有する。この指揮命令権は，労働契約の本質に内在すると主張される指揮命令権（労働給付義務の一般的決定権）と区別されるところの，個々の合意を基礎に，所与の範囲内で行使できる指揮命令権（労働給付義務の具体的決定権）である。したがって，使用者が，労働契約の締結に際し，労働者に明示し，合意された労働の場所，種類・内容を後に変更する必要が生じた場合には，労働条件の変更に関する労働契約法の原則に則り，労働者および使用者の「自主的交渉の下で」（労契1条），その「合意により」変更することができることになる（同8条）。

　三　他面，使用者は，労働契約の締結に際し，当面の労働の場所，種類・内容について労働者に明示し，合意したとしても，就業規則に，一般に，「業務

上の必要により，従業員に異動を命ずる」，あるいは「業務上の必要により，従業員を他の会社または団体に出向させることがある」など，労働の場所，種類・内容を変更する配転条項や，指揮命令権の主体を変更する出向条項を定め，配転命令や出向命令に従わないことは業務上の指揮命令に反する行為として懲戒処分（多くの場合は懲戒解雇）の対象にすることが多く見られ，個別的労働関係紛争の一つの典型となっている（配転，出向条項の規定例につき中山 67 頁・69 頁・104 頁。懲戒処分に関しては第 13 講 580 頁参照）。しかしながら，これら就業規則に特に根拠づけられた指揮命令権は，労働の場所，種類・内容に関する明示，黙示の合意（上記二）の範囲内で労働者の労働給付義務を具体的に決定する権限と，その法的根拠において区別されるべきである（参照，荒木 289 頁）。

　四　日本の採用・雇用慣行においては，有資格業務や高度専門職の場合を別にして，一般に，労働契約締結の際に労働の場所，種類・内容に関し具体的，限定的な合意がされることは少ない。それ故に，上記三のように就業規則に留保された指揮命令権限によって使用者が労働者に配転や出向を命令することが事実上多いのである。

　しかしながら，上記二に述べた労働契約法（8 条）の原則によれば，個々の労働契約で労働の場所，種類・内容に関し一定程度の合意がなされていると認められる場合には，使用者は上記三例示の就業規則の規定を法的根拠に労働者に対し，当然に配転，出向を命令する指揮命令権限を有するものと言えるか（権限の審査）について，また権利濫用（後述Ⅱ 1 ⑵二）の有無についても一層慎重に判断されなければならない。

　この場合，労働契約における労働の場所，種類・内容に関する労使間の個々の合意は，労働契約の締結の際の一回限りのものと考えるべきものではなく，継続的労務給付の性質上，その展開過程において，労働者は次第に企業特殊的能力・経験を蓄積し向上させて企業への貢献を高度化する立場に置かれる一方で，次第に他分野への適応能力の制約を余儀なくされること（必然）も否定できない。したがって，労働の場所，種類・内容に関する労使間の合意は，労働契約の展開過程でリフォームされることがあり得るという法的可能性を否定すべきではないと考える。すなわち，配転，出向について権利濫用のチェックに細心の注意を向ける必要があることは当然として，それに片寄ることなく，個々の労働契約において合意のリフォームが行われる現実的可能性のダイナミズムに眼を閉じることのないように，労働の場所，種類・内容の変更に関する使用者の権限審査についても，事実関係を精査し，継続的関係性を重視した法

理論構成を心がける必要がある（参照，荒木 293 頁）。

2 異動人事の種類・目的
(1) 異動人事の種類

一　配置転換（配転）は，労働者が同一企業内で労働の場所，種類・内容を異動（変更）することであり，住居の移転を伴う遠隔地配転は特に「転勤」といわれる。これに対し，労働者が他の企業等に出向き，一定の期間その指揮命令を受けて労働することを「出向」という。この場合，労働者は雇用主との労働契約を解消するわけではないため「在籍出向」ともいわれる。また，労働契約を合意解約し取引先，提携先など第三者（企業等）と新規に労働契約を締結することを「転籍」（または「移籍出向」）という。

二　出向には，あらかじめ復帰しないことを明らかにし，場合により退職金を支払って行うものがあり（特に，おおむね 55 歳以上の高年齢者の処遇方法としての「退職出向」），他方転籍であっても，一定期間後の復帰を予定して行われる例が少なからず存在する。したがって出向か転籍か（雇用主との労働契約関係の存否）の区別は重要問題であり，実態をみて慎重に判断するほかない。

(2) 異動人事の目的

一　配転は，一般に，欠員の補充・余員の削減（量的調整），労働者の適性の再評価（質的調整），多能化または専門的人材の計画的養成（能力開発，意欲増進），組織の刷新，また広域的事業体の場合は異動機会の公平化による担当者間の負担（感）の軽減（適正な人事秩序の維持）などのために行われる。異動人事のうち配転は，使用者の「業務上の必要性」に基づいて行われるが，業務上の必要性は多様な意味を含み得るのであり，労働者にとっての長期的，短期的に様々なメリットを生かす趣旨，目的で行われる場合も少なくない。配転によって，労働者が新たな仕事への意欲をかき立てられ，能力を広め・高め，職場環境を変えて精神をリフレッシュし生産性を挙げる契機となること，これも使用者にとっての業務上の必要である。

二　出向・転籍は，配転と同様に人材の計画的養成（能力開発）の一環として行われることもあるが，事業の重点化，分社化，アウトソーシングなど事業再編の手段として行われることが多く，配転とは明らかに異なる側面を有している。特に，60 歳定年の相当期間以前（多くは 55 歳頃）から，または定年後の「雇用継続制度」（高年 9 条参照）への円滑な移行のために，関連会社等に異動させる手段として出向，転籍が多用されている（上記(1)の「退職出向制度」が典

型)。このような，現状変革的（事業再編的）異動人事は，解雇回避ないし雇用調整策（広義の生涯雇用）と意味づけられる場合が少なくなく，総じて出向・転籍の「業務上の必要性」は使用者寄りの理由が大半であり，労働者にとって不利益な性質を有している。

(3) 不当な目的，動機に基づく異動人事

配転，出向，転籍などいわゆる異動人事が不当な目的，動機に基づいて行われる場合は，公序良俗違反または権利の濫用として違法，無効である。たとえば，政治的信条を理由に主要事業場から排除する出向（大塚鉄工事件・宇都宮地栃木支判昭和63・11・16労判528号28頁，労基法3条違反），セクハラに関する会社内の苦情処理に承服できず労働局雇用均等室に相談した女性の配転（K設計〔セクハラ〕事件・名古屋地決平成15・1・14労判852号58頁，雇均法13条違反）などが典型例である。休職のほか，いわゆる格付け人事の降格・降職等の場合も同様に違法，無効とされる。

労使関係法の分野では，労働組合の組合員であることを嫌悪して行った単身赴任転勤（神戸→金沢）が不当労働行為に当たり無効とされた例があり（朝日火災海上事件・最2小判平成5・2・12労判623号9頁），近年には労働組合の協調的姿勢の変化への疑念から車掌職組合員を遠隔地配転（札幌→釧路）したことに関し，当該配転がなかったものとして原職復帰させるよう命令した中労委決定（JR北海道事件・平成20・7・20別冊中時1359号1頁）を支持し，「業務上の必要」，「人選基準の合理性」を一応認めつつ，「不当労働行為意思を推認させる間接事実」を詳細に認定し，「組合員であること……の故をもって」行われたものと評価した事案も存在する（同事件・東京地判平成20・12・8別冊中時重要命令・判例1365号50頁）。

II 配置転換

1 法的根拠

(1) 諸　説

一　配転命令は，使用者の業務上の指揮命令権の一行使形態であり，その法的根拠をめぐって諸説がある（新谷真人・争点3版140頁に簡潔にまとめられている）。古典的学説は「包括的合意説」である。すなわち，使用者は労働契約の本質上労働者に配置転換を命令する権限を有し，労働者は労働契約の締結に当たって，特別の限定的合意をしない限り，使用者の決定する労働場所，労働の

種類・内容に従って労働することを一般的,包括的に合意しており,使用者はかかる合意を根拠に形成権としての配転命令権を有すると説いた（本田淳亮「配置転換・転勤をめぐる法律問題」『菊池勇夫教授六十年祝賀記念・労働法と経済法の理論』〔有斐閣,1960年〕475頁）。この包括的合意説によれば,配転法理のほとんどは配転命令権（形成権）の濫用チェックに集中する。

　二　これに対し「労働契約説」は,使用者は労働契約上,労働者がどのような場所で,どのような種類・内容の労働に従事するかに関し労務指揮権を有するか,また,労働者がどの範囲まで使用者の労務指揮権に服すべきかは,個々の労働契約の意思解釈の問題であり,採用の経緯,労働契約・就業規則・労働協約の定め,従来の慣行などを総合し労働契約を合理的に解釈して判断すべきであると説いた（萩澤清彦「配置転換の効力停止の仮処分・被保全権利と必要性」成蹊法学2号〔1970年〕1頁）。

　三　日本の労働関係では,労働契約の締結に際し,労働の場所,種類・内容に関し,使用者の労務指揮権をあらかじめ一定範囲内に限定するような合意は行われないことが多い。したがって,労働契約説によれば通常の労働契約の場合,労働の場所,種類・内容に関し,使用者の大幅な変更権限を承認することに帰着し,他方,包括的合意説も労働の場所,種類・内容について個々の労働契約に特約がある場合は使用者の形成権は特約の範囲に制限されるべきであると主張しており,結局両説ともに,使用者は労働者の従事すべき労働の場所,種類・内容に関し大幅な変更権（形成権）を有するとの結論に帰着する。

　四　このほか,これと近い立場に,使用者が配転を命じうるのは,労働契約において労働の場所,種類・内容の決定変更を使用者に委ねている場合に限られると説く学説もある（下井118頁・120頁）。

　五　私見は,以上の諸説と少しく異なる理論的立場をとるものである。

　上に述べたように（1二）,労働の場所,種類・内容は労働契約締結に際して労働者ごとに個別に明示される労働条件であり,集合的決定になじむ賃金,労働時間などその他の労働条件とは性質を異にしている。

　すなわち,労働の場所,種類・内容は個々の労働者ごとに明示,黙示に合意され,労働契約の内容になり,配転はその後にこれら労働契約の要素を変更することになるので,契約法理上改めて,労働者および使用者の「自主的交渉の下」で,その「合意により」行われるべきである（労契1条・8条）。就業規則の配転条項（上述1三）は,労働の場所,種類・内容を変更する使用者の万能の権限を留保したものと解すべきではなく,配置転換があり得る旨のいわば将

来における機会の一方的告知であり，労働者の明示の合意を誘導し，黙示の合意の存在を推認し得る一事情になり得るが，労働者に対し個々の配転命令に服従すべき義務を直接根拠づけるものと解することには疑問がある。

したがって，労働者が配転命令を拒否した場合でも，契約法理上労働者は合意を強制されない故に非違行為と評価して制裁の対象にすることは原則として許されない。そして，制裁以外の人事考課における低査定，解雇その他の不利益取扱いを受けた場合は，①当該配転の業務上の必要性，②配転によって労働者の受ける不利益の程度（不利益性を軽減，緩和する補正的，代償的措置の内容），③配転の必要性に関する説明，不利益性の主張への対応等指揮命令権の行使過程における使用者の手続的誠実性（契約内容の再調整過程における信義則）等を総合考慮し，法的有効性を判断すべきである。こうした立場は一般に「配転命令権否認説」と呼ばれている（しかし，以上の私見は単独説に過ぎない）。

(2) 判例法理

一　事例　最高裁判所は，労働者（大学新卒採用者）が，神戸営業所の塗料の営業担当から広島営業所勤務への転勤命令を，71歳の母を同居扶養し，妻は保育所に勤務しつつ長女（2歳）を養育している家庭事情を理由に拒否し，次いで名古屋営業所への転勤命令をも拒否して懲戒解雇された事案において，以下のように判示して配置転換（転勤）命令を拒否した労働者の懲戒解雇を有効と判断した（東亜ペイント事件・最2小判昭和61・7・14労判477号6頁）*。

*　**東亜ペイント事件下級審判決**　1審（大阪地判昭和57・10・25労判399号43頁）は，その転勤の業務上の必要性に関し原告の労働者を転勤させる「必要性がそれ程強くなく，原告に代え，他の従業員を……転勤させることも可能であった」との理由で本件転勤命令は権利濫用であり無効と判断し，原審（大阪高判昭和59・8・21労判477号15頁）も同様に当該労働者をおいて「他に適切な者がいなかったと認めることはできない」として会社の控訴を棄却し，懲戒解雇を無効とした。

二　最高裁判所は，原審を取り消し，会社の上告を認めた。すなわち，会社は，①労働協約，就業規則に転勤条項を定め，②全国10数ヵ所に営業所を有し，営業所間の転勤を頻繁に実施しており，③労働者は大学卒資格の営業担当者として会社に入社し，労働契約が成立した際に勤務地を大阪に限定する合意は存在しなかったといった事情を挙げ，「会社は個別的同意なしに労働者の勤務場所を決定し，これに転勤を命じて労務の提供を求める権限を有するものというべきである。」と判示した（配転命令権の法的根拠）。

三　同判決は，つづいて「転勤，特に転居を伴う転勤は，労働者の生活関係に少なからぬ影響を与えずにおかないから，使用者の転勤命令権は無制約に行使することができるものではなく，これを濫用することは許されない」とし，①当該転勤命令の「業務上の必要」が存しない場合，②不当な動機，目的をもってなされた場合，③労働者に対し「通常甘受すべき程度を著しく超える不利益」を与える場合は，転勤命令は権利濫用になると判示した。

　四　次いで，転勤命令の「業務上の必要性」の存否の判断に及び，「転勤先への異動が余人をもっては容易に替え難いと言った高度の必要性に限定することなく」，①労働者の適正配置，②業務の能率促進，③労働者の能力開発，④勤労意欲の高揚，⑤業務運営の円滑化など「企業の合理的運営に寄与する点が認められる限りは，業務上の必要性の存在を肯定すべきである。」とし，結局，本件転勤命令には業務上の必要性が優に存し，被上告人の家族状況からみて，名古屋営業所への転勤が家庭生活に与える不利益は，「転勤に伴い通常甘受すべき程度のもの」であり，権利の濫用に当らないと結論づけた。

　五　小活　以上のように，上記最高裁判決は，使用者が労働者に対して配転命令権を有する「法的根拠」として，労働契約・就業規則上の根拠規定（上記二①），会社における配転・転勤実施の実情（同②）および勤務地限定の合意の不存在（同③）を挙げている。これらは個々の労働契約の意思解釈の要素になる。つぎに，「権利濫用の成否」に関し業務上の必要性の存否（上記三①），目的，動機（同②）および不利益の程度（同③）を基準に判断している。そして配転・転勤命令の「業務上の必要性」につき，権利濫用性の一判断要素として，上記四①～⑤の考慮要素が示されている。以上の権利濫用性の判断要素のうち，不当な動機・目的（三②）は特別な事情といってよいから，結局のところ最高裁判決は，配転命令権が法的根拠を有する場合の権利濫用の判断を，主として業務上の必要（当該配転が「企業の合理的運営に寄与」するか否か）と労働者の受ける不利益の程度との比較考量（相関的判断）の問題としていると，まとめることができよう。

　六　最高裁判決の示している配転・転勤命令の「業務上の必要性」の存否の判断基準（上記四）では，労働者を配転・転勤させる会社の利益側面（上記四の①労働者の適正配置，②業務の能率促進，⑤業務運営の円滑化）と労働者の利益側面（同③労働者の能力開発，④勤労意欲の高揚）に言及し，利益の双方向性を示唆している。しかし，本件最高裁判決は以上の判断枠組みを示すにとどまり，「被上告人の主張する本件転勤命令のその余の無効事由について更に審理を尽

くさせる必要があるから，右部分につき本件を原審に差し戻す」としており，自らの具体的判断は示してはいない（本判決および関連判例を詳細に分析しているものとして，唐津＝和田〔中内哲〕147頁以下。このほか石井保雄・山本編168頁，本久洋一・百選7版76頁，佐藤敬二・百選6版66頁，萩沢清彦・百選5版38頁参照）＊。

＊　**配置転換の実情**　1,000人以上規模の企業の46.9％が配置転換を定期的に行っている。その目的は，「従業員の処遇・適材適所」（70.1％），「異動による組織の活性化」（62.5％），「事業活動の変化への対応」（56％），「従業員の人材育成」（54.7％）の順で多い（複数回答）。約80％の企業が対象者への意向打診を実施しているが，特に「転居を伴うとき」（83.8％），「個人的事情があるとき」（86.2％），職種または地域限定社員に「予定外の転勤をしようとするとき」（70.1％）に行われている（複数回答）。労働組合で，配置転換の際に同意，協議等の手続を協定しているものは73.8％と高率であるが，一般組合員の場合については同意または協議（26％），意見聴取（6.6％）とも実施率は低い。職種限定社員を異職種に配転することがある企業も少なくない（25.8％）。地域限定社員を他地域へ配転させることがある企業は少数（14％）である（労働政策研究・研修機構「労働条件の設定・変更と人事処遇に関する実態調査」2004年）。

2　配置転換と労働者の職種・職能の変更

case 12-1　製油所試験室勤務の技術系労働者のセールス・エンジニア業務への配転（有効）

東亜石油事件・東京高判昭和51・7・19労民集27巻3・4号397頁

【事実】　1　X（控訴人）は昭和30年3月東京理科大学化学科を卒業し，32年1月早稲田大学理工学部応用化学科燃料化学研究室に実験助手として就職してガスの製造，分析，触媒の研究等の補助的業務に従事した後，35年8月Y会社（被控訴人）に採用され，川崎製油所製油管理課試験室でガスクロマトグラフによるLPガスの組成分析の業務に就いていた。Y会社は，昭和39年10月，LPガスの急激な需要量の増大に対応し，そのセールス・エンジニアを設置する必要に迫られ，Xに対し本社販売部への転勤を命令した。

2　石油会社のセールス・エンジニアは，販売に関与する技術者であり，商品に関する学識・経験により顧客の信頼を得て，一般販売員の販売活動

を援助することを目的とし，その業務内容は新規需要先の開拓，市場調査，商品に関するクレームの処理，技術者会議への出席等が挙げられる

3　Y会社がXを選定したのは，本社にLPガスの専門家がいない，Xは技術系を卒業し，その専門的知識を有している，年齢・社会経験が若すぎない，本社への通勤が可能，といった理由からであった。発令後Y会社は，約1ヵ月半Xを説得し，労組とこの件に関し労使懇談会や団交の場で10回以上話合いの機会をもったが，労組の撤回要求とXの拒否態度は変わらなかった。そこでYは昭和40年5月に至り，Xを懲戒解雇した。

4　Yの就業規則には，「業務の都合により従業員に対し任免を行い転勤，職場，職務の変更を命ずることがある。」との規定があり，Xは入社に際し，「会社の諸規定を守り，会社業務の都合により出張又は各地事業場に転勤する場合異議を述べない。」旨の誓約書を差し入れている。

5　Xは，Y会社との雇用条件は技術者として採用することであったから，専門技術を要しないLPガスのセールス・エンジニアとして労務を提供する義務がなく，本件配転命令に従う義務がないと主張する。1審（東京地判昭和44・6・28労民集20巻3号614頁）は，本件配転命令以前にXの担当していた業務内容に関し「他の試験室員と異なり……高度な分析方法を開発すべく研究するなど，終始，いわゆる研究者的な職務に従事していた」と認定し，上記内容の就業規則の定めがある場合であっても，「『職種変更』については何らふれるところはない。以上のような諸般の事情を綜合して考えると，前記就業規則……が存在するからといって，本件のように，会社にとっては，Xの有する専門的な知識を活用できるものである点において非常に有利であるが，配転されるXにとっては，全く異質の職種であって，その専門的技術，知識を研鑽する機会がなく，Xの技術的能力，経験の維持ないし発展を著しく阻害する恐れのある職種への配転までもが，事前の同意によって，会社に一任されているものと解するのは，極めて困難であって，到底賛同しえない。」と述べ，Xには本件配転命令に応ずべき義務はないと判示し，労働契約上の権利を有することを仮に定めた。

【判旨】　原判決取消し，申請却下

1　Xは「技術者」としてY会社に採用されたと主張するが（事実5），入社後の仕事はガスクロマトグラフによるLPガスの組成分析であり，研究的な試験は副次的なものに過ぎなかった。ガスクロマトグラフ担当者は，物質の組成分子の量に応じた波を順次記録する装置から，右波の面積を計

算して組成の割合を算出するのであり、2ヵ月程度でその操作に習熟し得るものであった。そして「Xは、大学を卒業した後適当な就職先がなく、○○教授の実験助手としてその研究実験の補助をなし、一般卒業者と一緒に採用試験を受けてY会社に採用されたものであり、その技術知識を見込まれて招へいされたものではなく、技術者として処遇することの約束もなかった……。また、Y会社が、特殊な専門技術部門を有してその担当者としてXを充てていたと見るべき資料もなく、同人が、特殊で狭いが極めて高度な知識経験を有していたと認めることもできない。」

　2　本件転勤命令は、Y会社の業務上の必要性（事実3）に基づいてなされたものであり、したがってXは、就業規則（事実4）の「規定により転勤及び職務の変更（これらを以下「配転」という。）を命ぜられたときは、右命令が労使間の信義則に反する等特段の事情がない限り、これに従うべき労働契約上の義務がある。」

　Y会社は、本人および労組との話合いを重ねてきた経過からみても、Y会社が懲戒解雇権を濫用したということはできない。

　【コメント】　本件では、製品試験室での研究職務に従事する労働者の営業職務への配転命令（異職種配転）の有効性が争われている。Xの配転前の担当業務の性質（その労働契約上の意味づけ）について、1審判決は「研究者的な職務」と認定し、本件配転命令が権利の濫用であることの重要な理由とした（事実2）。しかし判旨1は、これとまったく異なる認定に立っている。仮に、本判決が、Xの業務内容を1審と同様のものと認定した場合、本件配転命令の法的効力をどう判断したかは分からない。

　また判旨1は、Y会社のX採用の狙いに言及し、Xを技術者として処遇する約束もなく、専門技術者として配属していたわけでもないと認定している。しかし、Xの経歴およびXが採用直後から一貫して（約4年）、川崎製油所製油管理課試験室でLPガスの組成分析の業務に就いており、副次的とはいえ研究的な試験も行っていたのは争いのない事実であり、判旨の評価には疑問が残る。さらに判旨は、Xが「特殊で狭いが極めて高度な知識経験を有していたとも認められない」とまでいう。しかし、労働契約における労働者の職種の変更の有無、程度および将来の職能形成へのマイナスの影響（不利益性の程度）を考える際には、労働者の業務内容について、特殊で、狭く、かつ極めて高度な知識経験を有するものかどうかといった学術的専門性の観点とは別個の観点で検討すべきである。この点、

本判決の権利濫用の判断には結論先取りの強引さが感じられる。

case 12-2 　自動車製造工場の熟練機械工の組立てラインへの配転（有効）

日産自動車村山工場事件・最1小判平成1・12・7労判554号6頁

【事実】　Xら（被控訴人・上告人）は，Y会社（控訴人・被上告人）の村山工場で10～20年熟練機械工として製造部車軸課に勤務してきたが，合理化に伴い車軸部品製造部門が他工場に移転された結果，余員になった。そこでY会社は同工場における新車種製造のためにXらをプレス，組立て，塗装等の単純工の職務に配置転換（異職種配転）した。本件は，Xらが同工場を就労場所とする機械工の地位にあることの確認を請求した事案。1審（横浜地判昭和61・3・20労判473号42頁）は，Xらは雇用契約上「機械工をその職種として特定」されていたとの判断を基調にして，他の機械職場に配置可能かどうかを検討すべきであり，不可能の場合でもその技能を生かせる職場に配置するなどその利益を十分配慮すべきであったなどと述べて請求を認容した。原審（東京高判昭和62・12・24労判512号66頁）は1審判決を取り消し，つぎのように判示した。①永年機械工として勤務した事実のみから職種限定の合意が成立したとはいえない，②Y会社の就業規則には職種変更に関する就業規則の規定（「業務上必要があるときは，従業員に対し，職種又は勤務場所の変更を命ずることがある。」）が存在する，③「我が国の経済の進展および産業構造の変化等に伴い，多くの分野で職種変更を含めた配転の対象及び範囲等も拡張するのが一般的趨勢である。」など。

【判旨】　上告棄却

1　「XらとA会社若しくはB会社（Xらが以前勤務し，Y会社に合併された・引用者）又はY会社との間において，Xらを機械工以外の職種には一切就かせないという趣旨の職種限定の合意が明示又は黙示に成立したものとまでは認めることができず，Xらについても，業務運営上必要がある場合には，その必要に応じ，個別的同意なしに職種の変更等を命令する権限がY会社に留保されていたとみるべきであるとした原審の認定判断は，……正当として是認することができ」る。

2　「原審の適法に確定した事実関係のもとにおいて，Y会社が本件異

動を行うに当たり，対象者全員についてそれぞれの経験，経歴，技能等を各別にしんしゃくすることなく全員を一斉に村山工場の新型車生産部門へ配置替えすることとしたのは，労働力配置の効率化及び企業運営の円滑化等の見地からやむを得ない措置として容認しうるとした原審の判断は，正当として是認することができ」る。

【コメント】 本件では，熟練機械工の部品組立工への配転命令の有効性が争われている。判旨が支持した原審判断は，「機械工以外の職種には一切就かせないという趣旨の職種限定の合意」が存在しないことを，Y会社の職種変更権の法的根拠にし，これを時代の「一般的趨勢」によって補強している。しかし，製造工場の作業職労働者の場合，ある種類・内容の職種に「就かせる」という合意は存在し得ようが，それ以外の職種には「一切就かせない」といった合意は，普通は存在しないと思われる。普通に考えて存在しないような合意が存在しないことを理由にして権利義務を判断する態度はいかがなものか，疑問を抱かざるを得ない。

本件は，工場における製造車種の変更と従来の生産部門の閉鎖，縮小それに伴う要員の再配置として行われた配置転換であり，事業体制の現状を維持しその枠内で行う配置転換と性質を異にする。いわば事業再編のための配転（職種変更）である。したがって，仮に職種限定の合意が存在しても，就業場所自体がなくなる場合は，Xらの職種を変更して雇用維持を図ることは可能としなければならない（本件では賃金等の不利益変更がされたとの主張はされていない）。そしてそのような場合でもY会社は，配置転換に当たっては，信義則上，熟練機械工の職種・職能を尊重し，その技能なり利益を生かすように配慮する義務を負っていたと考えられる。したがって，Xらが，その具体的措置の可能性等を主張立証したときは，信義則上の配慮義務を履行したか否かについて判断する必要がある（このことを示唆する中嶋士元也・山本編 186～187頁参照）。

case 12-3 アナウンサー採用の労働者の図書資料室への配転（有効）

九州朝日放送事件・福岡高判平成 8・7・30 労判 757 号 21 頁

【事実】 1 X（控訴人）は，昭和 35 年大学を卒業し，翌 36 年 4 月 Y 会社（被控訴人）のアナウンサーの募集に応募し採用され，報道局アナウン

サー部に所属しラジオ・テレビのアナウンサーとして勤務してきた。昭和60年2月，Xは報道情報センターに配転されたが，情報処理の業務以外にラジオのニュース・アナウンサーも勤めていた。平成2年4月Y会社はラジオ関係の編成を大幅に変更し，その結果報道部に余員が生じ，Xに対し図書資料室の勤務を命じた。Xはこれを拒否しアナウンサーとしての地位確認を求めた。

2 Y会社の就業規則は，配転に関し業務上の必要により，転勤または転職を命ずることがある旨規定し，Y会社と民放労連九州朝日放送労働組合との間には，昭和55年に「配転・転勤に関する協定書」が締結され，「配転および転勤については，平素から本人の意向を聞き，本人の意向は，できるだけ尊重する。但し，特殊技能を必要とするアナウンス，技術，美術，配車，電話交換および保健室から一般への配転については本人の意向を十分に尊重する」，「本人が配転および転勤に際し，異議のある場合は，労働組合と原則として協議する。協議がととのわない場合は，会社において発令する」と規定されている。1審（福岡地判平成7・10・25労判692号57頁）は請求を棄却した。

【判旨】 控訴棄却

1 Xがアナウンサーとしての業務に従事する労働契約上の地位にあるというためには，「本件労働契約においてアナウンサーとしての業務以外の職種には一切就かせないという趣旨の職種の限定が合意されることを要し，単に長年アナウンサーとしての業務に就いていたのみでは足りないと解するので」，まず，職種の限定の点について判断する。

2 「アナウンサーは，日本語の豊富な知識のもとに，正確な発声や発音に熟達するなど特殊技能を有する者ということはできる。しかしながら，Y会社の採用時においては音声テストが課されたのみで，アナウンサーとしての特別の技能や資格は要求されておらず，採用後わずか2か月ほどの研修を受けてアナウンス業務に就くのであるから，右時点においては格別の特別技能があるとまではいいえず，前記のような特殊技能は，その後のアナウンサーとしての実務のなかで次第につちかわれてゆくものであろう。このことは，Y会社の従業員でアナウンサー以外の特殊技能を要する従業員，例えばディレクターやミキシング業務（複数の映像や音声の混合・調整に関する業務）に従事する社員等についてもいえることであって……ひとりアナウンサーだけに特殊技能の修得，保有が要求されるわけではない。」

3　Y会社の「就業規則に職種限定の定めはなく，本件労働契約締結にあたっても，明示的に職種を限定する合意はなされていない。Y会社の賃金体系においては，報道局アナウンス部に所属するアナウンサーに限り月額800円のアナウンス手当が支給されるのみで，アナウンサーと他の従業員との間に差異は設けられていない。」
　本件就業規則には，会社は従業員に対し転勤または転職を命ずることがあると規定され，配転対象者からアナウンサーを除外してはいない。本件労働協約も，アナウンサーを配転の対象とし，労働組合との協議が整わない場合は，会社において発令すると規定し，アナウンサーを除外することなくY会社には一般的に配転命令権があることが定められている（事実2参照・引用者）。そして，現に，Y会社は，アナウンサーについても，一定年齢に達すると他の職種への配転が頻繁に行っている。
　4　「以上の事情を総合して考えると，アナウンサーとしての業務が特殊技能を要するからといって，直ちに，本件労働契約において，アナウンサーとしての業務以外の職種には一切就かせないという趣旨の職種限定の合意が成立したものと認めることはできず，Xについては，本件労働契約上，Y会社の業務運営上必要がある場合には，その必要に応じ，個別的同意なしに職種の変更を命令する権限が，Y会社に留保されているものと解するのが相当である。」
　【コメント】　本件では，約30年間アナウンサーとして勤務した労働者の図書資料室勤務への配転命令の有効性が争われている。Y会社の就業規則上，アナウンサーの職務は他と区別された職務として取り扱われてはいない。しかしその職務は，一般の職務と容易に区別することが可能な特徴ある力量，経験を伴う「職務」（本件労働協約のいう「特殊技能」）といって差し支えない。少なくとも誰もが適性をもつ職務であるとは言えない。この種の一種の特別技能職種に従事する労働者については，「アナウンサーとしての業務以外の職種には一切就かせないという趣旨の職種限定の合意」など存在しない場合でも（アナウンサーに就かせるという合意は存在し得ても，それ以外の職種には「一切就かせない」といった合意が明示的になされる事例は実際上ほとんど存在しない），使用者は，現に，本件労働協約上，アナウンサーを他の従業員と区別し特に本人の意向を十分に尊重するとしており，永年の労働をとおして労働者が獲得した契約上有意味の地位として尊重されるべきである。したがって異職種配転の場合は，一般従業員の配

転より一層業務上の必要性が厳格に判断される必要がある。この点，判旨は説得的とは言えず，アナウンサー職務を敢えて一般視し，通常配転の枠内で判断しようとする姿勢が強く，疑問を感ずる。本件の上告審では，実体的判断はされず，Xの上告が棄却されている（最1小判平成10・9・10労判757号20頁）。

　学説には，本判決について，「同一職種の能力を高めて各界の熟練者として尊重される……，こうした人間労働のもつ尊い価値が，判例の労働契約の理論においてこれほどまでに軽視されていることには，驚きを禁じ得ない。」と慨嘆するものがある（野田進「労働契約の成立と過程の法」講座21世紀4巻39頁）。私見は，この見解に深く同感する。労働者にとって「職業」なり「熟練」の社会的意味の重要性なり切実性についていま少し尊重する機運が欲しい。もっとも，アナウンサー業務に従事することの職務としての限定の度合い（タイプ）に問題があるとし，他の事案（アナウンサー業務への職種限定を認めたRFラジオ日本事件・東京高判昭和58・5・25判タ498号206頁）との比較において，本判決の判断を支持する見解（小畑46頁）もある。

3　労働者の家族生活への配慮義務

case 12-4　共稼ぎの妻と子供3人をもつ労働者の単身赴任を余儀なくさせる転勤命令（有効）

帝国臓器製薬事件・最2小判平成11・9・17労判768号16頁
　【事実】　1　X_1（控訴人・上告人）は，各種医薬品の製造販売を業とするY会社（被控訴人・被上告人）の医薬情報担当として東京営業所に勤務し（在職15年・30歳代後半），昭和60年3月名古屋営業所への転勤を命じられた。XにはY会社に勤務する共稼ぎの妻および子供3人がいた。X_1とその妻および子であるX_2〜X_5らは，X_1が本件転勤命令により単身赴任を強いられ「家族生活を営む権利」を侵害されたとして債務不履行，不法行為を理由に損害賠償を請求した。

　2　Y会社は，本社及び工場のほか営業所を全国8ヵ所，出張所を3ヵ所設置して販売活動をしている。従業員は約900名で，そのうち医薬情報

担当者は約250名いる（当時）。X_1は，学校卒業後Y会社に入社し，当初から医薬情報担当者の職務に従事してきた。Y会社は人材育成と人的組織の有効活用の観点から，医薬情報担当者等について全国的規模の広域的な人事異動を実施していた。X_1の労働契約書には，「業務の都合により勤務又は配置転換もしくは職種の変更をすることができる。」と規定され，Y会社就業規則は「必要があるときは，従業員に対し出張・転勤・出向・留学及び駐在を命ずることができる」，また「前項の場合従業員に正当な理由がないときは，これを拒むことはできない。」と規定している。

　3　X_1とY会社との労働契約締結の際，勤務地を一地域に限定する旨の特段の合意はされていない。1審（東京地判平成5・9・29労判636号19頁）は，①転勤に関し就業規則に上記規定根拠が存在すること，②X_1の勤務地を東京に限定する合意は存在しないこと，③本件転勤には業務上の必要が認められ，④人選に不当な点はないとした上で，会社は，単身赴任に伴う「労働者の経済的，社会的，精神的不利益」を軽減，回避するために「社会通念上求められる措置をとるよう配慮すべき義務」を負うと解すべきであるところ，本件転勤命令はそのような配慮義務を欠いた違法があると認めることはできない。よって，Xの受ける不利益が社会通念上甘受すべき程度を著しく超えるものである等の特段の事情は認められないなどとしてXらの請求を棄却した。原審（東京高判平成8・5・29労判694号29頁）もXらの控訴を棄却したが，その理由はつぎのようなものであった。

　ア　事実2記載の「各事情の下においては，Y会社は，個別的な同意なしに勤務場所を決定し，転勤命令を発して，労務の提供を求める権限を有するものというべきである。」

　イ　Xらは，本件転勤命令は「家族生活を営む権利」を侵害し公序良俗に違反すると主張するが，「①Y会社は，長年にわたり，人材育成と人的組織の有効活用の観点から，広域的な人事異動を実施しているところ，Xは，入社以来昭和60年3月まで15年間都内地域……の営業を担当してきており，都内を担当する職員の中で最も担当期間の長い職員の一人であったことに照らすならば，Xのみ，特別の事情もなく，異動の対象から除外することは，かえって公平を欠くことになる」，②「本件転勤命令によってX_1の受ける経済的・社会的・精神的不利益は，『社会通念上甘受すべき範囲内のもの』ということができること，特に，③本件転勤命令における転勤先である名古屋と東京とは，新幹線を利用すれば，約2時間程で往来

できる距離であって，子供の養育監護等の必要性に応じて協力することが全く不可能ないし著しく困難であるとはいえないこと，④Y会社は，支給基準を充たしていないにもかかわらず，別居手当を支給したほか，住宅手当（赴任後1年間）を支給したことなど一応の措置を講じていることなどの諸事情を考慮すると，本件転勤命令により，Xが単身赴任を余儀なくされたからといって，公序良俗に違反するものということはできない。」Xらは「家族生活を営む権利」を侵害するような場合には，労働契約および就業規則の効力を限定的に解釈すべきであるとも主張するが，「家族生活を優先すべきであるとする考え方が社会的に成熟しているとはいえない現状においては，右主張も採用できない。」Xら上告。

【判旨】 上告棄却

原審認定の「事実関係の下においては，X_1に対しY会社の東京第一営業所医薬第四課から名古屋営業所医薬第二課への転勤を命ずる本件転勤命令が，①業務上の必要性に基づくものであって，②不当な動機，目的をもってされたものではなく，③Xらの被る経済的，社会的，精神的不利益が社会通念上甘受すべき程度を著しく超えるものということはできないなどとして，本件転勤命令は違法なものとはいえず，これをもって債務不履行又は不法行為に当たるとはいえないとした原審の判断は，正当として是認することができ」る。（①〜③の付番は引用者）

【コメント】 1　本件では，子の養育，夫婦共稼ぎなど家庭事情を抱える労働者の，単身赴任を伴う転勤命令の有効性が争われている。転勤命令によって，家庭生活に受ける不利益が「社会通念上甘受すべき範囲内のもの」かどうかは微妙な問題であり，判断の困難な場合が多い。判例法理によれば，①業務上の必要と，②労働者（およびその家族）の受ける不利益の程度との比較考量になるが，近年は②の不利益について状況に応じた配慮が強く求められている。1審判決は，単身赴任を伴う転勤命令を行う使用者は，労働者の家族事情に応じた「配慮義務」を負うと判示し（事実3参照），労働者の受ける不利益の程度を，この配慮義務の履行状況と関連づけて判断しており，一般論として，首肯できる。

育児介護休業法は，労働者の配置の変更に際し，就業場所の変更により，就業しつつ子を養育または家族の介護を行うことが困難となる労働者について，事業主は「当該労働者の子の養育又は家族の介護の状況に配慮しなければならない。」と定めている（育介26条）。この規定は，高齢社会の日

本において，就業しつつ育児，介護を行う男女労働者が著しく増加している情勢を直視し，事業主の努力義務を質的に高めるよう強制義務として定められたものであり（平成13年法律118号），そうした配慮に対する公的要請の程度は強い（参照，本事件後制定の労契3条3項）。判旨の述べる「社会通念上甘受すべき範囲」を考えるに当たってはこのことが銘記されるべきであり，当該配転等の命令の有効性判断には，使用者がその困難さを軽減する措置ないし配慮を具体的にどのようにしたかが審査されるべきである。また，それに加えて，転勤命令に至る手続の適正性の観点を重視すべきであろう（業務内容および転勤先の生活環境について当該労働者に説明し，意向・希望を聴取するなど）。

　　2　類似の事案は少なくない。最近の裁判例には，外注化する業務に従事している労働者を一律に姫路工場から茨城県霞ヶ浦工場へ配転させる命令に関し，業務上の必要を肯定しつつ，非定型精神病の妻（通院中）のほか子供2人，78歳の実母を持つ労働者，および妻，2人の子供のほか要介護2の実母（パーキンソン症候群が原因で全介助を要する）を抱える労働者について，権利濫用として無効と解したものがある（ネスレジャパンホールディング事件・神戸地姫路支判平成15・11・14判時1851号151頁，小畑・第2集83頁はこの判断を支持する）。

4　配置転換による賃金の引下げ

case 12-5　下位の給与等級職種への配置転換による賃金の引下げ（無効）

日本ドナルドソン青梅工場事件・東京地八王子支判平成15・10・30労判866号20頁

【事実】　1　Xは，主に自動車エンジンに使用されるエアフィルター，消音機器等の部品・付属品製造販売，輸入等を業とするY会社（従業員数300人余）の工場で，生産ラインの組立作業等に従事していた。Xは，平成10年9月ないし11月人工骨頭置換手術等のため会社を休み，同年12月以降再び生産ラインでの組立作業，「工作改善班」に在籍して廃液作業，その後組立作業，さらにその後「組立班」に在籍してコーキング等の作業に従事し，平成12年7月から12月まで再度「工作改善班」に在籍し，廃

液作業等に従事した。

2　Y会社では定年を60歳と定め，満55歳到達時に退職一時金を支払うことにしており，Xは平成12年9月1日55歳になり退職金を受領した。Y会社は，同年12月Xに対し退職を勧奨し，Xは合意退職に応じなかった。Y会社は13年1月1日付でXを「廃液処理班」に配転し，「工作改善班」在籍時に従事したのと同様の廃液処理作業に当たらせた。

3　Xは，本件配転前はY会社の人事考課制度の下で給与等級が「6等級張出上限」に位置づけられていたが，配転後は給与等級が「1等級」に降級され，配転前の平成12年12月支給の月額給与は約42万円，同12年冬季・13年夏季賞与とも約100万円であったところ，本件配転後の平成13年は月額給与約21万円，13年夏季・冬季賞与とも約52万円，約47万円に引き下げられた。

4　Y会社の就業規則は，従業員が満55歳以降になった場合，会社が従業員に対し，第一線を退くか，別の仕事に移るかを要求し，給与調整をすることがある旨規定し（56条），また従業員の異動は，業務上必要な場合において公平に行い，例外として必要により給与の変更を伴うこともある旨規定している（6条2項）。本件は，Xが，配転前の賃金支払額と配転後に支払われた賃金との差額（月額給与および賞与）の支払いを請求した事件である。

【判旨】　請求認容

1　Y会社の就業規則の上記条項（事実4）は，その「文言からすると，Y会社が従業員の配置転換に伴って給与の減額をすることを許容したものと解される」ところ，Xは本件配転前後ではその作業内容に実質的な変更がなく，上記就業規則にいう「別の仕事」または「異動」とみることはできない。

2　ア　Y会社の就業規則の規定（事実4）が「給与の減額の根拠規定となるといっても，給与という労働者にとって最も重要な権利ないし労働条件を変更するものであることに照らすと，使用者の全くの自由裁量で給与の減額を行うことが許容されたものとは到底解されず，これらの規定を根拠として使用者が一方的に労働者の給与の減額をする場合は，そのような不利益を労働者に受忍させることが許容できるだけの高度な必要性に基づいた合理的な事情が認められなければ無効であると解すべきである。

イ　また，これらの規定が，配転に伴う給与減額の根拠になるとしても，

労働者にとっての給与の重要性に照らすと、給与の減額が有効となるためには、配転による仕事の内容の変化と給与の減額の程度とが、合理的な関連を有すると解すべきであるし、また、これらの規定が能力型の給与体系の採用を背景として導入されたことに鑑みれば、給与の減額の程度が当該労働者に対する適切な考課に基づいた合理的な範囲内にあると評価できることが必要であると解すべきである。

　ウ　以上によれば、上記規定に基づく給与減額の合理性の判断に際しては、当該給与の減額によって労働者の受ける不利益性の程度（当該給与の減額に伴ってなされた配転による労働の軽減の程度を含む。）、労働者の能力や勤務状況等の労働者側における帰責性の程度及びそれに対する使用者側の適切な評価の有無、Y会社の経営状況等業務上の必要性の有無、代償措置の有無、従業員側との交渉の経緯等を総合考慮して、判断されるべきものと解される。」

　3　Y会社がXの配転後の業務に対して行った賃金の引下げは、①その不利益性が非常に大きいこと、②Xの出勤状況および勤務成績は総合的に平均の評価を受けていたこと、③配転後の業務に対する最低の「1等級」評価は極めて合理性を欠くものであること、④Y会社の経営状況はXの給与を半減しなければならないとまでのものとは認められないこと、⑤Xの業務は外部委託やパートタイム労働者に代替できるものであり、「1等級」相当の給与を支払っていたのは、解雇を回避し残留の余地を与えるものであったとのY会社の主張は採用できないこと、⑥Xの給与引下げについて社内組合との協議の下でなされたものであることを認めるに足りる証拠はないこと、から、「本件給与辞令は、合理性を有しない無効なものであるといわざるをえない。」（判旨2のア、イ、ウは引用者）

　【コメント】　1　本判決は、Xに対する本件配転は、Y会社の就業規則（事実4）が給与の調整・減額の対象にする「別の仕事」にも「異動」にも当たらないというのであるから（判旨1）、実質的意味で配置転換に伴う賃金の引下げの事例と言うことはできず、ここで取り上げる事案にはぴったりとは当てはまらない。しかし、後掲の関連裁判例に比べて、賃金引下げを伴う配転に関する法的判断を一般理論的に述べているため取り上げた（判旨2）。Y会社は、本来Xを平成12年7月に「工作改善班」へ配転したときから降級、減額すべきところ、55歳到達時（12年9月）の退職金額を減額させないように給与減額の辞令交付の時期を延ばしていたもの

であり，この時点でＸは「別の仕事」に「異動」していたものであると主張した。判旨２は，これに応える判断である。

２　判旨２は，まず，賃金の引下げは，労働契約・就業規則に明確な根拠規定が存在することを前提に，①「高度の必要性に基づいた合理的な事情」が認められ（同**ア**），②「仕事の内容の変化と給与の減額の程度とが，合理的な関連を有する」（同**イ**）のでなければなし得ないと述べる。妥当な審査基準というべきである。続けて同判旨は，賃金の引下げ自体の合理性の判断に当たってのポイントを指摘している（同**ウ**）。それをここに繰り返さないが，特に，配転に当たっての賃金の引下げの有効性判断に「労働者の能力や勤務状況等の労働側における帰責性の程度及びそれに対する使用者側の適切な評価の有無」を指摘したことは重要である。

３　裁判例には，単にある種の手当が支給されなくなる部署に配転になる場合（汚染作業手当の支給対象作業，交替勤務手当，営業手当，都市手当等の付く業務から付かない業務への配転など）と異なり，賃金の本体的部分（基本給ないし本人給）の格付けが下位に変更されるような場合には，単なる配転と区別し，降格，降級について「厳格な合理性」の審査が行われるべきであるとするものがある（営業職係長から営業事務職への配転と賃金61万円の31万円への引下げに関する日本ガイダント事件・仙台地判平成14・11・14労判842号56頁）。

４　賃金引下げを伴う配転の事例は多く，今後も増加するであろう。しかし，職能資格賃金制度の下では，職務の変更は当然には職能資格の変更をともなわず，資格等の引下げ（降級）のない賃金の引下げは，通常は予定されていない（下巻第23講Ⅰ１・２参照）。このような事情とも関係して，裁判例ではいずれも賃金の引下げないし配転自体の効力が否定されている。①勤務成績不良を理由とする社長付きスペシャル・アシスタントから商品部への配転に伴う年俸784万円から421万円への引下げ（デイエフアイ西友事件・東京地決平成９・１・24労判719号87頁），②書籍販売業務から暫定的に倉庫監理業務への配転に伴う賃金66万円から26万余円への引下げに関する西東社事件（東京地決平成14・６・21労判835号60頁），③電話交換業務から洗い場勤務への配転に伴う賃金約35万円から29万円への引下げに関する東京アメリカンクラブ事件（東京地判平成11・11・26労判778号40頁）がある（これら事件の簡潔な解説として，宮里邦雄＝徳住堅治編『労働法４・人事』〔井上幸夫〕〔旬報社，2009年〕51頁以下参照）。

Ⅲ 出　　向

1　出向の意義および法的根拠
(1) 原　　則

一　出向は，親子会社間，グループ企業間，取引会社間で盛んに行われている。はじめは取引関係や技術的提携関係の強化，人材の交流，ノウハウの移転のために，後には雇用調整のために，高度経済成長期以来重要な人事手段となった（2004〔平成16〕年厚労省調査では，企業全体で27.1％，1,000人以上規模の企業では88.4％が実施している）。出向は，労働者が，取引会社等の指揮命令を受けて労働に従事するようにとの使用者の命令に服し，当該会社において労働に従事することをいう。通常は，一定の出向期間経過後に雇用主の元に復帰させることを予定して行われている（在籍出向という）。

二　労働契約は，一身専属性という法的特質をもち，通常労働者が第三者の指揮命令を受けて労働することは予定されていない。使用者が，労働者を出向させ指揮命令権を出向先企業等に委ねることは，その権利（指揮命令権）の第三者への（一時的な）「譲渡」に当たり，労働者の承諾が必要である（民625条）。

三　裁判例の主流もこの原則に従い，出向が異動人事の手段として広く行われるようになった初期の段階から，出向には「労働者の承諾その他これを法律上正当づける特段の根拠」が必要であるとしてきた（**case 12 - 6**・日立電子事件）。「労働者の承諾」については，たとえば採用時に出向制度に関し具体的な説明を受けて労働者が承諾するような場合が典型であるが（**case 12 - 7**・興和事件），それとは別に就業規則や労働協約に出向義務規定を置くことで足りるとする裁判例が出来るようになった。このように，「労働者の承諾」は必ずしも入社時や出向時の個別的同意である必要はなく事前の同意であって差し支えなく，また就業規則，労働協約により出向を義務づけることで足りると解されるようになった。上記の「法律上これを正当づける特段の根拠」の意味は必ずしも明らかではないが，出向元と出向先とが所在地も，賃金，労働時間等の労働条件も同一であり，労働協約も同一のものが適用され，「実質的にみれば同一の会社であると認められ，……出向労働者の給付すべき義務の内容の変更は配転の場合と特段の差異を生じない」といった稀な場合のことを指しているように思われる（参照，日本ステンレス・日ス梱包事件・新潟地高田支判昭和61・10・31労判485号43頁。本件では，労働者の同意は必要のないものとして，出向命令に応諾しない労働者の懲戒解雇が有効とされた）。

四　そこで，就業規則，労働協約の規定は，①一般的，包括的な出向の義務づけ規定で足りるか（包括的義務規定説），それとも②出向労働条件その他について一定の具体性をもった規定内容でなければならないか（具体的義務規定説）が問題になる。裁判例は，①の程度の義務づけ規定も有効とするものと[*1]，②の規定内容を有するものでなければならないとするもの[*2]に分れている（裁判例の大勢は，唐津＝和田〔唐津博〕140頁以下に的確に整理されている）。

　最高裁判所は，日東タイヤ事件（最2小判昭和48・10・19労判189号53頁）において，会社の就業規則に休職の一事由として「他社出向その他特命による業務処理のため必要があるとき」とだけ定められ，休職規程に休職期間，復職など一般的な定めを置いているに過ぎないことを理由に，「従業員の出向義務を定めたものとは認められないとした原審の認定判断は，相当」と判断した[*3]。本事件は，就業規則がそもそも出向に関し正面を向いて規定していないため，この判決の含意は測りがたいものであった。

　　[*1]　**包括的義務規定説**　たとえば，定年を55歳から60歳へ延長するに伴って規定された「54歳に達した日以降の人事運用については，原則として出向するものとする。」との就業規則および労働協約の定めに基づき，使用者は労働者（組合員）に対し出向を命令する権限を有するとしたものがその例である（JR東海中津川運輸区事件・名古屋地判平成14・7・3労判838号42頁）。

　　[*2]　**具体的義務規定説**　具体的義務規定説のベースには，雇用契約は通常雇用主の指揮監督者の下での労働力の提供が予定されているものであり，使用者は，当然には，労働者を他の指揮監督者の下で労働に従事させることはできないとの考えがある。また，雇用契約の一身専属性の原理を法定している民法625条1項の趣旨からみて労働者の承諾を必要とし，就業規則，労働協約の定めをもって労働者の承諾があるとするためには，労働者が不測の不利益を受けないように「承諾と同視しうる程度の実質を有する特段の根拠」を必要とするとしている（参照，新日鐵〔日鐵運輸第1〕事件・福岡高判平成12・11・28労判806号）。具体的には，出向実施に関する経営判断に合理性（出向の業務上の必要性）が認められるべきことはもちろんであるが，①出向期間とその取扱い（勤続年数への算入など），②出向後の労働条件，特に賃金，一時金，昇給，昇格（昇進），③復職ルールなどが定められている必要がある（出向規程に定める事項として同様の事項を指摘する中山70頁，その規程例に関し105頁参照）。なお，服務規律，労働時間（休暇等），福利厚生については出向先の就業規則によると定める例も認められる（参照，ゴールド・マリタイム事件・最2小判平成4・1・2労判604号14頁，同事件・大阪高判平成2・7・26労判572号114頁，同事件・大阪地判昭和63・11・16労判532号69頁，馬渡淳一郎・山本編179頁）。

　　[*3]　**日東タイヤ事件**　本件は，タイヤ製造会社から同社製品を専属的に取

Ⅲ　出　向

り扱う零細規模の販売会社（その常務取締役は会社の出向従業員）への出向命令を拒否し，懲戒解雇された労働者が出向命令の有効性を争った事案である。そこで，出向命令の有効要件に関する原審（東京高判昭和47・4・26労判189号58頁）の判断を引用しておこう。

「出向は，なんらかの関連性がある，多くは資本と業務の面で緊密な関係をもつ会社間における人事移動（ママ）であって，出向元会社の従業員である身分を保有しながら，……出向先会社で勤務する雇傭状態であって，指揮命令権の帰属者を変更することである。これは本来重要な，しかも多くの場合不利益な労働条件の変更であり，労働協約の内容として定められていない場合は，労働者個人との合意のもとに行われるべきものである。つまり，一定の労働条件の枠の中においてのみ労務を提供するにとどまる労働契約の中では，出向について特別の約定を定めていない限り（すなわち，労働者の同意のない限り），使用者は労働者に対して出向を当然に命令することはできないものというべきである（なお，民法625条，労働基準法1条，2条1項，15条1項参照）。仮に就業規則に契約の効力の変更を認める見解によるとしても，就業規則に明白に出向義務を規定する必要があるといわなければならない。前記認定のように，被控訴人会社においてその従業員が，出向命令に服しており……控訴人所属の労働組合も出向命令権自体を否定していないとしても，これだけで出向会社における出向期間，給与体系その他の労働条件について確たる定めがあると認められないことも前記認定のとおりである……従って，本件出向を命じた業務命令は労働契約を超えた事実上の命令であって，出向者の承諾のない限り効力をもたないものというべきであり，右命令を拒んだことに由来する本件懲戒解雇は，その余の点の判断をまつまでもなく違法であって，無効といわなければならない。」明快で隙のない論旨と言えよう。

五 労働組合が組合員である出向者に適用される労働条件について，使用者と労働協約を締結することはその固有の職分（労組2条本文参照）として可能であるが，そのような協定をもって個々の組合員の出向の同意に代えること（労働者に応諾義務を課すること）については，協約における出向条項は，一般に出向時の労働条件や待遇を決定する趣旨に過ぎず，義務づけまではなし得ないという協約自治の限界の観点からの有力な否定説（中窪＝野田＝和田284頁など）がある。しかし，判例はその効力を肯定している（**case 12-8**・新日本製鐵〔日鐵運輸第2〕事件の控訴審，前出四の新日鐵〔日鐵運輸第1〕事件）。とはいえ，判例は，就業規則に労働者の出向義務を定める規定が存することとともに，当該労働協約が「出向期間，出向後の労働条件等について詳細に規定」しているものであることを指摘している。

case 12-6　出向には労働契約上の「特段の根拠」が必要か（肯定）

日立電子事件・東京地判昭和 41・3・31 労民集 17 巻 2 号 368 頁

【事実】　Xは，大学卒技術者としてY会社戸塚電波機器部マイクロ波機設計課に所属していた。Y会社は，Xに対しA会社九州営業所への出向を命令した。Xは，右命令を拒否したため，「正当な理由なく会社の規則又は業務上の指示命令に従わなかったとき」に該当するとして懲戒解雇された。Y会社就業規則には休職の一事由に，「社命により社外の業務に従事するとき」と定める規定が置かれている。Xは，A会社九州営業所に勤務する義務はないと主張し，従業員の地位を有することの確認を請求した。

【判旨】　請求認容

1　経営権の主張および労働契約における給付の一身専属的特質について　「使用者が企業体の経営者として労働者の労働力を業務目的のため利用処分する権能は，当該労働者との契約により初めてこれを取得するところであって，この契約関係を離れて，労働力を処分利用できる使用者の固有権限は存しない。」

労働契約においては，「労務者は別段の特約がない限り当該使用者の指揮命令下において使用者のためにのみ労務提供の義務を負担し，使用者が労務者に求め得るところも自己の指揮命令下に自己のためにする労務の給付にとどまるものと解するのが相当であり，民法 625 条が使用者の第三者への権利譲渡，労務者の第三者による労務提供につきいずれも相手方の承諾を要する旨規定した趣旨も，上述したような労務給付義務（又はこれに対応する権利）の一身専属的な特質を考慮したものといえる。右のような雇傭契約の特質は，近代企業において使用者・労務者間の人的関係における個人的色彩が薄れ，組織化された雇傭関係においても失われるものではなく，むしろ法はかような労務者の特定企業への従属性を配慮して，使用者に対し労務契約（ママ）締結の際労働条件の詳細を労働者に明示することを要求することにより（労働基準法 15 条 1 項，同施行規則 5 条），労働者の保護を図っているのであって，右法の精神からいっても，使用者は労働契約に際し明示した労働条件の範囲を超えて当該労働者の労働力の自由専恣な使用を許すものではなく，当該労働者の承諾その他これを法律上正当づける特段の根拠なくして労働者を第三者のために第三者の指揮下において労務に服させることは許されないものというべきである。」

2　慣行について　「労働契約締結に際し当事者間に明示の合意がない事項についても，それが企業社会一般において，或いは当該企業において慣行として行なわれている事項である場合には，黙示の合意によりそれが契約の内容となっていると認められる場合があり，又契約締結時にはそのような合意を認められない場合でも，労働契約関係が現実には長期に亘る継続的契約であって，労働関係の内容が多種類且つ流動的なことから契約締結後に契約内容と異なる慣行が長期間に亘って労働関係を律し，当事者もそれによることを黙示的に合意していると認められる場合には，その慣行によって当初の契約内容が修正されたものと解する余地があることは否定できない。しかし右にいう慣行とは，<u>当該慣行が企業社会一般において労働関係を律する規範的な事実として明確に承認され，或いは当該企業の従業員が一般に当然のこととして異議をとどめず当該企業内においてそれが事実上の制度として確立している底のものであることを要する。</u>」Y会社においては以上のような意味において，出向の慣行が確立していたものとは認められない。

3　就業規則について　「Y会社の就業規則〔は〕……休職事由を列記しているが，その3号にいう『社命により社外の業務に専従するとき』とは会社の職制上いかなる場合をさすのか文意必ずしも明らかでない。仮に右3号の規定が出向の場合を含む趣旨だとしても，右規定だけでY会社主張のように従業員の出向義務を根拠づけることは相当でない。すなわち，雇傭契約の性質につき上記1に判示したところに従えばY会社が主張するような出向義務を認めることは契約内容の重要且つ労務者に不利な修正というべきであるから，仮に<u>就業規則に契約変更の効力を認める見解をとるとしても，その根拠規定は規則上明白なものであることを要するものといべく</u>，出向義務に関する直接規定もなしに休職事由の規定中前記3号のような不明確な定めがあるからといって，就業規則上出向義務を創設したものと解することはとうてい困難である。」

【コメント】　日本の出向に関する法的論議は本判決を契機に始まったと考えてよい。本判決は，そのくらい重要な裁判例である。

判旨1は，労働契約における労務給付義務の一身専属性を理由に，使用者は労働者を出向させるためには，「当該労働者の承諾」を必要とするとしている。「当該労働者」とは，出向対象者に選定された「個々の労働者」との意味である。しかし，必ずしもそれのみに限られず，判旨は「その他

これを法律上正当づける特段の根拠」もまた出向の義務づけの根拠になり得るという。

判旨2は，慣行が労働者の出向命令応諾義務の根拠になり得る場合の要件について極めて慎重な考察をしており，その説くところは適切である。

判旨3は，出向に関する就業規則の規定が労働者の出向義務の法的根拠になり得るか否かに関し，「仮に」として，それを認める場合でも，その義務づけ規定は「明白なもの」でなければならないと述べるが，「明白なもの」とは，どの程度の規定内容のものであることを要するかについては，判示していない。本件では，Y会社の就業規則は休職事由の一つに出向期間を定めているに過ぎないため，そこまで判断をする必要がなかったからである。もっとも，出向義務を定める就業規則の定めは「労働者の承諾」に当たるのか，それとも「その他これを法律上正当づける特段の根拠」に当たるというのか，さらに理論的詰めが必要である。

なお，判旨は，使用者が労働者を出向させる場合に「当該労働者の承諾」を必要とすると説いているのであるが，その「精神」に労務給付義務の一身専属性の原則のほか，労働条件明示義務（労基15条1項）をも含めていることを考慮すると，出向義務を定める就業規則の規定が「明白な」ものと言い得るためには，出向に際しての労働条件についての定めも必要とすると考えているように思われる。

case 12-7　グループ企業の中核3社が一括採用後3社に配属した従業員に対する出向命令（有効）

興和事件・名古屋地判昭和55・3・26労民集31巻2号372頁

【事実】　1　Xは，昭和47年3月高校（食品化学科）を卒業し，Y会社に採用され名古屋工場に勤務していたところ，52年10月A_1会社の大阪支店勤務を命じられた。本件は同勤務命令の効力停止の仮処分申請事件。Y会社は，A_1，A_2会社ほか20数社の関連会社が形成している通称「コーワ・グループ」の中核会社である。Y会社（資本金18億円，従業員は昭和52年末現在約2,400名）は医薬品等の製造等を行い，A_1（資本金1億円，従業員は同時期現在で約580名）はその販売を業としている。Y・A_1・A_2の3会社は役員，役職を兼ねる者が多い。

2　Y・A₁・A₂の3社においては，経営事項の立案，決定をする諸会議は，取締役会，常務会，店長・工場長会議等の上級会議から，社員管理に関する労務部会等の下級会議に至るまで，常に合同で開催されている。また，就業規則，労働条件（特に，賃金，退職金）は共通であり，勤続年数は通算される。

3　Y会社では，高卒以上の者を対象に，3社の本店が一括して職種，勤務地を特定しないで採用する者を「本店採用資格社員」と呼び，その採用は，「一括求人・採用方式」をとっている。これは3社を全く共通の経営体とみて，その中で会社の人事部が主体になって同一基準で求人，選考，採用を行い配属をきめる方式であり，採用にあたっては，3社共通の入社案内，会社案内等のパンフレットを作成配付し，入社試験を共通に行う。

4　正式採用は，配属先という意味で，右3社のうちの各社の名義で入社式に辞令を出すことによってなされ，後日社内配転と同一手続によって各社間での異動が行われている。

5　Xは，採用時の面接試験において，職種，勤務地が特定されることはないこと，採用後最初にどの事業所に配属されたとしても，3社間の転勤の可能性があることについて，これに応ずるか否かを質され，「結構です」と回答していた。

【判旨】　申請却下

「会社の出向命令権の根拠　　以上……の事実を併せ考えると3社の実質的一体性が高度であり，実質上同一企業の一事業部門として機能していて，いわゆる親子会社における関係以上に密接不可分の関係にあること，又統一的な人事部門によりほゞ統一的な人事労務管理がなされ，従前3社間の人事異動は，転勤とみなされていた実態等があること，このような実態を背景として，Xは，細部にわたって詳細とは云えないまでも，右の基本的構造を，採用時に説明を受け，これを了承して入社したものと認められるから，右Xの採用時の右包括的同意に基づき使用者たる会社は，Xに関する将来の他の2社のうちのいずれかへの出向を命ずる権限を取得したものといわねばならない。

Xは，出向については出向を命ぜられる者の同意が必要であり，その同意は入社時の包括的同意では足りず，出向先等を明示した会社側の個別的，具体的条件の提案に対する個別的同意でなければならないと主張する。しかしながら労働者の出向を拒む利益，即ち契約における当初の使用者のも

とで労務に服する利益を，一身専属的なものとみて，これを放棄しまたは他に委ねるには，当該権利者の同意を必要とするという趣旨に解するならば，それは真に同意に価するものである限り，明示とか個別的なものに限る理由なく，暗黙或いは包括的態様のものでも足ると解すべきである。」そして，本件出向命令に関しY会社に業務上の必要性が存し，人選の合理性も認められるから，本件出向命令は有効である。

【コメント】 本判決は，会社は「採用時の右包括的同意」に基づいて「将来の他の2社のうちのいずれかへの出向を命ずる権限を取得した」と判示している。その包括的同意は，個別的包括同意であり，就業規則等で労働者の出向義務を一般的，包括的に定める規定の解釈に用いられる包括的同意ではない。判旨はそのような包括的同意のほかに，例外的に「暗黙或いは包括的態様」の同意でも足りるが，しかしそれは「真に同意に価するものである限り」において有効であるとしている。このように本判決が，使用者の出向命令権の法的根拠について，個別的な包括的同意説に基づく判断をしたのは，3つの事情（根拠）がある。その1は本事件発生時にすでに5年余を経過しているものの，Xに対して入社時に説明がなされたことであり（事実5），その2は従業員の採用について3社一括方式が行われていることであり（事実3，4），その3はY会社と出向先会社との間にいわば合同的，一体的経営の実態が存したこと（事実1，2）である。本件は，いわゆるグループ企業間の採用及び人事運用の一つの典型例ということができるが，法人格は別個であり，解雇権はそれぞれに専属して行使されるのであろうから，一般的に「採用時の包括的合意」のみで出向命令権を根拠づけることは法的には困難であると解される。

(2) 復帰を予定しない長期出向

今日，事業部門の一部を業務委託方式に変更する場合や，定年を数年後に控えた高齢者の雇用継続制度（第14講697頁参照）の一環として，関連会社への出向がしばしば行われるようになっている。この種の出向は，定年まで復帰予定のない長期出向が一般的である。したがってその出向は実質的に「転籍」に当たり，厳格に労働者との個別的合意を得る以外の方法によることはできないという考えが生じるのも無理のないことである。

しかし，判例は，労働協約の定めなど労働者の個別的合意に代わり得る明確

な根拠が存在する場合は，これを容認する立場をとっている（**case 12-8**・新日本製鐵〔日鐵運輸第2〕事件最高裁判決，JR東海〔出向命令〕事件・大阪地決平成6・8・10労判658号56頁）。その趣旨は，一般に就業規則の出向条項は，復帰を前提にしたものと解するのが自然であり，復帰を前提にしない場合には特別の出向規程または特別の労働協約の定めが必要であるところ，当該事案においては，①出向労働者の労働条件が明確に規定され，②出向元と出向先の労働条件に格差を生ずるときは必要な調整を行うなど，当該出向規程の内容に合理性が認められ，③出向先において労働条件が不利益に変更される場合は，出向元が誠実に対応措置を講ずることが約されるなど，出向元との労働契約関係の存続が形骸化していないといった点にある。

case 12-8　出向元への復帰を予定しない出向命令（有効）

新日本製鐵（日鐵運輸第2）事件・最2小判平成15・4・18労判847号15頁

【事実】　昭和60年以降の円高不況に対応する合理化計画の一環として，昭和63年Y会社は構内鉄道輸送部門の業務を一括してA会社に委託する方針を決定し，①高齢者を避け，②30歳代以下は職種転換を図るという人選方針を立て，211名中の141名の出向について，Xらの所属する労働組合の了解を得た。

137名の者がY会社の平成1年4月15日付出向発令に応じてA会社に出向したが，Xら2名は異議をとどめて出向した。Y会社就業規則は，「会社は従業員に対し，業務上の必要によって社外勤務させることがある。」と定め（労働協約にも同旨の規定がある），これと別個にXらの所属する労働組合を傘下に置く連合会とY会社間に「社外勤務協定」（労働協約）が結ばれ，「社外勤務」の定義（出向および派遣），出向期間，出向中の社員の地位，昇格・昇級等の査定，賃金，退職金，各種の出向手当その他の処遇等に関し詳細な規定設けられている。Xらは本件出向命令の無効確認を請求した。

1審（福岡地小倉支判平成8・3・26労判847号30頁）は，本件出向命令時において命令に応じる義務がXらの労働契約の内容になっており，経営上の必要性があり，勤務場所・職場環境・職務内容に変化はなく，勤務形態もほぼ維持されていて相当の不利益が生じたとはいえず，人選にも合理性が認められるとして請求を棄却した。原審（福岡高判平成11・3・12労

判847号18頁）は，出向命令権は使用者に帰属する当然かつ固有の権限ではないが，Ｘらの所属する労働組合はＹ会社との間に上記労働協約を締結し，その内容は雇用確保のために出向を容認し，労働者の不利益回避の枠組みを定めるものであって，協約自治の範囲内にあり，Ｘらはその規範的拘束力（労組16条）を受ける組合員として合理的出向命令に従う義務があり，個別の同意を欠くことを理由に，これを拒むことはできないとして控訴を棄却した。

【判旨】 上告棄却

1　本件出向命令の法的根拠について　上記事実記載の事情の下においては，「Ｙ会社は，Ｘらに対し，その個別的同意なしに，Ｙ会社の従業員としての地位を維持しながら出向先であるＡ会社においてその指揮監督の下に労務を提供することを命ずる本件各出向命令を発令することができるというべきである。」

2　長期化の予想される出向命令について　「本件各出向命令は，業務委託に伴う要員措置として行われ，当初から出向期間の長期化が予想されたものであるが，上記社外勤務協定は，業務委託に伴う長期化が予想される在籍出向があり得ることを前提として締結されているものであるし，在籍出向といわゆる転籍との本質的な相違は，出向元との労働契約関係が存続しているか否かという点にあるのであるから，出向元との労働契約関係の存続自体が形がい化しているとはいえない本件の場合に，出向期間の長期化をもって直ちに転籍と同視することはできず，これを前提として個別的同意を要する旨をいう論旨は，採用することができない。」

3　本件各出向命令が権利の濫用に当たるかどうかについて　「Ｙ会社が構内輸送業務のうち鉄道輸送部門の一定の業務をＡ会社に委託することとした経営判断が合理性を欠くものとはいえず，これに伴い，委託される業務に従事していたＹ会社の従業員につき出向措置を講ずる必要があったということができ，出向措置の対象となる者の人選基準には合理性があり，具体的な人選についてもその不当性をうかがわせるような事情はない。また，本件各出向命令によってＸらの労務提供先は変わるものの，その従事する業務内容や勤務場所には何らの変更はなく，上記社外勤務協定による出向中の社員の地位，賃金，退職金，各種の出向手当，昇格・昇給等の査定その他処遇等に関する規定等を勘案すれば，Ｘらがその生活関係，労働条件等において著しい不利益を受けるものとはいえない。そして，本件

各出向命令の発令に至る手続に不相当な点があるともいえない。これらの事情にかんがみれば、本件各出向命令が権利の濫用に当たるということはできない。

　また、……既に委託された業務に従事しているＸらを対象として本件各出向延長措置を講ずることにも合理性があり、これによりＸらが著しい不利益を受けるものとはいえないことなどからすれば、本件各出向延長措置も権利の濫用に当たるとはいえない。」（判旨表題は引用者）

　【コメント】　1　出向命令権（使用者が，Ｘらにその「個別的同意なしに」命令できる権限）の根拠に関して判旨1の指摘する事情とは，①Ｙ会社就業規則に社外勤務に関する規定が置かれ，また②労働協約で「社外勤務協定」が締結されて，「社外勤務」の定義（出向および派遣）その他社外勤務期間中の処遇等に関し「詳細な規定」が設けられているという事情を指している。しかし，本判決はこのことを法的命題として一般化していない。

　2　判旨2については，復帰のあり得ないことを「出向期間の長期化」と同視してよいのかという問題がある。本件判旨は「出向元との労働契約関係の存続自体が形がい化しているとはいえない」点，換言すれば労働者らは，出向がたとえ長期化しても労働組合のバック・アップを受けることができ，労働条件上著しい不利益を被ることはないと判断し，「直ちに転籍と同視することはでき〔ない〕」と解した。しかし，そのような事情があろうとも，本件出向対象者らにはもはや復帰の可能性はなく，復帰の希望も入れられないことは明確であり，「長期化」を超えて，かぎりなく転籍（移籍出向，後述）に近接する性格の出向であることは客観的事実である。したがって，個々の労働者の承諾を得る必要のある出向と位置づけ，場合によって労働者の同意権の濫用判断において一定の考慮をする方法をとるべきではないか（同趣旨の立場から判旨を批判するものとして，青野覚〔判批〕労判856号5頁。唐津＝和田〔唐津博〕もこれに近い主張をされている。小畑・第2集102頁は判旨の論法を支持されている）。

　3　使用者が出向命令権を有している場合でも，その濫用は許されない。判旨3は，どのような場合に出向命令権の濫用と判断されるかについて，いくつかのポイントを指摘しており，本判決の最も注目されるところである。判旨の指摘順序に従って整理すると，①出向措置を講ずる必要性，②人選基準の合理性と人選の妥当性，③労働条件等に著しい不利益を与えないこと，④命令発令に至る手続，⑤出向期間を延長する際も，延長時点で

以上の諸点について濫用判断がなされ得ること，である（後記4参照）。

2　出向労働関係

一　出向労働者は，雇用主（出向元）との労働契約を維持しつつ，出向先の指揮命令を受けて労働に従事するものであるため，1個の労働契約を雇用主（出向元）と出向先とに分けられる立場にある。この関係を一般に「二重の労働契約関係」と呼称するが，出向労働関係は労働契約が2個あるいは重複して存在するのではなく，1個の労働契約が2ヵ所に分属させられて機能するということであり，この点で就業先との間で労働契約関係を持たない労働者派遣（下巻第22講Ⅳ）と区別される（参照，下井132頁，菅野421頁，中山72頁）。

二　出向期間中の労働条件その他待遇の基準は，通常，就業規則等を含む労働契約によって定められる。その基準を出向元と出向先とがどのように分担するかは両会社間の「労働者出向契約」により定められる。この契約によって，労働契約上，出向元に残る権利義務と，出向先に移転する権利義務とが区別される。権利義務の分有関係について，「労働者出向契約」に明確な定めがないときは，就業関係の実態に即し，出向元・出向先のいずれが当該事項に関し実質的管理の権限・責任を有するかにより決定するほかない。概括的に言えば，就労に直接係わる労働条件等（たとえば労働時間，安全衛生規則など）は出向先の基準に準拠し，従業員としての地位に関わる労働条件等（昇格・昇級および人事考課など人事のルール，退職金，一時金，諸手当を含む賃金の決定・計算の基準など）は出向元の基準によることになろう。出向先の就業規則に従うとされることの多い就労に関わる労働条件等（特に，労働時間，休憩，休日，時間外労働，休暇など）や福利厚生に関しては，その基準が出向元のそれより不利な場合は，雇用主（出向元）において一定の補償を定める例も多いが，補償の具体的内容は就業規則等によって定められる。補償を定めるか否か，どの程度の補償を定めるかは，出向命令権の濫用の有無に関し重要な判断要素になる。

なお，労災保険法上の事業主は，原則として労働者を使用する出向先とされており（昭和35・11・12基発932号），雇用保険法の適用に関しては，同法の「雇用関係」が「賃金，給料その他これらに準ずるものの支払いを受けている関係をいう。」とされていることから（その被保険者となる労働者の意義に関する職業安定行政手引〔雇用保険編〕2004年），主たる賃金の支払者が，保険料の支払義務を負う事業主となると解される。

三　出向は，労働力の使用権限を出向先に移転することに法的本質が存し，労働力の処分権限まで移転するものではない。したがって，出向先において出向労働者をさらに別法人に出向ないし派遣させることはできない。

　また，出向先企業等は，自身の服務規律の下に企業秩序を維持することに固有の利益を有するため，これに違反する出向労働者を懲戒処分することができるが，休職，解雇または懲戒解雇をする権限までは有しない。そのようなことを許容する特約は無効と解すべきである（小西ほか〔渡辺〕190頁以下）。

3　復帰命令

　使用者は，出向先の同意を得て，出向関係を解消し労働者に復帰を命令することがある。判例は，労働者が出向元の指揮監督下に労務を提供することは「もともと出向元との当初の雇用契約において合意されていた事柄」であるとの理由により，特段の事由のない限り労働者は復帰命令に従う義務があるとしている（古河電気工業・原子燃料工業事件・最2小判昭和60・4・5民集39巻3号675頁）。

　しかし，この考えには賛成できない。この判決では，「もともと……の雇用契約」の建前を復帰命令権の根拠にしているようであるが，最高裁判所は，後に，出向期間を延長する場合に出向命令時と同様に，権利濫用の成否を延長時の業務上の必要性等を基準に判断する必要があるとしている（**case 12-8**・新日本製鐵〔日鐵運輸第2〕事件）。それと同様に，出向期間を短縮する復帰命令についても，労働者を出向させた目的，出向時における復帰に関する合意，復帰させる業務上の必要性などを考慮し，出向期間を短縮して復帰させることの必要性等に関し，復帰命令時を基準に当該命令の合理性について検討されるべきである。

4　出向命令権の濫用禁止

　労働契約法は，「使用者が労働者に出向を命ずることができる場合において，当該出向命令が，その必要性，対象労働者の選定に係る事情その他の事情に照らして，その権利を濫用したものと認められる場合には，当該命令は，無効とする。」と規定している（14条）。同規定は，出向の意義および使用者の出向命令権の根拠については規定しておらず，出向命令が濫用とされる場合について，僅かに「必要性，対象労働者の選定に係る事情その他の事情」の3点を挙げているに過ぎない。すでに出向命令権の濫用判断に関しては最高裁判例も存在し，

上記規定に定める事項以外に，①労働者の出向中の（出向元における）地位，処遇，②労働条件において著しい不利益を受けないこと，③出向対象者の選定および実際に命令する段階までの手続の相当性といった重要な観点が指摘されており（**case 12-8**・新日本製鐵〔日鐵運輸第2〕事件），その時期の立法としてはなはだ薄味の，不十分な内容の規定にとどまっている。

Ⅳ 転　籍

1 転籍の意義および法的根拠

一　転籍（移籍，転属などともいわれる）は，労働者が転籍先の企業等との間に新規に労働契約を締結することを停止条件として，現雇用主との労働契約を合意解約することをいう。その新規の労働契約が締結されないかぎり，合意解約の効力が生ずることはない（生協イーコープ・下馬生協事件・東京地判平成5・6・11労民集44巻3号515頁）。

二　転籍は，一般的にはこの「合意解約方式」によって行われる。しかし，ときには，会社の業務部門を既存の，または新設の別会社に移管し，併せて使用者の労働契約上の権利を譲渡する「権利譲渡方式」で行われる場合がある。この場合も，実施の時点での労働者の同意が必要である（**case 12-9**・三和機材事件，緒方桂子・百選7版82頁参照）。

学説には，権利譲渡方式による場合は労働者の承諾は事前にもなされうるとの見解もあるが，その場合でも一般的包括的な内容の転籍条項では足りず無効と解されている（菅野418頁）。

三　裁判例には，復帰の可能性があり，労働条件は雇用元の就業規則，労働協約を準用するという一種独特の「転属」について，採用時に「可」とする旨の身上調書を提出し，面接の際に説明を受け異議がないと応答したことにより，事前に合意があったとして転属命令を有効と解した事例がある（日立精機事件・千葉地判昭和56・5・25労判372号49頁）。特殊の事例というべきである。

case 12-9　転籍拒否を理由とする懲戒解雇（無効）

三和機材事件・東京地判平成7・12・25労判689号31頁
　【事実】　Y会社は，和議条件を履行中の会社を再建するため営業部門を分社化してA会社を新設し（平成3年4月），同部門の従業員全員を転籍さ

せた（同年7月）。Xはこれを拒否して懲戒解雇された（同年7月）。Y会社は新会社設立にあたり，あらかじめ「出向規定」を定め，出向に転籍を含めることを明記し，転籍出向に関する規定を定めた。この間労働組合と団交を重ねたが，Y会社は，A会社の労働条件はY会社と同じではないこと，A会社が倒産した際に転籍者を全員引き取る考えのないことを主張し譲らなかった。Xは同労組の書記長である。本件はXの地位確認等請求事件。

【判旨】　請求認容

1　本件転籍命令は，「Y会社にとって，右の別会社化が，主としてY会社の資金調達を容易にすることを目的にしたものであり，また，会社内の責任体制，待遇改善問題を解決する糸口となることも見込まれる等，Y会社および新会社双方の存続の為に有用と判断されたものであるから，そのために行われた右転籍出向命令は，会社再建の為の経営上の措置として必要であったということができる。」

2　「本件転籍命令は，XとY会社との間の労働契約関係を終了させ，A会社との間に労働契約関係を設定するものであるから，いかにY会社の再建のために業務上の必要があるからといって，特段の事情のない限り，Xの意思に反してその効力が生ずる理由はなく，Xの同意があってはじめて本件転籍命令の効力が生ずるものというべきである。したがって，Xを業務命令違反として解雇することはできない。」

3　本件は営業部員全員を整理対象（転籍対象）にするものであるから，これを拒否したXは「整理解雇と同じ結果を受けることに鑑みると，……本件転籍出向命令に同意しないXの解雇を回避するためにY会社のとった措置の有無・内容，本件転籍出向命令によってXの受ける不利益の程度，本件解雇に至るまでの間にY会社が当該営業部員又は組合との間に交わした説明・協議の経緯等を総合的に判断して，本件解雇が整理解雇の法理に照らしてやむを得ないものであると認められることを要するというべきである。」

Y会社は，X以外の全員の同意を得，X一人がY会社の方針に反対している段階に至っているからといって，Xの本件転籍命令の拒否が信義則違反・権利濫用に当たるとする事情があるとはいえず，本件解雇は整理解雇の法理に照らしてやむを得ないものであると認めることもできない。

【コメント】　本判決中，就業規則に出向規定を新設したことに関する判

断部分は省略した。判旨 1 は本件転籍命令の必要性，判旨 2 は転籍命令の有効要件，判旨 3 は本件転籍命令に固有の事情に基づいて，整理解雇の有効性判断の基準に準じた判断の枠組みを構成し，転籍命令および懲戒解雇に至る背景ないし経緯を考慮し，判断している。本判決は，転籍拒否自体は懲戒処分としての解雇理由になり得ないとの法的原則を堅持した裁判例として意義がある（三和機材・仮処分申請事件・東京地決平成 4・1・31 判時 1416 号 130 頁も結論同旨。同事件に関し緒方桂子・百選 7 版 82 頁）。

case 12-10　転籍先が雇入れを拒否した労働者の転籍元での労働契約の存続（肯定）

日立製作所事件・最 1 小判昭和 48・4・12 集民 109 号 53 頁

【事実】　Xは，昭和 36 年Y会社に雇用され横浜工場においてテレビシャーシーの設計業務に従事していたところ，Y会社の系列会社であるA会社に「転属」する旨の通知を受けてこれを承諾し，Y会社を退職する手続をとった。ところが，A会社はXと面接した際の態度が悪いとの理由で採用しないこととし，Y会社もXは既に会社を退職しているとの理由で就労を拒否している。1 審（横浜地判昭和 42・2・16 労民集 18 巻 1 号 67 頁）および原審（東京高判昭和 43・8・9 労民集 19 巻 4 号 940 頁）は，本件転属はY会社によるXとの労働契約上の地位の譲渡であり，Y会社・A会社間のXの転属に関する合意が成立した以上，Xがこれを承諾すればY会社のXとの間の労働契約上の地位は直ちにA会社に移転し，XはY会社の従業員としての地位を失うと同時に，当然A会社の従業員としての地位を取得するものであり，A会社・X間に改めて労働契約を結ぶ余地はない。本件においてはXの転属の承諾はA会社で就労できるものであることが要素になっていたのであるから，当時既にA会社でXの就労を拒否していた場合は，右承諾は要素の錯誤であると判示し，XがY会社の従業員であることの確認請求を認容した。

【判旨】　上告棄却
「本件転属がXとY会社との間の雇用関係を終了させ，新たにA会社との間に雇用関係を生ぜしめるものであることからすれば，労働契約の一身専属的性格にかんがみ，原審が労働者であるXの承諾があってはじめて右

転属の効力が生ずるものとした判断は，相当として是認することができる。本件において，右承諾を要しないとする慣行その他の事情が存在したことは，原審の何等認定しないところである。原判決に所論の違法はない。」

　【コメント】　判旨のいう「労働契約の一身専属的性格」は民法625条1項の規定するところであり，同条は性質上強行規定と解されている。そうすると，判旨の「右承諾を要しないとする慣行その他の事情」は，仮に存在しても法的効力を有しないことになるが，この場合は，同条の規定する「労働者の承諾」に実質的に代わり得る慣行ないし事情との意味であろう。

2　特別事情

case 12-11　会社の実質的一部門の関連会社への「転属」命令（有効）

日立精機事件・東京高判昭和63・4・27労判536号71頁

　【事実】　1　Y会社は，就業規則に「会社は社員に業務の都合により異動を命じることがある。社員は正当な理由のないかぎりこれを拒んではならない。」と規定している。A会社は，Y会社の輸出部門・官公庁部門が独立して設立（昭和35年）された関連会社であり，A会社の労働条件はY会社の就業規則，労働協約が準用され決定されている。またA会社は，Y会社の製作した工作機械その他関連機械器具等の輸出入をし，出資，役員面での関連が深く両社間には人事交流が頻繁に行われ，A会社は独自に従業員を採用することがなく，若干名の女性を除いてすべてY会社からの転属者で占められ，復帰する者も相当数いる（昭和56年までに113名転属し，復帰者45名）。Y会社の従業員でA会社への「転属」者は，Y会社を退職することとされているが，退職手続はとられない。Y会社は労働者に対し「転属通知」をし，「赴任」という社内配転と同じように永年異議なく処理・運用され，組合もこれを了承してきた。Y会社は，入社案内においてA会社を勤務先の一つに記載し，Xの提出した身上調書にはA会社での勤務も可としていた。本件は，転属命令を受けた労働者がこれを拒否しその効力を争った地位保全仮処分申請事件である。

　2　1審（千葉地判昭和56・5・25労判372号49頁）は，以上の事実を挙げ，XはA会社への「転属」があり得ることに対し，予め「包括的同意」

を与えていたとして転属命令を有効と認め，Xの請求を棄却。

【判旨】 控訴棄却

Y会社人事部長は，Xの採用時の面接においてA会社はY会社の実質的一部門であり，技術系出身者も営業や輸出業務を担当しA会社から海外に駐在することもある旨説明し，A会社に転属することがあっても異議を述べないかと尋ね，Xは異論がないと応答した。また，Y会社・労働組合間の労働協約には「会社は転属を行う場合，事前に組合にその氏名を通知しその意見を聞く。これらの場合，会社は本人の事情を十分考慮する。」との定めがある。よって，「本件転属命令が右規定ないし規定の趣旨に違反するものでないことは叙上の認定判断（略）に照らして明らかなところ」であり，信義則違反，権利濫用を認めるに足りる疎明はない。

【コメント】 本件「転属」は，退職扱いとなる点から配転や出向と区別してそのように言われているのであろうが，復帰する者が相当いること（事実1参照），労働条件に関しY会社の就業規則，労働協約が直接適用されること等，Y会社に在籍のままA会社で就労する「出向」の性質をも有していると解される。しかし他面，本件転属には，復帰しない者がいることも事実のようであり，その場合には出向と区別され，「転籍」の性質を有することになる。Xに対する本件「転属命令」がそのどちらかは命令時点では分からない。復帰がないこともあり得るのであれば，やはり退職は単に形式上採られる手続に過ぎないものではなく，合意解約であり，A社と労働契約の締結が必要であり，一方的命令で行うことはできないと解すべきである。このことは，A会社とY会社との緊密な関係，入社の際の個別的同意などの諸事実が存在したとしても変わることはない筈である。いずれにせよ，本件「転属」の性質には明らかでない点もあり，転属命令の法的根拠に「包括的同意」（1審）を挙げることは適切ではない。

第13講　異動人事Ⅱ（休職・懲戒）

Ⅰ　休 職 制 度

1　休職の意義・機能および休職要件
(1)　意義・機能

　一　休職は、使用者の行う異動人事の一種であり、労働者に労働させることが不能または不適当な事由（以下、休職事由）が生じた場合に、従業員の地位を保持した状態で労働義務を免除し、または使用者が積極的処分として就労を禁止する措置をいう。休職のほとんどは、労働者の側に生じる一定の事由に基づいて行われる。しかし、使用者の側に生じる休職制度も存在している*。休職期間は、労働協約、就業規則または労働契約により、休職事由に応じて定められる。休職は、出勤停止のように企業秩序違反に対する制裁（懲戒処分）として行われるものではない。あくまでも、労働者を労働に従事させることが不能または不適当な事由に応じて、解雇の猶予、懲戒処分の猶予その他の特別の事由に対する身分上の措置（処遇）として行われるものである。

　　　＊　**いわゆる出向休職制など**　休職事由の一つに出向をあげる例が多い。しかし労働者は、業務上の必要に基づいて出向を命令され、当該命令に服して、出向先の指揮命令を受けて労務を提供しているのであるから、労務の提供を免除されているわけではまったくない。したがって、出向期間を休職期間扱いにすることは、強いていえば雇用主（出向元）の定めている就業規則のある部分の適用を停止されている地位にあることの確認以上の特別の法的意味はない。その他、使用者の側の事情に基づく休職として、経営事情（不況など）により一定の期間休業手当（労基26条、第7講333頁参照）を支払いつつ、自宅待機させる場合などの「待命休職」制も存在する。

　二　労働者に生じる休職事由には、まず、①私傷病休職および②事故（私事）休職があり、労務の提供ができない労働者に、一定の期間だけ労働義務を免除し、休職事由の消滅を待つものである。その意味で①および②の休職制度は、雇用保障機能（解雇猶予機能）を有する。つぎに、刑事事件で起訴された労働者に対して行う③刑事起訴休職がある。起訴は、必ずしも労務の提供を不

能または不適当とするものではないため，その主たる目的は，後述（2(1)）のとおり企業の対外的な信用・体面の保持または対内的な秩序維持にあり，懲戒処分猶予機能を有する（参照，大内672頁以下）。そして，いずれの場合の休職についても，労働者は賃金の全部または一部を支払われず，他方従業員の地位を保持する関係上原則的に兼職を制限または禁止される。このため休職は，一面労働者に利益であるが，他面所得の機会を失い大きな不利益になる。最後に，④組合専従休職は，労働協約に基づいて行われる一種特別の休職事由である。

　三　労基法は，労働契約締結の際に明示すべき労働条件の一つとして「休職に関する事項」を挙げている（労基15条1項，労基則5条1項11号，第3講141頁参照）。しかし，この他には特別の法的規整は存在しない。就業規則の必要記載事項（労基89条）にも明示的に掲げられていない。したがって，休職制度を設ける場合は，就業規則にその事由（種類）・期間・賃金の支払いの有無・勤務年数の計算上の取扱い・復職の条件および手続などに関し所要の定めを置く必要がある（休職に関する定めは，労基法89条10号該当の相対的必要記載事項となる）*。

　＊　公務員の休職制度　　国家公務員法は，職員に，①心身の故障のため，長期の休養を要する場合（私傷病休職），または②刑事事件に関し起訴された場合（刑事起訴休職）に，分限処分として，本人の意に反し職員を休職させることができると定めている（国公79条。参照，地公28条2項）。私傷病休職期間は人事院規則で定められ，休職事故が終了したときは速やかに復職を命ずべきものとしている。また，刑事起訴休職期間は，その事件が継続する期間であり，この間職員としての身分を保有し，別段の定めがある場合を除き，なんらの給与も受けてはならない（国公80条。詳細は，人事院規則11－4第5条）。

　なお，「一般職の職員の勤務時間，休暇等に関する法律」（通称，公務員勤務時間法）は，休暇の一種に病気休暇を挙げている（16条・18条）。職員が病気休暇をとる場合は承認が必要であり，病気休暇の手続その他必要な事項は，上記人事院規則に定められている（同21条・22条）。また，「一般職の職員の給与に関する法律」（通称，公務員給与法）は，一般私傷病（公務災害による場合，結核により休職する場合以外の私傷病休職）に関し，休職期間が満1年に達するまでは給与の100分の80を支給することができると定めている（同23条）。

(2)　**休職要件**

　一　①私傷病休職の規定例には「業務外の傷病により，欠勤3ヵ月（欠勤中の休日を含む）に達したとき，ただし，復職の見込みのない場合を除く。」といった定めがある（欠勤期間要件は多様であり，また私傷病休職期間の定めは一般に勤続年数により長短の差が設けられている）。また，②事故（私事）休職の規定

例には「(i)私事により，本人からの申請に基づき会社が許可したとき，(ii)公職に就任し，会社の業務に専念できないとき，(iii)社内留学制度により留学するとき」といった定めがある。(i)〜(iii)ごとに休職期間には上限が定められる場合と，会社が必要と認める期間といった方法でケースバイケースの期間が定められる場合とがある（中山77頁参照）。

二　このように，休職には，使用者が就業規則等の定めに従い措置として発令する場合と，労働者が申し出て使用者がこれに応諾し休職を発令する場合とがある。いずれの場合にも，使用者が休職を発令すること（それによって賃金が支払われなくなること），または発令しないこと（それによって労働者が無断欠勤の責を負うこと）ついて法律紛争が生ずる。

なお，私傷病休職および事故（私事）休職をしている労働者の休職事由が，休職期間満了時に消滅しない場合は，希に一定の期間休職を延長する例も存在するが，通常は解雇される。その場合使用者は，30日前に解雇予告をする義務がある（労基20条）。したがって，就業規則等で定める上記事由に基づく休職期間が30日より短い場合は，解雇予告期間内に解雇の効力が生じてしまうことになる。このようなことがないように，私傷病休職，事故（私事）休職については，使用者は30日より長期の休職期間を定めておかなければならない（菅野424頁）。

以下では，刑事起訴休職と私傷病休職を取り上げる。

2　刑事起訴休職・私傷病休職

(1)　刑事起訴休職

一　刑事起訴休職は，刑事上の処分（逮捕，勾留，起訴など）を受けた労働者の就労を裁判係属中禁止する措置であり，労働者が労働に従事することが可能な場合も，企業秩序の維持や社会的信用・名誉を守る観点から労働させることが不適当との判断に基づいて行われる。したがって，刑事事件に関し起訴されたものの労働が可能な労働者に休職を発令した場合は不利益性の強い処分となり，法的効力が争われる場合も少なくない。加えて，休職処分による就労禁止措置は，当該期間中および期間経過後の一時金（賞与），昇格・昇給，退職金の勤続年数計算，年次有給休暇日数の計算など重要な労働条件に不利益にはね返ることが多いため，使用者はこれら就労禁止に伴い生ずる不利益取扱いの具体的内容に関し，休職事由，休職期間とともに就業規則に規定しておくべきものである。

二　実務家のなかには，労働者が起訴されても，必ずしも労務の給付が不可能になるわけではなく，有罪判決が確定するまでは無罪の推定を受けるので，起訴休職制度を定めたからといって起訴された労働者を自動的に休職処分することはできないとして，休職処分にするにはつぎのいずれかの要件を充たす必要があるとの主張がある。すなわち，「①起訴された従業員が就労することにより，会社の対外的信用失墜のおそれがある場合，または②職場秩序の維持に障害が生ずるおそれがある場合，③当該従業員の労務の継続的な給付や企業活動の円滑な遂行に障害が生ずるおそれがある場合」である（中山84頁，付番は引用者）。そして，一旦休職に付しても，これらの要件を欠くに至った場合は復職させる必要があり，それにもかかわらず起訴休職を続けた場合は使用者の責に帰すべき事由による履行不能として，労働者は反対給付を受ける権利を有する（民536条2項）。ただし，有罪判決が確定したときは，その時点で懲戒処分を行うことが可能であるとする。懲戒処分は罪とされた事実および量刑と均衡のとれたものでなければならないが，基本的には説得力のある見解というべきであろう。

そこでこの見解の主張者は，使用者は一般的に起訴休職制度を設けることは妥当ではなく，起訴された従業員について休職処分に付すことが必要な場合は「その他，会社が必要と認めた休職」とすべきであると主張されている（中山84頁）。

三　近年の裁判例には，上記主張のように，就業規則に起訴休職の制度の規定を置いていない場合に関する事案が目立っている。その1は，自己の宗教的信条に基づき在日ペルー人の生活を救援する人道的見地から約1年にわたり不法就労のあっせんをしたことが罪（入管73条の2第1項3号）に問われ，逮捕，起訴され，罰金30万円に処せられた社会科教員（カトリックの洗礼を受けた信者）に対し，学校法人（本件に関連して家宅捜査を受けた）が，保釈後，就業規則の「休職させることを適当とみとめるとき」との規定に基づき，当初月例給与2割，その後6割支給の起訴休職処分に付した事案である。1審（明治学園事件・福岡地判平成12・12・25労判848号78頁）はその動機，目的を重視して無効とし，控訴審（福岡高判平成14・12・13労判848号68頁）は有効と判断している。その2は，従業員1万人余の物流，建設等の事業を行う会社の従業員が，電車内での痴漢行為の嫌疑で逮捕，起訴され，保釈後「特別の事由があって休職させることが適当と認められたとき」との就業規則の定めに基づきなされた無給の起訴休職処分を無効と解した事案である（山九事件・東京地判平成15・

5・23労判854号30頁)。

いずれも,起訴休職に伴う労働者の不利益性との関係で,上記①(対外的信用保持の必要性),②(企業秩序維持),③(円滑な労務提供の能否)の各要素を,業種,労働者の地位,従事している業務内容等に即して総合判断しているものとみてよい。

case 13-1　傷害嫌疑で罰金の略式命令後釈放された操縦士の刑事起訴休職処分(無効)

全日本空輸事件・東京地判平成11・2・15労判760号46頁

【事実】　Xは,Y会社に勤務する機長資格操縦士である。Xは男女関係にあるA(元客室乗務員)に対し加療10日間の傷害を負わせた容疑で,平成8年4月逮捕・起訴され,同月罰金10万円の略式命令を受けて釈放された。X逮捕後,Y会社広報室に民放テレビおよび全国紙2社の各記者が訪れ,同年10月には週刊誌がXとA女との関係を記事にして掲載した。Xは5月7日,同事件につき正式裁判を請求し,刑事事件として東京地裁に係属した。Y会社は,X逮捕後乗務停止措置をとり,翌5月就業規則の規定(判旨1)に基づいてXを無給休職にした。平成9年11月,Xは無罪判決を受け同判決は確定した。無罪判決確定後Xは復職し,機長として勤務している。本件は,会社の無給休職処分無効確認および休職処分期間中の賃金を請求した事案。

【判旨】　請求認容(賃金請求は一部)

1　Y会社の就業規則は,業務以外の事由で刑事上訴追を受けたときは休職させることがあり,賃金はその都度決定する旨定めている。しかし,「従業員が起訴された事実のみで,形式的に起訴休職の規定の適用が認められるものではなく,職務の性質,公訴事実の内容,身柄拘束の有無など諸般の事情に照らし,起訴された従業員が引き続き就労することにより,①Yの対外的信用が失墜し,又は②職場秩序の維持に障害が生ずるおそれがあるか,あるいは③当該従業員の労務の継続的な給付や企業活動の円滑な遂行に障害が生ずるおそれがある場合でなければならず,また,④休職によって被る従業員の不利益の程度が,起訴の対象となった事実が確定的に認められた場合に行われる可能性のある懲戒処分の内容と比較して明らかに均衡を欠く場合ではないことを要するというべきである。」(①〜④の

付番は引用者)。

　2　Xは身柄拘束を受けておらず、公判期日出頭も有給休暇の取得により可能であり、Xが労務を継続的に給付するに当たっての障害はない。

　また、本件休職処分は略式命令から1ヵ月後になされており、その時点で刑事訴追によりXにストレスや感情昂進といった心理的影響が生じ運行の安全に支障を来す可能性を認めるに足りる証拠は存在しない。

　3　Xの逮捕後取材のためにY広報室を訪れたテレビ記者が「傷害で逮捕されたパイロットを乗務させるということになれば安全上のことも含めて会社の常識を疑わざるを得ない」等と述べたことが認められる。しかし、本件刑事事件の内容は略式命令で終了する事案であり、事案が業務と関わりのない男女関係のもつれによるものであること、報道機関も公益に係わる事件ではないと判断し報道していないこと、機長として他の客室乗務員との信頼関係の維持が不可能になると認めることはできないこと、本件刑事事件で有罪となった場合でも解雇は濫用とされる可能性が高く、他の賃金の支給される懲戒処分と比較して無給の休職処分は著しく均衡を欠く。「これらの事実を総合すれば、本件休職処分は、Xが引き続き就労することにより、Y会社の対外的信用の失墜、職場秩序維持に対する障害及び労務の継続的な給付についての障害を生ずるおそれがあると認められないにもかかわらずされたものとして無効である。」

　【コメント】　判旨は、刑事起訴休職の有効性に関し、企業の対外的信用の失墜（上記判旨1中の①）、職場秩序の維持上の障害（同②）、労務の給付ないし企業活動の円滑な遂行（同③）、休職処分による不利益と起訴事由に基づき行われる可能性のある懲戒処分内容との均衡（同④）といった諸点について綿密で手堅い判断をしており、これまでの学説、裁判例を踏まえたものとして支持できる（参照、山下昇〔判批〕ジュリ1179号212頁）。

(3) 私傷病休職

　一　私傷病休職は、①使用者が労働者に一方的に休職を命令し（処分としての休職）、または②労働者が医師の診断書を添えるなど就業規則所定の様式を整えて願い出、使用者が許可して行われる（合意休職）。私傷病休職は、傷病の状況および治癒後の労働能力の回復の程度に関し医師の専門的知見を要することが多く、就労の能否に関する診断書の衝突（労働者のかかりつけの医師の診断書と会社が受診を指示した医療機関の医師の診断書との所見の違いなど）や記載

内容の理解をめぐってしばしば食い違いが生ずる。

　二　判例は、工事現場監督業務に従事する労働者が健康上の理由から負担の軽い事務作業は可能である旨を申し出たところ（診断書添付）、使用者が無給の「自宅治療命令」をした事案について、「労働者が職種や業務内容を特定せずに労働契約を締結した場合」は、当該労働者の配置が現実的に可能と認められる他の業務に従事することができ、かつそれを申し出ているならば、なお債務の本旨に従った履行の提供があると解するのが相当として賃金請求を認容した（**case 5-2**・片山組事件最高裁判決）。

　学説には、使用者の疾病労働者に対する配慮義務を根拠に、使用者が他に就労可能な業務を故なく命じないために労働者が労働不能になった場合は、賃金支払義務を免れない（民536条2項）と主張するものがある（水島郁子・山本編47頁）。上記の最高裁判決は、労働契約上労働義務が現在の業務に限定されない労働者について、配置可能な他の業務が存在し、それに従事することを申し出ている場合は、なお債務の本旨に従った労務の履行を提供したことになるとの立場であるから、上記主張とは理論構成の筋道が異なる。私見は、労働契約に基づいて労働者の負う労働債務の範囲の検討をしないまま、使用者の「配慮義務」を論ずる手法には賛成できない。その種の配慮義務は、職種等を特定（限定）して労働契約を締結した労働者についてはじめて問題になり得るものと解する。

　三　私傷病休職制度に関する紛争の多くは、労働者の復職の申出に対し、使用者が「治癒」自体を争い、または健康回復の程度を問題視して休職を継続させ、ときに休職期間満了を理由に解雇（もしくは自動退職扱い）することをめぐって起きている。

　比較的旧い裁判例には、使用者は労働者が休職前の職務を休職前と同程度に行えないときは復職を拒否できるとするもの（平仙レース事件・浦和地判昭和40・12・16労民集16巻6号1113頁、アロマカラー事件・東京地判昭和54・3・27労経速1010号25頁）があり、他方作業体制からみて徐々に通常勤務に戻すことが可能なときは、使用者はその配慮ないし工夫をすべきであるとするもの（エールフランス事件・東京地判昭和59・1・27労判423号23頁）があり判断が分れていた。

　四　近年では、先の最高裁判決と同趣旨の立場に立って、信義則を根拠に、労働者が復職後直ちに従前の業務に復帰できない場合でも、使用者に対し、配置可能な職務を分担させる工夫（JR東海事件・大阪地判平成11・10・4労判771

号25頁）や，実情に応じ短期の復帰準備期間を提供すること，あるいは教育的措置の実施を求めるものが見られる（全日本空輸事件・大阪地判平成11・10・18労判772号9頁，case 13 - 2・カントラ事件）。妥当な判断だと思う（小西ほか〔渡辺〕194頁。case 13 - 2・カントラ事件のコメント参照）。

　五　一般に，休職期間中に休職事由が消滅すれば休職措置のない労働契約関係が復元する（いわゆる復職の効果が発生する）が，この点，私傷病休職の場合は，治癒の程度や労働能力の回復度に関し，しばしば労使の判断が対立する。

case 13 - 2　慢性腎不全等によりデスクワーク可能と診断され復職の申出を拒否された貨物自動車運転手の賃金請求（認容）

カントラ事件・大阪地判平成 13・11・9 労判 824 号 70 頁

【事実】　Y会社の貨物自動車運転手であるXは，平成8年9月26日から私傷病休職中であった。平成10年6月1日，疲労の残らない仕事なら可能との医師の診断書を提出し，同月16日から運転業務への復職を申し出た（健保組合の傷病手当金の支給が10年3月25日に打ち切られていた）。Y会社の産業医は，Xをデスクワークなら可能，運転業務は慢性腎不全，慢性肝障害により不可能と診断したため，Y会社はXの復職を認めなかった。XとY会社とは，平成12年2月1日，Xを復職させ，Xの復職申出日から復職日までの賃金に関しては公正な審理に委ねることで和解が成立した。本件は，上記休職期間中の賃金（約994万円）請求事件である。Xは，復職後1ヵ月間庫内業務等を行い，その後自動販売機のベンダーへの配送業務に従事した。

【判旨】　一部認容（約461万円）

1　「Xは運転者として職種を限定されてY会社に雇用された者である。労働者がその職種を限定されて雇用された場合，その労働者がその業務を遂行することができなくなり，他に配置可能な部署ないし担当できる業務が存在しないときは，労働者が労働契約に基づく債務の本旨に従った履行の提供，すなわち，限定された職種の職務に応じた労務の提供をすることはできない。Yにおける運転者としての業務は，……相当の肉体的疲労を伴うことが予想される業務内容である。したがって，少なくとも，ある程度の肉体的労働に耐え得る体力ないし業務遂行能力が必要であるから，これを欠いた状態では運転者としての業務をさせることができないといわざ

るを得ない。」

2 「しかし，労働者が休職直後において従前の業務に復帰することができないとしても，労働者の基本的な労働能力に低下がなく，短期間に従前の業務に復帰可能な状態になり得る場合には，直ちに労働者が債務の本旨にしたがった履行の提供ができないということはできない。使用者は復職後の労働者に賃金を支払う以上，これに対応する労働の提供を要求できることは当然であるが，直ちに従前の業務に従事できない場合でも，比較的短期に従前の業務に復帰することが可能である場合には，休職に至る事情，使用者の業務内容，労働者の配置等に実情から，短期間の復帰準備期間を提供したり，教育的措置とることなどが信義則上求められるというべきで，このような信義則上の手段をとらずに限定業務に就けないことをもって直ちに復職の申し出を拒むことはできない。」

3 結論　Xが運転業務に就業できないことを理由に復職を拒否したY会社の措置は正当とはいえず，同人は軽作業に従事し得たものとして平成10年6月16日以降の賃金請求権を有する（運転手当，残業手当，賞与は除外）。

【コメント】　1　本件判旨2は，職務や業務内容を特定せずに労働契約を締結した労働者が，健康を理由に現場監督業務から内勤業務への一時的転換を求めて拒否された事案に関する最高裁判決（参照，**case 5-2**・片山組事件，その差戻し審である東京高判平成11・4・27労判759号15頁〔第5講219頁〕）の趣旨を，職種を限定して雇用された労働者の私傷病休職にも適用したものとして注目に値する。

2　片山組事件最高裁判決の後，同趣旨の裁判例が続いている。職種や業務内容を限定せずに雇用契約を締結している労働者が，私傷病休職満了時に復職の申出をした場合，使用者は配置可能な業務の有無を検討すべきであり，その判断をするに際しては，「能力に応じた職務を分担させる工夫」をすべきであると判断したものがある（全日本空輸事件・大阪地判平成13・3・14労判809号61頁）。また，脳出血を発症し，就業規則の私傷病休職期間（3年）いっぱい休職し，診断書を添えて軽作業への復職を申し出た労働者を，会社が復職不可能と判断し，休職期間満了時に就業規則の「復職できない場合は……退職する。」との規定に基づいて退職扱いにした事案に関し，使用者には「配置可能な業務を指示すべき」義務があると判示する裁判例もある（JR東海事件・大阪地判平成11・10・4労判771号25

頁)。同裁判例は「労働者が私傷病により休職になった以後に復職の意思表示をした場合，使用者は……労働者が職種や業務内容を限定せずに雇用契約を締結している場合においては，休職前の業務について労務の提供が十分にはできないとしても，その能力，経験，地位，使用者の規模や業種，その社員の配置や異動の実情，難易等を考慮して，配置替え等により現実に配置可能な業務の有無を検討し，これがある場合には，当該労働者に右配置可能な業務を指示すべきである。そして，当該労働者が復職後の職務を限定せずに復職の意思を示している場合には，使用者から指示される右配置可能な業務について労務の提供を申し出ているものというべきである。」と判示している。本件判旨は，当該労働者には「現実に可能な勤務場所」が存在したと認め，退職扱いを違法無効と判断した（本件につき山下昇〔判批〕ジュリ1179号211頁参照）。

 3 労働者が復職後，休職前の業務への復帰が長期的に見込まれないときはどのように解すべきであろうか。上記2のJR東海事件の事案は，脳出血による3年の私傷病休職期間を満了した労働者の場合であり，長期的ないし永続的な工夫義務であるともいうことができ，事例判断として重要な意義を有する。

II 企業秩序・服務規律

1 服務規律と使用者の権限

(1) 服務規律と制裁

 一 使用者は，一般に就業規則に「服務規律」を定め，違反した労働者を「制裁」する定めを置いている。服務規律および制裁の定めは就業規則の相対的必要記載事項であり（前者は労基89条10号，後者は同条9号），制裁に関する定めは労働契約の締結に際して労働者に明示しなければならない（労基15条1項，労基則5条1項10号）。制裁のうち，減給処分については，いわゆる「工場罰金制度」として過去に猛威を振るった歴史的教訓から，労基法は減給額の上限を規制している（同91条）。

 二 たいていの就業規則にはつぎのような内容の「服務規律」が定められている。「従業員は，会社の規則および業務上の指示，命令を遵守し，職場の秩序・規律の維持，向上に努め，互いに人格を尊重し，誠実に自己の職務に専念

しなければならない。」(中山 117 頁・139 頁より)

このように服務規律は，まず①就業規則その他の「会社の規則」を守ること (就業規則に規定される主要事項は労働時間，賃金，退職など各種の労働条件であり，労働条件は労働契約の内容として対価性と同時に規律性を有することは疑いない)，②労務の提供に関し使用者の発する「業務上の指示，命令」を守ること，③「職場の秩序・規律」を守ること，④風紀や良好な人間関係を維持することなどから構成されており，これらにほぼ例外なく⑤企業の名誉信用を侵害してはならないことが加えられている (中山 116 頁は，服務規律を「就業，施設管理および企業秩序に関する行動規準〔共通のルール〕である」としている)。

服務規律のこのような基本規定を受けて，就業規則にはその具体的事項，懲戒処分の対象になる事項および懲戒手続等が定められている＊。

＊　**国家公務員等の懲戒処分規定ほか**　〔服務の根本基準等〕　国公法および地公法は職員に対する不利益処分である懲戒処分に関し詳細な規定を置いている。すなわち，職員の服務の根本基準 (国公 96 条，地公 30 条)，服務の宣誓 (国公 97 条，地公 31 条)，法令及び上司の職務上の命令に従う義務 (国公 98 条 1 項，地公 32 条)，信用失墜行為の禁止 (国公 99 条，地公 33 条)，秘密を守る義務 (国公 100 条，地公 34 条)，職務に専念する義務 (国公 101 条，地公 35 条)，政治的行為の制限 (国公 102 条，地公 36 条)，争議行為の禁止 (国公 98 条 2 項・3 項，地公 37 条)，私企業等からの隔離ないし従事制限 (国公 103 条・104 条，地公 38 条) が定められている。

〔服務の根本基準等に違反した場合〕　職員が，①国家公務員法若しくは国家公務員倫理法またはこれら法律に基づく命令に違反した場合，②職務上の義務に違反 (または懈怠) し，または③全体の奉仕者にふさわしくない非行のあった場合，任命権者は懲戒処分として「免職，停職，減給又は戒告の処分」をすることができる (国公 82〜85 条)。任命権者が，職員に対し，懲戒その他意に反する処分を行う場合は，処分事由を記載した説明書を交付しなければならない。処分を受けた職員は行政不服審査法に基づき審査庁に不服申立て (審査請求または異議申立て) をすることができる (国公 89〜92 条の 2)。地方公務員法にも同様の定めがある (地公 29 条・57 条・49〜51 条の 2)。

〔教育公務員等の場合〕　国立・公立の学校の教員等については，教育公務員特例法に上に述べた国公法，地公法の服務の根本基準，服務に関する義務および禁止行為規定とほぼ同内容の規定が置かれている。懲戒処分の手続については，一般公務員と異なる特別の定めがある (教特 9 条・11 条)。

〔その他の懲戒規定〕　公務員に関する懲戒処分規定の概要は以上のようであるが，このほか，学校長 (教員) が文部大臣の定めるところにより行う児童・生徒・学生に対する懲戒 (学教 11 条) や親権を行う者の子に対する懲戒規定 (民 822 条)

Ⅱ　企業秩序・服務規律

の例がある。

　以上のように，任命権者や一定の法的地位にある者に懲戒処分権限が認められている趣旨は，おおまかには法律関係が公共の利益の実現を目的とすること，または当事者の一方が特別の法的責務（教育，監護など）を負っていることにある。他方，懲戒処分は相手方に重大な不利益を与える。このため，処分の事由および種類を法律で定め，あらかじめ法律等で定めた手続の下でのみ行うことが認められている点が重要である（親権者の子に対する懲戒権は別個に検討されるべきである）。

(2)　企業秩序に関する判例法理

　一　判例は，就業規則の実例にみられるような服務規律概念とは別個に，独自に企業秩序概念を定立している。すなわち，企業がその存立を維持し，事業を円滑に運営するように，人および物（施設・設備）を合理的・合目的的に配備組織する，そうした状態を「企業秩序」という，としている（以下，小西ほか〔渡辺〕202頁）。そして企業秩序は，①適正良好な職場環境，②規律ある業務運営態勢を確立すること，および③企業の社会的信用を保持することを目的に定立される（①，②は下巻 **case 18-2**・国鉄札幌運転区事件が，③は国鉄中国支社事件・最1小判昭和49・2・28民集28巻1号66頁が指摘している）。しかし，上記の①～③は，施設の管理，業務の管理，職場環境の管理，対外信用の維持など労働関係の多様な側面に関わるものであり，詳細に吟味するときはそれぞれ使用者の権限も様々な性質を有しているのであって，日本の多くの企業の実務の場で通常妥当している服務規律の概念（上記(1)二）と比べてみても，①～③を「企業秩序」の概念で一括りにすることに，どのような格別の意味があるのか，はなはだ疑問である（参照，東大・注釈労基法〔上〕〔土田道夫〕248頁）。

　二　判例は，使用者は，上に述べた企業秩序を維持確保するための権限を有すると述べている。具体的には，第1に企業秩序を定立する一般的な「規則制定権」，第2にその維持のために，規則に基づいて労働者に指示，命令する権限（一般的指示命令権），第3に違反行為を中止，排除せしめ，原状回復を指示，命令する権限（違反行為排除権ないし原状回復権），第4に規則に違反した労働者を規則に基づいて制裁する権限（懲戒処分権限）を有する（以上，下巻 **case 18-2**・国鉄札幌運転区事件最高裁判決）。さらに使用者は，第5に懲戒処分を適正に行うため違反行為を調査する権限（企業秩序違反行為調査権）を有する（**case 13-11**・富士重工業事件）。いずれも1970年代後半期のことである。

　判例が「企業秩序」をベースにして構成した使用者の上記の諸権限は，学説により「企業秩序定立維持権」と呼ばれている（菅野379頁以下）。

三　以上の理を労働者の側から見たとき，労働者の企業秩序遵守義務はどのように根拠づけられるのであろうか。最高裁判所は，1970年代後半期の段階では「労働者は，労働契約を締結して企業に雇用されることによって，企業に対し，労務提供義務を負うとともに，これに附随して，企業秩序遵守義務その他の義務を負う」と判示していた（前記 case 13-11・富士重工業事件）。しかし，その後の1980年代前半期になると，昭和58年の一判決において，「これに付随して」の文言を抜き取り，「労働者は，労働契約を締結して雇用されることによって，使用者に対して労務提供義務を負うとともに，企業秩序を遵守すべき義務を負い，使用者は広く企業秩序を維持し，もって企業の円滑な運営を図るために，その雇用する労働者の企業秩序違反行為を理由として，当該労働者に対し，一種の制裁罰である懲戒を課することができる」とするにいたった（case 13-7・関西電力事件）。学説は，以上の判例法理をひとまとめにして，使用者の懲戒権を労働契約の本質に内在する使用者の固有権と認めるものと理解してきた（固有権説）＊。

　　＊　労働者の「忠実義務」と企業秩序遵守義務　　関西電力事件判旨に関し，学説には，労働者は労働契約上使用者の利益を不当に侵害してはならない「一般的忠実義務」を負い，その一内容として企業秩序を守る「具体的忠実義務」を負っていると述べ，労働者の企業秩序遵守義務を「具体的忠実義務」なる義務の一つに位置づけるものがある（小西國友・百選7版150頁）。その労働者の一般的忠実義務の概念は，使用者の一般的な規則制定権の概念につながり，労働者の具体的忠実義務の概念は使用者の違反行為排除権，制裁権，調査権など対応するという論理構造をなしている。

　四　判例法理の再考　　しかしながら，判例法理を固有権説と位置づけることは，その真意（ないしその客観的に意味するところ）と必ずしも整合しないように思える。最高裁判所は，先の判例（case 13-7・関西電力事件）において，労働者は，「労働契約を締結して雇用されることによって，労務提供義務を負うとともに，企業秩序を遵守すべき義務を負〔う〕」と述べて，労務提供義務と企業秩序遵守義務とはパラレルに，「労働契約を締結して雇用されること」を共通の法的淵源にする義務であるとしている。そして，労務提供義務の法的根拠や具体的内容が労働契約，就業規則の定めに根拠づけられるのと同様に，労働者の企業秩序遵守義務も，労働契約，就業規則に服務規律や懲戒処分規定が定められてはじめて具体的内容（懲戒処分の事由，種類，手続等）が与えられ，法的義務にふさわしい義務になる，とする。このように判例法理は，労働者の労務提供義務も企業秩序遵守義務も，ともに労働契約に法的根拠を置き，労働

契約をとおしてその義務の具体的範囲や程度が決まるとしているのである。結局，判例は，使用者の懲戒権について労働契約説に立って法理論を再構成したものと考えられる（小西ほか〔渡辺〕202頁）。以上述べたことは，懲戒権行使の法的要件の問題につながり，実務の観点からも重要である（上記の東大・注釈労基法〔上〕〔土田道夫〕250頁は，依然，判例の理論的立場は固有権説に近いとの見解を維持している）。

2 懲戒権の意義・法的根拠
(1) 意 義
一 使用者は，企業秩序定立維持権の一内容として懲戒権（正確には，懲戒処分権限）を有する。判例法理がこのようなものであることは前言した。懲戒処分は，直接的には労働者を制裁する不利益処分であるが，併せて周辺の労働者一般に対し警告的機能（他戒機能）を有している。

二 そこでまず，就業規則に懲戒処分を定めることの合理性が問題になる。この点に関しては，一般につぎのように考えられている。

企業秩序（服務規律）を乱した労働者は，使用者に対し債務不履行（民415条）または不法行為（民709条）の責任を負うが，使用者が企業秩序を回復し，当該労働者および関係労働者による同種の行為の再発を防ぐ現実的必要性との関係でみると，性質上金銭評価になじまない企業秩序違反行為も多く，損害賠償という金銭解決による方法が常に適切なものか疑問である（学説には，損害賠償の方法は労働者の労務遂行に萎縮的効果を与え実際的でないと述べるものがある。参照，中窪＝野田＝和田324頁）*。また，もう一つの解決方法として考えられる解約（解雇）は，違反行為の性質・程度にもよるが，他の方法による秩序の回復が適切である場合も多くあり，労働者にも苛酷な打撃となる。このように市民法により認められる通常の法的責任追及の手段は，労働関係における規律の回復，維持には適合的でなく，使用者が労働関係に固有の方法を採ることを認めざるを得ない。就業規則に懲戒処分規定を設けることの実質的合理性は，このように理解することが可能である（下井392頁，小西ほか〔渡辺〕200頁）。

＊ **労働者の損害賠償責任** 使用者は，労働者の債務不履行（労働義務または秘密保持義務などの付随義務の不履行）について違約金を定め，または不法行為につき損害賠償を予定することを禁止されている（労基16条，第3講147頁）。この規定は，現実に生じた損害について，使用者が労働者に賠償を請求することを禁止する趣旨ではない（昭和22・9・13発基17号）。使用者の損害には，自身

の損害のほか，使用者責任に基づいて第三者に賠償した損害（民715条3項）が含まれる。就業規則には，労働者にその種の損害を賠償させる旨の規定を置く例も希ではない（規定の実例につき，中山122頁参照）。

　判例（茨城石炭商事事件・最1小判昭和51・7・8民集30巻7号689頁）は，この場合について，「損害の公平な分担という見地」から，労働者責任を一定の範囲に制限する法理を打ち出している。すなわち，運送業務に従事中追突し会社および第三者の車両を損傷した事故に関し，①事業の性格，規模，施設の状況，②労働者の業務の内容，③労働条件，④勤務態度，⑤加害行為の態様，⑥加害行為の予防または損失の分散についての使用者の配慮その他の事情を総合判断して，労働者に対し損害を賠償または求償を請求することのできる範囲を判断すべきであるとし，当該労働者は普段小型貨物自動車の業務であったが，臨時に大型トレーラーを運転していたこと（上記②），会社は任意の対物・車両保険に加入していなかったこと（上記③），当該労働者の勤務成績は平均以上であったこと（上記④）などから，賠償責任を使用者の受けた損害の4分の1に限定した原審（東京高判昭和49・7・30民集30巻7号699頁）の判断を相当とした（参照，林和彦・百選7版48頁，田上冨信・民法判例百選Ⅱ〔2001年〕176頁）。

　この損害賠償責任の制限法理は，債務不履行にも適用され，裁判例は，最小限7分を下回らない居眠りに陥り高額の機械を損傷した労働者（10年以上当該作業を担当）の損害賠償責任を，10時間勤務で1時間1回の休憩時間のみの深夜労働中であり，会社の機械保険不加入などの事情を総合考慮し，損害額の4分の1の限度にとどめている（大隈鉄工所事件・名古屋地判昭和62・7・27労民集38巻3・4号395頁）。以上の労働者の責任制限法理は，使用者の報償責任ないし危険責任，職場環境・作業条件の圧力，危険転嫁の不当性などに法理論的根拠が求められている（角田邦重「労働者に対する損害賠償請求」講座21世紀4巻107頁以下）。

(2) **法的根拠**

　一　学説は懲戒権の法的根拠について，どのように論じているであろうか。それについての論争は，初期の一裁判例が契機になった。同判例は「明らかに企業の秩序をみだし，企業目的に害を及ぼす労働者の行為に対して」使用者が懲戒できるのは「企業並びに労働契約の本質上当然」とし，懲戒権を使用者の固有権とする見解をとった（北辰精密工業事件・東京地判昭和26・7・18労民集2巻2号125頁ほか）。

　二　学説はすぐに反応し，批判した。使用者は企業秩序の維持確保のためとはいえ，契約法理上一般的に認められる法的手段（損害賠償請求，契約の解除，降格・降任，人事考課の低評価その他労働者の非違行為に対応する労働契約上合理的な不利益取扱い）を超えて，労働者を「制裁」する権限を当然には有するも

のではないという主張がそれである（石川吉右衛門「懲戒解雇」『解雇をめぐる法律問題』〔東洋経済新報社，1954年〕166頁）。労使は契約当事者として法的に対等であるという理念がその批判のベースにある。したがって，使用者に労働者の制裁を可能ならしめる法的理論構成は，懲戒事由と懲戒処分の種類等が——就業規則の定めをとおして——労働契約の内容になっているからであるとするほかない，と述べる（契約説）。

　三　使用者の懲戒権を契約説的構成の下で認める主張は，つぎのように反論された。使用者の懲戒権は，労働者がそれに合意したからではなく，職場に労使を含めて「共同作業の秩序は維持されなければならない」という一般的意思が存在し，その意思が労働契約または就業規則に客観化されることにより法認されるのである（沼田稲次郎『就業規則論』〔東洋経済新報社，1964年〕150頁）。この学説のいう共同作業には秩序が必要であり維持されなければならないという意思は，労働者ごとの個別の意思というより共同作業の場に一般的に存在する（すべき）ものと考えられており，法則的意思と呼ぶのが適切であろう（法則説，片岡(2) 83頁も同旨と思われる）。

　今日では契約説，法則説を支持するものがそれぞれ拮抗している。私見は，法則説に共感を覚えている（懲戒権の法的根拠をめぐる論争の素描は，渡辺章「労働法理論における法規的構成と契約的構成」労働77号〔1991年〕14頁以下参照）。

case 13-3　解雇予告手当の支払いの提供をした懲戒解雇の効力（有効）

高島鉄工所事件・金沢地判昭和39・3・6労民集15巻5号921頁
　【事実】　Xは，Y会社従業員で組織する労働組合の書記長であったが，作業態度が不真面目であり，Y会社のU従業員に対し暴挙に出たとの理由で解雇の意思表示を受けた。Y会社は，労基法20条に基づく解雇予告手当を供託しているが，Xを懲戒解雇したものであると主張している。Y会社には，本件解雇当時，懲戒処分事由を定める就業規則，労働協約は存在しなかった。本件は，解雇の効力停止，賃金仮払いの仮処分申請事件。
　【判旨】　申請却下
　「使用者は，たとえ準拠すべき明示の規範のない場合でも，本来固有の権能として企業秩序に違反した労働者に対して，企業秩序維持と正常且つ円滑な業務の運営の確保のために，企業からの排除その他の制裁を科するいわゆる懲戒権を有するものと解するのが相当である。これは，懲戒権及

びその行使は，労働者を雇入れて合目的的な企業の経営内に組織づけ，経営秩序を形成維持しながら，正常な業務の運営を管理確保するという有機的経営組織体に内在する本質的要請に基いて当然使用者に認められるべきものであるからである。」「前認定に係るY会社がXを解雇するに至った経緯によれば，Xの行為は，正常な業務の運営をみだす悪質なものであるから，Xに対する本件解雇が社会的に不相当とは認められず，従って懲戒解雇権の濫用とは認められない。」

【コメント】　裁判例は本文に述べた初期判例法理の影響下にあり，今日では，使用者は「たとえ準拠すべき明示の規範のない場合でも」懲戒処分をなし得るといった判断をするものは見当たらない。懲戒解雇は，解雇権と懲戒権とで構成されている。懲戒権を有しない使用者も解雇権を有する。解雇権の行使には合理的理由（本件判旨のいう社会的相当性）が必要であるが，合理的理由が存在すればそれで足り，解雇に関し特に労働契約に「明示の規範」を規定しておく必要はない。解雇権は，使用者に法律上認められている権利（形成権）だからである（民627条，労契16条）。しかし，解雇と同様の法的効果（契約の解除）を，懲戒権を根拠にして実現しようとする場合には，合理的理由があるのみでは足りないのである（懲戒解雇には大抵の場合，契約の即時解除効のほか，退職金不払効が結びつけられている）。懲戒は，解雇と異なり，制裁の意味と機能を有しており，懲戒権は法律上使用者に当然に認められている権利（形成権）ではないことがその理由である。これを使用者の「固有の権利」だと言ってしまえば，法的理論構成は無用になってしまう。したがって，使用者が懲戒権を行使しようとする場合は，懲戒権自体が労働契約に根拠づけられていなければならない。加えて，懲戒権は労働者に経済的，精神的に大きな不利益を与えるものであることが，「明示の規範」を必要とする今一つの実質的理由である。とはいえ，懲戒権を使用者の固有権だとする理論的（実質的）根拠づけの部分には，ある種事実上の説得力を有することを否定し難い。本判決は，懲戒権論争の一端を知る意味でここに取り上げられている。

case 13-4　懲戒処分規定にない懲戒「休職」処分の効力（否定）

理研精機事件・新潟地長岡支判昭和 54・10・30 労判 330 号 43 頁

【事実】　Y会社は，Xに遅刻・早退・半日休暇・外出等（就労義務違反），職場離脱・ビラ等の原稿書き・私用電話の使用料無申告・無断外出（職務専念義務違反），残業命令拒否・加工ミス（誠実義務違反）など就業規則所定の懲戒処分事由に該当する非違行為があったとして，2度にわたり労働協約，就業規則の定める「休職処分」（3ヵ月と1ヵ月）をし，同期間満了後就業規則に基づき懲戒解雇した。Y会社は，休職処分はXを就労させると会社の秩序が乱されるおそれがあったためにした懲戒処分であると主張する。Y会社の就業規則は，懲戒処分として「譴責，減給，出勤停止，役位剥奪，懲戒解雇」の5種を定め，他方休職制度を設けて私傷病欠勤，事故欠勤，刑事起訴，社命による社外勤務，公職就任，組合専従等のほか，「その他，前各号の外，休職の必要があると認めたとき」との7つの休職事由を挙げている。本件は，休職処分等無効確認請求事件。

【判旨】　請求認容

1　「懲戒処分の種類・内容・程度および基準等が就業規則に定められている以上，会社としてもこれらの定めに拘束され，右の定めを無視してこれとは異なった種類・内容・程度の制裁処分をすることは許されず……これを無視してなされた懲戒処分は無効である。」

2　Y会社の就業規則上，「そもそも休職処分は，『従業員につき客観的に明白な一定の事由が存在するため，就労が不能もしくは適当でない期間，一時的に，従業員たる地位を保有させたまま，就労を禁止する処分』と解すべきであり，……このような休職制度の趣旨，休職処分や懲戒処分に関する……前記各定めに徴すると，休職処分と懲戒処分とはその目的を異にする制度であることは明らかである。……そうすると，本件各休職処分は，Xに対し，就業規則に定めない種類・内容の懲戒処分を課したことになり，……いずれも無効である。」（懲戒解雇に関する判旨は省略）

【コメント】　Y会社の就業規則に定める休職制度は，私傷病，事故，社命，人事異動など，労働者の非違行為と関係のない労務提供の困難事由に対して行われるものである。したがって，「その他，前各号の外，休職の必要があると認めたとき」との包括的規定も，そのような休職事由と同性質の事由（たとえば，海外研修など）について問題になるべきものであり，

懲戒処分としての休職処分（実際は，出勤停止処分）を行うことまで定めたものと解することはできない。本判決は，懲戒権を行使するときは，まずは明確な規則に基づいて行うべきものであるという法理論の基本を踏まえた判旨であり，正当である。

case 13-5　懲戒処分規定にない刑事起訴休職処分の効力（否定）

社会福祉法人広島厚生事業協会事件・広島地判昭和38・1・28労民集14巻1号1頁

【事実】　Xらは昭和35年8月，Y協会の理事らに暴力行為を行ったとの嫌疑で，同年11月25日暴力行為等処罰に関する法律違反として起訴された。Y協会は，就業規則に「戒告，減給，解職」の3種の懲戒処分を定めており，その後就業規則を改正して刑事起訴休職制度を設け，Xらが起訴された同日施行するとして，懲戒処分事由の「本協会の名誉を毀損し，又は不都合な行為があったとき」等に該当するとして同休職処分（賃金月額を半額を減額）にした。本件は，同処分がなかったものとしてXらに減額分の仮払いを命じた決定（広島地決昭和36・1・19労民集12巻1号9頁）に対する仮処分異議事件。

【判旨】　仮処分決定認可

「元来，使用者と労働者との間の雇傭関係は，権力支配の関係ではないのであるから，使用者が当然一方的に労働者に対し懲戒権を有するものとはいえない。労働者が使用者との労働契約により使用者の懲戒権を承認することによりはじめて使用者は労働者に対し右契約上の懲戒権を行使し得ることになるのである。そして，就業規則は労働契約の内容をなすものであるから，使用者は就業規則に懲戒権について定めがある場合には，その規則に明示せられた懲戒処分の外，一方的に任意の懲戒処分を行うことは許されないというべきである。前示の如く，改正前のY法人の就業規則には懲戒処分としての休職に関する定めがないのであるから，Yは同規則……を根拠にしてXらに対し懲戒としての休職処分を行い得ないことは明らかである。」

【コメント】　本判決は初期段階のものでありながら，使用者の懲戒権の法的根拠（労働契約説）および懲戒処分の有効要件（就業規則の制裁の定め

に基づいて行うべきこと）に関し，手堅い判断をしている。そして，懲戒処分は，処分事由とされた労働者の行為の当時存在した就業規則の懲戒処分規定に基づいて行われるべきものであり，当該行為を懲戒処分の対象にすることを目的にして就業規則を改正し，改正規定に基づいて懲戒処分を行うようなことを認めるべきではないことも明らかであり（懲戒処分規定の不遡及原則），判旨は正当である。

III 懲戒処分

1 懲戒処分権の濫用の禁止

　労働契約法は，「使用者が労働者を懲戒することができる場合において，当該懲戒が，当該懲戒に係る労働者の行為の性質及び態様その他の事情に照らして，客観的に合理的な理由を欠き，社会通念上相当であると認められない場合は，その権利を濫用したものとして，当該懲戒は，無効とする。」と規定している（15条）。本規定は，懲戒の定義およびその法的根拠を定めるものではなく，懲戒権の行使について権利濫用の法理の適用があること，濫用性の有無は「当該懲戒に係る労働者の行為の性質及び態様その他の事情に照らして」判断されるべきであるとしている。使用者が労働者の懲戒を客観的合理的理由に基づき，社会的相当性の認められるように行うべきであるとする本条の原則は，すべての懲戒にあてはまり，処分の軽重，種類を問わない＊。本条が懲戒の権利濫用性の判断に当たって，適正な手続を踏むべきことを明記していない点は惜しまれるが，こうした点は上記「その他の事情」の重要な判断要素になる。

　　＊　**懲戒処分権濫用禁止に関する最高裁判決**　労契法15条は，出勤停止および懲戒解雇の効力が争われたダイハツ工業事件（最2小判昭和58・9・16労判415号16頁）の，「使用者の懲戒権の行使は，当該具体的事情の下において，それが客観的に合理的な理由を欠き社会通念上相当として是認することができない場合に初めて権利の濫用として無効になる」との判断をベースにして規定された。労働契約法では，上記判旨の「当該具体的事情の下において」の部分が「当該懲戒に係る労働者の行為の性質及び態様その他の事情に照らして」となっている。

2 懲戒処分の種類

　一　就業規則に定められる懲戒処分には，懲戒解雇（即時解雇とし退職金を

支払わない），諭旨解雇（即時解雇とし退職金の一部または全部を支払う），出勤停止（所定限度日数の範囲で出勤することを認めず，その間賃金を支払わない），降格・降任（降格は職能資格制度における資格を引き下げ，降任は業務上の指揮命令権限の序列である職位を引き下げる処分をいう），減給（労基91条が減給額の1日当たり・一賃金支払期当たりの上限を規制している），戒告（文書で非違行為を指摘し，将来を戒める処分），訓告（口頭で非違行為を指摘し，将来を戒める），譴責・厳重注意（口頭で非違行為を指摘し，始末書を提出させる）など，種々のものがある（懲戒処分の種類の実例に関し，中山352頁以下が詳しい）＊。

＊　**自宅待機命令**　〔趣旨〕使用者は，労働者に懲戒処分事由があると思料する場合，職場の規律や業務の円滑な流れに乱れが生じないように，あるいは同種の行為が再発しないように，また対外信用にマイナスの影響がでないように，当該労働者の就労を禁止し，自宅待機を命令することがある。自宅待機は，懲戒処分事由の有無，態様等の調査に必要な期間，あるいは就業規則等に定められている懲戒処分前の賞罰委員会への付議手続の完結までの期間とされるのが通例である。したがって自宅待機命令は懲戒処分（出勤停止）ではなく，その法的性質は使用者の都合による労務の履行不能に当たる。

〔**自宅待機期間の賃金請求権等**〕（i）使用者は，労働力の処分権能を，積極的に（労働させるように）行使する場合も，消極的に（労働させないように）行使する場合もある。使用者が労働者に対し，労働力の処分権能を積極的に行使する場合も，消極的に行使する場合も，労働者は使用者の命令に服していることに変わりはない。裁判例には，自宅待機命令は，自宅に待機することをもって，労働者が使用者に提供すべき労働とする旨の命令（労働力の処分に係る消極的命令）であり，労働者は正常に労働したものとして賃金請求権を有するとしたものがあるが，正当である（三葉興行事件・東京地判昭和63・5・16労判517号6頁）。近年では，セクハラ行為の苦情を申し出た女性について，それを否認する相手方との摩擦を避けつつ調査を行うために自宅待機を命令する例も増えているが，当該女性に対し賃金支払義務を負うことは言うまでもない。

（ii）もっとも，使用者が進んで賃金を支払わない場合は，自宅待機命令を受けた労働者は労働に従事する債務が履行不能になったものとして，契約法の一般原則に従い，履行不能を使用者に帰責し得るか否かにより，賃金請求権の成否が慎重に判断される（民536条2項）。裁判例には，懲戒事由の嫌疑をかけられた行為によって事故の発生，不正行為再発，証拠隠滅等のおそれまたはその危険性が「・具・体・的・に・生・じ・る・も・の・と・は・考・え・ら・れ〔・な・い〕」場合は，使用者は賃金支払義務を免れないとするものがあり（京阪神急行電鉄事件・大阪地判昭和37・4・20労民集13巻2号487頁），また同様に，自宅待機命令は「当面の職場秩序維持の観点から執られる一種の職務命令とみるべきものであるから，……不正行為の再発，証拠隠滅のおそれなどの緊急かつ合理的な理由が存する」場合等でないかぎり，使用者

は賃金支払義務を免れないとするものがある（日通名古屋製鉄作業事件・名古屋地判平成3・7・22労判608号59頁）。

〔**自宅待機措置と不法行為の成否**〕　労働契約は，労働者が労働に従事することを約し，使用者がその報酬を支払うことを約する契約である。したがって，通常，使用者は労働者に労働するよう命令するのであり，労働しないように命令することは特別の事情が存在する場合に限られるであろう（たとえば，急迫した危険がある場合の作業の中止・退避や一定の疾病に罹患した労働者の就業禁止など，労安衛25条・68条参照）。使用者の労働力の処分に関する権能も，信義則上労働契約の本旨にしたがって行使すべきものであり，自宅待機命令が期間を定めずに行われる場合，あるいは不相当の理由に基づく場合や不相当に長期に及ぶ場合は不法行為（民709条）となる。

二　譴責・厳重注意は，そのこと自体で労働者の現在の地位に直接変動をもたらすものではない。しかし戒告・訓告等とともに，「良好に勤務した者」との要件に抵触するものとして，直近の人事考課においてマイナスの評価を受け，当年度の一時金の減額あるいは定期昇給の減俸事由とされる場合が多い。戒告・訓告についてはそのことが賞罰規定ないし賃金規定のなかに制度化されている例が多いが，譴責・厳重注意も事実上その例に洩れないと解され，また当該労働者にとっては不名誉である。したがって，労働者は戒告・訓告はもとより譴責・厳重注意についても，それら制裁的行為の不当性を主張して労働契約上そのような制裁の付着していない地位にあることの確認を請求することができる*。

＊　**懲戒処分と賃金の決定・計算**　基本給は，次年度以降の基本給額の決定，夏季・冬期一時金，時間外休日・深夜労働の割増賃金，定年時の退職金，定年後の年金給付などに直接影響し，生涯賃金の観点からみて，仮に一度でも減俸された場合，労働者が被る累積的損失は途中で回復措置がとられないかぎり非常に大きいと考えなければならない（参照，小西ほか〔渡辺〕205頁）。

case 13-6　企業秩序の維持，回復を目的とする厳重注意と無効確認の利益および不法行為の成否（肯定）

JR 東日本（高崎西部分会）事件・最1小判平成8・3・28労判696号14頁
【事実】　X ら10名（被控訴人・上告人）は国鉄労働組合（国労）所属の組合員であり，昭和62年10月，Y 会社（JR 東日本，控訴人・被上告人）の高崎運行部の助役に団体交渉を求めて事務室に無断入室し，再三の退去勧

告に従わなかった（以下，本件行為）との理由で訓告または厳重注意の処分を受けた。$X_1 \sim X_9$ はその無効確認を求め，X_{10} は本件行為に参加していなかったのに厳重注意処分を受け精神的苦痛を受けたとして慰謝料（100万円）を請求した。

1審（前橋地高崎支判平成3・3・22労判603号84頁）は請求を認容した（慰謝料は20万円）。原審（東京高判平成4・2・10労判644号73頁）は，①本件訓告および厳重注意は無効確認の利益を欠き不適法とし，②X_{10} については本件行為に参加しなかった事実を確定し難い故に，不法行為の成立を認め得ないとして請求を棄却した。

原審は，①の点に関し，「過去の行為等の無効確認の訴えであっても，その無効確認が認容された場合に，当事者間においてこれに従った措置等が取られることが客観的にみて当然に期待され，これにより現に存する紛争が解決されるようなときは，右の訴えは，現在の紛争解決のために適切かつ必要なものとして確認の利益を認めるのが相当である。本件の訓告，厳重注意についても，それ自体は過去の行為であるが，それを受けたことに伴う不利益が，現に残存し，あるいは，将来課せられる可能性があり，その無効確認により，右の不利益の回復ないし消滅が客観的にみて当然に期待されると認められるのであれば，その無効確認の訴えは確認の利益を肯定して差し支えない。」

しかしながら，$X_1 \sim X_9$ は，本件行為のあった同年度中に別の理由ですでに訓告または厳重注意を受け，そのために昭和62年の期末手当の減額または63年の昇給額号俸の減俸が行われ，他方本件処分の不利益は単年度かぎりで翌年度以降には及ばないので，本件処分の無効を確認しても不利益を解消されることは期待し難く，また同処分が人事管理台帳に記載されているということのみでは，将来の人事考課に与える影響の有無，程度は明らかではなく，無効確認の利益を欠くと判断した。

【判旨】 ①に関し $X_1 \sim X_9$ の上告棄却，②の X_{10} の請求につき原判決破棄差戻し

1　①について　「本件訓告又は厳重注意の無効確認を求める訴えの利益は認められないとした原審の判断は，正当として是認することができ〔る〕」。

2　②の X_{10} の請求について　原審は，「本件証拠関係の下では X_{10} が本件行為に参加していなかったとの事実を認定することができないとした

上で，X_{10}の主張する不法行為は同人が本件行為に参加しなかったとの事実を前提とするものであるところ，右事実を確定し難いのであるから，その余の点につき判断するまでもなく，右不法行為の成立は認められないと判断した。

　二　しかしながら，原審の右判断は是認することができない。その理由は，次のとおりである。原審の確定したところによれば，Y会社における厳重注意は，就業規則等に規定がなく，それ自体としては直接的な法律効果を生じさせるものではないが，実際上，懲戒処分や訓告に至らない更に軽易な措置として，将来を戒めるために発令されているものであり……，人事管理台帳及び社員管理台帳に記載されるものであるというのである。そうすると，本件厳重注意は，企業秩序の維持，回復を目的とする指導監督上の措置と考えられるが，一種の制裁的行為であって，これを受けた者の職場における信用評価を低下させ，名誉感情を害するものとして，その者の法的利益を侵害する性質の行為であると解される。

　一般に，使用者は，労働契約関係に基づいて企業秩序維持のために必要な措置を講ずる権能を持ち，他方，従業員は企業秩序を遵守すべき義務を負っているものではあるが，使用者の右権能の行使としての措置であっても，それが従業員の法的利益を侵害する性質を有している場合には，相当な根拠，理由もないままそのような措置を執ってはならないことは当然である。したがって，右のような性質を有する使用者の措置に基づき従業員が損害を被ったという事実があれば，使用者が当該措置を執ったことを相当とすべき根拠事実の存在が証明されるか，又は使用者において右のような事実があると判断したことに相当の理由があると認められるときでなければ，不法行為が成立すると解するのが相当である。

　本件厳重注意は，前記のような性質を有するものであるから，X_{10}が本件行為に参加したとの事実が証明されない以上，高崎運行部長においてX_{10}が本件行為に参加したものと判断したことに相当の理由があったかどうかの点について審理判断をしないまま，同人が本件行為に参加したのか参加しなかったのかが不明であることのみを理由に不法行為の成立を否定することは許されないものというべきである。」

　【コメント】　本件で問題の「厳重注意」は就業規則に規定される処分ではないが，判旨は，企業秩序の維持，回復を目的とする「指導監督上の措置」としてなされる「一種の制裁的行為」であり，これを受けた者の職場

における信用評価を低下させ，名誉感情を害するものと判断している。したがって処分権者の使用者は，同処分が合理的根拠（判旨のいう，「相当な根拠，理由」）に基づいて行われたものであることを主張立証すべき立場にある。原審は，処分を行ったY会社ではなく，被処分者のX_{10}に対し，処分事由の不存在（本件行為に「参加していない」こと）の立証責任を負わせており，まったく本当に理解し難いものがある。本判決は，制裁的性質を有する訓告，厳重注意などの「処分」について，労働者は無効確認の利益を有することを明言したものとして重要な意義を有する。

3　懲戒処分事由
(1)　業務命令違反
今日まで最もポピュラーな懲戒処分事由は，労働者が，業務遂行に関する使用者の指揮命令，なかでも時間外・休日・深夜労働命令，配転命令，出向命令，その他業務遂行上の規律（たとえば，組合活動に係るリボン，腕章，バッヂの取り外しなど服装の整正，所持品検査など）に従わないことである（これら使用者の業務上の命令違反が懲戒事由になり得るか否かは，命令の正当性いかんによるが，このことに関してはそれぞれの箇所で扱う）。

(2)　企業外の行為ないし企業の社会的名誉・信用毀損
一　労働者が企業外でした，業務に関係のない行為も，①企業等の社会的評価の低下毀損，あるいは②事業の円滑な運営の支障などの理由で，懲戒処分の対象にされることがしばしばある。

二　①（社会的評価の低下毀損）は主に，労働者が犯罪の被疑者として逮捕，拘留され，それが広く報道され，あるいは取引関係者の関心を惹いたような場合である。その処分の効力は，行為の性質，態様（破廉恥性，動機・目的，故意か・は・ず・み・かなど），事業の種類・規模，当該労働者の従事する業務の種類・内容，職務上の指導的立場・地位にあるか否か，刑罰の程度（非違性の程度）などを総合的に考慮して判断される＊。

　　＊「企業の社会的評価を低下毀損する行為」　　この種の事案には，(i)深夜飲酒の上他人の居宅内に侵入し逮捕され，住居侵入罪で罰金2,500円に処せられた工員の懲戒解雇を，刑罰の程度が軽いこと，同人の職務上の地位が低いことなどを理由に無効と解した例（横浜ゴム事件・最3小判昭和45・7・28民集24巻7号1220頁，谷本義高・百選7版160頁参照），(ii)デモ行動中公務執行妨害罪で起訴さ

れ懲役6ヵ月（執行猶予2年）の判決を受けた職員の免職処分を具体的行為態様の積極性を理由に有効と解した例（国鉄中国支社事件・最1小判昭和49・2・28民集28巻1号66頁），(iii)米軍立川基地拡張測量反対闘争で逮捕起訴され罰金2,000円に処せられた工具の懲戒解雇を動機，目的，刑罰が軽微なことなどを理由に無効と解した例（日本鋼管事件・最2小判昭和49・3・15民集28巻2号265頁），などがある。

三　②（事業の円滑な運営の支障）は主に，労働者が企業等の労務政策，人事政策を批判して文書配布，街宣活動などを行う場合に問題になる。この場合は，批判なり意見表明された企業等の労務・人事政策にかかわる事柄が真実か否か，厳密に真実と言えないまでも労働者が真実と信ずることに相当の理由が存在したか否か，表現が敢えて誤解を誘導する過度に不適切なものか否かなどの諸点を総合的に考慮し，懲戒処分の適法性を判断することになる（参照，case 13-7・関西電力事件，case 13-8・三和銀行事件）。

case 13-7　社宅内への会社誹謗ビラの配布を理由とする戒告処分（有効）

関西電力事件・最1小判昭和58・9・8労判415号29頁
【事実】　1　X（被控訴人・上告人）は，Y会社（控訴人・被上告人）の従業員で組織する訴外A労組の組合員であり，昭和34〜41年までの間は組合代議員，支部執行委員等の役職を歴任し，後記懲戒処分当時は組合内少数派と目されていた。Y会社は，Xが他の数名と昭和43年12月31日夜半から翌日未明にかけて，3ヵ所の社宅へ会社の労務方針を批判するビラ約350枚を配布したことが就業規則の懲戒事由「その他特に不都合な行為があったとき」に該当するとして，Xを譴責処分（就業規則中の最も軽い処分）に付した。ビラには，①Y社は，1970年革命説を唱えて反共宣伝をし，②労働者の差別や村八分をはじめ常識と法に反して労働者を締め上げており，③他の会社より低い給料，少ない賞与を押し付け，④種々の既得権を取り上げてきた，⑤私達は，「大会社の正体がどんなに汚いものか，どんなにひどいものかを体で知った。」⑥Y会社は「ことしこそ以前にもましてみにくく，きたないやり方をする」だろう，などと書かれていた。

2　1審（神戸地尼崎支判昭和49・2・8労民集29巻3号403頁）は，Xの行為は社員およびその家族の会社に対する「不信感を醸成するかも知れないという危険を惹起したであろうけれども，しかし，その危険性は極め

て警備なものに過ぎず，本件の場合，右不信感が醸成されたことを認めるに足る証拠はない。」などとして譴責処分を無効とした。これに対し原審（大阪高判昭和53・6・29労民集29巻3号371頁）は，1審判決を取り消し，労働者は「労働契約を締結した以上，その付随的義務として，企業の内外を問わず，ひろく使用者の利益を不当に侵害してはならないのは勿論，不当に侵害するおそれのある行為をも慎むべき忠実義務を負う」との一般論的観点を述べ，事実に基づかずに会社を中傷誹謗する内容のビラを配布することは，従業員の会社に対する不信感を醸成するものであって「かかるビラ配布行為に対して制裁を課することは合理的理由が……あり，これをもって従業員の言論その他表現の自由を不当に制限するものとはいい得ない。」と判示し，譴責処分の有効性を認めた。

【判旨】 上告棄却

1 労働者の企業秩序遵守義務および同義務違反を懲戒の対象にし得る旨の判旨に関し，本文前記Ⅱ1(2)三を参照。

2 「企業秩序は，通常，労働者の職場内又は職務遂行に関係のある行為を規制することにより維持しうるのであるが，職場外でされた職務遂行に関係のない行為であっても，企業の円滑な運営に支障を来すおそれがあるなど企業秩序に関係を有するものもあるのであるから，使用者は，企業秩序の維持確保のために，そのような行為をも規制の対象とし，これを理由として労働者に懲戒を課することも許されるのであり（本文前出の国鉄中国支社事件参照・引用者），右のような場合を除き，労働者は，その職場外における職務遂行に関係のない行為について，使用者による規制を受けるべきいわれはないと解するのが相当である。

これを本件についてみるに，右ビラの内容が大部分事実に基づかず，又は事実を誇張歪曲してY会社を非難攻撃し，全体としてこれを中傷誹謗するものであり，右ビラの配布により労働者の会社に対する不信感を醸成して企業秩序を乱し，又はそのおそれがあったものとした原審の認定判断は，……是認することができないではな〔い〕。」

【コメント】 判旨2前段は，使用者は労働者の「職場内又は職務遂行に関係のある行為」のほかに，「職場外でされた職務遂行に関係のない行為」についても，企業の円滑な運営に支障を来すおそれがある場合は，懲戒処分の対象になり得ると判示する。判旨は，併せてそのことを裏面からも述べ，それ以外の「職場外における職務遂行に関係のない行為」は懲戒処分

の対象になり得ないと判示している。判旨がこのようにわざわざ念を入れたのは，原審が一般論として述べている「忠実義務」概念を暗に批判する趣旨と解される。

　労働者の「職場外における職務遂行に関係のない行為」は，一般に会社の名誉・信用毀損を理由に懲戒処分の対象にされる。本件事案は，社宅への批判文書の配布を懲戒事由にしており，職場の内と外との中間的領域の行為が対象になっており，配布の宛先も従業員とその家族に限られている。したがって判旨2後段は，企業の対外的な名誉・信用毀損の面ではなく，「労働者の会社に対する不信感〔の〕醸成」を，そのおそれを含めて懲戒処分の実質的根拠にしている（同判旨のいう「労働者」とは，主として会社従業員のことであろう）。

　1審判決は，本件ビラが会社に対する労働者とその家族の不信感を醸成したことを認めるに足る証拠はないと判示しているが，言論，表現行為は人の内心に訴えるものであるから，その適否はまずは当該言論，表現行為自体に即して判断すべきものであろう。それにしても，判旨2前段が，純粋に企業外の行為を理由にする懲戒処分事例の国鉄中国支社事件判決を引用していることには疑問が残る（参照，小西國友・百選7版150頁）。

(3) 経歴詐称

　一　経歴詐称は，労働者が労働契約の締結の際に「重要な経歴」を偽ることをいう。「重要な経歴」とは，一般に当該偽られた経歴について，通常の使用者が正しい認識を有していたならば，求職者と労働契約を締結しなかったであろう，そのような経歴を言う（日本鋼管鶴見造船所事件・東京高判昭和56・11・25労民集32巻6号828頁）。具体的には年齢，学歴，職歴，賞罰歴などのほか一定の資格取得歴などである。

　そこで，経歴詐称が懲戒処分の対象になる実質的根拠が問題になるが，重要な経歴の詐称は，まず，使用者の賃金の決定および人事配置を誤らせる。経歴詐称によって実際にこのような不都合を生じたときは，労働者は企業秩序違反として制裁の対象になる。

　しかし，経歴詐称を理由とする懲戒処分（懲戒解雇）の事案では，こうした経歴詐称の人事管理秩序への具体的支障ではなく，むしろ詐称行為自体の労使間における人的信頼関係の毀損を理由に処分を有効とするものが多い。人的信頼関係は，労働力の質的評価に関わり，労働力の質的評価にかかる信頼の毀損

は債務不履行の一態様として，具体的支障の有無にかかわらず契約解除の理由になるという理屈であろう。

　二　判例（炭研精工事件・最1小判平成3・9・19労判615号16頁）は，使用者は雇用に際し，労働者の労働力評価に関連する事項にかぎらず，企業への適応性，企業の信用保持等企業秩序の維持に関する事項について必要かつ合理的範囲内で申告を求めることができ，労働者は「信義則上，真実を告知する義務を負う」と判断している（本判決は，デモ行進中公務執行妨害罪で逮捕起訴され公判中の身であり，また成田空港反対闘争で懲役刑を受けたこと〔いわゆる「賞罰歴」〕を秘匿し，また大学中退を高卒と詐称したことを理由にした懲戒解雇を有効と認めた原審〔東京高判平成3・2・20労判592号77頁〕を正当として是認した。参照，福島淳・百選7版154頁，山下幸司・山本編216頁）。

　三　このほか学歴詐称を理由とする場合の懲戒解雇は，ほとんどが有効とされている（大学院在学中を中卒と詐称して採用された現場作業員につき前出一の日本鋼管鶴見造船所事件・横浜地判昭和52・6・14労民集32巻6号843頁，履歴書に短期大学卒を高校卒と記載し，職歴の一部を記載しなかった紙袋製造機のオペレーターにつきスーパーバッグ事件・東京地判昭和55・2・15労判335号23頁。ほか多数例がある）。なお，経歴詐称を懲戒処分の対象にするには，企業運営に支障を及ぼす具体的企業秩序違反が認められなければならないと判断する異色の裁判例も存在する（大学入学歴を記載しなかった現場作業の組立工員につき，西日本アルミニウム工業事件・福岡高判昭和55・1・17労判334号12頁は，経歴詐称により「経営の秩序が相当程度乱された場合にのみこれを懲戒解雇に処することができるものと解するのが相当」と判示した）。

　四　経歴詐称の法理論的課題　　法理論上の問題点はつぎの3つである。

　第1は，「重要な経歴」の範囲である。学生運動，組合活動など思想，信条に係わる経歴の調査は，調査の動機，目的が差別的取扱いにあることを推認させるものであり，労働者が真実告知義務を負う重要な経歴には当たらないと解される。また，従事する業務と関連性の薄い職歴や過去の刑事処分歴も特段の事情のない限り同様に解すべきである。

　第2は，「労働者は，労働契約を締結して雇用されることによって，使用者に対して……企業秩序を遵守すべき義務を負〔う〕」との判例（case 13-7・関西電力事件）の立論との関係である。経歴詐称は労働契約の成立時の事情であり，詐称自体は労働者が「雇用されることによって……負う」義務違反とは考え難い。結局，経歴詐称は，労働契約の取消し，または無効の原因になり，解

除（普通解雇）の理由になることはあっても，企業秩序違反に対する制裁（懲戒解雇）の対象になる性質のものとは考えられない。

　第3の問題として，売買の目的物に「隠れたる瑕疵」がある場合に買主は売主に対し瑕疵担保責任を追及することが認められるが，それには1年の除斥期間制度が存在する（民566条3項・570条）。このことと同様の趣旨により，経歴詐称した労働者が採用後一定の期間格別の支障なく勤務し，企業秩序への具体的支障が認められない場合は，労働契約締結時の経歴詐称は「治癒」され懲戒事由への該当可能性が次第に薄れ，失うこともあり得ると考えてよいとの趣旨の学説があり（下井403頁），傾聴に値する。労働契約における信頼関係においても，客観的な修復可能性を全否定するような法解釈は正しいとは思えない（小西ほか〔渡辺〕208頁以下参照）。

(4)　**内部告発**

　一　労働者は，法律の定める労働条件の基準等に関し，違反の事実を行政官庁または労働基準監督署長に申告する権利を保障されている（労基104条2項・罰則119条，労安衛97条2項・罰則119条，賃確14条2項・罰則17条，労派遣49条の3第2項・罰則60条）。

　二　労基法等の上記の規定とは別に，公益通報者保護法は，労働者がいわゆる「公益通報」（労働関係法規違反に限らない）をしたことを理由にする解雇その他の不利益取扱いを禁止しており，同法の規定に反して行われた解雇は無効である（公益通報3条・5条）*。

　　*　**公益通報者保護法**　〔**目的など**〕　本法（平成16年法律122号）は，労働者（労基法9条のそれ）がこの法律で定める「通報対象事実」（後述）に関わる通報（公益通報という）を行った場合に（公益通報「別表（第2条関係）」参照），使用者がそのことを理由にして，その労働者（公益通報者という）を，解雇その他の不利益に取り扱うことから保護することを目的として制定された（平成18年4月1日施行）。公益通報が不正の利益を得る目的，他人に損害を与える目的その他不正の目的でなされるものであってはならないことは言うまでもない（公益通報1条・2条本文）。

　　〔**解雇その他不利益取扱いの禁止**〕　①労働者を自ら使用する事業者（公益通報2条1号）が，公益通報したことを理由に労働者を解雇すること，また，②労働者派遣の役務の提供を受ける派遣先事業者（同条2号）が，その指揮命令下で労働する派遣労働者が公益通報をしたことを理由に労働者派遣契約を解除することは，ともに無効である（同3条・4条）。①の事業者が公益通報者に対し降格，減給その他不利益な取扱いをすることは禁止され（5条1項），同様に，②の事業者が公益通報をしたことを理由として，公益通報者に対して，当該労働者の派遣元

事業者に派遣労働者の交替を求めることその他不利益な取扱いをすることが禁止されている（同条2項）。この法律は、解雇および派遣労働契約の解除以外の不利益取扱いに関し、無効である旨明記していないが、このことは不利益取扱い等が事実行為（不法行為）の場合をも含むためであり、不利益取扱いが法律行為に当たる場合に無効になることに疑いはない。

〔通報の対象となるべき事実〕　この法律で保護される通報の対象となる事実（通報対象事実）は、「個人の生命または身体の保護、消費者の利益の擁護、環境の保全、公正な競争の確保その他国民の生命、身体、財産その他の利益の保障」にかかわる法律（これら法律に基づく命令を含む）に違反する罪の犯罪行為の事実および同「法律の規定に基づく処分（勧告を含む・引用者）……の理由とされている事実」である（参照、上村秀紀「公益通報者保護法の解説」NBL790号16頁）。そして、公益通報は、労務提供先の「役員、従業員、代理人その他の者」について、これら「通報対象事実が生じ、又はまさに生じようとしている」場合に保護の対象になる（同2条）。

上記の法令は、この法律の「別表（2条関係）」で、刑法、食品衛生法、証券取引法、農林物資規格化等適正化法、大気汚染法、廃棄物処理法、個人情報処理法その他政令で定めるものに限定されている。

〔公益通報の相手方〕　本法は、労働者による通報対象事実の通報先を制限している。その相手方は、①「当該労務提供先等」（派遣労働者の場合は派遣先事業者、請負事業者に雇用される労働者の場合は発注事業者を含む）、②通報対象事実につき「処分又は勧告等をする権限を有する行政機関」、または③それら通報先以外の者で、「当該通報対象事実を通報することがその発生又はこれによる被害の拡大を防止するために必要であると認められる者」、である。労働者は、これら事業者または行政機関等に通報した場合に、使用者の解雇その他の不利益取扱いから保護される（同2条1項1～3号・4項）。上記③の「必要であると認められる者」には、たとえば報道機関や消費者団体その他通報対象事実に関連する活動を行っているNPO（弁護士らの開設するヘルプライン・相談室などを含む）および議員など幅広い主体が考えられている。

〔公益通報者の保護要件〕　本法は、労働者が通報対象事実を上記①、②、③のうち、どこへ通報するか（通報の相手方）によって保護の要件を異にしている。上記①労務提供先等へ通報する場合は、「通報対象事実が生じ、又はまさに生じようとしていると思料する場合」で足りる（同3条1号）。上記②権限ある行政機関へ通報する場合は、「通報対象事実が生じ、又はまさに生じようとしていると信ずるに足りる相当の理由ある場合」でなければならない（同条2号）。①、②以外に、上記③に通報する場合には、前記②の要件のほか、特別の一定の要件を充たす必要がある（同3条3号）。その要件とは、(i)上記①または②の通報先に公益通報することにより解雇その他の不利益な取扱いを受けると信ずるに足りる理由があること、(ii)上記①の労務提供先等に通報すれば通報事実に関する証拠が隠滅され、

Ⅲ　懲戒処分

偽造され，または変造されるおそれがあると信ずるに足りる相当の理由があること，(iii)労務提供先から上記①，②に公益通報をしないことを正当な理由がなくて要求されたこと，(iv)書面（電子メールなどを含む）により上記①の公益通報をした日から 20 日経過しても，労務提供先等から通知がないか，または調査が行われないこと，(v)生命または身体に危害が生じ，または発生する急迫した危険あると信ずるに足りる相当の理由があることである（「公益通報者保護法」の概要等に関しては，小西啓文「公益通報者保護法の概要と検討課題」角田邦夫＝小西啓文編『内部告発と公益津放射保護法』〔法律文化社，2008 年〕12 頁以下参照）。

三　以上述べた公益通報とは別に，労働者が事業運営ないし企業行動（役員，従業員，代理人その他の者を含む）を批判する立場から，法令違反なり社会的に不相当であると信ずることを外部機関に申告し，あるいは文書その他の方法で特定の第三者に通報し，あるいは広く社会に公表することがある。そして，労働者がそうした行為を理由に，企業の社会的名誉，信用を失墜したとして懲戒処分を受けることは少なくない。

問題は複雑であるが，まず，労働者は法令等に違反する業務命令に服する義務を負わない。また，そこ（不作為の自由）から一歩前に進んで，妥当な手段，方法で事業運営を正しい方向に向けさせ，自らも健全な事業の一員として働けるように行動する者がいたならば，使用者がその活動を理由に解雇その他不利益に取り扱うことは公序良俗に反する。そこで，まず労働者の批判活動の動機，目的に公益性が認められ，つぎに批判活動の内容が虚構の事実ではなく（真実性），または真実と信じることにつき相当の理由が存在し（真実性信念の相当性），そしてその手段，態様が妥当と認められるとき（手段・態様の相当性）は，当該不利益取扱い（多くは懲戒処分）は権利濫用となる（トナミ運輸事件・富山地判平成 17・2・23 労判 891 号 12 頁，渡辺章〔判批〕専修ロージャーナル創刊号〔2005 年〕85 頁参照）。

四　文書による批判活動の場合，指摘された事実に真実性が認められても，伝達手段（表現など）に誇張歪曲や誤解・誤信を誘導する危険が大きいと認められるときは，正当性を失い懲戒処分の対象になることがある。

五　以上の考慮要素に加え，裁判例には，批判活動前に改善に向けて「内部努力」をしたか否かを考慮するものがある（首都高速道路公団事件・東京地判平成 9・5・22 労判 718 号 17 頁）。しかし，期待可能性がない場合が多いと考えられ，このような内部努力要件を一般的に課することは適切とは思えない。

case 13-8　労働条件差別糾弾等の内容の図書出版を理由とする戒告処分（無効）

三和銀行事件・大阪地判平成 12・4・17 労判 790 号 44 頁

【事実】　Y銀行従業員が組織する組合内少数派グループのXら男女19名は、『トップ銀行の我ら闇犯罪を照らす　告発する銀行マン19人と家族』（B6版、307頁）を出版し、少数派の立場から、Y銀行において労働基準法違反等の各事実（サービス残業等）が存在し、その経営方針に反対するXらに対し長年賃金差別・昇格差別を行い、Xらを不当に虐げてきたという内容の図書を出版した。Y銀行は、これらの行為は会社の名誉信用失墜行為に当たるとしてXらを戒告処分にした。本件は同処分無効確認および慰謝料（Xらに各110万円）の請求事件。

【判旨】　無効確認請求を認容、慰謝料請求を棄却

1　信用失墜、名誉・信用毀損について　「就業規則の「『信用の失墜』とは、信用の毀損を意味し、……その行為の性質上、Y会社の社会的評価を害するおそれのある行為」をすることをいい、「名誉または信用を傷つけたとき」とある部分の名誉又は信用の毀損についても「行為の性質上、人や会社の社会的評価を害するおそれのある行為をすれば足りるというべきである。」

2　本件図書のように、「主として労働条件の改善を目的とする出版物については、当該記載が真実である場合、真実と信じる相当の理由がある場合、あるいは労働者の使用者に対する批判行為として正当な行為と評価されるものについてまで、これを懲戒の対象とするのは相当でなく、かかる事由が認められる場合には、これを懲戒処分の対象とすることは懲戒権の濫用となる。」

3　Xらに対する思想等による差別　①Xらは、共産党員またはシンパとみなされY会社の経営陣らが警戒心をもって対応していた。②Xらは職務職能資格賃金体系の下でいずれも資格や賃金が低くされていた。③Y会社が導入を計画した目標管理は、その理由はともあれ、労働強化につながる可能性がないわけではなく、批判行為として正当である。④Y会社は厳格な時間外管理を行い、これが賞与額に反映されるシステムの下で時間外の記入を妨げ、中央労働基準監督署の立ち入り調査を受けたことがあり、この点に関するXらの指摘は正当な批判行為である。⑤男女差別が存在す

る旨の記載も「正当の範囲」にあり、⑥不当配転を非難する記載にも「相当の理由」がある（その他の事項は略）。

4　「本件出版物の記載の中の大部分の記載については、Ｘらが自ら体験した事実をもとに記載されており、右事実について、Ｙ会社の経営方針等に反対する活動を長年行ってきたＸらなりの評価を記載したものである。……差別や不当配転を記載した部分については、Ｘらがその存在を信じる相当の理由があったといわなければならないし、Ｙ会社の経営姿勢や諸制度を批判すること自体は、労働者の批判行為として正当なものであり、その表現には……『魑魅魍魎』の世界、……『社畜』、……『人間の仮面をつけた鬼』といった不当な部分があることを併せ考慮しても、問題とすべき部分は僅かである……。そうであれば、本件戒告処分が懲戒としてもっとも軽いものであるとしても、懲戒事由とされた大半が事実を記載し、又はかかる記載をすることに相当の理由があること、……Ｘらの寄稿・出版協力の目的が主としてＸらを含む従業員の労働条件の改善を目指したものであることを総合考慮すれば、本件戒告処分は、処分の相当性を欠き、懲戒権を濫用したもので、無効である。」

5　Ｘらが本件懲戒処分により受けた精神的損害は処分が無効となることにより回復可能であり、それ以上に金銭の支払いをもって慰謝しなければならないものとは認められない。

【コメント】　判旨1は、懲戒処分事由である信用失墜、名誉信用の毀損行為を、人や会社の「社会的評価を害するおそれのある行為」とやや広めに解し、その上で、判旨2は、「主として労働条件の改善を目的とする出版物」の場合、指摘されている事実（批判の内容）の真実性（または真実と信ずることの相当性＝真実性信念の相当性）が認められるか否か、併せて出版物が「批判行為」（意見、主張）として正当と言えるか否かの観点を打ち出している（判旨3は、本件図書では、①〜⑥の各事実の指摘と批判行為ないし意見表明とが一体的に記述されていることを示している）。

その判断枠組みの下で、判旨4は、労働条件に関する差別や不当配転を記載した部分は、Ｘらがその存在を信じる相当の理由があり、このことに関連して行ったＹ会社の経営姿勢や諸制度に対する批判行為を正当なものと判示している。

また、表現の妥当性について、「問題とすべき点」は存在するものの、それは「僅か」であると、図書内容の全体的観点からみた量的判断を行い、

結局，処分の軽重にかかわらず，懲戒の対象にすること自体の相当性が否定されている。

一般に図書の出版は，ビラ配布に比べるとその意見表明に長期持続性があり，また記述の範囲や内容に体系的展開力を持ち得る点で社会的影響の度合いは相当に強い。したがって，真実性（ないし真実性信念の相当性），意見表明の正当性および表現の妥当性についてある程度厳格に判断されることには理由がある。

case 13-9　経営陣批判文書の配布に対する懲戒解雇の不法行為性（肯定）

大阪いずみ市民生協事件・大阪地堺支判平成 15・6・18 労判 855 号 22 頁

【事実】　A 生協の管理職の地位にある X_1，X_2，X_3 の 3 名は，同生協生え抜きの Y_1（副理事長），Y_2（専務理事）による生協施設・財産の私物化を指摘し，文書にして A 生協の総代会の直前に総代，理事，職員らに大量配布した。Y_1 らは，X_1・X_2 を懲戒解雇，この 2 名と同一行動をとった X_3 は 1 年 4 ヵ月間の自宅待機処分とし，後に福祉施設や役員室への配置転換を命じた。X_1・X_2 は，地位保全仮処分に勝訴して職場復帰し，X_3 とともに Y_1・Y_2 を相手に懲戒処分により精神的苦痛を被ったとして損害賠償（X_1・X_2 に対し各 500 万円，X_3 に対し 300 万円）の支払いを請求した。

X らのした告発は，Y_1 が，①A 生協の研修施設を事実上私邸に使用し，②同生協女子職員を不当に取り扱い，③年に数回 A 生協の費用で国際交流の名目で海外旅行し，④A 生協所有のゴルフ場会員権を Y_1 のみが使用して費用を A 生協が負担し，⑤A 生協のハワイ・コンドミニアムを専用使用し旅費等の大半を A 生協が負担していること，その他である。

【判旨】　一部認容（Y_1・Y_2 連帯して X_1 に 150 万円，X_2 に 140 万円，X_3 に 120 万円の支払い等）

1　内部告発の正当性　「いわゆる内部告発においては，これが虚偽事実により占められているなど，その内容が不当である場合には，内部告発の対象となった組織体等の名誉，信用等に大きな打撃を与える危険性がある一方，これが真実を含む場合には，そうした組織体等の運営方法等の改善の契機ともなりうるものであること，内部告発を行う者の人格権ないし人格的利益や表現の自由等との調整の必要も存することなどからすれば，

内部告発の内容の根幹的部分が真実ないし内部告発者において真実と信じるについて相当な理由があるか，内部告発の目的が公益性を有するか，内部告発の内容自体の当該組織体等にとっての重要性，内部告発の手段・方法の相当性等を総合的に考慮して，当該内部告発が正当と認められたる場合には，当該組織体等としては，内部告発者に対し，当該内部告発により，仮に名誉，信用等を毀損されたとしても，これを理由として懲戒解雇をすることは許されないものと解するのが相当である。」

　2　内容の真実性　　事実①，②の指摘および③の根幹的部分，④，⑤の各私物化の事実はそれぞれ真実であるか，少なくともX_1らにおいて真実と信じるについて相当な理由があったと解され，「X_1らがY_1に背任，横領があったものと信じるについて相当な理由があったと解する。」

　3　手段方法の正当性　　①匿名文書にしたことは，Y_1らによる弾圧や処分を避けるためにやむを得なかった。②X_1らのした問題提起に関し，業務執行権を有するY_1らに期待できない場合に，文書配布をA生協総代会に対してするのはむしろ当然というべきである。③X_1らが業務中にA生協の内部資料を持ち出し匿名文書作成のもとにしたことについて，相当性を欠く面があったことは否定できないが，一手段が不相当であったとしても，場合により個別の行為についてなんらかの処分が行われることは格別，本件内部告発全体が直ちに不相当なものになると解すべきではない。

　4　「本件内部告発の内容は，前述したところから明らかなように，公共性の高いA生協内部における事実上の上位2人の責任者かつ実力者における不正を明らかにするものであり，A生協にとって重要なものであることは論をまたないこと，本件内部告発の内容の根幹的部分は真実ないし少なくともX_1らにおいて真実と信じるにつき相当な理由があるというべきであること，本件内部告発の目的は高い公益目的に出たものであること，本件内部告発の方法も正当であり，内容は，全体として不相当とは言えないこと，手段においては，相当性を欠く点があるのは前述のとおりではあるものの，全体としてそれ程著しいものではないこと，現実に本件内部告発以後，A生協において，告発内容に関連する事項等について一定程度の改善がなされており，A生協にとっても極めて有益なものであったと解されることなどを総合的に考慮すると，本件内部告発は，正当なものであった。」したがって，X_1ら2名を「虚偽の風説を流布した」などの理由で懲戒解雇することは許されない。

5 懲戒解雇の不法行為性　Y_1は，退任前後を通じて，生協に対する多大な影響力を有し，退任後も最高実力者として残したY_2に対し，その影響力を利用してXらの解雇を示唆し，共謀して内部告発に対する報復として，本件懲戒解雇を行わせたものであり，不法行為が成立する。

【コメント】　本件は，文書による内部告発行為に関し，これまでの裁判例および学説の傾向を整理し，正当性判断の基準を一般的，かつ具体的に示した標準的裁判例として参考に値する。

労働者による内部告発活動が一般に正当行為と認められるのは，告発内容が労働者の人格権の保護ないし事業（体）の公益性の故であるが，具体的には，①告発内容が「真実ないし少なくとも真実と信じるにつき相当な理由がある」場合（相対的意味の真実性）であって，②告発の目的は特に公益性を有するものである必要はなく，当該事業にとって重要性，有用性を有する事実であればよい。その際，③告発は，情報の収集方法や主張，評価の表現（告発手段・方法，記述）の面において相当性が問われる。

(5) 調査への非協力・不服従
一　所持品検査

case 13-10　守衛の行う入退場者の「日常携行品」の検査（違法）

神戸製鋼所事件・大阪高判昭和50・3・12高民集28巻1号47頁

【事実】　1　Xら2名（被控訴人・被上告人）は，Y会社（控訴人・上告人）神戸工場勤務の従業員である。同人らは午後3時〜10時（二勤）の勤務のため入構しようとしたところ，守衛から小脇に抱えていた新聞（「アカハタ」）4，5部の点検を受けるよう要求され，拒否した。守衛ら4，5名はスクラムを組むようにして門前に立ちふさがり同人らの入構を阻止した。このためXらは就労を断念し，Y会社は当日分を賃金カットした。

2　Y会社就業規則は「日常携行品以外の物品を携帯して出入りするときは，……守衛の点検を受けなければならない。」（1項），「物品の搬入出については別に定める。」（2項），「前2項の外，必要ある場合は守衛の請求により携帯品を点検することがある。」（3項）と定めている。また，上記第2項を受けて定められた「物品搬入及び持込持出規程」は，「従業員は作業衣，傘，洗面用具などの日常携帯品及び書籍，新聞，雑誌，軽易な

運動用具その他これに類するもの外，私品の持込をしてはならない。」（16条1項），「守衛が必要と認めた場合はその指示に従い点検を受けなければならない。」（18条）と規定している。本件は，Xらが入構できなかった労働日の賃金請求事件である。

　　3　1審（灘簡判昭和40・3・27労民集16巻2号179頁）は，新聞は「日常携行品」ではないとするY会社の主張は「文明社会の何たるかを忘れた前近代的な独自の考え方」とし，守衛らは「就業規則を濫用し……，その具体的な方法は公序良俗に違反した違法なものである」と判示し，また原審（神戸地判昭和47・12・25労判226号55頁）も「守衛の点検要求は右各条項の解釈適用を誤ったもの」と判示し，Xらの請求を認容した。Y会社上告。

　【判旨】　上告棄却
　　1　Y会社就業規則および規程は「職場内における秩序維持，規律の確立，盗難防止等のために規定されたもの」であるところ，「規則，規程の運用に当っては不当に従業員の自由を制限することのないよう合理的に解釈運用されるべきである。このような見地において規程16条1項を検討してみると，……書籍，新聞・雑誌も，その前後に挙げられた諸物件と著しく均衡を失しない程度のものに限定する必要があり，これを新聞について考えてみると，同一の新聞を多数携帯しているとか，あるいは，別個の新聞であっても，若しこれを構内で配布する目的で持ち込もうとするような場合は，右規程16条1項の除外例には含まれない。」
　　2　しかしながら，上記規則，規程に基づいて行う点検は「携帯物件の形状，数量その他諸般の状況からみて持込みの許されない物品を所持していることを疑うに足りる相当な事由がある場合に限りこれをなしうると解すべきであって，単なる会社側の見込みだけによって所持品検査をすることは，思想信条の調査につながり，人の自由を制限する虞のあるものとして許すべきではない。」
　　3　Xらはアカハタ4ないし5部をはだかのまま4つ折りにして小脇にかかえて入場しようとしたものであるが，その数量は「先に掲げた持込許容の最高限度であると見るのが相当である。」したがってXらが右点検を拒否したことは相当の理由がある。

　【コメント】　企業が従業員に対して行ういわゆる所持品検査については，「被検査者の基本的人権に関する問題であって，その性質上つねに人権侵

害のおそれを伴うもの」である。このことはすでに先例において明確に指摘されている（参照，**case 5 - 7**・西日本鉄道事件）。同判例は，鉄道乗務員に対する乗務終了後の所持品検査に関し，それが企業にとって必要かつ効果的な措置であり，他の同種の企業でも広く行われ，検査の実施が就業規則に規定され，事業場の労働者の過半数の同意がある場合であっても，そのことの故をもって，当然に適法視されるものではないと判示している。同判例は，「問題は，その検査の方法ないし程度」であるとし，「所持品検査は，①これを必要とする合理的理由に基づき，②一般的に妥当な方法と程度で，③しかも制度として，④職場従業員に対して画一的に実施されるものでなければならない。」と判示している（付番は引用者）。このような調査であるかぎりにおいて労働者は検査を受忍すべき義務を負う。本件は，労働者の入出構の際に，労働者の「日常携帯品……その他これに類するもの」以外の持込み禁止規定の適用が問題になっている。Xらの所持品が新聞であることは一目瞭然の状態であり，判旨はそれが4，5部に止まることから，守衛らの点検の「理由」およびその「方法ないし程度」において不相当と判断したものと解される。

二　調査協力義務

case 13 - 11　同僚の企業秩序違反行為の調査不協力と懲戒処分（無効）

富士重工業事件・最3小判昭和52・12・13民集31巻7号1037頁
【事実】　Y会社（控訴人・被上告人）の人事課長らは，同社従業員のA，Bが就業時間中無断離席して原水爆禁止世界大会に向けて行った署名活動に関し，X（被控訴人・上告人）に事情聴取を行ったところ，同人は「答える必要がない。」と応答した。Y会社は，Xの調査協力拒否は，就業規則の「従業員は上長の指示に従い……職場の秩序を守り」，「会社の諸規則を守ること。」などの規定違反であるとの理由でXを譴責処分にした。本件は譴責処分無効確認請求事件。1審（東京地判昭和47・12・9労民集25巻1・2号192頁）は請求を認容したが，原審（東京高判昭和49・4・26労民集25巻1・2号183頁）は，Y会社の労使の代表者で構成する中央苦情処理委員会の処分相当との認定判断を尊重すべきであるとしてXの請求棄却。

【判旨】　原判決破棄，Xの請求認容

　1　「労働者は，労働契約を締結して企業に雇用されることによって，企業に対し，労務提供義務を負うとともに，これに附随して，企業秩序遵守義務その他の義務を負うが，企業の一般的な支配に服するものということはできない……。そして，右の観点に立って考えれば，当該労働者が他の労働者に対する指導，監督ないし企業秩序の維持などを職責とする者であって，右調査に協力することがその職務の内容になっている場合には，右調査に協力することは労働契約上の基本的義務である労務提供義務の履行そのものであるから，右調査に協力すべき義務を負うものといわなければならないが，右以外の場合には，調査対象である違反行為の性質，内容，当該労働者の右違反行為見聞の機会と職務執行との関連性，より適切な調査方法の有無等諸般の事情から総合的に判断して，右調査に協力することが労務提供義務を履行する上で必要かつ合理的であると認められない限り，右調査協力義務を負うことはないものと解するのが，相当である。」本件Y会社の調査目的は，XからAおよびBらの活動状況等を聞き出そうとしたものであり，かかる調査に協力することが「Xの労務提供義務の履行にとって必要かつ合理的であったとはいまだ認めがたい。」

　2　「懲戒事由の存否の問題は，右懲戒処分の適否を審査する裁判所の判断に服すべき問題であるから，……労働組合の代表的立場にある者のこれについての認定判断をその一資料として考慮するのは格別，原判示のように，特別の事情の存在しない限り，これを尊重し，右懲戒処分の適否の判断に採り入れなければならないと解すべき理由はない。」

【コメント】　労働者の調査協力義務は，①「調査に協力することがその職務の内容になっている場合」と②「右以外の場合」の2つに分けられ，前者の場合は，調査に協力することが労働者の労働契約上の基本的義務である労務提供義務，すなわち「職務の内容」そのものであるから，労働者は協力義務を負う。(**case 13-10**・神戸製鋼所事件のコメントで言及した **case 5-7**・西日本鉄道事件の場合は，客から受領した乗車賃を会社に確実に収納することは乗務員たる労働者の労務提供義務の重要な一部を構成するものであり，したがってこの場合の調査受忍義務の法的根拠も労務提供義務にあると解される)。これに対し②の「右以外の場合」(調査対象事項について労働者の「職務の内容」と客観的関連性が認められない場合)の調査協力義務は，一般的な企業秩序遵守義務が法的根拠になる。判例は，この場合について

も，当該労働者の「労務提供義務を履行する上で」必要かつ合理的であると認められなければならないとして，労働者の調査協力義務を限定している。

　加えて，調査の方法・程度が相当でなければならないことは上記①，②のいずれの場合であっても重要な前提的要件である。

三　社内メールの私用状況調査

case 13-12　中傷メールの発信者との嫌疑で行われた事情聴取の不法行為性（否定）

日経クイック情報事件・東京地判平成 14・2・26 労判 825 号 50 頁

【事実】　Y会社の営業部に勤務していたXは，Xの机上の端末から同僚Tのメール・アドレスに，Tと契約社員の女性Kとの関係を阻害する誹謗中傷メールが送信されているとの理由で，上司らの事情聴取を受けた（1度目は30分，2度目は約1時間）。上司らは1度目と2度目の事情聴取の間に，Xの机上の端末から多数の私用メールの送受信を発見し，その一部を印刷し，内容を点検した。Xは，最後まで誹謗中傷メールとの関わりを否定したが，Y会社は，XがTへの誹謗中傷メールを送信したと推断し，就業規則の懲戒事由「業務以外の目的に会社施設を利用して，集会・宣伝・文書の配布・掲示その他これらに類する行為をすること」に当たるとして譴責処分にし，このことを社員告知用掲示板に張り出した。

　Xはその後，Y会社を退職した。Xは，自分を犯人と決めつけたY会社の事情聴取および私用メールの調査により名誉権，人格権を著しく侵害され精神的苦痛を被ったとして損害賠償（慰謝料，550万円）等を請求。

【判旨】　請求棄却

1　企業秩序違反行為に対する調査権限　　企業は，「企業秩序に違反する行為があった場合には，その違反行為の内容，態様，程度等を明らかにして，乱された企業秩序の回復に必要な業務上の指示，命令を発し，又は違反者に対し制裁として懲戒処分を行うため，事実関係の調査をすることができる。しかしながら，上記調査や命令も，……調査等の必要性を欠いたり，調査の態様等が社会的に許容しうる限界を超えていると認められる場合には労働者の精神的自由を侵害した違法な行為として不法行為を構

成することがある。」

　2　Xに対する調査の必要性　「誹謗中傷メールの送信者が、T及びKにごく近い立場のY会社の社員であることは明らかであり、その内容がTの言動を事細かに指摘し、非難し、皆から嫌われているとするなど、その送信は違法性を有すると考えられ、Tの申出に応じて発信者を特定して防止措置を講じることはもちろん必要であり、のみならず、それは企業秩序を乱す行為であり、就業規則……に照らして懲戒処分の対象となる可能性があるから、その観点からいっても速やかに調査の必要がある。そして、メールの送受信記録、XとKの関係、XがTのパソコンを預かったことからすると、Xが誹謗中傷メールの送信者であると疑う合理的理由があったから、Xに対し事情聴取その他の調査を行う業務上の必要があったということができる。」

　3　事情聴取の不法行為性（否定、略）

　4　Xの私用メール調査の必要性　「私用メールは、送信者が文書を考え作成し送信することにより、送信者がその間職務専念義務に違反し、かつ、私用で会社の施設を使用するという企業秩序違反行為を行うことになることはもちろん、受信者に私用メールを読ませることにより受信者の就労を阻害することにもなる。……このような行為は、Y会社の就業規則……に該当し、懲戒処分の対象となりうる。」そして、誹謗中傷メール調査の始まる直前までXは業務外の私用メールの送受信を頻繁に行っていたことが明らかになったため、これについて新たに調査の必要が生じた。

　5　私用メール調査の相当性　「Y会社の行った調査は、……Y会社が所有し管理するファイルサーバー上のデータの調査であり、かつこのような場所は、……私物を保管させるために貸与されるロッカー等のスペースとは異なり、業務に何らかの関連を有する情報が保存されていると判断されるから、……ファイルの内容を含めて調査の必要が存する以上、その調査が社会的に許容しうる限度を超えてXの精神的自由を侵害した違法な行為であるとはいえない。」「また、他の社員に対し同時に私用メールの調査を行わなかったことについては、Xには、誹謗中傷メール事件の調査としてファイル内容を含めて調査の必要が存していたし、私用メール事件としても、Xについて、過度の私用メールが発覚した以上、Xについてのみ調査を行うことが、他の社員との関係で公平を欠いたり、Xへの調査が違法となることはない。」

【コメント】　使用者は,「企業秩序違反行為があった場合」に,秩序の回復に必要な指示・命令をし,違反行為の内容,態様,程度を明らかにする目的で調査を行い得ることについては特に異論をさしはさむ余地はない(判旨1)。しかし,調査対象が人(労働者)の場合と物(本件事案の企業施設であるPC端末など)の場合とは区別する必要がある。労働者に対する調査は,関係事項がその職務内容に関する場合は,労働契約上の労務提供義務の一内容として,労働者に調査応諾義務があるが,それ以外の場合は当該労働者が「労務提供義務を履行する上で必要かつ合理的であると認められない限り」,労働者は,当然には調査協力義務を負わない(**case 13-11**・富士重工業事件)。

　物の調査の場合でも,社内電話やパソコン端末の場合は,自ら私用に供しない場合でも私的用件を受信することもあり,性質上他の企業施設を調査する場合とまったく同列に考えるわけにはいかない。このような情報の受発信機器の使用状況調査は,企業秩序の違反が客観的に明らかな場合は別であるが,原則的には,特定の労働者のみを対象に行うべきではなく,調査の実施・時期(周期的か随時的か)・方法等(メールサーバー保管のものを印刷することも含めて)を周知させた上で,「制度」として行う必要があると解する(電話の傍受,自動記録などの場合を想起せよ)。

　以上の点から考えると,判旨5は,「誹謗中傷メール」の送信者であることが推断され,かつ「過度の私用メールが発覚した」場合についての特殊事例判断としてのみ肯認し得る(判旨をおおむね妥当とする見解として,小畑・第2集133頁以下がある)。

IV　懲戒権の行使

1　懲戒権の行使

　使用者は,懲戒権を行使するに当たって,種々の原則に服する(以下,有泉225頁参照)。すなわち,①同じ規律に同じ程度に違反した場合に,制裁の種類,程度が異なることは許されない(平等待遇の原則)。②懲戒は違反する者に制裁を加えるものであるために,行為の当時存在しなかった規定を適用して懲戒処分をすることは許されない(不遡及の原則)。③労働者は自己の行為(作為,不作為)についてのみ懲戒されるべきであり,他者の行為(作為,不作為)につ

いて懲戒の対象になるのは，当該他者の行為に関し具体的に帰責され得る場合にかぎる（個人責任の原則）。④制裁は，規律違反の種類，程度に応じて相当のもの（労契法15条の規定する「社会通念上相当であると認められ」るもの）でなければならない（相当性の原則）。⑤本人が事実について争っている場合は，本人に弁明の機会を与えるべきである（手続における正義）。懲戒処分に先立ち賞罰委員会を設置し，審議・裁定すること等の定めが置かれている場合は，それが就業規則か労働協約かを問わず形式的，実質的にその手続に反して行われた懲戒処分は無効と解すべきである（就業規則に定められた賞罰委員会の設置，運営手続に反してなされた解雇を無効とした日鉄鉱業事件・福岡地判昭和28・8・5労民集5巻6号671頁参照。本件に関し林迪広・百選初版40頁，中村正・百選3版72頁，田端博邦・百選5版58頁）。

2　懲戒権行使の準則
一　遡及適用の禁止

case 13-13　懲戒処分規定前の刑事起訴を理由とする休職処分（無効）

社会福祉法人広島厚生事業協会事件・広島地判昭和38・1・28労民集14巻1号1頁

【事実】　Xら7名は，昭和35年8月Y法人の理事長らに暴行を加えた疑いにより，暴力行為等処罰に関する法律違反の罪で同年11月に起訴された。Y法人は，同人らの起訴後，就業規則を改正し起訴休職処分規定を新設し，同起訴日から施行する旨定めた。また労基法90条に従いXらの所属する労働組合に対し同改正について意見を提出するよう照会し，同月末日事業場に掲示し，翌12月5日広島労働基準監督署に改正就業規則を届け出た。その後，12月13日変更後の就業規則の規定によりXらを刑事起訴休職処分にした。本件は，同処分がなかったものとして賃金仮払申請を認容した決定に対する仮処分異議事件である。

【判旨】　仮処分決定認可

「就業規則が効力を生ずるためには，それが新たに個々の労働契約の内容となるものである関係上，何らかの方法で公にされ，労働者に周知せしめる機会を与えられることを要すると解すべきところ，……本件改正手続中労働基準法の要求する右手続のなされたのはいずれも昭和35年11月25日以降のことであり……，また静養院（Y法人の施設・引用者）の掲示場

に掲示されたのも11月30日であることからすると，少くとも本件改正就業規則の施行日と定められた同年11月25日には未だ改正の効力は生じていないものといわねばならない。

とすれば，同年11月25日に刑事事件で起訴された者に対し，右改正規則を適用することは効力を遡及させてはじめてなしうることである。そして，休職者は，その俸給が月額の半分しか支給されないことになるから，休職処分が被処分者に不利益なものであることは明らかである。ところで，かように被処分者に不利益を与える規則を一方的に遡及適用することは許されないと解すべきであるから，本件改正就業規則による休職処分は不適法であって効力を生じていないものというべきである。」

【コメント】　本件は，刑事事件被疑者として起訴された労働者を懲戒処分する目的で，起訴後に就業規則に刑事起訴休職処分規定を新設して届出および周知の手続を採った上で，周知（施設掲示場への掲示）以前に刑事起訴された労働者らに対し，当該不利益変更後の就業規則を遡及適用して不利益処分をした事例であり，参照に値する。

二　均衡原則
case 13-14　懲戒事由と処分の重さが不均衡な懲戒解雇（無効）

西武バス事件・東京高判平成6・6・17労判654号25頁
【事実】　1　Y会社（被控訴人）の路線バス運転手のX（控訴人）は，平成1年6月30日勤務終了後，同僚と石神井駅付近の飲食店で飲食し，午後11時頃停車中の会社の最終バスに気づき，運転手に「ちょっと待ってくれ」と言って飲食店の同僚に帰る旨を告げてバスに乗り，石神井営業所に戻り翌日勤務のため宿泊した。これを目撃した客の一人が「社員のくせにバスを私物化するのか。」と言って営業所までついてきて運行管理者に苦情を申し入れた。

2　Y会社は，翌7月20日Xを「酒気を帯びて同僚運転手のバスを停め2分ほど待たせて乗車し，乗客より苦情を申し込まれる不祥事を起こした上，酒気帯びのまま営業所に宿泊した。（以下，略）」との理由で懲戒処分決定書を交付し，解雇予告手当，退職金を提供した（Xは受領を拒否し，Y会社は供託）。本件は，解雇無効等確認請求事件。1審（東京地判平成4・

12・1労判621号11頁）は，本件解雇は，懲戒事由の存在を理由とする普通解雇であるとし，Xの上記行為は「従業員としての基本的な執務態度が不良で，会社の信用を失墜させ〔た〕」として請求を棄却。

【判旨】　原判決変更，Xの請求認容

　1　Y会社は当時，「Xに懲戒解雇に値する非違行為があったと認識しており，したがってこのことを本件解雇の意思決定に当たって大きくしん酌していたものと推認させる根拠となるものであるから，本件普通解雇の当否を判断するに当たって，その程度でしん酌すべきものと考える。」

　2　Xの行為は結果的にバスの運行を遅らせ，一般乗客への迷惑を顧慮しない不謹慎な行為であったが，酔余とはいえ翌日の勤務に備えて最終バスに飛び乗ったというものであり，その動機において同情すべきところがある。また，Xはロータリーをゆっくり巡行してくれた間に乗車が可能となったもので乗車地点も運転手の裁量の範囲内であり，遅延時間は「2分程」ではなく40秒くらいであった。

　3　Y会社就業規則は懲戒処分として譴責，減給，格下，出勤停止，昇給停止の措置を定めており，Y会社としては解雇より軽い類型の処分を選択することが十分可能であったし，Y会社及び同業他社における処分例としても，本件と同程度の行為で解雇された例はない。「以上のとおり……，Xの行為をもって懲戒解雇処分の事由とすることは社会通念上著しく均衡を失しており，解雇は重きに過ぎるものと評価せざるを得ない。」

【コメント】　Y会社は，Xに対し解雇予告手当および退職金を提供した上で「懲戒処分決定書」を交付しており，一般に退職金を提供しない即時解雇としてなされることの多い懲戒解雇の場合とは事情が異なる。しかし，制裁として行われたことに変わりなく，判旨1の本件普通解雇の当否を判断するに当たって，「その程度でしん酌すべきものと考える」とは，懲戒解雇に価する非違行為性を有するか否かについて検討するとの態度を意味している。判旨がXの行為の動機，態様，不都合な結果（本件では，バスの遅延時間）の程度など各要素を総合考慮し，処分事由と処分の重さとが釣り合わないとした判断は，1審判決と好対照をなしており，慎重かつ相当と解される。

　なお，懲戒処分手続については，懲戒処分に関し就業規則に手続規定が特に定められていない場合でも，特に懲戒解雇事由による解雇の場合は，最低限度の適正手続として処分決定前に懲戒事由該当行為に関し本人に弁

明の機会を与えるべきか否かが問題になりうる（本件の最3小判平成7・5・30労判672号15頁も，原審の判断に何も付け加えることなく維持し，Y会社の上告を棄却した）。

三　懲戒処分事由の追加
case 13-15　懲戒処分当時，懲戒事由として認識していなかった非違行為に対する懲戒処分（無効）

山口観光事件・最1小判平成8・9・26労判708号31頁
【事実】　X（被控訴人・被上告人）は，Y会社（控訴人・上告人）の経営する遊戯施設でマッサージ師として勤務していたが，平成5年8月無断欠勤を理由に懲戒解雇された。Y会社はその後，Xの地位保全仮処分申請に対する答弁書において，Xが採用の際に年齢（57歳3ヵ月）を45歳3ヵ月と詐称したことを理由に懲戒解雇（予備的に普通解雇）の意思表示をした。1審判決（大阪地判平成7・6・28労判686号71頁）は，Xの年齢詐称は当初の懲戒解雇の理由とされていなかったことから懲戒解雇の正当事由にならないとし，他方年齢詐称は「企業秩序の根幹をなす，使用者と従業員間の信頼関係を著しく損なう」ものである上，Y会社・X間の雇用契約の継続期間の見込みを誤らせ，Y会社の今後の労働者の雇用計画やXの労働能力に対する評価を誤らせるものであるなどとして予備的解雇を有効と認めた。原審（大阪高判平成7・12・13労判708号38頁）はY会社の控訴棄却。Y会社が上告。
【判旨】　上告棄却
「使用者が労働者に対して行う懲戒は，労働者の企業秩序違反行為を理由として，一種の秩序罰を課するものであるから，具体的な懲戒の適否は，その理由とされた非違行為との関係において判断されるべきものである。したがって，懲戒当時に使用者が認識していなかった非違行為は，特段の事情のない限り，当該懲戒の理由とされたものでないことが明らかであるから，その存在をもって当該懲戒の有効性を根拠付けることはできないものというべきである。これを本件についてみるに，……本件懲戒解雇は，Xが休暇を請求したことやその際の応接態度等を理由としてされたものであって，本件懲戒解雇当時，Yにおいて，Xの年齢詐称の事実を認識して

いなかったというのであるから、右年齢詐称をもって本件懲戒解雇の有効性を根拠づけることはできない。」

　【コメント】　判旨の「具体的な懲戒の適否は、その理由とされた非違行為との関係において判断されるべきもの」との部分は、本件1審判決では、懲戒解雇の効力は「使用者が、懲戒解雇の理由とした労働者の当該行為について判断されるべきである」と表現されている（念のため）。

　本判決後の同趣旨の裁判例に前記 case 13-9・大阪いずみ市民生協事件がある。この事件では、会社の主張する懲戒解雇事由のうちのいくつかは、使用者側がその処遇について結論を出すに当たって、当該労働者（原告）に対してした弁明聴取の事項に含まれていなかったものであることを挙げ、「懲戒当時に使用者が認識していなかった非違行為」と判断し、懲戒解雇の適否の判断の対象から除外している。学説には、判旨の「懲戒当時に使用者が認識していなかった非違行為」とは、「理由として表示しなかった非違行為」と言うべきであろうとするものがあり（菅野401頁）、賛同したい。

第14講　労働契約の終了

I　はじめに

　一　労働契約は，いろいろな原因で終了する。まず，労働契約は一身専属的契約であるから労働者の死亡（自然死）または失踪宣告（法律死）によって終了する（民30条・31条参照）。失踪宣告の取消し（同32条参照）が行われても，労働契約は当然には復活しない。つぎに，法人でない個人経営のオーナーが死亡した場合も同様である。法人経営の場合，法人が解散決議をすると，法人は清算法人となり，清算が決了するとき法人格は消滅し，労働契約も当然終了する（株式会社の解散は会社471条・309条2項11号，公益法人の解散は一般法人148条・202条参照）。労働契約は，また，労働契約を終了させる旨の労使の合意（合意解約）によって終了する（一般に「円満退職」と言われる）。そして，労働者が退職する旨を，使用者が労働者を解雇する旨を，それぞれ一方的に意思表示することによっても終了する（この場合の労働者の退職は一般に「辞職」と言われる）。さらに，有期労働契約の期間満了，あるいは傷病休職期間満了時に傷病が治癒しない場合や定年年齢に達した場合など，所定の事由が生じた場合に終了する（このように，一定の事実の到来によって労働契約が終了する場合は一般に「自動退職」と言われる）。

　二　使用者は，労働契約の締結に際し，「退職に関する事項」を労働者に明示し（労基15条1項，労基則5条1項4号），就業規則に記載する義務を負っている（労基89条3号。違反の場合の罰則につき，同120条1号）。「退職に関する事項」には，文字どおり労働者の退職のほか，解雇，有期雇用者の雇止め，定年など労働者がその地位を失うすべての場合を含む（有泉200頁参照）。このことは2003（平成15）年労基法改正の際に明確にされ，上記規定（労基則5条1項4号，労基89条3号）の「退職に関する事項」について，それぞれ「解雇の事由を含む」ことと規定された。また，使用者は，労働者が退職する場合に「退職の事由（退職の事由が解雇の場合は，その理由を含む）」について証明書を請求した場合は，遅滞なくこれを交付しなければならない（労基22条。本規定に関しては本講Vで述べる）。

II 労働契約の解約

1 解約（解雇・退職）の自由
(1) 無期労働契約の解約

一　民法は，当事者が雇用の期間を定めなかったとき（無期雇用契約）は，各当事者は「いつでも」解約（退職または解雇）の申入れをすることができ，この場合において雇用は，解約の申入れの日から「2週間を経過することによって終了する。」と定めて，雇用契約の一方的解約の自由を規定している（民627条1項）*。その趣旨は，期間の定めのない継続的法律関係について解約告知権を認めないときは，「不当に当事者を拘束する結果になるから」であると説かれてきた（萩沢清彦「解雇の自由」大系5巻233頁）。要するに，労働者に対する退職の自由の保障と相互的に，使用者の解雇の自由も無制約に承認されたものと解される。そして雇用契約を解約（退職および解雇）する場合に，それが相手方に与える不測の損害について，上記解約予告期間を置く方法によって調和を図っている。この点は，損害賠償の方式を採る他の労務供給契約とは異なる雇用契約の特徴である（委任に関する民651条，請負に関する民641条と比較せよ）。

*　**無期労働契約の解約の意思表示の時期**　民法627条1項後段の「2週間」の解約予告期間の定めは，賃金が時間給，日給，出来高給で定められている労働契約の場合である。月給制のように「期間によって報酬を定めた場合」，その期間が6ヵ月未満であれば，次期以降について当期の前半（月給制の場合は前月の前半）に解約の意思表示を行い，年俸制のように6ヵ月以上の期間をもって賃金を定めた場合は，3ヵ月前に解約の申入れを行う必要があるとされている（民627条2項・3項）。しかし，労基法20条は30日前に解雇予告の義務を使用者に負わせているので，以上の民法の規定は解雇に関するかぎり，労基法によって代替されたと解して差し支えない。ただし，労基法の適用されない家事使用人（労基116条2項）を解雇する場合および労働者の退職（辞職）の意思表示に関しては，本条（民627条）は依然強行規定として適用される（有泉156頁。なお，東大・注釈労基法〔上〕〔野田進〕314頁は，同条を本来任意規定であると解しているようであり，労働者の辞職の意思表示に関し就業規則等で不当に長期の予告を義務づける場合は公序良俗違反により無効と判断すべきであるとしている。しかし，家事使用人の解雇にも民法の定める程度の解約予告期間は保障されるべきであるし，労働者の辞職に関する解釈は，どの程度の予告を義務づければ公序良俗に反するのか不明確でもあり賛同できない）。

二　解雇は，余分の労働力と不良の労働力を放出する機能を有し（労働力の

量的調整と質的調整），使用者は詰まるところ解雇によって経営組織を大なり小なり再編成し，経営の合理的運営を図るために行われる。解雇は，そうした目的的行為であり（あるべきであり），少なくとも労働者に対する害意や恣意に基づいて行われるべきものではない。その主要な理由を述べればおおよそつぎのとおりである。

　職業の営みは，雇用労働者の生計の基礎であり，継続と積み重ねを通してその経済的，社会的，人格的発展を可能にし，労働者は社会の一員として他者と良好で健全な関係を築いてゆくことができる。職業は，労働者にとって，そのような意味で不可欠の営みである。また，労働者が勤務を継続し積み重ねることは，業務遂行に必要な知識，技能，経験，責任などを高度化させ，そのメリットは経営の利益に還元され，労働条件の維持向上に反映され，国民経済発展の基盤を強固にすることにもつながるのであるが，解雇はこうした労働者の利益を一挙に失わせる。

　三　日本の場合，使用者は解雇の自由を有するか，それとも正当な事由のある場合にかぎって解雇をなし得るのかに関し，学説は活発に論議し，解雇の自由の制限を志向する判例も厚く積み重ねられた（萩沢清彦・前出―大系5巻233頁，三島宗彦「解雇権の濫用」大系5巻285頁は解雇の自由の法理に関する基本文献である。解雇に関する学説の状況については森戸英幸「労働契約の終了(一)」季労163号〔1992年〕159頁が詳細である）＊。しかし，民法の規定する無期雇用契約に関する一般的な「解雇の自由」の法典原則（民627条）そのものは，憲法に国民の「勤労の権利」（27条1項）が定められた第2次大戦後も修正されず，2003（平成15）年の労基法改正まで手をつけられることはなかった。この点は，直接法律により解雇理由に「真実かつ重大な理由」や「社会的相当性」の要件を課している大陸法系諸国の例と著しい対照をなしていた（参照，野川忍「解雇の自由とその制限」講座21世紀4巻163頁以下）。

　　＊　**解雇の自由の制限法理**　　旧借家法1条の2（現行，借地借家法28条）が，建物の賃貸借の解約の申入れは「正当の事由」があると認められる場合でなければすることができないとしているのとほぼ同様の精神（社会経済的弱者の保護）に立ち，生存権および労働権の保障（憲25条・27条）を根拠に，解雇には正当な事由が必要であるとする正当事由説が唱えられた。その古典的な裁判例は，第1に「企業の公共性」を指摘し，この点にかんがみ，「使用者の人事権は，その企業の生産性を昂揚するような仕方で行使せらるべく，その生産性の基礎である労働者の生産活動ないし，その生存権を侵害するような人事権の行使は許されない。」と判示した。そして第2に「労働権」を指摘し，「その意思に従って職を選び最も

有利な条件で労働力を提供し，その生存を維持すること，而して他人に妨げられることなく，かかる雇用関係を継続する権利（労働の権利）を……侵害するような解雇は許されない。」とした。そして，このような企業の公共性と労働権の保障の趣旨から，「使用者はその従業員が企業の生産性に寄与しないとか，有機的全体としての経営秩序をみだす等，社会通念上，解雇を正当づけるような相当の理由がある場合に限り，有効に解雇することができる。」と述べた（東京生命保険事件・東京地判昭和25・3・22労民集1巻2号230頁）。この解雇に関する正当事由説に関しては，企業の公共性や労働権，生存権の保障を解雇の自由の制限根拠に据える点を含めて共感と批判が渦巻いたが，旧借家法のような解約制限規定を欠き，実定法にかえって解約の自由が明記されている労働契約については，正面から正当の事由がなければ解雇できないとは言えないとしつつ，「解雇がはたす機能との関係」の点で，合理性のないものは抑制すべきであるという「解雇権の濫用の法理」が強靱な理論構成の下に提唱され，やがて多数説を占めるに至った（参照，有泉144頁以下。同「解雇の法的構造について」季労17号〔昭和30年〕26頁以下，本多淳亮「解雇自由の法理」民商35巻5号〔昭和32年〕43頁。近年の必見の文献として，解雇の自由の制限とその根拠に関し，①不法な意図による解雇の制限，②雇用保障の理念からの解雇の制限，③労働という契約目的の性質からくる制限，④長期継続契約にかかる信義則および⑤企業の組織的合理性の5つを挙げ，説得力ある考察をしている東大・注釈労基法〔上〕〔野田進〕323〜324頁参照）。

四　高度経済成長期の末期，最高裁判所は，使用者は客観的に合理的な理由を欠き社会通念上相当として是認することができない場合には，労働者を解雇することはできず，解雇は権利を濫用したものとして無効と解するのが相当と判決し，いわば司法法（judge made law）としての「解雇権の濫用法理」を打ち立てた（下巻 case 15-7・日本食塩事件）。この判決の後，最高裁判所は，解雇事由が存在する場合でも，使用者は常に解雇しうるものではなく，「当該具体的な事情の下において」，解雇に処することが著しく不合理であり，社会通念上相当なものとして是認することができないときには，当該解雇の意思表示は解雇権の濫用として無効になると判断し，その「社会的相当性」の意義を明らかにしつつ，当該解雇を無効と結論づけた（**case 14-6**・高知放送事件，本講 II 3(4)参照）。

(2) **有期労働契約の解約**

一　労働契約に期間を定めた場合，労使は相互に期間の満了までその契約を継続させることを期待し，信頼しているものと考えられ，その期待，信頼は法律上保護されなければならない。しかし，民法は「当事者が雇用の期間を定め

た場合であっても，やむを得ない事由があるときは，各当事者は，直ちに契約の解除をすることができる。」と定める（民628条前段）。この規定は，当事者は「やむを得ない事由」が存在する場合以外は，期間の途中で解約できないことを規定したものと解釈されてきた。なお労使とも，過失により期間の途中にやむを得ず解雇または退職をする場合は，相手方に対し損害賠償の責任を負う（同条後段）。

二　上記の「やむを得ない事由」は，無期労働契約を解約する場合と同様の意味で客観的合理的理由でなければならない。しかし，それのみでは足りないと解すべきである。すなわち，契約期間の満了を待たずに解雇しなければならない程度にその理由に緊急性が認められる必要があろう。その意味で，一般的な解雇権濫用の基準より厳格な合理性を要求されると解される。

学説には古くから，期間途中の解雇に関し，特別の客観的，合理的理由の必要性を説き，解雇は使用者に即時解雇以外の処置を強要することが「条理」に反する場合にかぎり行い得ると主張された（末弘嚴太郎『民法講話〔下巻〕』〔岩波書店，1927年〕174頁）。そして戦後，同様の観点から「相手方当事者の強度の不誠実な行動」や「労務者の過失による労務給付不能の事由の発生」などが例に挙げられており，支持されている（我妻栄『債権各論中巻2』〔岩波書店，1962年〕592頁，有泉169頁）。

一方，労働者が期間途中に解約した場合は，使用者は，契約違反を理由に損害賠償を請求できる。しかし，労働者の退職自体を妨げることはできない。

三　労働契約法は，「使用者は，期間の定めのある労働契約について，やむを得ない事由がある場合でなければ，その契約期間が満了するまでの間において，労働者を解雇することができない。」と定めた（労契17条1項）。この規定は，民法628条の趣旨と同じであるが，「やむを得ない事由」がないときは解雇できないことを，正面から強行的に規定したものである。加えて本条は，「やむを得ない事由」に当たるとの評価を基礎づける解雇の具体的事由についての立証責任は使用者が負うことを明らかにしたものである（厚労省「労働契約法の施行について」平成20・1・23基発123004号第5の2(1)）。

四　使用者が破産手続の開始の決定（破産15条・16条）を受けたときは，有期労働契約，無期労働契約を問わず「いつでも」解約の申入れができ，労働者に対し損害賠償責任を負うことはない（民631条）。

2 退　職
(1) 任意退職と合意解約
　一　退職には，労働者が労働契約を一方的に解約する「任意退職」（前出の辞職に当たる）と，使用者との間に労働契約の解約の合意が成立して退職する「合意解約」の2つがある＊。退職の際，労働者は，退職届の方法，時期，様式等に関する就業規則の定めを守らなければならない（労基2条2項，労契3条4項参照）。

　　＊　**和解の例**　解雇事件に関する個別的労働関係紛争のあっせん等においては，使用者が解雇日にさかのぼって解雇を撤回して所要の金銭の支払いに応じ，同日労働者が退職したものとし，以後両者間に一切の債権債務が存在しないことを確認するといったかたちの合意解約がなされることが多い。

　二　労使が労働契約の終了を合意（契約）することを合意解約という。日本では，退職する労働者が「退職願」（または，「依願退職届」）を提出し，使用者が承諾する「円満退職」の慣行が広く行われ，退職は一般に労働契約の合意解約のかたちをとる。合意解約は，使用者が一方的に労働契約を終了させる解雇ではないから，解雇に関する法律の規定は適用されない。労働者の依願退職の意思表示は，通常就業規則または慣行により直属の上司を経由して会社に到達する。この点に関し判例は，労働者の退職の意思表示を採用・異動・解雇など人事管理を行う部署の長が承諾したこと（退職の承認）をもって合意解約の成立を認めており，同管理職者の承諾後の退職の申出の撤回はできないものとしている（**case 14-1**・大隈鉄工所事件）。

(2) 公序良俗違反および意思表示の瑕疵
　一　解約の合意が公序良俗に反する場合（結婚・妊娠・出産退職，公益通報等を主な理由にする場合など）は無効である（民90条）。労働者が「辞める」と言っても使用者がそれを真意でないと認識し得た場合（心裡留保）や，労働者が錯誤に基づいて「辞める」と意思表示した場合も無効である（同93条・95条）。また，労働者が騙されたり脅されたりして「辞める」と言ってしまった場合（詐欺・強迫）は後に取り消すことができる（同96条）。

　二　退職の強要は，労働者の自由な意思形成を妨げるものとして不法行為となる（**case 14-2**・下関商業高校事件）。

　三　性的嫌がらせ（下巻第21講Ⅱ3(3)参照）や負傷疾病，内部告発等を機にいじめを受けた労働者が，会社の不適切な対応によって心身ともにいたたまれない状況になり退職に追い込まれることがある。このような場合労働者は，信

義則上，解約予告期間（民627条）を守る義務を負わないと解してよい。また，任意退職（または合意解約）の背景に使用者の有形無形の不当な退職への圧力があり，労働者が堪えきれず退職に追い込まれたと認められるときは，労働者の退職（または合意解約）は真意に基づくものということはできず，解雇に当たり，労働者は解雇権濫用を理由に労働契約上の権利を有することの確認を請求することが可能である（**case 14-3**・京都呉服販売会社事件参照。なお同旨厚労省・労基〔上〕258頁）＊。

＊ **イギリスの雇用関係法理 「擬制的解雇または仕組まれた解雇」** 　雇用権利法（ERA 1996年）は，「被用者が，使用者の行為を理由に雇用契約を予告なしに終了させることができる事情の下に，雇用契約を（予告しまたは予告することなく）終了させたとき」は，使用者に解雇されたものであると定めている（s. 95 (1)(c)）。このような解雇は「擬制的解雇」（constructive dismissal）と言われる。擬制的解雇の法的中心問題は，使用者の当該言動が重大な契約違反（fundamental breach of terms of the contract）を構成するか否かである。

したがって，擬制的解雇の問題は，労働契約を終了させた労働者の行為が，使用者の冒した重大な契約違反，または契約に拘束されない旨の露わな意図（evincing clear intentions not to be bound by the contract）といった使用者の言動に帰せられるか否か（労働者がそのような使用者の言動によって自ら労働契約を終了させる状況に追い込まれたものか否か）にある。擬制的解雇は，希な場合を除き不公正解雇とされる。

雇用契約は，労使の相互的な信頼信義の関係であるとの観点から，つぎのような場合は擬制的解雇に当たるとする諸判例がある。①使用者の虐待的ことば（abusive language），②苦情処理手続を申し立てる労働者の合理的行動への妨害（failure to allow an employee to reasonable access），③衛生安全に係る申立ての調査拒否，④セクシャル・ハラスメントの申立てへの不誠実な対応，⑤賃金引上げを「恣意的で気まぐれに」（arbitrarily and capriciously）拒否すること，⑥雇用契約に配転条項（mobility clause）のない労働者に対する配転の強要，⑦些細な違反行為に対する不釣り合いに重い懲戒処分，および⑧性的に嫌がらせをされている労働者を放置すること，などである（Andrew C. Bell, 2003, p. 78f）。

四　合意解約と「解雇の承認」　合意解約と似ているが法的性質の異なるものに労働者の解雇の承認がある。元来，解雇は形成権の行使であり，労働者はその意思表示を受領するのみであるから，その承認には法律上の意味はない。解雇が権利濫用として無効と判断される場合は，労働者が承認しても的なきに矢を放つようなものであり（法的に存在しないものは承認しても意味がない，労契16条参照），無効の解雇を有効に転換させ得るものでもないため，労働者はその無効確認請求権を失うことはない（小西・労働法411〜412頁）。また仮に，

労働者が解雇を承認した場合も、解雇の事実は変わりないため、合意解約の場合と異なり、解雇の制限、解雇予告その他解雇に関する法律の規定は適用を排除されない（その違反には罰則が適用される）。

　解雇の承認は、希に、解雇を前提に、当該解雇によって生じた紛争を終了させる意思表示と解され、その効力を争うことが信義則に反し、解雇事由の存否ならびに当否を判断するまでもないとして解雇の効力が認められる場合がある。しかし、裁判例の多くは労働者に解雇予告手当、退職金の受領（またはこれらの供託）、雇用保険法の定める離職票の受理などの外形的行為が存在したことのみでたやすく解雇の承認を認めていない（解雇を承認する意思なく給料残額と予告手当を受領したに過ぎないとした事例として服部時計店事件・東京地決昭和32・2・7労民集8巻1号57頁、解雇予告手当を受領しても解雇を争う権利を放棄したものとは認められないと判断した豊国交通事件・東京地判昭和33・11・24労民集9巻6号943頁など）。他面、上記のような外形的行為が存在し、具体的な解雇理由を告げられ、その事実関係について当事者間に誤認が存在せず、退職金も異議なく受領するなど諸般の事情から、解雇の承認がなされたものと解した例も希に存在する（三井鉱山三池鉱業所事件・福岡地大牟田支判昭和31・11・29労民集7巻6号1129頁）。なお、解雇の承認の際に「不起訴の合意」が行われたと主張されることがあるが、黙示の合意は認めるべきでない。

　また、使用者の合意解約の申込みを労働者が承諾した場合、解雇の承認がなされたと解される場合もあり得る（解雇を告げられた労働者が異議なく解職の辞令を受け取り、私学恩給財団から退職一時金を、また使用者から退職金を受領したことをもって解雇の承認により合意解約が成立したと判断した事例に平安学園事件・京都地判昭和30・2・22労民集6巻1号124頁がある。参照、西川美数・百選新版70頁）。

case 14-1　人事部長による退職届の受理と労働契約の終了効果（肯定）

大隈鉄工所事件・最2小判昭和62・9・18労判504号6頁
　【事実】　X（被控訴人・被上告人）は、Y会社（控訴人・上告人）に入社後、同社内の日本民主青年同盟員のリーダー役として非公然活動を行ってきたところ、同盟所属の同僚Kの失踪事件があり、その原因についてY会社の人事部長Aと面接した際、自己の活動がY会社に知られていることに呆然自失の状態となり、その場で人事部長に退職する旨通告し、部長らの

慰留にかかわらず、退職届に必要事項を記載し署名拇印し、身分証明書、職章、職札等を返還した。しかし、翌日退職の意思表示を取り消す旨をY会社に申し入れたが、Y会社はこれを拒絶した。

1審（名古屋地判昭和52・11・14労判294号60頁）は、本件退職の意思表示は動機の錯誤により無効であるとし、原審（名古屋高判昭和56・11・30判時1045号130頁）は、Y会社はX採用の際、副社長・取締役2名およびA人事部長らが面接し、人事組織上の一定の手続を踏んで雇用を決定していることから、退職の承認も人事部長の意思のみによってY会社の意思が形成されたとは解し得ず、同部長の受理はXの解約の申込みの意思表示を受領したことを意味するにとどまるとして、Xの請求を認容した。

【判旨】 原判決破棄差戻し

原審の右判断は、たやすく是認し難い。「けだし、Y会社において原判決が認定するような採用制度をとっているのは、労働者の新規採用は、その者の経歴、学識、技能あるいは性格等について会社に十分な知識がない状態において、会社に有用と思われる人物を選択するものであるから、人事部長に採用の決定権を与えることは必ずしも適当ではないとの配慮に基づくものであると解せられるのに対し、労働者の退職願に対する承認はこれと異なり、採用後の当該労働者の能力、人物、実績等について掌握し得る立場にある人事部長に退職承認についての利害得失を判断させ、単独でこれを決定する権限を与えることとすることも、経験則上何ら不合理なことではないからである。したがって、Xの採用の際の手続から推し量り、退職願の承認について人事部長の意思のみによってY会社の意思が形成されたと解することはできないとした原審の認定判断は、経験則に反するものというほかはない。」

【コメント】 退職の意思表示は、本文に述べたように使用者の承諾があるまではいつでも取り消すことができる（参照、昭和自動車事件・福岡高判昭和53・8・9労判318号68頁）。判旨は、A人事部長による退職届の受理を会社の承諾と解したが、それはY会社には管理職を除く従業員の退職届の受理は人事部長の固有の権限とする旨の規程（「職務権限規程」）が存在しているからでもあった。原審はこのことについて審理せずに判決していたため審理不尽とされた。

なお、労働者の退職の意思表示に関しては、事柄の重大性にかんがみ、2週間のクーリングオフ（民627条参照）を認めるべしとの見解がある。

立法論として傾聴に値する（参照，松尾邦之・百選7版163頁）。

case 14-2　退職の強要の不法行為性（肯定）

下関商業高校事件・最1小判昭和55・7・10労判345号20頁

【事実】　Y市（控訴人・上告人）の教育委員会は，X_1・X_2（被控訴人・被上告人）に対し教員の新陣代謝をはかり，適正な年齢構成を維持することを目的にして設けられた退職勧奨年齢（57歳）に達することを理由にして，X_1に対しては昭和40年度末から，X_2に対しては昭和41年度から退職勧奨を行い，同人らが拒否すると，45年3月12日以降X_1に対し5月27日までに11回，X_2に対し7月14日までに13回，Y市教委に出頭させ，教育次長を含め1〜4人で，短くて20分，長いときは2時間超にわたり勧奨をくり返した。その間，Xらの所属する組合役員の立会い要求にも応じなかった。本件は，XらがY市教育委員会の行った違法な退職勧奨が違法であるとして国家賠償法1条に基づき慰藉料（各50万円）を請求した事件。

1審（山口地下関支判昭和49・9・28労判213号63頁）はXらの請求を認容し，原審（広島高判昭和52・1・24労判345号22頁）も「あまりにも執拗になされた感は免れず，退職勧奨として許容される限度を越えている」，担当者らは退職勧奨中Xらに対し「終始高圧的な態度をとり続け」，必要のないレポート，研究の提出を命令したとして，1審同様にX_1に4万円，X_2に5万円を支払うよう命じた。

【判旨】　上告棄却

「原審の認定判断は，原判決挙示の証拠関係に照らし，是認しえないものではなく，その過程に所論の違法はない。」

【コメント】　本件は，公務員の定年制が定められた昭和60年以前の事件である。今日民間事業の60歳定年制の下でも，多くの企業は55歳半ばでの早期退職または転籍（退職）制度を設けている。本件は，労働者に過度の心理的圧力をかける退職勧奨のあり方に警鐘を鳴らすものである。とはいえ，損害額の認定が低額に過ぎるように思われる（任意退職を拒否した労働者に対し，年休不承認等の不利益を与えつつなされた退職勧奨を違法とした先例に，国鉄九州地方自動車部事件・熊本地八代支判昭和52・3・9労判283号62頁，同福岡高判昭和53・3・23労判299号〔判例カード〕がある。法廷意

見に反対意見があったことを含め，小俣勝治・百選7版164頁を参照)。

case 14-3　退職強要をした使用者の損害賠償責任（認容）

京都呉服販売会社事件・京都地判平成9・4・17労判716号49頁

【事実】　Y_1会社は，従業員Mが女性更衣室を秘かにビデオ撮影していたことを知った後も一時期適切に対応しなかった（その後，Mを懲戒解雇）。Y_2代表取締役は従業員に対し常々会社を好きになってほしい旨口にしていたところ，X女は上記隠し撮りの件をあげて，今は会社を好きになれないと朝礼で発言した。それから数日後，Y_3取締役は約30名の従業員が出席する朝礼で，X女がMと男女関係にあるかのような発言（本件Y_3発言）をし，X女に向けて会社で勤務を続けるかどうか考えてくること，今日は今すぐ帰っても良いと発言をした。その朝礼以後他の社員はX女を避ける態度をとったが，Y_1会社は何の措置も講じなかった。そこでX女は退職した。本件は退職による逸失利益および損害賠償（慰藉料）請求事件。

【判旨】　請求一部認容（Y_1会社に約215万円・Y_3取締役に対し約140万円）

「Y_1会社は，雇用契約に付随して，Xがその意に反して退職することがないように職場の環境を整える義務がある……本件Y_3発言によって，社員がXとの関わり合いを避けるような態度をとるようになり，人間関係がぎくしゃくするようになったので，Xが会社に居づらい環境になっていたのであるから，Y_1会社は，Xが退職以外に選択の余地のない状況に追い込まれることがないように本件Y_3発言に対する謝罪や……Xに対して退職を示唆するような発言を撤回させるなどの措置を取るべき義務があった……にもかかわらず，……Y_1会社が何の措置も取らなかったため，XはY_1会社に居づらくなって退職しているから，Y_1会社は，Xの退職による損害を賠償する責任を負う。」

【コメント】　本件は，セクシュアル・ハラスメントを問題にしたことで退職強要に似た嫌がらせを受けた女性労働者の，退職後にした損害賠償請求が認容された事案である。判旨の妥当性は疑いないであろう。仮に，Y_3の発言およびこれを放置したY_1会社の対応等を実質的な辞職の強要とみて，雇用契約関係の存在確認を請求した場合のことを考えてみよう。X女の退職の意思表示は，法律行為の瑕疵の典型タイプ（民93条以下）のい

ずれにもぴったりとはあてはまらない（強いていえば，労働者に留保された心裡を使用者が知り得る状態であり，民法93条ただし書の場合に当たる可能性もある）。本件のような事案では，労働者は使用者によって「退職以外に選択の余地のない状況に追い込まれ〔た〕」上で退職の意思表示をしたと認められるため，実質的に解雇に当たるとして，労働者は労働契約の存続を主張できると解される（参照，中窪＝野田＝和田〔8版〕411〜412頁）。

Ⅲ 解　雇

1　解雇の時期の規制
(1) 解雇禁止期間の原則

　使用者は，労働者が，①労働災害（業務上の負傷または疾病）により，療養のために休業する期間およびその後30日間と，②産前産後の女性が休業する期間（労基65条参照）およびその後30日間は，解雇することができない（労基19条，罰則119条）＊。「その後30日間」は，傷病の治癒後または産後休業は，「労働者の生存を脅かす最も不遇の状況下に於て労働能力の完全回復まで1ヶ月の期間について特別の考慮を払って立案した。」とされている（立法資料53巻143頁）。

　一定の年齢に達することにより自動的に労働契約を終了させるかたちの定年制には労基法19条は適用されない（昭和26・8・9基収3388号）。

　　＊　**労基法19条の解雇禁止と解雇の予告**　　裁判例には，解雇禁止期間中でも解雇の予告は禁止されないとするものがあり（東洋特殊土木事件・水戸地龍ヶ崎支判昭和55・1・18労民集31巻1号14頁），行政解釈を含め多数説である（前掲立法資料53巻143頁，下井187頁，菅野463頁，東大・注釈労基法〔上〕〔野田進〕356頁，荒木尚志「労働法講義第2回」法教308号〔2006年5月〕64頁，厚労省・労基〔上〕274頁）。しかし，労基法は解雇予告制度を定める次条（20条）では，「使用者は，労働者を解雇しようとする場合においては，少なくとも30日前にその予告をしなければならない。」と規定して，解雇（従業員として取り扱わないこと）と解雇の予告（解雇の意思表示）とを区別しているのに対し，本条（19条）では条文見だしを「解雇制限」として，解雇の予告を除外することを明らかには定めていない。また，解雇の予告は，労災休業期間および産後休業期間に「その後30日間」を特に加えて労働者の肉体的，精神的，経済的不遇を軽減しようとする点にあり，私見はこの保護的規制の趣旨どおりに本条が適用されるべきものと

解する（同旨，小西265頁）。
(2) 解雇禁止の除外認定
　一　上記の原則には例外がある。すなわち，①使用者が，労働災害により療養のため休業している労働者に対し，3年を経過してなお傷病が治癒しない場合に，労基法81条の規定により「打切補償」を支払う場合（療養の開始後1年6ヵ月を経過し，さらに療養が必要な一定の傷病状態に該当するとして，労災補償保険法の定める「長期傷病補償年金」が支払われるときは，その打切補償が行われたものみなされる。労災19条），または②「天災事変その他やむを得ない事由」のために事業を継続できなくなった場合は，この期間中でも解雇することができる（労基19条ただし書）。

　なお，休業の状態が労働日の全部休業でなく，部分休業（たとえば1日午後4時間勤務）の場合に労基法19条の解雇制限が適用されるか一応問題になり得るが，否定する積極的理由は見いだせない故に，この期間も本条によって使用者は解雇することができない。

　二　使用者は上記①，②の例外事由に基づいて労働者を解雇する場合は，事前に（昭和63・3・14基発150号），行政官庁の認定（「除外認定」という）を受けなければならない（労基19条2項）。解雇禁止の原則が適用されない場合であるから，使用者に対し慎重な取扱いを求める趣旨である。

　例外②の天災事変以外の「その他やむを得ない事由」とは，天災事変に準ずる程度の不可抗力的，突発的な事由の意であり，事業の経営者として，社会通念上とるべき必要な措置を以てしても通常いかんともなし難いような状況にある場合をいう（厚労省・労基〔上〕276頁）＊。

　「事業の継続が不可能」とは，事業の全部または大部分の継続が不可能になる場合であり，多少の労働者を解雇することにより継続が可能な場合や，操業の中止が一時的で再開復旧の見込みが明らかな場合等は含まれない（上記通達および厚労省・労基〔上〕276頁）。

　　＊　**「その他やむを得ない事由」に該当しない場合**　(i)事業主が経済法令違反で強制収容され，または資材等を没収された場合，(ii)税金滞納処分を受け事業廃止に至った場合，(iii)見通しを誤って資材入手困難，金融難に陥った場合，(iv)従来の取引事業場が休業し，発注品がなく，ために金融難に陥った場合（昭和63・3・14基発150号）。

　三　使用者が，例外の①，②に当たる旨の除外認定を受けないで労働者を解雇した場合には，使用者は処罰される。この期間中の解雇を特に慎重に行わせ

るためである。除外認定を受けないでした解雇の効力等に関しては，解雇予告義務の除外認定について述べるところがそのまま当てはまる（後記2(2)参照）。

2 解雇手続の規制
(1) 解雇の予告・解雇予告手当の支払い
一　使用者は，労働者を解雇しようとする場合，少なくとも30日前に予告するか，30日分の解雇予告手当を支払わなければならない（労基20条1項本文，罰則119条。本条違反に対する付加金の制裁に関し労基114条）。予告期間と予告手当とは併用（日割り換算）が可能である（同20条2項）＊。

　　＊　**イギリスの雇用関係法理**　イギリスの解雇予告制度（minimum statutory notice period）は，労働者の勤続年数により解雇予告期間が異なる点に特徴がある。解雇予告期間は，少なくとも，継続勤務期間が，①1ヵ月から2年までは1週間，②2年を超え12年までは雇用期間1年について1週間を加算した期間（すなわち，2〜11週間），③12年を超える継続勤務期間を有する労働者に対しては12週間である（s. 86 of ERA 1996）。なお，予告を受ける権利を放棄すること，または予告に代えて手当を受けることは妨げられない。これら規定は，たとえば重大な非行（gross misconduct）など相手方の行為を理由に適法に即時解約する権利に影響を与えるものではない。
　　労働者は勤務期間を重ねるにしたがって解雇後の求職活動が難しくなるため，このように勤務年数によって異なる長さの解雇予告期間を要求する制度は日本の一律的規制よりも合理的制度のように思える。
　　解雇予告義務違反の解雇は「違法解雇」（wrongful dismissal）とされ，労働者は契約上の権利として違反した相手方にコモン・ロー上の損害賠償を請求することができる（損害賠償の請求に限定される）。損害賠償額は，原則として予告期間に代えてその期間中に得べかりし賃金相当額（monies in lieu of notice）である。使用者の側から労働者に違法解約の損害賠償請求訴訟を提起する例はほとんどない（BELH 2004, p. 892, Andrew C. Bell, 2003, p. 66ff.）。

二　労基法20条違反の解雇について，労基法の起草者らは，「無効説」を唱えていた＊。しかし，無効説によれば解雇予告手当の支払義務自体が存在し得ないことになり，解雇予告手当を支払わない場合に付加金の制裁を科す労基法の定め（労基114条）は無用の長物になってしまい，法条間の整合性を欠くとの疑念が生じた。さらに，解雇予告（または予告手当の支払い）をしないことは解雇自体の効力を左右しないという「有効説」も主張された。

　　＊　**解雇予告制度の立法趣旨**　戦前の工場法施行令は，労働者に求職活動期間を確保するため，民法627条の規定する2週間の予告義務を強行法規として規定

した。本条は，労働者の転職難の実情を慮ってその期間を30日に延長したものである（立法資料53巻144頁）。労基法制定当初，予告をせず予告手当も支払わない解雇は罪となるだけでなく，民事上も無効と解する見解（無効説）が支配的であったのは，こうした立法趣旨と経済状況の故である（寺本258頁，石井a240頁）。

　三　判例は，本条の手続に反し，解雇の予告または予告手当の支払いをしないでした解雇は，即時解雇としては効力を生じないとした上で，しかし，「使用者が即時解雇を固執する趣旨でない限り」，通知後30日を経過するか，通知後に解雇予告手当の支払いをしたときは解雇の効力を生ずるとの立場（相対的無効説）に立っている（**case 14-4**・細谷服装事件）。このように相対的無効説は，使用者の主観的意図（「即時解雇を固執する趣旨」）を基準に本条違反の解雇の私法上の効力を判断する点で明確性を欠き（菅野447頁），使用者にその意図が認められないかぎり本条違反は成立しないこととなり，解雇という重要事項にかかわる保護規定の適用法理として疑問がある。

　四　本条は，労働者を即時解雇の不利益から保護することに主眼があり，使用者に解雇の予告か予告手当の支払いかの選択権を与えるについて，特に「解雇しようとする場合においては」と規定し，解雇の前にそのいずれかを使用者に義務づけている。そこで学説には，使用者が解雇の予告も手当の支払いもしないで解雇の意思表示をした場合は，その意思表示をどう受け取るかの選択権は労働者に移り，労働者は解雇の無効を主張することも，または予告手当の支払いを請求することもできるとする選択権説が唱えられ（有泉167頁），多くの支持を得ている（**case 14-5**・加藤電気事件）。ほとんどの学説はこの説に与している（小西ほか〔渡辺〕253頁）。労働者の選択権は，「この法律の規定による……請求権」として2年以内に行使しないときは消滅する（労基115条）。

case 14-4　労基法20条違反の解雇の有効性（相対的無効説）

細谷服装事件・最2小判昭和35・3・11民集14巻3号403頁
【事実】　Y会社（被控訴人・被上告人）は，X（控訴人・上告人）に対し昭和24年8月4日，予告手当を支払わず一方的に解雇通告した。Xは，昭和25年3月に，労基法20条違反の解雇は無効であると主張し，その間の賃金の支払いを請求した。Y会社は，昭和26年3月（1審口頭弁論終結時）に，昭和24年8月の賃金（1万円），および解雇予告手当として賃金

の月額相当額（1万円），の2万630円（利息を含む）をXに支払った。1審（横浜地判昭和26・3・19労民集6巻1号101頁）はXの不当解雇の主張を排斥し，原審（東京高判昭和29・10・30労民集6巻1号95頁）は，Y会社が上記の時期にXに対し支払いをしたことを認定した後，つぎのように判示しXの控訴を棄却した。労基法20条の定める「予告期間を設けず且つ予告手当の支払いもせずになした解雇の意思表示は，これにより即時解雇としての効力は生じ得ないけれども，その解雇通告の本旨が，使用者において即時であると否とを問わず要するにその労働者を解雇しようとするにあって即時の解雇が認められない以上解雇する意思がないというのでない限り」，解雇通知は労基法20条所定の期間をまってその効力を生ずる。

【判旨】 上告棄却

「使用者が労働基準法20条所定の予告期間をおかず，または予告手当の支払をしないで労働者に解雇の通知をした場合，その通知は即時解雇としては効力を生じないが，使用者が即時解雇を固執する趣旨でない限り，通知後同条所定の30日の期間を経過するか，または通知の後に同条所定の予告手当の支払をしたときは，そのいずれかのときから解雇の効力を生ずるものと解すべきであって，本件解雇の通知は30日の期間経過と共に解雇の効力を生じたものとする原判決の判断は正当である。」

【コメント】 本文で述べたように，「使用者が即時解雇を固執する趣旨」はどのようにして認定できるのか明確ではない。使用者は訴訟上即時解雇に固執しない旨を主張することで足りるのか，それとも訴訟外でその趣旨を労働者に知らせたという事実が必要なのか。労基法20条に反して即時解雇した使用者が労働者の異議を受けつつ解雇予告手当請求権の消滅する2年間放置していた場合はどのように考えるのであろうか。本件判旨からは判然としない。なおY会社は，Xを昭和24年8月4日に解雇しているが，同月分の賃金の全額（1万円）を支払っている。これは，Y会社の就業規則に月給制労働者が月の中途で退職する場合は，当該月の賃金全額を支払う旨規定されていたことによる（参照，米津孝司・百選7版166頁）。

case 14-5　労基法20条違反の解雇の有効性（選択権説）

加藤電気事件・東京地判昭和41・4・23労民集17巻2号627頁

【事実】　Xは，Y会社により，昭和33年5月19日付解雇通知書により翌日（同月20日）限り企業整備を理由に解雇された。本件は解雇予告手当等支払請求事件。

【判旨】　請求認容

「労働基準法20条によれば，使用者が労働者を解雇しようとする場合において，30日前にその予告をするか，それとも所定の予告手当を支払って即日解雇するか，この2つの方法のいずれをとるかは，もっぱら使用者の選択にまかせられている。そこで使用者が解雇の予告であるとも言わず，また予告手当の支払もしないで解雇の意思表示をした場合には，その意思表示をどのように受取るかは労働者の選択にまかされていると解するのが相当であるから，労働者は解雇の予告がないとしてその無効を主張することもでき，また解雇の無効を主張しないで予告手当の支払を請求することもできるというべきである。けだし，このように労働者が解雇の有効無効を決定することにより，毫も労働者の保護に欠けるところはないと考えられるからである。」

【コメント】　本件判旨は，解雇予告制度の趣旨が労働者を即時解雇の不利益から保護することにある点を十分に踏まえており，学説の選択権説を取り入れている（本文参照）。

(2)　即時解雇

一　使用者が解雇の予告も予告手当の支払いも要せず，労働者を解雇することが可能な場合がある。これを「即時解雇」といい，①「天災事変その他やむを得ない事由のために事業の継続が不可能となった場合」，または②「労働者の責に帰すべき事由」に基づき解雇する場合がそれである（労基20条1項ただし書）。

二　上記①の要件事由は労基法19条の解雇制限の適用除外事由と同様である（前出1(2)参照。昭和63・3・14基発150号）。

上記②の「労働者の責めに帰すべき事由」とは，その地位，職責，継続勤務年限，勤務状況等を考慮の上，総合的に判断し，法第20条の保護を与える必要のない程度に重大または悪質な事由を指し，使用者に解雇予告をさせること

が解雇の事由と比較して均衡を失するようなものに限って認定すべきものとされている（昭和23・11・11基発1637号，昭和31・3・1基発111号）。一般に，懲戒解雇該当事由（第13講585頁参照）が存する場合は即時解雇される例が多い（就業規則の規定例に関し中山357頁・379頁）。しかし使用者は，懲戒解雇の故に当然に即時解雇をなし得るものではなく，即時解雇は，上記のように特に重大または悪質な非違行為を理由とする場合にかぎられる。

三　使用者は，労働者を予告なしに即時解雇する場合は，上記の①，②の事由が存在することに関し労働基準監督署長の認定を受けなければならない（労基20条1項ただし書・3項，罰則119条）。この認定制度は，労働者に重大な不利益を与える即時解雇を慎重に行わせ，労働者を使用者の即時解雇権の濫用から保護する趣旨で設けられている。認定は，使用者の解雇予告義務を除外するに値する解雇事由（除外事由）の存否を確認する行為であり，除外認定がなされた場合でも，それで即時解雇が有効となるわけではない。他面，使用者が除外認定を受けずに労働者を即時解雇した場合は，即時解雇の労働者の生活に及ぼす致命的影響および除外認定制度の労働者保護の趣旨を考慮すると，重要な手続的瑕疵であり，私見は無効と解したい（小西ほか〔渡辺〕253頁）＊。

＊　**除外認定を受けない即時解雇の法的効力**　　本文に述べた私見は，学説上まったくの少数説（単独説？）に過ぎない（この点について，通説的見解は，行政官庁の認定を受けないでなされた即時解雇が認定を受けなかったことの故に無効となるものではないと解している。参照，菅野446頁）。私見はつぎのような考えによる。

労基法は，監視断続的労働を法定労働時間制（労基32条ほか）の適用除外の対象にすることができる旨規定し，使用者がある業務について監視断続労働の対象にしようとする場合は，宿日直（労基則23条・34条）の場合を含め，行政官庁の許可を条件にしている（労基41条3号）。そして行政解釈，裁判例および学説ともに使用者が行政官庁の許可を得ないときは，当該労働の実態が監視断続的労働と認められる場合でも，通常の労働として法定労働時間の規定を適用すべきものと解している（東大・注釈労基法〔下〕〔和田肇〕767頁およびそこに指摘されている裁判例。厚労省・早わかり225頁参照）。思うに，ある種の労働が監視断続的労働に該当するか否かについて行政官庁の許可を効力要件と解するのは，労基法の定める労働条件基準のなかの最重要の一つである法定労働時間制（第8講356頁参照）の制度的基盤を確保する趣旨にほかならない。そして，労働者を即時解雇の深刻な不利益から守る解雇予告制度は，労基法の定める労働契約規整のなかの最重要の一つであり，その義務の除外事由該当性に関する行政官庁の認定を単なる取締り規定と解することとは，両規定（労基41条3号と20条3項）の間に直接の

つながりはないにせよ，労基法の精神（1条参照）からみて均衡しない法解釈のように思う。そう考えて私見は，許可と認定との区別に留意しつつも，解雇予告の除外認定を効力要件と解したいのである。

(3) 有期労働契約と解雇予告制度

一　使用者はつぎの有期雇用者を解雇する場合は，解雇予告義務を負わない（労基21条）。

①日雇労働者は，日々雇用が行われ，かつ日々雇用が終了するので解雇は原則的にあり得ない。労基法が解雇予告の適用除外対象に列挙しているのは念のためである。ただし，日雇労働者が1ヵ月を超えて使用されている場合は，雇止めを解雇に準じて扱い，使用者は解雇予告が必要である（同条1号）。

②2ヵ月以内の有期雇用者，③季節的業務に使用する4ヵ月以内の有期雇用者を，その契約期間の途中で解雇するときは解雇予告を必要としない。しかし，「所定の期間を超えて」使用する場合は，解雇予告が必要である。「所定の期間を超えて」とは，2ヵ月，4ヵ月（季節的業務の場合）の期間を超えて使用する場合を指すとの解釈が有力であるが，労基法は2ヵ月「以内の期間」，4ヵ月「以内の期間」（季節的業務の場合）を定めた場合としており，2ヵ月なり4ヵ月（季節的業務の場合）の期間を超える期間を定めて使用する場合に，当該期間の途中で解雇するときは予告を必要とすると解するのが自然であろう。

④試用期間中の労働者は，雇入れ後14日以内に解雇する場合にのみ解雇予告の必要がない（同条ただし書）。15日目からは，解雇予告に関しては通常の労働者となる。

二　上記②および③の有期雇用者を，更新後の期間の途中で「やむを得ない事由」（民628条，労契17条1項参照）により解雇する場合には，当然に労基法20条1項が適用される結果，解雇予告が必要である＊。

そこで，上記②，③の有期雇用者が「所定の期間を超えて引き続き使用されるに至った場合」（労基21条ただし書）とは，更新により2ヵ月または4ヵ月（季節的業務の場合）を超えて「引き続き使用」した有期契約労働者を雇止め（更新の拒否）する場合に適用されることにより，はじめて存在意義を有するものと解される（有泉163頁）。このことは上記②，③の有期雇用者にかぎらず，それを超える期間（たとえば，1年なり3年）を定めて雇用され，更新により継続して使用される労働者の更新の拒否についても同然である。

　　＊　**有期労働契約の期間途中の「解雇」と解雇予告義務**　　使用者は，「天災事変その他やむを得ない事由のために事業の継続が不可能になったとき」は，労働

者を即時解雇することが許される（労基20条1項ただし書）。この即時解雇の可能事由は，有期雇用者について期間途中に解雇予告をした上で解雇することが認められる「やむを得ない事由」（民628条，労契17条1項）より狭く厳格な事由である。他面，使用者がその事由によって有期契約労働者を即時解雇できる場合は損害賠償の責任を負うことはない（有泉169頁）。

　なお，有期労働契約について，「やむを得ない事由がある場合でなければ」，期間満了前に，労働者を解雇することができないと定める労働契約法の規定（同17条）についても，同じ道理があてはまる。その「やむを得ない事由」の意味（民628条のそれと同趣旨）は前言した（本講Ⅱ1(2)参照）。すなわち，労基法20条ただし書の「その他やむを得ない事由」は，解雇の手続に関する予告義務の適用を除外し得る即時解雇の事由（解雇の有効性を前提にして，さらにそれを即時に実現し得るか否かに関する基準）であるから，解雇の有効性に係る実体規定としての「やむを得ない事由」より狭く厳格な事由である。

　三　そもそも労基法自体が，解雇概念の成立しない上記①の日雇労働者について，30日を超えて使用した場合は，その雇止めを解雇に準ずるものとして予告義務を課している。この理はその余の有期雇用者についてもあてはめてよいはずであり，その更新拒否についても解雇予告（または解雇予告手当の支払い）を必要とすると解することは不自然ではない（反対，厚労省・労基〔上〕321頁）。

　有期労働契約が更新され，労働者が引き続き使用されることに合理的期待をもつ場合の雇止めについて，解雇権濫用法理が適用されることと，使用者が解雇予告（または予告手当の支払い）の義務を負うこととは別問題であり，両者をリンクして考える必要はないであろう。

　　＊　**有期労働契約の更新と「雇止め」の予告**　　2003（平成15）年7月労基法が改正され，厚生労働大臣は，有期労働契約における期間満了時の紛争防止のために必要な基準を定めることができるようになった（労基14条2項・3項，新設）。この「基準」として，使用者は，雇入れの日から「1年を超えて継続勤務している者」との労働契約を更新しない場合，当該契約の期間の満了する日の30日前までに，「その予告をしなければならない。」とされ，2008（平成20）年からは，加えて3回以上の契約更新についても同様の取扱いが必要になった（「有期労働契約の締結，更新及び雇止めに関する基準」平成15・10・22厚労省告示357号・最終改正平成20・1・23厚労省告示12号）。

　同告示は，「その予告」とだけ述べて，これが労基法20条の定める解雇予告であるか否かを明言していない。おそらく同条違反には罰則の適用があることを考え，それと異なる意味の予告を義務づけたものと理解される。使用者がこの告示に基

づいて負う30日前の予告義務は，更新の予定または更新に対する期待形成の有無にかかわらないと解されるところに独自の意味が存在する。

(4) 解雇手続の自治的規制

解雇について，労働協約に組合員の解雇に関する協議条項や特別に人事委員会を設置し付議するなどの手続条項が定められている場合がある。その手続に反して行われた解雇は信義則に反し，または労働者の待遇に関する基準（労組16条）に反するものとして無効と解されている（参照，石川177頁・187頁，**case 6-6**・池貝鉄工事件）。同様に，使用者が就業規則に解雇の手続（本人からの事情聴取，労働者代表の参加する人事委員会の設置，審議など）を定めている場合，当該手続に反して行われる解雇は信義則に反し，社会的相当性を欠き，権利濫用として無効と解される。

特別に解雇の手続を制度化していない場合でも，使用者が通常なすべき手順（事前の注意，指導，勧告，警告など）を踏まないまま性急に解雇したときは権利濫用の有力な事情としてカウントされる（勤務懈怠に関し**case 14-8**・東京海上火災保険事件，技術的業務能力の不足に関し**case 14-9**・ヒロセ電機事件，役職者の業務管理能力の不足に関し**case 14-12**・フォード自動車〔日本〕事件などがある。詳細は，李鋌「解雇の手続的規制」講座21世紀4巻182頁以下参照）。

3 解雇理由の規制

(1) 法律による規制

使用者は，労基法その他の労働関係法規により，つぎの理由で労働者を解雇することを禁止されている。

一 **差別的解雇の禁止** ①労働組合の組合員であること等を理由とする解雇（労組7条1号，民90条），②労働者の国籍・信条・社会的身分（労基3条，罰則119条）を理由とする解雇。

二 **法律上の権利行使を理由とする解雇の禁止** ①企画業務型裁量労働の対象になることに同意しないこと（労基38条の4第1項6号），②年次有給休暇を取得したこと（同136条）*，③女性労働者が婚姻・妊娠・出産・産前産後休業をしたこと（雇均9条2項・3項），④育児・介護休業または子の看護休暇を申出または休業し，または休暇をとったこと（育介10条・16条・16条の4），⑤会社分割による設立会社等への不承継・承継に対する異議を申し出たこと（分割承継4条・5条，「分割会社及び承継会社等が講ずべき当該分割会社が締結している労働契約及び労働協約の承継に関する措置の適切な実施を図るための指針」〔平成

12・12・27 労働省告示 127 号〕第 2 の 2 (2)ハ参照)。

＊　**年休の取得**　本条は，それ自体としては，使用者の努力義務を定めたものであって，労働者の年休取得を理由とする不利益取扱いの私法上の効果を否定するまでの効力を有するものとは解されないとする最高裁判決（**case 10-12**・沼津交通事件）がある。

三　労使協定等の締結に係わる労働者の過半数代表者として正当な行為をしたこと等を理由とする解雇（労基則 6 条の 2 第 3 項）

四　使用者等の労働関係法規違反の申告を理由とする解雇の禁止　①労基法違反（労基 104 条，罰則 119 条），②労安衛法違反（労安衛 97 条，罰則 119 条），③賃金支払確保法違反（賃確 14 条，罰則 17 条），④労働者派遣事業法違反（労派遣 49 条の 3 第 2 項，罰則 60 条）の申告などがある。いずれも法律の実効性確保のためである。労働関係法規違反に限らないが，⑤公益通報をしたことを理由とする解雇は無効とされ，その他の不利益取扱いは禁止されている（公益通報 3〜5 条）。

五　法律の定める手続への参加等を理由とする解雇の禁止　①不当労働行為の救済申立手続をし，または労調法上の労働争議の調整手続に関与したこと（労組 7 条 4 号），②個別的労働関係紛争解決の援助を求めたこと（個別労働紛争 4 条 3 項），③男女雇用機会均等法に基づき紛争解決の援助，調停を求めたこと（雇均 17 条 2 項・18 条 2 項），④短時間労働者法に基づき紛争解決の援助，調停を求めたこと（短時労 21 条 2 項・22 条 2 項）を理由とする解雇（小西ほか〔渡辺〕254 頁以下）＊。

＊　**イギリスの雇用関係法理**　〔**不公正解雇からの救済**〕　イギリスの「雇用権利法」（ERA 1996 年）は，「労働者は，使用者により不公正に解雇されない権利を有する。」("An employee has the right not to be unfairly dismissed by his employer.")と定めている（s. 94 (1) of ERA）。不公正解雇（unfair dismissal）された労働者は，救済方法を損害賠償請求に限定する解雇予告義務違反の違法解雇（wrongful dismissal）の場合と区別され，原職復帰（reinstatement）または原職相当職への復帰（re-engagement）を請求できる（s. 113 of ERA 1996）。原職復帰はすべての点において解雇が存在しなかったものとして取り扱うことであり，原職相当職への復帰は，解雇当時に相当する雇用もしくはその他適当な雇用のことであり，労働審判所が一定の事情を考慮して命令する（ss. 114 (1), 115 (1) of ERA）。

〔**不公正解雇の訴訟の提起**〕　不公正解雇の訴訟を提起することのできる労働者は，雇用継続 1 年を有する者でなければならないが，雇用継続期間の 1 年を 1 ヵ月に読み替えられる不公正解雇理由も少なくない（s. 108 of ERA 1996, Unfair Dismissal and Statement of Reasons for Dismissal〔Variation of Qualifying Period〕Order 1999（SI 1999/1436（「不公正解雇および解雇の理由の通知〔この権利の有資格期間と適用関係〕に関する命令」）（Andrew C. Bell, 2003, p. 70f）。

〔使用者の抗弁〕 使用者は，不公正解雇の主張がなされた場合は，当該解雇の理由が公正な理由に基づいてなされたものであることを自ら立証しなければならない。立証事項は，労働者の，①能力・資格，②行為，③剰員であること，④法律違反行為が認められること，⑤その他の実体的理由（some other substantial reason）である（s. 98 (1) b, (2) of ERA）。①の理由には習熟度，適正，一般的能力または健康状態などが含まれる（s. 98 (3) of ERA）。また，⑤の理由は，"catch-all" とか "dustbin" などと言われ，判例ではたとえば労働者の人格障害，労働許可証不保持，病歴秘匿その他である（Andrew C. Bell, 2003 p. 80ff.）。

〔当然不公正理由〕 雇用権利法（ERA 1996 年），「労働組合及び労使関係（統合）法」（Trade Union and Labour Relations〔Consoliadtion〕Act 1992 年）等において当然不公正理由（automatically unfair reasons）とされている解雇理由のうち主要例を挙げるとつぎのようである。

①労働者が使用者に対し制定法上の権利の実現のために訴えを提起し，または使用者が制定法上の権利を侵害したと主張したこと。「制定法上の権利」とは，雇用権利法において「雇用審判所」への申立てにより救済を受けることができる諸権利，すなわち最低予告期間に関する権利（s. 86 of ERA），賃金控除に関する権利（賃金控除は法律，労働者との合意，過払いその他一定の場合以外は禁止されている，ss. 13,14 of ERA），TULR(C)A に規定されている組合活動および就業時間中の組合活動に関する権利等，および「労働時間規制」（Working Time Regulation 1998）によって付与される権利（ss. 104 of the ERA 1996）をいう。②「最低賃金法」（National Minimum Wage Act 1998）に基づく最低賃金率の支払対象になること，その他同法の定める権利を行使したこと（s. 104A of ERA）。③妊娠・出産など（s. 99 of the ERA 1996）。④労働組合の組合員であること，または組合員でないこと（s. 137 of the TULR(C)A 1992）。⑤組合のしたストライキ（official industrial action）——原則として，ストライキ開始後 8 週間以内に——に参加したこと（s. 238A of TULR(C)A 1992）。⑥ TULR(C)A 上の従業員代表（employee representatives）であること（s. 103 of the ERA 1996）。⑦企業における「衛生安全委員会」の代表または委員になったことなど，衛生安全委員会のない企業において衛生安全に関する義務を実行したこと（s. 100 of the ERA 1996）。⑧一定範囲の労働者に関し日曜日の労働を拒否したこと（s. 101 of the ERA 1996）。⑨「営業譲渡に関する規則」（TUPE 1981）が適用される営業譲渡と関連して行われた解雇。ただし使用者は，営業譲渡を理由とする解雇について「経済的，技術的または組織的に」合理的であるとして防御する権利を有する。⑩職業的年金制度の受託者であること（s. 102 of the ERA 1996）。

これらのほかにも，ERA は，法律上保護される情報を開示すること（protected

disclosure)（103 A 条），税法上の権利を行使すること（s. 25 of the Tax Credits Act 2002）（104 B 条），労働時間の弾力化制度（flexible working）を利用すること（104 C 条），剰員整理時に法令上の遵守事項等に従わないこと（105 条），産休などの後の職場復帰時等を阻害する措置をとること（106 条）などを当然不公正雇の理由として挙げている（BELH, 2004, pp 898ff, Andrew C. Bell, 2003, p 82f）。

(2) 労働協約・就業規則による解雇規制（自治的制限）

一　労働協約　　労働協約に規定された解雇事由は，一般にそこに定めた事由以外の事由で解雇しない旨の合意と解される。したがって，労働協約の定める解雇事由は労働者（組合員）の待遇に関する基準であり，その事由以外の事由に基づく解雇は無効である（労組 16 条）。解雇手続に関する条項に反してなされた解雇も濫用的解雇として無効と解される（第 6 講 286 頁参照）。

二　就業規則　　使用者は就業規則に解雇の事由を記載し（労基 89 条 3 号，第 4 講 172 頁参照），労働者が解雇の理由について証明書を請求した場合はこれを交付すべき義務を負う（同 22 条 1 項）。就業規則の多くは「その他前各号に準ずる事由」，「業務上やむを得ない事由」といった抽象的包括的な解雇事由を掲げており，使用者に解雇事由の明示義務を課しても過大な負担となるものではない（就業規則における通常解雇の規定例につき，中山 89 頁）。使用者の交付する解雇理由書は，労働者が解雇の効力を争う場合の重要な資料になるものであるから，解雇の理由の事後的追加は認められない（中窪＝野田＝和田〔8 版〕409 頁）。

三　就業規則の解雇事由規定に関しては，一説には，解雇の自由を前提にした解雇事由の例示的列挙として，使用者はそれのみに拘束されないと述べる見解があった（萩沢清彦「解雇の自由」大系 5 巻 246 頁，同『労働基準法上』〔勁草書房，1996 年〕276 頁，大林組事件・東京地決昭和 25・4・11 労民集 1 巻 1 号 54 頁）。しかし判例は，就業規則に記載された解雇の事由を限定的事由と解している（参照，**case 22－2**・東芝柳町工場事件）。学説には，「使用者が労働契約上自らそれら事由に解雇の自由を制限したものとして列挙された以外の事由による解雇は許されない」と限定的事由に解する有力説がある（菅野 452 頁，中窪＝野田＝和田〔8 版〕308 頁。小西國友「違法な解雇と損害賠償」労判 331 号〔1980 年〕7 頁は，就業規則中に普通解雇事由を列挙する規定を設けたときは，就業規則所定の普通解雇事由以外の事由によっては労働者に対して普通解雇の意思表示をなしてはならない，という違法解雇避止義務を労働契約上の義務として負担することになると述べておられる）。

思うに，就業規則に記載される解雇事由は，経営の都合による解雇の場合を含めて労働者の能力，行動・態度を評価し選別する基準であり，労働条件に当たる。したがって，そこに記載された事由以外の事由による解雇は就業規則の最低基準効に違反することになり，法的効力を否定すべきである（労基旧93条，労契12条）。とはいえ，限定的列挙の立場からみても「その他前各号に準ずる事由」といった包括的事由を置く就業規則が大半で，限定説の立場をとっても例示説と大差のない結果になる場合が多く，また就業規則に解雇の事由を記載（列挙）した趣旨，目的，経緯等から例示的列挙と解さざるを得ないような場合もあり得よう（普通解雇事由に会社の都合による解雇の定めを置いていなかった事例にナショナル・ウエストミンスター第3次仮処分事件・東京地決平成12・1・21労判782号23頁がある）。結局，原則的に限定列挙と解するが，例示的列挙と解さざる得ない場合もあることを認めて，就業規則の解雇事由規定がいずれであるかを慎重に事実認定すべきことになる（山川265頁）。

(3) **懲戒解雇該当事由を理由とする普通解雇**

懲戒解雇事由に該当する行為（非行）を理由に普通解雇を行うことは，懲戒解雇事由を同時に普通解雇の事由と規定したものと解しても格別不合理とはいえない故に，法理論上なんら問題ない（参照，**case 14-6**・高知放送事件）。とはいえ，懲戒解雇は企業秩序違反行為に対する制裁の性質を有する点で，合理的理由の有無のみが問題になる普通解雇とは一線を画し，その手続を含め，常に規則に基づいて行われるべきものとされている（下巻 **case 18-2**・国鉄札幌運転区事件最高裁判決）。このことから，懲戒解雇としてなされた解雇が無効の場合に，それを普通解雇に転換すること（訴訟過程でしばしば見られる）は認めるべきではない（結論同旨菅野456頁，反対下井172頁）。

(4) **解雇権濫用法理**

一　2003（平成15）年労基法が改正され，「解雇は，客観的に合理的な理由を欠き，社会通念上相当であると認められない場合は，その権利を濫用したものとして，無効とする。」との規定が新設された（労基18条の2，2004〔平成16〕年1月1日施行。その後，労働契約法16条に移された）。本条は，下巻 **case 15-7**・日本食塩事件，**case 14-6**・高知放送事件の2つの最高裁判決によって法命題化された解雇権濫用法理を参考にして法規定された。「解雇自由の原則」を維持する立場からは，権利濫用の法理は，一般的に法的効力の発生を障害する事由であるため，労働者は解雇に「客観的合理的理由」が存在しないこと（権利濫用の具体的根拠事実）について主張立証すべき訴訟上の責任を負担する

ことになり，併せて社会的相当性を欠くことをも権利濫用の一事由として主張立証すべきことになる。

　二　しかしながら，本条の規定する解雇権濫用法理は，通常の権利濫用法理と異なり，解雇制限の社会的必要性および理論的重要性にかんがみ，「解雇は自由を本則として例外的に制限されるのではなく，むしろ解雇権そのものが始めから制約を受けており，一定の理由があるときにのみ行使できる性質の権利として理解すべきである。」と説かれ，このことは「労働契約の独自性という観点から説明されよう。」と説かれている（東大・注釈労基法〔上〕〔野田進〕325 頁。中窪裕也「『解雇の自由』雑感—アメリカ法からの眺め」『中嶋士元也先生還暦記念論集・労働関係法の現代的展開』〔信山社，2004 年〕341 頁以下，特に 354 頁以下は，「いつ，いかなる理由によっても，あるいは全く理由がなくても」解雇が自由であるという「随意的雇用」（employment at will）の原則が，例外的制限法理を伴いながらも，依然通用しているアメリカの解雇法理の展開を検証しつつ，「『解雇の自由』とは決してなまやさしいものではない」と締めくくり，上記理解に強い支持を表明されており貴重な論文である。この点に関し大内 382 頁以下参照）。

　三　2003（平成 15）年労基法改正時，衆参両院の厚生労働委員会は，この点に関し，従来の解雇の効力を争う訴訟実務を踏まえ，権利濫用を理由に法律行為の無効を主張する者は，一般的には権利濫用の事実の立証責任を負う原則であるが，「解雇権濫用の評価の前提となる事実のうち圧倒的に多くのものについて使用者側に主張立証責任を負わせている現在の裁判上の実務を変更するものではないとの立法者の意思及び本法の精神の周知徹底に努めること」との付帯決議を行った。このようにして，労働契約法の上記規定は，その法的構造の実質において正当事由説と変わりないのものと解されている（荒木 201 頁，本講 II 1 (1)四参照）。

　四　上に見たように，解雇権濫用法理は，解雇は客観的合理的理由と社会的相当性を具えるべきこと（解雇の要件），そしてそのどちらかでも欠けているときは権利濫用として無効となること（解雇の効力）から構成されている法理である。解雇事由の客観的合理性には，一般に，労働者の心身の能力（業務適格〔応〕性，健康）や言動（勤務ぶり，規律）など労働者に起因する事由と，雇用を継続し難い経営の都合（事情）など使用者側に起因する事由とがある。さらに，これにユニオン・ショップ協定に基づく解雇（下巻第 15 講 V 3 参照）が加わる。解雇の社会的相当性は，case 14-6・高知放送事件で敷衍されているように，解雇該当事由が存在する場合でも，当該具体的な事情の下において，

解雇に処することが著しく不合理と認められる場合は，当該解雇は「社会通念」に照らして不相当と評価され，解雇権の濫用として無効となるという考えである。

五 使用者は，解雇が客観的合理的な理由に基づいており，当該具体的事情の下で解雇に及んだことには社会的相当性が存在することを主張立証し，労働者は必要に応じて能力（勤務実績，健康など）や言動（勤務ぶり）に問題はなかったこと，そして，仮に使用者の指摘する具体的事実（就業規則等の定める解雇該当事由）が存在する場合でも，それを理由に解雇することは，当該具体的な事情の下において社会的相当性を欠くことを抗弁することになる（参照，**case 14-15**・ナショナル・ウエストミンスター銀行〔第2次仮処分〕事件）＊。なお労基法は，使用者に対し，あらかじめ解雇の事由を就業規則に定め（労基89条3号），解雇に際して労働者の請求があるときはその理由を記載した書面を交付することを義務づけている（同22条1項，前出(2)，本講**V**参照）。

＊ **濫用的解雇と不法行為の成否** 解雇が解雇権の濫用により無効となった場合，労働者は解雇期間中の賃金の支払いを請求できる（民536条2項）。加えて労働者は，濫用的解雇によって逸失賃金以外にさまざまの経済的損害を被り，また解雇の事由や解雇をめぐる使用者の言動によっては屈辱や苦悩など精神の平穏をいたく傷つけられ，加えて社会的評価を貶められることがある。労働者は，これら経済的，精神的損害について，使用者の不法行為責任を問い，損害賠償を請求することができるであろうか。一般に，解雇権の濫用禁止は解雇（法律行為）の効力を否定する法理であり，そのことが直ちに不法行為の要件を充足することにはならない。しかし，解雇について使用者の故意・過失，違法性（権利ないし利益侵害）および損害の発生が認められるときは，当該解雇は不法行為（民709条）成立の要件を充足し，使用者は労働者を従業員として取り扱い，かつ解雇期間中の賃金を遡及払いする義務を負うほかに，損害賠償（慰藉料賠償）責任をも負う。この点，近年の裁判例には，解雇無効の判決により精神的苦痛は慰謝されるとの理由で，あるいは労働者の側にも非が認められるといった理由で，濫用的に解雇された労働者の損害賠償（慰藉料）請求を否定するものが散見される（古くは大日本印刷事件・大津地判昭和47・3・29労民集23巻2号129頁，トーコロ事件・東京地判平成6・10・25労民集45巻5・6号369頁など）。

一般に，労働者が違法に解雇されたことにより被る経済的損失は解雇期間中の賃金喪失にかぎらない（他に臨時の職を求めるための活動経費，弁護士費用その他の訴訟経費）。また，精神的損害のなかには従業員としての権利の確認によって当然に慰藉されるとは言えない損害もあり，労働者が財産以外の損害について賠償請求権を有することは法律の明らかに認めるところである（民710条）。したがって，たとえば①労働者の国籍，信条，社会的身分，性別，組合活動などに対

する差別的意図など，解雇の目的，動機に強い違法性が認められる場合，②事実関係について慎重な調査をすべきであるにかかわらず調査をせずに（あるいは杜撰な調査により）なされた解雇，③労働者の名誉感情をことさら傷つける理由，態様（手続）で行われた解雇などは，特に，精神的苦痛に対する損害賠償（慰藉料）請求権を認めるべきである（裁判例として，在日朝鮮人であることを理由に採用内定を取り消したことが不法行為に当たるとした case 3-1・日立製作所事件，権利濫用として効力を否定された解雇の事由を他の職員の面前で発表したこと等を理由に損害賠償の支払いを命じた女子学院事件・東京地判昭和54・3・20労判324号56頁，懲戒解雇の事実とその理由の公表の方法および内容に社会的相当性を欠くところがあったとして不法行為の成立を認めた泉屋東京店事件・東京地判昭和52・12・19労判304号71頁などがある。なお，無効とされた懲戒解雇について，労働者の側にも軽微と言えない就業規則違反の事実が認められることを理由に不法行為の成立を否定した裁判例として静岡第一テレビ事件・静岡地判平成13・3・28労判893号135頁がある。以上の点に関し，下井隆史「労働者への不当処遇と損害賠償」季労112号〔1979年〕39頁以下，小西國友「違法な解雇と損害賠償（2・完）」労判331号〔1980年〕13頁以下が参考になる）。

case 14-6　2週間に2度寝過ごしニュース報道ができなかったアナウンサーに対する解雇（無効）

高知放送事件・最2小判昭和52・1・31 労判268号17頁

【事実】　Y会社（控訴人・上告人）のアナウンサーのX（被控訴人・被上告人）は，同僚とともに宿直勤務に従事した際，2週間に2度寝過ごし，1度目はラジオニュースをまったく放送できず，2度目は午前6時の定時ニュースを約5分間放送できなかった。Xは2度目の事故については部長から求められるまで事故報告書を提出しなかった。Y会社はそのことを理由に，Xを懲戒解雇すべきところ，再就職等Xの将来を考慮したとして普通解雇にした。本件は従業員の地位確認請求事件。1審（高知地判昭和48・3・27判例集不登載），原審（高松高判昭和48・12・19労判192号39頁）はXの請求を認容。

【判旨】　上告棄却

1　Xの行為はY会社の就業規則に定める普通解雇事由（「その他，前各号に準ずる程度の已むをえない事由があるとき」）に該当する。しかし，「普通解雇事由がある場合においても，使用者は常に解雇しうるものではなく，当該具体的な事情のもとにおいて，解雇に処することが著しく不合理であ

り，社会通念上相当なものとして是認することができないときには，当該解雇の意思表示は，解雇権の濫用として無効になる。」

2　Xは，本件寝過ごしにより放送できなかったのであり，アナウンサーとして責任感に欠け，2度目の寝過ごし後の事故報告にも非が認められる。しかし，①悪意，故意ではなく過失であった，②通常先に起きてX（アナウンサー）を起こす同僚が寝過ごしており本人のみを責めるのは酷である，③最初の寝過ごしを謝罪し，2度目の寝過ごしのときは起床後一刻も早くスタジオに入る努力をした，④いずれの事故もさほど長時間とはいえない，⑤Y会社も事故防止のために万全の策を講じていなかった，⑥事故報告の内容のミスには無理からぬ誤解があった，⑦それまで勤務成績は悪くはなかった，⑧一緒に寝過ごした担当者は軽い譴責処分であった，⑨同種の事故で解雇された者は過去になかった，「……等の事情のもとにおいて，Xに対し解雇をもってのぞむことは，いささか苛酷にすぎ，合理性を欠くうらみなしとせず，必ずしも社会的に相当なものとして是認することはできないと考えられる余地がある。従って，本件解雇の意思表示を解雇権の濫用として無効とした原審の判断は，結局，正当と認められる。」

【コメント】　判旨1の「解雇事由がある場合においても」とは，解雇に客観的合理的理由が存在する場合でもとの意味である。同判旨はそのような場合でも，解雇事由に該当する労働者の行為（言動）の内容・態様が，「当該具体的な事情の下において」，労働者に与える不利益を考慮してもなお解雇に値するものか否か（解雇されてもやむを得ないものであるか否か）について判断すべきであるとしている。

判旨2は，本件解雇に至った「当該具体的な事情」として，被解雇労働者に有利に作用する①～⑨の考慮事項を肌理細かく挙げており，これら考慮事項と解雇の不利益性との見合い（均衡）が審査されている。このように解雇権濫用の法理は，解雇の事由の客観的合理的性と，それが肯定される場合の当該解雇の終局的有効性の評価に当たって，すなわちその社会的相当性に関して，はなはだ微妙な総合判断が必要とされている（「いささか酷に過ぎ」，「……合理性を欠くうらみなしとせず」，「必ずしも……できないと考えられる余地がある。」など）（参照，大内伸也・百選7版168頁）。

(5) **解雇の具体的事由**

一　私傷病　解雇の合理的理由は，一般に，労働者側に生じる理由と経営上の必要性に基づく理由およびユニオン・ショップ協定に基づく組合の解雇要求に基づく解雇の3つに大別されることは前言した（上記(4)二。参照，菅野449頁，中窪＝野田＝和田〔8版〕308頁）。労働者の側に生ずる事由は，さらに2つに区分できる。その1は労働能力，適格性または勤務実績の欠如である。勤務実績の欠如には傷病，事故等による労務不提供などの勤務不良が含まれる。第2は企業秩序に反する行為，会社の信用名誉の毀損その他のいわゆる非違行為（規律違反）である（労働者の非違行為を理由とする解雇は懲戒解雇として第13講580頁で，企業側に生ずる解雇事由は整理解雇として本講Ⅲ4で，ユニオン・ショップ協定に基づく解雇は下巻第15講Ⅴ3で述べる）。以下では，労働者の労働能力，適格性または勤務実績の欠如を理由とする解雇を取り上げる。

case 14-7　エイズ感染を理由とする解雇（無効）

エイズ感染解雇事件・東京地判平成7・3・30労判667号14頁

【事実】　Xは，雇用主（Y₁会社）からタイ国現地法人（Y₂）に派遣され，就労許可を得るため現地医師の健康診断を受診した。医師は，Xに告げないまま抗体検査を行い，HIV感染が判明した。Y₂法人の社長Y₃はこの事実をY₁会社に知らせた。Y₁会社はXに帰国を命令し，帰国したXにHIV感染事実を告知し，再度抗体検査を受けるよう指示し，その結果を待たずにXを解雇した。XはY₁会社に対し解雇権の濫用を主張し，非人道的方法による感染事実の告知に対し損害賠償（慰藉料）を請求，現地法人Y₂およびその社長Y₃に対してもY₁会社へ感染事実を開示したことを理由に損害賠償を請求した。

【判旨】　請求一部認容

1　雇用主Y₁のXに対するHIV感染の事実の告知は不法行為に当たるか　「使用者は被用者に対し，雇用契約上の付随義務として被用者の職場における健康に配慮すべき義務を負っているから，使用者が疾病に罹患した被用者にこの疾病を告知することは，特段の事情のない限り，許されるし，場合によってはすべき義務があるが，右特段の事情の存する場合には，使用者の右告知は許されないし，この告知をすることが著しく社会的相当性の範囲を逸脱するような場合には，この告知は違法となり，これを

した使用者は当該被用者に対し人格権侵害の不法行為責任を負うべきものと解する。」

2　HIV感染者に対する告知　「HIV感染者に感染の事実を告知するに際しては、前述したこの疾病の難治性、この疾病に対する社会的偏見と差別意識の存在等による被告知者の受ける衝撃の大きさ等に十分配慮しなければならず、具体的には、被告知者にHIVに感染していることを受け入れる用意と能力があるか否か、告知者に告知をするに必要な知識と告知後の指導力があるか否かといった慎重な配慮のうえでなされるべきであって、告知後の被告知者の混乱とパニックに対処するだけの手段を予め用意しておくことが肝要であると言える。このようにみてくると、HIV感染者にHIVに感染していることを告知するに相応しいのは、その者の治療に携わった医療者に限られるべきであり、したがって、右告知については、前述した使用者が被用者に対し告知してはならない特段の事情がある場合に該当する。」

3　Xに対する雇用主Y_1の本件解雇通知は、検査結果の判明した日に到達した内容証明郵便をもってなされており、他の解雇事由が薄弱であることを総合考慮すると、その「真の事由は、……XがHIVに感染していることにあったと推認できる。」「そうすると、使用者が被用者のHIV感染を理由に解雇するなどということは到底許されることではなく、著しく社会的相当性の範囲を逸脱した違法行為と言うべきであるから、本件解雇は、Y_1会社のXに対する不法行為となり、Y_1会社はXに対し、民法709条によりXの被った後記損害を賠償すべき責任がある。」（判旨の表題は引用者）

結論として、①Xの解雇無効、300万円の慰謝料請求を認容。②Y_2法人、Y_3に対しY_1会社への通知が不法行為に当たるとして慰謝料各300万円の支払いを命令。

【コメント】　いわゆるエイズ感染者とは、HIV（ヒト免疫不全ウイルス、Human Immunodeficiency Virus）感染者およびエイズ（後天性免疫不全症候群、Acquired Immunodeficiency Syndrome）患者をいう。判旨は、HIV感染の事実を告知できるのは、「その者の治療に携わった医療者に限られる」と述べる。しかし、「医療者」の概念は不明確であり、医師法上の医師に限るべきである。そして医師であるかぎり、必ずしも直接その者の治療に携わった医師に限る必要はない。カウンセリング能力を備えた他の医師による告知を違法とすべき理由はないと考える（本件に関し、花見忠〔判批〕

ジュリ1074号143頁，山田省三〔判批〕労判673号10頁，上村雄一・労働86号161頁，角田邦重〔判批〕ジュリ1091号193頁，黒川道代〔判批〕ジュリ1092号132頁，渡辺賢〔判批〕法時68巻3号95頁）。

　本件判決後も，労働者の勤務先から定期健康診断を委嘱された病院が，被験者にHIV抗体検査を告げないまま，血液を採取し，同検査を外部機関に依頼し，その結果を勤務先に知らせたことが被験者である労働者のプライバシー侵害に当たるとして，解雇を無効とし，病院に不法行為責任を認めたものがある（T工業（HIV）事件・千葉地判平成12・6・12労判785号10頁，同判決を支持する小畑222頁参照）。

　判旨2の「社会的偏見と差別意識」に関連するものとして，他に性同一障害（Gender identity disorder）の男性が女性の服装等をして出社し続けたことを理由のひとつに懲戒解雇した例がある（S社解雇事件・東京地判平成14・6・20労判830号13頁）。同判決は，社員の「違和感及び嫌悪感」は，性同一障害に係る事情の認識と理解により時間の経過と相まって緩和する余地があり，取引先や顧客についても，会社の業務遂行上著しい支障を来す虞があるとまで認めることはできないとして無効と判示した。同感である（この判決に関する有益な解説に清水弥生〔判批〕労判849号14頁がある）。

二　勤務態度

cased 14-8　欠勤・勤務不良を理由とする解雇（有効）

東京海上火災保険事件・東京地判平成12・7・28労判797号65頁

　【事実】　Xは昭和62年4月にY会社に雇用され，総合職従業員としてコンピューターシステムの開発保守の業務を行っていたところ，Y会社は，10年4月Xの勤務ぶりは就業規則の解雇事由「労働能率が甚だしく低く，会社の事務能率上支障があると認められたとき」に該当するとして普通解雇した。解雇の具体的理由は以下のようであった。

　1　長期・短期の欠勤，遅刻，執務中の頻繁な離籍　Xは，①平成4年11月通勤途上災害（傷病名は左足関節捻挫，左立方骨剥離骨折）で4ヵ月間，②6年3月私用で乗用車を運転してガードレールに衝突負傷し5ヵ月間，③8年2月〜3月に右膝内障で15日間，④同3月に歯痛で1日，⑤同年5月から9年4月末まで腰部椎間板ヘルニアで1年間，⑥同年7月に

歯痛で4日間, ⑦同年8月に風邪で5日間, ⑧同年9月に風邪で11日間, ⑨同月に風邪で3日間, ⑩同月下旬に友人の自動車ドアに挟まれ6ヵ月間それぞれ欠勤した（以上の欠勤は最初の4年11月から約5年5ヵ月間に約2年4ヵ月に及ぶ）。Xは出社した日の約4割は遅刻し, 執務時間中の無断離席が多く, しかも長時間戻ってこないことが度々あった。

2　労働能率上の支障　Y会社は, Xを, ①第2回目の長期欠勤（前記1②）明けの平成6年8月以降, Y会社の「開発第二グループ」に配属し, 事業計画・収支予測等の業務を担当させたが, 事業計画の前提になる支社数, 営業所数, ライフパートナーの採用数の検討数値に関する案を作成できず, 収支予測の前提となる比較資料も作成しなかった。また②就業規則, 福利厚生制度ほか6項目の検討課題のうちできたのは福利厚生制度だけであった。③上司の指示した事務・会計事項全体のフロー図も一部の作成にとどまり, 別に指示されたチーム会議の資料を未完成のまま提出した。

【判旨】　請求棄却

1　事実1によれば,「Xは労働能率が甚だしく低く, 被告の事務能率上支障を生じさせていたというべきである。」

2　「雇用契約においては, 労務の提供が労働者の本質的な債務であり, ましてY会社は, Xを, 総合職の従業員として期限を定めることなく雇用したのであるから, Y会社としては, ときには傷病等で欠勤することがあるにせよ, Xが長期にわたりコンスタントに労務を提供することを期待し, Xもそのような前提でYに雇用されたと解されるところ, このような雇用契約関係下で, 傷病欠勤が多く, 労務を長期にわたって提供できないことを, 従業員（労働者）としての適格性判断の材料にできないというのは不合理である……。この理は, 個別の傷病の際にY会社が欠勤を許可した事実の有無により, 左右されるものではないというべきである（なお, Y会社が, Xの各欠勤が長期にわたることをあらかじめ承諾していたとは認められない）。そして, ……Xができた仕事（業務）が前記……のようなものに過ぎなかったという観点からみれば, 有給休暇を取得した期間を除外したとしても, Xの労働能率は著しく低いというほかない。」よってXは, Y会社の就業規則の解雇事由（事実参照）に該当する。よって「Y会社がXを解雇せざるを得ないと判断したことには客観的に合理的な理由があるのであって, 本件解雇が解雇権の濫用に当たるとはいえない。

【コメント】　1　判旨は，Y会社が勤務成績の不良な状況を放置したまま本件解雇に及んだのではなく，上司らが面接を含め指導を継続してきたこと，しかしXの勤務態度は変わらなかったこと，本件解雇時まで欠勤が継続的に行われ，最後の長期欠勤（事実1⑩参照）には，すでにXに「出勤して労務を提供する意欲」が見られなかったことを重視し，本件解雇の客観的合理性を肯定したものと考えられる。そして，Y会社が解雇前に当該労働者の配置換え，新検討課題および具体的業務を指示するなどして（事実2），反省や改善の機会を与えたことにより，本件解雇の社会的相当性も肯定されたものと解される。

2　ほぼ同種の事案として，入管法上「人文知識・国際業務」の在留資格で英文技術文書の編集作成業務に従事する外国人労働者の解雇事件を挙げておこう。判旨は，業務能力は平均水準にあるものの，編集者間で取り決めた進行スケジュールに従わず，統一編集仕様を守らず，長期出張期間中上司の指示に反抗し，納期を守らないなどの勤務態度を指摘し，会社はこれらを理由に直ちに解雇したものではなく，「原告が被告に勤務していた約1年5か月の間，原告に対し，その勤務態度の問題点を度々指摘して注意を喚起したり，勤務体制に配慮するなどして，原告の非協調的な勤務態度の改善を求めてきたが，解雇されるまでその勤務態度はついに改善されなかった」と判示し，結局解雇を有効と判断している（ユニスコープ事件・東京地判平成6・3・11労判666号61頁）。

三　専門的業務能力

case 14-9　職務遂行能力および勤務態度不良を理由とする中途採用労働者の解雇（有効）

ヒロセ電機事件・東京地判平成14・10・22労判838号15頁

【事実】　1　Xは，昭和40年生まれ（父はインド人，母は日本人）で，日本人の女性と結婚し日本国籍を有している。Y会社は，電気機械器具の製造販売を業とし，アメリカの世界的携帯電話メーカーのN会社等を重要な顧客としている。Y会社は，電子部品の品質管理の知識を有し，英語に堪能な人材を採用する方針を立て，平成12年10月，履歴書，職務履歴書を提出して応募したXの面接を行った（これら書類の日本語の表記や日本語で

の会話に問題はなかった)。Y会社は，同人がY会社の重要顧客であるNジャパン会社に約4年間勤務し，電子部品の品質管理の仕事を経験しており，日本語能力にも問題ないと判断して同月採用内定を通知し，11月1日労働契約を締結した（月額賃金は少なくとも354,000円）。

　2　Xは，品質管理部の海外クレーム対応と品質情報収集担当となり，A，Bの2名が上司となった。Y会社は，採用後2日間のオリエンテーションの後，技術本部（6日間）および工場で研修を行った。その結果，英語能力，品質管理能力に問題ありとはしなかったが，日本語能力（読解力，解釈，内容確認，文章の構成など）に援助の必要があり，またミスを指摘されても謙虚に受けとめないなど協調性に問題があることを認識しつつ，13年2月1日Xを本採用した。

　3　Y会社の海外事業部は，同月5日および13日，重要顧客のN会社からクレームを受け，Xをこの件の担当に指名し，工場の作成した調査分析報告書の英文翻訳を指示した。Xは，同報告書を英文翻訳し海外事業部に送信した。しかし，Xの同業務遂行にはつぎのような問題があった。①2つのクレームの英文報告書を別々に作成する指示に反し1つの報告書にまとめた。②専門用語などの英文表記に誤訳，表記の不統一，不適訳などが相当数存在した。③同報告書の作成に当たりサポート役とされた社員Cに相談せず，しかも同人の名前を報告書に記載し，上司の承認を受けないまま自らの翻訳を海外事業部へ送信した。④品質管理部の部長，課長，上司のB，社員CはXに対し能力の向上や他の社員との協調性に関し改善を指摘したが，同人は上司の「Aは能力がなく，自分の上に立てるリーダーとは認めない」などと他の社員の非難に終始し，改善の努力をしようとしなかった。このほか，⑤応募の際の履歴書や採用後自宅に持ち帰って作成できる日本語の文書を日本人の妻に作成させ，⑥昼休み休憩時間の5分位前（上司が不在の時は15分位前）に離席し戻らなかったことがあった。

　4　Y会社の就業規則は解雇事由の一つに「業務遂行に誠意がなく知識・技能・能率が著しく劣り将来の見込みがないと認めたとき」と定めており，同会社はXに自己都合退職を勧めたが拒否されたため，平成13年3月14日，この規定を適用してXに解雇を通知した。なお本件解雇後，Xの履歴書に記載されたNジャパン会社での勤務歴は，3年10ヵ月ではなく4ヵ月であることが判明した。Xは本件解雇の無効を主張する。

　【判旨】　請求棄却

1　「本件は，Xの職歴，特に海外重要顧客であるN社での勤務歴に着目し……，業務上必要な日英の語学力，品質管理能力を備えた即戦力となる人材であると判断して品質管理部海外顧客担当で主事1級という待遇で採用し，Xもそのことは理解して雇用された中途採用の事案であり，長期雇用を前提とし新卒採用する場合と異なり，Y会社が最初から教育を施して必要な能力を身につけさせるとか，適性がない場合に受付や雑用など全く異なる部署への配転を検討すべき場合ではない。労働者が雇用時に予定された能力を全く有さず，これを改善しようともしない場合は解雇せざるを得ないのであって」，事実4記載の就業規則条項も「このような趣旨をいうものと解するのが相当である。」

　2　そこでXの「業務遂行態度・能力」についてみるに，Xの作成した英文報告書には重大な誤記，誤訳が多数あり，Y会社が期待した英語能力にも大きな問題があった。日本語能力についても，Xが日本語文書を妻に作成させ，自己の日本語能力が不十分であることをY会社に申し出ず，その能力を過大に評価させていたことから，当初，履歴書等で想定されたのと全く異なり極めて低いものであった。さらには，英文報告書の作成に際しての上司からの業務命令（事実2①～④参照）に違反し，勤務態度も不良であった。「このような点からするとXの業務遂行態度・能力は上記条項に該当するものと認められる。」

　3　つぎにこれらの改善の努力については，Xは「上司の改善を求める指導に対し自己の過誤を認めず却って上司を非難するなど，Xはその態度を一層悪化させており，XはY会社からの改善要求を拒否する態度を明確にしたといえるから，これらの点の改善努力は期待できず」，上記条項の「将来の見込みがない」場合に該当する。

　4　Xの英語能力，日本語能力は当初予定されたよりも大幅に低いものであり，Xが重要な履歴を詐称したことや，Y会社に提出する日本語文書を妻に作成させたことが，Y会社のXの能力（品質管理能力および日本語能力）に対する評価に誤解を与える性質のものであったこと，本件解雇が入社後4ヵ月半程度でされたものであることからすると，「本件解雇は，解雇に処することが著しく不合理であり，社会通念上相当なものとして是認することができないとは到底いえない。」

【コメント】　1　判旨は，Y会社の就業規則の解雇事由規定の要件に従い，①業務遂行上誠意が認められないこと，②採用の目的であった電子部

品の品質管理能力が著しく不足していること，③勤務態度の不良，および④将来における改善の見込みがないことを本件解雇の客観的合理的理由とし（判旨2，3），Xが業務用文書を他人（妻）に書かせていたこと，履歴書の職歴記載を偽ったこと等（判旨4）を本件解雇の社会的相当性の判断要素としている（判旨4）。

　2　判旨1の読み方は難しい。要点は，「長期雇用を前提とし新卒採用する場合」と，「雇用時に一定の能力を有する者を中途採用する場合」とで，解雇の客観的合理性の判断基準は異なるという。判旨は，前者については，使用者は業務に必要な教育を施し，適性がない場合は配置換えを検討すべきものとしている。しかし，後者（即戦力としての人材を採用する場合）に関しても，雇用時に予定された能力を「全く」有さず，これを「改善しようともしない場合」には解雇せざるを得ないとしているのであり，必要な教育を施し，配置換え等をするまでもなく直ちに解雇することができるとまで判示していない。

　3　中途採用者に関し，雇用時にいかなる能力を，どの程度まで予定していたかについて，当該労使の間に常に必ずしも共通認識が存在するわけではなく，雇用後に予定された能力の不足が判明した場合でも，能力不足の内容，程度はさまざまであり得るので，相当の期間内に改善，向上を図る可能性を顧みずに解雇することは，社会的相当性の観点から，解雇権濫用と評価される余地がある。

　学説には，期待された能力を欠いていることが判明した後も長期間にわたり雇用し続けたような場合は，そのような職務能力の欠如を理由とする解雇は困難と判断されるであろうと指摘するものがある（小畑・第2集376頁）。そのように解すべき理由についてはっきり述べられているわけではないが，使用者が自らの期待を軽減し，当初の労働契約の内容を実質的に変更する趣旨の新たな合意（再契約）が労使間に黙示的に成立したと法理論構成することができようか。

case 14-10　コンピューター・プログラマーとして雇用された労働者の能力不足を主な理由とする解雇（無効）

京都テクノシステム事件・大津地決平成12・9・27労判802号86頁

【事実】　Xは，平成10年7月，コンピューター・ソフトウエア開発を業とするY会社にコンピューター・プログラマーとして雇用された。その際Xは，昭和62年以降各種システムやプログラム開発業務に携わった旨記載した履歴書を提出していた。Y会社は，N会社からソフト開発を請負ったが，Xのプログラミング能力の問題もあって作業計画が大幅に遅延し，結局そのソフトを完成できなかった。その後，取引会社のS会社のソフト開発支援担当に業務を換えたが，S会社から能力不足の苦情があり同人を受け入れることができないとされた。そこでY会社は平成14年4月1日，Xを本社勤務に変更し，減給（基本給約31,000円減，役職手当30,000円廃止）の合意をした。Y会社は，Xに本社勤務を命令した頃，N会社のソフト開発に関する業務引継書の作成を命じた。しかし，同人はこれを作成しなかった。そこでY会社は，業務成績不良，業務引継書作成の拒否等を理由に解雇した。Xは本件解雇の無効を主張した。

【判旨】　請求認容

「Xは，その職歴等を前提としてY会社に採用されたものであるところ，その期待するソフトの開発業務等を十分に遂行することができなかったものであり，またY会社の指示に基づく業務引継書も作成しなかったものである。そして，一般的にいうと，従業員が特殊な分野において一定の能力を有することを前提に雇主との間で雇用契約を締結した場合，その分野において必要な業務を遂行できなかったときは，そのことを理由として解雇されたとしても，それが直ちに解雇権の濫用に当たるということはできない。しかし，本件においてはXが必要な業務を遂行できなかったことを理由として，Y会社とXとの間において減給の合意がされているのであり，したがって，それ以前の事実を解雇理由として解雇することは許されない。」そして，業務引継書を作成しないという状態は，減給の合意前に行われた本社勤務への変更時（4月1日）から続いているものであり，そのことが減給合意後に直ちに解雇理由となるということはできない。

【コメント】　1　XとY会社との労働契約は，「特殊な分野において一定の能力を有することを前提に」締結された。しかしY会社は，Xの能力

不足に対し解雇を選択せずに，Xとの間に勤務変更と減給の合意（再契約）をした。勤務変更後の職務内容は，当面業務引継書を作成すること以外に明らかでない。賃金減額は総額約27％減と大幅である。この点を考慮すると，Y会社は，Xとの労働契約の内容（職務の内容や賃金に係る処遇）を変更し，採用当初の能力不足に対応したと評価できる。そうすると，合意前の「業務成績不良」は解雇の理由になり得ないことは明らかである。しかし勤務変更・減額の合意時にみられた業務引継書の不作成を当該合意（再契約）後も漫然継続したことが解雇理由になり得ないとの判旨の判断には，いま少し説明が必要である。少なくとも反省なり改善の見込みとの関係で疑問が残る。

　結局，本件判旨は，能力に期待して採用した労働者について，能力の不足が判明した段階で労働契約の内容を変更（再契約）したときは，当初の労働契約に予定された能力の不足を解雇の理由にすることは認められないとしており，この点で注目に値する。

　なお，本件は，会社が勤務変更（配転）・賃金減額の措置によって対応し，その後の勤務態度に改善が見られないことを解雇の理由としたが，解雇権濫用とされたという事案であり，この点でも興味深い。

2　裁判例には，経営コンサルティング会社に経営コンサルタント業務等のスペシャリストとして採用された労働者が，採用後の研修等において採用当初に予定された職務能力を欠くと判定され，会社が一旦は退職勧告をしたものの撤回して賃金の10％減額をともなう別職務を提供し，さらに減額提案も撤回して3ヵ月に及ぶ交渉をしたが，結局物別れになって解雇された事案がある。裁判所は，そうした解雇までの「経過も併せ考えれば，本件解雇が客観的に合理的な理由を欠き社会通念上相当として是認することができないということはでき〔ない〕」と判断している（プラウドフット・ジャパン事件・東京地判平成12・4・26労判789号21頁）。労働契約の内容の変更（再契約）について労使間に合意ができなかった場合の解雇が有効と認められたわけである。

3　一般論としては，業績評価（勤務実績）に基づく解雇は，労働者が地位，賃金などの面で高水準の処遇を受けている場合は，解雇権の幅が広くなり（中窪裕也・労研508号11頁），使用者の解雇回避努力（他の業務への配転など）の程度も限定されたものとなると考えられている（村中孝史・労研508号11頁）。

4 さらに、カリフォルニア州弁護士資格を有するアメリカ人を、在日投資機関を対象に顧客開拓の目的で有期雇用（1年就労ビザ）したが、3ヵ月経過時点で業績がないとしてなされた解雇を無効とした事例もある（共同都心住宅販売事件・東京地判平成13・2・27労判812号48頁）。この事案の場合は、解雇の時期、仕事ぶりに対する評価がやや性急に過ぎたということであろう。

四　管理的役職者の地位

case 14-11　リース事業会社への出向を約して雇用したゼネラル・マネージャーの同事業撤退、会社閉鎖を理由とする解雇（有効）

チェース・マンハッタン銀行事件・東京地判平成4・3・27労判609号63頁

【事実】　1　Y銀行は、アメリカのロックフェラー・グループの金融部門の中心をなす会社であり、1986（昭和61）年4月Xと雇用契約を締結し、同年10月Xをバイス・プレジデント（副支配人）とした。それにはつぎのような経緯があった。Y銀行は、同じ資本系列のアメリカ法人が全額出資して訴外日本法人（以下、A会社）を設立し、事務用機器のリース事業に参入するため、リース事業経験堪能者としてXをA会社に出向させることを約して雇用し、同年6月A会社のゼネラル・マネージャー（代表取締役に相当）に就任せしめた（年間給与1,351万円余）。Xは、A会社でリース事業に従事する一方、1988（昭和63）年から同年12月までは雇用元のY銀行の業務にも従事した。

2　A会社は、リース事業の営業を開始した1986（昭和61）年、1987（昭和62）年の2年間損失を計上し、Xが1987（昭和62）年8月付で作成した翌1988（昭和63）年の業務計画には収支均衡の見込みが記載されていたが、かなり楽観的なもので、1989（平成1）年半ばに利益を生むことはかなり困難と認められた。そこでY銀行は、将来的にも大きな利益を期待できないと判断し、事業の撤退とA会社の閉鎖を決定した。

3　Y銀行は、1989（平成1）年3月Xに解雇を予告し、90日後の6月30日付で解雇した（XのA会社取締役の地位も任期満了により同日終了した）。Xは、Y銀行との間に担当業務をリース部門にのみ限定する職種限定の合意はしておらず、A会社の閉鎖後もY銀行の従業員の地位を有すること、

営業開始後2年半でリース事業を撤退し会社を閉鎖するのは不合理であるなどと主張し，Y銀行との雇用関係の存続確認等を求めた。

【判旨】　請求棄却

1　「本件雇用契約は，XがA会社に出向しそのゼネラル・マネージャー（代表取締役に相当すると解される。）に就任してリース事業の責任者となるという目的で締結されたもので，……A会社における地位（ゼネラル・マネージャー・引用者）及びその事業との関係なしに，XがY銀行の銀行業務に従事する目的で締結されたものではないことが認められる。すなわち，本件雇用契約の締結自体がA会社への出向とそのゼネラル・マネージャーへの就任という目的を持つもので，Y銀行の従業員としての身分は，このような出向の前提としての意味を有するに過ぎない。」

2　「そして，訴外A会社がリース事業からの撤退を決定した結果，本件雇用契約締結の目的ひいてはXのA会社におけるゼネラル・マネージャーとしての地位存続の意味がなくなったもので，……XのA会社における取締役の任期満了による退任の時期に合せて，Y銀行がXに対して解雇の意思表示したことは相当であり，解雇権の濫用ということはできない。」

3　「ある事業を継続するか，廃止するか，廃止するとして事後処理をどのようにするかは，その事業について決定する権限のある者が専権的に決定しうるところ」であり，「A会社からのXの追出しを図ったなどの著しく不当な決定であることを認めるべき事情もない以上，A会社におけるXの地位の前提となっている本件雇用契約に基づく解雇の判断に影響を与えることはないものと解される。」結局，本件解雇の意思表示は相当であって，解雇権の濫用ということはできない。

【コメント】　1　判旨1は，本件雇用契約は，XがA会社に出向しそのゼネラル・マネージャーに就任し，リース事業の責任者となる「目的」で締結されたとしている。この点に関し判例集は「証拠略」としているので，この目的（出向先に就労先を限定する雇用契約であること）がY銀行とXとの雇用契約の締結に際し，実際にどのように「労働条件として表示されているのか」についてはコメントの余地がない。仮に，判旨1の指摘する本件雇用契約締結の「目的」なり趣旨が就業先をA会社のみに限定することが雇用契約書その他に明らかに表示されていないとすれば，判旨の判断は正しいとは言えない（使用者は，労働契約の締結に際し労働者に「就業の場

所及び従事すべき業務」を明示することが義務づけられている。労基15条1項，労規則5条1項1の2号，第3講140頁参照）。

2 ところで，Y銀行は，新設のA会社とXとの間で直接雇用契約を締結させずに，自らXの使用者となり，A会社に出向させる迂路を採った。その際，Xとどのような内容の「出向労働契約」を結んだのかについても，判旨は明らかにしていない。Y銀行は，①自ら募集主体になる方が著名企業として人材を確保するのに有利と判断し，また②進出事業（リース事業）が不振の場合の人材抱え込みのリスクを予防する意図を有していたと推認できる。しかし通常，出向労働者は出向元（Y銀行）および出向先（A会社）とそれぞれに労働契約関係を分有し，出向先が事業から撤退し閉鎖されるとき，出向労働者は出向元に復帰する。出向先の事業閉鎖の場合に出向元との雇用契約を連動的に終了させる雇用契約は，通常の出向にはあり得ない（考えようによっては，本件雇用契約の締結は派遣先事業での就業が継続するかぎりで就労関係を存続せしめるものとして，一般労働者派遣事業に必要な厚生労働大臣の許可〔労派遣5条〕を得ないでした違法な登録派遣就業契約に当たる可能性がある）。いずれにしてもこのような特殊な出向労働契約の下に労働者を雇用する使用者は，最低限度それらの趣旨を当該雇用契約締結に際して相手方に明示（表示）していなければならない。判旨は，本件雇用契約の「目的」から，一挙に判旨1および2のようなラフな判断に至っており，Y銀行の就業規則に定められている等の出向制度の内容についてもフォローしていない。

3 さらに，Xの解雇は，Xの業務遂行能力の不足や懈怠などX自身に帰せられる事由によるのではなく，リース事業の見通しが立たないという理由によるものであり，法理上整理解雇に当たる。したがって本件解雇に関しては，整理解雇の法理（本講Ⅲ4参照）に沿って検討する必要がある。しかし判旨はこのような重要問題の検討もまったくしていない。本判決は，使用者たるY銀行がA会社からの「Xの追出しを図ったなどの著しく不当な決定であることを認めるべき事情はない」など主観的事情のみを挙げ，事業廃止の決定がいかにも短期間で，やや性急との印象を与えることがあっても，A会社におけるXの地位の前提となっている本件雇用契約に基づく解雇の判断に影響を与えることはないと判示するに過ぎない。本判決は，以上述べたように，紛争事案に含まれている労働契約法理の基礎的問題所在自体について十分な理解の上に立たないままなされており，司法審

査の質が問われる判決であったと指摘せざるを得ない（ほぼ同様の指摘をする小川美和子〔判批〕ジュリ1056号164頁以下, 土田道夫〔判批〕判時1449号210頁以下参照）。

case 14-12　人員整理の実施に必要な業務の懈怠等を理由とする人事本部長の解雇（有効）

フォード自動車（日本）事件・東京高判昭和59・3・30労民集35巻2号140頁

【事実】　1　X（控訴人）は, 昭和51年9月, 試用期間90日の約束で人事本部長（推定年収1,560万円）としてY会社（被控訴人）に雇用（中途採用）され, 同期間経過後パーマネント・エンプロイー（本採用）となった。人事本部長は, 社長に次ぐ最上級管理職4名中の1名である。Xは, 昭和52年8月末日, 就業規則の定める解雇事由「業務の履行又は能率が極めて悪く, 引き続き勤務が不適当と認められる場合」および「雇用を終結しなければならないやむを得ない業務上の事情があるとき」に該当するとして解雇を通告された。

2　その具体的事由は, ①Xは, 試用期間経過後の昭和52年1月, その指導担当者および社長から「ジョブ・オーディット」（会社に存在する職務のうち55の職務について, 担当者との面接・調査, これに基づいた最終的分析, 要約及び勧告を含めたリポート作成の作業で, 人員削減の基礎資料になるもの）を指示されたが約3ヵ月間に僅か5人を面接したに過ぎなかった, ②事務処理をほとんど部下に委譲してしまう, ③従業員・工員との良好な人間関係の形成に努めない, ④文書の起案・作成に自ら当たらない, ⑤Y会社の規則を無視し, 上司の許可を得ずに月給制社員の5人の守衛を, 人員削減（昭和52年4月）を実現したばかりの現業部へ配置換えし, 同部の人員をまた増加させた, などであった。Xは解雇無効を主張したが, 1審（東京地判昭和57・2・25労民集33巻1号175頁）は, Xは人事本部長の地位を特定して雇用されており, Y会社として他の職種や下位の職種に配置換えしなければならないものではなく, 解雇事由の「引き続き勤務が不適当と認められる場合」に該当し, また上記①～⑤の事情がある以上解雇事由「やむを得ない業務上の事情があるとき」に該当するとして, Xの請求を棄却した。

【判旨】 控訴棄却

1 事実2記載の1審判決を引用し，さらにつぎのように判示した。Y会社の就業規則は「当会社はその判断で従業員の配置転換，又は転勤を命じることができる。（以下略）」（10条）と規定し，Xは人事関係に属しない業務に当たったこともある。「しかしながら，……X・Y会社間の本件雇用契約は，Xの学歴・職歴に着目して締結された，人事本部長という地位を特定した契約であって，Xとしては提供される職位が人事本部長でなく一般の人事課員であったならば入社する意思はなく，Y会社としてもXを人事本部長以外の地位・職務では採用する意思がなかったというのであり，また，……前記説示にかかる業務は……人事本部長の職務に付随するものにすぎないから，XがY会社から右業務の処理を命ぜられたことがあったからといって，Xの職務上の地位にいささかも変動をもたらすものではなく，したがって，Y会社にはXを人事本部長として不適格と判断した場合に，あらためて右規則10条に則り異なる職位・職種への適格性を判定し，当該部署への配置転換等を命ずべき義務を負うものではないと解するのが相当である。」

2 Y会社はXを雇用する際の面談において，以前から人員削減の必要に迫られていたことについて話題にしないまま，採用後にXの指導担当者から人員過剰の問題があることを知らされた。しかし，Y会社が「人員整理完徹の責任を負わせる目的だけで，同人を採用したものであることを認めるに足りる証拠はなく，また人員整理問題は人事関係の最上級管理職である人事本部長に就職しようとする者としては当然に予想すべき事柄であり，この点に危惧があれば入社までに十分な期間が存したのであるから，自らの責任で調査確認の上就職の可否を決すべきであり，Y会社としては，Xの就職前には，同人に対し，積極的に，会社にとって最上級の機密事項に属する人員整理計画の存在について告知すべき義務があるとはいえないと解するのが相当である。」

【コメント】 本件Xの解雇の主原因は，焦眉の課題である人員削減のための基礎資料になるべき「ジョブ・オーディット」をXがきちんと遂行しなかったこと，また人員削減をしたばかりの現業職に守衛職の5人を独断で配置転換したことの2つであろうと推認できる。これらのことは，Xが入職当時，「ジョブ・オーディット」の目的，効用やY会社の行った人員削減の意義を理解していなかったことを意味している。判旨は，Xは，Y

会社からこれらに関し明確な説明がなかったとしても，自らの責任で調査確認すべきことであるとしているが，果たしてそのように言うことが正しいのか，解雇の社会的相当性の観点から疑問がなくはない。Y会社のXの採用目的，ジョブ・オーディット実施の意味，X採用前に実施された現業職の人員削減の必要性などに関し，双方のコミュニケーションが不足し，Xが人事本部長の当面の職責を十分に理解できなかったことが災いしたようにも思える。本判決は，「人事本部長という地位を特定した雇用契約」の意義を非常に厳格に解釈し，Y会社がX採用当時に人員整理の課題を有していたことを「自らの責任で調査確認の上就職の可否を決すべき」であるとまで述べているが，1970年代で年収1,560万円と極めて高額であることがこうした判断の背景にあることが推測され，俄に一般化することはできないと思われる。

case 14-13　解雇撤回後の職場復帰について具体的条件の提示がないことから出社拒否した労働者に対する懲戒解雇（無効）

アリアス事件・東京地判平成12・8・25労判794号51頁

【事実】　1　Y会社はホテル経営および不動産関連事業を営み，Xは平成9年8月，Y会社もその傘下にある企業グループ（以下，Sグループ）のA会社からY会社に転籍し，ホテル事業部長としてSグループのホテルの運営管理を担当していた。Y会社は，10年6月，Xを人員削減の必要および勤務成績不良を理由に解雇（第一次解雇）した。Xは，この解雇につき，月額賃金55万円の支払いを命じる仮処分決定を得た。そこでY会社は，10年12月，Xの解雇を撤回した。しかしY会社は，Xの請求にかかわらず解雇期間中の賃金を支払わなかった。そこでXは訴訟を提起し，翌11年1月，賃金支払請求を認容する判決を得た。Y会社は，Xの復職に当たって部長職から課長職に変更して従来業務を担当させ，賃金を減額することなどを考えていたものの，そのことをXに通知せず，他方勤務の開始時期，就労場所，勤務内容及び労働条件等に関し数度にわたって文書回答を求めるXに対し，単に出社を強く促すにとどまった。

2　Y会社は，同人の代理人と話し合っても結論が出ないでいたところ，Xが出社に応じないため，平成11年3月，就業規則の「正当の理由なく

無断欠勤が3日以上に及ぶ者」との規定等を適用し，Xを懲戒解雇した。本件は解雇の無効確認及び賃金請求事件。

【判旨】　請求認容

1　「Xが，第一次解雇が撤回されたとしても，復職後の勤務条件に不安を持ち，X代理人を通じてY会社に対しXの勤務内容を明らかにするよう申し入れ，また，Y会社が第一次解雇を撤回した以上，解雇期間中の過去分の賃金をすみやかに支払うよう求めることは当然であるといえ，これに対し，Y会社はX代理人弁護士に対しXの今後の担当業務等を具体的に説明したり，明らかにするなどの対応は全くしないまま，直接X本人に来社するよう強く求めるのみであったのであり，これら一連の事実を総合考慮すれば，Xが職務復帰命令に応ぜず就労しなかったとして，無断欠勤及び職務上の指示命令違反を理由としてされた本件懲戒解雇は，社会的相当性を欠くもので，解雇権の濫用に該当し，無効である。」

2　未払賃金請求権の存否　「労働者は債務の本旨に従った労務の提供として就労しなければ賃金を請求することはできないのが原則であるが（民法624条1項），違法な解雇など使用者の責に帰すべき事由によって労務の提供が不能になった場合には，労働者は賃金請求権を失わない（民法536条2項本文）。ただし，同条項適用の前提としても労働者が債務の本旨に従った労務の提供をする意思を有し，使用者が労務の提供を受領する旨申し出れば労働者においてこれを提供できる状況にあることが必要である。」

これを本件についてみるに，Xは本件復職命令自体を拒否する意思を表示したことはなく，他方Y会社は本件懲戒解雇によって「Xの就労を事前に拒否する意思を明確にしていたものであるから，Xの労務を遂行すべき債務の不履行はY会社の責に帰すべき事由に基づき履行不能になったものといえ，XはY会社に対する未払賃金請求権を有すると認められる。」

【コメント】　使用者は，なんらかの事情により，特定の労働者との間において既存の労働契約（特に，労働条件や雇用形態）の見直し（再契約）が必要と考え，当該労働者に合意（再契約）を求めようとする場合がある。本件は，そのような場合において，使用者が合意の模索過程で労働者の対応，態度などを問題視し，それを理由に不利益取扱い（懲戒解雇）をした事案である。見直しを必要とする事情や見直しの対象・内容はさまざまものがあり得よう。本件では，上級管理職の地位にあった労働者の解雇撤回

後の復職条件（事実1参照）について，使用者の側が「今後の担当業務等を具体的に説明したり，明らかにするなどの対応は全くしないまま，直接X本人に来社するよう強く求めるのみであった」ことから，労働者の出社拒否を理由にした「本件懲戒解雇は，社会的相当性を欠くもので，解雇権の濫用に該当し，無効である」と判断された。結論に違和感はない。

このように，判旨1は，本件懲戒解雇は「社会的相当性」を欠くものとして無効と結論づけているが，Xの出社拒否は懲戒解雇事由の「無断欠勤」自体に該当しないというべきであり，解雇の客観的合理的理由を欠く点で無効と解すべきであろう。

判旨2は，違法に解雇された労働者の解雇期間中の賃金請求権に関する基本的法理論であり，「使用者が労務の提供を受領する旨申し出れば労働者においてこれを提供できる状況にあることが必要である」との判示部分に留意すべきである。

4　整理解雇

(1)　意　　義

整理解雇は，一般的に，①累積赤字の増大その他経営上の高度の危機を回避するために人件費削減の手段として行われる場合（危機回避型），②不採算部門の統廃合など将来の経営危険を予測し事業再編（リストラクチャリング）の手段として行われる場合（事業再編型），③企業体質の一層の強化のための手段として行われる場合（経営戦略型）に区分することができる。

整理解雇は，少数の（ときには1人の）労働者を解雇する場合もあるが，経営の都合に基づいて一定のまとまった数の労働者が一挙に解雇されることが多く，経済不況期には地域経済圏，同種産業圏に連鎖性が見られる。ために，労働者の再求職（転職）活動も通常に増して困難になり，失業の長期化など社会や経済界に深刻な影響を及ぼす。西欧諸外国には，こうした社会経済的に問題の多い整理解雇について一般の解雇と区別し特別の法的規制を定める例が多いが，日本には存在しない＊。

＊　**大量解雇と雇用対策法**　雇用対策法は，事業主に対し，事業規模の縮小等に伴い離職を余儀なくされる労働者について，労働者の求職活動その他の再就職を援助し，職業の安定を図るように努めなければならないと規定している（雇対6条）。とりわけ，事業規模の縮小などにより，一の事業所で常時雇用する労働

者を1ヵ月に30人以上離職させる事業主は，離職する労働者の再就職の援助計画（再就職援助計画）を作成しなければならない（同24条1項，雇対則7条の2）。再就職援助計画の作成・変更には，過半数組合（過半数組合がないときは過半数代表者）の意見を聴き（雇対24条2項），作成・変更した再就職援助計画を公共職業安定所長に提出し，その認定を受けなければならない（同条3項）。さらに，自己都合等の離職者を除く離職者（日々雇用者等の有期雇用者，試用期間中の者等を除く）の数が1ヵ月に30人以上となる場合には，少なくとも1ヵ月以上前に，当該離職者の数等について記した「大量離職届」を公共職業安定所長に提出して，厚生労働大臣に届け出なければならない（雇対27条1項，罰則38条1項1号，雇対則8条・9条）。この届出があったとき，国は，当該届出に係る労働者に対し雇用情報の提供，職業紹介，職業訓練などの措置を講じて再就職の促進に努めることとされている（雇対27条3項）。

(2) 整理解雇とその有効性の判断基準

一　1960年代以降の高度経済成長期はいわゆる完全雇用（労働者の大量雇用）の時代であった。しかしその後，中東石油産出国による原油価格の引上げ断行に端を発して世界諸国はオイルショック（第一次1973〔昭和48〕年，第二次1979〔昭和54〕年）を経験し，日本の企業にもあらゆる面でのコスト削減を行う「減量経営」が一般化した。その結果，要員が切りつめられ，中高年齢者を狙いにした退職勧奨，働き盛り・子育て中の年齢層の労働者に対する広域配転や単身赴任，労働時間管理の厳正化，慢性的時間外休日労働などが一般化した。いわゆる「過労死」問題も次第に深刻化の様相を呈し，厳格な業務上外の認定基準（下巻第24講Ⅲ2(4)参照）に部分的な見直し（緩和）への圧力が高まったのもこの時期からである。

「減量経営」下に日本のメジャーな企業は，余剰人員の削減を図り，グループ内・同事業者間での作業職労働者の融通（不況部門から活性部門への応援・派遣・長期出張），外部委託業務の一部自社業務化，事業部門の独立法人化による出向・転籍，実作業時間の短縮・研修教育時間への転用などのさまざま「雇用調整」策を講じた。これら雇用調整の諸施策は，解雇を最後的手段にしつつも，急速な企業整備や合理化による大量解雇が労働争議を激発させた戦後日本の労使関係の歴史を教訓とし，「解雇のない要員削減」を目指したものと言える。このような大企業の雇用調整のあり方は，司法判断にも深い影響を与え，使用者には解雇回避努力（人員削減が不可避の場合は退職金優遇措置を講じた上での希望退職者募集が典型例）が強く要請され，かつ労働組合の有無にかかわらず労働者に対し人員削減の必要性やその方法を説明し，誠実に協議交渉を行うこと

を法的義務と解する方向に誘導した（参照，菅野・雇用社会67頁以下）。また，オイルショックは世界的規模で発生しており，この時代に諸外国の整理解雇法制も特徴ある法理を形成し発展させたので，その研究成果も日本の判例法理の形成に多大の貢献をした。

なお，現在までのところ，整理解雇法理に関する日本のリーディング・ケースは case 14－14・東洋酸素事件とされており，重要な最高裁判決は未だない＊。

＊ **整理解雇に関する最高裁判決**　　最高裁判決には，保育園（上告人）が園児の入園数減少（定員150名から120名）を理由に8名中2名の保母（被上告人ら）を整理解雇した事件について，解雇権の濫用として無効とした原審の判断を是認したものがある（あさひ保育園事件・最1小判昭和58・10・27労判427号63頁）。同判決は，「園児の減少に対応し保母2名を人員整理することを決定すると同時に，被上告人ほか1名の保母を指名解雇して右人員整理を実施することを決定し，事前に，被上告人を含む上告人の職員に対し，人員整理がやむをえない事情などを説明して協力を求める努力を一切せず，かつ，希望退職者募集の措置をとることもなく，解雇日の6日前になって突如通告した本件解雇は，労使間の信義則に反〔する〕」ものであるとしている。すなわち，整理解雇の手続（労働者に説明，協力を求めなかったこと）および解雇前に希望退職者の募集をしなかった（解雇回避措置を講じなかった）ことの2点をもって信義則違反と評価している。

二　　整理解雇も当然，解雇権濫用法理（本講Ⅲ3⑷）の傘の下にある。しかし整理解雇に関しては，一般的な解雇権濫用法理と比較して以下のように特徴ある濫用法理が形成されている（整理解雇に関する学説および判例法理の形成と発展に関しては，奥田香子「整理解雇の事案類型と判断基準」労働98号〔2001年〕47頁以下，中村和夫「整理解雇」争点3版164頁以下，土田道夫・百選7版170頁以下が入念で簡明である）。

第1に，解雇による人員削減が「経営上必要」であることがあげられる。その必要性は三類型に分けることができることは上記⑴①～③に述べたが，倒産必至の状況に追い詰められなければできないものではない。裁判例には，使用者の経営専門的判断を尊重して整理解雇の必要性を認めるものが断然多い。しかし，整理解雇後に新規採用や残留者の賃金引上げなど明らかに整理解雇と矛盾する行為が認められる場合は，必要性が否定されることがある（**case 14－18**・ヴァリグ日本支社事件，解雇による経費節減効果の点で整理解雇の必要性を否定した裁判例に九州ゴム製品販売事件・福岡地小倉支判昭和63・9・29労判534号67頁，近年では宝林福祉会事件・鹿児島地判平成17・1・25労判891号62頁などがある）。

事業再編型の整理解雇は，必ずしも常に経営の危機的状況の打開，回避を直接目的にするものではない。「企業の合理的運営上やむをえない必要」が明らかな場合には人員削減の必要性が認められる（参照，**case 14-14**・東洋酸素事件）。

　第2に，人員削減の必要が直ちに整理解雇の必要に結びつくものではない。使用者は，信義則上，労働者の再配置，経営コストの削減など人員削減と同様の効果を生みだす解雇以外の方法の実施に努める「解雇回避措置義務」を負う。その内容は一概には言えないが，一般的には，緊急性の強い危機回避型の人員削減の場合は希望退職者の募集が，事業再編型や経営戦略型の場合は他部門への配転・出向などの異動や取引先との連携による転籍の可能性が模索されるべきである＊。さらに，経営全体での経費節減への取組みの有無・程度，定年退職者を見込んだ上での解雇の時期・員数の設定，新規採用者減の検討の有無・程度などの諸事情が考慮されるべきであろう。また，特に相当の期間継続雇用している非正規労働者の場合は，常に正規労働者に優先して人員削減の対象にすべきものとは考えられない。正規労働者の時短によるワーク・シェアリングの試みも検討の価値がある。これらはいずれも解雇回避措置義務の内容として固まった措置というわけではないが，具体的事情に応じ，整理解雇の合理性・相当性の判断に当たって顧みるべき事情である。

　第3に，解雇回避措置の後，解雇が不可避の場合は，「公正で合理的な基準」により行われなければならない（人選基準の合理性）。整理解雇は企業の存続を前提にして行われるものであるために，整理解雇実施後の事業方針により指名解雇者の選定基準は一様ではない。抽象的には強化予定部門の人材としての適格性，既存部門の業績向上への貢献期待度，労働者の年齢構成・職務に関する経歴，技能種別などが考慮され，解雇する者と残す者との振り分けが行われることになろう。このような選定基準の設定は，特に恣意的な内容のものでないかぎり経営判断として尊重される必要がある。労働者の個別の事情としては勤務実績（勤怠状況ないし人事考課）が考慮されることは必然であり，これらは一般的には合理性のある選定基準と考えられる（その場合は評価項目，評価対象期間，評価方法を労働者に明示することが必要とする事例にオクト事件・大阪地決平成13・7・22労判815号84頁）。業務に「協力的」，「協調的」，「貢献期待度が高い」といった漠然とした基準は合理性が疑わしい。その他，労働者の再就職の難易，家族の所得状況など解雇の打撃の強弱を考慮基準とすることも，最終的選定基準としては合理性を認めてよいであろう。

第4は，使用者が，信義則上，労働組合，労働者と「誠実な説明・協議交渉」をすることである。使用者は，人員削減および整理解雇の必要性（経営状況）に関する経営情報を提供し，説明し，労働側の要望や要求に真摯に対応し協議・交渉する必要がある。協議交渉の過程では経費削減，新事業部門への配転・出向，労働条件の見直し，定年退職者により見込まれる自然減など余剰人員吸収（解雇回避）の可能性，自主退職者への代償措置の有無・内容，再就職援助のあり方などについて，使用者は必要に応じ提案や応答を行い，同意を得る必要まではないとはいえ，労働者，労働組合の納得を得る努力を十分に尽くす必要がある。その必要性は，労働組合との間に解雇に関し事前協議条項が存在するか否かを問わない（リーディング・ケースは大野村上事件・長崎地大村支判昭和50・12・2判時813号98頁，同趣旨東京セロハン紙事件・東京地判昭和52・7・29労民集28巻4号273頁）。

　　＊　**解雇回避措置**　　学説には，解雇回避措置としての配転，出向は，労働者がそれを拒否した場合に解雇有効性を強める要素となるとはいえ，本来の業務上の通常の業務命令違反と同一視されるべきでないこと，また希望退職者募集は，退職金優遇措置など労働者に退職を希望させるだけの魅力を具えていないときは実質的な解雇回避措置とは言えないとの主張がある（西谷・労働法424頁以下）が，傾聴に値する。

　三　以上の4点は，整理解雇の有効性の判断基準としていずれも包括的である。また，整理解雇の必要性の程度は解雇回避措置の内容，程度と相関性があり，あるいは厳格に，あるいは緩やかに判断すべき場合のあることも否定できない（後述(5)）。したがって，私見によれば，第4の労働組合，労働者との誠実な協議・交渉は信義則上確定的な「要件」と解するものであるが（小西ほか〔渡辺〕263頁参照），第1，第2，第3は総合的判断の重要な「要素」と解するのが相当である（**case 14-17**・シンガポール・ディベロップメント銀行事件）＊。

　　＊　**説明，協議交渉についての考え方**　　一説には，労働者側に対する説明・協議は，それがまったくなされないか，ごく不十分にしかなされなかった場合，他の諸点（解雇の必要性，回避努力，合理的選定基準）に関する評価を中心とする「総合的」な合理的理由の有無判断においてマイナス要素として働くという程度のものとするのが妥当であるとの主張が，このような考え方は一般にあまり支持されないであろうとの付言とともにされている（下井186頁）。

(3) 解雇権濫用法理と整理解雇

労働契約法は，「解雇は，客観的に合理的な理由を欠き，社会通念上相当であると認められない場合は，その権利を濫用したものとして，無効とする。」と規定している（労契16条，本講Ⅲ3(4)参照）。この一般的な解雇権濫用法理と整理解雇の有効性基準との関係であるが，解雇権濫用法理における解雇理由の客観的合理性の要件には，整理解雇の有効性基準のうち，解雇による人員削減の必要性（上記(2)二第1）および指名解雇基準とその適用の合理性（同第3）が相当する。また，社会的相当性の要件は，「当該具体的事情の下において解雇に処することが著しく不合理」と言えるか否かの問題である故に，解雇回避のために真摯な努力をしたか否か（同第2），および労働者・労働組合に説明・協議交渉義務を尽くしたか否か（同第4）が相当する。

しかし，今日，整理解雇のリーディング・ケースと目されている裁判例（case 14-14・東洋酸素事件）は，整理解雇の有効性は上記第1・第2・第3の「三個の要件を充足することを要し，特段の事情のない限り，それをもって足りる」とし，第4の解雇手続は整理解雇事由の存在が認められた場合に，「解雇の効力の発生を妨げる事由」としてその有無，程度を判断すべきものとされている。ただし，このように整理解雇における手続的「要件」を，整理解雇の効力「要件」と別個の考慮要素と解することについては学説も批判しており（土田道夫・百選7版172頁），その後の裁判例で明確にこれに追随するものは見られない＊。

＊ **整理解雇のいわゆる「4要件」説について**　　上記(2)二に特徴ある解雇権濫用法理として指摘した第1〜4の事項を，整理解雇の効力要件と考え，その一つでも欠ければ解雇は無効になるという「4要件説」の立場（判例および多数の学説）に関しては，法令違反でない解雇の効力は当該ケースの具体的事情を勘案した「総合判断」によるのであり，整理解雇は法によって原則的に禁止された行為ではない故に，「少なくとも理論的には妥当性を欠く」との批判がある（下井178頁）。たしかに上記(2)二第1〜4の事項は，整理解雇の効力「要件」と解することができるほど内容の固まったものではなく，「当該ケースの具体的事情」の下で，そのあり方を相互に衡量せざるを得ないと考えるものである（菅野459頁，荒木204頁参照）。しかし，整理解雇の有効性判断に際し，第1〜4の事項を重要な判断基準ないし要素として，「当該ケースの具体的事情」の下で使用者が信義に従い誠実にその手続を進めたか否かを検討することは，他に代わる特別の基準の提示もない現状では，妥当な判断方法と言うべきであろう（山川268頁，西谷・労働法423頁も同旨か）。なお私見は，労働者・労働組合に対する説明，協議交渉義務については，そのあり方に多様性を認めつつ，重要な適正手続の問題として，な

お「要件」と解していることは上記(2)三で述べた。

(4) 整理解雇法理の実質的根拠

一　では，整理解雇を解雇一般の権利濫用法理と区別し，異なる基準で判断すべきであるというのは，どのような理由に基づいているのであろうか。この点に関し，裁判例の多くは「整理解雇は，使用者側の経営上の理由のみに基づいて行われるものであり，その結果，何ら責められる事情のない労働者の生活に直接かつ重大な影響を及ぼすものである」，と述べている（近年の一例として，前出(2)二の宝林福祉会事件）＊。しかし，**case 14-14**・東洋酸素事件はこれとは異なり，日本では「終身雇用制が原則的なものとされて」いること，解雇された労働者をして「不利な労働条件による他企業への転職を余儀なくさせること」から，「解雇が労働者の生活に深刻な影響を及ぼすものであることにかんがみ」て，上記「三個の要件」および手続的「要件」が必要であると述べている（ほぼ同様の観点に立つものに，**case 14-15**・ナショナル・ウエストミンスター銀行〔第2次仮処分〕事件）。このように，整理解雇のリーディング・ケースと目されている **case 14-14**・東洋酸素事件の指摘は，およそすべての解雇に共通する権利濫用法理で間に合う理由づけであり，整理解雇と一般の解雇とを区別していない立場と言ってさしつかえない。

　　＊　**整理解雇法理の実質的根拠としての経営責任主義**　同様の見地に立つ裁判例として，大村野上事件（長崎地大村支判昭和50・12・24労判242号14頁），高田製鋼所事件（大阪高判昭和57・9・30労民集33巻5号851頁），三井石炭鉱業三池鉱業所事件（福岡地判平成4・11・25労判621号33頁），丸子警報機事件（長野地上田支判平成9・10・29労判727号32頁，同東京高判平成11・3・31労判758号7頁）のほか，**case 14-18**・ヴァリグ日本支社事件，山田紡績事件（名古屋地判平成17・2・23労判892号42頁，同名古屋高判平成18・1・17労判909号5頁）などがある。なお，「整理解雇は労働者側に解雇される帰責性がないにもかかわらず解雇によって失職するという不利益を被らせるものである以上，終身雇用を前提とする我が国の企業においては……それ相応の努力をするのが通例であるのに，何の努力もしないで解雇することは，労働契約における信義則に反する」と述べている裁判例もある（角川文化振興財団事件・東京地決平成11・11・29労判780号67頁）。この考え方は，整理解雇の場合に使用者に「相応の努力」が要請される理由に関して，労働者の無帰責性と終身雇用制下の企業における「通例」とを並列するものであるが，この判旨の文脈のかぎりでは重点は後者（終身雇用制）に置かれている。

二　整理解雇に関し，権利濫用法理を「終身雇用制」云々の観点で理由づける場合には，その枠外にある有期契約労働者やパートタイム労働者の雇用継続

に対する合理的期待を保護するには遠く及ばないであろうし，また，人員削減としての雇止め（更新拒否）にも整理解雇の法理の類推適用可能性を示唆している今日の裁判例の趨勢とも整合しない＊。やはり，整理解雇の法理には一般的な解雇権濫用法理と区別しうる実質的理由づけが必要であり，上記のように経営責任主義の立場を基礎にした理由づけが妥当と言えよう（この点，山川267頁は，整理解雇は労働者側の原因によるものではないことを挙げ，その実施にはかなりの制約が課され，判例法により「要件」が設定されていることについて肯定的な立場をとられている）。

＊　**有期雇用労働者と整理解雇**　有期労働契約を反復更新している労働者に対し，人員削減として行う雇止め（更新拒否）にも，整理解雇の法理を類推適用する事例には，三洋電機事件（大阪地判平成3・10・22労判595号9頁），丸子警報機事件（長野地上田支判平成9・10・29労判727号32頁，同控訴審判決・東京高判平成11・3・31労判758号7頁）などがある。ネスレコンフェクショナリー関西支店事件（大阪地判平成17・3・30労判892号5頁）では，実質的に整理解雇の法理の枠組みに沿って，業務外注化により同業務に従事している有期労働者に対してなした雇止め（更新拒否）が無効と判断されている。学説には，整理解雇の必要性がある場合に，パートタイム労働者を正規の従業員に先んじて解雇対象者に選定することに疑問を提起し，「被解雇者の選定は相互に比較可能な労働者間において行うべきものであるから，正規従業員に関してもパートタイマーに対してもそれぞれ被解雇者を選定すべきであり，パートタイマーであるがゆえに当然に被解雇者とされてよいものではない。」とするものがあり，こうした考え方に近い判例に上記三洋電機事件を例示している（小西・労働法401頁）。

(5)　**整理解雇の必要性と解雇回避努力義務の相関性**

今日の整理解雇には，業務を外部委託して同部門の労働者を委託先に移動（転籍），あるいは整理解雇する場合（ケースAという），業績不振部門を廃止（または縮小）することによって，業務自体を終わらせ，そこの労働者を整理解雇する場合（ケースBという），業務委託先から請負契約を解約され，業務がなくなった結果，そこの労働者を整理解雇する場合（ケースCという）などに関するものが大変多い。

ケースAの場合は，使用者の業務はなくなるものの，仕事自体は外部化されて存続し，依然事業活動の必要的構成部分であることに変わりない。そしてケースBの場合は，廃止業務に代えて強化が図られる業務なり部門が選定されることも多く，廃止業務以外の現存業務に人員増を行うこともあり得る。したがって，整理解雇を現実に必要とする程度は，一般的には，ケースAよりケースBが，ケースBよりケースCが高くなり，また緊急性の度合いも強まると言

えよう。

　その結果，業務外注化による整理解雇（ケースA）に関しては，人員削減の必要性が認められる場合でも，業績不振部門の事業廃止（ケースB）や請負業務の注文がなくなった場合（ケースC）と比較して，解雇回避努力が強く要請される。その程度はケースAがケースBより，またケースBがケースCより強いと言えよう。

　このように，整理解雇の必要性・緊急性の程度は概して「ケースA＜B＜C」の関係になり，相関的に，解雇回避努力義務における厳格判断の強さは「ケースA＞B＞C」の関係になると考えてほぼ誤りはないと思われる（渡辺章「外注化による剰員整理解雇」専修ロージャーナル2号〔2007年2月〕108頁）。

(6) 労働者（労働組合）への説明・協議交渉義務

　最高裁判所は，あさひ保育園事件（前出(2)一）において，整理解雇手続違背を第1番目に指摘し，解雇を無効とした原審判断を是認している。この判決の指摘する整理解雇手続違背とは，使用者が対象労働者らに，人員整理がやむを得ない事情などを説明して協力を求める努力を一切しなかったこと，である。同判決は，①手続の対象を，解雇する労働者を含む保育園の職員とし，②手続の内容を人員整理がやむを得ない事情を説明すること，および協力を求める努力をすることとしている。そして，初期の代表的裁判例（前出(4)大村野上事件）以来，多くの裁判例によって，労働組合との人事協議約款の有無にかかわらず，整理解雇の必要性およびその規模，方法等に関し労働者・労働組合に説明・協議交渉を尽くすべきであり，この手続を懈怠した整理解雇は無効と解すべきであるとの判断が積み重ねられている（**case 14-14**・東洋酸素事件のこの点に関する判旨は分かりにくくリーディング・ケースと位置づけるに値する判決と言えるか疑問を禁じ得ない。後掲のコメント参照）。

　学説も，使用者は労働組合または労働者に対し整理解雇の必要性とその時期・規模・方法等につき納得を得るために説明を行い，さらにそれらの者と誠意をもって協議すべき義務を負うとして，裁判例の蓄積と軌を同じにしている（菅野459頁，小西國友「整理解雇をめぐる実務的問題〔下〕」労判540号〔1994年〕10頁。なお，整理解雇の際の使用者の労働者代表との事前協議義務に関するILO条約および若干の諸外国の法制に関し，李鋌「解雇の手続的規制」講座21世紀4巻191頁参照）。

Ⅲ　解　　雇

(7) 裁判例
case 14-14　事業閉鎖部門労働者全員の整理解雇（有効）

東洋酸素事件・東京高判昭和54・10・29労民集30巻5号1002頁
【事実】　Y会社（控訴人）は，昭和45年7月，収益性の高い高圧ガス製造部門を残し，他方，競争が激化し収益性が低下したアセチレンガス部門（以下，アセチレン部門）を閉鎖することを決定し，同年7月24日，同部門の管理職1名を除く全従業員47名に対し，同年8月25日付けで就業規則の定める「やむを得ない事業の都合による」として解雇する旨通知した（以下，本件解雇通知）。その際，アセチレン部門の労働者の他事業部門への配転や他事業部門の労働者を含めて希望退職者の募集は行わなかった。

本件は，解雇された労働者らのうちXら13名（被控訴人）が従業員の地位保全等を求めた仮処分申請事件である。同人らは合化労連東洋酸素労働組合川崎支部の組合員である。1審（東京地判昭和51・4・19労民集30巻5号1042頁）は，解雇期間中に会社を定年退職した1名を除いて地位保全申請を認容し，解雇期間中の賃金，一時金等の支払いを命じた。

【判旨】　原判決取消し，申請却下

1　ア〔本件解雇の要件〕　「解雇が労働者の生活に深刻な影響を及ぼすものであることにかんがみれば，企業運営上の必要性を理由とする使用者の解雇の自由も一定の制約を受けることを免れない……。特定の事業部門の閉鎖に伴い右事業部門に勤務する従業員を解雇するについて，それが『やむを得ない事業の都合に』よるものと言い得るためには，第一に，右事業部門を閉鎖することが企業の合理的運営上やむを得ない必要に基づくものと認められる場合であること，第二に，右事業部門に勤務する従業員を同一又は遠隔でない他の事業場における他の事業部門の同一又は類似職種に充当する余地がない場合，あるいは右配置転換を行ってもなお全企業的に見て剰員の発生が避けられない場合であって，解雇が特定事業部門の閉鎖を理由に使用者の恣意によってなされるものでないこと，第三に，具体的な解雇対象者の選定が客観的，合理的な基準に基づくものであること，以上の三個の要件を充足することを要し，特段の事情のない限り，それをもって足りるものと解するのが相当である。」

イ〔適正手続〕　「なお，解雇につき労働協約又は就業規則上いわゆる人事同意約款又は協議約款が存在するにもかかわらず労働組合の同意を

得ず又はこれと協議を尽くさなかったとき，あるいは解雇がその手続上信義則に反し，解雇権の濫用にわたると認められるとき等においては，いずれも解雇の効力が否定されるべきであるけれども，これらは，解雇の効力の発生を妨げる事由であって，その事由の有無は，就業規則所定の解雇事由の存在が肯定されたうえで検討されるべきものであり，解雇事由の有無の判断に当たり考慮すべき要素とはならない。」

2 ア 〔アセチレン部門閉鎖の必要性〕　Y会社は，昭和30年代後半以降組合との間でアセチレン部門の省力化交渉が進捗せず，生産能率の向上や製造原価の引下げの目的を達成できず，昭和38年上期～44年下期までに4億円余の赤字が累積し，黒字の酸素部門の設備改善を少なからず阻害していたなどの事情が認められることから，「会社の採算上多年マイナスの要因となっているアセチレン部門を閉鎖するに至ったことは，企業の運営上やむをえない必要があり，かつ合理的な措置であった。」

イ 〔他事業部門への配置転換の余地〕　本件解雇当時，Y会社のアセチレン部門以外の男子従業員は422名（うち，現業191名）であったが，昭和50年1月現在までに355名（うち，現業130名）に減少し，他事業場を通じ新規に補充を要する男子従業員の欠員はなく，近い将来の欠員の見込みはなかった。

ウ 〔希望退職者の募集の不実施〕　Y会社は，①アセチレン部門閉鎖当時，高度経済成長の最盛期であり，求人難の時代であったため，同業他社からの酸素部門，営業部門の従業員の引抜きを誘発することをおそれた。また，②熟練従業員等の希望退職を阻止することは困難であり，そこに技量未熟なアセチレン部門の労働者を配置すれば作業能率の低下を避けられないことが認められた。③さらに当時再就職事情が極めて良好であった。したがって，「全社的に希望退職者を募集することによって会社経営上大きな障害が生ずることを危惧したのはあながちこれを杞憂として理由なしと断ずることはでき」ない。以上のとおりであるから，Y会社が解雇対象者としてアセチレン部門の従業員47名全員を選定したことは，「一定の客観的基準に基づく選定であり，その基準も合理性を欠くものではないと認められる。」したがって，「本件解雇について就業規則上の解雇事由が存在することは，これを認めざるを得ない。」

3 ア 〔解雇対象者への説明等〕　Y会社は，本件解雇通知（昭和45年7月24日）をした月の16日に退職金規程による退職金のほか勤続年数

等を考慮した特別加給金，予告手当及び帰郷旅費を支払うことを組合らに通知し，全従業員に対し閉鎖および解雇理由を説明した「アセチレン工場部門白書」を配布した。組合らとは同月30日から8月14日までに3回団体交渉を行ったが，組合らが問題解決の具体的方法について対案を示すこともなかった。以上のように，Y会社が「組合と協議を尽くさないまま短期間のうちにアセチレン部門の閉鎖及びそれに伴う従業員の解雇を強行したことは，いささか性急かつ強引であった感がないではない。」

イ〔労働組合との協議等〕 労働組合との間に解雇に関し事前協議協定は締結されておらず，Y会社は，閉鎖の決定過程において，①同組合支部およびアセチレン部門の従業員に対し，赤字の逐年増加，人員削減および作業能率の向上が急務であることを繰り返し説明し，また，②同工場の存廃が早晩検討されるべきことについても説明し，③組合に同部門の経営引受けの意思を打診している。したがって，「同部門の閉鎖及び本件解雇が全くの抜打ち的措置であったと断定することはでき〔ず〕……，Y会社が組合と十分な協議を尽くさないで同部門の閉鎖と従業員の解雇を実行したとしても，他に特段の事情のない限り，右の一事をもって本件解雇通告が労使間の信義則に反するものということはできない。」（判旨の表題は引用者）

【コメント】 1 判旨は，本件整理解雇の有効要件に，①解雇の経営上の必要性，②配転による解雇回避等の措置を行っても剰員の発生を避けることができないなど，解雇が恣意的になされたものでないこと，③剰員整理解雇の対象者選択の基準が客観的，合理的なものであることを挙げ（判旨1ア），これら「三個の要件」を充足し，就業規則上の解雇事由の存在が肯定された場合に，その「効力を妨げる事由」として当該解雇が手続上信義則に反していないこと（判旨1イ），を検討すべきこととしている。以上の判旨の法的論理によれば，解雇手続における信義則違反の立証責任は，労働者が負担することになる。

2 次いで判旨は，他部門に欠員がなかったことを理由に配転可能性がなかったと判断し，他部門を含めて希望退職者を募集すれば，会社は熟練従業員等が他者に引き抜かれるリスクを負い，そこに閉鎖部門の労働者を配置すれば作業能率が低下するとの会社の主張をなんらの留保をとどめず容認している（判旨2イ，ウ）。しかし，私見はこうした片面的な経営利益優先の論理には同意できない。Y会社は，他事業部門についても一定の人

数枠を設定するなどして，希望退職者を募集すべきであったと考える。そして使用者は，アセチレン部門労働者をその欠員要員として配転する際に，配置先の就業に必要な技術的教育訓練を施す程度のコストは負担すべきものと考える。もっぱら会社の都合により行う整理解雇について，現に黒字を計上している使用者に対し，その程度の解雇回避義務を課することは信義則上やむを得ないと考える。

　3　判旨は，採算のとれないアセチレン部門の存廃が早晩問題になることについて，Y会社は組合支部および同部門の労働者らに説明し，知らせていたとし，同部門の閉鎖及び本件解雇が「全くの抜打ち的措置であったと断定することはできない。」と述べて，本件全員解雇の手続上の信義則違反を否定した（判旨3ア，イ）。しかし，Y会社が労働者らに説明し，知らせたのは，同部門の閉鎖方針であり，閉鎖時に同部門の労働者を，配転や希望退職者の募集なしに全員解雇することの説明はしていない。このことが組合に知らされ，団交が開始されたのは，本件解雇通知（7月24日）の9日前（7月16日）である。整理解雇の場合の労使間の交渉協議の要件（要素）について，単に「全くの抜打ち的措置であったと断定できない」いった程度で足りるとは到底思えない。少なくとも，会社が労使間の交渉協議の場で組合支部，関係労働者らに対し，アセチレン部門閉鎖の必要性，合理性とともに，他の事業部門の要員に手を付けることなしに，同部門の労働者のみに限定し，全員を解雇することについて理解，協力を得ようとして誠実に努力したと認められる必要がある。本件判旨の立場は，整理解雇を解雇に関する一般的権利濫用論の判断枠組みの中に位置づけたために，その適正な実施に関して相当程度甘い判断になっているとの評価を否めない（森戸英幸・百選6版152頁，土田道夫・百選7版170頁参照）。

case 14-15　事業部門閉鎖を理由とする整理解雇・その2（無効）

ナショナル・ウエストミンスター銀行（第2次仮処分）事件・東京地決平成11・1・29労判782号35頁
　【事実】　Xは，外資系銀行の東京支店貿易金融部門のトレードファイナンス（貿易担当業務）を担当し，アシスタント・マネージャー（管理職）の地位にあった（勤続約14年）。Y会社は，同部門（3名従事）の閉鎖を決定

し，Xを他に配転させ得るポジションはないとの理由により，特別退職金等（雇用終了の日として指定された日〔約5ヵ月後〕までの月例給与・賞与等を含めて約2,334万円。うち，就業規則上の退職金額は802万円）を支給し，再就職が決まるまで就職斡旋会社のサービスを提供する等の条件を提示し，退職を促したが拒否された。つぎにY会社は，Xに対しアシスタント・マネージャー職の年収（1,052万円）よりはるかに低いクラークの仕事（年収450万円）に就いている労働者を解雇し，年収を650万円としてXの担当とすることを提案した。しかし，Xはこれを拒否した。そこでY会社はXを解雇した。

第1次仮処分（東京地決平成10・1・7労判736号78頁）は，部門閉鎖による人員削減の必要性を直ちに否定できないとしても，その手段として整理解雇を選択する必要性や手続の妥当性に欠けるとして無効と判示し，平成10年1月から1年間の地位保全・賃金仮払いを命令した。本件第2次仮処分も翌11年1月から1年間について賃金仮払いを命令した。なお，Y会社の就業規則は，解雇の事由について適格性の欠如や職場規律違反など労働者になんらか落度のある場合のみを定め，会社の都合による場合について規定していなかった。

【判旨】 申立認容

1 企業は「経営の自由」を有し，経営に関する危険を最終的に負担するのであるから，①企業が現に倒産の危殆に瀕している場合，②将来，経営危機に陥る危険を避けるために，企業の質の改善，強化を図る目的で行う場合，③企業が採算性の向上を図るために余剰人員の整理を行う場合には，余剰人員削減の「必要性」および「合理性」が認められるべきである。

2 ある事業部門の余剰人員について，①廃止部門の労働者の職種，能力の点で他の部門への配転可能性があり，②配転により配転先に余剰人員が生じない場合には，これを解雇という手段によって削減する必要性はない。ある事業部門の余剰人員の削減に必要性，合理性が認められる場合でも，「解雇によって達成しようとする経営上の目的とこれを達成するための手段である解雇ないしその結果としての失職との間に均衡を失しないことが必要である。」その理由は，①労働者の定年までの雇用継続の期待は保護されるべきであり，②労働条件が年功的に運用されている状況下で雇用の継続を期待することには合理性があり，③解雇は労働者にとって重大な打撃であるから，である。それ故，「余剰人員の削減を解雇によって達

成しようとしている経営上の目的が余りにもささいであるときは解雇という手段によって従業員を失職させるという結果を生じさせることとの間の均衡を失しているといわざるを得ず，そのような場合に余剰人員の削減についての経営上の必要性が企業経営上の観点から合理性を有するということはできないのであって，解雇権の行使は濫用に当たるといわざるを得ない。」

　3　余剰人員となったXについては，その能力の点からも，直ちに解雇せずに，GTBS（グローバル・トレード・バンキング・サービスの略称）アジアパシフィック部門以外の他の部署に既に配属されているアシスタント・マネージャーを補佐するような形でアシスタント・マネージャーとして配属し，今後数年間のうちに東京支店のアシスタント・マネージャーの役職者の自然減によってXが余剰人員ではなくなることを待ち，数年間が経過した時点でもなおXが余剰人員であった場合に解雇するという方法も採り得たものと考えられる。そうすると，余剰人員となったXについて人員削減の方法として，解雇という方法以外の処遇の「方法があったにもかかわらず，そのような方法を選択せずに解雇という方法を選択していることに照らせば，本件解雇については解雇によって達成しようとする経営上の目的とこれを達成するための手段ないしその結果との間に均衡が失われているというべきである。」

【コメント】　判旨1は，整理解雇の類型を，①倒産の危機回避型，②将来の危険予防型，③採算性向上のための経営戦略型に分類し，いずれの場合についても整理解雇の必要性を肯定し得るとしている。この分類によれば，本件Xの解雇は，廃止事業部門担当者の解雇事案として上記③の類型の整理解雇に当たり，現在の経営危機の回避（上記①）や将来確実視される危険の予防（上記②）のために行われたものとは言えない。判旨2は，そのような差し迫った危機回避ないし将来の危険予防といった理由に基づいて行うのでない整理解雇の場合には，労働者が失職により受ける不利益の大きさを考えて，使用者は解雇回避のために格段の努力を尽くすこと（他部門での人員吸収策として配転可能性を模索し，あるいは近い将来に予測される自然減への充当など）が要請されるとしている。判旨は，いわゆる経営戦略型整理解雇の客観的合理性の判断に当たって，採算性の向上とその実現手段とをこのような「均衡」理論の観点から論じており，説得力が感じられる。判旨3は，Xに対する本件解雇について回避努力の能否を具体

的に判断したものであるが，Y会社に対し過剰な措置要求をするものとまでは言えないように思われる。

case 14-16　事業部門閉鎖を理由とする整理解雇・その3

同上事件（第3次仮処分）・東京地決平成 12・4・27 労判 782 号 23 頁
【事実】　本件は，上記 case 14-15・第2次仮処分による平成 11 年 12 月までの賃金仮払いに続く，第3次仮処分申立てに対するものである。
【判旨】　申立却下
1　「リストラクチャリングは，限られた人的・物的資源を戦略上重要な事業に集中させ，不採算事業を縮小・廃止し，もって，資本効率の向上，競争力の強化を図ることを目的とするものであり，このような事業戦略にかかわる経営判断は，それ自体高度に専門的なものであるから，基本的に，株主によって選任された執行経営陣等，企業の意思決定機関における決定を尊重すべきものである。そして，リストラクチャリングを実施する過程においては，新たに進出する事業ないし強化が図られる事業との関係では，そこで求められる能力を備えた人材への需要が新たに生まれる一方，廃止ないし縮小される事業との関係では，余剰人員の発生が避けられないものであり，この間の労働力の需給関係は必ずしも一致するものとは限らないから，企業において余剰人員の削減が俎上に上ることは，経営が現に危機的状態に陥っているかどうかにかかわらず，リストラクチャリングの目的からすれば，必然ともいえる。」
2　他方，余剰人員として解雇の対象になる労働者にとっては当面の生活に重大な支障をきたすものであることから，「余剰人員を他の分野で活用することが企業経営上合理的であると考えられる限り極力雇用の維持を図るべきで，これを他の分野で有効に活用することができないなど，雇用契約を解消することについて合理的理由があると認められる場合であっても，当該労働者の当面の生活維持及び再就職の便宜のために，相応の配慮を行うとともに，雇用契約を解消せざるを得なくなった事情について当該労働者の納得を得るための説明を行うなど，誠意をもった対応をすることが求められるものというべきである。」
3　整理解雇のいわゆる4要件は，「整理解雇の範疇に属すると考えら

れる解雇について解雇権の濫用に当たるかどうかを判断する際の考慮要素を類型化したものであって，各々の要件が存在しなければ法律効果が発生しないという意味での法律要件ではなく，解雇権濫用の判断は，本来事案ごとの個別具体的な事情を総合考慮して行うほかないものであるから，X主張の方法論は採用しない。」

4 ①Y会社によるGTBS部門の閉鎖によりX担当のアシスタント・マネージャーのポジションが消滅するが，同人を他の管理職のポジションに配転することが合理的であったとはいえず，またXの専門的知識，能力から見てその配転をY会社に期待することはできない。②Y会社はXに合意解約を申し入れた際，特別退職金等の支給を約束し，さらにこれに335万円余を上乗せし，就職斡旋会社のサービスを受けるため再就職先が決まるまで無期限の金銭的援助を申し出ている。以上のことからすれば，「Xの当面の生活維持及び再就職の便宜のために相応の配慮をしたものと評価することができる。」③本件解雇に至る手続についても誠意をもってXに対応したものといえる。よって，「未だ本件解雇をもって解雇権の濫用であるとはいえ〔ない〕。」

【コメント】 1 一般にリストラクチャリング（事業再編成）は，ある事業の廃止・縮小と別の事業への新規進出が同時的に図られることが多く，廃止・縮小部門の労働者が，新規進出の事業部門への適性において問題になるという一般論に関するかぎり，判旨1について異議はない（**case 14-14**・東洋酸素事件コメント2参照）。しかし同判旨が，リストラを実施すれば，「余剰人員の発生が避けられない」と決めつけているのは即断に過ぎる。廃止・縮小の事業部門の労働者は直ちに「余剰人員」となるわけでは決してない。この点判旨2は，「余剰人員を他の分野で活用することが企業経営上合理的であると考えられる限り極力雇用の維持を図るべき」であると述べており，その人員の合理的活用策が採られるときは，その範囲で「余剰人員」は生じない（すなわち，その範囲で人員削減の必要性は存在しない）のである。要するに，本判決の前提となっている判旨1の「余剰人員の削減が俎上に上ることは，リストラクチャリングの目的からすれば，必然」との判示は単純な思い込みに過ぎず適切な判断とは言えない（**case 14-17**・シンガポール・ディベロップメント銀行事件の判旨2参照）。

2 本件判旨2にいう解雇の対象となる「余剰人員」は，他の分野で活用するなどして「極力雇用の維持を図るべき」——信義則上の——努力を

なした後に，なお人員削減の必要ある労働者を意味しており，判旨1の「余剰人員」とは意味が異なる。判旨2は，その労働者らの「雇用の維持を図るべき」努力に関しても，他分野での活用が「企業経営上合理的であると考えられる限り」と留保をつけて，整理解雇の要件（要素）としての解雇回避義務の程度を限定している。

判旨4は，その「企業経営上の合理性」の判断部分である。結局同判旨は，管理職であるXの他職種への配転には合理性がないと判断する。その理由は，Xの有する専門的知識・能力と他のポジションのそれとの間に違いが存在するということである。確かに，異なる事業部門への配転によって必要となるスキルの再訓練，再教育の負担をどこまで使用者に受忍せしめるべきかの問題は重要であるが，（本件に関しこの点を指摘するものとして，小畑328頁），これらが丸ごと使用者のみの負担に帰するかのように判断することにも問題がある（労働者にも大きな負担がかかる）。

特に，本件のように，経営危機ないし現実の赤字対策型でない経営戦略型の整理解雇の場合には，解雇回避義務の一内容として，使用者は，閉鎖部門労働者の再訓練，再教育の負担を受忍できない事情ないし理由を主張立証すべきである（本件の場合，Xは廃止された担当業務に特定して雇用されているわけではない）。こうした肝腎の点について判旨4は簡単に過ぎ，踏み込んだ検討がなされていない。

なお，判旨2で述べられている「当面の生活維持及び再就職の便宜」や「当該労働者に納得を得るための説明」は，解雇を決定した場合の労働者の不利益を軽減する措置であり，重要であることは否定できないが，これら事情は一般解雇における社会的相当性判断と同質の事情と言うことができる。

3　整理解雇の有効性判断に関するいわゆる4要件（要素）は，判旨3のように，「解雇権の濫用に当たるかどうかを判断する際の考慮要素を類型化したもの」と解するにせよ，重要な「考慮要素」に変わりはなく，慎重に検討されるべきである。そして使用者において，いわゆる4要件（要素）のうちのどれかについて，充足することが困難であると主張するときは，その特段の事情について主張立証する責任を負うものと解すべきである（山川隆一・山本編214頁）。本件第3次決定は，こうした整理解雇法理の枠組みをはみ出しており，その後本件判旨と同様な判断をするものは存在していない（第2次，第3次仮処分とも土田道夫・百選7版170頁，山川隆

一・労研 496 号 23 頁参照）。

case 14-17　事業部門閉鎖（支店）を理由とする整理解雇・その 4（有効）

シンガポール・ディベロップメント銀行事件（本訴）・大阪地判平成 12・6・23 労判 786 号 6 頁

【事実】　1　Y 銀行は，工業化政策推進に必要な融資サービスを行うために設立され，シンガポール共和国に本店を置き，昭和 59 年 12 月，日本の営業所として東京と大阪に支店を置いて開発融資，消費者向銀行サービスを含む商業銀行業務等の業務をしている。X_1 は，平成 8 年 6 月雇用され，大阪支店で送金，輸出入業務を担当してきた。X_2 は，平成 3 年 1 月雇用され，同支店で外国為替輸出業務を担当してきた。X らの従事した上記業務の中には東京支店で行っていない両替業務，外貨小切手の買取り，手数料支払受付，送金小切手の発券，預金の入出金業務などがあった。10 年 3 月同人らは労働組合に加入した。

2　Y 銀行は，11 年 3 月，業績不振を理由に大阪支店（X ら 2 名を含め従業員 6 名在籍）の閉鎖を発表し，同支店従業員の全員解雇に関して X らの加入する労組と多数回にわたって団体交渉を行った。そして，最終的に，東京支店への転勤要求には応じられないとして，退職希望者に対し自己都合でない退職金の 5 割増し，基本給および職員手当の各 6 ヵ月分を支払い，さらに追加退職金 6 ヵ月分の支払いおよび転職斡旋サービスを含む希望退職パッケージを提案した。しかし X ら 2 名は，東京支店（平成 10 年当時従業員 21 名在籍）への配転を求めて退職に同意しなかった。そこで Y 銀行は，同年 6 月 8 日，X ら 2 名に対し同月 15 日付の解雇を予告した。X らは，Y 会社が東京支店従業員を含めて希望退職者を募集しなかったことは解雇回避努力義務違反であるなどと主張して従業員の地位確認等を請求した。

【判旨】　請求棄却

1　整理解雇は，「労働者に，何の帰責事由もないのに，重大な生活上の影響を及ぼすものであるから，解雇の……必要がある場合でも，これに先立ち解雇回避の努力をすべき義務がある。人員整理の必要から行われる，いわゆる整理解雇が有効であるためには，第一に，人員整理が必要であること，第二に，解雇回避の努力がされたこと，第三に，被解雇者の選定が

合理的であること，第四に，解雇の手続が妥当であることの四要件が要求されており，当裁判所もいわゆる整理解雇については，右四要件該当の有無，程度を総合的に判断してその効力を判断すべきものと思量する。」

　2　Y銀行は，大阪支店の閉鎖を決定し，それによりその人数分が余剰になり，人員整理の必要性が生じたと認めることができる。しかし，「支店を閉鎖したからといってその支店の従業員を直ちにすべて解雇できるものではない……。閉鎖される支店の従業員にとって解雇回避の可能性があるかどうかは，閉鎖がやむを得ない以上，当該支店以外における勤務の可能性があるかどうかということであるから，Y銀行大阪支店閉鎖に伴う人員整理においては，大阪支店以外の部署への転勤の可能性が検討されることになるが，出向等は問題とならず，海外への転勤の実現可能性がない本件では，結局のところ，解雇回避が可能かどうかは，東京支店への転勤が可能かどうかということに尽きる。」

　3　Xらは，東京支店において希望退職を募るべきであったと主張する。しかし，①東京支店は，当時21名の従業員の小規模の職場であり，増員予定はなく，その後の自然減も補充しておらず，本判決当時は16名に減少している。②東京支店の業務は外国の金融機関という性格から専門的知識や高度の能力を必要とする部分があり，誰でもなし得るような業務は更に少なかった。③右のような小規模の人員しかいない職場で希望退職を募るとしても，これによりXらを就労させる適当な部署が生じるとは必ずしも言えず，代替不能な従業員や有能な従業員が退職して業務に混乱が生ずる可能性を否定できない。④希望退職を募ると有利な退職条件を付与することになり，自然減による減少に比べて費用負担が増加する。⑤仮にXら2名を東京支店に転勤させるときはその住居費や帰省費用の負担が生じることにもなる。これらのことに，事実記載の大阪支店退職希望者に対するY銀行の提案内容を，「総合考慮すれば，Y銀行が解雇回避力を欠いたということはできないし，転勤ができないのであれば，大阪支店の従業員が解雇の対象となることはやむを得ないところである。」

　さらに，解雇手続の妥当性についてみると，Y銀行は「東京転勤については，団体交渉において，Y銀行がこれを拒否する理由の説明としては，終始，東京支店においてXらを配置するポジションがないというものであったが，交渉の経緯をみても，Y銀行の対応に妥当でない点があったとまでは認められない。」

【コメント】　1　判旨1は,「四要件該当の有無,程度を総合的に判断してその効力を判断すべきもの」との立場をとっている。判旨は,総合的判断に際し「四要件該当の……程度」だけでなく,「四要件該当の有無」をも考慮すると述べているが,判旨のいう総合判断は,要件の一つを欠いても整理解雇を有効と判断できる場合があり得るとの立場ではないと思われる。むしろ,各要件の充足度にばらつきがあり,解雇回避の措置はとられているが,他に考えられる措置もあり得たと解されるような場合,他の要件の充足の度合いを考慮し,整理解雇の効力を総合的に判断するとの趣旨であろう（山川＝荒木〔判批〕労研496号23頁は,本件を要素説の立場と解説している。本件仮処分異議申立事件決定・大阪地決平成12・5・22労判786号26頁も同旨）。また,山川（上記同箇所）は,原則的要素として4要件の存否を判断し,特段の事情があることを使用者が主張立証したときは,ある要件は問題にならない,あるいは充足が不要であるとか,内容が変わるといった判断をすればよいと思うとも述べているが,ある要件が「問題にならない」場合とは,特段の事情に限られるべきであり,原則的には,要件（要素）の存否ではなく,その各要件（要素）の充足の程度の問題に限定すべきであろう。

　2　本件は,まさにこの特段の事情の存否が争点になっており,事案としての特徴がある。判旨3は,Y銀行が東京支店の従業員に対し希望退職の募集を行わず,募集範囲を閉鎖事業場の従業員に限定した措置をやむを得ないと評価している。同判旨が考慮している①～⑤の事情のうち,①については近い将来に確実に自然減が見込める場合はどうか,②についてはXらが「誰でもなし得るような業務」しか当面はなし得ないような低技量の者なのかどうか,④は希望退職者募集の不実施を正当化することにもなり危険な論理ではないか,⑤の赴任に伴う人件費負担増加の問題は負担の程度も吟味する必要はないか,等々それぞれ検討問題は残る。本件は,各地に小規模事業場をいくつか有し,専門性の高度な業務を行っている企業における整理解雇の事例として参考になる。

case 14-18　幹部職員で53歳以上との整理解雇基準の合理性（否定）

ヴァリグ日本支社事件・東京地判平成13・12・19労判817号5頁

【事実】　1　Y会社は，ブラジルに本店を置き，平成6年3月当時世界30ヵ国に海外支社を有する航空会社で，日本支社には東京支店のほか大阪，名古屋および福岡に営業所を有し，ブラジル人支社長の下に営業本部，成田空港支店を置いている。当時の従業員数は日本支社長を含め72名（正規従業員）で，うち幹部職員22名（「ヴァリグ・ブラジル航空労働組合日本支社労働組合」の組合員資格を持たない），一般職員49名であった。Y会社は，平成6年9月，当時貨物営業部長の地位にあったX_1（昭和13年生）および予約部次長の地位にあったX_2（昭和16年生）に対し，就業規則の普通解雇事由「止むを得ない業務上の都合による場合」を適用し，同年11月末日付けで解雇する旨意思表示をした。

2　Y会社は，平成6年5月，多大の累積損失額を抱え，航空機リース会社への支払停止やリース価格の見直し交渉と併行して合理化計画を発表し，同日から10日以内に約25,000名の全従業員のうち，ブラジル国内2,100名，海外支社500名を削減することとし，翌平成7年12月末までにブラジル国内で4,666名，海外支社で714名の人員削減をした（全従業員数19,631名）。本件Xらに対する解雇はこの合理化過程で行われた。

3　Y会社が平成6年5月に発表した合理化計画では，海外30支社における人員削減率は在籍者の25％程度であった。日本支社は72名のうち29名（約40％）の削減を目標にし，53歳以上の幹部職員を対象に退職金に6ヵ月分給与を上乗せして支給する等の条件を示して退職者募集を行った。しかし，これに応じた者が1名に止まったため，個別に退職勧奨を行い，勧奨に応じなかったX_1を解雇した。また，53歳未満の幹部職員に対しても退職募集が行われ，X_2に対しては，上記退職者募集の際と異なり退職金に2ヵ月分給与を上乗せした条件が提示された。X_2はこの条件に加えY会社が再就職あっせんサービスの提供を応諾すれば退職に同意する予定であったが，Y会社は拒否し，X_2を解雇した。結局日本支社では26名を削減した。本件は，解雇無効確認等請求事件。

【判旨】　請求認容

1　「本件解雇は，Yの就業規則……『止むを得ない業務上の都合』を理由とするものと解されるところ，この事由による解雇は，もっぱら使用者

の側における業務上の都合を理由とするものであり、労働者にとっては、何らの落ち度もないのに、一方的に収入を得る手段を奪われるものであって、労働者に重大な不利益をもたらすものである。したがって、一応は上記解雇事由に該当する場合であっても、解雇が客観的に合理的な理由を欠き社会通念上相当として是認できないときは、解雇は権利の濫用として無効になると解すべきであり、これは使用者において人員削減の必要性があったかどうか、解雇を回避するための努力を尽くしたかどうか、被解雇者の選定に妥当性があったかどうか、解雇手続きが相当であったかどうか等の観点から具体的事情を検討し、総合考慮の上で判断するのが相当である。」

2　必要性判断　①Y会社が平成6年5月に発表した海外支社全体の人員削減率は25％であるところ、Y会社は当初日本支社に72名中約50％に当たる35名の削減を指示し、修正目標削減数の29名も40％に相当し、このような大幅な削減を行う必要性があったことを示す証拠は存在しない。また②日本支社が余剰人員を多く抱えていたことや人件費が他の支社に比べて特に高かったことを示す証拠もない。さらに③日本支社は解雇前の平成6年5月と解雇後の平成7年5月の2度にわたりベースアップを実施しており、多数の人員を削減する必要性があったことには疑問が残る。

3　解雇回避の努力　解雇回避のために「使用者に要求される努力の程度は、人員削減の必要性や緊急性の程度等を考慮し、諸般の事情を総合考量の上決するべきである。」Y会社は、財政再建のために人員削減を迫られていたが、他面日本支社では、本件解雇の前・後にベースアップ、就業規則どおりの7ヵ月分の賞与支給を組合との間に合意しており、「日本支社の人員削減を実施することが緊急の課題であったかには疑問が残る。」そして、本件解雇に先立ち、Y会社は、一応は早期退職者募集とその勧奨を行っているが、その募集人員を公表しておらず、この応募者が1名に止まったことが判明するや、直ちにX_1を含む幹部職員に対し同一条件による退職勧告を個別に行い、これに応じないX_1に解雇を通告し、また、X_2に対しては、さらに退職条件を下げて給与の2ヵ月分しか提示していない。加えてY会社は、X_2が自主退職の条件とした「再就職先の斡旋の申入れ」を即座に拒否していることからすると、「Y会社がXらの解雇を避けるため必要な努力を尽くしたというには疑問があり、そもそも、Y会社においてXらの解雇を回避しようとする意思があったのかすら疑いを抱かざるを

得ない。」

　4　指名解雇者選定の年齢基準の妥当性　「被解雇者を選定するにあたり，一定の年齢以上の者とする基準は，一般的には，使用者の恣意が介在する余地がないという点で公平性が担保され，……それなりに合理性があるといえないではない。しかし，本件において基準とされた53歳という年齢は，定年年齢まで7年間……もの期間が残存し，残存期間における賃金に対する被用者の期待も軽視できないものである上，我が国の労働市場の実情からすれば再就職が事実上非常に困難な年齢であるといえるから，本件の事実関係の下においては，早期退職の代償となるべき経済的利益や再就職支援なしに上記年齢を解雇基準とすることは，解雇後の被用者及びその家族の生活に対する配慮を欠く結果になる（Y会社が提示した早期退職の条件が上記の点を考慮したものとはいい難い）。」結局，「Y会社の退職勧奨・整理解雇の対象の人選は全体として著しく不合理である。」

　5　解雇手続の相当性　Y会社は，Xらに対する解雇通告までに，「人員削減の規模や退職勧奨・整理解雇の基準を終始明確にしなかったのであるから，Y会社の本件解雇通告を含む整理解雇についての説明は，退職勧奨または整理解雇の対象となった職員の理解を得るに足りる誠実なものであったとはいえない。」

　6　結論　「以上……摘示の諸事情を総合考慮すれば，本件解雇当時，Y会社においては，企業の合理的な運営の見地からすれば全社的には人員削減の必要性が存在し，一般抽象的にはY日本支社もその例外ではないといえるから，就業規則……の〔普通解雇〕事由が存在したことは一応肯定し得るものの，その人員削減の手段として行われた本件解雇は，退職勧奨・整理解雇の対象人員数，人選基準や解雇手続等を総合考慮すれば著しく不合理であって，社会的に相当とはいえないから，解雇権の濫用であり，無効というべきである。」

　【コメント】　判旨1は，整理解雇に関し，「労働者にとっては，何らの落ち度もないのに，一方的に収入を得る手段を奪われるもの」と述べ，整理解雇法理の必要性ないし根拠について経営責任主義的観点を明らかにしている。判旨2は，日本支社の計画（現有人員に対する人員削減率）が海外支社全体に対するそれより相当に上回るものであることを主たる理由にして，その必要性に疑問を投じている。当時，日本・ブラジル間の航空路線は，日本で就労する日系ブラジル人が増え，増便により業務の増加が見込

まれていたとされており，判旨の指摘は当然であろう。判旨3は，Y会社の解雇回避措置に関し，要するにY会社の提示した希望退職条件が，対象とされた労働者の年齢（X_1は56歳，X_2は52歳）および地位からみて，退職の同意を引き出すには不十分であって，またY日本支社には退職条件の引上げが困難との事情も認められず，「そもそも，Y会社においてXらの解雇を回避しようとする意思があったのかすら疑いを抱かざるを得ない。」と評価している。会社の提示した退職条件と財政的事情からみて解雇回避措置を不十分と評価しており注目してよい。判旨4は，整理解雇に当たって高齢者（本件では53歳以上）を基準とすることに関し，一般的観点と本件における同基準の具体的適用状況を，退職条件とも関係づけて判断しており極めて重要である。判旨は，年齢基準に一定の合理性を認め得る側面と，設定された年齢基準の労働者にとっての不利益性およびその不利益性を補うべき代償の有無，程度を総合検討する慎重なものであり，綿密な判断であり説得力が感じられる。

5 変更解約告知

(1) 意　義

一　変更解約告知は，講学上，「労働条件の変更の申込みをともなった従来の労働契約の解約」（大内伸也「変更解約告知」講座21世紀3巻64頁，土田232頁），ないし「労働契約内容の変更または新たな労働条件による新契約締結の申出をともなった解雇」（下井174頁，荒木294頁，山川270頁）などと意義づけられている。そのいずれにせよ，変更解約告知の場合の労働条件の変更（不利益変更）は，不同意者の解雇をともなうという特徴を有し，他面その解雇も，解雇自体ではなしに，労働条件の変更のための手段である点に特徴がある（菅野464頁）。この場合の労働条件の変更には，一時金，退職金を含む賃金，労働時間などの労働条件の変更のほか，労働の場所・職種の変更もあり（労働の場所・職種の変更をともなう変更解約告知は，通常の人事異動として実施される配置転換とこの点で様相を異にする），さらに無期契約を有期契約に，フルタイマーをパートタイマーに（またはその逆）といったドラスチックな雇用形態の変更の事例すら稀でない（変更解約告知に関する基本文献として，上記文献のほか野田進「変更解約告知の意義—フランス法研究の視点から」労働88号〔1994年〕141頁，山川隆一「労働契約における変更解約告知—要件事実論からみた覚書」『中嶋士元也

先生古希記念論集・労働関係法の現代的展開』〔信山社，2004年〕315頁がある）。

　二　使用者が変更解約告知をする過程は必ずしも一様でない。変更の告知と解約の告知とを同時に行う場合も，時間的に前後して行う場合もある。しかし今，変更解約告知のかたちを大きく分けると，使用者が労働条件の変更を申し込み，併せてこの変更に応諾しない労働者を解雇する旨告知する「解雇型」（変更を応諾すれば解雇しないとの解除条件付き解約告知型）と，労働者をいったん解雇した上で労働条件の不利益変更に同意する労働者のみを再雇用する旨告知する「再雇用型」（変更の応諾を条件とする再雇用申入れ型）の2つのタイプになる。

　これまでの裁判例のうち，代表的なものの一つは case 14-19・スカンジナビア航空事件である。本件では，経営状況の悪化した航空会社が「職務及び勤務場所が特定されており，また，賃金及び労働時間等が重要な雇用条件となっていた」エア・ホステスおよび地上職の業務に従事する労働者を対象に，人員削減対策として賃金，退職金を大幅に減額し，常用の雇用形態を1年有期に変更する旨を明示した上で早期退職者募集を行い（すなわち，合意解約の申込みをし），この不利益変更提案を受諾する労働者を再雇用することを提案し，受諾しなかった（すなわち，合意解約に応諾しなかった）労働者を解雇した事案である。判決は，変更解約告知を「雇用契約で特定された職種等の労働条件を変更するための解約」（換言すれば「新契約の申込みをともなった従来の雇用契約の解約」）と解し，その変更解約告知を有効と認めた（同種の「再雇用型」事案に，古くはエール・フランス事件・東京地判昭和50・2・28判時772号95頁があり，近年は関西金属工業事件・大阪高判平成19・5・17労判943号5頁がある）。

　いま一つは，その後の case 14-20・大阪労働衛生センター事件で，使用者が週3日勤務の医局員（医師）に対し週4日の常勤への変更を受諾しない場合は退職するよう提案し，拒否されて解雇した事案である。判決は変更解約告知の法理を適用すべきではないとし，その解雇が使用者の経済的必要性を主とするものである以上（すなわち，当該労働者の能力，適性を理由とするものではない以上），その実質は整理解雇にほかならないとして，「整理解雇と同様の厳格な要件が必要である」と判示し，無効と結論づけた（同種の「解雇型」事案に，古くはパン・アメリカン航空事件・千葉地佐倉支判昭和57・4・28判時1047号154頁，近年は日本ヒルトンホテル（本訴）事件・東京地判平成14・3・11労判825号13頁がある）。「解雇型」も「再雇用型」も，経営状況の悪化を背景にして希望退職者募集など整理解雇の前段階に近似したあれこれの措置が併行して採られる場

合が多い。

　三　そこで，裁判例とは一応離れ，変更解約告知の概念を上記一で述べたように解した上で，その有効性をどのように判断すべきかについて，諸学説の傾向も 2 派に分かれている。

　甲説は，変更解約告知は，労働条件の変更の申込み，または合意解約と変更後の労働条件による再雇用の申込みをともなう解雇であり，結局，解雇権濫用法理の一適用問題であるとする見解である。変更等をともなう解雇とは，解雇の効力について変更の申込みに応じること，あるいは再雇用の申込みに労働者が応諾することが解除条件とされているとの意味である（これを最も明確に主張されるのは山川 271 頁）。①職種や勤務地が限定されている労働者の職種等を変更する場合，②労働条件を大幅あるいは根本的に改めるものであるために就業規則の「合理的」変更と認められない場合，③就業規則に規定がおかれていない労働条件等を変更する場合などに，変更解約告知が意味をもつ（あるいはそのような場合に許容される）とする見解も，限定的であるがこの説に入るであろう（下井 175 ～ 176 頁，菅野 466 頁）。

　これに対し乙説は，変更解約告知は労働条件の変更を主目的にしており，解雇はその手段であるという特徴を有する故に，労働条件の変更の必要性と変更内容の合理性（相当性）を中心に判断し，その判断いかんが解雇の効力（解雇権濫用の成否）を決定づけると主張する。その場合，変更解約告知の主目的である労働条件の変更の合理性について，労働者が雇用を維持しつつ争うことが可能な法的処理を考える必要があり，労働者が異議を留保し，当該変更（ないし再雇用の申入れ）に応じて就労し，司法判断を待つことができる制度を考えるべきことを強調する（代表的見解は荒木 306 頁，同〔判批〕ジュリ 1072 号 13 頁，土田道夫「変更解約告知と労働者の自己決定」法時 68 巻 3 号 58 頁）。この場合の「留保付き同意」とは，厳密には，裁判所により労働条件変更の合理性が肯定された場合は，変更の申入れ時または再雇用の申入れ時に遡及して変更後の労働条件が適用され，合理性が否定された場合は同様に遡及して変更前の労働条件が適用されることを含めて同意することを意味している。

　なお，就業規則の変更により事業場の労働者について集合的処理（変更）が可能な労働条件については，甲説，乙説とも共通して変更解約告知を許容すべきではないと解していることに注意すべきである（この点に関し，野田・前掲労働 88 号 154 頁は，統一的労働条件の変更について，就業規則の変更で対処できるときはそれでなすべしとの規範的な要請が存在するとは解しがたく，使用者が就業規

則の変更でなく，変更解約告知の方式を選んだとしても，それ自体が非難されるべきものではないと孤高の主張をされている。米津孝司「外国航空会社におけるリストラクチャリングと変更解約告知」法時68巻1号87頁も同旨と思われる）。

(2) **留保付き承諾**

変更解約告知を受けた労働者が，当該労働条件の変更の合理性，相当性を裁判所で争うことを留保し，その結論が出るまでの間，雇用を維持し，変更後の労働条件で労務を提供すること（上記(1)三）は可能であろうか。ドイツにおいては，1969年以来，変更解約告知に対する留保付き承諾の制度が「解雇制限法」に定められ，労働者は雇用を維持したまま，変更後の労働条件で就労し，変更が社会的に相当でないことの確認訴訟を提起する権利を認められている（根本到「ドイツにおける変更解約告知の構造(1)(2)」季労185号〔1998年〕128頁・187号81頁，荒木142頁）。しかし，日本にはそのような法律の規定は存在しない。ために，この問題に関する日本の裁判例は，実質的にこれを肯定するもの（日本ヒルトンホテル（本訴）事件・東京地判平成14・3・11労判825号13頁）と，否定するもの（同事件・東京高判平成14・11・26労判843号20頁）とに分かれ結論は定まっていない＊。

変更解約告知に対し，労働者に異議留保付き承諾を認めることに関しては，日本にドイツ解雇制限法のような法規定が存在しないことのほか，民法528条が「承諾者が，申込みに条件を付し，その他変更を加えてこれを承諾したときは，その申込みの拒絶とともに新たな申込みをしたものとみなす。」と定めていることとの関係が問題になる。この規定を文字どおり解釈すると，労働者の異議留保付き承諾は，変更の申込みを拒否し，変更のない労働条件で労働契約の締結を申し込んだという次第になる。ある裁判例は，そのような意思表示はこれを受けた相手方の地位を不安定にするものと判断し，異議留保付き承諾を認めず，雇用関係上の地位確認請求を棄却した（上記日本ヒルトンホテル事件控訴審）。しかし，労働契約上の地位の不安定は，労働条件の変更を雇用機会の喪失（解雇）との二者択一の下で一方的に申し込まれる労働者の側にも生じるのである。

それ故，民法528条は契約の成立に関する原則を定めたものであり，すでに存在する継続的契約である労働契約には適用されないと解釈することも許されよう（荒木309頁，西谷・労働法431頁，水町171頁）。加えて，労働契約は労使の自主的交渉の下で，合意により変更されるという「合意の原則」を立てた労働契約法の趣旨（同1条・3条1項）にも考慮が払われて然るべきである。同

法は,「労働者及び使用者は,その合意により,労働契約の内容である労働条件を変更することができる。」とも定めている(同8条)。

変更解約告知は,必然的に使用者が一方的に労働条件を変更し,労働者に雇用を維持するか否かの選択を迫る結果となるのであり,労働者の「同意」の多くは,「自主的交渉」によるものと言い難い。このことは経験則上明らかである。その意味で変更解約告知の実現には,告知を受けた労働者の地位の不安定を最小限にする一定の法的迂路が必要である。民事訴訟手続も迅速処理の効果をあげつつあり,労働審判制度による調停,審判制度も整備されるに至っている(第1講51頁)ことを考慮し,私見は異議留保付き承諾を認める限度で労使間の不安定の衝突を均衡よく調整する必要があると解したい。

* **留保付き承諾の実質的肯定と否定** 日本ヒルトンホテル事件は,労働条件を切り下げる旨を通知された常用的日々雇用の労働者らが,別途訴訟で争う権利を留保し,使用者の通知した労働条件で就労すると回答したところ,雇止めされ,その有効性を争った事案である。1審は,労働条件の変更の合理性を認める一方で,留保付き承諾を回答したこと自体を理由に雇止めを拒否することは許されないとし,雇用関係の存続を認めた上で変更後の賃金額を基準にバックペイの支払いを命じた。これに対し2審は,労働者らの異議留保付き承諾の回答は,労働条件を引き下げる会社の申込みを拒否したものと言わざるを得ないとし,「本件異議留保付き承諾の意思表示により雇用契約の更新を認めることは,そのような意思表示を受けた相手方の地位を不安定にするものであり,……立法上の手当てもされていない現状においては許されない」と判示して,常用的日々雇用者の地位確認等の請求を棄却した(本件に関し,山川隆一〔判批〕ジュリ1246号215頁は判旨に疑問を投じている。なお,山川・前掲(1)―「労働契約における変更解約告知―要件事実論からみた覚書」322頁参照)。

(3) **変更解約告知の有効性**

一 変更解約告知は,大別して,①個々の労働者の能力,適正等を再評価し,労働条件を不利益変更する必要ありと判断して行う場合と,②経営上の都合により行う場合とがある。そして,②の経営の都合による場合は,(i)事業の縮小・統廃合等により労働力の絶対的余剰を生じ,同部門で就労する労働者の再配置や処遇を決める場合,および(ii)労働コスト削減,合理化,生産性向上その他の経営施策の実施を狙いとして行う場合に分けられる。②の場合の変更解約告知は,経営状態の悪化を背景に退職勧奨や希望退職者の募集が併行して行われることが多いが,それにかぎらず既存の人事制度に関する経営戦略的な見直しの過程で行われる場合もあり得よう。

二　上記一①のように，個々の労働者の能力，適正等を再評価し，労働条件を不利益変更する必要ありと判断して行う変更解約告知は，当該労働者をいきなり解雇することなく，労働者個人にかかる理由によって現在の労働条件（処遇）と勤務実績との不均衡を是正する人事的処遇の一方法として機能する。したがって変更解約告知は，その変更が就業規則の最低基準効（第4講176頁）に抵触しないかぎり許されると解する。換言すれば，このような場合に使用者は，労働条件の変更の申込みを承諾しない労働者を解雇することを妨げられない（雇用を維持しつつ，異議留保付き承諾の認められるべきことは前言した）。とはいえ，使用者の変更解約告知権も労働契約上の権利であるので，その権利の行使には信義則が働き（労契3条4項），権利濫用の法理が適用される（同条5項・16条）。すなわち変更解約告知は，使用者が「労働契約の内容である労働条件を変更する」（労契8条参照）に当たって，労働者との合意（同8条）を得る手段として機能するのであり，使用者は，その変更に関し，当該労働者が使用者と対等な立場において，「自主的交渉」を行い得るように配慮し（労基2条1項，労契1条），変更の必要性および変更内容が合理的なものであることについて，労働者の質疑にきちんと応答するなど入念な説明・協議を行うべきである。

　三　上記一②(i)の場合の変更解約告知は，仕事の絶対的不足による絶対的余剰人員対策（すなわち，整理解雇）の前段階的意味をもつ。すなわち，労働者の雇用保持のために必要な労働条件の不利益変更は，整理解雇が有効と認められる要件（判断要素）の一つである解雇回避手段としての意味と機能を有する。したがって，変更後の労働条件の内容の合理的性が吟味され，雇用保持（解雇回避）のために必要やむをえない範囲，程度の不利益変更と判断されるときは，整理解雇の場合に準じ，不利益変更を最終的に拒否する労働者を解雇（整理解雇）することは許容されるものと解される（この場合も異議留保付き承諾が認められるべきことは前言した）。

　四　上記一②(ii)の変更解約告知については，使用者の労働条件の変更の申込みが，不同意者を解雇対象に選定する整理解雇基準としての意味と機能を有し，労働条件の変更の申込みが解雇回避措置の一手段の意味と機能を有する上記一②iの場合と明らかに異なる。すなわち，この場合の変更解約告知は，賃金処遇制度その他労働条件の集合的，画一的不利益変更の圧力手段として作用する。このような労働条件の変更方法（変更解約告知）は，労働者に雇用放棄との二者択一を迫りつつ労働条件の不利益変更への同意を得ようとすることに帰着し，

再三指摘してきた労働契約の内容の決定と変更に関する合意の原則（労契1条・3条1項・8条, 労基2条1項）に照らして, また現に妥当している就業規則の遵守と誠実履行の義務（労基2条2項）に照らして, 無効と解すべきである。労働条件の集合的, 画一的決定, 変更は労働協約による場合のほかは, 就業規則の不利益変更法理の枠内で実施されるべきである（参照, 荒木304頁, 水町172頁, 大内伸哉「変更解約告知」講座21世紀3巻73頁）。

case 14-19 賃金等の労働条件, 雇用形態の変更の申込みに応諾しない労働者の再雇用拒否（変更解約告知）の効力（有効）

スカンジナビア航空事件・東京地決平成7・4・13労民集46巻2号720頁

【事実】 1 ストックホルムに本社を置く航空会社のY日本支社が, 平成6年6月, 日本人従業員の地上職およびエア・ホステスの全員（合計140名）に同月末日を期限として退職金を割増して早期退職募集を行い, 31名を新労働条件で再雇用することを労働組合に提示した。その新条件は, ①定期昇給のある賃金体系の個人別年俸制への変更, ②勤続年数基準による退職金制度の, 賃金との関係を切断して職務に応じた制度への変更, ③1週間36.5時間制から40時間制または35時間制への変更および④新雇用契約は有期1年とする雇用形態へ変更すること等であった。

2 これに対し, 115名（地上職111名中86名, エア・ホステス全員29名）が早期退職に応募し, 25名が応じなかった。Y会社は, 6年8月30日までに早期退職に応じなかった25名（全員地上職）のうちX_1ら18名に対し, 新ポジション（エア・ホステス, 旅客等のアカウント・マネージャーほか）と新変更条件を示して, 再雇用への応募を促し, 併せて同人らに対し同年9月30日付けの解雇を予告し, その時期まで自宅待機を命令した（Y会社は, その後解雇の日を2ヵ月延長し同年11月末とした）。Xらは, 同年8月11日地位保全の仮処分を申請した。

3 さらにその後, 同年11月, 25名のうち7名の自宅待機が解除され, 解雇予告も撤回された。平成7年2月には, 残りの者のうち2名が配転を受け入れたため, 解雇を撤回された。最終的に, Xらは, Y会社の上記新条件をともなう再雇用申入れを拒否した9名（X_1ら）と, 退職募集に応じず再雇用の申入れをされないで11月末日付け解雇予告をされた7名（X_2ら）との計16名になった。本件は地位保全等仮処分申立事件。

【判旨】　申請却下
　1　労働条件変更の相当性　　Y会社が合理化案として労働組合に提示した「賃金体系，退職金制度，労働時間等の労働条件の変更は，従来，高騰し過ぎていた賃金を生産性に見合う適正なコストに是正すること，人員の大幅減少によって必然的に生ずる退職金制度維持の困難さを解消すること，そして業務の合理的運用の必要性から行われたものであったということができ，その内容は社会的相当性を有する範囲内のものであり，企業経営上一つの選択として許容されるものというべきである。」（判旨の表題は引用者，以下同じ）
　2　変更解約告知　　「この解雇の意思表示は，要するに，雇用契約で特定された職種等の労働条件を変更するための解約，換言すれば新契約の申込みをともなった従来の雇用契約の解約であって，いわゆる変更解約告知といわれるものである。」
　3　新変更条件による再雇用の申入れを拒否したX₁ら9名のエア・ホステスの変更解約告知について　　ア　「Y会社とXら従業員との間の雇用契約においては，職務及び勤務場所が特定されており，また，賃金及び労働時間等が重要な労働条件になっていたのであるから，本件合理化案の実施により各人の職務，勤務場所，賃金及び労働時間等の変更を行うためには，これらの点についてXらの同意を得ることが必要であり，これらが得られない以上，一方的にこれらを不利益に変更することはできない事情にあったというべきである。
　イ　しかしながら，労働者の職務，勤務場所，賃金及び労働時間等の労働条件の変更が会社業務の運営にとって必要不可欠であり，その必要性が労働条件の変更によって労働者が受ける不利益を上回っていて，労働条件の変更をともなう新契約締結の申込みがそれに応じない場合の解雇を正当化するに足りるやむを得ないものと認められ，かつ，解雇を回避するための努力が十分に尽くされているときは，会社は新契約の締結の申込みに応じない労働者を解雇することができるものと解するのが相当である。」
　4　①Y会社の経営悪化は激しく，部分的コスト削減策ではもはや健全な経営体質への転換は不可能であり，組織再編を前提に34名体制に縮小する必要があった。②日本支社のコストの約60％は人件費が占め，Y会社は賃金，退職金の年功的構造を見直す必要があった。③Y会社の提示した新賃金（年俸）を従来の賃金体系による月例給の12ヵ月分の金額と比較

すると必ずしもすべてが下まわるものでなく，また，Xらが新賃金の労働契約に合意したときは，Y会社は従来の雇用契約の終了にともなう代償措置として規定退職金に加算して相当額の早期退職割増金を支給することを提案していた。また，④Y会社はXらの所属する労働組合と22回の団体交渉に応じており，労働組合の側に硬直した態度が認められる。

　以上によれば，新条件の提示を受けてこれを拒否し解雇されたX₁ら9名については，「Y会社がX₁らに対し，職務，勤務場所，賃金及び労働時間等の労働条件の変更をともなう再雇用契約の締結を申し入れたことは，Y会社の業務運営にとって必要不可欠であり，その必要性は右変更によってX₁らが受ける不利益を上回っているということができるのであって，この変更解約告知のされた当時及びこれによる解雇の効力が発生した当時の事情のもとにおいては，右再雇用の申入れをしなかったX₁らを解雇することはやむを得ないものであり，かつ解雇を回避するための努力が十分に尽くされていたものと認めるのが相当である。」

　5　退職条件を拒否した地上職X₂ら7名の整理解雇について　「企業の業績不振にともなう人員削減としての解雇が肯定されるためには，その解雇時点において人員削減の必要性について使用者側に合理的かつ客観的な理由があり，解雇を回避するための努力が十分に尽くされていることを要するものというべきであり，業績不振にともない一定の職種の労働者の労働力が不要になった場合，企業の規模，人員削減の必要性の程度，その労働者の職種転換の能力などを総合考慮して，その者を雇用し続けることが企業経営上困難であり，その者を解雇することが雇用契約上の信義則に照してやむを得ないものと認められる場合，当該労働者の解雇は有効なものと解するのが相当である。」

　X₂ら地上職の労働者の人員削減の必要性は認められ，Y会社は解雇回避のために相当な努力をしていると言うことができ，解雇手続および被解雇者の選定に関し不合理で恣意的であると認められる的確な疎明はない。

　【コメント】　1　判旨1は，Y会社の合理化案（労働条件の大幅な不利益変更）を，「企業経営上の一つの選択として許容されるもの」と判断している。これを受けて判旨2は，「変更解約告知」の概念を正面から認め，①職種等の「労働条件が特定された」労働契約の場合であって，②そのように特定された「労働条件を変更するための解約」ないし「新契約の申込みをともなった従来の雇用契約の解約」を変更解約告知というと概念規定

している。判旨3・アは，Xらの労働契約について，「職務及び勤務場所」と「賃金及び労働時間等」の「重要な労働条件」が特定されていたとし，この種の労働契約の場合は，「変更解約告知」が有効と認められると言う。

2　判旨3・イはその場合の要件論である。すなわち，①労働条件の変更内容の社会的相当性，②変更の必要性が労働条件の変更によって労働者の受ける不利益を上回る程度に強いものであること，③解雇回避努力が「十分」に尽くされていること，が必要であるとする。

思うに，「職務及び勤務場所」の変更に当たり，使用者が個別に労働者の同意を得なければならない労働契約の例は一般的には少ない（第12講522頁参照）。また，「賃金及び労働時間」は，就業規則の最低基準効によって保護される典型的な労働条件であり，その範囲内で行われる不利益変更については，本文(3)三で述べた「合意の原則」の下で，個々の労働者の同意を得る努力が十分に尽くされたと認められるかぎりにおいて，変更解約告知が有効に作用し得る。結局，本判決で言う変更解約告知の法理（その要件設定）は，それが妥当としても極めて希な労働契約の場合に例外的に適用され得るものである。

3　判旨3・イが指摘する変更解約告知の要件の具体的判断には非常に問題がある。いかに経営改善の必要性が認められるにせよ，解雇の圧力下に，雇用形態を無期契約から1年有期のものに変更することへの同意を求める合理化の手法をたやすく社会的に相当なものと認めることができるだろうか。しかも判旨は，不利益性の衡量からこの点を除外してしまっている。また，賃金制度と退職金制度の変更問題についても，変更前の制度内容は相当程度詳細に認定されているが，変更後のそれは簡単に過ぎ，不利益変更の程度，内容に関し変更前後の比較検討の肌理が粗い印象である（参照，荒木尚志〔判批〕ジュリ1072号127頁，野田進〔判批〕ジュリ1084号112頁，同・百選7版174頁，林＝山川・16巻〔林〕117頁）。

case 14-20　週3日勤務から週4日勤務またはパートタイム労働者への変更を拒否した医局員の解雇（無効）

大阪労働衛生センター事件・大阪地判平成10・8・31労判751号38頁

【事実】　Xは，Y病院心療内科でカウンセリング等に従事する週3日隔

日勤務（基本給181,800円に諸手当を含めて合計227,120円）の医局員であったところ，Y病院はXに対し，平成5年頃から週4日常勤従業員になるか，またはパートタイム従業員（日給15,000円）への労働条件切り下げに合意するかの選択を求めた。XはY病院の申入れを拒否し，従前どおりの勤務を行った。Y病院は，Xの勤務が週3日でありパートタイマーと同様に扱われるべきところ，他のパートタイマーに比して相当労働条件を優遇していたこと，病院の経営は極めて苦しい状況にあり，患者数の減少に比して従業員数が多く，人件費の負担が大きいこと等を理由に平成5年4月，10月の昇給を行わず，賞与も減額した上，平成6年2月Xに対し隔日ではなく常勤従業員として勤務すべきこと，右条件を受諾しない場合には，同月28日までに退職願を提出し，不提出の場合は同年3月30日付で解雇する旨意思表示した。本件はXの従業員としての地位確認等請求事件である（本件控訴審・大阪高判平成11・9・1労判94頁も1審と同様の内容でその結論，判旨を支持しているため，ここには1審を取り上げた）。

【判旨】 従業員の地位確認，解雇期間中の賃金支払請求を認容。

1 「講学上いわゆる変更解約告知といわれるものは，その実質は，新たな労働条件による再雇用の申出を伴った雇用契約解約の意思表示であり，労働条件変更のために行われる解雇であるが，労働条件変更については，就業規則によってされるべきものであり，そのような方式が定着しているといってよい。これとは別に，変更解約告知なるものを認めるとすれば，使用者は新たな労働条件変更の手段を得ることになるが，一方，労働者は，新しい労働条件に応じない限り，解雇を余儀なくされ，厳しい選択を迫られることになるのであって，しかも，再雇用の申出が伴うということで解雇の要件が緩やかに判断されることになれば，解雇という手段に相当性を必要とするとしても，労働者は非常に不利な立場に置かれることになる。してみれば，ドイツ法と異なって明文のない我国においては，労働条件の変更ないし解雇に変更解約告知という独立の類型を設けることは相当でないというべきである。そして，本件解雇の意思表示が使用者の経済的必要性を主とするものである以上，その実質は整理解雇にほかならないのであるから，整理解雇と同様の厳格な要件が必要であると解される。」

2 そこで以下検討するに，Y病院の経営悪化の直接の原因は患者数の減少であり，それとともに人件費の負担が大きいことも経営悪化の重要な要因であったことを認めることができる。しかしながら，その後Y病院の

経営再建策は軌道に乗り相当程度改善されてきていることが認められ，またXの基本給が月額18万円であって，この額はその職種に照らして勤務日数が3日に限定されていることを考慮しても，さほど高額とはいえない。「以上によれば，Xを解雇しなければならない経営上の必要性は何ら認められないから，それにもかかわらず，労働条件の変更に応じないことのみを理由にXを解雇することは，合理的な理由を欠くものであり，社会通念上相当なものとしてこれを是認することはできない。したがって，Y病院による本件解雇の意思表示は，解雇権の濫用として無効である。」

【コメント】　1　本件は，特定の医局員に対し，雇用形態と労働条件を変更すること，そしてそれに同意しない場合には本人の退職願を待っての合意解約の申込み，または退職願を出さないときは解雇することを解除条件として労働契約の解約告知をしたことの有効性が問題になった事案である。判旨1は，case 14-19・スカンジナビア航空事件の判旨と明確に対立し，「労働条件の変更ないし解雇に変更解約告知という独立の類型を設けることは相当ではない」との立場をとり，「労働条件変更については，就業規則によってされるべきもの」としている。その理由は，「再雇用の申出を伴うということで解雇の要件が緩やかに判断されることになれば，……労働者は非常に不利な立場におかれることになる。」というにある。

しかし，賃金，労働時間等の労働条件に係る就業規則の規整ないし制度の枠内で（すなわち，就業規則の最低基準効に抵触しない範囲内で），特定の労働者の労働条件を変更する法的手段として「変更解約告知」をすること自体を一般的に排除しなければならない理由はない（本文(3)ニで述べた）。

2　Xに対する本件解雇は，Xの医局員としての能力，適性等勤務に関する個人的事情を理由にするものではなく，Y病院の経営困難を理由に人件費削減を目的としてなされている。したがって，基本的に整理解雇の性質を有し，Y病院がXに提示した労働条件の変更（週当たり勤務日数の増加またはパートタイム従業員への雇用形態の変更とそれにともなう賃金減額）は，法的には，一応，解雇回避のための手段（提案）と解される。そこで，①Y病院が解雇回避のために（解雇の解除条件として）Xにした提案の内容・程度が，Y病院の経営状況およびXの勤務実態との関係において合理性，相当性を有するか否かが検討されることになる。すなわち，本件事案は本文((3)ニ)に述べたように，元来，変更解約告知を論ずべき事案ではないと解すべきである。

> そして，その場合，判旨1が危惧するように，仮に再雇用の申出をともなうことによって解雇の要件を緩やかに判断するとすれば，使用者が一方的にする労働条件の不利益変更自体の合理性，相当性を緩やかに判断することと実質的に同じになり，解雇の効力を争う労働者に大きな不利益を与えることになる。この点に十分留意しつつ，判断する必要がある。

6 解雇無効の主張および解雇期間中の賃金
(1) 解雇無効の訴え

解雇された労働者が解雇の効力を争う場合，いつまでに訴訟提起をしなければならないか，また，どのような場合（退職金の支払いを受け，他に就職して何年も経過したような場合）でも訴訟提起が可能かについて，法律に制限は存在しない。しかし，権利不行使を長期期間継続すると，相手方は権利が行使されないとの期待，信頼の下に社会生活を営むため，信義則上一定の場合には権利の行使が許されないことがある。これを「失効の原則」といい，解雇後長期間が経過したときは，労働者は信義則上解雇無効の主張をなし得ないと判断するものが存した（レッドパージされた労働者の解雇から約7年半後の解雇無効の訴えにつき，国鉄甲府赤穂車掌区事件・長野地伊那支判昭和49・7・22労経速861号3頁，中労委での救済申立棄却の約10年後の解雇無効確認の訴えに関し，同旨愛知県職員事件・名古屋高判昭和53・3・14労判301号カード）。しかし，権利失効の原則は，権利不行使の状態の継続について画一的に権利を消滅させる消滅時効の制度と異なり，権利不行使の期間や権利不行使の状態に関し明確な基準が存在しない。現に，上記国鉄甲府赤穂車掌区事件控訴審判決はこの原則の適用を否定している（東京高判昭和53・6・6判タ370号139頁）。さらに，労働者が整理解雇され退職金を受領している場合と退職金を支払われないで懲戒解雇された場合とでは異なる取扱いをすべきかの問題もある。いずれにせよ明確な判断基準はなく，立法的解決が望ましい問題である（菅野453頁，小西・労働法280頁，同『実務民事訴訟法(9)』〔日本評論社，1982年〕343頁）。

(2) 解雇期間中の賃金

一　労働者は解雇期間中労働することができないが，解雇が無効と判断される場合はノーワーク・ノーペイの原則は作用しない。この問題は，「なす債務」について債務者（労働契約においては労働者）が債権者（使用者）の責に帰すべき事由によって履行不能に陥ったときの契約法の一般原則（民536条2項本文）

の適用事例であり，使用者の責に帰すべき事由に基づく履行不能として，債務者である労働者は反対給付（賃金）を受ける権利を失わない。

　二　解雇期間中の賃金請求権が肯定される場合，その額は，当該労働者が解雇されなかったならば労働契約上確実に支給されたであろう賃金の合計額になるとの説がある。私見は，当該労働者が解雇される前に支払われていた賃金を参考にして，解雇がなければ当該労働契約上通常支払われるべき賃金と解するものであるが，その具体的範囲は変わりないであろう*。

　　*　**バックペイの対象**　解雇期間中の基本給，諸手当などが対象になる。しかし，通勤手当のような実費補助的手当や現実に残業した場合に支払われる残業手当は含まない（菅野454頁）。解雇期間中就業規則（賃金規程）の定めに基づいて支払いの行われた定期昇給，ベースアップ分および賞与（一時金）も，解雇がなければ通常支払われるべき賃金として除外すべきではない。

　三　労働者が，解雇期間中の生計維持のため，他の職に就いて収入（「中間利益」という）を得たときは，解雇がなくても取得可能な副業的収入でない限り，「債務を免れたことによって利益を得たとき」に当たり，使用者に対し利益償還義務を負う（民536条2項ただし書）。反対説もあるが，労働者が生計維持のために収入を得る行為は，解雇を行った使用者の下でも，他に職を得る場合でも当該労働者にとっては基本的に同性質のものであるから，その間の収入はやはり中間利益に含まれると解するのが自然であろう（反対説は古西信夫・百選6版94頁に詳しい）。とはいえ，解雇期間中他に職を得て就労することは労働者にとって通常の場合より負担が重く，その間の収入は「右から左へ」費消せざるを得ないのが通常であるため，第1に，利益償還には一定の制限が設けられるべきである（下井258頁）。第2に，利益償還は，労働者を違法に解雇した使用者の支払うべき解雇期間中の賃金から中間収入を控除して支払うことを意味するため，当該控除と労基法の賃金全額払いの原則（労基24条1項。第7講323頁参照）との関係が問題になる。

　四　第1の問題に関して，判例はつぎのような特徴的法解釈をし，その結論は支持されている。すなわち，違法に解雇，出勤停止など使用者の責に帰すべき事由により労働者が休業したとき（すなわち，労務の提供につき履行不能に陥ったとき），使用者は平均賃金の6割の限度で休業手当を支払う義務を負う（労基26条。違反した場合は処罰される。第7講332頁参照）。その場合使用者は，労働者が解雇期間中他で就業して得た「中間収入」があるときは，民法536条2項ただし書の定めにより，解雇期間中に支払われるべき平均賃金の4割を限

度に償還させる（解雇期間中の賃金から控除する）ことが認められる（全駐労山田支部事件・最2小判昭和37・7・20民集16巻8号1656頁）[*1]。

さらに判例は，解雇期間中の賃金に平均賃金算定の基礎に算入されないもの（賞与・一時金など，労基12条4項参照）が含まれているときは，平均賃金の4割を償還させた上で，当該解雇期間中の賞与・一時金などの賃金について中間収入分相当額の控除が許されると解している。しかしこの場合，賃金から控除し得る中間収入は，解雇期間中の賞与・一時金などの賃金の支給対象期間と時期的に重なるものでなければならない。したがって，一定の期間を対象にして支給される賃金から，それとは異なる期間内に得た中間収入を控除することは許されない（あけぼのタクシー事件・最1小判昭和62・4・2労判506号20頁）[*2]。

第2の問題に関しては，労基法26条を賃金全額の原則について例外を許容する「法令」（労基24条1項ただし書）に当たると解することになる。

*1　中間収入の償還限度　　上記の全駐労山田支部事件の事実関係を例にして計算式を示しておくことにしよう（賃金額は分かりやすいように調整してある）。

労働者（米極東空軍山田部隊所属の消防自動車運転手）は，昭和30年11月駐留軍に違法に出勤を停止され，次いで31年9月解雇された。出勤停止期間中は，休業手当として毎月平均賃金の6割（当該全期間の合計額200,000円）を支払われた。労働者は，解雇された後の32年11月から34年9月までの23ヵ月間他の職に就き合計300,000円を稼いだ。したがって，この中間収入があることを前提に，国は解雇期間中に労働者に支払うべき賃金をどの程度控除することができるかが問題になる。

違法になされた出勤停止期間および引き続いて行われた違法な解雇期間（口頭弁論終結時まで）をとおして労働者の受けるべき賃金総額は1,400,000円であるが，既払い分の上記休業手当および社会保険，税金等を差し引いた額は1,060,000円である。労働者が「中間収入」を得た期間（上記23ヵ月月間）において解雇されなかったならば使用者から支払われたであろう平均賃金は21,000円（月額）であり，その4割の8,400円の23倍額は193,000円である。よって，使用者は，労働者の出勤停止および解雇がなければ現実に支払うべき賃金額（上記1,060,000円）から，労働者が中間収入として300,000円を得た期間に対応する平均賃金額の4割に当たる額（193,000円）を控除して支払うことが認められる。

*2　平均賃金の算定基礎に算入されない賃金の中間利益からの控除　　使用者は労基法12条4項に規定する平均賃金算定の基礎に算入されない「臨時に支払われる賃金」や「3ヵ月を超える期間ごとに支払われる賃金」（夏季・冬季の一時金が代表例）についても，解雇期間中の賃金として支払義務を免れない。そして，本文判例の説くところによれば，労働者が他で就業して得た中間収入の額が解雇時の平均賃金の4割を超える場合には，その残額について，自ら支払うべき一時

金等の額から控除することが許される。例えば，上記事案の例で考えると，193,000 円を超える額（300,000 円− 193,000 円＝ 107,000 円）については，平均賃金を超える部分から控除し尽くせない中間収入として残っている。そこで，仮に，被解雇労働者がこの時期に使用者から賞与等（平均賃金算定の基礎とならない賃金）をも受けるべきであったとすれば，当該支払うべき賞与等の額から上記中間収入の残額をさらに控除することが許される。もっとも利益を生じた時期が上記賃金の支給対象期間と対応していなければならないことは本文に述べたとおりである（小西ほか〔渡辺〕266 頁，小宮文人・百選 7 版 181 頁は結論を妥当とする）。

Ⅳ 定 年

1 意義および合理性

一 定年制は，労働者が一定の年齢（たとえば，60 歳）に達したことを労働契約の終了事由とする一種特別の約定である（菅野 429 頁）。定年は，労基法上「退職に関する事項」に当たる（参照，労基 15 条 1 項，労基則 5 条 1 項 4 号，労基 89 条 3 号）。したがって使用者は，定年制を定めるときは労働契約締結の際にその年齢，退職の時期，手続その他関連事項を労働者に明示し，就業規則にも同様の定めをしなければならない。

二 定年制には，「定年退職制」と「定年解雇制」の 2 つのタイプがある。

定年退職制は，一定の年齢への到達によって，たとえば 60 歳に達した日の翌日またはその日の属する月末，さらにはその日の属する年度末に，格別の意思表示を要することなく，労働契約を自動終了させる制度であり，労働契約に付された期限（民 135 条 2 項の法律行為の終期に，「継続雇用されていたときは」との条件を付したもの）に当たる。

定年解雇制は，一定の年齢への到達を解雇事由にするものである。この場合使用者は，労働者が解雇事由の一つとして定められた定年年齢に到達したことを理由に解雇の意思表示を行って労働契約を終了せしめるものであるから，解雇に関する労基法の定め（特に 19 条・20 条）が適用される。そのため定年解雇制は定年退職制に比べ労働者に有利の面がある（昭和 22・7・29 基収 2649 号，昭和 26・8・9 基収 3388 号等）。

三 定年制については，一定の年齢への到達のみを理由に労働者を離職（失職）させることが年齢差別として公序良俗違反（民 90 条）の評価を受けることがないかが一応問題になる（定年解雇制の場合は個人の能力，意欲に関係なく一

定の年齢への到達が解雇の客観的合理的理由〔労契16条〕になるかというかたちで問題になる）。

　判例は嘗て、それまで定年制のなかった一定の職位以上の労働者に対し、就業規則に「55歳停年解雇制」を新設したことの有効性が争われた事案で、定年制の新設は労働契約を不利益に変更するものであるとしつつ、つぎのように述べてその合理性を、すなわち、法的有効性を認めた。「およそ停年制は、一般に、老年労働者にあっては当該業種又は職種に要求される労働の適格性が逓減するにかかわらず、給与が却って逓増するところから、人事の刷新・経営の改善等、企業の組織および運営の適正化のために行なわれるものであって、一般的にいって、不合理なものということはでき〔ない〕、本件就業規則についても、新たに設けられた55歳という停年は、わが国産業界の実情に照らし、かつ、被上告人会社の一般職種の労働者の停年が50歳と定められているのとの比較権衡からいっても、低きに失するものとはいえない。」したがって、「信義則違反ないし権利濫用と認めることもできないから、労働者（上告人）は、本件就業規則条項の適用を拒否することはできない。」(**case 4-9**・秋北バス事件。55歳定年制につき同趣旨の裁判例に **case 14-22**・RFラジオ事件がある)

　四　定年制は、退職制でも解雇制でも、年齢により一律に退職を強制するものである点で、労働者には一般的に不利益な制度と言えるだろう。それゆえ定年制は、それなりの社会経済的理由の基礎づけをもつ必要がある。

　case 4-9・秋北バス事件最高裁判決は、「老年労働者にあっては当該業種又は職種に要求される労働の適格性が逓減するにかかわらず、給与が却って逓増する」ことをほとんど唯一の実質的理由に挙げて、一般的な不合理性を否定したに過ぎない。それは、年功的賃金制度が支配的な、それ故若年労働力が低賃金層として豊富に存在した時代にはじめて一定の説得力を持ち得たものと言うことができる。

　定年制が合理的である（あるいは、不合理でない）という場合、つぎの2点の検証を欠くことはできない。第1は、定年制度は定年年齢に達するまで特段の事情のないかぎり、公平な雇用維持機能を有するものとして労働者の期待、信頼を得て、労働者が安んじて企業特殊的技能を修得する基礎条件になってきたことである。第2は、定年制度の合理性は年齢の問題と切り離して判断できないことである。日本は高齢社会化が進行していて、法律は使用者に定年年齢（法定年齢60歳）の引上げを要求しており、かつ定年後の一定期間（法定期間は65歳まで）の雇用継続措置を要求している。こうした社会的、公共的要請を念

頭に合理性の判断を行う必要がある（後述）。

2　定年年齢
(1)　60歳未満の定年制禁止への途

日本の企業では，1960（昭和35）年以後の高度経済成長期を経て1980年代半ば頃までは一般に定年年齢は55歳であった。しかし1970年代末頃から，高齢社会化（特に，就業人口の高齢化）の進行を見込んで，政府により55歳定年から60歳定年制への誘導策として，①60歳定年制の普及，②同一企業・グループ内での60歳代前半層の労働者の雇用延長，③高年齢者の長期の経験を生かすための事業内教育訓練の振興などが実施された。1986（昭和61）年4月には高年齢者雇用安定法（高年法）が成立し，まずは定年は60歳を下回らないようにする努力義務が定められ（同年10月施行），次いで1992（平成4）年に60歳未満定年の禁止が通常の法的義務になった（1998〔平成6〕年4月施行，濱口145頁が詳しい）。

したがって今日，60歳未満の定年年齢の定めは私法上違法，無効とされる。この場合，高年法には労基法13条のように法定基準の直律的効力（第2講89頁参照）は定められておらず，一説には，当該労働契約は無定年になるとの見解もある。しかし，定年制の定め自体まで無効になるわけではないため，高年法の定めに補充効を認め，労働契約は60歳定年制になると解する説がある（岩村正彦「変貌する引退過程」『岩波講座・現代の法⑫　職業生活と法』〔岩波書店，1998年〕354頁）。私見もこれに従う（小西ほか〔渡辺〕268頁）＊。

＊　**日本の定年制と60歳以上人口の増勢**　〔60歳以上の労働力人口〕　2002（平成14）年から2015（平成27）年までに，60歳以上の人口は約340万人増加し（929万人→1,270万人，増加率37％），同時期15～29歳層は約340万人減少する（1,488万人→1,150万人，減少率23％）ことが見込まれている。30～59歳の壮年層は2002（平成14）年から2025（平成37）年までに29万人強の減少（4,273万人→3,980万人）が見込まれている（総務省「労働力調査」・厚労省「職業安定局推計」）。

〔65歳以上の割合・労働力率〕　日本の人口に占める65歳以上人口の2010（平成22）年予測値は22.5％であり，アメリカ合衆国（12.8％），フランス（16.5％），ドイツ（20.5％），イタリア（20.6％），イギリス（16.6％）のいずれよりも高率であり，65歳以上の高齢者の男子の労働力率は29.0％で，アメリカ合衆国（19.8％），フランス（2.0％），ドイツ（5.3％），イタリア（6.0％），イギリス（9.9％）と比較し群を抜いている（JIL/PT, JWLP2008/2009, 18頁）。日本は，引退

志向の強い欧米諸国と比較し，就業意欲の高い高齢者の市場に恵まれているといってよい（岩村正彦「高齢化社会と法—現状とこれからの課題」岩村正彦編『高齢化社会と法』〔有斐閣，2008年〕1頁以下・19頁以下参照）。

〔定年制〕　企業の9割余は60歳定年を定めており（91.5％），61〜64歳または65歳以上の定年を定めるものは未だ極めて少ない（2.4％，6.5％）。そして，企業の7割は65歳まで就業場所を確保する措置を講じているが，希望者全員を対象にするものは，そのうちの3割にとどまる（厚労省「平成16年雇用管理調査」）。

(2) 定年年齢の65歳までの引上げ・60〜65歳までの間の継続雇用措置の義務

高年齢者雇用安定法は2004（平成16）年に改正され，①定年年齢の65歳までの引上げ，②現に雇用している高年齢者が希望するときは，当該高年齢者を定年後も引き続いて雇用する「継続雇用制度」の導入，③定年制の廃止の，いずれかの方法によって65歳までの安定した雇用を確保する措置を講じなければならないこととされた（高年9条1項。改正法の雇用確保を義務づける規定は2006〔平成18〕年4月1日から施行されている）。

こうした事業主の雇用継続措置を講ずる義務は，国家の行う高年齢者雇用政策に協力するための公的責務であるとともに，労働者に対し具体的に負う私法上の義務の性質を併有しているものと解される。

事業主は労使協定（第6講251頁）に継続雇用制度の対象となる高年齢者の基準を定めたときは，上記の雇用継続措置を講じたものとみなされる（同条2項）。その選定基準は公序良俗に反するものであってはならない。この点に関し，選定基準として「適切でないもの」および「望ましいもの」が行政通達により例示されている（平成16・11・4職高発1104001号）。

上記の継続雇用制度における「65歳」の年齢は，労働者が老齢厚生年金の定額部分の受給資格を取得できる年齢の段階的な引上げ（厚生年金保険法）と歩調を合わせて，下記のように2006年4月〜2013年3月までに段階的に引き上げるべきこととされた（高年附則4条）＊。なお，老齢厚生年金の支給開始年齢は男女で異なっているが，継続雇用措置の義務化の対象年齢は男女で同一になっている（日本の高齢者雇用法政策の展開史については，濱口桂一郎「高齢化社会と労働法政策」岩村正彦編『高齢化社会と法』〔有斐閣，2008年〕165〜176頁が明快である）。

> 平成18年度は62歳（平成18年度中に60歳到達の者）
> 平成19〜21年度は63歳（昭和21年4月2日〜22年4月1日生の者）

平成22～24年度は64歳（昭和22年4月2日～24年4月1日生の者）
平成25年度以降は65歳（昭和24年4月2日以降生の者）

＊　**厚生年金受給開始年齢との連続性の確保**　公的年金の定額部分の支給開始年齢は1998（平成10）～2013（平成25）年までの15年間に段階的に65歳に引き上げられる（報酬比例部分は2025〔平成37〕年までに段階的に65歳に引き上げられる）。65歳定年制は，就業（賃金）所得と年金受給資格取得とを連続させようとする意図に発している。

(3)　高年齢者雇用推進者の選任等

事業主は，高年法の趣旨が浸透するように，高年齢者の雇用確保に必要な措置（作業施設の改善など）を業務として行う「高年齢者雇用推進者」を選任するよう努めなければならない（高年11条）。また，定年の引上げや定年後の雇用継続制度（定年の延長，有期の再雇用など）を一律にではなく個人ごとに適性を判断して行うときは，使用者は就業規則に「退職に関する事項」として適性判断の基準その他所要の事項を定める必要がある。就業規則に明記されていない場合でも，高年齢者の雇用継続の労使慣行が存在するときは労働者は定年後の雇用継続を主張することができる（労働協約に65歳定年と，「職務の都合により特に必要と認め，かつ，本人が希望する場合」に定年後引き続き再雇用期間を1年とし3年を限度とする嘱託再雇用制度を定めた趣旨に関し，定年退職教員に3年間再雇用される権利を保障したものでなく，またそのような労使慣行の存在も認められないとした裁判例に，三室戸学園事件・東京地判平成14・1・21労判823号19頁がある）。

case 14-21　保母の45歳定年制の合理性（否定）

社会福祉法人岡保育園事件・福井地決平成8・5・20労判703号103頁
【事実】　1　Xは，Y保育園の保母，事務員として勤務していたが，定年45歳との就業規則の規定に基づき平成7年3月末日付の退職通知を受けた。Xは，45歳定年制は60歳定年制が社会通念となっている現状を無視した制度であり，解雇権濫用または公序良俗違反に当たるとして，従業員の地位保全，賃金等仮払いの仮処分を申し立てた。
2　Y保育園は，保母はその職務の特殊性から年齢は園児の父母と同世代であることが望ましく，園内の保母の年齢構成をそのように維持する必

要があり、就業規則の定めは合理性を有すること、また園児減少、借入金返済等のため人件費を圧縮する必要がありXの定年退職扱いは経営上の必要性があると主張した。

【判旨】 申立認容

1 「高年齢者等の雇用の安定等に関する法律により60歳定年制に向けての定年延長の努力義務が課せられているところ、……(1)60歳以上定年制を採用する企業は、全国では83パーセントないし85.8パーセント、福井県内では92パーセントに達しており、60歳定年制が社会に定着しつつあること、(2)福井市内の私立保育園の定年制は、45歳（4ヶ所）、50歳（1ヶ所）、52歳（1ヶ所）、60歳（1ヶ所）と様々であること、(3)Y保育園の就業規則には、45歳定年後の再雇用の規定（32条但書）があり、従来から再雇用が行われており、現在も3年間雇用されている保母が1名いることが認められ、右事実に照らすと、60歳定年制は、現時点では未だ公序になっていないというべきである。」

2 「しかしながら、Y保育園の主張する保母職種の若年定年制については、市立保育園や一部の私立保育所が一律60歳定年制を採ることに照らし、著しく不合理なものというべきである。」

3 「また、Y保育園の主張する経営改善の必要性については、Y保育園の年功型給与体系を前提として、Xの給与は、園長と大差なく、副園長及び他の全保母よりも高額であることが認められるが、人件費の抑制は、一定年齢以降の昇給停止等の措置を採ることによって対処し得る事柄であるから、安易に再雇用による賃金の切り下げを図るのは妥当ではない。したがって、45歳という定年年齢設定の相当性は認められず、解雇権の濫用の疑いが強いというべきであるから、被保全権利の存在の疎明は十分である。」

4 保全の必要性に関し、決定は、Xは夫も働いているが、Xの収入が家計の半分を占め子女の教育負担も大きいとしてこれを認め、期間に関しては本案審理が長期化する可能性は少ないとして45歳定年後の3年間または第1審判決言渡しまでに限るとしている。

【コメント】 1 判例集登載の本決定からは、Y保育園の就業規則が定年解雇制を規定するものか否かは明確でないが、判旨3はXに就業規則の規定する45歳定年制を適用することは「解雇権の濫用の疑いが強い」というのであるから、定年解雇制を定めたものであろう。そうすると、Y保

育園の就業規則の規定は合理性を欠き，労働契約の内容にならず，Xはその適用を拒否することができる。本決定の特徴は，45歳定年制を公序良俗違反とまで評価できないが，不合理であると判断するに際し，全国的レベル・同県内レベルにおける，また同職種の同市内における60歳定年制の普及率を規範的根拠としている点にある。また，45歳定年後の再雇用の可能性を定めていても，さらに年功的賃金制度を採っていても，若年定年制を合理化する理由にはならないと判断しており注目してよい。

　2　裁判例には，新聞社で一般社員には55歳定年制を定める一方，原稿運び，ゲラ運びといった給仕的仕事の「原稿係」従事者に対し25歳年制の定めを置いたことに関し，「働きながら就学を希望する年少者に開かれた就職の門」として設けられたものと認め，当該制度を導入した趣旨に照らして合理性を肯定したものがある（朝日新聞社事件・大阪地判昭和36・7・19労民集12巻4号617頁）。

case 14-22　55歳定年退職制の合理性（肯定）

RFラジオ事件・東京高判平成8・8・26労判701号12頁

【事実】　1　Y会社（被控訴人）の就業規則は，「社員が停年に達したときは，退職とする。ただし，会社が必要と認めたときは，嘱託として再採用することがある。」「停年退職は，満55歳とする。ただし，会社が特に必要と認めたものに限り停年を延長することがある。」「前項の停年退職には，30日前に退職の予告をする。」と定めている。Y会社はアナウンサーのX女（控訴人）に対し，満55歳に達した平成2年2月28日の30日前に定年退職を予告した。Xは，①本件定年制は就労の意欲と能力のある労働者を，一定年齢に達したことを理由に，その意に反して労働関係から排除するものであるから解雇事由ないし解雇基準を定めたものであり，②本件55歳定年制に基づく解雇は，憲法（13条・14条）および公序良俗に反し，権利濫用・信義則違反に該当し，違法，無効であると主張し，労働契約上の地位確認と「解雇」期間中の賃金等の請求をした。

　2　Y会社は，昭和61年3月当時160人の従業員を抱え，昭和60年4月以降63年3月まで連続して繰越し損失を計上し，そのため数次の希望退職者募集を行い，また新会社を設立して相当数の従業員を移籍させるな

どして，平成1年3月には従業員数を90名に減少させていた。したがって，Y会社にとって定年年齢の60歳への引上げはそれと相反するものであった。他方Xは，定年後の就労に強い意欲を示し，アナウンサーとしての適性も従前に比し著しく低下したとは言えなかった。

3　高年齢者雇用安定法は，Xの定年退職時（1990〔平成2〕年），定年を60歳に引き上げることを強行法規とせず，努力義務にとどめていたが，平成2年1月現在，60歳以上定年制を定める企業は63.9％になり，同年12月，民放連に加盟する放送会社でも同率に達していた。しかし，55歳以下の定年を定める会社も一般企業で19.8％，放送会社もそれに劣らない割合で存在していた。1審（東京地判平成6・9・29労判658号13頁）は請求を棄却した。

【判旨】　労働契約上の地位確認請求を却下，その余の控訴を棄却

1　確認の利益（判旨表題は引用者，以下同じ）　Xは，平成7年2月28日に満60歳になり，仮にそれまで雇用関係が有効に存在していたとしても，その間の金員の支払請求をすれば十分であり，雇用関係の確認を求める法律上の利益があるものとは認められない。

2　本件就業規則の定める定年制の法的性質　「Y会社の就業規則上，定年退職と解雇とは明確に区別されており，これまで社員が満55歳の定年に到達したときには……一律かつ当然に退職するものとして取り扱ってきており，Y会社の労働者もそのように認識していた……のであるから，定年制度により，就労能力及び就労意欲を有する労働者をその意に反して退職させることがありうることの一事をもって，これを解雇と同列に置くことは相当でない……したがって，本件55歳定年制は，満55歳の到達によりY会社又は労働者のいずれの当事者の意思表示なくして当然に雇用契約を終了させる制度であり，Y会社のXに対する前記定年退職予告の意思表示は，定年によって雇用契約が終了する旨の通知にすぎないものと解するのが相当である。」

3　定年退職制の合理性　「定年退職制は，一般に，老年労働者にあっては当該業種又は職種に要求される労働の適格性が逓減するにもかかわらず，給与が却って逓増するところから，人事の刷新・経営の改善等，企業の組織及び運営の適正化のために行われるものであって，一般的にいって，不合理な制度ということはできない（**case 4-9**・秋北バス事件，表記方法は引用者）。しかしながら，雇用契約における定年制度の合理性は，

定年年齢と社会における労働力人口との関連において，企業における限られた雇用可能人員の中で，人件費負担増の防止，労働能力が減退した労働者の交替，若年労働者の雇用の必要性，人事の停滞回避，企業活力の維持等のために企業経営上必要とされる限度において社会的に許容されるものであるから，それは，当該定年年齢，社会における労働力人口，企業経営をとりまく諸事情を総合考慮して判断すべきものと考えられる。しかも，定年制度の改革は，賃金制度，人事管理制度，能力維持開発訓練制度と密接に関連するものであり，これらは労使の合意の上に成り立つものであり，その自主的努力の集積によって普遍化するものであるから，本件55歳定年制をXに適用することが公序良俗違反，権利濫用，信義則違反に該当し無効であるといえるためには，本件55歳定年制についてのY会社におけるこれらの対応等が社会的相当性を欠くものであることを要する。」

　　4　55歳定年制と憲法14条　「一般に，定年制は，定年に達したすべての者に対して機械的かつ一律的に適用されるものであって，いわゆる形式的平等は満たされているということができる。」また，実質的に考えてみても使用者の側からみると，判旨3前半に指摘のとおりの合理的理由が存するし，「労働者の側からみても，定年制は，いわゆる終身雇用制と深い関連を有し，定年制が存するが故に，労働者は，使用者による解雇権の行使が恣意的になされる場合は，これが権利濫用に当たるものとして無効とされ，その身分的保障が図られているものということができ，また，若年労働者に雇用や昇進の機会を開くという面があり，一応の合理性があることを否定できない。」

　このことに，60歳定年制の普及に向けた国の立法上，行政上の施策の状況，および事実3記載の60歳定年制が普及する一方でなお55歳定年制の残存している実態等に照らしてみると，平成2年当時は，「いまだ55歳定年制から60歳定年制への移行段階にあったということができ，55歳定年制が既に合理性を失っていたとは言い難い。したがって，55歳定年制をもって憲法上の平等原則に違反しているとみることはできない。」

　　5　55歳定年制と公序良俗，権利濫用，信義則違反　「高齢化社会に進展したわが国において，……60歳定年制は事業主の負う基本的な社会的責務であるというべきであるが，このような社会的責務は事業主の経営，雇用管理上の条件整備を労働者の協力も得て進めることにより達成することが可能となるのであるから，産業社会においてこれが普及して普遍化し

た段階にあっては、特段の事情のない限り、右社会的責務を履行せずにこれを達成しないことは社会通念上違法・無効であるというべきである。しかしながら、……Xが満55歳に達した平成2年2月28日の……時点において、60歳定年制が既に放送業界を含む産業社会で主流となっていたということがいえるものの、55歳定年制が維持されたままの企業も多く存在し、必ずしも60歳定年制が普遍化した状況にあったものとはいいがたいのであって、本件55歳定年制をもって、これを違法・無効とするまでの客観的法規範が形成されていたと認めることは困難である。<u>Y会社は、平成2年2月当時、高年齢者雇用安定法に定める努力義務を十分に尽くさず、Xを含め定年後も就業の意欲と能力を有する退職者を組合員・非組合員の区別なく可能な限り再雇用すべき配慮に欠けていたが、本件55歳定年制が同月28日の時点における客観的法規範に反するとはいえず、……本件55歳定年制が公序良俗に反し、あるいは権利濫用、信義則違反に該当するということはできない。</u>」

6　Xは、「55歳で定年退職した場合、再就職、収入、年金、健康保険等で種々の不利益を受けるであろうことは容易に推認し得るところでもあるが、それゆえにこそ、国においても、定年引上げのため立法上及び行政上諸種の施策を講じてきたものであり、その結果、次第に企業における定年は60歳に引き上げられてきたが、平成2年2月当時においては、55歳定年制はなお合理性をかく（ママ）に至っていなかったことは、前示のとおりである。」

【コメント】　1　判旨1および判旨2については特にコメントの必要はない。本判決の中心は、定年退職制の合理性に関する判断に関する判旨3以下にある。判旨3は、定年制を「公序良俗違反、権利濫用、信義則違反に該当し無効である」といえるか否か（法的に許容できるか否か）は、「企業経営上の必要」を主張するだけでは足りず、「社会における労働力人口、企業経営をとりまく諸事情を総合考慮して判断すべき」であるとし、55歳定年制の60歳定年制への切替えが要請されている状況下では、使用者が定年制改革のために「賃金制度、人事管理制度、能力維持開発訓練制度」の面で、どのような「自主的努力」をしたか否かにかかっているとする。論旨は少し分かりづらいが重要な指摘を含む。

2　55歳定年制の合理性に関する判断の実質的、法的判断の内容は、憲法14条違反の成否（判旨4）、および公序良俗等違反の成否（判旨

5，6）の部分である。判旨は定年制の一般的合理性について，企業の側からみた合理性（定年制は雇用調整機能を有すること）および労働者の側からみた合理性（雇用保障機能を有すること）を挙げ，55歳定年制に関しては，結局のところ，当時この定年制を採用している企業の数的比率が2割弱程度存在することを憲法上の平等原則違反および公序良俗等違反の否定論拠にするにとどまる（公序良俗は「数の問題」か，との疑問も拭いがたい）。判旨5は，Y会社は高年齢者雇用安定法の努力義務を十分に尽くさず，退職者を再雇用すべき配慮に欠けていたという。そうであるなら，定年制の合理性判断の一般理論に関して「自主的努力」の面（判旨3）および「社会的責務論」の面（判旨5前半部）を強調し，違法，無効と評価すべき場合があるとの本件判旨の基本的立場からみて，55歳定年制を違法，無効と判断しても不自然ではない。判旨には，自ら提示する定年制の一般的合理性の判断基準と具体的判断との間にやや不整合が感じられる（参照，唐津博〔判批〕労判704号18頁以下，清正寛〔判批〕ジュリ1068号189頁）。

case 14-23　60歳定年制下の63歳までの雇用継続の期待権（否定）

三井海上火災事件・大阪地判平成10・1・23労判731号21頁

【事実】　1　X（昭和11年生）は，平成2年7月頃，A会社で月額35万円・賞与年額120万円程度を得ていた。Xには高校生の子が2人おり，できるだけ長く勤務したいと考え，Y会社の「60歳定年制の社員採用，63歳迄1年毎の契約可能」との新聞広告（以下，本件広告）を見て応募し，筆記試験，2度の面接試験，健康診断を受けて採用され，損害調査主事の業務に従事していた（月額約26万5,000円，賞与年額約133万4,000円）。Y会社は，Xが満60歳定年制により平成8年9月で退職になると告げ，同人の再雇用の申入れを拒絶し，定年退職扱いにした。

　　2　Y会社の就業規則は，60歳定年制を定め，「定年退職日は満60才に達した時点の四半期末とする。」とし，これとは別に「会社は，業務上必要ある場合は，定年退職時に本人の健康状態，業務能力および業務意欲を勘案して，満63才を限度として1ケ年毎の雇用契約により再雇用損害調査主事として再雇用することがある。」と規定していた。Y会社の大阪総務部管轄内の損害調査主事で昭和62年から平成6年に入社した者は132名

で，うち83名が定年年齢に達し，42名が再雇用されている。

3　Xは，①Y会社は特段の事情がない限り，1年毎に契約を更新して，満63歳まで雇用を継続する義務があり，再雇用を希望するXを満60歳で定年退職扱いをしたのは債務不履行に当たる，また②満63歳まで雇用する意思がなかったのであれば，Y会社は，そのように受け取られるおそれのある本件広告を掲載すべきでなかったのに掲載した不法行為を行ったとして，損害賠償の支払いを請求した。

【判旨】　請求棄却

1　Y会社においては，「業務上の必要に応じて，再雇用を行うなどしていたのであって，満60歳に達した損害調査主事につき，本人の希望があれば，再雇用を行い，満63歳に至るまで雇用契約を更新するとの取扱いを原則としていたとはいえない。……本件広告は，募集の対象となった損害調査主事の定年年齢が満60歳であることを明らかにしたうえで，再雇用によって，満63歳まで1年ごとに雇用契約が更新される場合があることを示したにすぎず，Y会社には，Xと雇用契約を締結した際，主観的にはもとより客観的にも，Xらの定年年齢は満60歳であり，再雇用については業務上の必要性を勘案して決定するとの認識しかなかったというべきである。したがって，仮に，Xが，本件広告を見て，満63歳に達するまで雇用契約が更新されるとの期待や認識を抱いたとしても，XとY会社との間に，Xが希望すれば契約関係が満63歳まで更新されるとの内容の雇用契約が成立していたということはできない。そうすると，Y会社には，Xの希望に従って，雇用契約を更新し，Xを再雇用すべき労働契約上の義務があるとはいえないことになるから，Xの債務不履行に基づく損害賠償請求は，……失当といわなければならない。」

2　「また，前記判示にかかる本件広告の趣旨やY会社の担当者が筆記試験の際に損害調査主事の定年年齢，再雇用の制度についての説明を行っていると推測されることに照らせば，Y会社が本件広告を掲載したことに過失があったとはいえないことは明らかというべきである。よって，Xの不法行為に基づく損害賠償請求も……失当である。」

【コメント】　中高年齢者層の雇用の流動化にありがちな事件類型である。本件は，60歳から65歳までの雇用継続措置義務を規定した2004（平成16）年改正高齢者雇用安定法（本文前出2(2)）の施行以前の事件であるが，Xが再雇用の申出を拒絶された当時，Y会社は60歳定年者の約半数を再雇

> 用していたとの実情（事実2）から見ると，63歳までの再雇用に係る「業務上の必要」の判断について，Y会社の裁量権はなんら羈束されることがないと言えるか，問題である。契約申込みの誘引に当たる新聞広告の63歳迄1年毎の契約「可能」との文言は，雇用継続に関し，本人の希望を尊重するとの趣旨にも理解できる。少なくとも，Y会社には，再雇用しない理由をXに対し説明する責任があり，一般に60歳定年者の再雇用に関し「業務上の必要」をどのような基準で判断していたかについて，主張責任があるのではないか。このことに一切触れていない判旨には重い疑問が残る。

V 労働契約終了時・終了後の措置

一 退職した労働者が，①使用期間，②業務の種類，③その事業における地位，④賃金，または⑤退職の事由（解雇のときは解雇の理由）について証明書を請求した場合は，使用者は遅滞なく交付しなければならない（労基22条1項）。「退職の事由」とは，労働契約の終了事由のことである。

二 解雇の理由について，解雇予告の日からその効力発生までの間に労働者が証明書を請求したときは，使用者は遅滞なくこれを交付しなければならない（労基22条2項）。労働者が解雇の効力を争って法的手段に訴えるか否かを迅速に判断できるようにするためである。退職証明および解雇証明には労働者の請求しない事実を記載してはならない。したがって労働者が解雇の事実だけの証明を求めた場合は，使用者は解雇の理由を記載してはならない（同条3項）。

三 ブラック・リストの禁止　使用者は，あらかじめ第三者と謀り，労働者の国籍，信条，社会的身分または労働組合運動に関する通信をし，または使用証明に秘密の記号を記入してはならない（労基22条4項）。行政解釈は，本条は予め計画的に就業を妨げることを禁止する趣旨であり，「国籍，信条云々」は限定列挙事項としている（昭和22・12・15発基17号）。「国籍，信条云々」以外の事項を通信等した場合も，それが「労働者の就業を妨げる目的」でなされた場合は，現実に就業を妨げたか否かにかかわらず違法である。

四 労働者の権利に属する賃金，積立金，保証金，貯蓄金等の金品は7日以内に返還しなければならない（労基23条）（小西ほか〔渡辺〕269頁以下）。

事項索引

あ 行

ILO　6, 18, 74, 91, 381, 382
アルバイター（臨時労働者）　86
アルバイト　341
安全委員会　251
安全衛生委員会　251
安全衛生管理体制　90
安全配慮義務　223, 390
育児介護休業　435
　——中の社会保険料　309
　——の申出　252
育児介護休業法　86, 113
移籍出向　523
一時金　→　賞与
一般先取特権　336
一般的拘束力　264, 291
　　工場事業場単位の——　292
　　地域単位の——　297
異動人事　521
委任契約　151
違法解雇避止義務　632
嫌がらせ　227
違約金　107, 147
インディペンデント・コントラクター　25
請負給における保障給支払義務　335
請負契約　151
営業譲渡　442
衛生委員会　251
円満退職　609, 614
オープン・ショップ　81
オール歩合給　335
公の職務の執行　140

か 行

ガーデン・リーブ　241

解雇　102, 610
　——の社会的相当性　634
　——の自由　17, 610
　——の承認　615
解雇回避措置　659
解雇回避措置義務　658
解雇回避努力義務　662
解雇期間中の中間収入　692
解雇期間中の賃金　691
解雇禁止期間　620
解雇禁止の除外認定　621
外国研修費用　202
外国人労働者　104
　——と労働法の適用関係　111
　——の雇用労務責任者　114
　——の技能実習制度　107
　——の在留資格　103
　　単純労働分野で就労する——　107
解雇権　213
解雇権濫用法理　11, 17, 146, 633, 681
　——と整理解雇　660
解雇事由の客観的合理性　634
解雇証明　706
解雇手続の自治規制　629
解雇予告　610, 622
解雇予告制度　622, 626
　——の立法趣旨　622
　　有期労働契約と——　627
解雇予告手当　95, 307, 576, 622
解雇理由の規制　629
介護労働者　87
会社解散　441
会社更生手続　337
会社分割　87, 301, 442
　——にあたっての協議　252
外部規律説　276
解約　610, 612

無期労働契約の―― 610
　　有期労働契約の―― 612
解約予告期間　610
夏季連続一斉休暇　469
家事使用人　23, 99, 610
家族生活を営む権利　535
合　併　301, 442
家内労働法　89
過半数代表からの意見聴取　172
過半数代表者　251
仮差押え　47
仮処分　49
　　――の本案化　49
　　任意の履行を期待する――　49
仮処分命令　48
仮の地位を定める仮処分　48
慣　行　547
看護休暇　435
看護士　87
監視断続労働　366
監視労働　380
管理監督者　366
管理職　91
管理職層　34
企画業務型裁量労働制　257
機会均等調停会議　44
期間途中の退職（解約）　144, 147
企業秩序　572
企業秩序遵守義務　573
企業秩序定立維持権　572
企業等の社会的評価　585
　　――の低下毀損　585
企業別組合　262
企業連合体　262
危険業務　380
既婚者差別　129
基準内賃金　308
偽装請負（派遣）　156
規範設定契約説　271
規範的効力の性質　276
規範的部分　79
　　――の効力　272

　　――の実行義務　286
希望退職者募集　656
機密事務を取り扱う者　367
休　業　435
休業手当　95, 307, 332, 692
休憩時間　351, 358
　　――一斉付与の原則　358
　　――自由利用の原則　358
　　――の適用除外　366
　　フレックスタイム制と――　410
旧刑法　70
救済命令の法源性　17
休　日　363
　　――の適用除外　366
　　――の特定　363
　　――の振替　364
　　フレックスタイム制と――　410
休日労働　389
　　週休2日制と――　389
求　職　479
休　職　141, 561
　　公務員の――　562
休職期間　609
休職規程　543
求職者　43, 139
休職制度　562
　　公務員の――　562
求　人　479
求人者　43
休息の権利　351
旧労働組合法　6, 76
教職調整額　391
競　業　245
　　退職後の――　242
競業禁止の特約　88, 243
　　退職後の――　243
競業避止義務　241
　　退職後の――　202, 245
強行法規　111
　　絶対的――　111
行政解釈　16
行政警察規則　69

行政執行法	73		月給制	610
強制貯蓄	149		結社の自由及び団結権の保護に関する条約	6
強制労働の禁止	138		減給	174
共謀罪	2		——の制裁	148, 307, 410, 570
業務委託（請負）契約	160		現業国家公務員	83
業務命令違反	585		兼業	246
業務命令服従義務	187		パートタイム労働者の——	246
協約自治	282, 551		健康保険法	112
——の限界	282, 544		厳重注意の無効確認の利益	583
協約締結権限者	263		兼職	245
協約当事者	261		原生的労働関係	70
——の組織変動	301		譴責・厳重注意	582
協約能力	261		建設労働者	87
均衡考慮の原則	211		現物給与制	322
均等待遇	86, 101		憲法の労働関係法規定	3
——の原則	211, 487		権利濫用禁止の原則	213
勤務地の限定・無限定	136		合意解約	609, 614
勤労権	5		公序良俗違反の——	614
勤労者	76		行為者処罰主義	22, 94
勤労条件法定主義	9, 90		合意の原則	153, 207, 211, 682
勤労の義務	9		公益通報者保護法	590
勤労の権利	8		公共職業安定所	480
苦汗労働	2, 10, 85		鉱業法	170
苦情処理	251, 422		工業労働者最低年齢法	516
組合活動	80		黄犬契約	68, 77
——と施設管理権	17		坑口計算制	389
組合専従休職	562		工場法	91, 170, 515
組合バッヂ	80, 214		公序良俗	88
グループ企業	547		厚生年金保険法	112
経営参加	259		交替制	430
計画年休協定	355, 468		構内下請け	156
警察犯処罰令	73		坑内労働	393
刑事起訴休職	561, 563		高年齢者雇用安定法	20, 87, 90, 113, 484
刑事起訴休職処分	579		高年齢者雇用推進者	698
刑事責任の免除	62		高年齢者の雇用確保措置	252
芸娼妓契約	88		高年齢者の雇用継続措置義務	484, 697
係争物に関する仮処分	47		公民としての権利	140
継続勤務	442		公務員	13
継続雇用制度	697		——等の労働基本権	81
慶弔休暇	435		——等と労基法	92
慶弔見舞金	308		——の時間外労働	390
経歴詐称	588			

非現業一般職―― 13
公務公共部門労働関係法　13
高齢者の雇用確保措置　252
港湾労働者　87
国際人権規約Ａ規約　102
国際労働機関　6, 91
国際労働機関憲章　18
国籍による差別の禁止　103
国民の祝日　363, 435
個人情報保護指針　481
国家授権説　270
国家総動員法　75, 91
個別労働関係紛争解決促進法　45, 55, 87
個別労働関係民事紛争　51
雇用関係法　5
　　――における公序良俗　88
　　――における取締規定　90
雇用管理改善法　10, 87
雇用継続給付　43
雇用継続制度　523
　　高齢者の――　549
雇用継続措置義務
　　高年齢者の――　697
雇用契約　1, 151
　　――の一身専属性　543
　　民法の定める――　1
雇用政策法　5, 8
雇用対策　113
　　外国人労働者への――　113
雇用対策法　9, 43, 112, 114
　　大量解雇と――　655
雇用福祉法　10
雇用ポートフォリオ　482
雇用保険法　9, 43, 112

　　　　さ　行

サービス残業　399
再雇用制度　698
　　嘱託――　698
在籍出向　94, 441, 542
　　長期化が予想される――　551
在宅勤務　420

在宅就業者等　25
最賃額の目安　342
最賃協定　341
最低就業年齢　427, 515
最低賃金　5
最低賃金協定　277
最低賃金法　89, 307, 340
　　旧――　341
在日朝鮮人　109
裁判員　140
裁判外紛争解決制度　44
裁判外紛争解決方法の選択　55
裁判外紛争処理法　10
裁判上の和解　50
裁判を受ける権利　16
最密接関連地法　112
債務的部分　79
採用拒否　102
採用内定　143, 334, 479, 490
採用内定期間中の労働契約　491
採用内定取消し　109, 484, 492
採用における年齢制限　485
採用の自由　8, 102, 482, 486
　　――の法的規制　483
在留期間　104
在留資格　104
裁量労働制　421
　　企業業務型――　421
　　専門業務型――　421
３６協定　364, 366, 392
　　――の締結・届出　254
産業医　422
産業別最低賃金（産別最賃）　342
産業別労働組合　60
産業報国会　75
産業民主主義　5, 63
　　アメリカの場合　66
　　イギリスの場合　63
　　日本の場合　69
産前産後休業　435
時間外・休日労働　351, 353, 389
　　――の意義　389

公務員の―― 390
　　３６協定に基づく―― 392
　　非常災害時の―― 390, 430
時間外・休日労働義務
　　――合理的規律説 397
　　――包括的合意説 395
　　――申込み説 394
　　――を定める労働協約 282
時間外労働 100, 389
　　――の限度 392
　　公務員の―― 390
　　フレックスタイム制と―― 409
　　変形労働時間制の―― 416
時間給 610
時間賃金 152
指揮監督関係 25
時季指定権 438
時季指定の方法の制限 449
時季変更権 438, 454
事業 22
事業場 254
事業場外労働 419
事業譲渡 301
事業主 34, 94
　　――処罰主義 94
事業の経営担当者 34
事業附属寄宿舎 149
事故（私事）休職 561
仕事と生活の調和 212
自社年金 316
自主性 261
私傷病休職 561, 566
　　――の規定例 562
事情変更の原則 298
辞職 609
自宅待機 334, 561, 567, 581
時短促進法 355
自治的法源 15
失業者 9
実行義務 273, 286
失効の原則 691
実労働時間 356

児童福祉法の児童 428
児童
　　――酷使の禁止 516
　　満15歳未満の―― 429
　　満13歳以上の―― 428
　　満13歳未満の―― 428
死亡退職金 321
社会権の基本権 4
社会的経済的従属性 3
社会的国家 5
社会的自主法説（慣習法説） 269
社会的自主法説（団結権保障の趣旨説）
　　270
社会的身分 129
　　――による差別の禁止 129
社会保険料 304
社会保険労務士 94
社外労働者 156
社宅・寄宿舎 202
社内貯蓄
　　任意の―― 149
社内貯蓄金の保全措置 339
社内メール 601
修学時間通算制 429
週休制の原則 363
従業員兼務取締役 316
就業規則 15, 97, 170
　　――の最低基準効 12, 15, 176, 277, 684
　　――の作成・変更 100, 172, 252
　　――の周知義務 173
　　――の遵守義務 100
　　――の必要的記載事項 172
　　――の不利益変更 101, 198
　　――の変更 681
　　――の変更命令権 100
　　――の法的性質 172, 177
　　――の法的性質論争 177
　　――の労働契約規律効 200
就業制限 517
　　年少者の―― 517
集金受託者 25

事項索引　　711

自由権的基本権　4
　　──と労働関係法　7
集団的自治の優越性　259
就労請求権　230
宿日直業務　214, 381
出　向　152, 523, 542
　　復帰予定のない長期──　549
出向義務　547
出向休職制　561
出向命令権　213
出退勤時刻の自己申告制　399
出入国管理及び難民認定法　103
準拠法の選択　111
障害者雇用促進法　87, 484
少額訴訟制度　47
試用期間　503
　　──と有期労働契約　511
職員団体
　　公務員等の──　76, 81
　　──の団体交渉権　81
　　──の登録　81
職業安定法　43, 112
状況に応じた配慮　457
消極的団結権　77
証券外務員　25
使用者　34, 94
　　──概念の外部的拡張　155
　　出向労働者の──　94
　　派遣労働者の──　94
　　労基法上の──　34, 94
　　労使関係法上の──　36
　　労働契約法上の──　34
賞与（一時金）　309, 311
　　──の在籍者支給条項　312
職業安定法　9, 43, 111
職業紹介　139, 479
　　──の経済的機能　482
　　無料──　480
　　有料──　480
職業選択の自由　242
職業能力開発促進法　9, 43
職種限定の合意　534

職種変更権　532
嘱託再雇用制度　698
職能資格賃金制度　128, 130, 306
職場における自由な人間関係を形成
　　する自由　227
女子結婚退職制　8, 16, 89
所持品検査　89, 236, 585, 597
女性差別禁止法　93
職　工　91
職工義友会　71
職工諸君に寄す　71
ショップ条項　77
白地慣習法説　270
信義誠実の原則　212
親権者　100
人事院勧告制度　83
人事協議条項　286
人事考課　312
信　条
　　──による差別の禁止　115
　　宗教的──　115
　　政治的──　116
人的従属性　3
人身拘束的労働　147
じん肺症　224
深夜業　367, 430
　　年少者の──　430
スタッフ職　372
ストック・オプション　309
成果主義的賃金制度　422
生活保護基準　347
性差別禁止法　93
政治的活動　120
政治的表現活動　121, 123
生存権　3
性的嫌がらせ　614
政党活動　120, 123
セイフテイー・ネット　340
整理解雇　655, 680, 684
　　──の4要件　660
　　──の有効性　656
　　解雇濫用法理と──　660

有期雇用労働者と――　662
整理解雇基準　658
整理解雇手続　663
整理解雇法理の実質的根拠　661
セクシュアル・ハラスメント　227
積極的団結権　77
船　員　92
前借金相殺の禁止　148, 321
占領期の基本政策　75
争議権　79
　　公務員の――　82
争議団　262
争議不介入の原則　481
相　殺　2, 324
ＳＯＨＯ　25
即時解雇　625
　　除外認定を受けない――　626
組織強制条項　77
組織的従属性　3
ソフト・ロー　20
損害賠償予定の禁止　147

た　行

代　休　366
代休付与命令　333, 390
退　職　614
　　追い込まれた――　615
退職給与　192
退職金　249, 309, 315, 336, 339
　　――の減額・不支給　317
　　――の消滅時効　321
　　――の分割払い　52
　　――の保全措置　339
　　従業員兼務取締役の――　316
　　職能資格連結型――　316, 320
　　伝統型の――　316
退職後の再雇用・勤務延長　441
退職事由の証明書　609
退職出向　523
退職証明　706
退職積立金　149
退職手当　323

退職に関する事項　609, 694, 698
退職年金　316
退職の自由　610
大日本帝国憲法　70
大量脱退　302
脱靴検査　236
他人決定契約　152
単一組合　262
団結権　77
　　――侵害と妨害排除等請求　78
　　消極的――　77
　　積極的――　77
団結権及び団体交渉権についての原則
　の適用に関する条約　6
団結権侵害行為　78
団結の禁止・承認　81
団結の自由　6
団結擁護法制　59
団交応諾義務確認請求権　79
短時間労働者　→　パートタイム労働者
男女雇用機会均等法　21, 44, 85, 93
男女差別
　　――差別定年制　88
　　初任給・昇給における――　133
男女同一賃金の原則　132
断続労働　380
団体交渉応諾請求　79
団体交渉権　78
団体行動権　79
弾力的労働時間制　93, 351, 407, 429
治安維持法　74
治安警察法　70, 72, 74
地域別最賃額　340
地域別最低賃金　342, 347
チェック・オフ協定　283
チップ　309
地方公営企業　14
地方最低賃金審議会　342
中央最低賃金審議会　342
中央労働委員会　77
中間搾取の排除　139
中間収入の償還限度　693

事項索引　　713

忠実義務　573
中小企業雇用管理改善法　9
懲戒解雇該当事由を理由とする普通解
　　雇　633
懲戒休職処分　578
懲戒権　213
　　――の意義　574
　　――の法的根拠　575
懲戒権行使の準則　604
懲戒処分権の濫用　580
懲戒処分規定　571
　　国家公務員等の――　571
懲戒処分の種類　580
長期休暇の時季指定　449
調査協力義務　236, 599
調整的相殺　324
調停委員会　50
貯蓄金管理契約　149
賃　金
　　――台帳　97, 307
　　――の経済的要素　304
　　――の交換的要素　303
　　――の公共的要素　304
　　――の3要件　307
　　――の支払いの確保法　338
　　――の支払場所　321
　　――の社会的要素　304
　　――の先取特権　336
　　――の立替え払い　338
　　――の非常時払い　335
　　――の毎月1回以上一定期日払い
　　　の原則　331
　　3ヵ月を超える期間ごとに支払わ
　　　れる――　693
　　時間――　303
　　出来高（個数）――　152, 303
　　倒産処理法と――　337
　　能率――　303
　　臨時に支払われる――　693
　　労働基準法上の――　307, 308
　　労働契約上の――　308
賃金後払いの原則　1, 303

賃金控除協定　149
賃金債権
　　――の差押え　323, 336
　　――の譲渡　323
　　――の放棄　329
賃金差別
　　政治的信条を理由とする――　123
賃金支払い確保法　93
賃金支払義務　218
賃金請求権　218
賃金全額払いの原則　149, 323, 692
賃金台帳　90, 97, 307
賃金直接払いの原則　323, 336
賃金通貨払いの原則　322
通勤定期乗車券　309, 323
定期健康診断　334
定年解雇制　694
定年後の再雇用　52
定（停）年制　182, 190, 194, 694
　　――の新設　695
　　――の廃止　697
　　60歳――　696
定年退職　441
定年退職制　694
定年年齢　696
出来高給　610
　　――における保障給支払義務　335
出来高払い制　26
テレ・ワーカー　25
転　勤　523
電産型賃金体系　305
転職の勧誘　249
転　籍　442, 549
転　属　557
同一価値労働同一賃金の原則　132
同居の親族　99
同居の親族のみで行う事業に使用され
　　る者　23
動産先取特権　336
同職組合　60
同盟罷業　79
特定最低賃金　342, 348

特定独立行政法人　13, 76, 83
特別永住者　108
特別休日　435
独立行政法人　14
　　一般地方——　14
　　地方——　14
　　特定地方——　14
都道府県労働委員会　77
努力義務規定　20

な　行

内外人平等主義　101
内容説（化体説）　276
二重就職　248
日　給　610
任意退職　614
年　休
　　——の買上げ　474
　　——の繰越し　475
　　——の自由利用の原則　454, 464
　　——の比例付与　447
年休権
　　——と争議行為　452
　　——の行使と不利益取扱い　471
　　基礎的——　435
　　具体的——　435
　　派遣労働者の——　445
年休消化（取得）率　355
年休制
　　半日——　448
年功序列賃金　305
年次有給休暇　351, 367, 433
　　——中の賃金　95, 307
　　——に関する国際水準　434
年次有給休暇権　355
年少者　90, 428, 430, 515
　　——の就業制限　517
　　15歳未満の——　516
年少者労働基準規則　429
年俸制　314, 422, 610
年齢差別　694
年齢証明書　517

ノーワーク・ノーペイ原則　80, 691
no work with pay　218
no work no pay　218

は　行

パートタイム労働者　86, 173, 212, 331, 341, 343, 355, 389
　　——に対する賃金差別　89
　　——の兼業　246
　　——の正規従業員への切替え　441
　　——の年休日数　447
ハード・ロー　20
パート労働法　86
バイクライダー　26
バイシクルメッセンジャー　26
排他的交渉制度　69
配置転換　523
配転命令　524
派遣可能期間の定め　252
派遣労働者　86, 94, 173, 343
　　——の最低賃金　349
　　——の年休権　445
　　——の法定労働時間　389
破　産　613
破産手続　338
バックペイ　692
パトローリング　66, 73
パワー・ハラスメント　227
引き抜き行為　249
ピケッティング　73, 79
非訟事件手続法　50
非正規雇用　260
非正規労働者　86
人たるに値する生活　85, 91, 99
一人親方　25
秘密保持義務　238
　　退職後の——　245
日雇労働者　627
ビラの配布・貼付　80
付加金　95, 622
不活動仮眠時間　387
服装の整正　585

事項索引　　715

服務規律　215, 570
　　公務員の―― 　571
福利厚生施設　309
府県警察規則　70
付随義務　214
不正競争防止法　239
普通解雇
　　懲戒解雇該当事由を理由とする――
　　633
不当労働行為制度　7, 77
　　アメリカにおける――　68
不法就労　108, 112
ブラック・リスト　706
フレックスタイム制　407
　　――と業務命令　410
　　――と時間外労働　409
分割承継法　87
紛争調整委員　45
紛争調整委員会　55
分　裂　302
平均賃金　307, 311, 693
平和義務　259
ベルサイユ平和条約　73, 101
変形週休制　363
変形制の実施要件
　　1年――　417
　　1カ月――　417
　　1週間――　419
変形労働時間制　412, 429
　　――の意義　412
　　――の勤務割り　415
　　――の時間外労働　416
　　――の種類と実施要件　413
変形労働時間の定め　364
変更解約告知　679
　　――の有効性　683
ボイコット　79
報酬後払いの原則　218
法人格否認の法理　163
法人の解散決議　609
法定労働時間　351, 353, 356
法内休日労働　390

法内残業　389
暴力行為等処罰ニ関スル法律　75
法令等の周知義務　97
保護職工　91, 515
募　集　139, 479
　　――における年齢制限　485
本採用拒否　486, 505

ま　行

満足的仮処分　49
未婚者差別　130
未成年者　1, 100
　　――の訴訟能力　518
　　――の労働契約　516
みなし労働時間制　354, 419
未払い賃金の立替え払い　339
身元保証契約　518
民事再生手続　337
民事責任の免除　62
民事調停　49
民事保全手続　47
民主制　261
無料職業紹介　480
免責特権（免責的効果）　6, 79
門　地　129

や　行

雇止め　146
　　――の予告　146
有害業務　380, 393
有期雇用者
　　季節的――　627
有期雇用の更新　441
有期雇用労働者と整理解雇　662
有期労働契約
　　――と解雇予告制度　627
　　――の解約　514, 612
　　――の期間の上限　1
　　――の期間満了　609
　　――の更新拒否　146, 627
　　試用期間と――　511
有利性原則　277

有料職業紹介　139, 480
ユニオン・ショップ協定　17, 88, 286
傭車運転手　25
余後効　302

ら　行

濫用的解雇と不法行為の成否　635
両罰規定　94
療養休業　435
林業労働者　87
臨時工　129, 130
臨時雇用者　441
臨時労働者（アルバイター）　86
連合団体たる労働組合　262
労使委員会　252, 257
　　——の決議　97, 356
労使関係法　5, 13
労使慣行　15
労使協議　21
労使協定　97, 251, 356
　　——の法的効力　252
労働安全衛生法　94
労働委員会　7, 77
　　——規則　13
　　——の労使参与委員　53
労働関係調整法　44, 76
労働関係に関する記録の保存　97
労働関係法
　　——の特徴　20
　　——の4分野　8
　　憲法と——　3
　　公務員と——　13
　　特定独立行政法人の職員と——　13
労働基準監督官　95
　　——の権限　96
労働基準監督行政　96
労働基準監督署　95
労働基準法
　　——違反罪　93
　　——違反の申告　97
　　——の実効性　93
　　——の特徴　91

公務員等と——　92
広い意味の——　10
労働基本権　59
公務員等の——　81
労働義務　1
労働協約　15, 79, 174, 258
　　——いわゆる「総合協約」　79
　　——の一部解約　302
　　——の期間　141
　　——の規範的効力　264
　　——の規範的部分　79, 261
　　——の債務的部分　79, 261, 285
　　——の終了　298
　　——の遵守義務　100
　　——の書面性・要式性　264
　　——の制度的部分　261, 286
　　——の締結権限　263
　　——の不利益変更　279
　　——の法規範的効力　15
　　——の法的性質　269
労働組合　43
　　——の社団性　43
　　——の組織率　252
労働組合期成会　71
労働組合法
　　（旧）——　6, 76
労働組合法案　74
労働契約　15
　　——の意義　209
　　——の期間　143
　　——の終了　609
　　——の特徴的性質　210
　　——の身分取得説　209
　　——の申込みの誘引　479
　　未成年者の——　516
労働契約法　11
労働権　9
　　完全な——　9
　　制限的な——　9
労働憲章　99
労働権条項　5
労働時間

——の事業場通算制　388
　　——の適用除外　366
　　——法制の整備　93
労働時間制の弾力化　354
労働時間設定改善委員会　258
労働時間等の設定改善法　355
労働市場の女性化　85, 260
労働者　22, 153, 172
　　——に近似する者　26
　　——の死亡　609
　　——の損害賠償責任　574
　　労基法上の——　22
　　労使関係法上の——　34
　　労働契約法上の——　23
労働者供給　139, 480
労働者供給事業　112, 155
労働者健康福祉機構　339
労働者賠償の予定　574
労働者派遣　139, 252
労働者派遣契約　161
労働者派遣事業　86, 112, 156
労働者派遣事業法　9, 86, 139
労働者名簿　90, 97
労働条件　85, 99
　　——の意義　99
　　——の誠実な履行の原則　100
　　——の変更　679
　　——の理解促進義務　141, 209
　　——の労使対等決定　100
　　最低基準としての——　100
労働条件対等決定の原則　173, 179, 211

労働条件通知書　141
労働条件明示義務　140, 141, 521, 547
労働審判　51
　　——手続　52
　　——の対象事件　51
　　——の申立て　53
労働審判委員会　45, 51
労働審判員　51, 53
労働審判官　51, 52
労働審判法　45, 87
労働争議調停法　74
労働訴訟　45
労働提供義務　213
労働保険料　304
労務給付義務の一身専属性　546
労務供給契約　151, 153
老齢厚生年金　697

わ 行

work and life balance　86
ワーキングプアー　340
ワイマール憲法　4, 99
和解　614
割増賃金　95, 307, 364, 367, 390
　　——の計算　401
　　1ヵ月60時間を超える時間外
　　　労働の——　400
　　休日労働の——　400
　　時間外労働の——　400
　　深夜労働の——　401

判例索引

（太字は case としてとりあげたもの）

＜最高裁判所＞

最大判昭和 26・4・2 ［トヨタ自動車事件］ 264
最大決昭和 26・4・4 ［東急電鉄事件］ 117
最 2 小判昭和 27・2・22 ［十勝女子商業高校事件］ 116
最 2 小判昭和 31・11・2 ［関西精機事件］ 324
最 2 小判昭和 35・3・11 ［細谷服装事件］ 623
最 1 小判昭和 35・7・14 ［小島撚糸事件］ 401
最大判昭和 36・5・31 ［日本勧業経済会事件］ 324
最 1 小判昭和 37・2・1 152
最 2 小判昭和 37・7・20 ［米国陸軍小倉綜合補給廠事件］ 334
最 2 小判昭和 37・7・20 ［全駐労山田支部事件］ 693
最 2 小判昭和 38・6・21 ［十和田観光事件］ 140
最大判昭和 41・10・26 ［全逓東京中郵局事件］ 4, 13
最 3 小判昭和 43・3・12 ［小倉電報電話局事件］ 315, 323
最 3 小判昭和 43・5・28 ［伊予銀行事件］ 315
最 2 小判昭和 43・8・2 ［西日本鉄道事件］ 236
最 3 小判昭和 43・12・24 ［全電通千代田丸事件］ 214
最大判昭和 43・12・25 ［秋北バス事件］ 182, 190
最 3 小判昭和 44・9・2 ［江戸川製作所事件］ 336
最 1 小判昭和 44・12・18 ［福島県教組事件］ 325
最 3 小判昭和 45・7・28 ［横浜ゴム事件］ 585
最 2 小判昭和 48・1・19 ［シンガー・ソーイング・メシーン・カンパニー事件］ 329
最 2 小判昭和 48・3・2 ［全林野白石営林署事件］ 438, 452
最 1 小判昭和 48・4・12 ［日立製作所事件］ 557
最大判昭和 48・4・25 ［全農林（警職法）事件］ 82
最 2 小判昭和 48・10・19 ［日東タイヤ事件］ 543
最大判昭和 48・12・12 ［三菱樹脂事件］ 508
最 1 小判昭和 49・2・28 ［国鉄中国支社事件］ 235, 572, 586
最 2 小判昭和 49・3・15 ［日本鋼管事件］ 586
最 1 小判昭和 51・5・6 ［CBC 管弦楽団労組事件］ 37
最 1 小判昭和 51・5・6 ［油研工業事件］ 40
最大判昭和 51・5・21 ［岩手県教組事件］ 83
最 1 小判昭和 51・7・8 ［茨城石炭商事事件］ 575
最 2 小判昭和 52・1・31 ［高知放送事件］ 636
最大判昭和 52・5・4 ［名古屋中央郵便局事件］ 83
最 2 小判昭和 52・8・9 ［三晃社事件］ 317
最 3 小判昭和 52・12・13 ［日本電信電話公社目黒電報電話局事件］ 119, 360
最 3 小判昭和 52・12・13 ［富士重工業事件］ 599

最2小判昭和54・7・20［大日本印刷事件］　490
最3小判昭和54・11・13［住友化学事件］　359
最2小判昭和55・5・30［電電近畿電通局事件］　491
最1小判昭和55・7・10［下関商業高校事件］　618
最3小判昭和56・3・24［日産自動車事件］　88
最2小判昭和56・5・11［前田製菓事件］　316
最1小判昭和57・3・18［電電公社此花局事件］　449, 465
最1小判昭和57・10・7［大和銀行事件］　313
最1小判昭和58・9・8［関西電力事件］　234, 586
最2小判昭和58・9・16［ダイハツ工業事件］　580
最2小判昭和58・9・30［高知郵便局事件］　471
最1小判昭和58・10・27［あさひ保育園事件］　657
最3小判昭和58・11・1［明治乳業事件］　122
最2小判昭和58・11・25［タケダシステム事件］　198
最3小判昭和59・3・27［静内郵便局事件］　395
最2小判昭和59・4・10［川義事件］　223
最1小判昭和59・10・18［日野自動車工業事件］　293
最1小判昭和60・3・12［ニプロ医工事件］　314
最1小判昭和60・4・5［古河電気工業・原子燃料工業事件］　554
最2小判昭和60・5・20［新宿郵便局事件］　503
最2小判昭和60・7・16［エヌ・ビー・シー工業事件］　473
最1小判昭和60・11・28［京都新聞社事件］　314
最1小判昭和61・3・13［電電公社帯広電通局事件］　186, 215
最2小判昭和61・7・14［東亜ペイント事件］　526
最1小判昭和61・12・18［夕張南高校事件］　466
最1小判昭和62・4・2［あけぼのタクシー事件］　693
最2小判昭和62・7・10［弘前電報電話局事件］　458
最2小判昭和62・9・18［大隈鉄工所事件］　616
最3小判昭和62・9・22［横手統制電話中継所事件］　460
最3小判昭和63・2・16［大曲農業協同組合事件］　192
最3小判昭和63・3・15［宝運輸事件］　218, 307
最1小判昭和63・7・14［小里機材事件］　403
最1小判平成1・9・7［香港上海銀行事件］　283
最1小判平成1・12・7［日産自動車村山工場事件］　531
最2小判平成1・12・11［済生会中央病院事件］　283
最1小判平成1・12・14［日本シェーリング事件］　471, 473
最2小判平成2・6・5［神戸弘陵学園事件］　511
最2小判平成2・11・26［日新製鋼事件］　326
最3小判平成3・4・23［国鉄（乗車証交付問題団交拒否）事件］　79
最1小判平成3・9・19［炭研精工事件］　589
最3小判平成3・11・19［津田沼電車区事件］　465
最1小判平成3・11・28［日立製作所武蔵野工場事件］　397

最2小判平成4・1・2［ゴールド・マリタイム事件］　543
最3小判平成4・2・18［エス・ウント・エー事件］　**444**
最3小判平成4・6・28［時事通信社事件］　**449**
最2小判平成4・7・13［第一小型ハイヤー事件］　198
最2小判平成5・2・12［朝日火災海上事件］　524
最2小判平成5・6・11［国鉄鹿児島自動車営業所事件］　215
最2小判平成5・6・25［沼津交通事件］　472
最3小判平成6・3・22［日鉄松尾採石所ほか事件］　**224**
最2小判平成6・6・13［高知観光事件］　404
最3小判平成7・2・28［朝日放送事件］　263
最3小判平成7・5・30［西武バス事件］　606
最3小判平成7・9・5［関西電力事件］　227
最2小判平成8・2・23［JR東日本（本荘保線区）事件］　214,229
最3小判平成8・3・26［朝日火災海上（高田）事件］　**293**
最1小判平成8・3・28［JR東日本（高崎西部分会）事件］　**582**
最1小判平成8・9・26［山口観光事件］　**607**
最1小判平成8・11・28［横浜南労基署長（傭車運転手）事件］　**27**
最2小判平成9・2・28［第四銀行事件］　194
最1小判平成9・3・27［朝日火災海上保険（石堂）事件］　**280**
最1小判平成10・4・9［片山組事件］　219
最1小判平成10・9・10［九州朝日放送事件］　535
最2小判平成11・9・17［帝国臓器製薬事件］　**535**
最1小判平成12・3・9［三菱重工業長崎造船所事件］　**384**
最2小判平成12・3・31［NTT（立川ネットワークセンター）事件］　461
最3小決平成12・6・27［片山組事件］　220
最1小判平成12・9・7［みちのく銀行事件］　197,198,206
最2小判平成12・9・22［函館信用金庫事件］　197
最3小判平成13・3・13［都南自動車教習所事件］　**265**
最2小判平成13・6・22［トーコロ事件］　255
最1小判平成14・2・28［大星ビル管理事件］　**386**
最2小判平成15・4・18［新日本製鐵（日鐵運輸第2）事件］　550
最2小判平成15・10・10［フジ興産事件］　174
最1小判平成15・12・18［北海道国際航空事件］　176,331
最3小判平成17・1・25［荒川税務署長（アプライドマテリアルズ）事件］　310
最2小判平成17・6・3［関西医科大学事件］　**344**
最1小判平成19・6・28［藤沢労基監督署長（一人大工負傷）事件］　31

＜高等裁判所＞
札幌高判昭和24・11・29［十勝女子商業高校事件］　116
東京高判昭和28・3・23［松崎建設工業事件］　283
東京高判昭和29・10・30［細谷服装事件］　624
東京高決昭和33・8・2［読売新聞社事件］　**232**

判例索引　　721

東京高判昭和36・1・30［米国陸軍小倉綜合補給廠事件］　334
名古屋高判昭和38・6・19［滝上工業事件］　518
仙台高秋田支判昭和39・10・26［秋北バス事件］　182
仙台高判昭和40・7・14［福島県教組事件］　325
仙台高判昭和41・5・18［全林野白石営林署事件］　437
福岡高判昭和42・2・28［西日本鉄道事件］　237
東京高判昭和43・6・12［三菱樹脂事件］　486
東京高判昭和43・8・9［日立製作所事件］　557
東京高判昭和44・8・21［シンガー・ソーイング・メシーン・カンパニー事件］　329
東京高判昭和44・12・24［京急横浜自動車事件］　246
東京高判昭和47・4・26［日東タイヤ事件］　544
東京高判昭和47・5・10［日本電信電話公社目黒電報電話局事件］　119, 361
高松高判昭和48・12・19［高知放送事件］　636
東京高判昭和49・4・26［富士重工業事件］　599
東京高判昭和49・5・29［油研工業事件］　41
東京高判昭和49・7・30［茨城石炭商事事件］　575
名古屋高判昭和49・9・18［CBC管弦楽団労組事件］　38
大阪高判昭和50・3・12［神戸製鋼事件］　89
大阪高判昭和50・3・12［神戸製鋼所事件］　597
東京高判昭和51・7・19［東亜石油事件］　528
名古屋高判昭和51・9・14［三晃社事件］　318
広島高判昭和52・1・24［下関商業高校事件］　618
名古屋高判昭和53・3・14［愛知県職員事件］　691
福岡高判昭和53・3・23［国鉄九州地方自動車部事件］　618
名古屋高判昭和53・3・30［住友化学事件］　359
東京高判昭和53・6・6［国鉄甲府赤穂車掌区事件］　691
大阪高判昭和53・6・29［関西電力事件］　234, 587
福岡高判昭和53・8・9［昭和自動車事件］　617
札幌高判昭和54・1・31［静内郵便局事件］　395
東京高判昭和54・10・29［東洋酸素事件］　664
福岡高判昭和55・1・17［西日本アルミニウム工業事件］　589
東京高判昭和55・2・18［古河鉱業足尾製作所事件］　240
福岡高判昭和55・3・28［明治乳業事件］　122
大阪高判昭和55・4・24［佐野安船渠事件］　274
大阪高判昭和56・3・20［大和銀行事件］　313
東京高判昭和56・7・16［日野自動車工業事件］　293
東京高判昭和56・11・25［日本鋼管鶴造船所事件］　588
名古屋高判昭和56・11・30［大隈鉄工所事件］　617
大阪高判昭和57・9・30［高田製綱所事件］　661
東京高判昭和58・5・25［RFラジオ日本事件］　535
福岡高判昭和58・6・7［サガテレビ事件］　157
札幌高判昭和58・8・25［電電公社帯広電通局事件］　187

東京高判昭和 58・12・19 ［八洲測量事件］　143
仙台高判昭和 59・3・16 ［弘前電報電話局事件］　458
東京高判昭和 59・3・30 ［フォード自動車（日本）事件］　651
大阪高判昭和 59・8・21 ［東亜ペイント事件］　526
仙台高秋田支判昭和 59・11・28 ［大曲農業協同組合事件］　193
大阪高判昭和 59・11・29 ［日本高圧瓦斯工業事件］　320
大阪高判昭和 60・2・6 ［香港上海銀行事件］　284
東京高判昭和 61・3・27 ［日立製作所武蔵野工場事件］　397
東京高判昭和 61・5・29 ［洋書センター事件］　290
大阪高判昭和 62・9・29 ［日新製鋼事件］　327
東京高判昭和 62・11・30 ［小里機材事件］　404
東京高判昭和 62・12・24 ［日産自動車村山工場事件］　531
東京高判昭和 63・4・27 ［日立精機事件］　558
東京高判昭和 63・12・19 ［時事通信社事件］　450
大阪高判平成 1・3・1 ［神戸弘陵学園事件］　511
福岡高宮崎支判平成 1・9・18 ［国鉄鹿児島自動車営業所事件］　215
東京高判平成 2・1・31 ［津田沼電車区事件］　465
大阪高判平成 2・7・10 ［ネッスル事件］　229
大阪高判平成 2・7・26 ［ゴールド・マリタイム事件］　543
名古屋高判平成 2・8・31 ［中部日本広告社事件］　319
東京高判平成 2・9・26 ［エス・ウント・エー事件］　444
高松高判平成 2・10・30 ［高知観光事件］　404
東京高判平成 2・12・26 ［駿河銀行事件］　301
東京高判平成 3・2・20 ［炭研精工事件］　589
大阪高判平成 3・9・24 ［関西電力事件］　228
仙台高判平成 4・1・10 ［岩手銀行事件］　134
東京高判平成 4・2・10 ［JR東日本（高崎西部分会）事件］　583
東京高判平成 4・3・18 ［沼津交通事件］　472
東京高判平成 4・7・17 ［日鉄松尾採石所ほか事件］　223, 225
東京高判平成 4・8・28 ［第四銀行事件］　195
福岡高判平成 4・12・21 ［朝日火災海上（高田）事件］　294
東京高判平成 5・11・12 ［松蔭学園事件］　229
福岡高判平成 6・3・24 ［三菱長崎造船所事件］　469
東京高判平成 6・6・17 ［西武バス事件］　605
東京高判平成 6・11・24 ［横浜南労基署長（傭車運転手）事件］　28
神戸高判平成 7・2・14 ［朝日火災海上保険（石堂）事件］　280
東京高判平成 7・3・16 ［片山組事件］　219
大阪高判平成 7・12・13 ［山口観光事件］　607
東京高判平成 8・1・31 ［NTT（立川ネットワークセンター）事件］　461
東京高判平成 8・5・29 ［帝国臓器製薬事件］　536
福岡高判平成 8・7・30 ［九州朝日放送事件］　532
東京高判平成 8・8・26 ［RFラジオ事件］　700

判例索引

東京高判平成 8・12・5 ［大星ビル管理事件］ 387
東京高判平成 9・11・17 ［トーコロ事件］ 256
大阪高判平成 10・2・18 ［安田病院事件］ 163
福岡高判平成 11・3・12 ［新日本製鐵（日鐵運輸第2）事件］ 550
東京高判平成 11・3・31 ［丸子警報機事件］ 661,662
東京高判平成 11・4・27 ［片山組事件］ 220,569
東京高判平成 11・8・17 ［ユニ・フレックス事件］ 445
大阪高判平成 11・9・1 ［大阪労働衛生センター事件］ 689
東京高判平成 11・9・30 ［日本中央競馬会事件］ 442
東京高判平成 11・11・22 ［都南自動車教習所事件］ 266
東京高判平成 12・4・19 ［日新火災海上保険事件］ 143
福岡高判平成 12・11・28 ［新日鐵（日鐵運輸第1）事件］ 543
大阪高判平成 13・3・6 ［わいわいランド事件］ 496
大阪高判平成 13・5・31 ［フジ興産事件］ 174
大阪高判平成 13・6・28 ［京都銀行事件］ 399
仙台高判平成 13・8・29 ［岩手第一事件］ 413
東京高判平成 13・11・28 ［NTT（立川ネットワークセンター）事件］ 464
大阪高判平成 14・5・9 ［関西医科大学事件］ 345
東京高判平成 14・7・11 ［新宿労基監督署長（映画撮影技師）事件］ 31
東京高判平成 14・11・26 ［日本ヒルトンホテル（本訴）事件］ 682
福岡高判平成 14・12・13 ［明治学園事件］ 564
大阪高判平成 15・1・30 ［大阪空港事業（関西航業）事件］ 167
東京高判平成 15・8・27 ［NHK 西東京営業センター（受信料集金等受託者）事件］ 31
仙台高判平成 16・9・29 ［NHK 盛岡放送局事件］ 33
名古屋高判平成 18・1・17 ［山田紡績事件］ 661
東京高判平成 18・4・19 ［東朋学園事件］ 200
大阪高判平成 18・11・28 ［松下電器産業事件］ 317
東京高判平成 19・4・26 ［オリエンタルモーター事件］ 221
大阪高判平成 19・5・17 ［関西金属工業事件］ 680
東京高判平成 20・4・23 ［中央建設国民健康保険組合事件］ 279

＜地方裁判所＞
広島地呉支判昭和 24・6・15 ［播磨造船所事件］ 129
東京地判昭和 25・3・22 ［東京生命保険事件］ 612
東京地決昭和 25・4・11 ［大林組事件］ 632
東京地判昭和 25・6・15 ［池貝鉄工事件］ 287
東京地決昭和 25・12・23 ［高岳製作所事件］ 287
東京地判昭和 26・1・30 ［松崎建設工業事件］ 283
横浜地判昭和 26・3・19 ［細谷服装事件］ 624
東京地判昭和 26・7・18 ［北辰精密工業事件］ 575
福岡地判昭和 28・8・5 ［日鉄鉱業事件］ 604
京都地判昭和 30・2・22 ［平安学園事件］ 616

福岡地大牟田支判昭和31・11・29［三井鉱山三池鉱業所事件］　616
東京地判昭和32・1・14［米国陸軍小倉綜合補給廠事件］　334
東京地決昭和32・2・7［服部時計店事件］　616
東京地決昭和32・7・20［山武ハネウエル事件］　506
大阪地判昭和33・4・10［東亜紡織事件］　455
東京地判昭和33・11・24［豊国交通事件］　616
大阪地判昭和36・7・19［朝日新聞社事件］　700
秋田地判昭和37・4・16［秋北バス事件］　182
大阪地判昭和37・4・20［京阪神急行電鉄事件］　581
広島地判昭和38・1・28［社会福祉法人広島厚生事業協会事件］　579, 604
福島地判昭和38・3・25［福島県教組事件］　325
名古屋地判昭和38・4・26［三重宇部生コン事件］　115
金沢地判昭和39・3・6［高島鉄工所事件］　576
福岡地判昭和39・12・14［西日本鉄道事件］　237
仙台地判昭和40・2・22［全林野白石営林署事件］　437
宇都宮地判昭和40・4・15［富士重工業事件］　130
東京地判昭和40・4・26［インターナショナル・エア・サービス事件］　111
大阪地判昭和40・5・22［橘屋事件］　95
浦和地判昭和40・12・16［平仙レース事件］　567
東京地判昭和41・3・31［日立電子事件］　545
東京地判昭和41・4・23［加藤電気事件］　625
東京地判昭和41・12・20［住友セメント事件］　8, 16, 89
横浜地判昭和42・2・16［日立製作所事件］　557
東京地判昭和42・7・17［三菱樹脂事件］　486
東京地判昭和43・4・19［シンガー・ソーイング・メシーン・カンパニー事件］　329
東京地判昭和44・5・31［明治乳業事件］　394
東京地判昭和44・6・28［東亜石油事件］　529
東京地判昭和45・4・13［日本電信電話公社目黒電報電話局事件］　119, 361
名古屋地判昭和45・9・7［レストラン・スイス事件］　230
奈良地判昭和45・10・23［フォセコ・ジャパン・リミテッド事件］　243
名古屋地判昭和46・12・17［CBC管弦楽団労組事件］　38
大津地判昭和47・3・29［大日本印刷事件］　635
東京地判昭和47・3・31［目黒高校事件］　229
名古屋地判昭和47・4・28［橋本運輸事件］　248
福岡地判昭和47・10・20［昭和室内装備事件］　246
横浜地判昭和47・10・24［油研工業事件］　41
東京地判昭和47・11・1［久田製作所事件］　239
津地上野支決昭和47・11・10［高北農機事件］　230
東京地判昭和47・12・9［富士重工業事件］　599
神戸地判昭和47・12・25［神戸製鋼所事件］　598
津地判昭和48・1・24［富田機器製作所事件］　78
静岡地判昭和48・3・23［国鉄浜松機関区事件］　475

高知地判昭和48・3・27［高知放送事件］　636
神戸地判昭48・7・19［山手モータース事件］　276
熊本地判昭和48・10・4［国労熊本地本事件］　416
神戸地尼崎支判昭49・2・8［関西電力事件］　234, 586
横浜地判昭和49・6・19［日立製作所事件］　109
長野地伊那支判昭49・7・22［国鉄甲府赤穂車掌区事件］　691
山口地下関支判昭49・9・28［下関商業高校事件］　618
札幌地判昭和50・2・25［静内郵便局事件］　395
東京地判昭和50・2・28［エール・フランス事件］　680
前橋地判昭和50・3・18［古河鉱業足尾製作所事件］　240
秋田地判昭和50・4・10［秋田相互銀行事件］　133
名古屋地判昭和50・7・18［三晃社事件］　318
長崎地大村支判昭50・12・2［大野村上事件］　659
名古屋地判昭和50・12・5［住友化学事件］　359
長崎地大村支判昭50・12・24［大村野上事件］　661
横浜地判昭和51・3・4［大瀬工業事件］　433
神戸地判昭和51・4・7［大日通運事件］　78
東京地判昭和51・4・19［東洋酸素事件］　664
福岡地判昭和51・12・7［明治乳業事件］　122
熊本地八代支判昭52・3・9［国鉄九州地方自動車部事件］　618
横浜地判昭和52・6・14［日本鋼管鶴見造船所事件］　589
東京地判昭和52・7・29［東京セロハン事件］　659
名古屋地判昭和52・11・14［大隈鉄工所事件］　617
東京地判昭和52・12・19［泉屋東京店事件］　636
東京地八王子支判昭53・5・22［日立製作所武蔵野工場事件］　397
東京地判昭和54・3・20［女子学院事件］　636
東京地判昭和54・3・27［アロマカラー事件］　567
大阪地判昭和54・5・17［佐野安船渠事件］　274
神戸地判昭和54・9・21［中本商事事件］　164
新潟地長岡支判昭54・10・30［理研精機事件］　578
水戸地龍ケ崎支判昭55・1・18［東洋特殊土木事件］　620
東京地判昭和55・2・15［スーパーバッグ事件］　589
名古屋地判昭和55・3・26［興和事件］　547
横浜地判昭和55・3・28［三菱重工横浜造船所事件］　364
佐賀地判昭和55・9・5［サガテレビ事件］　157
大阪地判昭和55・10・24［大和銀行事件］　313
東京地判昭和55・12・15［イースタン・エアポート事件］　215
千葉地判昭和56・5・25［日立精機事件］　555, 558
東京地判昭和57・2・25［フォード自動車（日本）事件］　651
釧路地帯広支判昭57・3・24［電電公社帯広電通局事件］　187
千葉地佐倉支判昭57・4・28［パン・アメリカン航空事件］　680
秋田地大曲支判昭57・8・31［大曲農業協同組合事件］　193

大阪地判昭和57・10・25［東亜ペイント事件］　526
東京地判昭和57・11・19［小川建設事件］　246
大阪地判昭和57・12・20［新聞輸送事件］　214
青森地判昭和58・3・8［弘前電報電話局事件］　458
大阪地判昭和58・3・28［香港上海銀行事件］　284
東京地判昭和58・4・26［洋書センター事件］　290
東京地判昭和59・1・27［エールフランス事件］　567
神戸地判昭和59・5・18［関西電力事件］　228
大阪地判昭和59・7・25［日本高圧瓦斯工業事件］　320
新潟地判昭和59・8・10［国鉄新津機関区事件］　214
盛岡地判昭和60・3・28［岩手銀行事件］　134
横浜地判昭和61・3・20［日産自動車村山工場事件］　531
大阪地判昭和61・3・31［日新製鋼事件］　327
新潟地高田支判昭和61・10・31［日本ステンレス／日ス梱包事件］　542
東京地判昭和62・1・30［小里機材事件］　402, 403
東京地判昭和62・7・15［時事通信社事件］　450
名古屋地判昭和62・7・27［大隈鉄工所事件］　575
神戸地判昭和62・11・5［神戸弘陵学園事件］　511
東京地決昭和63・5・16［三葉興行事件］　581
新潟地判昭和63・6・6［第四銀行事件］　194
千葉地判昭和63・9・28［津田沼電車区事件］　465
福岡地小倉支判昭和63・9・29［九州ゴム製品販売事件］　657
宇都宮地栃木支判昭和63・11・16［大塚鉄工事件］　524
大阪地判昭和63・11・16［ゴールド・マリタイム事件］　543
東京地判平成1・1・26［日産自動車事件］　133, 135
福岡地小倉支判平成1・5・30［朝日火災海上（高田）事件］　294
名古屋地判平成1・7・28［光洋運輸事件］　283
高知地判平成1・8・10［高知観光事件］　404
東京地判平成1・9・25［エス・ウント・エー事件］　444
東京地判平成1・11・28［テレビ東京事件］　161
東京地判平成2・3・27［日鉄松尾採石所ほか事件］　223, 225
東京地判平成2・5・18［読売日本交響楽団事件］　145
東京地判平成2・5・30［駿河銀行事件］　300
東京地判平成2・7・4［社会保険診療報酬支払基金事件］　133
東京地判平成2・9・25［東京芝浦食肉事業公社事件］　442
大阪地判平成2・11・28［高島屋工作所事件］　223
静岡地沼津支判平成2・11・29［沼津交通事件］　472
東京地判平成3・2・25［ラクソン等事件］　249
前橋地高崎支判平成3・3・22［JR東日本（高崎西部分会）事件］　583
名古屋地判平成3・7・22［日通名古屋製鉄作業事件］　582
大阪地判平成3・10・22［三洋電機事件］　662
東京地決平成4・1・31［三和機材・仮処分申請事件］　557

京都地判平成4・2・4［彌榮自動車事件］　370
長崎地判平成4・3・26［三菱長崎造船所事件］　469
東京地判平成4・3・27［チェース・マンハッタン銀行事件］　648
東京地判平成4・6・11［松蔭学園事件］　229
東京地決平成4・7・7［山口製糖事件］　106
東京地判平成4・8・27［日ソ図書事件］　133
福岡地判平成4・11・25［三井石炭鉱業三池鉱業所事件］　661
東京地判平成4・12・1［西武バス事件］　605
神戸地判平成5・2・23［朝日火災海上保険（石堂）事件］　280
福井地武生支判平成5・5・25［福井鉄道事件］　126
東京地判平成5・6・11［生協イーコープ・下馬生協事件］　555
横浜地判平成5・6・17［横浜南労基署長（備車運転手）事件］　28
東京地判平成5・6・17［大星ビル管理事件］　387
東京地判平成5・7・23［パピルス事件］　154
東京地判平成5・9・21［片山組事件］　219
東京地判平成5・9・29［帝国臓器製薬事件］　536
東京地判平成6・3・11［ユニスコープ事件］　642
千葉地判平成6・5・23［東京電力（千葉）事件］　123
東京地判平成6・6・16［三陽物産事件］　136
大阪地決平成6・8・10［JR東海（出向命令）事件］　550
大阪地決平成6・8・23［フィリップス・ジャパン事件］　113
東京地八王子支判平成6・8・31［NTT（立川ネットワークセンター）事件］　461
横浜地判平成6・9・27［神奈川中央交通事件］　215
東京地判平成6・9・29［RFラジオ事件］　701
東京地判平成6・10・25［トーコロ事件］　256, 635
東京地判平成6・11・15［木暮釦製作所事件］　312
東京地判平成7・3・30［エイズ感染解雇事件］　638
東京地決平成7・4・13［スカンジナビア航空事件］　685
東京地判平成7・6・19［高宮学園事件］　448
大阪地判平成7・6・28［山口観光事件］　607
東京地判平成7・7・12［日本中央競馬会事件］　442
東京地判平成7・9・29［ベニス事件］　319
東京地決平成7・10・16［東京リーガルマインド事件］　243
福岡地判平成7・10・25［九州朝日放送事件］　533
東京地判平成7・12・25［三和機材事件］　555
福岡地小倉支判平成8・3・26［新日本製鐵（日鐵運輸第2）事件］　550
福井地決平成8・5・20［社会福祉法人岡保育園事件］　698
横浜地判平成8・6・13［都南自動車教習所事件］　265
東京地判平成8・10・29［カツデン事件］　314
東京地決平成9・1・24［デイエフアイ西友事件］　541
釧路地帯広支判平成9・3・24［北海道厚生農協連合会帯広厚生病院事件］　229
佐賀地武雄支決平成9・3・28［センエイ事件］　161

京都地判平成9・4・17［京都呉服販売会社事件］　**619**
東京地判平成9・5・22［首都高速道路公団事件］　592
東京地判平成9・5・26［長谷工コーポレーション事件］　148
東京地判平成9・8・1［ほるぷ社事件］　371, 400, 402
長野地上田支判平成9・10・29［丸子警報機事件］　661, 662
東京地決平成9・10・31［インフォミックス事件］　493
東京地判平成9・12・1［国際協力事業団事件］　441
東京地決平成10・1・7［ナショナル・ウエストミンスター銀行（第1次仮処分）事件］　668
大阪地判平成10・1・23［三井海上火災事件］　704
大阪地判平成10・3・25［厚生会共立クリニック事件］　249
大阪地判平成10・4・13［幸福銀行事件］　317
東京地判平成10・6・5［ユニ・フレックス事件］　445
東京地判平成10・6・12［日本貨物鉄道事件］　95
大阪地判平成10・8・31［大阪労働衛生センター事件］　688
東京地八王子支判平成10・9・17［学校法人桐朋学園事件］　414
大阪地判平成10・10・30［丸一商店事件］　143
東京地決平成11・1・29［ナショナル・ウエストミンスター銀行（第2次仮処分）事件］　667
東京地判平成11・2・15［全日本空輸事件］　565
横浜地判平成11・2・16［藤沢医科工業事件］　312
大阪地判平成11・7・28［塩野義製薬事件］　133
大阪地判平成11・10・4［JR東海事件］　568, 570
大阪地判平成11・10・18［全日本空輸事件］　568
東京地判平成11・11・26［東京アメリカンクラブ事件］　541
東京地決平成11・11・29［角川文化振興財団事件］　661
東京地決平成12・1・21［ナショナル・ウエストミンスター第3次仮処分事件］　633
大阪地判平成12・2・23［シャープ・エレクトロニクス・マーケティング事件］　133
大阪地判平成12・4・17［三和銀行事件］　593
東京地判平成12・4・26［プラウドフット・ジャパン事件］　647
東京地判平成12・4・27［JR東日本横浜土木技術センター事件］　416
東京地決平成12・4・27［ナショナル・ウエストミンスター銀行（第3次仮処分）事件］　670
大阪地判平成12・4・28［フジ興産事件］　174
大阪地決平成12・5・22［シンガポール・ディベロップメント銀行・仮処分異議申立事件］　675
千葉地判平成12・6・12［T工業（HIV）事件］　640
大阪地判平成12・6・23［シンガポール・ディベロップメント銀行事件（本訴）］　673
大阪地判平成12・6・30［わいわいランド事件］　496
東京地判平成12・7・28［東京海上火災保険事件］　640
東京地判平成12・8・25［アリアス事件］　653
大阪地判平成12・8・28［フジシール事件］　229

大阪地判平成12・9・20［大阪空港事業（関西航業）事件］　167
大津地決平成12・9・27［京都テクノシステム事件］　646
福岡地判平成12・12・25［明治学園事件］　564
東京地判平成13・1・29［ユナイテッド航空事件］　130
盛岡地判平成13・2・2［瀧澤学館事件］　514
東京地判平成13・2・27［共同都心住宅販売事件］　648
大阪地判平成13・3・14［全日本空輸事件］　569
東京地判平成13・3・15［東京国際学園事件］　113
静岡地判平成13・3・28［静岡第一テレビ事件］　636
大阪地判平成13・6・27［住友生命保険事件］　130
大阪地決平成13・7・22［オクト事件］　658
東京地判平成13・7・25［黒川建設事件］　165
大阪地堺支判平成13・8・29［関西医科大学事件］　345
大阪地判平成13・11・9［カントラ事件］　568
東京地判平成13・12・19［ヴァリグ日本支社事件］　676
東京地判平成14・1・21［三室戸学園事件］　698
東京地判平成14・2・26［日経クイック情報事件］　601
東京地判平成14・3・11［日本ヒルトンホテル（本訴）事件］　680, 682
札幌地判平成14・4・18［育英舎事件］　372
東京地判平成14・6・20［S社解雇事件］　640
東京地決平成14・6・21［西東社事件］　541
名古屋地判平成14・7・3［JR東海中津川運輸区事件］　543
東京地判平成14・10・22［ヒロセ電機事件］　642
仙台地判平成14・11・14［日本ガイダント事件］　541
東京地八王子支判平成14・11・18［NHK西東京営業センター（受信料集金等受託者）事件］　31
名古屋地決平成15・1・14［K設計（セクハラ）事件］　524
京都地判平成15・1・21［京都簡易保険事務センター事件］　224
大阪地判平成15・4・25［愛徳姉妹会事件］　514
東京地判平成15・5・23［山九事件］　565
大阪地堺支判平成15・6・18［大阪いずみ市民生協事件］　595
東京地八王子支判平成15・10・30［日本ドナルドソン青梅工場事件］　538
神戸地姫路支判平成15・11・14［ネスレジャパンホールディング事件］　538
鹿児島地判平成17・1・25［宝林福祉会事件］　657
東京地判平成17・1・28［宣伝会議事件］　499
富山地判平成17・2・23［トナミ運輸事件］　592
名古屋地判平成17・2・23［山田紡績事件］　661
東京地判平成17・3・29［ジャパンタイムズ事件］　113
大阪地判平成17・3・30［ネスレコンフェクショナリー関西支店事件］　662
東京地判平成19・1・26［早稲田大学事件］　317
東京地判平成19・10・5［中央建設国民健康保険組合事件］　279
東京地判平成20・1・28［日本マクドナルド事件］　375

東京平成20・3・28［PSD事件］　317

＜簡易裁判所＞
灘簡判昭和40・3・27［神戸製鋼所事件］　598
立川簡判平成6・3・24［日本中央競馬会事件］　442
大阪簡判平成7・3・16［医療法人北錦事件］　149

〈著者紹介〉

渡　辺　　章（わたなべ・あきら）

1940 年　山梨県甲府市生まれ
1964 年　中央大学法学部卒業
1970 年　東京大学大学院法学政治学研究科博士課程単位取得退学
1970 年～1990 年 3 月　東京学芸大学専任講師・助教授を経て教授
1988 年 4 月～1989 年 2 月　文部省在外研究員（ロンドン大学）
1990 年～2002 年 3 月　筑波大学社会科学系教授
2002 年～2004 年 3 月　東京経済大学現代法学部教授
2004 年～現在　専修大学大学院法務研究科教授（法科大学院），
　　　　　　　筑波大学名誉教授

〈主要著書・論文〉

（主要著書）『労働関係法第 5 版』（共著，有斐閣，2007 年），『賃金・労働時間』（日本労働研究機構・日本労使関係協会，2006 年），筑波大学労働判例研究会『労働時間の法理と実務』（共編著，信山社，2000 年），日本立法資料全集『労働基準法第 51 巻～54 巻』（編集代表，信山社，1996 年～1997 年）

（主要論文・2000 年以降）「健康配慮義務に関する一考察」花見忠先生古稀記念論集『労働関係の国際的潮流』（信山社，2000 年），「労働基準法上の労働時間」筑波大学労働法研究会『労働時間の法理と実務』（信山社，2001 年），「中期雇用という雇用概念について」中嶋士元也先生還暦記念論集『労働関係法の現代的展開』（信山社，2004 年），「戦争経済下の工場法について（覚書）」山口浩一郎先生古稀記念論集『友愛と法』（信山社，2007 年），「労働者性・使用者性の問題」中央労働時報 1102 号（2009 年 4 月）

労働法講義　上　総論・雇用関係法Ⅰ

2009（平成 21）年 8 月 10 日　第 1 版第 1 刷発行

著　者　渡　辺　　章
発行者　今　井　　貴
　　　　渡　辺　左　近
発行所　信山社出版株式会社
　　　　〒113-0033　東京都文京区本郷 6-2-9-102
　　　　　　　　　電　話　03(3818)1019
　　　　　　　　　ＦＡＸ　03(3818)0344

Printed in Japan.

©渡辺　章, 2009　　印刷・製本／松澤印刷・大三製本

ISBN978-4-7972-2618-8　C3332

好評既刊

日本立法資料全集『労働基準法〔昭和22年〕』既刊全4冊
　編集代表：渡辺章　解説：土田道夫・中窪裕也・野川忍・野田進

『労働関係法の国際的潮流』花見忠先生古稀記念論集
　山口浩一郎・渡辺章・菅野和夫・中嶋士元也編

『友愛と法』山口浩一郎先生古稀記念論集
　編集代表：菅野和夫・中嶋士元也・渡辺章

『労働関係法の現代的展開』中嶋士元也先生還暦記念論集
　編集代表：土田道夫・荒木尚志・小畑史子

『新時代の労働契約法理論』下井隆史先生古稀記念
　編集代表：西村健一郎・小嶌典明・加藤智章・柳屋孝安

信山社